Imposto de Renda das Pessoas Jurídicas para Contadores

11ª edição

CLEÔNIMO DOS SANTOS é bacharel em Ciências Contábeis, com MBA em Controladoria Estratégica. Professor universitário em cursos de graduação e pós-graduação. Assessor e consultor de empresas em matéria de Imposto de Renda e Contabilidade.

É autor dos livros:

- *Auditoria Fiscal e Tributária. Depreciação de Bens do Ativo Imobilizado.*
- *Quanto Vale sua Empresa.*
- *PIS E COFINS: como calcular e recolher.*
- *Contribuição Social Sobre o Lucro – Cálculo, Apuração e Recolhimento*
- *Normas contábeis na Prática – Um Guia para o dia a dia das empresas.*
- *Contabilidade Fundamental.*
- *Principais Providências para Fechamento de Balanço.*
- *Auditoria Contábil.*
- *Análise financeira e orçamentária.*
- *Contabilidade Fundamental.*
- *Exame de Suficiência em Contabilidade.*
- *Fechamento de Balanço – Teoria e Prática.*
- *Manual da Demonstração dos Fluxos de Caixa.*
- *Manual das Demonstrações Contábeis.*
- *Contabilidade na Atividade Imobiliária.*
- *Estrutura e Análise de Balanços.*
- *Plano de contas: Uma abordagem prática e Simples Nacional*

CLEÔNIMO DOS SANTOS

Imposto de Renda das Pessoas Jurídicas para Contadores

(Inclui CSLL, PIS/Pasep, Cofins e Simples Nacional)

11ª EDIÇÃO

Freitas Bastos Editora

Direitos exclusivos da edição e distribuição em língua portuguesa:
Maria Augusta Delgado Livraria, Distribuidora e Editora

Editor: Isaac D. Abulafia
Capa: Jair Domingos
Revisão de texto: Jota Cabral e Amanda Mello
Diagramação: Neilton Lima

S237i Santos, Cleonimo dos

Imposto de renda das pessoas jurídicas para contadores: (Inclui CSLL, PIS/Pasep, Cofins e Simples Nacional) / Cleonimo dos Santos. - 11. ed. - Rio de Janeiro : Freitas Bastos, 2018.

698 p. 23cm

ISBN: 978-85-7987-315-7

1. Contabilidade. 2. Imposto de renda. 3. Pessoa jurídica. I. Título.

2018-214

CDD 657.46
CDU 657:336.22

Freitas Bastos Editora
Tel./Fax: (21) 2276-4500
freitasbastos@freitasbastos.com
vendas@freitasbastos.com
www.freitasbastos.com

Prefácio à 11ª Edição

Como é do conhecimento da classe contábil, os últimos anos têm sido marcados pela convergência das normas brasileiras às normas internacionais de contabilidade. Tal fato teve início em 2007, com a publicação da Lei nº 11.638/2007.

Para garantir a neutralidade fiscal em função das mudanças na legislação comercial promovidas pela Lei nº 11.638/2007 e legislação posterior, foi instituído o Regime Tributário de Transição (RTT), por meio da Lei nº 11.941/2009 que perdurou até 2015.

No entanto, por ser "transitório", tal regime não podia se perpetuar. A missão de pôr fim a esse regime coube à MP nº 627/2013, posteriormente convertida na Lei nº 12.973/2014 que extinguiu, definitivamente, referido "artifício" da legislação fiscal a partir de 2015. Todavia, a empresa pôde, por sua iniciativa, adotar as novas regras já partir de 2014.

A adoção das novas regras a partir de 2014 foi facultativa desde que a empresa tenha feito a opção nos termos da MP nº 627/2013 e da Lei nº 12.973/2014. Como era de se esperar, a grande maioria das empresas não fez a opção em 2014, adotando as novas regras, compulsoriamente, a partir de 2015.

Diante de tal fato, houve uma postergação por parte dos profissionais em se adaptar as novas regras, tendo em vista essa "flexibilidade" no prazo de adoção. Porém o momento de "encarar" as novas regras chegou!

A obra vem justamente auxiliar os profissionais nessa empreitada, servindo de instrumento de atualização e de consulta permanente para os profissionais da Contabilidade e demais interessados na tributação das empresas que, no seu dia-a-dia, se deparam com dúvidas sobre a complexa legislação que rege o Imposto de Renda.

Salientamos que a ideia central não foi fazer uma explanação pretensamente doutrinária sobre as inúmeras particularidades do tema. Ao contrário, o intuito é propiciar ao leitor um material que demonstra a aplicação prática das normas, sem deixar, contudo, de registrar posicionamentos e manifestações do Fisco e de salientar controvérsias acerca de aspectos menos claros da legislação.

Naturalmente, não poderíamos fazer um livro que pretende focalizar de maneira ampla o Imposto de Renda das Pessoas Jurídicas sem falar da

Contribuição Social sobre o Lucro e, também, das contribuições ao PIS/Pasep e Cofins. Assim, capítulos são dedicados especialmente a essas contribuições, numa abordagem que, se não tem a pretensão de esgotar o tema, objetiva trazer ao leitor contornos gerais sobre o assunto,.

Também há um capítulo dedicado ao Simples Nacional (ME/EPP), com uma abordagem completa sobre as normas em vigor desde 1º.07.2007, inclusive recentes alterações, vigentes a partir de 2018. E também uma explanação geral sobre regras tributárias aplicáveis às sociedades cooperativas.

Adicionalmente, o leitor conta com dois capítulos específicos: um dedicado a criação de subcontas impostas pela lei nº 12.973/2014 (capítulo 38) outro que traz alguns exemplos de ajuste a valor presente (AVP) e ajuste a valor justo segundo a Lei nº 12.973/2014 (capítulo 39). Esse último, aliás, complementa o capítulo 10 que trata dos aspectos teóricos do AVP e do AVJ.

Além disso, o leitor também conta ao final da obra, com apêndice que traz três anexos baixados pela IN RFB nº 1700/2017: o anexo I – que apresenta tabela com relação (não exaustiva) de adições ao lucro líquido; o anexo II que apresenta tabela com relação (não exaustiva) de exclusões ao lucro líquido; e anexo III que apresenta relação de bens, com os respectivos prazos de vida útil e taxas de depreciação admissíveis como dedução na apuração do lucro real

Um aspecto para o qual deve-se ficar atento: a obra foi elaborada com base na legislação vigente em dezembro de 2017, o que implica vigilância quanto a alterações supervenientes.

Esperamos que a leitura e as consultas a este manual sejam efetivamente proveitosas.

O Autor

Entre em contato com o autor através do e-mail:
cleonimo@hotmail.com

Sumário

Prefácio à 11ª Edição

Capítulo 1
Conceitos Gerais

1. CONTRIBUINTES 1
   1.1 Empresários e sociedades segundo o Novo Código Civil 1
      1.1.1 Empresário 1
      1.1.2 Sociedades 2
      1.1.3 Empresa individual de responsabilidade limitada (Eireli) 3
   1.2 Casos específicos de "contribuintes" 3
      1.2.1 Condomínio 4
2. PESSOA JURÍDICA 4
   2.1 Pessoa física segundo o Código Civil 4
   2.2 Conceito de pessoa jurídica 4
      2.2.1 Pessoas jurídicas de direito público e de direito privado 5
   2.3 Quem a legislação do Imposto de Renda considera pessoa jurídica 6
      2.3.1 Empresas individuais 6
      2.3.2 Sociedades em conta de participação 8
3. IMUNIDADES, ISENÇÕES E NÃO INCIDÊNCIAS 8
   3.1 Imunidade 8
   3.2 Isenções 10
   3.3 Sociedades cooperativas – Não incidência 11
4. RESPONSABILIDADE DOS SUCESSORES 12
   4.1 Transformação, extinção ou cisão 13
      4.1.1 Responsabilidade solidária 13
      4.1.2 Afetação ou separação de patrimônio 14
   4.2 Aquisição de fundo de comércio ou estabelecimento 15
      4.2.1 Hipóteses que não configuram a sucessão 15
   4.3 Responsabilidade por multas punitivas 16
   4.4 Empresa individual e sucessão empresarial 16
5. RESPONSABILIDADE DE TERCEIROS 17

Capítulo 2
Formas de Tributação e de Pagamento do Imposto

1. CONTRIBUINTES DO IMPOSTO DE RENDA PESSOA JURÍDICA . 19
2. FORMAS DE TRIBUTAÇÃO ... 19
3. LUCRO REAL ... 20
   3.1 Lucros, rendimentos ou ganhos de capital oriundos do exterior — Observações ... 21
   3.2 Lucro real trimestral ou estimativa mensal? ... 22
      3.2.1 Lucro real trimestral ... 23
      3.2.2 Lucro real anual (estimativa mensal) ... 24
   3.3 Receita bruta para fins de determinação dos limites que impõem a obrigatoriedade do lucro real ... 26
4. LUCRO PRESUMIDO/ARBITRADO ... 26
   4.1 Forma de pagamento do imposto e da CSL ... 28
5. ALÍQUOTA E ADICIONAL DO IMPOSTO DE RENDA ... 28
6. ALÍQUOTAS DO IRPJ VIGENTES AO LONGO DOS ANOS ... 29
7. DEDUÇÃO DE INCENTIVOS FISCAIS ... 30
8. SIMPLES ... 30

Capítulo 3
Lucro Presumido

1. QUEM PODE OPTAR ... 31
   1.1 Pessoa jurídica resultante de evento de incorporação ou fusão ... 32
   1.2 Lucros, rendimentos ou ganhos de capital oriundos do exterior — observações ... 32
   1.3 Forma e momento de manifestar a opção ... 33
2. DETERMINAÇÃO DO LUCRO PRESUMIDO – COMPOSIÇÃO ... 34
   2.1 Adoção do regime de competência ou de caixa ... 36
      2.1.1 Receitas que devem ser, obrigatoriamente, tributadas com base pelo regime de caixa ... 37
3. DEFINIÇÃO DE RECEITA BRUTA PARA FINS DE APLICAÇÃO DOS PERCENTUAIS DE PRESUNÇÃO ... 37
4. PERCENTUAIS DE PRESUNÇÃO DO LUCRO ... 38
   4.1 Empresas prestadoras de serviços de pequeno porte – Determinação da base de cálculo do IRPJ com base em percentual favorecido ... 40
   4.2 Contratos de concessão ... 41
   4.3 Aspectos relacionados ao ajuste a valor presente ... 41
   4.4 Algumas situações especiais sobre a receita bruta – Antigas manifestações do Fisco ... 42

5. OBSERVAÇÕES SOBRE A BASE DE CÁLCULO DO LUCRO PRESUMIDO ... 44
5.1 Avaliação a Valor Justo — AVJ ... 44
5.2 Pessoa jurídica arrendadora ... 44
5.3 Aspectos relacionados ao ganho de capital ... 44
5.3.1 Neutralidade tributária ... 45
5.3.2 Reavaliação ... 45
5.3.3 Ativo intangível ... 45
5.4 Avaliação a Valor Justo – Empresa que passar do Lucro Presumido para Lucro Real ... 46
6. EMPRESA TRIBUTADA PELO LUCRO PRESUMIDO QUE PASSAR A SER TRIBUTADA PELO LUCRO REAL ... 46
7. DETERMINAÇÃO DO IMPOSTO ... 47
7.1 Alíquotas ... 47
7.2 Deduções e compensações do imposto devido ... 47
7.3 Exemplo ... 47
8. PRAZO, FORMA DE PAGAMENTO DO IMPOSTO E PREENCHIMENTO DO DARF ... 48
9. LUCROS OU DIVIDENDOS DISTRIBUÍDOS AOS SÓCIOS ... 49
9.1 Isenção na distribuição do "lucro presumido" ... 49
9.2 Empresa que apurar lucro líquido contábil superior ao presumido — Distribuição sem a incidência do imposto ... 50
9.3 Não extensão da isenção a outros rendimentos pagos ... 51
10. OBRIGAÇÕES ACESSÓRIAS ... 51
11. SAÍDA DO LUCRO PRESUMIDO ... 51

Capítulo 4
Lucro Arbitrado

1. O QUE SIGNIFICA LUCRO ARBITRADO PARA FINS DO IMPOSTO DE RENDA ... 53
1.1 Obrigatoriedade de comprovação da origem das receitas ... 54
2. SITUAÇÕES QUE IMPÕEM O ARBITRAMENTO DO LUCRO ... 54
3. DETERMINAÇÃO DO LUCRO ARBITRADO ... 55
3.1 Exceções ... 57
3. 2 Definição de receita bruta para fins de aplicação dos percentuais de arbitramento ... 58
3.2.1 Percentuais de arbitramento do lucro ... 59
3.2.2 Empresas prestadoras de serviços de pequeno porte – Determinação da base de cálculo do IRPJ com base em percentual favorecido ... 60
3.2.3 Contratos de concessão de serviços públicos ... 61
3.2.4 Aspectos relacionados ao ajuste a valor presente ... 61

3.3 Pessoa jurídica arrendadora ... 62
3.4 Avaliação a Valor Justo — AVJ ... 62
3.5 Aspectos relacionados ao ganho de capital ... 63
3.5.1 Neutralidade tributária ... 63
3.5.2 Reavaliação ... 63
3.5.3 Ativo intangível ... 63
3.6 Algumas Particularidades sobre a receita bruta ... 64
3.6.1 Vale pedágio ... 64
3.6.2 Empresas concessionárias ou permissionárias de serviço público de transporte urbano de passageiros ... 64
3.6.3 Agências de propaganda e publicidade ... 64
3.6.4 Comercialização de veículos automotores ... 65
3.7 Pessoa jurídica anteriormente tributada com base no lucro real ... 66
3.8 Receitas e rendimentos não tributáveis ... 66
4. ALÍQUOTAS UTILIZADAS PARA CÁLCULO DO IRPJ ... 66
5. IR NA FONTE OU PAGO SOBRE RECEITAS COMPUTADAS NA BASE DE CÁLCULO DO ARBITRAMENTO — DEDUÇÃO ... 67
6. INCENTIVOS FISCAIS NÃO PODEM SER DEDUZIDOS ... 67
7. CONTRIBUIÇÃO SOCIAL SOBRE O LUCRO ... 67
8. PAGAMENTO DO IRPJ E DA CONTRIBUIÇÃO SOCIAL SOBRE O LUCRO ... 67
9. LUCROS OU DIVIDENDOS DISTRIBUÍDOS ... 68
10. EXEMPLO ... 68
11. RECEITA NÃO OFERECIDA À TRIBUTAÇÃO — TRATAMENTO ... 70
12. ARBITRAMENTO DO LUCRO NO CASO DE RECEITA BRUTA NÃO CONHECIDA ... 70

Capítulo 5
Lucro Real

1. DEFINIÇÃO DE LUCRO REAL ... 73
2. DEMONSTRAÇÃO DO LUCRO REAL ... 73
3. PERIODICIDADE TRIMESTRAL OU ANUAL DE APURAÇÃO DO LUCRO REAL ... 74
3.1 Lucro real trimestral ... 75
3.2 Lucro real anual (pagamento do imposto por estimativa) ... 75
4. PROVIDÊNCIAS PARA APURAÇÃO DO LUCRO REAL ... 76
4.1 Adições ao lucro líquido ... 76
4.1.1 Valores debitados ao resultado contábil, mas não dedutíveis do lucro real 76
4.1.2 Valores não computados no resultado que devem ser adicionados ao lucro real ... 77
4.2 Exclusões do lucro líquido ... 79

4.2.1 Valores creditados ao resultado, mas não tributáveis ... 79

4.2.2 Valores não computados no resultado que podem ser excluídos do lucro real ... 80

4.3 Compensação de prejuízos fiscais ... 81

4.4 Imposto e adicional devidos sobre o lucro real ... 81

5. ESTIMATIVA MENSAL ... 81

5.1 Forma e efeitos da opção pelo pagamento mensal ... 81

5.2 Vantagens da opção pelo pagamento mensal ... 82

5.2.1 Compensação de prejuízos fiscais ... 82

5.2.2 Adicional do Imposto de Renda ... 82

5.3 Base de cálculo do imposto mensal por estimativa ... 83

5.3.1 Percentuais aplicáveis sobre a receita bruta mensal ... 83

5.3.2 Acréscimo ao Lucro estimado ... 92

5.3.3 Valores que não integram a base de cálculo ... 95

5.4 Imposto mensal — Cálculo ... 96

5.4.1 Alíquotas ... 96

5.4.2 Deduções admitidas do IRPJ devido ... 97

5.4.3 IRPJ a pagar — Deduções admitidas ... 98

5.4.4 Pagamento do imposto ... 100

5.5 Suspensão ou redução dos pagamentos mensais (levantamento de balanços ou balancetes periódicos) ... 100

5.5.1 Conceitos importantes ... 101

5.5.2 Como apurar o lucro real mês a mês ... 103

5.5.3 Cálculo do imposto devido no período em curso ... 104

5.5.4 Aproveitamento de incentivos fiscais ... 105

5.5.5 Exemplos ... 105

5.6 Determinação do lucro real anual e do saldo do imposto a pagar ou a compensar ... 107

5.6.1 Saldo a pagar ou a restituir ... 107

5.6.2 Exemplo de apuração anual do Imposto de Renda ... 108

5.6.3 Pagamento do saldo do imposto ... 109

5.6.4 Apuração de saldo de imposto a compensar ou a restituir ... 109

5.7 Lançamento de ofício pela fala de pagamento do imposto ... 110

Capítulo 6
Avaliação de Estoques

1. EXIGÊNCIA LEGAL ... 113

1.1 Pessoas jurídicas tributadas com base no lucro real ... 113

1.1.1 Períodos de apuração do lucro real ... 113

1.1.2 Balanço/balancete de redução ou suspensão do imposto ... 114

1.2 Empresas tributadas pelo lucro presumido ou optante pelo Simples .. 114

2. MERCADORIAS PARA REVENDA E MATÉRIAS-PRIMAS INDUSTRIAIS ... 114

2.1 Valores que integram o custo de aquisição 114
2.1.1 Impostos não recuperáveis 115
2.2 Parcelas não integrantes do custo de aquisição 115
2.3 Exemplos 115
2.4 Frete e seguro 116
2.5 Importação - Valores componentes do custo 116
3. CRITÉRIOS DE AVALIAÇÃO DE ESTOQUE 117
4. REGISTRO PERMANENTE DE ESTOQUES 118
4.1 Registro de devoluções 118
4.1.1 Valor das devoluções 119
5. EMPRESA QUE NÃO POSSUI REGISTRO PERMANENTE DE ESTOQUES 119
5.1 Exemplo 119
5.1.1 CMV 120
6. PRODUTOS ACABADOS E EM ELABORAÇÃO 120
6.1 Componentes obrigatórios do custo de produção 121
6.2 Bens de consumo eventual 121
6.3 Indústria calçadista 122
6.4 Custo padrão 122
7. AVALIAÇÃO DOS ESTOQUES DE PRODUTOS COM BASE EM CONTABILIDADE DE CUSTOS 123
7.1 Sistema de contabilidade de custo integrado e coordenado com o restante da escrituração 123
7.2 Periodicidade dos registros contábeis 123
7.3 Necessidade da existência de registro permanente de estoques 124
8. ARBITRAMENTO DO VALOR DO ESTOQUE DE PRODUTOS ACABADOS E EM FABRICAÇÃO 124
8.1 Produtos acabados 124
8.1.1 Exemplo 124
8.2 Produtos em elaboração 125
8.2.1 Exemplos: 125
9. REDUÇÕES E PROVISÕES - PROIBIÇÃO 126
10. PROVISÃO PARA AJUSTE AO VALOR DE MERCADO - INDEDUTIBILIDADE 126
11. ESTOQUES DE PRODUTOS RURAIS 126
12. QUEBRAS OU PERDAS DE ESTOQUE 127
12.1 Quebras ou perdas "normais" 127
12.1.1 Perdas decorrentes do processo de produção 127
12.1.2 Comprovação 128

12.2 Quebras ou perdas por deterioração, obsolescência ou pela ocorrência de riscos não segurados 128
12.2.1 Fascículos obsoletos nas empresas editoras 128
12.2.2 Provisão para perda de estoques de livros 129
13. CUSTOS DOS EMPRÉSTIMOS PARA FINANCIAR ESTOQUES DE LONGA MATURAÇÃO 129

Capítulo 7
Critérios para Dedutibilidade de Despesas com Utilização de Bens

1. CONDIÇÃO PARA QUE SEJA PERMITIDA A DEDUÇÃO DE ALUGUEL, ARRENDAMENTO, DEPRECIAÇÃO, MANUTENÇÃO, ETC. 131
2. BENS QUE O FISCO CONSIDERA "INTRINSECAMENTE RELACIONADOS COM A PRODUÇÃO OU com A COMERCIALIZAÇÃO" 132
2.1 Como a lista deve ser entendida 132

Capítulo 8
Depreciação de Bens do Ativo Imobilizado

1. EM QUE CONSISTE A DEPRECIAÇÃO 135
1.1 A questão das alterações nos critérios contábeis da depreciação e seus efeitos fiscais 135
1.2 Despesas com depreciação em face da Lei nº 12.973/2014 136
1.2.1 O que mudou com a Lei nº 12.973/2013 136
1.2.2 Como proceder fiscalmente 137
1.2.2.1 Adoção de taxas "aceleradas" 138
1.2.3 Como proceder contabilmente 138
1.2.4 Exemplo de depreciação contábil menor do que aquela exigida pelo Fisco 139
2. A PREVISÃO LEGAL DE DEDUTIBILIDADE DA DEPRECIAÇÃO ...140
3. BENS QUE PODEM SER DEPRECIADOS 141
3.1 O bem deve ser intrinsecamente relacionado com a produção ou a comercialização de bens e serviços 142
4. BENS QUE NÃO PODEM SER DEPRECIADOS 143
4.1 Como proceder quando o registro contábil de imóvel construído agregar o valor da construção ao do terreno 143
5. BENS CUJO CUSTO PODE SER DEDUZIDO DIRETAMENTE 144
6. TAXA ANUAL DE DEPRECIAÇÃO 145
6.1 Relação de taxas de depreciação baixadas pela Receita Federal 145
6.2 Utilização, pela empresa, de taxas de depreciação diferentes das baixadas pelo Fisco 145
6.3 Taxas de depreciação para bens adquiridos usados 146
6.4 Bens utilizados na exploração mineral ou florestal 147

6.5 Conjunto de instalações ou equipamentos 147
6.6 Depreciação acelerada contábil 147
6.6.1 Comprovação que pode vir a ser solicitada pelo Fisco 147
7. PERIODICIDADE NA CONTABILIZAÇÃO 148
8. CÁLCULO DA DEPRECIAÇÃO 149
8.1 Cuidados a serem tomados 150
8.2 Exemplo 150
9. DEPRECIAÇÃO DE BENS REAVALIADOS 151
10.BENS TOTALMENTE DEPRECIADOS 152
11.DEPRECIAÇÃO ACELERADA INCENTIVADA 152
11.1 Hipóteses previstas na legislação 153
11.1.1 Bens adquiridos por empresas rurais 153
11.1.2 Máquinas e equipamentos industriais adquiridos no período de 12.06.1991 a 31.12.1993 154
11.1.3Máquinas e equipamentos industriais adquiridos no período de 1º.01.1992 a 31.12.1994 155
11.1.4Equipamentos Emissores de Cupom Fiscal adquiridos em 1995 155
11.1.5Incentivos à inovação tecnológica 155
11.1.6Incentivos às microrregiões da ADA (Sudam) e Adene (Sudene) 156
11.1.7Bens de empresas geradoras de energia elétrica 157
11.1.8Benefício concedido na aquisição de veículos e similares para transportes de mercadorias 158
11.1.9Pessoa jurídica que explore atividade de hotelaria 161
11.1.10 Empresas industriais fabricantes de veículos e de autopeças 161
11.1.11 Pessoas jurídicas fabricantes de bens de capital 162
11.2 Utilização do Lalur 162
11.2.1Controle na Parte "B" do Lalur 162
11.3 Exemplo 163
11.4 Empresas rurais - Base de cálculo da Contribuição Social sobre o Lucro 163

Capítulo 9
Baixa de Bens do Ativo Imobilizado

1. VALORES QUE DEVEM SER BAIXADOS 165
2 GANHO OU PERDA DE CAPITAL 166
2.1 Tratamento fiscal 166
2.1.1 Diferimento da tributação 167
2.1.2 Desapropriação para fins de reforma agrária 168
2.2 Baixa de bem reavaliado - Observação sobre a reserva de reavaliação 168
2.3 Reserva de correção especial 169
2.4 Alterações no art. 31 do DL nº 1.598/77 169

3. BEM OBJETO DE DEPRECIAÇÃO ACELERADA 171
4. PESSOAS JURÍDICAS OPTANTES PELA ESTIMATIVA MENSAL 171
5. LUCRO PRESUMIDO OU ARBITRADO 172
5.1 Custo de empréstimos - Lucro Presumido e Arbitrado – Lei nº 12.973/2014 173
6. PESSOAS JURÍDICAS OPTANTES PELO SIMPLES NACIONAL 173
7. BENS IMPRESTÁVEIS 174
8. BENS SINISTRADOS 174
9. DEVOLUÇÃO DE CAPITAL EM BENS OU DIREITOS A PREÇO DE MERCADO 174
10.EXEMPLO (BAIXA DE UM BEM ADQUIRIDO A PARTIR DE 1º.01.1996) 175

Capítulo 10

Controle por Subcontas, Ajuste a Valor Presente e Avaliação a Valor Justo

I. CONTROLE POR SUBCONTAS 177
II. AJUSTE A VALOR PRESENTE 178
1. AJUSTE A VALOR PRESENTE DE ATIVO 178
2. AJUSTE A VALOR PRESENTE DE PASSIVO 179
2.1 Aquisições a prazo 180
2.2 Outras operações sujeitas ao AVP 181
3. VARIAÇÃO CAMBIAL - JUROS A APROPRIAR 182
III. AVALIAÇÃO A VALOR JUSTO 182
1. AVALIAÇÃO A VALOR JUSTO - GANHO 182
1.1 Avaliação a valor justo de ativo 183
1.2 Avaliação a valor justo na permuta de ativos 183
1.3. Avaliação a valor justo de passivo 184
1.3.1 Avaliação a Valor Justo na Permuta de Passivos 184
2. AVALIAÇÃO A VALOR JUSTO - PERDA 185
2.1 Avaliação a Valor Justo de Ativo 185
2.2 Avaliação a Valor Justo de Passivo 186
3. AVALIAÇÃO A VALOR JUSTO DE TÍTULOS E VALORES MOBILIÁRIOS 186
3.1 Operações Realizadas para Fins de *Hedge* *187*
4. AVALIAÇÃO A VALOR JUSTO NA SUBSCRIÇÃO DE AÇÕES 188
4.1 Avaliação a Valor Justo na Subscrição de Ações - Ganho 188
4.2 Avaliação a Valor Justo na Subscrição de Ações - Perda 190
5. AJUSTE DECORRENTE DE AVALIAÇÃO A VALOR JUSTO NA INVESTIDA 191

5.1 Ajuste Decorrente de Avaliação a Valor Justo na Investida - Ganho ...191
5.2 Ajuste Decorrente de Avaliação a Valor Justo na Investida - Perda 192
6. INCORPORAÇÃO, FUSÃO E CISÃO - AVJ TRANSFERIDO PARA A SUCESSORA ...194
7. AVALIAÇÃO A VALOR JUSTO - LUCRO PRESUMIDO PARA LUCRO REAL ...194

Capítulo 11
Amortização

1. PREVISÃO DE DEDUTIBILIDADE DA AMORTIZAÇÃO ...195
1.1 Hipóteses em que cabe a amortização ...195
2. AMORTIZAÇÃO DE CAPITAIS CLASSIFICADOS NO ATIVO IMOBILIZADO ...196
2.1 O que pode ser amortizado ...196
2.1.1 Abrigos para usuários de ônibus ...197
2.2 Valores não amortizáveis ...197
2.2.1 E se as benfeitorias forem feitas em bens locados de sócios? ...197
2.3 Quotas de amortização ...198
2.4 Baixa de saldos não amortizados ...198
2.5 Programas de computador ...199
2.6 Marcas e patentes ...199
2.7 Luvas ...199
2.8 Benfeitorias em bens objeto de arrendamento mercantil (*leasing*) ...199
2.9 Amortização acelerada incentivada ...200
2.10 Aquisição de direitos de pessoas vinculadas domiciliadas no exterior ou em paraísos fiscais ...201
2.11 Amortização de direitos de exploração de florestas ...201
3. DESPESAS PRÉ-OPERACIONAIS OU PRÉ-INDUSTRIAIS ...201
3.1 "Despesas pré-operacionais ou pré-industriais" e "despesas pagas antecipadamente" não são a mesma coisa ...202
3.1.1 Despesas pré-operacionais (Lei 12973, art. 11) ...203
3.2 Valores não dedutíveis ...203
3.3 Resultados não operacionais apurados na fase pré-operacional ...204
3.4 Aquisição de Imobilizado na fase pré-operacional ...204

Capítulo 12
Benfeitorias em Bens Pertencentes a Sócios ou Dirigentes

1. REGRA SOBRE A AMORTIZAÇÃO DE BENFEITORIAS EM PROPRIEDADE DE TERCEIROS ...205
2. RESTRIÇÃO À DEDUÇÃO ...206
3. DECISÕES DO 1º CONSELHO DE CONTRIBUINTES (ATUAL CARF) ...206

Capítulo 13
Investimentos em Participações Societárias (método da equivalência patrimonial e método de custo ou aquisição)

I – INVESTIMENTOS AVALIADOS PELO MÉTODO DA EQUIVALÊNCIA PATRIMONIAL 209

1. COMPANHIAS ABERTAS E INSTITUIÇÕES FINANCEIRAS - NORMAS ESPECÍFICAS 209

2. INVESTIMENTOS SUJEITOS À AVALIAÇÃO PELA EQUIVALÊNCIA PATRIMONIAL 209

2.1 Conceito de sociedades coligadas, controladas e controladoras 209

2.1.1 Sociedades coligadas 209

2.1.2 Sociedades controladas e controladoras 210

2.3 Momento em que deve ser feita a equivalência patrimonial 211

3. CRITÉRIOS GERAIS DE CÁLCULO DA EQUIVALÊNCIA PATRIMONIAL 211

3.1 Ajuste do valor contábil do investimento - Registro e tratamento fiscal 212

3.1.1 Lucros ou dividendos recebidos da coligada ou controlada 213

3.2 Desdobramento do custo de aquisição 213

3.2.1 Procedimentos básicos 214

3.2.2 Mais-valia ou menos valia – Necessidade de laudo de perito 214

4. TRATAMENTO CONTÁBIL DA MAIS-VALIA E DO *GOODWILL* .. ***214***

4.1 Mais-valia 214

4.2. *Goodwill* *215*

5. TRATAMENTO FISCAL DA MAIS-VALIA E DO *Goodwill* ***215***

5.1 Não tributação da redução da mais-valia e do *goodwill* *215*

5.1.1 Momento da tributação do eventual ganho 216

6. EXEMPLO 216

6.1 Aumento do patrimônio Líquido da investida proveniente de lucros – tratamento na investidora 218

7. EXEMPLO DE OCORRÊNCIA DE MENOS VALIA - TRATAMENTO CONTÁBIL E FISCAL 219

8. OUTRAS PARTICIPAÇÕES SOCIETÁRIAS - AVALIAÇÃO PELO MÉTODO DE CUSTO 220

9. COLIGADAS OU CONTROLADAS COM PATRIMÔNIO LÍQUIDO NEGATIVO 220

II - INVESTIMENTOS EM PARTICIPAÇÕES SOCIETÁRIAS NÃO SUJEITOS À EQUIVALÊNCIA PATRIMONIAL - AVALIAÇÃO PELO CUSTO DE AQUISIÇÃO 221

1 PRESUNÇÃO DA INTENÇÃO DE PERMANÊNCIA DO INVESTIMENTO 221

2 CUSTO DE AQUISIÇÃO 221
3 EXEMPLO DE CONTABILIZAÇÃO 222
4 RECEBIMENTO DE LUCROS OU DIVIDENDOS 222
4.1 Lucros ou dividendos de participação societária adquirida até seis meses antes 224

Capítulo 14
Provisões

1. CONCEITO DE PROVISÃO 225
1.1 Provisões dedutíveis 226
1.2 Tradicionais provisões indedutíveis 227
1.3 Outras provisões indedutíveis segundo a Lei nº 12.973/2014 227
1.3.1 Custos estimados de desmontagens 227
1.3.2 Ganho ou perda na avaliação a valor justo dos instrumentos financeiros228
2. PROVISÃO PARA 13º SALÁRIO 228
2.1 Vantagem fiscal 228
2.2 Aquisição do direito ao 13º salário 229
2.3 Cálculo da provisão e encargos 229
2.4 Esquema básico de lançamentos contábeis 229
3. PROVISÃO PARA FÉRIAS 230
3.1 Determinação dos valores e limite da provisão 230
3.2 Empresa que não constitui a provisão - Procedimento por ocasião do pagamento das férias 231
3.3 Esquema básico de lançamentos contábeis 231
4. PROVISÃO PARA A CONTRIBUIÇÃO SOCIAL SOBRE O LUCRO232
4.1 Indedutibilidade da contribuição 232
4.2 Deduções do valor provisionado 232
4.3 Esquema básico de lançamentos contábeis 232
5. PROVISÃO PARA O IMPOSTO DE RENDA 233
5.1 Classificação contábil 233
5.2 Compensação da estimativa e de valores retidos na fonte 233
5.3 Esquema básico de lançamentos contábeis 233
6. PROVISÃO PARA PERDA DE ESTOQUES DE LIVROS 234

Capítulo 15
Perdas no Recebimento de Créditos

1. LIMITES PARA DEDUTIBILIDADE PARA CONTRATOS INADIMPLIDOS A PARTIR DE 08/10/2014 235
1.1 limites para dedutibilidade de contratos inadimplidos até 07/10/2014237
2. O QUE SE CONSIDERA "OPERAÇÃO" PARA FINS DE DETERMINAÇÃO DOS LIMITES DE QUE TRATA A LEGISLAÇÃO? ..237

3. ACRÉSCIMO DE REAJUSTES E ENCARGOS MORATÓRIOS CONTRATADOS 238
4. REGISTRO DE NOVA PERDA EM UMA MESMA OPERAÇÃO 238
5. EXEMPLOS 238
6. CRÉDITO GARANTIDO 240
7. PERDAS COM PESSOAS LIGADAS - INDEDUTIBILIDADE 240
8. TRATAMENTO CONTÁBIL DAS PERDAS 240
8.1 Dedutibilidade na apuração do lucro real e da base de cálculo da CSL241
9. CRÉDITOS RECUPERADOS - CÔMPUTO NA DETERMINAÇÃO DO LUCRO REAL 241
10.DESISTÊNCIA DA COBRANÇA JUDICIAL - CONSEQUÊNCIAS NA BASE DE CÁLCULO DO IR E DA CSL 242
11.ENCARGOS FINANCEIROS SOBRE CRÉDITOS VENCIDOS 243
Tratamento na empresa credora PARA FINS DE DETERMINAÇÃO DA BASE DE CÁLCULO DO IR E DA CSL 243
12.ENCARGOS FINANCEIROS SOBRE CRÉDITOS VENCIDOS 244
Tratamento na empresa devedora PARA FINS DE DETERMINAÇÃO DA BASE DE CÁLCULO DO IR E DA CSL 244

Capítulo 16
Dedutibilidade de Tributos, Juros e Multas Fiscais

1. TRIBUTOS E CONTRIBUIÇÕES 245
1.1 Tributos e contribuições com exigibilidade suspensa 245
1.1.1 Base de cálculo da Contribuição Social sobre o Lucro 246
1.2 Imposto de Renda e Contribuição Social sobre o Lucro 246
1.3 Impostos pagos na aquisição de bens do Ativo Permanente 247
1.4 Rendimentos pagos a terceiros sujeitos ao IR Fonte 247
2. MULTAS POR INFRAÇÕES FISCAIS 248
2.1 Multas indedutíveis 248
2.1.1 Multas provenientes da falta de pagamento 248
2.1.2 Não cumprimento de obrigação acessória 249
2.2 Multas consideradas dedutíveis 249
2.2.1 Quando podem ser deduzidas as multas dedutíveis 249
2.3 Multas relativas às contribuições sociais 250
2.4 Multas relativas ao FGTS 250
3. MULTAS POR TRANSGRESSÕES DE NORMAS DA LEGISLAÇÃO NÃO TRIBUTÁRIA 250
4. JUROS DE MORA 251
5. MULTAS CONTRATUAIS 251

Capítulo 17
Despesas de Propaganda

1. DESPESAS CUJA DEDUÇÃO É ACEITA ... 253
2. PROVA DE INSCRIÇÃO NO CNPJ E DE MANUTENÇÃO DE ESCRITA REGULAR PELA BENEFCIÁRIA ... 254
3. CONTABILIZAÇÃO DAS DESPESAS ... 254
4. AMOSTRA GRÁTIS ... 254
   4.1 Custo real das amostras distribuídas ... 255
   4.2 Valor das amostras distribuídas no período e saldo de encerramento . 255
   4.3 Planos especiais de divulgação ... 256
5. RATEIO DE DESPESAS ... 256
6. PRÊMIOS EM COMPETIÇÕES DE CONHECIMENTOS ... 257
7. PROPAGANDA POR MEIO DE EQUIPE ESPORTIVA ... 257
8. BRINDES ... 257
9. HIPÓTESES DE REGISTRO NO ATIVO IMOBILIZADO ... 257
   9.1 Abrigos para usuários de ônibus ... 258
10. DESPESAS REALIZADAS NO EXTERIOR ... 258

Capítulo 18
Arrendamento Mercantil (Leasing)

1. O *LEASING* ... ***259***
   1.1 Modalidades ... 259
   1.2 *Leaseback* ... *260*
2 CONDIÇÕES PARA DEDUTIBILIDADE DA DESPESA ... 261
3. DEDUÇÃO DE OUTROS ENCARGOS DECORRENTES DO LEASING ... 262
4. BENFEITORIAS EM BENS ARRENDADOS ... 262
5. ANTECIPAÇÃO DO VALOR RESIDUAL ... 263
   5.1 Decisões do 1º Conselho de Contribuintes (atualmente, Carf) ... 263
   5.2 Decisões do STJ ... 263
6. OPÇÃO DE COMPRA ... 264
   6.1 Prazo para depreciação ... 264
      6.1.1 Exemplo ... 264
7. PRAZOS MÍNIMOS DE ARRENDAMENTO ... 265
8. AQUISIÇÃO DE BENS ARRENDADOS EM DESACORDO COM A LEI Nº 6.099/1974 ... 265
9. ARRENDAMENTO DE IMÓVEL CONSTRUÍDO PELA ARRENDADORA EM TERRENO DA ARRENDATÁRIA ... 266

10.BENS DESTINADOS À LOCAÇÃO 266
11.AUTUAÇÕES FISCAIS E A POSIÇÃO DA JURISPRUDÊNCIA 266
11.1 Opção de compra por valor residual ínfimo 267
11.2 Contrato de arrendamento por prazo inferior ao de vida útil do bem268
11.3 Concentração de valor nas prestações iniciais 268
12.CESSÃO DE CONTRATOS 269
13.Arrendamento mercantil financeiro a partir da edição da Lei Nº 12.973/2014 270
13.1 Indedutibilidade da despesa de depreciação 270
13.2 Indedutibilidade das despesas financeiras 270
13.2 Tratamento fiscal 271
13.2.1 Tratamento fiscal na arrendatária 271

Capítulo 19
Doações

1. A INDEDUTIBILIDADE COMO REGRA 273
1.1 Bolsas de estudo e doações ao Unicef...273
2. DOAÇÕES A INSTITUIÇÕES DE ENSINO E PESQUISA..................273
2.1 Doações a escolas da rede pública...274
3. DOAÇÕES A ENTIDADES CIVIS QUE PRESTEM SERVIÇOS GRATUITOS 274
3.1 Doações feitas a Organizações da Sociedade Civil de Interesse Público (Oscip) 276
4. EXEMPLOS...276
4.1 Conceito de lucro operacional..276
4.2 Exemplo de dedução somente das doações focalizadas no item 2......277
4.3 Dedução simultânea das doações focalizadas nos itens 2 e 3 278
5. DOAÇÕES EM FAVOR DE PROJETOS CULTURAIS APROVADOS PELO MINISTÉRIO DA CULTURA.............................. 278
6. DOAÇÕES AOS FUNDOS DOS DIREITOS DA CRIANÇA E DO ADOLESCENTE 279
7. DOAÇÃO AO DESPORTO 279
8. DOAÇÕES A PARTIDOS POLÍTICOS 279

Capítulo 20
Juros Remetidos ao Exterior em Razão da Compra de Bens a Prazo

1. TRIBUTAÇÃO NA FONTE 281
1.1 Não se aplica o reajuste do rendimento..281
1.2 Distinção entre juros pagos e preço do bem adquirido 282
2. ALÍQUOTA E PRAZO PARA RECOLHIMENTO DO IMPOSTO 282

3. INDEDUTIBILIDADE DO IMPOSTO 282
4. ENTIDADES ISENTAS OU IMUNES 283
5. REMESSAS PARA O EXTERIOR – LEGISLAÇÃO QUE REGE O ASSUNTO 284

Capítulo 21
Remuneração Indireta de Administradores e Terceiros (*fringe benefits*)

1. CONCEITO DE REMUNERAÇÃO 285
2. REMUNERAÇÃO INDIRETA 286
3. APROVEITAMENTO DA DESPESA PELA PESSOA JURÍDICA - condição 286
   3.1 Extensão a certas despesas indedutíveis 287
4. TRIBUTAÇÃO NA FONTE E NA DECLARAÇÃO DO BENEFICIÁRIO 287
   4.1 Pagamento de seguridade social no exterior 288

Capítulo 22
Juros sobre o Capital Próprio

1. BASE DE CÁLCULO 289
   1.1 Exclusões 289
2. CONTAS A SEREM CONSIDERADAS NO CÁLCULO DO JCP 290
3. CÁLCULO DOS JUROS 290
   3.1 TJLP vigentes desde 2010 291
      3.1.1 Exemplo de cálculo da TJLP anual 291
   3.2 Períodos inferiores a um mês 292
4. DEDUTIBILIDADE DOS JUROS - LIMITE A SER OBSERVADO 293
5. EXEMPLO 293
   5.1 Quando os juros remuneratórios calculados pela TJLP não excedem o limite dedutível 293
      5.1.1 Exemplo de cálculo de juros sobre o capital próprio 293
      5.1.2 Limite dedutível 294
   5.2 Quando os juros remuneratórios calculados pela TJLP excedem o limite dedutível 294
      5.2.1 Exemplo de cálculo de juros sobre o capital próprio 294
      5.2.2 Limite dedutível 295
6. BALANÇOS OU BALANCETES DE SUSPENSÃO OU REDUÇÃO DO IMPOSTO 295
7. LUCRO REAL TRIMESTRAL - PARTICULARIDADES 295

8. TRATAMENTO CONTÁBIL DOS JUROS REMUNERATÓRIOS 296
9. TRIBUTAÇÃO NA FONTE 296
9.1 Hipóteses de imunidade e de não incidência do IRRF 297
10.OBRIGAÇÃO DE INFORMAR AOS BENEFICIÁRIOS 297
11.TRATAMENTO DOS JUROS E DO IMPOSTO RETIDO NA FONTE PELO BENEFICIÁRIO DO RENDIMENTO 298
11.1 Empresas sujeitas ao lucro real 298
11.2 Empresas tributadas com base no lucro presumido ou arbitrado 298
11.3 Pessoas jurídicas isentas do Imposto de Renda 298
11.4 Beneficiário pessoa física 298
11.5 Imputação dos juros ao valor do dividendo obrigatório 299
12.JUROS E OUTROS ENCARGOS FINANCEIROS INCIDENTES SOBRE OS JUROS REMUNERATÓRIOS - TRIBUTAÇÃO 299
13.APÊNDICE - CIRCULAR BACEN Nº 2.722/1996 299

Capítulo 23
Preços de Transferência

1. DEFINIÇÃO 307
1.1 Extensão das regras do "preço de transferência" às operações realizadas em regime fiscal privilegiado 307
1.2 País ou dependência com tributação favorecida? 308
2. OBJETIVO DO CONTROLE FISCAL DOS PREÇOS DE TRANSFERÊNCIA 309
2.1 Prática mundial 309
2.2 Países considerados "paraísos físicas" 310
2.2.1 Regimes especiais privilegiados 310
3. VALORES SUJEITOS AO PREÇO DE TRANSFERÊNCIA E APLICABILIDADE NO ÂMBITO DO IRPJ e da CSL 313
3.1 Outros valores e contribuintes sujeitos às regras de preços de transferência 313
3.2 Comprovação dos preços de transferência 313
4. PESSOAS CONSIDERADAS VINCULADAS 314
4.1 Operações realizadas por intermédio de empresa ***trading*** - Aplicação do controle de preços de transferência 316

Capítulo 24
Compensação de Prejuízos Fiscais

1. PREJUÍZOS COMPENSÁVEIS NA APURAÇÃO DO LUCRO REAL 331

1.1 Tributação por outro sistema - Tratamento do prejuízo fiscal 331

2. PREJUÍZOS COMPENSÁVEIS E CONTRIBUINTES AUTORIZADOS A EXERCER A COMPENSAÇÃO 332

3. LIMITE A SER OBSERVADO 332

4. RESTRIÇÕES À COMPENSAÇÃO DOS PREJUÍZOS 333

4.1 Modificação do controle societário e do ramo de atividade 333

4.1.1 Modificação do controle societário definição 334

4.1.2 Modificação do ramo de atividade 334

5. PREJUÍZOS NÃO OPERACIONAIS - TRATAMENTO E CONCEITO 334

5.1 Aplicação da restrição - Regra 335

5.2 Resultado não operacional negativo que implicar em apuração de prejuízo fiscal - Tratamento 336

5.3 Procedimentos para compensações futuras 336

5.4 Classificação dos prejuízos como operacionais e não operacionais 337

5.4.1 Exemplo 1 337

5.4.2 Exemplo 2 337

5.5 Compensação futura - Exemplo 337

5.6 Registros no Lalur 338

6. PARTICULARIDADES DA EMPRESA OPTANTE PELO PAGAMENTO MENSAL DO IMPOSTO 338

7. EMPRESAS TRIBUTADAS COM BASE NO LUCRO REAL TRIMESTRAL 339

8. ABSORÇÃO DE PREJUÍZOS NA ESCRITURAÇÃO COMERCIAL 339

9. COMPENSAÇÃO DE PREJUÍZOS NA BASE DE CÁLCULO DA CONTRIBUIÇÃO SOCIAL SOBRE O LUCRO 339

10. ALGUMAS SITUAÇÕES ESPECIAIS 339

10.1 Incorporação, fusão ou cisão 339

10.2 Sociedades em conta de participação 340

10.3 Prejuízos apurados no exterior 340

11. ATIVIDADE RURAL 341

11.1 Prejuízos não operacionais 341

Capítulo 25
Distribuição de Lucros ou Dividendos

1. CONSIDERAÇÕES INICIAIS 343

2. TRATAMENTO TRIBUTÁRIO APLICÁVEL AOS LUCROS - VINCULAÇÃO AO PERÍODO DE APURAÇÃO 343

3. DISTRIBUIÇÃO DE LUCROS APURADOS A PARTIR DE 1º.01.1996 ..344
3.1 Tratamento fiscal aos rendimentos excedentes ao lucro apurado 344
3.2 Distribuição de lucros de forma desproporcional à participação no capital social 344
4. DISTRIBUIÇÃO DE lucros apurados no período de 1º.01.1994 a 31.12.1995 345
4.1 Tratamento do imposto retido pelo beneficiário 345
4.2 Opção pela aplicação do valor recebido na subscrição de aumento de capital de pessoa jurídica 345
5. DISTRIBUIÇÃO DE LUCROS APURADOS EM 1993 346
6. DISTRIBUIÇÃO DE LUCROS APURADOS NO PERÍODO DE 1º.01.1989 A 31.12.1992 346
7. Distribuição de lucros apurados até 31.12.1988 346
8. LUCROS DISTRIBUÍDOS POR CONTA DE PERÍODO-BASE NÃO ENCERRADO 347
8.1 Quando o lucro distribuído for superior ao lucro efetivamente apurado - Algumas considerações 348
9. Pessoas jurídicas com débito, não garantido, para com a União - Implicações e controvérsias 349
9.1 A regra na Lei nº 8.212/1991 350
9.2 O que dispõe a Lei nº 11.051/2004 351
9.3 Débito parcelado 352
10. INCIDÊNCIA DE CONTRIBUIÇÃO PREVIDENCIÁRIA 353
11. QUADRO SINÓPTICO 353

Capítulo 26
Distribuição Disfarçada de Lucros

1. QUANDO SE CONSIDERA QUE OCORREU DISTRIBUIÇÃO DISFARÇADA 355
2. PESSOA LIGADA 356
2.1 Sócio ou acionista 356
2.2 Administrador 356
2.3 Titular 356
2.4 Relações de parentesco 356
3. VALOR DE MERCADO 357
3.1 Valor "notoriamente inferior" ao de mercado 359
4. NEGÓCIOS QUE ENSEJAM A CARACTERIZAÇÃO DE DISTRIBUIÇÃO DISFARÇADA DE LUCROS 359

4.1 Alienação de bem à pessoa ligada 359
4.2 Aquisição de bem de pessoa ligada 359
4.3 Benfeitorias em imóvel locado de pessoa ligada 360
4.4 Permuta de bens com pessoas ligadas 360
4.5 Perda de sinal ou depósito em garantia 361
5. DISTRIBUIÇÃO A SÓCIO OU ACIONISTA CONTROLADOR POR INTERMÉDIO DE TERCEIROS 361
6. EXCLUSÃO DA PRESUNÇÃO 361
7. TRIBUTAÇÃO 361
7.1 IRPJ - Cômputo na determinação do lucro real..361
7.2 Contribuição Social sobre o Lucro..362
7.3 Isenção do IR para lucros distribuídos..363
8. RESTITUIÇÃO DE CAPITAL EM BENS..363
9. INTEGRALIZAÇÃO DE CAPITAL EM BENS 364
10.REGRAS SOBRE PREÇOS DE TRANSFERÊNCIA 364

Capítulo 27
Omissão de Receitas

1. SALDO CREDOR DE CAIXA E PASSIVO FICTÍCIO 365
1.1 Saldo credor de Caixa — Decisões do 1° Conselho de Contribuintes365
1.2 Passivo fictício — Decisões do 1° Conselho de Contribuintes 366
2. SUPRIMENTOS DE CAIXA 366
2.1 Suprimento via aumento de capital..367
2.2 Suprimentos efetuados por terceiros..367
2.3 Suprimentos de caixa não comprovados, passivo fictício e saldo credor de caixa — Ocorrências simultâneas..368
3. FALTA DE EMISSÃO DE NOTA FISCAL..368
4. ARBITRAMENTO DA RECEITA POR INDÍCIOS DE OMISSÃO.....369
4.1 Decisões do 1° Conselho do Contribuintes..370
5. LEVANTAMENTO QUANTITATIVO POR ESPÉCIE..370
6. DEPÓSITOS BANCÁRIOS..371
6.1 Contas pertencentes a terceiros 372
6.2 Contas mantidas em conjunto..373
7. SINAIS EXTERIORES DE RIQUEZA..373
8. TRATAMENTO TRIBUTÁRIO DA RECEITA OMITIDA..374
8.1 IRPJ..374
8.1.1 Multa aplicável..374
8.2 CSL, PIS/Pasep e Cofins 374
9. EMPRESAS ENQUADRADAS NO SIMPLES..375

Capítulo 28
Lucro da Exploração

1. FINALIDADE 377
2. EMPRESAS QUE DEVEM CALCULAR O LUCRO DA EXPLORAÇÃO 377
3. ALTERAÇÕES PROMOVIDAS PELA LEI Nº 12.973/2014 378
4. CONCEITO DE LUCRO DA EXPLORAÇÃO 380
   4.1 Adições ao lucro líquido 381
   4.2 Exclusões do lucro líquido 383
5. EXEMPLO DE CÁLCULO 385
   5.1 Distribuição por atividade 386
      5.1.1 Exemplo 386
6. IMPOSTO QUE DEIXA DE SER PAGO — DESTINAÇÃO 387
   6.1 Exemplo 388

Capítulo 29
Incorporação, Fusão e Cisão

1. CONSIDERAÇÕES INICIAIS 389
2. CONCEITOS 389
   2.1 Incorporação 389
   2.2 Fusão 390
   2.3 Cisão 391
3. CUMPRIMENTO DE OBRIGAÇÕES FISCAIS 392
   3.1 Pagamento do IRPJ e da CSL 393
   3.2 Forma de tributação na incorporação, fusão ou cisão 394
   3.3 Pagamento dos tributos devidos e declarados em nome da pessoa jurídica incorporada, fusionada ou cindida 394
4. AVALIAÇÃO DE BENS E DIREITOS 394
   4.1 Laudo de avaliação e registro por valor contábil 395
   4.2 Bens e direitos transferidos de entidades isentas 395
   4.3 Tratamento do ajuste a valor justo transferido para a sucessora, no caso de incorporação, fusão e cisão 395
5. TRATAMENTO TRIBUTÁRIO DADO PELA LEI Nº 12.973/2014 396

Capítulo 30
Extinção da Pessoa Jurídica pelo Encerramento de Atividades

1. CONCEITOS INTERFERENTES 401
   1.1 Dissolução 401

1.2 Liquidação ... 401
1.3 Extinção ... 402
2. FALÊNCIA OU LIQUIDAÇÃO EXTRAJUDICIAL ... 402
3. EFEITOS FISCAIS DA EXTINÇÃO ... 403
3.1 Realização integral do lucro inflacionário ... 403
3.2 Pessoa jurídica tributada com base no lucro real ... 403
3.2.1 Lucros auferidos no exterior por intermédio de filiais ou sucursais ou sociedades coligadas ou controladas ... 403
3.2.2 Pagamento do IRPJ e da CSL por estimativa ... 403
3.2.3 Lucro real trimestral ... 404
3.3 Lucro presumido ... 405
3.4 Lucro arbitrado ... 405
3.5 Contribuição Social sobre o Lucro ... 405
3.6 Exemplo ... 406
3.7 Pagamento do IRPJ e da CSL devidos ... 407
4. PARTILHA DO PATRIMÔNIO LÍQUIDO ... 407
5. DISTRIBUIÇÃO DE LUCROS NÃO CAPITALIZADOS ... 407
5.1 Empresa tributada com base no lucro real ... 407
5.2 Empresa tributada com base no lucro presumido ... 408
5.3 Empresa tributada com base no lucro arbitrado ... 408
5.4 Beneficiário residente ou domiciliado no exterior ... 409
6. LUCROS OU RESERVAS CAPITALIZADOS ... 409
7. PAGAMENTO DE HAVERES DOS SÓCIOS MEDIANTE ENTREGA DE BENS DA SOCIEDADE EXTINTA ... 410
7.1 Avaliação dos bens entregues aos sócios ... 410
7.2 Avaliação a valor de mercado ... 410
7.2.1 Tratamento do valor a maior na pessoa jurídica extinta ... 410
7.2.2 Tratamento no beneficiário da restituição de capital ... 410
8. APRESENTAÇÃO DE DECLARAÇÕES ... 411
9. BAIXA DE INSCRIÇÃO NO CNPJ ... 411
10. ENTREGA DE COMPROVANTE DE RENDIMENTOS PAGOS E DE RETENÇÕES AOS BENEFICIÁRIOS ... 411
11. RESPONSABILIDADE DOS SÓCIOS OU DO TITULAR ... 412

Capítulo 31
Aspectos Fiscais do Aumento e da Redução do Capital Social

1. CONSIDERAÇÕES INICIAIS ... 413
2. CONSEQUÊNCIAS FISCAIS DO AUMENTO DO CAPITAL SOCIAL ... 413

2.1 Aumento de capital social em dinheiro 413
2.2 Aumento de capital social em bens ou direitos 414
2.3 Aumento de capital social mediante incorporação de lucros e reservas415

3. REDUÇÃO DO CAPITAL SOCIAL 417
3.1 Redução de capital para absorção de prejuízo contábil 417
3.2 Redução de capital com restituição de valores aos sócios 418
3.2.1 Restituição de capital em bens 419
3.3 procedimentos básicos para redução do capital 420

4. CAPITALIZAÇÃO CONDICIONADA DE LUCROS OU RESERVAS (VALORES APURADOS ATÉ 31.12.1988 OU NOS ANOS DE 1994 E 1995) 420
4.1 Regras a serem observadas 420
4.1.1 Inaplicabilidade destas regras 421
4.2 Critérios de contagem do prazo de cinco anos 421
4.3 Efeitos da inobservância das condições 422
4.3.1 Restituição de capital aos sócios antes do aumento 422
4.3.2 Restituição de capital aos sócios após o aumento 422
4.4 Reduções de capital sem efeitos fiscais 422
4.5 Incorporação, fusão ou cisão após aumento de capital condicionado .423
4.6 Hipóteses de incidência da tributação 424
4.7 Determinação do montante considerado lucro distribuído 424
4.8 Imposto retido 425

Capítulo 32
Escrituração Comercial e Fiscal

1. EXIGÊNCIA 427
1.1 Adoção das regras da Lei 12.973/2014 em 2014 427

2. Sistema Público de Escrituração Digital (Sped) e Escrituração Contábil Digital (ECD) 429
2.1 Abrangência da ECD 430
2.2 Pessoas jurídicas obrigadas a adotar a ECD 430
2.2.1 Outras PJ obrigadas à apresentação da ECD 431
2.2.2 Empresas cuja entrega é facultativa e empresas dispensadas da apresentação 431
2.2.3 multas aplicáveis 432
2.3 Apreciação das informações a Programa Validador e Assinador (PVA)433
2.4 Formalidades da escrituração contábil em forma digital para fins de atendimento ao SPED — Normatização pelo CFC 433
2.4.1 Forma contábil a ser adotada 434
2.4.2 Conteúdo do registro contábil e lançamento contábil 434
2.4.3 Plano de contas 434

2.4.4 Demonstrações contábeis ... 435
2.4.5 Livro Diário e livro Razão ... 435
2.4.6 Livros de Registros Auxiliares ... 435
2.4.7 Atribuições e responsabilidades ... 435
2.4.8 Armazenamento e guarda dos livros e demonstrações contábeis ... 435

3. FILIAIS, SUCURSAIS OU AGÊNCIAS ... 435
4. REGRAS GERAIS DE ESCRITURAÇÃO ... 436
5. LIVROS COMERCIAIS ... 436
5.1 Livro Diário ... 437
5.1.1 Escrituração resumida do livro Diário ("partidas mensais") ... 438
5.1.2 Normas específicas sobre o livro digital no âmbito do Sped ... 438
5.2 Razão ... 440
5.3 Registro de Duplicatas ... 441
5.4 Caixa e contas correntes ... 441
6. CÓDIGOS E ABREVIATURAS ... 441
7. DEMONSTRAÇÕES FINANCEIRAS OBRIGATÓRIAS ... 442
7.1 Adoção de livro próprio para a inscrição de demonstrações contábeis442
7.2 Demonstrações financeiras de filiais, sucursais, controladas ou coligadas no exterior ... 443
8. LIVROS FISCAIS ... 444
8.1 E-Lalur e ECF ... 445
9. ESCRITURAÇÃO POR PROCESSAMENTO DE DADOS ... 446
10. AUTENTICAÇÃO DE LIVROS ... 447
11. VERIFICAÇÃO DA ESCRITURAÇÃO PELO FISCO ... 448
12. CONSERVAÇÃO DE LIVROS E DOCUMENTOS ... 449
13. DOCUMENTOS MICROFILMADOS ... 450
14. RESPONSÁVEL PELA ESCRITURAÇÃO ... 450
15. IRREGULARIDADES NA ESCRITURAÇÃO — PENALIDADES ... 451
16. ARBITRAMENTO DO LUCRO ... 451
17. EMPRESAS DISPENSADAS, PELA LEGISLAÇÃO FISCAL, DE ESCRITURAÇÃO COMERCIAL ... 452
18. NOVO CÓDIGO CIVIL — REGRAS DE ESCRITURAÇÃO ... 452

Capítulo 33
Retenções na Fonte

1. SERVIÇOS PRESTADOS POR PESSOAS JURÍDICAS A OUTRAS PESSOAS JURÍDICAS - RETENÇÕES DE IR E CONTRIBUIÇÕES ... 455

2. RETENÇÃO DE IR 455
2.1 Serviços profissionais prestados por pessoas jurídicas a outras pessoas jurídicas 455
2.1.1 Assessoria e consultoria técnica 457
2.1.2 Serviços de engenharia 458
2.1.3 Serviços de medicina 459
2.1.4 Serviços prestados por sociedade civil ligada à fonte pagadora 459
2.1.5 Recrutamento e seleção de pessoal 460
2.1.6 Cooperativas de trabalho 460
2.1.7 Prazo e forma de recolhimento do imposto retido 460
2.2 Serviços de limpeza e conservação de bens imóveis, segurança, vigilância e locação de mão de obra 461
2.2.1 Definição de bens imóveis 461
2.2.2 Locação de mão de obra e intermediação na contratação de empregados 461
2.2.3 Prazo e forma de recolhimento do imposto retido 462
2.3 Serviços de propaganda e publicidade 463
2.3.1 Fato gerador 463
2.3.2 Base de cálculo 463
2.3.3 Prazo e forma de recolhimento do imposto retido 464
2.3.4 Obrigações acessórias de responsabilidade da agência 464
2.3.5 Compensação do imposto pela agência de propaganda 465
2.3.6 Informação na DIRF anual do anunciante 465
3. RETENÇÕES NA FONTE DA CSL, DA COFINS E DO PIS-Pasep 465
3.1 Algumas definições segundo a IN SRF nº 459/2004 466
3.2 Retenções das contribuições sem prejuízo da retenção do IR 467
3.3 Percentual a ser descontado 467
3.3.1 Hipótese em que pode ocorrer a retenção parcial das contribuições ... 467
3.4 Dispensa de retenção por limite de valor 468
3.5 Outros casos de retenção da CSL, da Cofins e do PIS-Pasep 468
3.6 Casos em que não se aplica a retenção da Cofins e da contribuição para o PIS-Pasep 469
3.7 Caso em que não se aplica a retenção da CSL 469
3.8 Prazo de pagamento 469
3.9 Códigos a serem utilizados no preenchimento do DARF 469
3.10 Operações com Cartões de Crédito ou Débito 470
3.11 Documentos de cobrança que contenham código de barras 470
3.12 Dedução dos valores retidos pelo beneficiário dos rendimentos 470
3.13 Fornecimento do comprovante anual de rendimentos pagos ao prestador do serviço 470
3.14 Dirf anual - apresentação pelo tomador do serviço 471
3.15 Tratamento das contribuições retidas pela prestadora dos serviços 471
3.15.1PIS/Pasep e Cofins – restituição ou compensação com outros débitos 471

Capítulo 34
Contribuição Social sobre o Lucro

1. INTRODUÇÃO....473
2. QUEM SÃO OS CONTRIBUINTES DA CSL....473
3. ENTIDADES IMUNES À CONTRIBUIÇÃO....473
4. INSTITUIÇÕES ISENTAS DA CONTRIBUIÇÃO....474
4.1 Sociedades cooperativas — Isenção da CSL em relação aos atos cooperativos a partir de 1º.01.2005....474
4.2 Outras entidades isentas da CSL....475
4.3 Hipóteses de suspensão do gozo da isenção....475
5. BASE DE CÁLCULO — CRITÉRIO GERAL....475
6. PESSOAS JURÍDICAS TRIBUTADAS COM BASE NO LUCRO REAL476
6.1 Empresas tributadas com base no lucro real trimestral....476
6.1.1 Base de cálculo....476
6.1.2 Alíquota da contribuição....480
6.1.3 Prazo para pagamento....481
6.1.4 Exemplo....482
6.2 Pessoas jurídicas optantes pela estimativa mensal....483
6.2.1 Percentuais de "presunção do lucro" aplicáveis sobre a receita bruta mensal....483
6.2.2 Alíquota aplicável....490
6.2.3 Deduções admitidas da CSL mensal....491
6.2.4 Prazo de pagamento....491
6.3 Suspensão ou redução da CSL mensal....492
6.3.1 Necessidade de ajustes no resultado apurado contabilmente (Lalur)....492
6.3.2 Prazo de pagamento....492
6.4 CSL anual — Apuração em 31 de dezembro....493
6.4.1 Base de cálculo da contribuição anual....493
6.4.2 Deduções da CSL devida....493
6.4.3 Pagamento do saldo apurado em 31 de dezembro....494
6.4.4 Exemplo....495
7. PESSOAS JURÍDICAS TRIBUTADAS COM BASE NO LUCRO PRESUMIDO OU ARBITRADO....496
7.1 Resultado presumido (base de cálculo)....496
7.2 — Receita bruta — Regra (lucro presumido/lucro arbitrado)....497
A — Receita bruta — Regra (lucro presumido/lucro arbitrado)....497
B — Receita bruta não conhecida (lucro arbitrado)....498
7.2.1 Adições a serem feitas ao lucro presumido/arbitrado....499
7.3 Adoção do regime de caixa pelas pessoas jurídicas tributadas com base no lucro presumido....502

7.4 Alíquota aplicável 502
7.5 Deduções admitidas 504
7.6 Prazo de pagamento 504
7.7 Exemplo 505
8. ATIVIDADES SUJEITAS À RETENÇÃO NA FONTE 505
8.1 "Serviços profissionais" — Lista de serviços alcançados 506
8.2 Percentual a ser descontado 507
8.3 Retenção das contribuições totais ou parciais 507
8.4 Prazo de recolhimento do imposto e das contribuições sociais retidos 508
8.5 Retenção das contribuições — Situações possíveis 508
8.5.1 Casos em que não se aplica a retenção 508
8.5.2 Casos para os quais somente se aplica a retenção da CSL 508
9. BÔNUS DE ADIMPLÊNCIA FISCAL 509
10. CRÉDITO DA CSL CONCEDIDO ÀS PESSOAS JURÍDICAS TRIBUTADAS COM BASE NO LUCRO REAL 510
10.1 Máquinas, aparelhos, instrumentos e equipamentos abrangidos pelo benefício 510
10.2 Determinação e utilização do crédito 511
10.3 "Devolução" dos valores utilizados a título de crédito da CSL 511
10.4 Mudança do regime de apuração 512
10.5 Extinção da pessoa jurídica 512
10.6 Alienação do bem que ensejou o crédito da CSL 512
11. INCENTIVOS À INOVAÇÃO TECNOLÓGICA (ART. 17 DA LEI nº 11.196/2005) 512

Capítulo 35
PIS/Pasep e Cofins

I – REGIME NÃO CUMULATIVO 518
1. BREVES COMENTÁRIOS SOBRE A ADOÇÃO DO REGIME NÃO CUMULATIVO 518
2. APLICAÇÃO DA LEI 12.973/2014 (MP 627/2014) 518
2.1 Novo conceito de receita bruta 519
2.2 Base de cálculo do PIS/Cofins não cumulativo 520
3. ALÍQUOTA APLICÁVEL 520
4. CONTRIBUINTES SUJEITOS AO REGIME NÃO CUMULATIVO 520
5. CONTRIBUINTES E RECEITAS EXCLUÍDOS DO REGIME NÃO CUMULATIVO 520
6. BASE DE CÁLCULO 521

6.1 Exclusões permitidas da receita bruta 521
6.2 Receitas financeiras – Novas disposições a partir de 01.07.2015 522

7. DEDUÇÕES DE CRÉDITOS 524
7.1 Direito ao crédito - Abrangência 525
7.1.1 Valores que não dão direito ao crédito 525
7.1.2 Vendas efetuadas com suspensão, isenção, alíquota 0 (zero) ou não incidência das contribuições - Manutenção do crédito 525
7.2 Determinação do crédito 526
7.2.1 Encargos de depreciação de máquinas e equipamentos 526
7.2.2 Apuração do crédito - Método alternativo à depreciação 526
7.2.3 Vedações ao aproveitamento de créditos 527
7.3 Apuração dos créditos 528
7.4 Crédito de bens e serviços adquiridos no País até 30.04.2004 - Aproveitamento 528
7.5 Apuração do crédito na hipótese de faturamento misto 529
7.6 Aproveitamento do crédito por pessoa jurídica que passar a ser tributada com base no lucro real 529
7.6.1 Bens recebidos em devolução antes da mudança do regime de tributação (para lucro real) ou tributados até 31.01.2004 530

8. PIS E COFINS - ESCRITURAÇÃO FISCAL DIGITAL 530

II REGIME CUMULATIVO 530

1. CONTRIBUINTES SUJEITOS AO REGIME CUMULATIVO 530

2. BASE DE CÁLCULO 530
2.1 Conceito de receita bruta a partir da Lei 12.973/2014 531

3. EXCLUSÕES ADMITIDAS 533
3.1 Valores que não integram a base de cálculo (doações e patrocínios e aumento do valor dos estoques de produtos agrícolas, animais e extrativos) 534
3.2 Empresas tributadas com base no lucro presumido - Recebimento de preço a prazo ou em parcelas 535
3.3 Operadoras de planos de assistência à saúde 535
3.4 Empresa que se dedica à compra e venda de veículos automotores 535
3.5. Receitas decorrentes das variações monetárias dos direitos de créditos e das obrigações 536

4. ALÍQUOTA APLICÁVEL 536

5. CÓDIGOS DE DARF E DATA DE RECOLHIMENTO 536

6. PRAZO PARA PAGAMENTO 536

7. EMPRESA COM FILIAIS - APURAÇÃO E PAGAMENTO CENTRALIZADO 536

Capítulo 36
Simples Nacional

1. CONSIDERAÇÕES INICIAIS 537
  1.1 Microempreendedor Individual (MEI) 537
  1.2 Condições para opção 538
2. OPÇÃO PELO SIMPLES NACIONAL 539
3. DEFINIÇÃO DE ME E DE EPP 539
  3.1 Início de atividade 539
4. SUBLIMITES 540
5. RECEITA BRUTA 540
6. QUEM ESTÁ IMPEDIDO DE OPTAR PELO SIMPLES NACIONAL ..541
  6.1 Códigos do CNAE que impedem a opção 545
    6.1.1 Códigos do CNAE que abrangem concomitantemente atividade impeditiva e atividade permitida 545
7. ATIVIDADES CUJO INGRESSO NO SIMPLES NACIONAL É EXPRESSAMENTE ADMITIDO 546
8. IMPOSTOS E CONTRIBUIÇÕES ABRANGIDOS PELO SIMPLES NACIONAL 546
  8.1 Outras contribuições a que as ME e EPP estão dispensadas de recolhimento 547
9. TRIBUTOS E CONTRIBUIÇÕES NÃO ABRANGIDOS PELO SIMPLES 547
  9.1 IR sobre ganhos de capital na alienação de ativos 550
    9.1.1 Como calcular o ganho de capital 550
10. UTILIZAÇÃO DE APLICATIVO ESPECÍFICO PARA CÁLCULO DO VALOR DEVIDO (PGDAS-D) 551
  10.1 Prazo de recolhimento dos tributos devidos 551
11. OBRIGAÇÕES ACESSÓRIAS 551
  11.1 Documentos fiscais e contábeis 552
  11.2 Livros fiscais e contábeis 552
    11.2.1 Outros livros de utilização obrigatória 553
  11.3 Declarações 554
12. RENDIMENTOS DOS SÓCIOS 554
  12.1 Distribuição com base na "presunção" de lucros 555
  12.2. Determinação do valor isento com base em escrita contábil 557

Capítulo 37
Sociedades Cooperativas

1. NÃO INCIDÊNCIA DO IMPOSTO 559
  1.1 Alcance da expressão "que obedecerem ao disposto na legislação específica" 560

2. PRÁTICA DE ATOS NÃO COOPERATIVOS 560
2.1 Atos não cooperativos legalmente admitidos 560
2.2 Prática habitual de operações estranhas ao objeto social da cooperativa 560
3. COOPERATIVAS DE CONSUMO 561
4. APURAÇÃO DO RESULTADO TRIBUTÁVEL 561
5. RECEITAS DE APLICAÇÕES FINANCEIRAS 563
5.1 Cooperativas de crédito 564
6. RESULTADOS NÃO OPERACIONAIS 564
6.1 Regra 564
6.2 Venda de bens do ativo imobilizado 564
7. DESPESAS NÃO DEDUTÍVEIS 565
8. SALDO DO LUCRO INFLACIONÁRIO EXISTENTE EM 31.12.1995566
9. ESCRITURAÇÃO DO LALUR 566
9.1 Determinação do lucro real na Parte "A" 566
9.2 Controle de valores na Parte "B" 567
10.COMPENSAÇÃO DE PREJUÍZOS FISCAIS 567
11.ALÍQUOTAS DO IMPOSTO 567
12.PAGAMENTO DO IMPOSTO NO LUCRO REAL 567
13.LUCRO PRESUMIDO E SIMPLES 567
14.IMPORTÂNCIAS DEVOLVIDAS AOS ASSOCIADOS COMO RETORNO OU SOBRA 568
15.VEDAÇÃO DA DISTRIBUIÇÃO DE BENEFÍCIOS ÀS QUOTAS-PARTES 568
16.CONTRIBUIÇÃO SOCIAL SOBRE O LUCRO 569
17.COOPERATIVAS DE TRABALHO - RETENÇÃO DE IRRF 570
17.1 Discriminação na fatura 571
17.1.1Serviços de transporte rodoviários de cargas ou de passageiros 571
18.RETENÇÃO NA FONTE DE CSL, PIS/PASEP E COFINS 572
19.PAGAMENTOS EFETUADOS POR ÓRGÃOS PÚBLICOS FEDERAIS 572
20.PIS E COFINS 573

Capítulo 38
Extinção do RTT e criação de subcontas impostas pela Lei nº 12.973/2014

1. INTRODUÇÃO 575
2. ESCLARECIMENTOS PRESTADOS POR MEIO DA

EXPOSIÇÃO DE MOTIVOS À MP 627/2013 575

3. SALDOS DE RTT/FCONT NA ADOÇÃO INICIAL DAS REGRAS DA LEI Nº 12.973/2014 576
   3.1 Algumas situações 577
   3.2 Procedimento contábil 578
      3.2.1 Diferimento da diferença positiva 578
      3.2.2 Diferimento da diferença negativa 578
      3.2.3 Exemplo 578
4. OUTRAS EXIGÊNCIAS DA LEI PARA A CRIAÇÃO DE SUBCONTAS 580
   4.1 Investimentos avaliados pelo MEP 581
   4.2 Ajuste a Valor Presente 581
   4.3 Avaliação a valor justo 582

Capítulo 39
Ajuste a Valor Presente (AVP) e Ajuste a Valor Justo segundo a Lei nº 12.973/2014

I - AJUSTE A VALOR PRESENTE DE ELEMENTOS DO ATIVO EM FACE DA LEI Nº 12.973/2014 583
1. INTRODUÇÃO 583
2. CONCEITO DE RECEITA BRUTA E RECEITA LÍQUIDA 584
3. TRATAMENTO CONTÁBIL 584
4. EXEMPLO 585
5. TRATAMENTO FISCAL 586

II - AJUSTES A VALOR PRESENTE DE ELEMENTOS DO PASSIVO PROVENIENTES DA AQUISIÇÃO DE MERCADORIAS PARA REVENDA EM FACE DA LEI Nº 12.973/2014 587
1. INTRODUÇÃO 587
2. ORIENTAÇÃO CONTÁBIL (CPC 12 - AJUSTE A VALOR PRESENTE) 588
3. ORIENTAÇÃO FISCAL (LEI Nº 12.973/2014) 589
4. TRATAMENTO CONTÁBIL/FISCAL-EXEMPLO 589
   4.1 Dados do exemplo 589
   4.2 Registro contábil da compra 590
   4.3 Tratamento fiscal 592

III - AJUSTES A VALOR PRESENTE DE ELEMENTOS DO PASSIVO PROVENIENTES DA AQUISIÇÃO DE INSUMOS UTILIZADOS NO PROCESSO PRODUTIVO EM FACE DA LEI Nº 12.973/2014 593
1. INTRODUÇÃO 593

2. AJUSTE A VALOR PRESENTE DE CONTAS DO PASSIVO SEGUNDO AS REGRAS CONTÁBEIS 593

3. ORIENTAÇÃO FISCAL 594

4. TRATAMENTO CONTÁBIL/FISCAL-EXEMPLO 595

4.1 Dados do exemplo *595*

4.2 Registro contábil da operação *596*

4.3 Tratamento fiscal *598*

4.3.1 Reflexo tributário em janeiro e fevereiro *598*

4.3.2 Reflexo tributário em março *598*

IV - INSTRUMENTOS FINANCEIROS CLASSIFICADOS COMO "MANTIDOS ATÉ O VENCIMENTO" E A LEI Nº 12.973/2014 599

1. INTRODUÇÃO 599

2. DEFINIÇÃO DE INSTRUMENTOS FINANCEIROS 600

3. CLASSIFICAÇÃO DOS INSTRUMENTOS FINANCEIROS DE ACORDO COM O CPC 39 600

3.1 Aplicações destinadas à negociação - Mensurado pelo valor justo por meio do resultado *600*

3.2 Investimentos mantidos até o vencimento *602*

3.3 Empréstimos e recebíveis *602*

3.4 Ativos financeiros disponíveis para venda *603*

4. TRATAMENTO DOS INSTRUMENTOS FINANCEIROS "MANTIDOS ATÉ O VENCIMENTO" SEGUNDO A LEI Nº 6.404/1976 603

5. EXEMPLO DE CONTABILIZAÇÃO DE INSTRUMENTO FINANCEIRO "MANTIDO ATÉ O VENCIMENTO" 604

5.1 Diminuição da perda *607*

6. TRATAMENTO FISCAL DO GANHO OU PERDA NA AVALIAÇÃO A VALOR JUSTO DOS INSTRUMENTOS FINANCEIROS 608

APÊNDICE

Anexo I - Tabela de adições ao lucro líquido (IN RFB Nº 1700/2017) 609

Capítulo 1

Conceitos Gerais

1. CONTRIBUINTES

O art. 146 do Regulamento do Imposto de Renda (Decreto nº 3.000, de 26.03.1999 — RIR/1999) dispõe que são contribuintes do Imposto de Renda Pessoa Jurídica (IRPJ):

- pessoas jurídicas, ou seja, basicamente, as empresas (sociedades);
- empresas individuais.

As regras que aqui comentaremos são aplicáveis a todas as firmas e sociedades, registradas ou não nos órgãos competentes. Isto por que se determinada empresa está atuando de modo irregular (por exemplo, sem registro na Junta Comercial) não significa que não lhe será cobrado o IRPJ devido, assim como as correspondentes multas pelo exercício irregular de atividade.

1.1 Empresários e sociedades segundo o Novo Código Civil

1.1.1 Empresário

O Novo Código Civil de 2002 (Lei nº 10.406/2002) não recepcionou as denominações "empresa individual", ou "firma individual", que eram amplamente utilizadas até então. Trouxe uma nova figura, semelhante, porém, mais abrangente: o "empresário"[1].

De acordo com o art. 966 do NCC:

a) considera-se empresário quem exerce profissionalmente atividade econômica organizada para a produção ou a circulação de bens ou de serviços;

1 Na Solução de Consulta nº 104/2003, a 9ª Região Fiscal concluiu que as alterações introduzidas pelo Novo Código Civil ao conceito de empresário não têm o condão de derrogar a legislação tributária que disciplina o tratamento fiscal dispensável às empresas individuais.

b) não se considera empresário quem exerce profissão intelectual, de natureza científica, literária ou artística, ainda com o concurso de auxiliares ou colaboradores, salvo se o exercício da profissão constituir elemento de empresa.

1.1.2 Sociedades

O art. 982 do NCC classifica as sociedades pela natureza de seu objeto, ao estabelecer que, ressalvadas exceções expressas, considera-se:

- **sociedades empresárias**: aquelas que têm por objeto o exercício de atividade própria de empresário sujeito a registro, conforme mencionado em 1.1.1;
- sociedades simples: as demais.

O dispositivo afirma ainda que, independentemente de seu objeto (parágrafo único):

a sociedade por ações é considerada sociedade empresária; e

a sociedade cooperativa é considerada sociedade simples.

De acordo com o art. 983 do Código Civil de 2002, ressalvadas as disposições concernentes à sociedade em conta de participação e à cooperativa, bem como as constantes de leis especiais que, para o exercício de certas atividades, imponham a constituição da sociedade segundo determinado tipo:

a) a sociedade empresária deve constituir-se segundo um dos seguintes tipos (regulados pelos arts. 1.039 a 1.092 do NCC):
   a.1) sociedade em nome coletivo;
   a.2) sociedade em comandita simples;
   a.3) sociedade limitada;
   a.4) sociedade anônima;
   a.5) sociedade em comandita por ações;
b) a sociedade simples também pode constituir-se de conformidade com um desses tipos. Mas, se não o fizer, subordina-se às normas que lhe são próprias, contidas nos arts. 997 a 1.038 do NCC

Acrescente-se que a sociedade que tenha por objeto o exercício de atividade própria de empresário rural e seja constituída, ou transformada, de acordo com um dos tipos de sociedade empresária ("a.1" a "a.5"), pode requerer inscrição no Registro Público de Empresas Mercantis da sua sede. Depois de inscrita, ficará equiparada, para todos os efeitos, à sociedade empresária (art. 984 do Código Civil de 2002).

1.1.3 Empresa individual de responsabilidade limitada (Eireli)

Não é demais salientar que, nos termos do art. 980-A do Código Civil (incluído pela Lei nº 12.441/2011), foi instituída a figura da empresa individual de responsabilidade limitada, constituída por uma única pessoa titular da totalidade do capital social, devidamente integralizado, que não será inferior a 100 (cem) vezes o maior salário mínimo vigente no País.

Salientamos, com referência a essa nova figura jurídica, os seguintes aspectos, constantes do mencionado dispositivo do CC/2002:

a) o nome empresarial deverá ser formado pela inclusão da expressão "Eireli" após a firma ou a denominação social da empresa individual de responsabilidade limitada;

b) a pessoa natural que constituir empresa individual de responsabilidade limitada somente poderá figurar em uma única empresa dessa modalidade;

c) a empresa individual de responsabilidade limitada também poderá resultar da concentração das quotas de outra modalidade societária num único sócio, independentemente das razões que motivaram tal concentração;

d) poderá ser atribuída à empresa individual de responsabilidade limitada constituída para a prestação de serviços de qualquer natureza a remuneração decorrente da cessão de direitos patrimoniais de autor ou de imagem, nome, marca ou voz de que seja detentor o titular da pessoa jurídica, vinculados à atividade profissional;

e) aplicam-se à empresa individual de responsabilidade limitada, no que couber, as regras previstas para as sociedades limitadas.

1.2 Casos específicos de "contribuintes"

Cabe registrar alguns casos específicos abrangidos pelo conceito de "contribuintes" do IRPJ:

a) as sociedades civis de prestação de serviços profissionais relativos ao exercício de profissão legalmente regulamentada são tributadas pelo Imposto de Renda de conformidade com as normas aplicáveis às demais pessoas jurídicas. Em passado recente (até 1996), a tributação dessas sociedades observava sistema específico, fora do campo de incidência do IRPJ (a tributação era feita diretamente na pessoa física dos sócios);

b) as empresas que estejam em processo de falência ou liquidação extrajudicial sujeitam-se às mesmas normas de incidência do Imposto de Renda aplicáveis às pessoas jurídicas, em relação às operações praticadas durante o período em que perdurarem os procedimentos para a realização de seu Ativo ("vender os bens e realizar os direitos") e o pagamento do Passivo ("quitar as dívidas");

c) as empresas públicas e as sociedades de economia mista, bem como suas subsidiárias, são contribuintes nas mesmas condições das demais pessoas jurídicas;

d) as sociedades cooperativas de consumo, que tenham por objeto a compra e o fornecimento de bens aos consumidores, também se sujeitam às mesmas normas de incidência dos impostos e contribuições de competência da União, aplicáveis às demais pessoas jurídicas. Adiante, comentaremos a não incidência do imposto sobre sociedades cooperativas.

1.2.1 Condomínio

O condomínio em edificações, que tem por fim exclusivo cuidar dos interesses comuns dos coproprietários do edifício, na forma da Lei nº 4.591/1964, não é pessoa jurídica ou equiparada.

Esta foi a conclusão emitida pela Secretaria da Receita Federal por meio do Parecer Normativo CST nº 76/1971.

2. PESSOA JURÍDICA

"Pessoa física" e "pessoa jurídica" são conceitos muito utilizados quando se fala de tributação pelo Imposto de Renda. Por isso, é fundamental conceituarmos adequadamente ambas as figuras.

2.1 Pessoa física segundo o Código Civil

Pessoa física é a pessoa natural, ou seja, o ser humano.

De acordo com o art. 4º do antigo Código Civil (Lei nº 3.071/1916) e o art. 2º do Novo Código (Lei nº 10.406/2002):

"A personalidade civil da pessoa começa do nascimento com vida; mas a lei põe a salvo, desde a concepção, os direitos do nascituro."

2.2 Conceito de pessoa jurídica

Originalmente, a personalidade jurídica está afeita à pessoa natural, ao ser humano de modo geral. Mas, por ficção jurídica, a lei outorga personalidade jurídica, por exemplo, às associações e sociedades (empresas).

Essa outorga de personalidade jurídica aos organismos empresariais torna-lhes possível o exercício de direitos e, em contrapartida, a assunção de obrigações.

É importante assinalar que:

a) a legislação vigente, como dissemos, outorga personalidade jurídica própria às sociedades e define que as pessoas jurídicas têm existência distinta da dos seus membros;

b) começa a existência legal da pessoa jurídica de direito privado (veja subitem 2.2.1) com a inscrição de seu ato constitutivo no respectivo registro, precedida, quando necessário, de autorização ou aprovação do Poder Executivo. Devem ser averbadas no registro todas as alterações por que passar o ato constitutivo;

c) para a existência legal da pessoa jurídica é necessário o registro de seu ato constitutivo no órgão próprio (Junta Comercial, na maioria das vezes, ou, em certos casos, Registro Civil de Pessoas Jurídicas);

d) é do ato de registro que deriva a personalidade jurídica da sociedade, ou seja, esta é consequência da regularidade constitutiva da pessoa jurídica.

Ainda sobre o registro cadastral:

- a regularidade da constituição da sociedade é fator indispensável à sua personificação; e a personificação, por sua vez, é aspecto decisivo para a separação dos patrimônios (dos sócios e da pessoa jurídica);
- assim, se a sociedade não for regularmente constituída, uma vez provada sua existência de fato, seus sócios são solidária e ilimitadamente responsáveis pelas obrigações contraídas em prol do negócio comum.

2.2.1 Pessoas jurídicas de direito público e de direito privado

De acordo com os arts. 40 a 45 do Novo Código Civil:

a) as pessoas jurídicas são de direito público (interno ou externo) ou de direito privado;

b) são pessoas jurídicas de direito público interno:

   b.1) a União;

   b.2) os Estados, o Distrito Federal e os Territórios;

   b.3) os municípios;

   b.4) as autarquias;

   b.5) as demais entidades de caráter público criadas por lei;

c) são pessoas jurídicas de direito público externo os Estados estrangeiros e todas as pessoas que forem regidas pelo direito internacional público;

d) são pessoas jurídicas de direito privado:

  d.1) as associações;

  d.2) as sociedades;

  d.3) as fundações.

2.3 Quem a legislação do Imposto de Renda considera pessoa jurídica

Vimos no item 1 deste Capítulo que são contribuintes:

a) as pessoas jurídicas (sociedades); e

b) as empresas individuais ("empresários").

A legislação do Imposto de Renda (art. 147 do RIR/1999) considera como pessoa jurídica, para efeito da letra "a" *supra* (ou seja, para fins de sujeição ao IRPJ):

- as pessoas jurídicas de direito privado domiciliadas no País, sejam quais forem seus fins, nacionalidade ou participantes no capital;
- as filiais, sucursais, agências ou representações no País das pessoas jurídicas com sede no exterior;
- os comitentes domiciliados no exterior, quanto aos resultados das operações realizadas por seus mandatários ou comissários no País.

2.3.1 Empresas individuais

A legislação do Imposto de Renda equipara a empresa individual à pessoa jurídica.

Assim, de acordo com o art. 150 do RIR/1999:

a) as empresas individuais são equiparadas às pessoas jurídicas. Para efeitos dessa equiparação, é irrelevante que o comerciante esteja ou não inscrito na Junta Comercial (PN CST nº 39/1977);

b) são empresas individuais:

  b.1) as firmas individuais;

  b.2) as pessoas físicas que, em nome individual, explorem, habitual e profissionalmente, qualquer atividade econômica de natureza civil ou comercial, com o fim especulativo de lucro mediante venda a terceiros de bens ou serviços;

b.3) as pessoas físicas que promoverem a incorporação de prédios em condomínio ou loteamento de terrenos (observadas as regras previstas nos arts. 151 a 166 do RIR/1999).

2.3.1.1 Casos em que a pessoa física não é considerada "empresa individual"

O conceito de "empresa individual", mencionado na letra "b" anterior, não se aplica às pessoas físicas que, individualmente, exerçam as profissões ou explorem as atividades de:

a) médico, engenheiro, advogado, dentista, veterinário, professor, economista, contador, jornalista, pintor, escritor, escultor e outras que lhes possam ser assemelhadas[2];

b) profissões, ocupações e prestação de serviços não comerciais[3];

c) agentes, representantes e outras pessoas sem vínculo empregatício que, tomando parte em atos de comércio, não os pratiquem, todavia, por conta própria;

d) serventuários da justiça, como tabeliães, notários, oficiais públicos e outros;

e) corretores, leiloeiros e despachantes, seus prepostos e adjuntos;

f) exploração individual de contratos de empreitada unicamente de lavor, qualquer que seja a natureza, quer se trate de trabalhos arquitetônicos, topográficos, terraplenagem, construções de alvenaria e outras congêneres, quer de serviços de utilidade pública, tanto de estudos como de construções;

g) exploração de obras artísticas, didáticas, científicas, urbanísticas, projetos técnicos de construção, instalações ou equipamentos, salvo quando não explorados diretamente pelo autor ou criador do bem ou da obra.

---

2 Profissionais que se estabelecem no mesmo prédio e que, sem organizar sociedade, concordam em ser designados por uma denominação única para fins promocionais ou de identificação, mantendo cada um clientes próprios e tendo receita independente, são tratados autonomamente perante o Imposto de Renda. Portanto, não são equiparados à pessoa jurídica, desde que possuam clientes próprios e disponham livremente das receitas auferidas com seu trabalho individual. Esse entendimento também prevalece para o caso em que esses profissionais repartam entre si as despesas comuns, como auxiliares, aluguel, telefone, luz e outras despesas semelhantes, pois o que pesa na caracterização é a independência da receita. Esta conclusão do Fisco foi emitida pelo PN CST nº 44/1976.

3 De acordo com a IN RF nº 111/1984, a associação de pessoas físicas para participação em comum em carteira de títulos e valores mobiliários, quando não registrada em Bolsa de Valores, segundo as normas fixadas pela Comissão de Valores Mobiliários, constitui sociedade para os fins de tributação pelo Imposto de Renda das Pessoas Jurídicas.

2.3.2 Sociedades em conta de participação

Essas sociedades são equiparadas às pessoas jurídicas para efeito de tributação pelo IRPJ (arts. 148 e 149 do RIR/1999).

Na sociedade em conta de participação, a atividade constitutiva do objeto social é exercida unicamente pelo sócio ostensivo, em seu nome individual e sob sua própria e exclusiva responsabilidade, participando os demais sócios dos resultados correspondentes.

Obriga-se perante terceiro tão somente o sócio ostensivo e, exclusivamente perante este, o sócio participante, nos termos do contrato social.

A constituição de sociedade em conta de participação independe de qualquer formalidade e pode provar-se por todos os meios de direito.

3. IMUNIDADES, ISENÇÕES E NÃO INCIDÊNCIAS

As imunidades, as isenções e as não incidências previstas na legislação do Imposto de Renda não dispensam as pessoas jurídicas das demais obrigações previstas na mesma legislação (art. 167 do RIR/1999).

Nesses casos, fica dispensada, apenas, a chamada "obrigação principal", ou seja, a "obrigação de pagar imposto". Portanto, as sociedades imunes, isentas ou que aufiram rendimentos não tributáveis permanecem sujeitas às seguintes obrigações (entre outras):

a) retenção e recolhimento de impostos sobre rendimentos pagos ou creditados a terceiros;
b) prestação de informações ao Fisco (por exemplo: apresentação de declarações).

Outro aspecto importante a ser salientado: a imunidade, a isenção ou a não incidência concedida às pessoas jurídicas não é extensiva aos que dela percebam rendimentos sob qualquer título e forma.

Isso significa que é tributado normalmente o rendimento recebido por determinado beneficiário remunerado por sociedade imune ou isenta.

3.1 Imunidade

De acordo com os arts. 168 a 171 do RIR/1999:

a) não estão sujeitos ao Imposto de Renda os templos de qualquer culto;
b) também não estão sujeitos ao imposto os partidos políticos, inclusive suas fundações, e as entidades sindicais dos trabalhadores, sem fins lucrativos, desde que[4]:

4 A imunidade referida na letra "b" não dispensa tais entidades da responsabilidade pelo imposto que lhes caiba reter na fonte e não as dispensa da prática de atos, previstos em lei, que visem assegurar o cumprimento de obrigações tributárias por terceiros. Cabe salientar, ainda, que, na falta de cumprimento das regras mencionadas em "b.1" a "b.3", a autoridade competente pode suspender o benefício de imunidade (conforme previsto no art. 172 do RIR/1999).

b.1) não distribuam qualquer parcela de seu patrimônio ou de suas rendas, a qualquer título;

b.2) apliquem seus recursos integralmente no País, na manutenção de seus objetivos institucionais;

b.3) mantenham escrituração de suas receitas e despesas em livros revestidos de formalidades capazes de assegurar sua exatidão;

c) igualmente não estão sujeitas ao imposto as instituições de educação e as de assistência social, sem fins lucrativos, observando-se que:

c.1) considera-se imune a instituição de educação ou de assistência social que preste os serviços para os quais houver sido instituída e os coloque à disposição da população em geral, em caráter complementar às atividades do Estado, sem fins lucrativos;

c.2) considera-se entidade sem fins lucrativos a que não apresente superávit em suas contas ou, caso o apresente em determinado exercício, destine o resultado, integralmente, à manutenção e ao desenvolvimento dos seus objetivos sociais;

c.3) para o gozo da imunidade, as mencionadas instituições são obrigadas a atender aos seguintes requisitos:

c.3.1) não remunerar, por qualquer forma, seus dirigentes pelos serviços prestados;

c.3.2) aplicar integralmente seus recursos na manutenção e desenvolvimento dos seus objetivos sociais;

c.3.3) manter escrituração completa de suas receitas e despesas em livros revestidos das formalidades que assegurem a respectiva exatidão;

c.3.4) conservar em boa ordem, pelo prazo de 5 anos, contado da data da emissão, os documentos que comprovem a origem de suas receitas e a efetivação de suas despesas, bem como a realização de quaisquer outros atos ou operações que venham a modificar sua situação patrimonial;

c.3.5) apresentar, anualmente, Declaração de Rendimentos, em conformidade com as normas baixadas pela Secretaria da Receita Federal;

c.3.6) recolher os tributos retidos sobre os rendimentos por elas pagos ou creditados e a contribuição para a seguridade social relativa aos empregados, além de cumprir as obrigações acessórias daí decorrentes;

c.3.7) assegurar a destinação de seu patrimônio a outra instituição que atenda às condições para gozo da imunidade, no caso de incorporação, fusão, cisão ou de encerramento de suas atividades, ou a órgão público;

c.3.8) outros requisitos, estabelecidos em lei específica, relacionados com o funcionamento das entidades aqui mencionadas.

Deve ser observado, ainda, que:

- a imunidade de que falamos neste subitem é restrita aos resultados relacionados com as finalidades essenciais das entidades nele mencionadas;
- não estão abrangidos pela imunidade os rendimentos e ganhos de capital auferidos em aplicações financeiras de renda fixa ou de renda variável pelas instituições de educação ou de assistência social;
- as hipóteses de imunidade mencionadas nas letras "b" e "c" deste subitem são extensivas às autarquias e às fundações instituídas e mantidas pelo Poder Público, no que se refere ao patrimônio, à renda e aos serviços vinculados a suas finalidades essenciais ou às dela decorrentes, não se aplicando aos relacionados com exploração de atividades econômicas regidas pelas normas aplicáveis a empreendimentos privados, em que haja contraprestação ou pagamento de preços ou tarifas pelo usuário.

3.2 Isenções

Os arts. 174 a 180 do RIR/1999 estabelecem os seguintes casos de isenção do IRPJ (para os quais devem ser observados os requisitos previstos nos mencionados dispositivos e nas demais normas aplicáveis):

a) instituições de caráter filantrópico, recreativo, cultural e científico e as associações civis que prestem os serviços para os quais houverem sido instituídas e os coloquem à disposição do grupo de pessoas a que se destinam, sem fins lucrativos;

b) entidades de previdência privada fechadas e as sem fins lucrativos;

c) companhias estrangeiras de navegação marítima e aérea, se no país de sua nacionalidade as companhias brasileiras de igual objetivo gozarem da mesma prerrogativa[5];

5 A isenção mencionada na letra "c" alcança os rendimentos auferidos no tráfego internacional por empresas estrangeiras de transporte terrestre, desde que no país de sua nacionalidade

d) as associações de poupança e empréstimo, devidamente autorizadas pelo órgão competente, constituídas sob a forma de sociedade civil, que tenham por objetivo propiciar ou facilitar a aquisição de casa própria aos associados, captar, incentivar e disseminar a poupança, e que atendam às normas estabelecidas pelo Conselho Monetário Nacional, observando-se que:

   d.1) tais associações pagam o imposto devido correspondente aos rendimentos e ganhos líquidos, auferidos em aplicações financeiras, à alíquota de 15%, calculado sobre 28% do valor dos referidos rendimentos e ganhos líquidos;

   d.2) o imposto assim incidente é considerado tributação definitiva;

e) as sociedades de investimento a que se refere o art. 49 da Lei nº 4.728/1965, de cujo capital social participem pessoas físicas ou jurídicas, residentes ou domiciliadas no exterior, só fazem jus à isenção do imposto se atenderem às normas e condições que forem fixadas pelo Conselho Monetário Nacional para regular o ingresso de recursos externos no País, destinados à subscrição ou aquisição das ações de emissão das referidas sociedades, relativas a:

   e.1) prazo mínimo de permanência do capital estrangeiro no País;

   e.2) regime de registro do capital estrangeiro e de seus rendimentos;

f) casos específicos de isenção:

   f.1) entidade binacional Itaipu;

   f.2) Fundo Garantidor de Crédito (FGC — Lei nº 9.710/1998), observando-se que, neste caso, a isenção abrange os ganhos líquidos mensais e a retenção na fonte sobre os rendimentos de aplicação financeira de renda fixa e de renda variável.

3.3 Sociedades cooperativas – Não incidência

De acordo com o art. 182 do RIR/1999, as sociedades cooperativas que obedecerem ao disposto na legislação específica não terão incidência do Imposto de Renda sobre suas atividades econômicas, de proveito comum, sem objetivo de lucro, observado que:

- é vedado às cooperativas distribuir qualquer espécie de benefício às quotas-partes do capital ou estabelecer outras vantagens ou privilégios, financeiros ou não, em favor de quaisquer associados ou

---

seja dispensado tratamento idêntico às empresas brasileiras que tenham o mesmo objeto. Deve existir reconhecimento da isenção pela Secretaria da Receita Federal para fruição desse benefício.

terceiros, excetuados os juros até o máximo de 12% ao ano atribuídos ao capital integralizado;

- a inobservância da regra mencionada na letra "a" importa na tributação dos resultados, na forma prevista na legislação do Imposto de Renda.

Conforme previsto no art. 183 do RIR/1999, as sociedades cooperativas que obedecerem ao disposto na legislação específica pagarão o imposto calculado apenas sobre os resultados positivos das operações e atividades estranhas à sua finalidade (atos não cooperativos), tais como:

a) de comercialização ou industrialização, pelas cooperativas agropecuárias ou de pesca, de produtos adquiridos de não associados, agricultores, pecuaristas ou pescadores, para completar lotes destinados ao cumprimento de contratos ou para suprir capacidade ociosa de suas instalações industriais;

b) de fornecimento de bens ou serviços a não associados, para atender aos objetivos sociais;

c) de participação em sociedades não cooperativas, públicas ou privadas, para atendimento de objetivos acessórios ou complementares.

Por seu turno, o art. 184 do RIR/1999 estabelece que as sociedades cooperativas de consumo, que tenham por objeto a compra e o fornecimento de bens aos consumidores, sujeitam-se às mesmas normas de incidência de impostos e contribuições de competência da União aplicáveis às demais pessoas jurídicas.

Sobre sociedades cooperativas, consulte Capítulo específico deste livro.

4. RESPONSABILIDADE DOS SUCESSORES

Ocorre sucessão empresarial, para fins de responsabilidade tributária perante a legislação do Imposto de Renda, quando há aquisição do patrimônio, constituído por estabelecimento comercial ou fundo de comércio. O adquirente assume o ativo e o passivo da firma ou sociedade (PN CST nº 20/1982).

A responsabilidade na sucessão/continuação da pessoa jurídica é regulamentada pelos arts. 207 a 209 do RIR/1999, observando-se que:

a) considera-se estabelecimento todo complexo de bens organizado, para exercício da empresa, por empresário ou sociedade empresária (art. 1.142 do Código Civil/2002);

b) a expressão "fundo de comércio", sinônimo de "estabelecimento comercial", designa o complexo de bens, materiais ou não, dos quais o comerciante se serve na exploração de seu negócio (PN CST nº 02/1972);

c) de acordo com o contorno atual da legislação, entende-se que o *site* da empresa na Internet, individualmente, não é considerado estabelecimento empresarial., mas integra o conjunto de bens que formam essa universalidade denominada estabelecimento.

4.1 Transformação, extinção ou cisão

De acordo com o art. 207 do RIR/1999 e com manifestações da Receita Federal por meio do "Perguntas e Respostas Pessoa Jurídica", respondem pelos tributos das pessoas jurídicas transformadas, incorporadas, fundidas, extintas ou cindidas:

a) a pessoa jurídica resultante da transformação de outra;

b) a pessoa jurídica constituída pela fusão de outras, ou em decorrência de cisão de sociedade;

c) a pessoa jurídica que incorporar outra, ou parcela do patrimônio de sociedade cindida;

d) a pessoa física sócia da pessoa jurídica extinta mediante liquidação, ou seu espólio, que continuar a exploração da atividade social sob a mesma ou outra razão social, ou sob firma individual ("empresário", de acordo com o Código Civil/2002);

e) os sócios, com poderes de administração, da pessoa jurídica que deixar de funcionar sem proceder à liquidação, ou sem apresentar a declaração de encerramento da liquidação.

A responsabilidade se aplica por igual aos créditos tributários definitivamente constituídos ou em curso de constituição à data dos atos acima referidos, e aos constituídos posteriormente aos mesmos atos, desde que relativos a obrigações tributárias surgidas até a referida data (RIR/1999, art. 209).

4.1.1 Responsabilidade solidária

Nas hipóteses mencionadas no subitem 4.1, respondem solidariamente pelo imposto devido pela pessoa jurídica (RIR/1999, art. 207, parágrafo único):

a) as sociedades que receberem parcelas do patrimônio da pessoa jurídica extinta por cisão;

b) a sociedade cindida e a sociedade que absorver parcela do seu patrimônio, no caso de cisão parcial;

c) os sócios, com poderes de administração, da pessoa jurídica extinta que deixar de funcionar sem proceder à liquidação, ou deixar de apresentar a declaração de informações no encerramento da liquidação.

Deve ser sublinhado que:

- responsabilidade solidária significa que, quando duas ou mais pessoas se apresentam na condição de sujeito passivo da obrigação tributária, cada uma responde pelo total da dívida. A exigência do tributo pelo credor poderá ser feita, integralmente, a qualquer um ou a todos coobrigados sem qualquer restrição ou preferência ("Perguntas e Respostas Pessoa Jurídica");
- de acordo com o art. 124 do CTN, são solidários, perante o Fisco, os que tenham interesse comum na situação que constitua o fato gerador da obrigação principal e os designados expressamente pela lei;
- responsabilidade solidária em matéria tributária somente se aplica em relação ao sujeito passivo (solidariedade passiva) e decorre sempre de lei. Não pode ser presumida ou resultar de acordo das partes, nem comporta benefício de ordem (vide "Perguntas e Respostas Pessoa Jurídica");
- Por meio do "Perguntas e Respostas Pessoa Jurídica", a Receita Federal esclarece que se entende como responsabilidade subsidiária, conforme o art. 134 do CTN, a hipótese em que o responsável solidário é chamado a satisfazer a obrigação "nos casos de impossibilidade de exigência do cumprimento da obrigação principal pelo contribuinte", nos casos de responsabilidade de terceiros: pais, tutores, inventariantes, síndicos, tabeliães, sócios, etc.

4.1.2 Afetação ou separação de patrimônio

Em regra (MP nº 2.158-35/2001, art. 76), as normas que estabeleçam a afetação ou a separação, a qualquer título, de patrimônio de pessoa física ou jurídica não produzem efeitos em relação aos débitos de natureza fiscal, previdenciária ou trabalhista, em especial quanto às garantias e aos privilégios que lhes são atribuídos.

Para essa finalidade, permanecem respondendo pelos débitos citados a totalidade dos bens e das rendas do contribuinte, seu espólio ou sua massa falida, inclusive os que tenham sido objeto de separação ou afetação. Contudo, a IN SRF nº 689/2006 declara (art. 11) que o disposto no art. 76 da Medida Provisória nº 2.158-35/2001 não se aplica ao patrimônio de afetação de incorporações imobiliárias definido pela Lei nº 4.591/1964.

4.2 Aquisição de fundo de comércio ou estabelecimento

A pessoa física ou jurídica que adquirir de outra, por qualquer título, fundo de comércio ou estabelecimento comercial, industrial ou profissional, e continuar a respectiva exploração, sob a mesma ou outra razão social ou sob firma individual, responde pelo tributo, relativo ao fundo ou estabelecimento adquirido, devido até a data do ato (RIR/1999, art. 208[6]):

- integralmente, se o alienante cessar a exploração do comércio, indústria ou atividade;
- subsidiariamente com o alienante, se este prosseguir na exploração ou iniciar dentro de seis meses, a contar da data da alienação, nova atividade no mesmo ou em outro ramo de comércio, indústria ou profissão.

4.2.1 Hipóteses que não configuram a sucessão

É interessante registrar que:

a) na Decisão nº 35/1997, a SRRF da 7ª Região Fiscal dispôs que em contratos de arrendamento não ocorre a sucessão, tendo em vista que não há transferência ou aquisição da propriedade. No caso, o arrendatário não ficará sujeito aos débitos fiscais, da arrendadora, anteriores ao contrato de arrendamento;

b) na Decisão nº 8/1998, a SRRF da 5ª Região Fiscal concluiu que o contrato de arrendamento ou de cessão de uso não tem o efeito de tornar o arrendatário ou cessionário sucessor do arrendante ou cedente e não exime os bens objetos desses contratos da responsabilidade patrimonial relativa às obrigações tributárias em que o arrendante ou cedente figure como sujeito passivo;

---

6 De acordo com os §§ 1º e 2º do art. 133 do CTN (incluídos pela Lei Complementar nº 118/2005):

a) a regra mencionada no subitem 4.2 não se aplica na hipótese de alienação judicial:

a.1) em processo de falência;

a.2) de filial ou unidade produtiva isolada, em processo de recuperação judicial;

b) a exceção a que se refere a letra "a", por seu turno, não se aplica quando o adquirente for:

b.1) sócio da sociedade falida ou em recuperação judicial, ou sociedade controlada pelo devedor falido ou em recuperação judicial;

b.2) parente, em linha reta ou colateral até o quarto grau, consanguíneo ou afim, do devedor falido ou em recuperação judicial ou de qualquer de seus sócios; ou

b.3) identificado como agente do falido ou do devedor em recuperação judicial com o objetivo de fraudar a sucessão tributária.

c) o 1º Conselho de Contribuintes concluiu (Acórdão nº 17.277/1996) que a locação de prédio onde funcionava estabelecimento comercial, para desenvolvimento da mesma atividade, não subroga o novo locatário nas obrigações tributárias em decorrência da inatividade do locatário anterior, ainda que a sua clientela passe a ser atendida pela pessoa jurídica que passa a explorar o negócio. A conclusão é que a aquisição de fundo de comércio somente caracteriza sucessão tributária quando o adquirente assume o ativo e passivo da sucedida;
d) na Decisão nº 143/1999, a SRRF da 8ª Região Fiscal entendeu que a aquisição de fundo de comércio ou de estabelecimento comercial somente acarretará responsabilidade tributária quando o adquirente assumir o ativo e o passivo da sucedida. A mera utilização de parte do prédio da antecessora, sem que haja translação de domínio, não configura a sucessão.

4.3 Responsabilidade por multas punitivas

Na esfera administrativa, o 1º Conselho de Contribuintes (atual Conselho Administrativo de Recursos Fiscais – Carf) e a Câmara Superior de Recursos Fiscais têm entendido que o sucessor não responde pela multa de natureza fiscal que deva ser aplicada em razão da infração cometida pela pessoa jurídica sucedida.

Assim concluem os tribunais administrativos sob a argumentação de que não pode ser cobrada a multa, de caráter punitivo, de quem não deu causa ao ato ilegal (o sucessor).

No Poder Judiciário, também se encontram decisões nas quais esse entendimento é adotado.

4.4 Empresa individual e sucessão empresarial

Por meio do "Perguntas e Respostas Pessoa Jurídica", a Receita Federal esclarece que, sob o enfoque fiscal, a sucessão empresarial pode ocorrer com empresa individual equiparada à pessoa jurídica.

Nessas condições, o titular de firma individual ("empresário") pode transferir o acervo líquido da empresa como forma de integralização de capital subscrito em sociedade já existente, ou a ser constituída, a qual passará a ser sucessora nas obrigações fiscais.

Da mesma forma, pode operar-se a sucessão mediante transferência para firma individual de patrimônio líquido de sociedade (PN CST nº 20/1982).

Ainda de acordo com a resposta à questão nº 234:

a) a sucessão empresarial pode ocorrer somente com firmas individuais ou pessoas físicas que explorem, habitual e profissionalmente, atividade econômica, com fim especulativo de lucro, nos termos do RIR/1999, art. 150, § 1°, I e II;

b) a sucessão não ocorrerá em relação às pessoas físicas equiparadas à empresa individual por prática de operações imobiliárias (equiparação em relação à incorporação ou loteamento de imóveis — RIR/1999, arts. 151 a 166). Tal equiparação ocorre exclusivamente para os efeitos da legislação do Imposto de Renda, que regula o seu início e término, bem como a determinação do seu resultado até a tributação final que abrangerá a alienação de todas as unidades integrantes do empreendimento. Não se admite, quanto a pessoas físicas equiparadas nessas condições à empresa individual, sua incorporação por sociedades que tenham, para efeitos tributários, tratamento diferente para os estoques de imóveis;

c) a utilização do acervo de firma individual para a composição do capital de sociedade já existente implica cancelamento do registro daquela. Referido cancelamento poderá ser realizado concomitantemente com o processo de arquivamento do ato da sociedade em constituição ou da alteração de contrato de sociedade.

Aduza-se que a Lei Complementar n° 128/2008, alterando dispositivos do Código Civil/2002 (arts. 968 e 1.033), dispôs que:

- caso venha a admitir sócios, o empresário individual poderá solicitar ao Registro Público de Empresas Mercantis a transformação de seu registro de empresário para registro de sociedade empresária; e
- o sócio remanescente, inclusive na hipótese de concentração de todas as cotas da sociedade sob sua titularidade, pode requerer no Registro Público de Empresas Mercantis a transformação do registro da sociedade para empresário individual.

5. RESPONSABILIDADE DE TERCEIROS

O art. 210 do RIR/1999 traz normas sobre a responsabilidade de terceiros.

De acordo com esse dispositivo, são pessoalmente responsáveis pelos créditos correspondentes a obrigações tributárias resultantes de atos praticados com excesso de poderes ou infração de lei, contrato social ou estatutos:

a) os administradores de bens de terceiros, pelo imposto devido por estes;

b) o síndico e o comissário, pelo imposto devido pela massa falida ou pelo concordatário;
c) os tabeliães, escrivães e demais serventuários de ofício, pelo imposto devido sobre os atos praticados por eles, ou perante eles, em razão do seu ofício;
d) os sócios, no caso de liquidação de sociedade de pessoas;
e) os mandatários, prepostos e empregados;
f) os diretores, gerentes ou representantes de pessoas jurídicas de direito privado.

Nos casos de impossibilidade de exigência do cumprimento da obrigação principal pelo contribuinte, respondem solidariamente com ele, nos atos em que intervierem ou pelas omissões pelas quais forem responsáveis (art. 211 do RIR/1999[7]):

- os administradores de bens de terceiros, pelo imposto devido por estes;
- o síndico e o comissário, pelo imposto devido pela massa falida ou pelo concordatário;
- os tabeliães, escrivães e demais serventuários de ofício, pelo imposto devido sobre os atos praticados por eles, ou perante eles, em razão do seu ofício;
- os sócios, no caso de liquidação de sociedade de pessoas.

Importa observar que a extinção de firma ou sociedade de pessoas não exime o titular ou os sócios da responsabilidade solidária do débito fiscal.

7 Esta regra só se aplica, em matéria de penalidades, às de caráter moratório.

Capítulo 2

Formas de Tributação e de Pagamento do Imposto

1. CONTRIBUINTES DO IMPOSTO DE RENDA PESSOA JURÍDICA

Antes de entrarmos, propriamente, nas formas de tributação e pagamento do Imposto de Renda, é interessante relembrar que os contribuintes desse imposto, basicamente, são:

a) as pessoas jurídicas de direito privado domiciliadas no País, sejam quais forem seus fins, nacionalidade ou participantes no capital;

b) as filiais, sucursais, agências ou representações no País das pessoas jurídicas com sede no exterior;

c) os comitentes domiciliados no exterior, quanto aos resultados das operações realizadas por seus mandatários ou comissários no País;

d) as sociedades em conta de participação (por equiparação);

e) as empresas individuais.

Cabe esclarecer que, a partir da vigência do Código Civil/2002, o conceito de empresa individual (letra "e") foi substituído, no âmbito do Direito de Empresa, pelo conceito de Empresário, assim entendido aquele que exerce profissionalmente atividade econômica organizada para a produção ou a circulação de bens e serviços, cuja inscrição no Registro Público de Empresas Mercantis da respectiva sede é obrigatória, antes do início da atividade.

Lembra-se, contudo, que, nos termos do vigente Código Civil, não se considera empresário quem exerce profissão intelectual, de natureza científica, literária ou artística, ainda que com o concurso de auxiliares ou colaboradores, salvo se o exercício da profissão constituir elemento de empresa.

2. FORMAS DE TRIBUTAÇÃO

Na prática, são quatro as modalidades de tributação pelo IRPJ: lucro real, lucro presumido, lucro arbitrado e Simples Nacional (esta modalidade de tributação engloba outros tributos, tais como PIS, Cofins e CSL).

Nos itens que se seguem, oferecemos ao leitor um primeiro contato com as principais características de cada uma dessas modalidades de tributação; isso porque cada uma delas é abordada em detalhes neste livro.

3. LUCRO REAL

É primordial que a pessoa jurídica tributada com base no lucro real mantenha escrituração comercial regular (contabilidade), além, é claro, do Livro de Apuração do Lucro Real (Lalur).

Em princípio, todas as pessoas jurídicas estariam sujeitas ao lucro real. Contudo, isso não é regra. A legislação do Imposto de Renda permite a opção por outras formas de tributação (lucro presumido, lucro arbitrado e Simples), mas apenas para algumas pessoas jurídicas.

O art. 59 da IN RFB nº 1700/2017 estabelece claramente que estão obrigadas ao regime de tributação com base no lucro real (portanto, impedidas de optar pelo lucro presumido) as pessoas jurídicas:

I — cuja receita total no ano-calendário anterior tenha excedido o limite de R$ 78.000.000,00 (setenta e oito milhões de reais) ou de R$ 6.500.000,00 (seis milhões e quinhentos mil reais) multiplicado pelo número de meses de atividade no período, quando inferior a 12 (doze) meses;

II — cujas atividades sejam de bancos comerciais, bancos de investimentos, bancos de desenvolvimento, agências de fomento, caixas econômicas, sociedades de crédito, financiamento e investimento, sociedades de crédito imobiliário, sociedades corretoras de títulos, valores mobiliários e câmbio, distribuidoras de títulos e valores mobiliários, empresas de arrendamento mercantil, cooperativas de crédito, empresas de seguros privados e de capitalização e entidades de previdência privada aberta;

III — que tiverem lucros, rendimentos ou ganhos de capital oriundos do exterior;

Nota

A obrigatoriedade referida neste tópico não se aplica à pessoa jurídica que auferir receita de exportação de mercadorias e da prestação direta de serviços no exterior.

IV — que, autorizadas pela legislação tributária, usufruem de benefícios fiscais relativos à isenção ou redução do imposto;

V — que, no decorrer do ano-calendário, tenham efetuado pagamento mensal pelo regime de estimativa;

Continua...

VI — que exploram as atividades de prestação cumulativa e contínua de serviços de assessoria creditícia, mercadológica, gestão de crédito, seleção e riscos, administração de contas a pagar e a receber, compras de direitos creditórios resultantes de vendas mercantis a prazo ou de prestação de serviços (factoring); ou

VII — que exploram as atividades de securitização de créditos imobiliários, financeiros e do agronegócio.

Adicionalmente, o § 4° do mesmo art. 59 ainda estabelece que são obrigadas ao regime de tributação do IRPJ com base no lucro real as pessoas jurídicas que exploram atividades de compra de direitos creditórios, ainda que se destinem à formação de lastro de valores mobiliários.

3.1 Lucros, rendimentos ou ganhos de capital oriundos do exterior — Observações

Os lucros, rendimentos e ganhos de capital auferidos no exterior, por pessoa jurídica domiciliada no Brasil, que impedem a opção pela tributação com base no lucro presumido (item 3, III) são aqueles a que se refere a IN SRF n° 213/2002 (art. 1°, §§ 1° a 3°), quais sejam:

a) os lucros apurados por filiais e sucursais da pessoa jurídica domiciliada no Brasil e os decorrentes de participações societárias, inclusive em controladas e coligadas;

b) os rendimentos e ganhos de capital auferidos no exterior diretamente pela pessoa jurídica domiciliada no Brasil.

Importa, ainda, salientar que, de acordo com o ADI SRF n° 5/2001:

- o impedimento à opção pelo lucro presumido a que se refere a letra "b" acima não se aplica à pessoa jurídica que auferir **receita de exportação de mercadorias e da prestação direta de serviços** no exterior;
- contudo, não se considera direta a prestação de serviços realizada no exterior por intermédio de filiais, sucursais, agências, representações, coligadas, controladas e outras unidades descentralizadas da pessoa jurídica que lhes sejam assemelhadas (portanto, neste caso, estará configurado o impedimento à opção);
- a pessoa jurídica que houver pago o imposto com base no lucro presumido e que, em relação ao mesmo ano-calendário, incorrer em situação de obrigatoriedade de apuração pelo lucro real por ter auferido lucros, rendimentos ou ganhos de capital oriundos do exterior, deverá apurar o IRPJ e a CSLL sob o regime de apuração pelo lucro real trimestral a partir, inclusive, do trimestre da ocorrência do fato.

- A essa respeito, o § 2º do artigo 59 da IN RFB nº 170/2017 é enfática. Referido dispositivo esclarece que a obrigatoriedade de tributação com base no lucro real refereida em III do item 1 acima não se aplica à pessoa jurídica que auferir **receita de exportação de mercadorias e da prestação direta de serviços no exterior**.

3.2 Lucro real trimestral ou estimativa mensal?

De acordo com a opção que fizerem no começo de cada ano, especificamente até o último dia útil do mês de fevereiro, as pessoas jurídicas tributadas com base no lucro real ficam sujeitas ao recolhimento mensal ou trimestral do IRPJ.

Nessa data (último dia útil do mês de fevereiro[1]), a empresa que optar pela estimativa mensal deverá recolher o imposto apurado no mês de janeiro.

O não recolhimento até fevereiro, em princípio, impõe à pessoa jurídica a obrigatoriedade de apuração trimestral do Imposto de Renda (exceto, é claro, se não houver estimativa a ser recolhida de acordo com balanço de suspensão levantado — veja subitem 3.2.2.2). Ressalve-se, ainda, a possibilidade de recolhimento após o prazo.

No caso de lucro real trimestral, o recolhimento do imposto relativo ao primeiro trimestre deverá ser feito até o último dia útil de abril (pagamento da primeira quota ou quota única do imposto).

É fato que boa parte das empresas opta pela estimativa (balanço anual), tendo em vista as vantagens de economia tributária e/ou de simplificação de procedimentos, além da faculdade de suspender ou reduzir o pagamento da estimativa de acordo com os resultados que a pessoa jurídica apurar em balanços ou balancetes levantados especificamente para esse fim (conforme comentado no subitem 3.2.2.2 adiante). Mas, para tanto, a empresa terá que contar com uma estrutura contábil razoavelmente bem aparelhada para fechar balancete mensalmente.

Ambas as formas (lucro real trimestral ou pagamento por estimativa com apuração anual) são irretratáveis para todo o ano-calendário.

1 Recolhimento do PIS e da Cofins do mês de janeiro: se, no recolhimento do PIS e da Cofins referente a janeiro for adotado o código de receita próprio do regime cumulativo, a pessoa jurídica poderá, no último dia útil de fevereiro, optar pelo lucro real anual? Ou trimestral (em abril)?

Entendemos que sim, desde que seja retificado o código de Darf (e o respectivo valor recolhido). Contudo, não há pronunciamento oficial da SRF sobre o assunto. É melhor já ter definido a modalidade de tributação antes de recolher as contribuições relativas a janeiro.

3.2.1 Lucro real trimestral

O lucro real trimestral, como dissemos, é definitivo para todo o ano-calendário. A apuração deve ser feita partindo-se do resultado líquido de cada trimestre (encerrado, respectivamente, nos dias 31 de março, 30 de junho, 30 de setembro e 31 de dezembro do ano-calendário), determinado por meio de levantamento de balanço com observância das normas estabelecidas pela legislação comercial e fiscal.

Esse resultado será ajustado mediante escrituração do Livro de Apuração do Lucro Real (Lalur) por todas as adições, exclusões e compensações determinadas ou autorizadas pela legislação do Imposto de Renda.

Isso vale, também, para a Contribuição Social sobre o Lucro devida em cada trimestre. Ela será determinada com base no resultado trimestral apurado contabilmente, ajustado pelas adições, exclusões e compensações determinadas ou autorizadas pela legislação vigente (o assunto é tratado em capítulo próprio deste livro).

O imposto e a contribuição devidos, apurados ao final de cada trimestre, deverão ser:

a) pagos em quota única, até o último dia útil do mês subsequente ao do encerramento do período de apuração; ou

b) à opção da pessoa jurídica, pagos em até 3 quotas mensais, iguais e sucessivas, vencíveis no último dia útil de cada um dos 3 meses subsequentes ao do encerramento do período de apuração a que corresponder, observando-se que:

   b.1) nenhuma quota poderá ter valor inferior a R$ 1.000,00, e o imposto ou a contribuição de valor inferior a R$ 2.000,00 serão pagos em quota única até o último dia útil do mês subsequente ao do encerramento do período de apuração;

   b.2) as quotas serão acrescidas de juros equivalentes à taxa Selic, acumulada mensalmente, calculados a partir do primeiro dia do segundo mês subsequente ao do encerramento do período de apuração até o último dia do mês anterior ao do pagamento, e de 1% no mês do pagamento;

   b.3) a primeira quota ou quota única, quando paga até o vencimento, não sofrerá acréscimos.

O pagamento do imposto na forma acima é irretratável para todo o ano-calendário. Isso significa que a pessoa jurídica fica impedida de optar, durante o ano, pelo lucro presumido, ainda que não esteja obrigada ao lucro real.

Nos casos de incorporação, fusão ou cisão e na extinção da pessoa jurídica pelo encerramento da liquidação, a apuração das bases de cálculo do IRPJ e da CSL devidos será efetuada na data do evento, observada a legislação de regência. Da mesma forma, deverá proceder a pessoa jurídica incorporadora, salvo nos casos em que as empresas, incorporadora e incorporada, estiverem sob o mesmo controle societário desde o ano-calendário anterior ao do evento.

3.2.2 Lucro real anual (estimativa mensal)

O pagamento mensal do IRPJ e da CSL calculados por estimativa costuma ser mais interessante para a empresa do que a apuração do lucro real trimestral.

Essa modalidade de pagamento do imposto e da CSL obriga a pessoa jurídica a apurar o lucro real anual em 31 de dezembro (ou, se for o caso, na data em que ocorrer a incorporação, a fusão ou a cisão ou o encerramento das atividades da empresa).

A opção pela estimativa é, basicamente, manifestada com o pagamento do imposto e da contribuição correspondentes ao mês de janeiro do ano-calendário, ainda que intempestivo. Portanto, normalmente, a opção é feita até o último dia útil do mês de fevereiro, relativamente ao imposto apurado em 31 de janeiro do mesmo ano (ressalvada a hipótese de pagamento do imposto fora do prazo). No caso de início de atividades, a opção é manifestada com o pagamento do imposto correspondente ao primeiro mês de atividade da pessoa jurídica.

De acordo com o art. 232 do RIR/1999, a opção pela estimativa é irretratável para todo o ano-calendário, o que significa que a pessoa jurídica fica impedida de optar pelo lucro presumido/arbitrado.

A obrigatoriedade de tributação com base no lucro real, no caso de pessoa jurídica optante pelo regime de estimativa, consta expressamente do art. 246 do RIR/1999.

3.2.2.1 procedimentos para pagamento do imposto por estimativa

O contribuinte sujeito ao sistema de pagamento por estimativa observará o seguinte:

a) o imposto e a contribuição devidos mensalmente devem ser pagos até o último dia útil do mês subsequente àquele a que se referirem (este prazo aplica-se inclusive ao imposto relativo ao mês de dezembro, que deverá ser pago até o último dia útil do mês de janeiro do ano subsequente);
b) por ocasião do balanço anual (31 de dezembro), são determinados o imposto e a contribuição efetivamente devidos, os quais devem ser confrontados com os valores devidos por estimativa. Os saldos apurados:

b.1) se positivos, devem ser pagos em quota única, até o último dia útil do mês de março do ano subsequente, acrescidos de juros calculados com base na taxa Selic, acumulada mensalmente, a partir de 1° de fevereiro até o último dia do mês anterior ao do pagamento, e de 1% no mês do pagamento;

b.2) se negativos, devem ser compensados com o imposto e a contribuição devidos a partir do mês de janeiro do ano-calendário subsequente ao do encerramento do período de apuração (pagos a partir de fevereiro, se a empresa permanecer na estimativa), acrescidos de juros equivalentes à taxa Selic, acumulada mensalmente, calculados a partir do mês subsequente ao do encerramento do período de apuração até o mês anterior ao da compensação, e de 1% relativamente ao mês em que estiverem sendo compensados, assegurada à pessoa jurídica a alternativa de requerer a restituição do montante pago a maior.

3.2.2.2 Suspensão/redução do pagamento devido por estimativa

O imposto devido por estimativa pode ser suspenso ou reduzido. Esta é a maior vantagem de optar pelo regime de estimativa.

A suspensão do pagamento ocorre quando o contribuinte demonstrar que o valor do imposto devido (inclusive adicional), calculado com base no lucro real do período em curso, é igual ou inferior à soma do Imposto de Renda pago, correspondente aos meses do mesmo ano-calendário anteriores àquele a que se refere o balanço ou balancete levantado.

Por sua vez, o imposto pode ser reduzido até o montante correspondente à diferença positiva entre o imposto e adicional devidos no período em curso e a soma do Imposto de Renda pago relativo aos meses do mesmo ano-calendário anteriores àquele a que se refere o balanço ou balancete levantado.

Se em determinado mês a pessoa jurídica optar por reduzir ou suspender o Imposto de Renda devido mediante o levantamento de balanço ou balancete, deverá pagar a Contribuição Social devida, relativa a esse mês, com base no respectivo balanço ou balancete.

3.2.2.3 Apuração do lucro real anual

As pessoas jurídicas que, no ano-calendário, optarem pelo pagamento mensal do imposto calculado por estimativa ou com base em balanço ou balancete de suspensão ou redução ficam obrigadas à apuração anual do lucro real, em 31 de dezembro do mesmo ano, para efeito de cálculo do imposto anual e determinação do saldo a pagar ou a ser compensado ou restituído. Isso vale, inclusive, para as pessoas jurídicas que não se enquadrem em quaisquer outras situações de obrigatoriedade de apuração do lucro real (art. 246, inciso V, do RIR/1999).

A apuração do lucro real deve ser precedida da apuração do lucro líquido, contabilmente, com observância das disposições das leis comerciais. No Livro de Apuração do Lucro Real (Lalur), serão feitos os ajustes determinados pela legislação do Imposto de Renda (arts. 247 e 262 do RIR/1999).

3.3 Receita bruta para fins de determinação dos limites que impõem a obrigatoriedade do lucro real

Considera-se receita total o somatório:

I — da receita bruta mensal;

II — dos ganhos líquidos obtidos em operações realizadas em bolsa de valores, de mercadorias e futuros e em mercado de balcão organizado;

III — dos rendimentos produzidos por aplicações financeiras de renda fixa e de renda variável;

IV — das demais receitas e ganhos de capital;

V — das parcelas de receitas auferidas nas exportações às pessoas vinculadas ou aos países com tributação favorecida que excederem o valor já apropriado na escrituração da empresa, na forma prevista na Instrução Normativa RFB nº 1.312, de 28 de dezembro de 2012; e

VI — dos juros sobre o capital próprio que não tenham sido contabilizados como receita.

4. LUCRO PRESUMIDO/ARBITRADO

Pode-se dizer que o lucro presumido é uma forma simplificada de tributação admitida pela legislação tributária federal que agiliza e facilita a fiscalização das empresas e a cobrança do tributo, porque se dá por meio de percentuais de presunção do lucro.

Por sua vez, o lucro arbitrado (também determinado mediante percentuais de presunção do lucro) é também uma forma de tributação "simplificada", mas muito mais onerosa e cuja finalidade precípua é a determinação do imposto devido pelo Fisco quando (além de outras hipóteses previstas em lei):

- a escrituração comercial e fiscal da empresa se revela imprópria para tanto;
- a empresa opta indevidamente pelo lucro presumido;

Até que ponto a tributação com base no lucro presumido é interessante para pessoa jurídica? Essa é uma pergunta muito frequente, cuja resposta não é fácil. De prático, temos que a tributação com base no lucro presumido simplifica alguns procedimentos (a legislação, por exemplo, dispensa a empresa de escrituração comercial para fins fiscais, simplificação esta que, a todo rigor, não é recomendável adotar).

De todo modo, a opção pelo lucro presumido (ou mesmo pelo arbitrado, pois a empresa pode se auto arbitrar) deve ser vista com cautela.

Não é demais lembrar que a pessoa jurídica que optar por uma dessas formas de tributação (lucro presumido ou arbitrado pela própria empresa) sempre terá lucro fiscal. Consequentemente, sempre haverá imposto a pagar. Para essas empresas, não existe a figura do prejuízo fiscal, comum às tributadas com base no lucro real.

Nesses casos, poderá ocorrer de a empresa pagar mais imposto do que deveria se comparado com aquele apurado com base na escrituração regular, ajustada pelas adições, exclusões e compensações prescritas na legislação do IR, ou seja, se tivesse optado pelo lucro real.

No lucro presumido (e também no arbitrado), a base de cálculo do imposto, como o próprio nome diz, é apurada tendo como base percentuais de presunção de lucro fixados pela legislação, aplicados sobre a receita bruta da empresa. Integram a base de cálculo, ainda, outros valores, tal como o ganho de capital auferido na alienação de bens e direitos do Ativo Imobilizado.

Há, entretanto, uma questão que deve ser levada em conta no que se refere à opção pelo lucro presumido. Tal forma de tributação implica pagamento de PIS/Pasep e Cofins na modalidade cumulativa (alíquotas de 0,65% e 3%, respectivamente, sem tomar créditos). Há vários casos em que, exatamente por isso, a carga tributária conjunta (IRPJ, CSL, PIS/Pasep e Cofins) no lucro presumido torna-se compensadora. Portanto, a tributação com base no lucro presumido é alternativa que deve ser avaliada considerando-se, no mínimo e especialmente, três fatores:

- a "margem de lucro tributável" efetiva da empresa, se esta optasse pelo lucro real (ou seja, se o lucro real seria maior ou menor do que o lucro presumido determinado segundo os percentuais de presunção);
- a eventualidade de ocorrerem prejuízos (porque, como dito anteriormente, quem está no lucro presumido paga imposto sempre, independentemente de eventuais prejuízos);
- a carga tributária em conjunto com PIS/Pasep e Cofins, porque, também como dissemos, quem opta pelo lucro presumido passa a recolher essas contribuições na modalidade cumulativa.

O lucro presumido e o lucro arbitrado são focalizados em detalhes em capítulos específicos.

4.1 Forma de pagamento do imposto e da CSL

O Imposto de Renda e a Contribuição Social sobre o Lucro (CSL) apurados em cada trimestre pelas empresas optantes pelo lucro presumido ou submetidas ao arbitramento do lucro devem ser pagos, em quota única, até o último dia útil do mês subsequente ao do encerramento do período de sua apuração.

À opção da empresa, o imposto e a contribuição podem ser pagos em até 3 quotas mensais, iguais e sucessivas, observado o seguinte (art. 856 do RIR/1999):

a) as quotas devem ser pagas até o último dia útil dos meses subsequentes ao de encerramento do período de apuração;

b) nenhuma quota pode ter valor inferior a R$ 1.000,00, e o imposto ou a contribuição de valor inferior a R$ 2.000,00 devem ser pagos em quota única;

c) o valor de cada quota (excluída a primeira, se paga no prazo) é acrescido de juros equivalentes à taxa do Sistema Especial de Liquidação e Custódia (Selic) para títulos federais, acumulada mensalmente, a partir do primeiro dia do segundo mês subsequente ao do encerramento do período de apuração até o último dia do mês anterior ao do pagamento, e de 1% no mês do pagamento.

5. ALÍQUOTA E ADICIONAL DO IMPOSTO DE RENDA

O art. 541 do RIR/1999 estabelece que a alíquota básica do Imposto de Renda Pessoa Jurídica é de 15%.

Por sua vez, o art. 542 do mesmo RIR estabelece que a parcela do lucro real, presumido ou arbitrado que exceder o valor resultante da multiplicação de R$ 20.000,00 pelo número de meses do respectivo período de apuração sujeita-se à incidência de adicional de imposto à alíquota de 10%.

Temos, ainda, que o adicional é devido, inclusive, pela pessoa jurídica optante pela estimativa mensal. Nesse caso, o adicional incide sobre a parcela da base de cálculo, apurada mensalmente, que exceder R$ 20.000,00.

Lembra-se que o adicional é pago juntamente com o imposto devido à alíquota de 15%.

6. ALÍQUOTAS DO IRPJ VIGENTES AO LONGO DOS ANOS

As alíquotas normais do IRPJ[2] vigentes desde 1991 são, basicamente, as seguintes (para alguns casos, há alíquotas especiais):

Período	Alíquotas Normal	Adicional	Parcela do lucro sujeita ao adicional	Fundamentação legal
1991	30%			Art. 10 da Lei nº 7.689/1988 e art. 19, § 1º, da Lei nº 8.218/1991
		5%	Acima de Cr$ 35.000.000,00 até Cr$ 70.000.000,00 (no ano)	
		10%	Acima de Cr$ 70.000.000,00 (no ano)	
1992	30%			Art. 49 da Lei nº 8.383/1991 e IN RF nº 90/1992
		10%	Acima de 25.000 Ufir (no mês)	
			Acima de 150.000 Ufir (no semestre)	
1993 e 1994	25%			Arts. 3º, § 1º e 10 da Lei nº 8.541/1992
		10%	Acima de 25.000 Ufir (no mês)	
			Acima de 300.000 Ufir (no ano)	
1995	25%			Arts. 33 e 39 da Lei nº 8.981/1995
		12%	Acima de R$ 15.000,00 até R$ 65.000,00 (no mês)	
			Acima de R$ 180.000,00 até R$ 780.000,00 (no ano)	
		18%	Acima de R$ 65.000,00 (no mês)	
			Acima de R$ 780.000,00 (no ano)	
1996	15%			Art. 3º da Lei nº 9.249/1995 e art. 37 da IN SRF nº 11/1996
		10%	Acima de R$ 20.000,00 (no mês)	
			Acima de R$ 240.000,00 (no ano)	
Desde 1997	15%			Arts. 2º e 4º da Lei nº 9.430/1996
		10%	Acima de R$ 20.000,00 (no mês)	
			Acima de R$ 60.000,00 (no trimestre)	
			Acima de R$ 240.000,00 (no ano)	

2 Essas alíquotas são aplicáveis no cálculo do Imposto de Renda devido com base no lucro real, presumido ou arbitrado.

7. DEDUÇÃO DE INCENTIVOS FISCAIS

Atualmente, somente as empresas submetidas à tributação com base no lucro real podem deduzir incentivos fiscais do Imposto de Renda devido (Lei nº 9.532/1997). Portanto, estão impedidas de usufruir de deduções a esse título as empresas tributadas pelo lucro presumido ou arbitrado.

Do imposto apurado com base no lucro real, a empresa fica autorizada a deduzir valores a título de incentivo fiscal, tais como o incentivo de Alimentação ao Trabalhador, Doações ao Fundo da Criança e Adolescência, Incentivos à Atividade Cultural e Artística, Incentivos à Atividade Audiovisual, Incentivos ao Desporto, entre outros.

Deve ser salientado que cada incentivo fiscal tem legislação e regras infralegais específicas e requerem a observância de vários procedimentos. Por isso, é fundamental a consulta à legislação específica de regência cada vez que a empresa se deparar com a possibilidade de fruição de algum incentivo da espécie.

Sublinhe-se que na base de cálculo dos incentivos fiscais somente pode ser computado o imposto normal de 15% (§ 4º do art. 3º da Lei nº 9.249/1995), excluído desse o valor incidente sobre a parcela do lucro real correspondente a lucros, rendimentos ou ganhos de capital oriundos do exterior (RIR/1999, art. 394, § 11).

8. SIMPLES

O Regime Especial Unificado de Arrecadação de Tributos e Contribuições devidos pelas Microempresas e Empresas de Pequeno Porte (Simples Nacional ou "Super Simples" — Lei Complementar nº 123/2006), não está aberto a todas as pessoas jurídicas. Há restrições quanto ao volume de receita e, também, quanto à atividade exercida pelo contribuinte.

O Simples constitui, basicamente, uma forma unificada de recolhimento de tributos por meio da aplicação de percentuais favorecidos e progressivos, incidentes sobre uma única base de cálculo, a receita bruta.

A carga tributária no Simples costuma revelar-se menor, mas, tal como ocorre no lucro presumido, a empresa enquadrada no Simples sempre pagará imposto. Não há a figura do prejuízo.

Consulte capítulo próprio sobre o Simples para informações gerais.

Capítulo 3

Lucro Presumido

1. QUEM PODE OPTAR

O art.214 da IN RFB nº 1700/2017 estabelece que podem optar pelo lucro presumido as pessoas jurídicas não obrigadas ao lucro real.

Deste modo, faz-se necessário tratarmos aqui das pessoas jurídicas obrigadas ao lucro real.

De acordo com o art. 59 da mesma IN estão obrigadas ao regime de tributação com base no lucro real (**portanto, impedidas de adotar o lucro presumido)** as pessoas jurídicas:

I — cuja receita total, no ano-calendário anterior, tenha excedido o limite de R$ 78.000.000,00 (setenta e oito milhões de reais) ou de R$ 6.500.000,00 (seis milhões e quinhentos mil reais) multiplicado pelo número de meses do período, quando inferior a 12 (doze) meses;

II — cujas atividades sejam de bancos comerciais, bancos de investimentos, bancos de desenvolvimento, agências de fomento, caixas econômicas, sociedades de crédito, financiamento e investimento, sociedades de crédito imobiliário, sociedades corretoras de títulos, valores mobiliários e câmbio, distribuidoras de títulos e valores mobiliários, empresas de arrendamento mercantil, cooperativas de crédito, empresas de seguros privados e de capitalização e entidades de previdência privada aberta;

III — que tiverem lucros, rendimentos ou ganhos de capital oriundos do exterior;

IV — que, autorizadas pela legislação tributária, usufruam de benefícios fiscais relativos à isenção ou redução do imposto;

V — que, no decorrer do ano-calendário, tenham efetuado pagamento mensal pelo regime de estimativa;

VI — que explorem as atividades de prestação cumulativa e contínua de serviços de assessoria creditícia, mercadológica, gestão de crédito, seleção e riscos, administração de contas a pagar e a receber, compras de direitos creditórios resultantes de vendas mercantis a prazo ou de prestação de serviços (factoring);

VII — que explorem as atividades de securitização de créditos imobiliários, financeiros e do agronegócio.

Adicionalmente, o § 4º do mesmo art. 59 ainda estabelece que são obrigadas ao regime de tributação do IRPJ com base no lucro real as pessoas jurídicas que exploram atividades de compra de direitos creditórios, ainda que se destinem à formação de lastro de valores mobiliários.

Deste modo, a pessoa jurídica não enquadrada em qualquer das hipóteses acima poderá adotar a tributação com base no lucro presumido

Nota-se que a opção pela tributação com base no lucro presumido será aplicada em relação a todo o período de atividade da empresa em cada ano-calendário. Outro detalhe importante, é que (art. 214 da IN RFB nº 1700/2017),a pessoa jurídica que, em qualquer trimestre do ano-calendário, tiver seu lucro arbitrado, poderá optar pela tributação com base no lucro presumido relativamente aos demais trimestres desse ano-calendário, desde que não obrigada à apuração do lucro real.

1.1 Pessoa jurídica resultante de evento de incorporação ou fusão

Não poderão optar pelo regime de tributação com base no lucro presumido as pessoas jurídicas resultantes de evento de incorporação ou fusão enquadradas nas disposições referidas no item 1, ainda que qualquer incorporada ou fusionada fizesse jus ao referido regime antes da ocorrência do evento, Esse impedimento não se aplica no caso em que a incorporadora estivesse submetida ao Programa de Recuperação Fiscal (Refis) antes do evento de incorporação.

1.2 Lucros, rendimentos ou ganhos de capital oriundos do exterior — observações

Em antiga manifestação (a qual entende-se ainda em vigor), a RFB esclareceu que os lucros, rendimentos e ganhos de capital auferidos no exterior, por pessoa jurídica domiciliada no Brasil, que impedem a opção pela tributação com base no lucro presumido são aqueles a que se refere a IN SRF nº 213/2002 (art. 1º, §§ 1º a 3º), quais sejam:

a) os lucros apurados por filiais e sucursais da pessoa jurídica domiciliada no Brasil e os decorrentes de participações societárias, inclusive em controladas e coligadas;

b) os rendimentos e ganhos de capital auferidos no exterior diretamente pela pessoa jurídica domiciliada no Brasil.

- Importa, ainda, salientar que, de acordo com o ADI SRF nº 5/2001:

- o impedimento à opção pelo lucro presumido não se aplica à pessoa jurídica que auferir receita de exportação de mercadorias e da prestação direta de serviços no exterior;
- contudo, não se considera direta a prestação de serviços realizada no exterior por intermédio de filiais, sucursais, agências, representações, coligadas, controladas e outras unidades descentralizadas da pessoa jurídica que lhes sejam assemelhadas (portanto, nesse caso, estará configurado o impedimento à opção);
- A pessoa jurídica que houver pago o imposto com base no lucro presumido e que, em relação ao mesmo ano-calendário, incorrer em situação de obrigatoriedade de apuração pelo lucro real por ter auferido lucros, rendimentos ou ganhos de capital oriundos do exterior, deverá apurar o IRPJ e a CSLL sob o regime de apuração pelo lucro real trimestral a partir, inclusive, do trimestre da ocorrência do fato.

A esse respeito, o § 2° do artigo 59 da IN RFB n° 170/2017 é enfática. Referido dispositivo esclarece que a obrigatoriedade de tributação com base no lucro real referida em III do item 1 acima não se aplica à pessoa jurídica que auferir **receita de exportação de mercadorias e da prestação direta de serviços no exterior**.

1.3 Forma e momento de manifestar a opção

A tributação com base no lucro presumido observa períodos de apuração trimestrais. Os períodos-base se encerram em 31 de março, 30 de junho, 30 de setembro e 31 de dezembro de cada ano-calendário (arts. 516, 517 e 856 do RIR/1999; e art. 42, § 4°, da IN SRF n° 11/1996).

Desse modo, temos que a opção pela tributação com base no lucro presumido deve ser manifestada por ocasião do pagamento da primeira quota ou quota única do imposto devido no primeiro trimestre do ano-calendário, cujo vencimento ocorre no último dia útil do mês de abril.

É considerada formalizada a opção pela simples indicação, no Campo 04 do Darf por meio do qual são recolhidos os tributos, do código de receita próprio do imposto apurado no regime do lucro presumido (código 2089).

Ressalte-se que a pessoa jurídica que iniciar atividade a partir do segundo trimestre do ano-calendário poderá manifestar a opção pelo lucro presumido no pagamento da primeira quota ou quota única do imposto devido no trimestre do início de atividade.

É importante, ainda, salientar que:

a) desde o ano-calendário de 1999, a opção pela tributação com base no lucro presumido passou a ser definitiva em relação a todo o ano-calendário. Portanto, depois de iniciado o pagamento do imposto com base no lucro presumido, não é mais admitida a mudança para o regime do lucro real, em relação ao mesmo ano-calendário.

b) não fica proibida a opção pelo lucro presumido caso a primeira quota ou quota única do imposto relativo ao primeiro trimestre do ano-calendário, ou ao trimestre de início de atividades, seja paga fora do prazo, com os acréscimos legais devidos;

c) contudo, o Fisco não aceita a opção fora do prazo de pagamento do imposto caso tenha sido iniciado qualquer procedimento de ofício contra a empresa (ou seja, se ela já estiver sob fiscalização, não poderá fazer a opção extemporânea).

2. DETERMINAÇÃO DO LUCRO PRESUMIDO – COMPOSIÇÃO

Conforme dispõe o art. 215 da IN RFB nº 1700/2017, o lucro presumido será determinado mediante aplicação dos percentuais de presunção (ver item 4, adiante) aplicado sobre a receita bruta relativa a cada atividade, auferida em cada período de apuração trimestral, deduzida das devoluções e vendas canceladas e dos descontos incondicionais concedidos.

A referida IN ainda estabelece que serão acrescidos às bases de cálculo acima referida:

I — os ganhos de capital, demais receitas e resultados positivos decorrentes de receitas não abrangidas pelos percentuais de presunção, auferidos no mesmo período, inclusive:

a) os ganhos de capital auferidos na alienação de participações societárias permanentes em sociedades coligadas e controladas, e de participações societárias que permaneceram no ativo da pessoa jurídica até o término do ano-calendário seguinte ao de suas aquisições;

b) os ganhos auferidos em operações de cobertura (hedge) realizadas em bolsas de valores, de mercadorias e de futuros ou no mercado de balcão organizado;

c) a receita de locação de imóvel, quando não for este o objeto social da pessoa jurídica, deduzida dos encargos necessários à sua percepção;

d) os juros equivalentes à taxa referencial da Selic, para títulos federais, relativos a impostos e contribuições a serem restituídos ou compensados;

e) os rendimentos auferidos nas operações de mútuo realizadas entre pessoas jurídicas ou entre pessoa jurídica e pessoa física;

f) as receitas financeiras decorrentes das variações monetárias dos direitos de crédito e das obrigações do contribuinte, em função de índices ou coeficientes aplicáveis por disposição legal ou contratual;

g) os ganhos de capital auferidos na devolução de capital em bens e direitos;

h) em relação à base de cálculo do IRPJ, a diferença entre o valor em dinheiro ou o valor dos bens e direitos recebidos de instituição isenta, a título de devolução de patrimônio, e o valor em dinheiro ou o valor dos bens e direitos entregue para a formação do referido patrimônio;

i) em relação à base de cálculo da CSLL, o valor em dinheiro ou o valor dos bens e direitos recebidos de instituição isenta, a título de devolução de patrimônio;

II — os rendimentos e ganhos líquidos auferidos em aplicações financeiras de renda fixa e renda variável;

III — os juros sobre o capital próprio auferidos;

IV — os valores recuperados, correspondentes a custos e despesas, inclusive com perdas no recebimento de créditos, salvo se a pessoa jurídica comprovar não os ter deduzido em período anterior no qual tenha se submetido ao regime de tributação com base no lucro real e no resultado ajustado, ou que se refiram a período no qual tenha se submetido ao regime de tributação com base no lucro presumido ou arbitrado;

V — o valor resultante da aplicação dos percentuais de arbitramento sobre a parcela das receitas auferidas em cada atividade, no respectivo período de apuração, nas exportações às pessoas vinculadas ou aos países com tributação favorecida que exceder ao valor já apropriado na escrituração da empresa, na forma prevista na Instrução Normativa RFB nº 1.312, de 2012;

VI — a diferença de receita financeira calculada conforme disposto no Capítulo V e no art. 58 da Instrução Normativa RFB nº 1.312, de 2012;

VII — as multas ou qualquer outra vantagem paga ou creditada por pessoa jurídica, ainda que a título de indenização, por causa de rescisão de contrato (o imposto retido na fonte será considerado como antecipação do IRPJ devido em cada período de apuração, exceto na hipótese de indenização paga ou creditada com a finalidade de reparar danos patrimoniais)

Notas

1) Os valores referidos em V e VI acima serão apurados anualmente e acrescidos à base de cálculo do último trimestre do ano-calendário, para efeitos de se determinar o imposto devido. Pessoa vinculada é a definida pelo art. 2º da Instrução Normativa RFB nº1.312, de 2012.
2) O imposto retido na fonte será considerado como antecipação do devido em cada período de apuração.
3) As regras aqui expostas não se aplicam às indenizações pagas ou creditadas tendo por finalidade a reparação de danos patrimoniais.
4) No caso de alienação de bem ou direito a perda verificada não será computada para fins do lucro presumido (Perguntas e Respostas IRPJ/2017-Questão XIII/023).

2.1 Adoção do regime de competência ou de caixa

O lucro presumido será determinado pelo regime de competência ou de caixa.

De acordo com o art. 223 da IN RFB nº 1700/2017, a pessoa jurídica, optante pelo regime de tributação com base no lucro presumido, que adotar o critério de reconhecimento de suas receitas de venda de bens ou direitos ou de prestação de serviços com pagamento a prazo ou em parcelas na medida do recebimento e mantiver a escrituração do livro Caixa, deverá indicar, neste livro, em registro individual, a nota fiscal a que corresponder cada recebimento.

Nota-se que, a pessoa jurídica que mantiver escrituração contábil, na forma da legislação comercial, deverá controlar os recebimentos de suas receitas em conta específica, na qual, em cada lançamento, será indicada a nota fiscal a que corresponder o recebimento.

Os valores recebidos adiantadamente, por conta de venda de bens ou direitos ou da prestação de serviços, serão computados como receita do mês em que se der o faturamento, a entrega do bem ou do direito ou a conclusão dos serviços: o que primeiro ocorrer.

Ao adotar o regime de caixa, os valores recebidos, a qualquer título, do adquirente do bem ou direito ou do contratante dos serviços serão considerados como recebimento do preço ou de parte deste, até o seu limite.

O cômputo da receita em período de apuração posterior ao do recebimento sujeitará a pessoa jurídica ao pagamento do imposto com o acréscimo de juros de mora e de multa, de mora ou de ofício, conforme o caso, calculados na forma da legislação vigente.

A adoção do regime de caixa se aplica, também, para fins de determinação da base de cálculo da Contribuição Social sobre o Lucro (IN SRF nº 104/1998) e das contribuições PIS/Pasep e Cofins (IN SRF nº 247/2002, art. 14).

2.1.1 Receitas que devem ser, obrigatoriamente, tributadas com base pelo regime de caixa

No entanto, de acordo com o art. 216 da IN RFB nº 1700/2017,excetuam-se da determinação de tributação pelo regime de competência (ficando obrigada à tributação com base no regime de caixa) os seguintes rendimentos:

I — os rendimentos auferidos em aplicações de renda fixa;

II — os ganhos líquidos auferidos em aplicações de renda variável.

Notas

Os rendimentos e ganhos líquidos referidos acima serão acrescidos à base de cálculo do lucro presumido por ocasião da alienação, resgate ou cessão do título ou aplicação.

Relativamente aos ganhos líquidos referido em II o imposto sobre a renda sobre os resultados positivos mensais apurados em cada um dos 2 (dois) meses imediatamente anteriores ao do encerramento do período de apuração será determinado e pago em separado, nos termos da legislação específica, dispensado o recolhimento em separado relativamente ao terceiro mês do período de apuração.

Os ganhos líquidos referidos em II, relativos a todo o trimestre de apuração, serão computados na determinação do lucro presumido, e o montante do imposto pago na forma da nota 2 será considerado antecipação, compensável com o imposto sobre a renda devido no encerramento do período de apuração.

3. DEFINIÇÃO DE RECEITA BRUTA PARA FINS DE APLICAÇÃO DOS PERCENTUAIS DE PRESUNÇÃO

A receita bruta para fins de determinação do lucro presumido tendo como base os percentuais de presunção compreende (art.26 da IN RFB nº 1700/2017)

I — o produto da venda de bens nas operações de conta própria;

II — o preço da prestação de serviços em geral;

III — o resultado auferido nas operações de conta alheia; e

IV — as receitas da atividade ou objeto principal da pessoa jurídica não compreendidas em I a III.

Notas

1) O referido dispositivo legal também estabelece que a receita líquida será a receita bruta diminuída de:

I — devoluções e vendas canceladas;

II — descontos concedidos incondicionalmente;

III — tributos sobre ela incidentes; e

IV — valores decorrentes do ajuste a valor presente, de que trata o inciso VIII do caput do art. 183 da Lei nº 6.404, de 15 de dezembro de 1976, das operações vinculadas à receita bruta.

2) Na receita bruta não se incluem os tributos não-cumulativos cobrados, destacadamente, do comprador ou contratante pelo vendedor dos bens ou pelo prestador dos serviços na condição de mero depositário.

3) Na receita bruta incluem-se os tributos sobre ela incidentes e os valores decorrentes do ajuste a valor presente, de que trata o inciso VIII do caput do art. 183 da Lei nº 6.404, de 1976, das operações usuais da empresa, observado a regra referida na nota 2.

4. PERCENTUAIS DE PRESUNÇÃO DO LUCRO

Conforme vimos anteriormente, o lucro presumido, base de cálculo do IRPJ corresponde a somatório de vários valores. Entre esses valores, o mais significativo e presente em todas as empresas é o oriundo da receita bruta.

De acordo com art. 215 da IN RFB nº 1700/2017, sobre a receita bruta das vendas de mercadorias ou produtos e da prestação de serviços que constituam o objeto da atividade da empresa, são aplicáveis os percentuais de presunção a seguir:

Como regra, 8% (oito por cento) sobre a receita bruta auferida na atividade, deduzida das devoluções e vendas canceladas e dos descontos incondicionais concedidos.

Nota

O percentual acima também será aplicado sobre a receita financeira da pessoa jurídica que explore atividades imobiliárias relativas a loteamento de terrenos, incorporação imobiliária, construção de prédios destinados à venda, bem como a venda de imóveis construídos ou adquiridos para a revenda, quando decorrente da comercialização de imóveis e for apurada por meio de índices ou coeficientes previstos em contrato.

Nas seguintes atividades o percentual de presunção será:

I — 1,6% (um inteiro e seis décimos por cento) sobre a receita bruta auferida na revenda, para consumo, de combustível derivado de petróleo, álcool etílico carburante e gás natural;

II — 8% (oito por cento) sobre a receita bruta auferida:

a) na prestação de serviços hospitalares e de auxílio diagnóstico e terapia, fisioterapia e terapia ocupacional, fonoaudiologia, patologia clínica, imagenologia, radiologia, anatomia patológica e citopatologia, medicina nuclear e análises e patologias clínicas, exames por métodos gráficos, procedimentos endoscópicos, radioterapia, quimioterapia, diálise e oxigenoterapia hiperbárica, desde que a prestadora desses serviços seja organizada sob a forma de sociedade empresária e atenda às normas da Agência Nacional de Vigilância Sanitária (Anvisa).

b) na prestação de serviços de transporte de carga;

c) nas atividades imobiliárias relativas a desmembramento ou loteamento de terrenos, incorporação imobiliária, construção de prédios destinados à venda e a venda de imóveis construídos ou adquiridos para revenda; e;

d) na atividade de construção por empreitada com emprego de todos os materiais indispensáveis à sua execução, sendo tais materiais incorporados à obra;

III — 16% (dezesseis por cento) sobre a receita bruta auferida:

a) na prestação de serviços de transporte, exceto o mencionado em II acima; e

b) nas atividades desenvolvidas por bancos comerciais, bancos de investimentos, bancos de desenvolvimento, agências de fomento, caixas econômicas, sociedades de crédito, financiamento e investimento, sociedades de crédito imobiliário, sociedades corretoras de títulos, valores mobiliários e câmbio, distribuidoras de títulos e valores mobiliários, empresas de arrendamento mercantil, cooperativas de crédito, empresas de seguros privados e de capitalização e entidades de previdência privada aberta; e

IV — 32% (trinta e dois por cento) sobre a receita bruta auferida com as atividades de:

a) prestação de serviços relativos ao exercício de profissão legalmente regulamentada;

b) intermediação de negócios;

c) administração, locação ou cessão de bens imóveis, móveis e direitos de qualquer natureza;

d) construção por administração ou por empreitada unicamente de mão de obra ou com emprego parcial de materiais;

e) construção, recuperação, reforma, ampliação ou melhoramento de infraestrutura, no caso de contratos de concessão de serviços públicos, independentemente do emprego parcial ou total de materiais;

f) prestação cumulativa e contínua de serviços de assessoria creditícia, mercadológica, gestão de crédito, seleção de riscos, administração de contas a pagar e a receber, compra de direitos creditórios resultantes de vendas mercantis a prazo ou de prestação de serviços (factoring);

g) coleta e transporte de resíduos até aterros sanitários ou local de descarte;

h) prestação de qualquer outra espécie de serviço não mencionada neste item.

4.1 Empresas prestadoras de serviços de pequeno porte – Determinação da base de cálculo do IRPJ com base em percentual favorecido

De acordo com o § 10 do artigo 215 da IN RFB nº 1700/2017,para as seguintes pessoas jurídicas exclusivamente prestadoras de serviços, cuja receita bruta anual seja de até R$ 120.000,00 (cento e vinte mil reais) é facultada a utilização, para determinação do lucro presumido trimestral, do percentual de 16% (dezesseis por cento):

- b) intermediação de negócios;
- c) administração, locação ou cessão de bens imóveis, móveis e direitos de qualquer natureza;
- d) construção por administração ou por empreitada unicamente de mão de obra ou com emprego parcial de materiais;
- f) prestação cumulativa e contínua de serviços de assessoria creditícia, mercadológica, gestão de crédito, seleção de riscos, administração de

contas a pagar e a receber, compra de direitos creditórios resultantes de vendas mercantis a prazo ou de prestação de serviços (factoring);

- g) coleta e transporte de resíduos até aterros sanitários ou local de descarte;
- h) prestação de qualquer outra espécie de serviço não mencionada

A pessoa jurídica que houver utilizado o percentual "favorecido" para o pagamento trimestral do imposto, cuja receita bruta acumulada até um determinado trimestre do ano-calendário exceder ao limite de R$ 120.000,00 (cento e vinte mil reais), ficará sujeita ao pagamento da diferença do imposto postergado, apurada em relação a cada trimestre transcorrido.

A diferença deverá ser paga em quota única até o último dia útil do mês subsequente ao trimestre em que ocorrer o excesso, sem acréscimos.

4.2 Contratos de concessão

No caso de contratos de concessão de serviços públicos:

I — exclui-se da receita bruta determinada de acordo com os percentuais de presunção, a receita reconhecida pela construção, recuperação, reforma, ampliação ou melhoramento da infraestrutura, cuja contrapartida seja ativo intangível representativo de direito de exploração; e

II — integram a receita bruta determinada de acordo com os percentuais de presunção, os valores decorrentes do ajuste a valor presente de que trata o inciso VIII do caput do art. 183 da Lei nº 6.404, de 1976, vinculados aos ativos financeiros a receber pela prestação dos serviços de construção, recuperação, reforma, ampliação ou melhoramento da infraestrutura.

4.3 Aspectos relacionados ao ajuste a valor presente

Conforme visto na nota 3 do item 3, os valores decorrentes do ajuste a valor presente de que trata o inciso VIII do caput do art. 183 da Lei nº 6.404, de 1976, incluem-se na receita bruta determinada de acordo com os percentuais de presunção .

A IN RFB nº 1700/2017em seu art. 215, § 6º estabelece também que os valores decorrentes do ajuste a valor presente incluem-se nas receitas referidas em I a VII do item 2, independentemente da forma como estas receitas tenham sido contabilizadas.

No entanto, em ambos os casos, os valores referentes ao ajuste a valor presente apropriados como receita financeira no mesmo período de apuração do reconhecimento da receita bruta, ou em outro período de apuração, não serão incluídos na base de cálculo do lucro presumido.

Da mesma forma, as receitas financeiras relativas às variações monetárias dos direitos de crédito e das obrigações do contribuinte, em função da taxa de câmbio, originadas dos saldos de juros a apropriar decorrentes de ajuste a valor presente não integrarão a base de cálculo do lucro presumido.

4.4 Algumas situações especiais sobre a receita bruta – Antigas manifestações do Fisco

I — Agências de propaganda e publicidade

Manifestando-se por meio do Boletim Central Extraordinário nº 29/1993 (Questão nº 109), a Receita Federal firmou o entendimento de que:

a) a receita bruta dos serviços prestados pelas agências de propaganda e publicidade, de acordo com a Lei nº 4.680/1965, o Decreto nº 57.690/1996, as Normas-Padrão e o Código de Ética, compreende o somatório dos seguintes valores:

   a.1) honorários, na base de uma percentagem equivalente à comissão de 20% sobre a veiculação de publicidade;

   a.2) honorários, na base de uma percentagem mínima de 15% sobre o custo de produção das peças publicitárias;

   a.3) honorários cobrados sobre os serviços especiais prestados, tais como pesquisas de mercado, promoção de vendas, relações públicas, etc.;

b) as bonificações recebidas por volume veiculado, por estarem condicionadas aos pagamentos efetuados aos veículos de comunicação, deverão ser tratadas como outras receitas.

II — Atividades imobiliárias

As pessoas jurídicas que explorem atividades imobiliárias relativas a loteamento de terrenos, incorporação imobiliária, construção de prédios destinados à venda, bem como a venda de imóveis construídos ou adquiridos para revenda, deverão considerar como receita bruta o montante efetivamente recebido, relativo às unidades imobiliárias vendidas (art. 227 do RIR/1999). Essa disposição foi reiterada na IN RFB nº 170/2017, no art. 35, § único.

Observe-se, ainda, que, a partir de 1º.01.2006, a receita financeira da pessoa jurídica que explore essas atividades, quando decorrente da comercialização de imóveis e apurada por meio de índices ou coeficientes previstos em contrato, passou a integrar a receita bruta sobre a qual se aplica o percentual (8%) de determinação de base de cálculo do IRPJ devido trimestralmente, com base no lucro presumido (Lei nº 11.196/2005, arts. 34 e 132, IV, "b").

Isso significa que a referida receita financeira não deve ser considerada entre as chamadas "demais receitas", as quais são somadas ao lucro presumido e, por isso, tributadas integralmente. Deve ser considerada, isto sim, como integrante da receita bruta, que é base para cálculo do lucro presumido.

III — Comercialização de veículos automotores — Receita de venda de veículos usados

Caso a pessoa jurídica tenha como objeto social, declarado em seus atos constitutivos, a compra e venda de veículos automotores, computará como receita de vendas de veículos usados (adquiridos para revenda ou recebidos como parte do preço da venda de veículos novos ou usados) a diferença entre o valor pelo qual o veículo usado houver sido alienado, constante da nota fiscal de venda, e o seu custo de aquisição, constante da nota fiscal de entrada, o qual deve corresponder ao preço ajustado entre as partes (art. 5° da Lei n° 9.716/1998).

O assunto encontra-se atualmente disciplinado pela IN RFB n° 1700/2017 (artigo 242).

Com essa nova disciplina, ficou estabelecido que as pessoas jurídicas que tenham como objeto social, declarado em seus atos constitutivos, a compra e venda de veículos automotores poderão equiparar, para efeitos tributários, como operação de consignação, as operações de venda de veículos usados, adquiridos para revenda, bem assim dos recebidos como parte do preço da venda de veículos novos ou usados.

Na situação acima devem ser observadas as seguintes regras:

1) Os veículos usados serão objeto de nota fiscal de entrada e, quando da venda, de nota fiscal de saída, sujeitando-se ao respectivo regime fiscal aplicável às operações de consignação.

2) Considera-se receita bruta, na operação aqui tratada, a diferença entre o valor pelo qual o veículo usado tiver sido alienado, constante da nota fiscal de venda, e o seu custo de aquisição, constante da nota fiscal de entrada.

3) O custo de aquisição de veículo usado, nas operações tratadas neste item é o preço ajustado entre as partes.

4) Na determinação das bases de cálculo estimadas, do lucro presumido, do lucro arbitrado, do resultado presumido (e do resultado arbitrado), aplicar-se-á o percentual de 32% (trinta e dois por cento) sobre a receita bruta definida em "2)", acima.

5) A pessoa jurídica deverá manter em boa guarda, à disposição da RFB, o demonstrativo de apuração da base de cálculo referida em 2.

5. OBSERVAÇÕES SOBRE A BASE DE CÁLCULO DO LUCRO PRESUMIDO

5.1 Avaliação a Valor Justo — AVJ

O ganho decorrente de avaliação de ativo ou passivo com base no valor justo não integrará a base de cálculo do lucro presumido no período de apuração:

I — relativo à avaliação com base no valor justo, caso seja registrado diretamente em conta de receita; ou

II — em que seja reclassificado como receita, caso seja inicialmente registrado em conta de patrimônio líquido.

Na apuração dos ganhos referentes a ganhos de capital, demais receitas e resultados positivos decorrentes de receitas não abrangidas em I, auferidos no mesmo período e aos rendimentos e ganhos líquidos auferidos em aplicações financeiras de renda fixa e renda variável, o aumento ou redução no valor do ativo registrado em contrapartida a ganho ou perda decorrente de sua avaliação com base no valor justo não será considerado como parte integrante do valor contábil.

Essa regra não se aplica no caso de o ganho relativo ao aumento no valor do ativo ter sido anteriormente computado na base de cálculo do imposto.

5.2 Pessoa jurídica arrendadora

A pessoa jurídica arrendadora que realize operações em que haja transferência substancial dos riscos e benefícios inerentes à propriedade do ativo e que não esteja sujeita ao tratamento tributário disciplinado pela Lei nº 6.099, de 1974, deverá computar o valor da contraprestação na determinação da base de cálculo do lucro presumido.

Essa regra também se aplica aos contratos não tipificados como arrendamento mercantil que contenham elementos contabilizados como arrendamento mercantil por força de normas contábeis e da legislação comercial.

5.3 Aspectos relacionados ao ganho de capital

O ganho de capital nas alienações de ativos não circulantes investimentos, imobilizados e intangíveis corresponderá à diferença positiva entre o valor da alienação e o respectivo valor contábil.

Para esse fim, poderão ser considerados no valor contábil, e na proporção deste, os respectivos valores decorrentes dos efeitos do ajuste a valor presente de que trata o inciso III do caput do art. 184 da Lei nº 6.404, de 1976.

Para obter a parcela a ser considerada no valor contábil do ativo a pessoa jurídica terá que calcular inicialmente o quociente entre: (1) o valor contábil do ativo na data da alienação, e (2) o valor do mesmo ativo sem considerar eventuais realizações anteriores, inclusive mediante depreciação, amortização ou exaustão, e a perda estimada por redução ao valor recuperável.

A parcela a ser considerada no valor contábil do ativo corresponderá ao produto: (1) dos valores decorrentes do ajuste a valor presente com (2) o quociente acima referido.

Na determinação do ganho de capital, é vedado o cômputo de qualquer parcela a título de encargos associados a empréstimos, registrados como custo associados a empréstimos contraídos, especificamente ou não, para financiar a aquisição, construção ou produção de bens classificáveis como estoques de longa maturação, propriedade para investimento, ativo imobilizado ou ativo intangível podem ser registrados como custo do ativo adquirido, construído ou produzido.

5.3.1 Neutralidade tributária

Para fins da neutralidade tributária deverá ser considerada no valor contábil eventual diferença entre o valor do ativo na contabilidade societária e o valor do ativo mensurado de acordo com os métodos e critérios contábeis vigentes em 31 de dezembro de 2007.

5.3.2 Reavaliação

Na apuração do ganho de capital, os valores acrescidos em virtude de reavaliação somente poderão ser computados como parte integrante dos custos de aquisição dos bens e direitos se a empresa comprovar que os valores acrescidos foram computados na determinação da base de cálculo do imposto sobre a renda.

5.3.3 Ativo intangível

O ganho de capital na alienação do ativo intangível corresponderá à diferença positiva entre o valor da alienação e o valor dos custos incorridos na sua obtenção, deduzido da correspondente amortização.

Para calcular o valor a deduzir a pessoa jurídica deverá:

I — determinar a relação entre a amortização acumulada do ativo intangível e o valor do mesmo ativo intangível sem considerar eventuais amortizações anteriores e perdas estimadas por redução ao valor recuperável;

II — aplicar a proporção obtida referida em I ao valor dos custos incorridos na obtenção do ativo intangível. Os custos referidos são os custos diretos e indiretos incorridos na execução dos serviços.

5.4 Avaliação a Valor Justo – Empresa que passar do Lucro Presumido para Lucro Real

A pessoa jurídica tributada pelo lucro presumido que, em período de apuração imediatamente posterior, passar a ser tributada pelo lucro real deverá incluir na base de cálculo do imposto apurado pelo lucro presumido os ganhos decorrentes de avaliação com base no valor justo, que façam parte do valor contábil, e na proporção deste, relativos aos ativos constantes em seu patrimônio (arts. 119 e 220 da IN RFB nº 1700/2017)

Veja detalhes sobre a avaliação a valor justo em capítulo específico neste livro

6. EMPRESA TRIBUTADA PELO LUCRO PRESUMIDO QUE PASSAR A SER TRIBUTADA PELO LUCRO REAL

Em antiga orientação (IN SRF nº 345/2003) a RFB disciplinou a transição do regime de caixa para o de competência a ser observada pela empresa tributada com base no lucro presumido e optante pelo regime de caixa que, por qualquer motivo, passar a ser tributada com base no lucro real.

De acordo com esse ato normativo:

a) empresa que adotar o critério de reconhecimento de suas receitas à medida do recebimento (regime de caixa) e, por opção ou obrigatoriedade, passar a fazê-lo segundo o regime de competência deverá reconhecer no mês de dezembro do ano-calendário anterior àquele em que ocorrer a mudança de regime as receitas auferidas e ainda não recebidas;

   Exemplo: empresa que observou regime de caixa em 2006 e, a partir de 1º.01.2007, será tributada com base no lucro real, deverá reconhecer em dezembro/2006 (4º trimestre) as receitas auferidas, mas ainda não recebidas.

b) a pessoa jurídica optante pelo regime de tributação com base no lucro presumido que, durante o ano-calendário, passar a ser obrigada à apuração do lucro real deverá oferecer à tributação as receitas auferidas e ainda não recebidas, no período de apuração anterior àquele em que ocorrer a mudança do regime de tributação;

c) na hipótese da letra "b", as receitas auferidas e ainda não recebidas deverão ser adicionadas às receitas do período de apuração anterior à mudança do regime de tributação para fins de recalcular o imposto do período. A diferença apurada, após compensação do tributo pago, deverá ser recolhida, sem multa e juros de mora, até o último dia útil do mês subsequente àquele em que incorreu na situação de obrigatoriedade à apuração do lucro real;

d) os custos e as despesas associados às receitas auferidas mas ainda não recebidas incorridas após a mudança do regime de tributação não poderão ser deduzidos da base de cálculo do imposto.

7. DETERMINAÇÃO DO IMPOSTO

7.1 Alíquotas

O Imposto de Renda trimestral é calculado mediante a aplicação da:

a) alíquota de 15% sobre a totalidade do lucro presumido apurado no trimestre;

b) alíquota adicional de 10% sobre a parcela do lucro presumido trimestral que exceder a R$ 60.000,00 ou, no caso de início ou encerramento de atividades no trimestre, sobre o limite equivalente ao resultado da multiplicação de R$ 20.000,00 pelo número de meses do período de apuração.

(Arts. 541 e 542 do RIR/1999)

7.2 Deduções e compensações do imposto devido

Para efeito de pagamento, a pessoa jurídica poderá deduzir, do imposto apurado em cada trimestre, o imposto sobre a renda pago ou retido na fonte sobre receitas que integraram a base de cálculo do imposto devido.

O imposto sobre a renda incidente na fonte, retido até o encerramento do correspondente período de apuração, poderá ser deduzido do imposto calculado com base no lucro presumido.

7.3 Exemplo

Pessoa jurídica optante pela tributação com base no lucro presumido que no primeiro trimestre do ano (de 1° .01 a 31.03) apresente os seguintes dados em seus registros.

a) auferiu receita de vendas de mercadorias no valor total de R$ 427.500,00 e receita de prestação de serviços no valor total de R$ 28.500,00;

b) percebeu rendimentos de aplicações financeiras de renda fixa de R$ 3.325,00 (sobre os quais foi retido o Imposto de Renda na Fonte de R$ 665,00);

c) vendeu bens do Ativo Permanente (hoje, pertencente ao grupo "não circulante", no Ativo), tendo apurado nessa transação ganho de capital (lucro) de R$ 8.550,00; e

d) não percebeu outras receitas ou resultados nem teve qualquer outro valor que devesse ser computado na base de cálculo do imposto.

Nesse caso, considerando que os percentuais aplicáveis sobre as receitas sejam de 8% sobre a receita de venda de mercadorias e 32% sobre a receita de prestação de serviços, temos:

I — Determinação da base de cálculo do imposto:

• 8% sobre R$ 427.500,00	R$ 34.200,00
• 32% sobre R$ 28.500,00	R$ 9.120,00
• Lucro presumido da atividade	R$ 43.320,00
• Rendimentos de aplicações financeiras de renda fixa	R$ 3.325,00
• Ganhos de capital na alienação de bens do Ativo imobilizado	R$ 8.550,00
• Base de cálculo do imposto trimestral	R$ 55.195,00

II — Imposto devido no trimestre:

• Imposto normal (15% de R$ 55.195,00)	R$ 8.279,25
• IRRF sobre receitas computadas na base de cálculo trimestral	(R$ 665,00)
• Imposto líquido a pagar	R$ 7.614,25

8. PRAZO, FORMA DE PAGAMENTO DO IMPOSTO E PREENCHIMENTO DO DARF

O imposto apurado em cada trimestre deve ser pago, em quota única, até o último dia útil do mês subsequente ao do encerramento do período de sua apuração.

O imposto, a critério da empresa, pode ser pago em até 3 quotas mensais, iguais e sucessivas. Para tanto (art. 856 do RIR/1999):

a) as quotas deverão ser pagas até o último dia útil dos meses subsequentes ao do encerramento do período de apuração;

b) nenhuma quota poderá ter valor inferior a R$ 1.000,00, e o imposto de valor inferior a R$ 2.000,00 será pago em quota única;

c) o valor de cada quota (excluída a primeira, se paga no prazo) será acrescido de juros equivalentes à taxa do Sistema Especial de Liquidação e Custódia (Selic) para títulos federais, acumulada mensalmente, a partir do primeiro dia do segundo mês subsequente ao do encerramento do período de apuração até o último dia do mês anterior ao do pagamento, e de 1% no mês do pagamento.

O Darf para o pagamento do IRPJ devido com base no lucro presumido deve ser preenchido (campo 04) com o código **2089**.

Lembra-se, ainda, que o Darf não pode ser utilizado para pagamento de impostos e contribuições de valor inferior a R$ 10,00 (art. 873, § 4º, do RIR/1999).

Na hipótese de o imposto apurado ser de valor inferior a R$ 10,00, deverá ser adicionado ao imposto devido em período(s) subsequente(s) até que o valor total seja igual ou superior a R$ 10,00, quando, então, deverá ser pago no prazo para o pagamento do imposto devido no(s) período(s) em que esse limite for atingido, sem nenhum acréscimo moratório (art. 873, § 5º, do RIR/1999).

9. LUCROS OU DIVIDENDOS DISTRIBUÍDOS AOS SÓCIOS

9.1 Isenção na distribuição do "lucro presumido"

A legislação do IR estabelece que os valores pagos a sócios ou acionistas ou a titular de empresa tributada pelo lucro presumido, a título de lucros ou dividendos, ficam isentos do Imposto de Renda[1], independentemente de apuração contábil. Observa-se que essa isenção, porém, alcança somente o valor da base de cálculo do Imposto de Renda Pessoa Jurídica (IRPJ), deduzido do valor devido relativo aos seguintes tributos (art. 39, XXVII, do RIR/1999; art. 238 da IN RFB nº 1700/2017):

- IRPJ (inclusive o adicional, quando devido);
- Contribuição Social sobre o Lucro;
- PIS/Pasep; e
- Cofins.

1 Para fins da isenção, a distribuição deve ocorrer após o encerramento do trimestre de apuração (IN RFB nº 1515/2014, § 7º).

Notas

1ª) A isenção inclui os lucros ou dividendos pagos ou creditados a beneficiários de todas as espécies de ações previstas no art. 15 da Lei nº 6.404, de 1976, ainda que a ação seja classificada em conta de passivo ou que a remuneração seja classificada como despesa financeira na escrituração comercial.

2ª) Não são dedutíveis na apuração do lucro real os lucros ou dividendos pagos ou creditados a beneficiários de qualquer espécie de ação prevista no art. 15 da Lei nº 6.404, de 1976, ainda que classificados como despesa financeira na escrituração comercial. 9.1.1 Exemplo

Utilizando-nos do exemplo que consta do exemplo do subitem 7.3, e considerando, ainda, que, naquele trimestre, a Contribuição Social sobre o Lucro, o PIS e a Cofins devidos pela empresa fossem, respectivamente, de R$ 6.506,55, R$ 2.985,61 e R$ 13.779,75, teríamos:

• Base de cálculo do IRPJ devido no trimestre	R$ 55.195,00
• IRPJ devido	(R$ 8.279,25)
• Contribuição Social sobre o Lucro devida no trimestre	(R$ 6.506,55)
• PIS devido no trimestre	(R$ 2.985,61)
• Cofins devida no trimestre	(R$ 13.779,75)
• Valor distribuível com isenção do imposto (a partir do primeiro dia do trimestre seguinte)	R$ 23.643,84

9.2 Empresa que apurar lucro líquido contábil superior ao presumido — Distribuição sem a incidência do imposto

Não há dúvida de que, tanto sob o aspecto legal quanto gerencial, as pessoas jurídicas tributadas com base no lucro presumido devem manter escrituração contábil (embora a legislação fiscal admita a escrituração apenas de livro Caixa, conforme item 10 adiante).

Assim, se a empresa tributada com base no lucro presumido apurar contabilmente lucro líquido (após a dedução do IRPJ devido) de valor superior ao determinado na forma do subitem anterior, a totalidade do lucro líquido contábil poderá ser distribuída sem incidência do imposto.

Agora, se o lucro líquido apurado contabilmente for inferior ao valor determinado de acordo com as regras do lucro presumido, focalizadas no subitem 9.1, prevalecerá a isenção sobre a distribuição do lucro presumido líquido do imposto e das contribuições devidos, exemplificada no subitem 9.1.1.

9.3 Não extensão da isenção a outros rendimentos pagos

É importante lembrar que a isenção tratada neste item não é extensiva a outros rendimentos. Ela é restrita à distribuição do:

a) lucro presumido (base de cálculo do IRPJ) líquido do imposto e das contribuições devidas pela empresa (conforme subitem 9.1); ou

b) lucro líquido apurado contabilmente (subitem 9.2).

Desse modo, temos que os demais rendimentos pagos a titular, sócios ou acionistas da empresa, tais como *pro labore*, aluguéis, etc. são tributados normalmente, segundo as normas comuns aplicáveis à tributação na fonte e na declaração do beneficiário.

10. OBRIGAÇÕES ACESSÓRIAS

As pessoas jurídicas que optarem pela tributação com base no lucro presumido devem manter, segundo a legislação do Imposto de Renda (art. 527 do RIR/1999):

a) escrituração contábil nos termos da legislação comercial ou, opcionalmente, escrituração de livro Caixa, no qual deverá ser escriturada toda a movimentação financeira ocorrida no decorrer do ano-calendário abrangido por esse regime de tributação, inclusive a bancária. Salientamos, novamente, que esta "dispensa" de escrituração contábil não se aplica para fins comerciais, societários, falimentares, etc.;

b) escrituração do livro Registro de Inventário, no qual deverão ser registrados os estoques existentes no término do ano-calendário;

c) em boa guarda e ordem, enquanto não decorrido o prazo decadencial e não prescritas eventuais ações que lhes sejam pertinentes, todos os livros de escrituração obrigatórios por legislação fiscal específica (do IPI/ICMS, do ISS e outras), bem como os documentos e demais papéis que serviram de base para a escrituração comercial e fiscal.

11. SAÍDA DO LUCRO PRESUMIDO

É fato que a opção pela tributação com base no lucro presumido, uma vez exercida implica permanência da empresa nesse regime durante todo o ano-calendário. Contudo, em qualquer ano-calendário subsequente, a pessoa jurídica pode:

a) optar por submeter-se à tributação com base no lucro real, observadas as regras desse sistema;
b) optar pelo Simples, caso venha a se enquadrar nas condições para o ingresso nesse regime.

De outro lado, importa observar que a empresa optante pelo lucro presumido cuja receita bruta, no decorrer do ano-calendário, ultrapassar o limite que permite a opção (anual ou proporcional, no caso de início de atividades), ficará impedida de optar por esse regime de tributação no ano-calendário subsequente.

Lembra-se que a pessoa jurídica tributada com base no lucro presumido que não mantiver escrituração contábil na forma prevista nas leis comercial e fiscal, que venha a ser tributada com base no lucro real (obrigatoriamente ou por opção), deverá proceder, em 1° de janeiro do ano em que ficar sujeita à tributação pelo lucro real, ao levantamento patrimonial e à elaboração do balanço de abertura para início ou reinício da escrituração comercial.

Outro aspecto importante a ser observado é o fato de que no regime de tributação pelo lucro presumido não há compensação de prejuízos fiscais. Mas a empresa optante pelo lucro presumido que em ano-calendário anterior foi tributada pelo lucro real e apurou prejuízo fiscal, se em ano-calendário posterior voltar a se submeter à tributação pelo lucro real poderá compensar, com o lucro real apurado, o prejuízo fiscal apurado no ano em que foi tributada pelo lucro real, observados os limites e as condições da compensação de prejuízos fiscais.

Exemplo: em 20X1, a empresa foi tributada pelo lucro real e apurou prejuízo fiscal. Em 20X2, optou pelo lucro presumido. Se, em 20X3, voltar a ser tributada pelo lucro real, poderá compensar, com o lucro real apurado em 20X3, o prejuízo fiscal apurado em 20X1, observados os limites e condições referidos.

Capítulo 4

Lucro Arbitrado

1. O QUE SIGNIFICA LUCRO ARBITRADO PARA FINS DO IMPOSTO DE RENDA

Genericamente, existem 4 modalidades de tributação pelo Imposto de Renda Pessoa Jurídica: lucro real, lucro presumido, lucro arbitrado e Simples Nacional.

Pode-se dizer que lucro arbitrado é, basicamente, uma modalidade de tributação utilizada pelo Fisco para determinar o imposto devido quando não há como fazê-lo por meio do lucro real ou presumido.

Inúmeros autos de infração são lavrados, pela fiscalização, por meio de arbitramento do lucro da empresa. Importa salientar, contudo, o entendimento do 1° Conselho de Contribuintes de que a aplicação do arbitramento é medida extrema que só deve ser utilizada como último recurso, por ausência absoluta de outro elemento que tenha mais condições de aproximar-se do lucro real (Acórdão n° 105-5.127/1990).

Outro aspecto importante (embora até bastante óbvio) sobre o arbitramento foi focalizado pela Câmara Superior de Recursos Fiscais que, no Acórdão n° CSRF/01-0.123/1981, concluiu que "o arbitramento não possui caráter de penalidade; é simples meio de apuração do lucro."

Salientamos, porém, que, embora, em princípio, seja procedimento privativo do Fisco, há casos em que a própria pessoa jurídica pode utilizar-se do arbitramento, conforme explanado adiante.

O próprio Fisco, aliás, por meio do "Perguntas e Respostas Pessoa Jurídica 2017 — Questão XIV/01 (disponibilizado pela RFB na Internet), define lucro arbitrado como "*uma forma de apuração da base de cálculo do Imposto de Renda utilizada pela autoridade tributária ou pelo contribuinte*" (crivo nosso).

Observa-se que nos termos art. 236 da IN RFB n° 1700/2017, ficou estabelecido que a pessoa jurídica que, em qualquer trimestre do ano-calendário, tiver seu lucro arbitrado, poderá optar pela tributação com base no lucro presumido relativamente aos demais trimestres desse ano-calendário, desde que não obrigada à apuração do lucro real.

Por sua vez, o art. 235 do mesmo diploma legal estabelece que a apuração do IRPJ e da CSLL com base no lucro arbitrado e no resultado arbitrado abrangerá todos os trimestres do ano-calendário, assegurada a tributação com base no lucro real e no resultado ajustado relativa aos trimestres não submetidos ao arbitramento, se a pessoa jurídica dispuser da escrituração exigida pela legislação comercial e fiscal que demonstre o lucro real e o resultado ajustado dos períodos não abrangidos por aquela modalidade de tributação.

1.1 Obrigatoriedade de comprovação da origem das receitas

Na mesma manifestação acima citada (Questão XIV/07), o Fisco afirma que as pessoas jurídicas, mesmo sendo tributadas com base no lucro arbitrado, estão obrigadas a comprovar as receitas efetivamente recebidas ou auferidas.

Além disso, a RFB esclarece que o arbitramento de lucro, por não ser uma sanção, mas uma forma de apuração da base de cálculo do imposto, não exclui a aplicação das penalidades cabíveis (RIR 1999, art. 538).

2. SITUAÇÕES QUE IMPÕEM O ARBITRAMENTO DO LUCRO

O Imposto de Renda devido pela pessoa jurídica trimestralmente, no decorrer do ano-calendário, é determinado pelo Fisco com base nos critérios do lucro arbitrado quando (art. 226 da IN RFB 1700/2017):

I — o contribuinte, obrigado à tributação com base no lucro real, não mantiver escrituração na forma das leis comerciais e fiscais ou deixar de elaborar as demonstrações financeiras exigidas pela legislação fiscal;

II — a escrituração a que estiver obrigado o contribuinte revelar evidentes indícios de fraude ou contiver vícios, erros ou deficiências que a tornem imprestável para:

a) identificar a efetiva movimentação financeira, inclusive a bancária; ou

b) determinar o lucro real;

III — o contribuinte, não obrigado à tributação com base no lucro real, deixar de apresentar à autoridade tributária os livros e documentos da escrituração comercial e fiscal, ou o Livro Caixa, nos quais deverá estar escriturada toda a movimentação financeira, inclusive bancária;

IV — o contribuinte optar indevidamente pela tributação com base no lucro presumido;

V — o comissário ou representante da pessoa jurídica estrangeira deixar de cumprir o disposto no § 1º do art. 76 da Lei nº 3.470, de 28 de novembro de 1958;

VI — o contribuinte não mantiver, em boa ordem e segundo as normas contábeis recomendadas, livro Razão ou fichas utilizadas para resumir e totalizar, por conta ou subconta, os lançamentos efetuados no Diário;

VII — o contribuinte não escriturar ou deixar de apresentar à autoridade tributária as informações necessárias para gerar o FCONT por meio do Programa Validador e Assinador da Entrada de Dados para o FCONT de que trata a Instrução Normativa RFB nº 967, de 15 de outubro de 2009, no caso de pessoas jurídicas sujeitas ao RTT;

VIII — o contribuinte não escriturar ou deixar de apresentar à autoridade tributária a ECF.

A pessoa jurídica que pagar o IRPJ com base no lucro arbitrado determinará a base de cálculo da CSLL com base no resultado arbitrado.

Nota

Lembra-se, por oportuno, que as pessoas jurídicas, cujas filiais, sucursais ou controladas no exterior não dispuserem de sistema contábil que permita a apuração de seus resultados, terão os lucros decorrentes de suas atividades no exterior determinados, por arbitramento, segundo as disposições da legislação brasileira (IN SRF nº 213, de 2002, art. 5º).

3. DETERMINAÇÃO DO LUCRO ARBITRADO

Conforme dispõe o art. 227 da IN RFB nº 1700/2017, o lucro arbitrado, quando conhecida a receita bruta, será determinado pelo regime de competência mediante a aplicação dos percentuais de arbitramento (ver item 4, adiante) aplicado sobre a receita bruta relativa a cada atividade, auferida em cada período de apuração trimestral, deduzida das devoluções e vendas canceladas e dos descontos incondicionais concedidos.

A referida IN ainda estabelece que serão acrescidos à base de cálculo acima referida:

I — os ganhos de capital, demais receitas e resultados positivos decorrentes de receitas não abrangidas pelos percentuais de arbitramento, auferidos no mesmo período, inclusive:

a) os ganhos de capital auferidos na alienação de participações societárias permanentes em sociedades coligadas e controladas, e de participações societárias que permaneceram no ativo da pessoa jurídica até o término do ano-calendário seguinte ao de suas aquisições;

b) os ganhos auferidos em operações de cobertura (hedge) realizadas em bolsas de valores, de mercadorias e de futuros ou no mercado de balcão organizado;

c) a receita de locação de imóvel, quando não for este o objeto social da pessoa jurídica, deduzida dos encargos necessários à sua percepção;

d) os juros equivalentes à taxa referencial do Selic para títulos federais relativos a impostos e contribuições a serem restituídos ou compensados;

e) os rendimentos auferidos nas operações de mútuo realizadas entre pessoas jurídicas ou entre pessoa jurídica e pessoa física;

f) as receitas financeiras decorrentes das variações monetárias dos direitos de crédito e das obrigações do contribuinte, em função de índices ou coeficientes aplicáveis por disposição legal ou contratual;

g) os ganhos de capital auferidos na devolução de capital em bens e direitos;

h) no caso da base de cálculo do IRPJ, a diferença entre o valor em dinheiro ou o valor dos bens e direitos recebidos de instituição isenta, a título de devolução de patrimônio, e o valor em dinheiro ou o valor dos bens e direitos entregue para a formação do referido patrimônio; e

i) no caso da base de cálculo da CSLL, o valor em dinheiro ou o valor dos bens e direitos recebidos de instituição isenta, a título de devolução de patrimônio;

II — os rendimentos e ganhos líquidos auferidos em aplicações financeiras de renda fixa e renda variável;

III — os juros sobre o capital próprio auferidos;

IV — os valores recuperados, correspondentes a custos e despesas, inclusive com perdas no recebimento de créditos, salvo se a pessoa jurídica comprovar não os ter deduzido em período anterior no qual tenha se submetido ao regime de tributação com base no lucro real e no resultado ajustado, ou que se refiram a período no qual tenha se submetido ao regime de tributação com base no lucro presumido ou arbitrado;

V — o valor resultante da aplicação dos percentuais de arbitramento, no caso do lucro arbitrado, sobre a parcela das receitas auferidas em cada atividade, no respectivo período de apuração, nas exportações às pessoas vinculadas ou aos países com tributação favorecida que exceder o valor já apropriado na escrituração da empresa, na forma prevista na Instrução Normativa RFB nº 1.312, de 2012;

VI — a diferença de receita financeira calculada conforme disposto no Capítulo V e no art. 58 da Instrução Normativa RFB nº 1.312, de 2012; e

VII — as multas ou qualquer outra vantagem paga ou creditada por pessoa jurídica, ainda que a título de indenização, em virtude de rescisão de contrato (o imposto retido na fonte será considerado como antecipação do IRPJ devido em cada período de apuração, exceto na hipótese de indenização paga ou creditada com a finalidade de reparar danos patrimoniais)

Notas

Os valores referidos em V e VI acima serão apurados anualmente e acrescidos à base de cálculo do último trimestre do ano-calendário, para efeitos de se determinar o imposto devido.

3.1 Exceções

Será obrigatoriamente tributado com base no regime de caixa (art. 228 da IN RFB nº 1700/2017:

I — os rendimentos auferidos em aplicações de renda fixa;

II — os ganhos líquidos auferidos em aplicações de renda variável;

Os rendimentos e ganhos líquidos referidos em I e II serão acrescidos à base de cálculo do lucro arbitrado por ocasião da alienação, resgate ou cessão do título ou aplicação.

Relativamente aos ganhos líquidos referido em II

- o imposto sobre a renda sobre os resultados positivos mensais apurados em cada um dos 2 (dois) meses imediatamente anteriores ao do encerramento do período de apuração será determinado e pago em separado, nos termos da legislação específica, dispensado o recolhimento em separado relativamente ao terceiro mês do período de apuração.
- relativos a todo o trimestre de apuração, serão computados na determinação do lucro arbitrado, e o montante do imposto pago será considerado antecipação, compensável com o imposto sobre a renda devido no encerramento do período de apuração.

Adicionalmente, temos que os lucros derivados das atividades desenvolvidas pelas pessoas jurídicas que se dedicarem às atividades de venda de imóveis construídos ou adquiridos para revenda, de loteamento de terrenos e de incorporação de prédios em condomínio terão seus lucros arbitrados, deduzindo-se da receita bruta o custo do imóvel devidamente comprovado. Neste caso, as receitas serão tributadas na proporção da receita recebida ou cujo recebimento esteja previsto para o próprio trimestre.

3.2 Definição de receita bruta para fins de aplicação dos percentuais de arbitramento

A receita bruta para fins de determinação do lucro arbitrado tendo como base os percentuais de arbitramento compreende (art.26 da IN RFB nº 1700/2017)

I — o produto da venda de bens nas operações de conta própria;

II — o preço da prestação de serviços em geral;

III — o resultado auferido nas operações de conta alheia; e

IV — as receitas da atividade ou objeto principal da pessoa jurídica não compreendidas em I a III.

Notas

1) O referido dispositivo legal também estabelece que a receita líquida será a receita bruta diminuída de:

I — devoluções e vendas canceladas;

II — descontos concedidos incondicionalmente;

III — tributos sobre ela incidentes; e

IV — valores decorrentes do ajuste a valor presente, de que trata o inciso VIII do caput do art. 183 da Lei nº 6.404, de 15 de dezembro de 1976, das operações vinculadas à receita bruta.

2) Na receita bruta não se incluem os tributos não cumulativos cobrados, destacadamente, do comprador ou contratante pelo vendedor dos bens ou pelo prestador dos serviços na condição de mero depositário.

3) Na receita bruta incluem-se os tributos sobre ela incidentes e os valores decorrentes do ajuste a valor presente, de que trata o inciso VIII do caput do art. 183 da Lei nº 6.404, de 1976, das operações usuais da empresa, observado a regra referida na nota 2.

3.2.1 Percentuais de arbitramento do lucro

Conforme vimos no item acima, o lucro arbitrado, base de cálculo do IRPJ corresponde a somatório de vários valores. Entre esses valores, o mais significativo é o oriundo da receita bruta.

De acordo com o § 4º do art. 227 da IN RFB nº 1700/2017, Sobre a receita bruta das vendas de mercadorias ou produtos e da prestação de serviços que constituam o objeto da atividade da empresa, são aplicáveis os percentuais de arbitramento a seguir:

I — 1,92% (um inteiro e noventa dois centésimos por cento) sobre a receita bruta auferida na revenda, para consumo, de combustível derivado de petróleo, álcool etílico carburante e gás natural;

II — 9,6% (nove inteiros e seis décimos por cento) sobre a receita bruta auferida:

a) na prestação de serviços hospitalares e de auxílio diagnóstico e terapia, fisioterapia e terapia ocupacional, fonoaudiologia, patologia clínica, imagenologia, radiologia, anatomia patológica e citopatologia, medicina nuclear e análises e patologias clínicas, exames por métodos gráficos, procedimentos endoscópicos, radioterapia, quimioterapia, diálise e oxigenoterapia hiperbárica, desde que a prestadora desses serviços seja organizada sob a forma de sociedade empresária e atenda às normas da Anvisa;

b) na prestação de serviços de transporte de carga;

c) nas atividades imobiliárias relativas a desmembramento ou loteamento de terrenos, incorporação imobiliária, construção de prédios destinados à venda e na venda de imóveis construídos ou adquiridos para revenda;

d) na atividade de construção por empreitada com emprego de todos os materiais indispensáveis à sua execução, sendo tais materiais incorporados à obra; e

e) nas demais atividades não mencionadas neste parágrafo;

III — 19,2% (dezenove inteiros e dois décimos por cento) sobre a receita bruta auferida na prestação de serviços de transporte, exceto o mencionado em II;

IV — 38,4% (trinta e oito inteiros e quatro décimos por cento) sobre a receita bruta auferida nas atividades de:

a) prestação de serviços relativos ao exercício de profissão legalmente regulamentada;

b) intermediação de negócios;

c) administração, locação ou cessão de bens imóveis, móveis e direitos de qualquer natureza;

d) construção por administração ou por empreitada unicamente de mão de obra ou com emprego parcial de materiais;

e) construção, recuperação, reforma, ampliação ou melhoramento de infraestrutura, no caso de contratos de concessão de serviços públicos, independentemente do emprego parcial ou total de materiais;

f) prestação cumulativa e contínua de serviços de assessoria creditícia, mercadológica, gestão de crédito, seleção de riscos, administração de contas a pagar e a receber, compra de direitos creditórios resultantes de vendas mercantis a prazo ou de prestação de serviços (factoring);

g) coleta e transporte de resíduos até aterros sanitários ou local de descarte; e

h) prestação de qualquer outra espécie de serviço não mencionada.

Nas atividades desenvolvidas por bancos comerciais, bancos de investimentos, bancos de desenvolvimento, agências de fomento, caixas econômicas, sociedades de crédito, financiamento e investimento, sociedades de crédito imobiliário, sociedades corretoras de títulos, valores mobiliários e câmbio, distribuidoras de títulos e valores mobiliários, empresas de arrendamento mercantil, cooperativas de crédito, empresas de seguros privados e de capitalização e entidades de previdência privada aberta, o percentual de arbitramento será de 45% (quarenta e cinco por cento).

Nota

Os percentuais serão sempre os mesmos ainda que a pessoa jurídica venha a ser tributada reiteradamente através do arbitramento de lucro em mais de um período de apuração ("Perguntas e Respostas Pessoa Jurídica/2017" — Questão XIV/13).

3.2.2 Empresas prestadoras de serviços de pequeno porte – Determinação da base de cálculo do IRPJ com base em percentual favorecido

De acordo com o § 22 do artigo 227 da IN RFB nº 1700/2017,para as seguintes pessoas jurídicas exclusivamente prestadoras de serviços, cuja receita bruta anual seja de até R$ 120.000,00 (cento e vinte mil reais) é facultada a utilização, para determinação do lucro arbitrado trimestral, do percentual de 19,2% (dezenove inteiros e dois décimos por cento):

- intermediação de negócios;
- administração, locação ou cessão de bens imóveis, móveis e direitos de qualquer natureza;
- construção por administração ou por empreitada unicamente de mão de obra ou com emprego parcial de materiais;
- prestação cumulativa e contínua de serviços de assessoria creditícia, mercadológica, gestão de crédito, seleção de riscos, administração de contas a pagar e a receber, compra de direitos creditórios resultantes de vendas mercantis a prazo ou de prestação de serviços (factoring);
- coleta e transporte de resíduos até aterros sanitários ou local de descarte; e
- prestação de qualquer outra espécie de serviço não mencionada.

A pessoa jurídica que houver utilizado o percentual "favorecido" para o pagamento trimestral do imposto, cuja receita bruta acumulada até um determinado trimestre do ano-calendário exceder ao limite de R$ 120.000,00 (cento e vinte mil reais), ficará sujeita ao pagamento da diferença do imposto postergado, apurada em relação a cada trimestre transcorrido.

A diferença deverá ser paga em quota única até o último dia útil do mês subsequente ao trimestre em que ocorrer o excesso, sem acréscimos.

3.2.3 Contratos de concessão de serviços públicos

No caso de contratos de concessão de serviços públicos:

I — exclui-se da receita bruta da atividade (aquela oriunda da aplicação dos percentuais de arbitramento) a receita reconhecida pela construção, recuperação, reforma, ampliação ou melhoramento da infraestrutura, cuja contrapartida seja ativo intangível representativo de direito de exploração; e

II — integram a receita bruta da atividade (aquela oriunda da aplicação dos percentuais de arbitramento), os valores decorrentes do ajuste a valor presente de que trata o inciso VIII do caput do art. 183 da Lei nº 6.404, de 1976, vinculados aos ativos financeiros a receber pela prestação dos serviços de construção, recuperação, reforma, ampliação ou melhoramento da infraestrutura.

3.2.4 Aspectos relacionados ao ajuste a valor presente

Conforme visto na nota 3 do subitem 3.2, os valores decorrentes do ajuste a valor presente de que trata o inciso VIII do caput do art. 183 da Lei nº 6.404, de 1976, incluem-se na receita bruta referida em I do item 3.

A IN RFB nº 1700/2017, em seu art. 227, § 7º estabelece, também que os valores decorrentes do ajuste a valor presente incluem-se nas receitas referidas em I a VII do item 3, independentemente da forma como estas receitas tenham sido contabilizadas.

No entanto, em ambos os casos, os valores referentes ao ajuste a valor presente apropriados como receita financeira no mesmo período de apuração do reconhecimento da receita bruta, ou em outro período de apuração, não serão incluídos na base de cálculo do lucro arbitrado.

Da mesma forma, as receitas financeiras relativas às variações monetárias dos direitos de crédito e das obrigações do contribuinte, em função da taxa de câmbio, originadas dos saldos de juros a apropriar decorrentes de ajuste a valor presente não integrarão a base de cálculo do lucro arbitrado.

3.3 Pessoa jurídica arrendadora

A pessoa jurídica arrendadora que realize operações em que haja transferência substancial dos riscos e benefícios inerentes à propriedade do ativo e que não esteja sujeita ao tratamento tributário disciplinado pela Lei nº 6.099, de 1974, deverá computar o valor da contraprestação na determinação da base de cálculo do lucro arbitrado.

Essa regra também se aplica aos contratos não tipificados como arrendamento mercantil que contenham elementos contabilizados como arrendamento mercantil por força de normas contábeis e da legislação comercial.

3.4 Avaliação a Valor Justo — AVJ

O ganho decorrente de avaliação de ativo ou passivo com base no valor justo não integrará a base de cálculo do lucro arbitrado no período de apuração:

I — relativo à avaliação com base no valor justo, caso seja registrado diretamente em conta de receita; ou

II — em que seja reclassificado como receita, caso seja inicialmente registrado em conta de patrimônio líquido.

Na apuração dos ganhos referentes a ganhos de capital, demais receitas e resultados positivos decorrentes de receitas não abrangidas em I, auferidos no mesmo período e aos rendimentos e ganhos líquidos auferidos em aplicações financeiras de renda fixa e renda variável, o aumento ou redução no valor do ativo registrado em contrapartida a ganho ou perda decorrente de sua avaliação com base no valor justo não será considerado como parte integrante do valor contábil.

Essa regra não se aplica no caso de o ganho relativo ao aumento no valor do ativo ter sido anteriormente computado na base de cálculo do imposto.

3.5 Aspectos relacionados ao ganho de capital

O ganho de capital nas alienações de ativos não circulantes investimentos, imobilizados e intangíveis corresponderá à diferença positiva entre o valor da alienação e o respectivo valor contábil.

Para esse fim, poderão ser considerados no valor contábil, e na proporção deste, os respectivos valores decorrentes dos efeitos do ajuste a valor presente de que trata o inciso III do caput do art. 184 da Lei nº 6.404, de 1976.

Para obter a parcela a ser considerada no valor contábil do ativo a pessoa jurídica terá que calcular inicialmente o quociente entre: (1) o valor contábil do ativo na data da alienação, e (2) o valor do mesmo ativo sem considerar eventuais realizações anteriores, inclusive mediante depreciação, amortização ou exaustão, e a perda estimada por redução ao valor recuperável.

A parcela a ser considerada no valor contábil do ativo corresponderá ao produto: (1) dos valores decorrentes do ajuste a valor presente com (2) o quociente acima referido.

Na determinação do ganho de capital, é vedado o cômputo de qualquer parcela a título de encargos associados a empréstimos, registrados como custo associados a empréstimos contraídos, especificamente ou não, para financiar a aquisição, construção ou produção de bens classificáveis como estoques de longa maturação, propriedade para investimento, ativo imobilizado ou ativo intangível podem ser registrados como custo do ativo adquirido, construído ou produzido.

3.5.1 Neutralidade tributária

Para fins da neutralidade tributária deverá ser considerada no valor contábil eventual diferença entre o valor do ativo na contabilidade societária e o valor do ativo mensurado de acordo com os métodos e critérios contábeis vigentes em 31 de dezembro de 2007.

3.5.2 Reavaliação

Na apuração do ganho de capital, os valores acrescidos em virtude de reavaliação somente poderão ser computados como parte integrante dos custos de aquisição dos bens e direitos se a empresa comprovar que os valores acrescidos foram computados na determinação da base de cálculo do imposto sobre a renda.

3.5.3 Ativo intangível

O ganho de capital na alienação do ativo intangível corresponderá à diferença positiva entre o valor da alienação e o valor dos custos incorridos na sua obtenção, deduzido da correspondente amortização.

Para calcular o valor a deduzir a pessoa jurídica deverá:

I — determinar a relação entre a amortização acumulada do ativo intangível e o valor do mesmo ativo intangível sem considerar eventuais amortizações anteriores e perdas estimadas por redução ao valor recuperável;

II — aplicar a proporção obtida referida em I ao valor dos custos incorridos na obtenção do ativo intangível. Os custos referidos são os custos diretos e indiretos incorridos na execução dos serviços.

3.6 Algumas Particularidades sobre a receita bruta

3.6.1 Vale pedágio

O valor do Vale pedágio obrigatório, fornecido pelo tomador dos serviços de transporte, para utilização efetiva em despesas de deslocamento de carga por meio de transporte rodoviário, não integra o valor do frete e não será considerado receita operacional.

3.6.2 Empresas concessionárias ou permissionárias de serviço público de transporte urbano de passageiros

Em antiga manifestação do Fisco (AD SRF nº 7/2000), ficou estabelecido que os valores recebidos por empresas concessionárias ou permissionárias de serviço público de transporte urbano de passageiros, subordinadas ao sistema de compensação tarifária, que devam ser repassados a outras empresas do mesmo ramo, por meio de fundo de compensação criado ou aprovado pelo Poder Público Concedente ou Permissório, não integram a receita bruta, para os fins da legislação tributária federal.

Por sua vez, os valores auferidos, a título de repasse, de fundo de compensação tarifária integram a receita bruta, devendo ser considerados na determinação da base de cálculo dos impostos e contribuições administrados pela Secretaria da Receita Federal.

3.6.3 Agências de propaganda e publicidade

Há manifestações do Fisco, por meio de Soluções de Consulta (exemplo: SC nº 13/2003 da 10ª Região Fiscal) que esclarecem que na determinação da base de cálculo do lucro presumido das agências de propaganda e publicidade considera-se apenas o valor dos honorários e serviços da própria empresa, não sendo computado o preço dos serviços e suprimentos externos, tais como "serviços fotográficos, *scanner* e tratamento de imagem, fotolito e serviços gráficos", reembolsado pelo cliente à agência, nos limites e termos contratuais.

Embora voltado para o lucro presumido, entende-se que esse esclarecimento seja aplicável, também, ao lucro arbitrado.

3.6.4 Comercialização de veículos automotores

Há uma particularidade para a pessoa jurídica que tenha como objeto social, declarado em seus atos constitutivos, a compra e venda de veículos automotores, de acordo com o art. 5° da Lei n° 9.716/1998.

Nesse caso, ela poderá computar como receita, nas vendas de veículos usados (adquiridos para revenda ou recebidos como parte do preço da venda de veículos novos ou usados), a diferença entre o valor pelo qual o veículo usado houver sido alienado, constante da nota fiscal de venda, e o seu custo de aquisição, constante da nota fiscal de entrada, o qual deve corresponder ao preço ajustado entre as partes.

O assunto encontra-se atualmente disciplinado pela IN RFB n° 1700/2017 (artigo 242).

Com essa nova disciplina, ficou estabelecido que as pessoas jurídicas que tenham como objeto social, declarado em seus atos constitutivos, a compra e venda de veículos automotores poderão equiparar, para efeitos tributários, como operação de consignação, as operações de venda de veículos usados, adquiridos para revenda, bem assim dos recebidos como parte do preço da venda de veículos novos ou usados.

Na situação acima devem ser observadas as seguintes regras:

1) Os veículos usados serão objeto de nota fiscal de entrada e, quando da venda, de nota fiscal de saída, sujeitando-se ao respectivo regime fiscal aplicável às operações de consignação.

2) Considera-se receita bruta, na operação aqui tratada, a diferença entre o valor pelo qual o veículo usado tiver sido alienado, constante da nota fiscal de venda, e o seu custo de aquisição, constante da nota fiscal de entrada.

3) O custo de aquisição de veículo usado, nas operações tratadas neste item é o preço ajustado entre as partes.

4) Na determinação das bases de cálculo estimadas, do lucro presumido, do lucro arbitrado, do resultado presumido (e do resultado arbitrado), aplicar-se-á o percentual de 32% (trinta e dois por cento) sobre a receita bruta definida 2°.

5) A pessoa jurídica deverá manter em boa guarda, à disposição da RFB, o demonstrativo de apuração da base de cálculo referida em 2.

3.7 Pessoa jurídica anteriormente tributada com base no lucro real

De acordo com o art. 231 da IN RFB nº 1700/2017, a pessoa jurídica que, até o período de apuração anterior, houver sido tributada com base no lucro real deverá adicionar à base de cálculo do imposto sobre a renda, correspondente ao primeiro período de apuração no qual for tributada com base no lucro arbitrado, os saldos dos valores cuja tributação havia diferido, independentemente da necessidade de controle na parte B do e-Lalur.

Essa regra aplica-se, inclusive aos valores controlados por meio de subcontas referentes:

I — às diferenças na adoção inicial dos arts. 1º, 2º, 4º a 71 da Lei nº 12.973, de 2014,; e

II — à avaliação de ativos ou passivos com base no valor justo

3.8 Receitas e rendimentos não tributáveis

De acordo com o art. 40 da IN RFB nº 1700/2017, não integram as bases de cálculo:

- as recuperações de créditos que não representem ingressos de novas receitas;
- a reversão de saldo de provisoes, exceto aquelas autorizadas;
- os lucros e dividendos decorrentes de participações societárias não avaliadas pelo método da equivalência patrimonial, em empresas domiciliadas no Brasil;
- os lucros, rendimentos e ganhos de capital decorrentes de participações societárias em empresas domiciliadas no exterior;
- as parcelas referentes aos ajustes de preços de transferência;
- a contrapartida do ajuste por aumento do valor de investimentos avaliados pelo método da equivalência patrimonial;
- o ganho proveniente de compra vantajosa; e
- as receitas de subvenções para investimento

4. ALÍQUOTAS UTILIZADAS PARA CÁLCULO DO IRPJ

Apurada a base de cálculo, deve ser calculado o Imposto de Renda Pessoa Jurídica.

O cálculo do imposto é feito mediante a utilização das seguintes alíquotas (arts. 541 e 542 do RIR/1999):

a) 15% sobre a totalidade da base de cálculo apurada;

b) adicional de 10% sobre a parcela da base de cálculo que exceder ao limite equivalente a R$ 20.000,00 multiplicados pelo número de meses do período de apuração (R$ 60.000,00, para fins de apuração trimestral).

5. IR NA FONTE OU PAGO SOBRE RECEITAS COMPUTADAS NA BASE DE CÁLCULO DO ARBITRAMENTO — DEDUÇÃO

Para efeito de pagamento, a pessoa jurídica poderá deduzir, do imposto apurado em cada trimestre o imposto sobre a renda pago ou retido na fonte sobre receitas que integraram a base de cálculo do imposto devido, desde que pago ou retido até o encerramento do correspondente período de apuração.

6. INCENTIVOS FISCAIS NÃO PODEM SER DEDUZIDOS

O art. 540 do RIR/1999 dispõe expressamente que, do imposto devido com base no lucro arbitrado, é vedada qualquer dedução a título de incentivo fiscal.

7. CONTRIBUIÇÃO SOCIAL SOBRE O LUCRO

A pessoa jurídica tributada pelo Imposto de Renda com base no lucro arbitrado deverá apurar a Contribuição Social sobre o Lucro trimestralmente observando essa mesma forma de tributação. Consulte capítulo específico deste livro que trata da Contribuição Social sobre o Lucro.

8. PAGAMENTO DO IRPJ E DA CONTRIBUIÇÃO SOCIAL SOBRE O LUCRO

O Imposto de Renda e a Contribuição Social sobre o Lucro apurados, trimestralmente, pelas empresas submetidas ao arbitramento do lucro, deverão ser pagos em quota única, até o último dia útil do mês subsequente ao do encerramento do período de apuração ou, à opção da empresa, em até 3 quotas mensais, iguais e sucessivas, observado o seguinte (arts. 5º e 28 da Lei nº 9.430/1996; art. 856 do RIR/1999; e AD Cosar nº 13/1997):

a) as quotas deverão ser pagas até o último dia útil dos meses subsequentes ao do encerramento do período de apuração;

b) nenhuma quota poderá ter valor inferior a R$ 1.000,00; portanto, se o imposto ou a contribuição a pagar for de valor inferior a R$ 2.000,00, o pagamento deverá ser feito em quota única, até o último dia útil do mês subsequente ao do encerramento do período de apuração;

c) o valor de cada quota (excluída a primeira, se paga no prazo)será acrescido de juros, equivalentes à taxa Selic para títulos federais, acumulada mensalmente, a partir do primeiro dia do segundo mês subsequente ao do encerramento do período de apuração até o último dia do mês anterior ao do pagamento, e de 1% no mês do pagamento.

No preenchimento do Darf, devem ser utilizados no Campo 04 os seguintes códigos (AD Cosar nº 13/1997):

- IRPJ: 5625;
- Contribuição Social sobre o Lucro: 2372.

9. LUCROS OU DIVIDENDOS DISTRIBUÍDOS

A pessoa jurídica submetida ao regime de tributação com base no lucro arbitrado poderá distribuir, a título de lucros ou dividendos, sem incidência do Imposto de Renda na Fonte e na declaração do beneficiário, o valor correspondente à diferença entre a base de cálculo do imposto e a soma dos seguintes tributos e contribuições devidos no período (art. 666 do RIR/1999; art. 238 da IN RFB nº 1700/2017; e ADN Cosit nº 4/1996):

a) Imposto de Renda Pessoa Jurídica, inclusive o adicional, quando devido;
b) Contribuição Social sobre o Lucro;
c) Contribuição para o Financiamento da Seguridade Social (Cofins);
d) Contribuição ao PIS-Pasep.

Parcela excedente ao valor determinado de acordo com o procedimento citado também poderá ser distribuída sem incidência do imposto, desde que a empresa demonstre, por meio de escrituração contábil feita com observância da lei comercial, que o lucro efetivo é maior que o determinado segundo as regras de apuração da base de cálculo do imposto.

10. EXEMPLO

Admitamos determinada pessoa jurídica tributada com base no lucro arbitrado que, no quarto trimestre do ano-calendário, aufira as seguintes receitas:

a) receita de vendas de mercadorias: R$ 2.475.000,00;
b) rendimentos de aplicações financeiras: R$ 30.000,00 (com retenção de imposto na fonte de R$ 6.000,00);
c) ganho de capital (lucro) na venda de bem do Ativo imobilizado: R$ 18.750,00.

Para fins de determinação do lucro arbitrado, consideremos tratar-se de empresa sujeita ao percentual de 9,6%. Desta forma, teremos:

A — Determinação do IRPJ

I — Base de cálculo do IRPJ:

• Lucro arbitrado com base na receita de venda de mercadorias: 9,6% de R$ 2.475.000,00	R$ 237.600,00
• Rendimentos de aplicações financeiras	R$ 30.000,00
• Ganho de capital na alienação de bem	R$ 18.750,00
• Base de cálculo do imposto	R$ 286.350,00

II — Valor do IRPJ devido:

• Imposto normal: 15% s/ R$ 286.350,00	R$ 42.952,50
• Adicional: 10% s/ R$ 226.350,00 (*)	R$ 22.635,00
• Soma	R$ 65.587,50

(*) Parcela da base de cálculo excedente a R$ 60.000,00.

III — Dedução do IR Fonte:

• Imposto devido	R$ 65.587,50
• Imposto retido na fonte	(R$ 6.000,00)
• Imposto líquido a pagar	R$ 59.587,50

B — Determinação da Contribuição Social sobre o Lucro

I — Base de cálculo:

• 12% s/ R$ 2.475.000,00	R$ 297.000,00
• Rendimentos de aplicações financeiras	R$ 30.000,00
• Ganho de capital na alienação de bem	R$ 18.750,00
• Soma	R$ 345.750,00

II — Determinação do valor da contribuição a pagar:

• Contribuição devida: (9% s/ R$ 345.750,00)	R$ 31.117,50

III — Lucro que pode ser distribuído aos sócios sem incidência do Imposto de Renda tanto na fonte como na declaração

Consideremos no desenvolvimento do exemplo que o PIS e a Cofins devidos no quarto trimestre do referido ano-calendário foram de R$ 16.282,50 e R$ 75.150,00, respectivamente. Naturalmente, estamos considerando que a empresa não mantém escrituração contábil regular e, portanto, não pode determinar o lucro efetivo (o assunto foi abordado no item 10):

• Base de cálculo do IRPJ	R$ 286.350,00
• IRPJ devido	(R$ 65.587,50)
• Contribuição Social sobre o Lucro devida	(R$ 31.117,50)
• PIS devido	(R$ 16.282,50)
• Cofins devida	(R$75.150,00)
• Valor distribuível como lucros ou dividendos sem incidência do imposto, independentemente de apuração contábil	R$ 98.212,50

11. RECEITA NÃO OFERECIDA À TRIBUTAÇÃO — TRATAMENTO

A partir de 1º.01.1996, foram estabelecidas regras em relação à apuração de omissão de receitas, no sentido de que os valores apurados em procedimento de ofício deveriam ser tributados de acordo com o regime de tributação a que estiver submetida a pessoa jurídica no período de apuração a que corresponder a omissão. O montante omitido, no caso, passou a ser computado para determinação da base de cálculo do Imposto de Renda e do adicional (RIR/1999, art. 537), bem como da CSL, PIS e Cofins.

Desse modo, no caso de ser apurada omissão de receita em pessoa jurídica que no período de apuração fiscalizado houver adotado a forma de tributação com base no lucro arbitrado, a autoridade fiscal deverá recompor a respectiva base de cálculo incluindo o montante omitido. A receita assim tributada, considerada distribuída ao titular, sócio ou acionista, não mais sofrerá tributação, seja na fonte, seja na declaração.

No caso de pessoa jurídica com atividades diversificadas, não sendo possível a identificação da atividade a que se refere a receita omitida, esta será adicionada àquela que corresponder o percentual mais elevado ("Perguntas e Respostas Pessoa Jurídica/2017" — Questão XIV/30).

12. ARBITRAMENTO DO LUCRO NO CASO DE RECEITA BRUTA NÃO CONHECIDA

O lucro arbitrado das pessoas jurídicas, correspondente a cada trimestre, quando não conhecida a receita bruta, será determinado através de procedimento de ofício, mediante a aplicação de uma das seguintes alternativas de cálculo:

I — 1,5 (um inteiro e cinco décimos) do lucro real referente ao último período em que a pessoa jurídica manteve escrituração de acordo com as leis comerciais e fiscais;

II — 0,12 (doze centésimos) da soma dos valores do ativo circulante e do ativo não circulante realizável a longo prazo, investimentos, imobilizado e intangível, existentes no último balanço patrimonial conhecido;

III — 0,21 (vinte e um centésimos) do valor do capital, inclusive sua correção monetária contabilizada como reserva de capital, constante do último balanço patrimonial conhecido ou registrado nos atos de constituição ou alteração da sociedade;

IV — 0,15 (quinze centésimos) do valor do patrimônio líquido constante do último balanço patrimonial conhecido;

V — 0,4 (quatro décimos) do valor das compras de mercadorias efetuadas no trimestre;

VI — 0,4 (quatro décimos) da soma, em cada trimestre, dos valores da folha de pagamento dos empregados e das compras de matérias-primas, produtos intermediários e materiais de embalagem;

VII — 0,8 (oito décimos) da soma dos valores devidos no trimestre a empregados;

VIII — 0,9 (nove décimos) do valor do aluguel devido no trimestre.

As alternativas previstas em V, VI e VII, a critério da autoridade lançadora, poderão ter sua aplicação limitada, respectivamente, às atividades comerciais, industriais e de prestação de serviços e, no caso de empresas com atividade mista, ser adotados isoladamente em cada atividade.

Para os efeitos da aplicação do arbitramento referido em I, quando o lucro real for decorrente de período-base anual, o valor que servirá de base ao arbitramento será proporcional ao número de meses do período-base considerado.

Nas alternativas previstas V e VI, as compras serão consideradas pelos valores totais das operações, devendo ser incluídos os valores decorrentes do ajuste a valor presente de que trata o inciso III do art. 184 da Lei nº 6.404, de 1976.

À parcela apurada serão adicionados, para efeitos de se determinar o lucro arbitrado, os valores referidos em I a VII do item 3 deste capítulo (tais valores são aqueles adicionados à receita da atividade)

Capítulo 5

Lucro Real

1. DEFINIÇÃO DE LUCRO REAL

De acordo com o art. 247 do RIR/1999, lucro real é o lucro líquido do período de apuração ajustado pelas adições, exclusões ou compensações prescritas ou autorizadas na legislação.

Nas "Perguntas e Respostas Pessoa Jurídica", disponibilizadas pela Receita Federal em seu *site*, o Fisco esclarece que a expressão lucro real significa o próprio lucro tributável, para fins da legislação do Imposto de Renda, distinto do lucro líquido apurado contabilmente.

Em outras palavras, "lucro real" é, na verdade, o "lucro fiscal", ou seja, aquele sobre o qual incidirá efetivamente o Imposto de Renda Pessoa Jurídica, para as empresas tributadas nessa modalidade (por opção ou por estarem obrigadas).

2. DEMONSTRAÇÃO DO LUCRO REAL

De acordo com o art. 310 da IN RFB nº 1700/2017, a pessoa jurídica tributada com base no lucro real deverá escriturar o Livro de Apuração do Lucro Real (Lalur), o qual será entregue em meio digital.

Para a pessoa jurídica tributada com base no lucro real, a ECF é o Lalur, inclusive na aplicação das multas por descumprimento de obrigação acessórias.

Da ECF deverão constar as seguintes informações, entre outras:

I — dados relativos ao e-Lalur, que conterá:

a) parte A, onde serão apresentadas as seguintes informações da demonstração do lucro real:

1. lucro líquido do período de apuração;

2. registros de ajuste do lucro líquido, com identificação das contas analíticas do plano de contas e indicação discriminada por lançamento correspondente na escrituração comercial, quando presentes; e

3. lucro real;

b) parte B, onde serão mantidos os registros de controle de prejuízos fiscais a compensar em períodos subsequentes e de outros valores que devam influenciar a determinação do lucro real de períodos futuros e não constem na escrituração comercial;

II — dados relativos ao e-Lacs, que conterá:

a) parte A, onde serão apresentadas as seguintes informações da demonstração da base de cálculo da CSLL:

1. lucro líquido do período de apuração;

2. registros de ajuste do lucro líquido, com identificação das contas analíticas do plano de contas e indicação discriminada por lançamento correspondente na escrituração comercial, quando presentes; e

3. resultado ajustado;

b) parte B, onde serão mantidos os registros de controle de bases de cálculo negativas da CSLL a compensar em períodos subsequentes e de outros valores que devam influenciar a determinação do resultado ajustado de períodos futuros e não constem na escrituração comercial;

III — apuração do IRPJ; e

IV — demais informações econômico-fiscais.

Os valores a serem escriturados na parte B do e-Lalur e do e-Lacs seguirão as seguintes normas:

I — créditos:

a) valores que constituirão adições ao lucro líquido de exercícios futuros, para determinação do lucro real e do resultado ajustado respectivo, e

b) para baixa dos saldos devedores;

II — débitos:

a) valores que constituirão exclusões nos exercícios subsequentes, e

b) para baixa dos saldos credores.

3. PERIODICIDADE TRIMESTRAL OU ANUAL DE APURAÇÃO DO LUCRO REAL

Às pessoas jurídicas tributadas com base no lucro real é permitido apurar o lucro real e, consequentemente, determinar o Imposto de Renda efetivamente devido:

a) trimestralmente; ou

b) anualmente.

A "opção" por um dos dois tipos de períodos-base (trimestral ou anual) está diretamente associada à opção que a pessoa jurídica faz anualmente quanto ao pagamento do Imposto de Renda:

- com base no valor efetivamente devido no trimestre (hipótese em que o período-base será trimestral); ou
- por estimativa mensal (caso em que o período-base será anual).

Deste modo, temos que se a empresa optar pela apuração trimestral, na prática, se diz que ela está no balanço trimestral. Por sua vez, se o período de apuração for anual, diz-se que a empresa está no balanço anual.

Lembra-se, ainda, que a Contribuição Social sobre o Lucro observa a mesma periodicidade de apuração e o mesmo critério de pagamento definidos para o Imposto de Renda Pessoa Jurídica.

3.1 Lucro real trimestral

Se a empresa optar pela apuração trimestral, o imposto é apurado e recolhido trimestralmente. Nesse regime, os períodos de apuração serão encerrados em 31 de março, 30 de junho, 30 de setembro e 31 de dezembro.

Excetuam-se dessa regra os casos de incorporação, fusão, cisão ou encerramento de atividades, nos quais a apuração da base de cálculo e do imposto devido deve ser efetuada na data em que ocorrer qualquer um desses eventos (art. 220 do RIR/1999).

O imposto devido trimestralmente deve ser pago em quota única, até o último dia útil do mês subsequente ao do encerramento do trimestre da sua apuração, ou, opcionalmente, em até três quotas mensais, iguais e sucessivas, respeitado o valor mínimo de R$ 1.000,00 para cada uma.

No recolhimento do imposto, deverão ser observadas as seguintes regras (art. 856 do RIR/1999):

a) as quotas deverão ser pagas até o último dia útil dos meses subsequentes ao de encerramento do trimestre de apuração;

b) o valor de cada quota (exceto a primeira, se paga no prazo) será acrescido de juros equivalentes à taxa Selic para títulos federais, acumulada mensalmente, a partir do primeiro dia do segundo mês subsequente ao do encerramento do trimestre de apuração até o último dia do mês anterior ao do pagamento, e de 1% no mês do pagamento.

3.2 Lucro real anual (pagamento do imposto por estimativa)

Agora, se a empresa, alternativamente à apuração trimestral, optar pelo pagamento mensal do imposto por estimativa, deverá:

a) apurar e recolher o imposto mensalmente, com base em valores estimados (o recolhimento deverá ser efetuado até o último dia útil do mês seguinte ao da apuração);

b) apurar o lucro real anualmente, em 31 de dezembro, ou por ocasião de incorporação, fusão, cisão ou encerramento de atividades, para fins de determinação do imposto efetivamente devido no período e ajuste de diferenças — pagamento do saldo positivo apurado ou restituição ou compensação de saldo negativo apurado (art. 221 do RIR/1999); e

Opcionalmente, a empresa poderá apurar o lucro real no decorrer do ano, mediante levantamento de balanços ou balancetes periódicos, com base nos quais poderá reduzir ou suspender os pagamentos mensais do imposto (veja detalhes adiante).

4. PROVIDÊNCIAS PARA APURAÇÃO DO LUCRO REAL

A apuração do lucro real deve ser precedida da apuração do lucro líquido, contabilmente, com observância das disposições das leis comerciais. Para tanto, deverão ser feitos, no Livro de Apuração do Lucro Real (Lalur), ajustes (adições, exclusões e compensações), conforme comentado a seguir (arts. 247 e 262 do RIR/1999).

Sobre as adições e exclusões Relativas a Ajuste a Valor Presente e Avaliação a Valor Justo, resultante da integração da Lei nº 12.973/2014, que integra a legislação fiscal com contabilidade, veja capítulo próprio neste livro.

4.1 Adições ao lucro líquido

4.1.1 Valores debitados ao resultado contábil, mas não dedutíveis do lucro real

O art. 62 da IN RFB nº 1700/2017 (ao detalhar orientação que consta do inc. I e parágrafo único do art. 249 do RIR/1999), estabelecer que na determinação do lucro real e do resultado ajustado serão adicionados ao lucro líquido do período de apuração:

I — os custos, as despesas, os encargos, as perdas, as provisões, as participações e quaisquer outros valores deduzidos na apuração do lucro líquido que, de acordo com a legislação do IRPJ ou da CSLL, não sejam dedutíveis na determinação do lucro real ou do resultado ajustado; e

II — os resultados, os rendimentos, as receitas e quaisquer outros valores não incluídos na apuração do lucro líquido que, de acordo com essa mesma legislação, devam ser computados na determinação do lucro real ou do resultado ajustado.

A referida IN, ao contrário de outros diplomas legais, inovou ao apresentar uma lista (**não exaustiva**) das adições ao lucro líquido do período de apuração, para fins de determinação do lucro real (IRPJ) e do resultado ajustado (para fins da CSL)

Essa lista é reproduzida, como apêndice I ao final deste livro e, como comentado acima, reflete as adições aplicáveis tanto para o IRPJ como para a CSL.

4.1.2 *Valores não computados no resultado que devem ser adicionados ao lucro real*

Acima falamos de valores computados no resultado que devem ser adicionados ao lucro real. Contudo, na determinação do lucro real devem ser também adicionados ao lucro líquido os resultados, rendimentos, receitas e quaisquer outros valores não creditados na apuração que, de acordo com a legislação do Imposto de Renda, devem ser computados no lucro real (art. 249, II, do RIR/1999).

Alguns exemplos:

1) parcela do saldo do lucro inflacionário a tributar (inclusive saldo credor da correção monetária complementar pela diferença IPC/BTNF de 1990) realizada no período-base, calculada proporcionalmente às baixas de Ativos (que ficaram sujeitos à correção monetária até 31.12.1995) ou determinada pelo percentual mínimo obrigatório de 10% (prevalece o valor maior), exceto no caso de ter havido opção pela realização antecipada para gozo de redução da alíquota do imposto; os percentuais de realização do lucro inflacionário (o proporcional às baixas de Ativos ou o mínimo obrigatório de 10%) aplicam-se sobre o saldo do lucro inflacionário a tributar existente em 31.12.1995 (arts. 447 a 449 do RIR/1999 e ADN nº 29/1999). Considerando-se o percentual mínimo de realização mencionado, o respectivo valor deve ter sido integralmente tributado até 31.12.2005;

2) reserva de reavaliação que deva ser computada na apuração do lucro real do período-base, observando-se que:

2.1) no caso de reavaliação de bens que permaneceram no Ativo da empresa, deve ser computada no lucro real a parcela da reserva equivalente ao montante do aumento do valor dos bens reavaliados que tenha sido realizado no período-base em virtude de alienação sob qualquer forma ou mediante depreciação, amortização, exaustão ou baixa por perecimento (art. 435 do RIR/1999 e art. 4º da Lei nº 9.959/2000);

2.2) no caso de reavaliação de bens incorporados ao patrimônio de outra pessoa jurídica, na subscrição em bens de capital social ou de valores mobiliários emitidos por companhia, a reserva de reavaliação respectiva deverá ser computada na determinação do lucro real (art. 439 do RIR/1999 e art. 4º da Lei nº 9.959/2000):

2.2.1) na alienação ou na liquidação da participação societária ou dos valores mobiliários, pelo montante realizado;

2.2.2) em cada período de apuração, em montante igual à parte de lucros, dividendos, juros ou participações recebidos, que corresponder à participação societária ou aos valores mobiliários adquiridos com o aumento do valor dos bens reavaliados; ou

2.2.3) proporcionalmente ao valor realizado, no período de apuração em que a pessoa jurídica que houver recebido os bens reavaliados realizá-los mediante alienação, depreciação, amortização, exaustão ou baixa por perecimento;

3) parcela da reserva especial relativa à correção monetária facultativa de bens do Ativo Permanente — hoje, pertencente ao grupo "não circulante", no Ativo — (referida à data de 31.01.1991) proporcional à realização, no período-base, dos bens que tenham sido objeto dessa correção, mediante alienação, depreciação, amortização, exaustão ou baixa a qualquer título (art. 460 do RIR/1999);

4) parcela do lucro decorrente de contratos com entidades governamentais que haja sido excluída do lucro real em período de apuração anterior, proporcional ao valor das receitas desses contratos recebidas no período-base,

5) lucros auferidos no exterior por intermédio de filiais, sucursais, controladas ou coligadas, que houverem sido disponibilizados no período-base para a pessoa jurídica domiciliada no Brasil, considerando-se disponibilizados os lucros (§§ 2º a 4º do art. 394 do RIR/1999; art. 3º da Lei nº 9.959/2000; e art. 74 da MP nº 2.158-35/2001):

5.1) no caso de filial ou sucursal, na data do balanço no qual tiverem sido apurados; e

5.2) no caso de controlada ou coligada:

5.2.1) na data do balanço no qual tiverem sido apurados, na forma do regulamento;

5.2.2) na hipótese de contratação de mútuo, se a mutuante, coligada ou controlada, possuir lucros ou reservas de lucros;

5.2.3) na hipótese de adiantamento de recursos pela coligada ou controlada, por conta de venda futura, cuja liquidação, pela remessa do bem ou serviço vendido, ocorra em prazo superior ao ciclo de produção do bem ou serviço;

6) parcela da receita de exportações realizadas no período-base, contratadas com pessoas vinculadas ou domiciliadas em país que não tribute a renda ou a tribute à alíquota máxima inferior a 20% ("paraíso fiscal"), determinada segundo

as normas sobre preços de transferência, que exceder o valor apropriado na escrituração da empresa no Brasil (arts. 240, § 7°, e 244 e 245 do RIR/1999);

7) diferença de receita financeira de mútuo contratado com as pessoas referidas no tópico 6 acima, no caso de contrato não registrado no Banco Central do Brasil, correspondente à parcela do valor calculado com base na taxa Libor para depósitos em dólares dos Estados Unidos da América pelo prazo de 6 meses, acrescida de 3% anuais a título de *spread*, proporcionalizados em função do período a que se referirem os juros, que exceder o valor registrado na escrituração da empresa no Brasil (arts. 243 a 245 do RIR/1999);

8) parcela do ganho de capital auferido na alienação de bens do Ativo Permanente — hoje, pertencente ao grupo "não circulante", no Ativo — (venda a longo prazo), realizada em período de apuração anterior, cuja tributação foi diferida nas condições referidas no subitem 4.2.1, 8, proporcional à parcela do preço da alienação recebida no período-base (art. 421 do RIR/1999);

9) valor excluído do lucro líquido e registrado na Parte "B" do Lalur em período de apuração anterior, relativo à amortização de deságio obtido na aquisição de participações societárias permanentes, avaliadas pela equivalência patrimonial, que tenham sido alienadas ou liquidadas no período-base (arts. 391 e 426 do RIR/1999);

10) encargos financeiros de créditos vencidos excluídos do lucro líquido na determinação do lucro real de período de apuração anterior (art. 342 do RIR/1999) que, para os fins legais, tenham se tornado disponíveis para a empresa credora ou cuja perda tenha sido reconhecida no período-base (art. 342, § 2°, do RIR/1999).

4.2 Exclusões do lucro líquido

4.2.1 Valores creditados ao resultado, mas não tributáveis

De acordo com o art. 250, II, do RIR/1999, na determinação do lucro real podem ser excluídos do lucro líquido na determinação do lucro real, os rendimentos, as receitas, os resultados e quaisquer outros valores computados a crédito de conta de resultado que, de acordo com a legislação do Imposto de Renda, não são computados no lucro real.

Ao detalhar o tema, a IN RFB n° 1700/2017 (art. 63) esclarece que na determinação do lucro real e do resultado ajustado poderão ser excluídos do lucro líquido do período de apuração:

I — os valores cuja dedução seja autorizada pela legislação do IRPJ ou da CSLL e que não tenham sido computados na apuração do lucro líquido do período de apuração; e

II — os resultados, os rendimentos, as receitas e quaisquer outros valores incluídos na apuração do lucro líquido que, de acordo com essa mesma legislação, não sejam computados no lucro real ou no resultado ajustado.

A referida IN igualmente como aconteceu com a adições anteriormente comentadas, , inovou ao apresentar uma lista (**não exaustiva**) das exclusões ao lucro líquido do período de apuração, para fins de determinação do lucro real (IRPJ) e do resultado ajustado (para fins da CSL)

Essa lista é reproduzida, como apêndice II ao final deste livro e, como comentado acima, reflete as exclusões aplicáveis tanto para o IRPJ como para a CSL.

4.2.2 Valores não computados no resultado que podem ser excluídos do lucro real

Na determinação do lucro real do período-base, podem ser excluídos os valores cuja dedução seja autorizada pela legislação do Imposto de Renda e que, pela sua natureza, não tenham sido computados na apuração do resultado (art. 250, I, do RIR/1999).

São exemplos:

1) depreciação acelerada incentivada (art. 313, § 1°, do RIR/1999);

2) encargos financeiros de créditos vencidos adicionados ao lucro líquido na determinação do lucro real de período de apuração anterior, caso o débito tenha sido liquidado no decorrer do período-base (art. 342, § 4°, do RIR/1999);

3) valores aplicados no período-base na aquisição primária de Certificados de Investimento em projetos de produção de obras audiovisuais cinematográficas brasileiras, previamente aprovados pelo Ministério da Cultura, desde que os Certificados de Investimento tenham sido emitidos e colocados no mercado com observância das normas estabelecidas pela CVM (art. 372 do RIR/1999). Lembra-se que, contabilmente, esses valores devem ser registrados em conta do Ativo Permanente, subgrupo investimentos (hoje, pertencente ao grupo "não circulante", no Ativo);

4) valor adicionado ao lucro líquido e registrado na Parte "B" do Lalur em período de apuração anterior, relativo à amortização de ágio pago na aquisição de participações societárias permanentes avaliadas pela equivalência patrimonial, que tenham sido alienadas ou liquidadas no período-base (art. 391, parágrafo único, do RIR/1999);

5) provisões indedutíveis adicionadas ao lucro líquido, na determinação do lucro real de período de apuração anterior, que, no período-base, tenham sido utilizadas para absorver despesas dedutíveis realizadas ou tenham sido revertidas a crédito de conta de resultado (art. 247, § 2°, do RIR/1999).

4.3 Compensação de prejuízos fiscais

Os prejuízos fiscais de períodos de apuração anteriores poderão ser compensados com o lucro real apurado no período-base, respeitado o limite máximo de 30% do lucro real e demais condições pertinentes à compensação de prejuízos fiscais, previstas na legislação.

O limite de 30% não se aplica a empresas rurais e a titulares de Programas Especiais de Exportação Befiex aprovados até 03.06.1993 (arts. 470, I, 510 e 512 do RIR/1999).

Consulte capítulo específico sobre o assunto.

4.4 Imposto e adicional devidos sobre o lucro real

O imposto devido sobre o lucro real é calculado à alíquota de 15%, incidente sobre o total do lucro real, mais o adicional de 10% incidente sobre a parcela do lucro real que ultrapassar o limite de R$ 20.000,00 multiplicado pelo número de meses do respectivo período de apuração (arts. 541 e 542 do RIR/1999).

No caso de apuração em período inferior a 12 meses, o adicional incide sobre a parcela do lucro real que ultrapassar o limite proporcional, correspondente ao resultado da multiplicação de R$ 20.000,00 pelo número de meses do período de apuração.

Na hipótese de imposto apurado com base na estimativa mensal, o adicional incidirá sobre a parcela da base de cálculo que exceder a R$ 20.000,00.

5. ESTIMATIVA MENSAL

5.1 Forma e efeitos da opção pelo pagamento mensal

A opção pelo pagamento mensal é considerada exercida com o pagamento do imposto correspondente ao mês de janeiro, ou do início de atividades, quando for o caso.

Lembra-se que o exercício da opção implica, por si só, a obrigatoriedade de apuração anual do lucro real, em 31 de dezembro ou por ocasião de incorporação, fusão, cisão ou encerramento das atividades. A empresa fica impedida de optar pela tributação com base no lucro presumido, mesmo que não esteja enquadrada em nenhuma das outras situações que a obrigam à apuração do lucro real.

Por sua vez, a opção pelo pagamento mensal do Imposto de Renda impõe ao contribuinte o pagamento mensal também da Contribuição Social sobre o Lucro.

5.2 Vantagens da opção pelo pagamento mensal

5.2.1 Compensação de prejuízos fiscais

A apuração trimestral é definitiva, de modo que o lucro real de um trimestre não pode ser compensado com o prejuízo fiscal de trimestre subsequente, ainda que do mesmo ano-calendário.

Além disso, se for apurado prejuízo fiscal em um trimestre, a compensação desse prejuízo com o lucro real apurado nos trimestres seguintes ficará sujeita à observância do limite máximo de 30% do lucro real (art. 510 do RIR/1999).

O contribuinte deve ficar atento, ainda, para o fato de que o prejuízo não operacional de um trimestre somente poderá ser compensado, nos trimestres seguintes, com lucros da mesma natureza (art. 511 do RIR/1999). Todavia, no regime de pagamentos mensais, o que prevalecerá é a apuração anual do lucro real, de modo que os resultados positivos e negativos do ano são compensados automaticamente, sem nenhuma restrição, qualquer que seja a sua natureza (operacional ou não operacional).

5.2.2 Adicional do Imposto de Renda

Outra vantagem que está relacionada com a opção pela estimativa mensal diz respeito ao adicional do Imposto de Renda.

No regime de apuração trimestral, sobre a parcela do lucro real de cada trimestre que exceder a R$ 60.000,00 há a incidência do adicional de 10%, de forma definitiva, ao passo que no regime de pagamentos mensais, embora incida o adicional sobre a parcela da base de cálculo do imposto mensal que exceder a R$ 20.000,00, essa incidência somente será definitiva sobre a parcela do lucro real anual que exceder a R$ 240.000,00.

Por exemplo:

Trimestre	Resultado apurado		Adicional devido R$
	Lucro real R$	Prejuízo fiscal R$	
1º	95.000,00		10% de 35.000,00 = 3.500,00
2º	114.000,00		10% de 54.000,00 = 5.400,00
3º	76.000,00		10% de 16.000,00 = 1.600,00
4º		(66.500,00)	
Somas	285.000,00	(66.500,00)	10.500,00

Como se observa, a empresa, por ter optado pela apuração trimestral do lucro real, acabou pagando no ano, de forma definitiva, adicional de R$ 10.500,00.

Se, por outro lado, a empresa tivesse optado pelo pagamento mensal do imposto, isso não teria ocorrido. O lucro real, nessa segunda hipótese seria de R$ 218.500,00 (R$ 285.000,00 menos R$ 66.500,00, que é o prejuízo do quarto trimestre e estaria "embutido" no resultado anual), inferior ao limite de incidência do adicional.

É claro que, nessa hipótese, no regime de pagamentos mensais, em alguns meses, a empresa poderia ter ficado sujeita ao adicional sobre a parcela do lucro mensal que excedeu R$ 20.000,00, mas essa incidência seria provisória porque o imposto devido mensalmente durante o ano é deduzido do imposto devido sobre o lucro real anual.

5.3 Base de cálculo do imposto mensal por estimativa

No regime de pagamentos por estimativa, a base de cálculo do Imposto de Renda mensal é determinado mediante o somatório dos seguintes valores:

a) resultado da aplicação dos percentuais informados no subitem 5.3.1 sobre a receita bruta auferida na atividade, deduzida das devoluções e vendas canceladas e dos descontos incondicionais concedidos;

b) ganhos de capital, demais receitas e os resultados positivos decorrentes de receitas não compreendidos na receita bruta proveniente das atividades referidas na letra "a";

5.3.1 Percentuais aplicáveis sobre a receita bruta mensal

De acordo com o art. 32da IN RFB nº 1700/2017, à opção da pessoa jurídica, o imposto poderá ser pago por estimativa. Para se determinar a base de cálculo estimada, aplica-se sobre receita bruta das vendas de mercadorias ou produtos e da prestação de serviços que constituam o objeto da atividade da empresa percentuais de presunção do lucro.

Como regra, o percentual é de 8% (oito por cento) sobre a receita bruta auferida na atividade, deduzida das devoluções e vendas canceladas e dos descontos incondicionais concedidos.

Nas seguintes atividades o percentual de determinação da estimativa mensal será de (art. 33 da IN RFB nº 1700/2017):

I — 1,6% (um inteiro e seis décimos por cento) sobre a receita bruta auferida na revenda, para consumo, de combustível derivado de petróleo, álcool etílico carburante e gás natural;

II — 8% (oito por cento) sobre a receita bruta auferida:

a) na prestação de serviços hospitalares e de auxílio diagnóstico e terapia, fisioterapia e terapia ocupacional, fonoaudiologia, patologia clínica, imagenologia, radiologia, anatomia patológica e citopatologia, medicina nuclear e análises e patologias clínicas, exames por métodos gráficos, procedimentos endoscópicos, radioterapia, quimioterapia, diálise e oxigenoterapia hiperbárica, desde que a prestadora desses serviços seja organizada sob a forma de sociedade empresária e atenda às normas da Agência Nacional de Vigilância Sanitária (Anvisa);

b) na prestação de serviços de transporte de carga;

c) nas atividades imobiliárias relativas a desmembramento ou loteamento de terrenos, incorporação imobiliária, construção de prédios destinados à venda e a venda de imóveis construídos ou adquiridos para revenda; e

d) na atividade de construção por empreitada com emprego de todos os materiais indispensáveis à sua execução, sendo tais materiais incorporados à obra;

III — 16% (dezesseis por cento) sobre a receita bruta auferida:

a) na prestação de serviços de transporte, exceto transporte de carga; e

b) nas atividades desenvolvidas por bancos comerciais, bancos de investimentos, bancos de desenvolvimento, agências de fomento, caixas econômicas, sociedades de crédito, financiamento e investimento, sociedades de crédito imobiliário, sociedades corretoras de títulos, valores mobiliários e câmbio, distribuidoras de títulos e valores mobiliários, empresas de arrendamento mercantil, cooperativas de crédito, empresas de seguros privados e de capitalização e entidades de previdência privada aberta; e

IV — 32% (trinta e dois por cento) sobre a receita bruta auferida com as atividades de:

a) prestação de serviços relativos ao exercício de profissão legalmente regulamentada;

b) intermediação de negócios;

c) administração, locação ou cessão de bens imóveis, móveis e direitos de qualquer natureza;

d) construção por administração ou por empreitada unicamente de mão de obra ou com emprego parcial de materiais;

e) construção, recuperação, reforma, ampliação ou melhoramento de infraestrutura, no caso de contratos de concessão de serviços públicos, independentemente do emprego parcial ou total de materiais;

f) prestação cumulativa e contínua de serviços de assessoria creditícia, mercadológica, gestão de crédito, seleção de riscos, administração de contas a pagar e a receber, compra de direitos creditórios resultantes de vendas mercantis a prazo ou de prestação de serviços (factoring);

g) coleta e transporte de resíduos até aterros sanitários ou local de descarte;

h) prestação de qualquer outra espécie de serviço não mencionada neste item.

Nota

A receita bruta auferida pela pessoa jurídica decorrente da prestação de serviços em geral, como limpeza e locação de mão de obra, ainda que sejam fornecidos os materiais, está sujeita à aplicação do percentual de 32% (trinta e dois por cento).

No caso de atividades diversificadas será aplicado o percentual correspondente a cada atividade.

Atividades/situações especiais

A — Pessoa jurídica exclusivamente prestadora de serviços — Aplicação do percentual de 16% — Hipótese

De acordo com o § 7º do artigo 33 da IN RFB nº 1700/2017,para as seguintes pessoas jurídicas exclusivamente prestadoras de serviços, cuja receita bruta anual seja de até R$ 120.000,00 (cento e vinte mil reais) é facultada a utilização, para determinação da estimativa mensal, do percentual de 16% (dezesseis por cento):

- intermediação de negócios;
- administração, locação ou cessão de bens imóveis, móveis e direitos de qualquer natureza;
- construção por administração ou por empreitada unicamente de mão de obra ou com emprego parcial de materiais;
- prestação cumulativa e contínua de serviços de assessoria creditícia, mercadológica, gestão de crédito, seleção de riscos, administração de contas a pagar e a receber, compra de direitos creditórios resultantes de vendas mercantis a prazo ou de prestação de serviços (factoring);
- coleta e transporte de resíduos até aterros sanitários ou local de descarte;

A pessoa jurídica que houver utilizado o percentual "favorecido" para o pagamento trimestral do imposto, cuja receita bruta acumulada até um determinado trimestre do ano-calendário exceder ao limite de R$ 120.000,00 (cento e vinte mil reais), ficará sujeita ao pagamento da diferença do imposto postergado, apurada em relação a cada trimestre transcorrido.

A diferença deverá ser paga em quota única até o último dia útil do mês subsequente ao trimestre em que ocorrer o excesso, sem acréscimos.

B — Atividade gráfica — Percentual de determinação da base de cálculo

Em antiga manifestação (ADN Cosit nº 18/2000), o Fisco esclareceu que a atividade gráfica pode configurar-se como industrial, comercial ou de prestação de serviços. E que são consideradas prestação de serviços as operações realizadas por encomenda, nos termos do art. 5º, inciso V, c.c. o art. 7º, inciso II, do Decreto nº 4.544/2002 (Regulamento do IPI), ou seja, as atividades de preparo do produto, por encomenda direta do consumidor ou usuário, na residência do preparador ou em oficina, desde que, em qualquer caso, seja preponderante o trabalho profissional, conceituando-se como:

a) oficina o estabelecimento que empregar, no máximo, 5 operários e, caso utilize força motriz, que não disponha de potência superior a 5 KW;
b) trabalho preponderante o que contribui para o preparo do produto, para formação de seu valor, a título de mão de obra, no mínimo, com 60%.

Ainda de acordo com o ADN Cosit nº 18/2000, o percentual aplicável sobre a receita, na apuração do lucro presumido, seria de:

- 8%, quando a empresa gráfica atuasse nas áreas comercial e industrial; e
- 32%, na hipótese de prestação de serviços, com ou sem o fornecimento de material.

Estranhamente, esse normativo foi revogado pelo Ato Declaratório Interpretativo nº 20/2007, por meio do qual o Secretário da Receita Federal do Brasil declarou que para fins da apuração do IRPJ e da base de cálculo da Contribuição Social sobre o Lucro, **considera-se prestação de serviço as operações de industrialização por encomenda quando na composição do custo total dos insumos do produto industrializado por encomenda houver a preponderância dos custos dos insumos fornecidos pelo encomendante.**

Esse ADI, contudo, foi rapidamente revogado pelo Ato Declaratório Interpretativo RFB nº 26/2008, não sem antes causar muita polêmica.

Voltou a vigorar o entendimento de que, para fins de apuração das bases de cálculo do IRPJ e da CSLL, consideram-se industrialização as operações definidas como tal no Regulamento do IPI.

C — Serviços hospitalares —

De acordo com o § 3° do art 33 da IN RFB n° 1700/2017, para aplicação do percentual de 8% (oito por cento) sobre a receita bruta auferida na prestação de serviços hospitalares e "outros" (aqueles referidos em "II.a" deste subitem, e entende-se como atendimento às normas da Anvisa, entre outras, a prestação de serviços em ambientes desenvolvidos de acordo com o item 3 — Dimensionamento, Quantificação e Instalações Prediais dos Ambientes da Parte II — Programação Físico-funcional dos Estabelecimentos Assistenciais de Saúde da Resolução RDC n° 50, de 21 de fevereiro de 2002, cuja comprovação deve ser feita mediante alvará da vigilância sanitária estadual ou municipal.

Mais adiante, o mesmo dispositivo, em seu § 4° estabelece que o percentual de 8% para fins de cálculo da estimativa não se aplica:

i — à pessoa jurídica organizada sob a forma de sociedade simples;

ii — aos serviços prestados com utilização de ambiente de terceiro; e

iii — à pessoa jurídica prestadora de serviço médico ambulatorial com recursos para realização de exames complementares e serviços médicos prestados em residência, sejam eles coletivos ou particulares (home care).

D — *Software*

O *software* por encomenda é prestação de serviços cuja receita se sujeita ao percentual de 32%, enquanto o *software*-padrão ou de prateleira, elaborado pela própria empresa e colocado à disposição dos clientes, indistintamente, e vendido como se fosse mercadoria, sujeita-se ao percentual de 8% sobre a respectiva receita (Decisão n° 329/1997 da 8ª Região Fiscal).

Sobre o assunto, as Decisões n°s 165/1998 e 167/1998 da 9ª Região Fiscal estabelecem que se deve aplicar o percentual de 8% sobre as receitas de revenda de programas de computador elaborados por terceiros e 32% sobre as receitas de programação e manutenção de *softwares* específicos, sob encomenda.

E — Atividade de hotelaria

De acordo com a Decisão n° 106/1999 da 8ª Região Fiscal, as receitas provenientes de atividade de hotelaria sujeitam-se ao percentual de 32% e, no caso de atividades diversificadas, desde que segregadas as respectivas receitas, aplica-se o percentual de 8% sobre a receita de venda de refeições e de 32% sobre a receita de prestação de serviços de hotelaria.

F — Escolas e creches

As escolas, inclusive as creches, são consideradas sociedades prestadoras de serviços relativos ao exercício de profissões legalmente regulamentadas, razão pela qual as receitas delas originadas se sujeitam ao percentual de 32%, ficando proibida a utilização do percentual de 16%, ainda que a receita bruta anual se comporte dentro do limite de R$ 120.000,00 (ADN Cosit nº 22/2000).

5.3.1.1 Conceito de receita bruta — Regra geral

A receita bruta para fins de determinação do lucro presumido tendo como base os percentuais de presunção compreende (art. 26 da IN RFB nº 1700/2017)

I — o produto da venda de bens nas operações de conta própria;

II — o preço da prestação de serviços em geral;

III — o resultado auferido nas operações de conta alheia; e

IV — as receitas da atividade ou objeto principal da pessoa jurídica não compreendidas em I a III.

Notas

1) O referido dispositivo legal também estabelece que a receita líquida será a receita bruta diminuída de:

I — devoluções e vendas canceladas;

II — descontos concedidos incondicionalmente;

III — tributos sobre ela incidentes; e

IV — valores decorrentes do ajuste a valor presente, de que trata o inciso VIII do caput do art. 183 da Lei nº 6.404, de 15 de dezembro de 1976, das operações vinculadas à receita bruta.

2) Na receita bruta não se incluem os tributos não cumulativos cobrados, destacadamente, do comprador ou contratante pelo vendedor dos bens ou pelo prestador dos serviços na condição de mero depositário.

3) Na receita bruta incluem-se os tributos sobre ela incidentes e os valores decorrentes do ajuste a valor presente, de que trata o inciso VIII do caput do art. 183 da Lei nº 6.404, de 1976, das operações usuais da empresa, observado a regra referida na nota 2. Por sua vez, referidos valores **apropriados como receita financeira** no mesmo período de apuração do reconhecimento da receita bruta, ou em outro período de apuração, não serão incluídos na base de cálculo estimada.

Atividades/situações que devem ser ressaltados:

A — Atividades imobiliárias

As pessoas jurídicas que explorem atividades imobiliárias relativas a loteamento de terrenos, incorporação imobiliária, construção de prédios destinados à venda, bem como a venda de imóveis construídos ou adquiridos para revenda, deverão considerar como receita bruta o montante efetivamente recebido, relativo às unidades imobiliárias vendidas (art. 227 do RIR/1999). Essa disposição foi reiterada na IN RFB nº 1700/2017, no art. 35, § único.

Importa, ainda, salientar que, a partir de 1º.01.2006, a receita financeira da pessoa jurídica que explore as atividades supracitadas, quando decorrente da comercialização de imóveis e apurada por meio de índices ou coeficientes previstos em contrato, passa a integrar a receita bruta sobre a qual se aplica o percentual (8%) de determinação de base de cálculo do IRPJ devido mensalmente, por estimativa (Lei nº 11.196/2005, arts. 34 e 132, IV, "b"). Portanto, a referida receita financeira não deve ser considerada entre as chamadas "demais receitas", as quais são somadas ao lucro estimado e, por isso, tributadas integralmente. Deve ser considerada como integrante da receita bruta, que é base para cálculo da estimativa.

B — Receitas decorrentes de contratos de longo prazo

O art. 37 da IN RFB nº 1700/2017 dita regras sobre os contratos com prazo de execução superior a 1 (um) ano, de construção por empreitada ou de fornecimento a preço predeterminado de bens ou serviços a serem produzidos,

De acordo com o referido dispositivo:

1) No caso de construções ou fornecimentos contratados com base em preço unitário de quantidades de bens ou serviços produzidos em prazo inferior a 1 (um) ano, a receita deverá ser incluída nas bases de cálculo no mês em que for completada cada unidade.
2) A receita decorrente de fornecimento de bens e serviços para pessoa jurídica de direito público ou empresas sob seu controle, empresas públicas, sociedades de economia mista ou suas subsidiárias, nos casos de empreitada ou fornecimento contratado nas condições previstas em "9" será computada no mês do recebimento.
3) A regra referida em "2" aplica-se também aos créditos quitados pelo Poder Público com títulos de sua emissão, inclusive com certificados de securitização, emitidos especificamente para essa finalidade, quando a receita será computada por ocasião do resgate dos títulos ou de sua alienação sob qualquer forma.

4) No caso de contrato de concessão de serviços públicos a receita reconhecida pela construção, recuperação, reforma, ampliação ou melhoramento da infraestrutura cuja contrapartida for ativo intangível representativo de direito de exploração não integrará as bases de cálculo, exceto na hipótese de suspensão ou redução do imposto.
5) No caso de contrato de concessão de serviços públicos em que a tributação do lucro da fase de construção for diferida a receita bruta dessa fase integrará as bases de cálculo quando efetivamente recebida.
6) Para fins do referido em "(5" considera-se efetivamente recebida a parcela do total da receita bruta da fase de construção calculada pela seguinte fórmula:

   VALOR A SER ADICIONADO = LD X (R/V),

   sendo:

   LD = total do lucro diferido na fase de construção, conforme o inciso I do § 2°;

   R = valor do(s) pagamento(s) contratado(s), recebido(s) no período de apuração;

   V = valor total contratado.

C — Comercialização de veículos automotores — Receita de venda de veículos usados — As pessoas jurídicas que tenham como objeto social, declarado em seus atos constitutivos, a compra e a venda de veículos automotores computarão como receita de vendas de veículos usados (adquiridos para revenda ou recebidos como parte do preço da venda de veículos novos ou usados) a diferença entre o valor pelo qual o veículo usado houver sido alienado, constante da Nota Fiscal de Venda, e o seu custo de aquisição, constante da Nota Fiscal de Entrada, o qual deve corresponder ao preço ajustado entre as partes (art. 5° da Lei n° 9.716/1998).

O assunto encontra-se atualmente disciplinado pela IN RFB n° 1700/2017 (artigo 242).

Com essa nova disciplina, ficou estabelecido que as pessoas jurídicas que tenham como objeto social, declarado em seus atos constitutivos, a compra e venda de veículos automotores poderão equiparar, para efeitos tributários, como operação de consignação, as operações de venda de veículos usados, adquiridos para revenda, bem assim dos recebidos como parte do preço da venda de veículos novos ou usados.

Na situação acima devem ser observadas as seguintes regras:

1) Os veículos usados serão objeto de nota fiscal de entrada e, quando da venda, de nota fiscal de saída, sujeitando-se ao respectivo regime fiscal aplicável às operações de consignação.

2) Considera-se receita bruta, na operação aqui tratada, a diferença entre o valor pelo qual o veículo usado tiver sido alienado, constante da nota fiscal de venda, e o seu custo de aquisição, constante da nota fiscal de entrada.

3) O custo de aquisição de veículo usado, nas operações tratadas neste item é o preço ajustado entre as partes.

4) Na determinação das bases de cálculo estimadas, do lucro presumido, do lucro arbitrado, do resultado presumido (e do resultado arbitrado), aplicar-se-á o percentual de 32% (trinta e dois por cento) sobre a receita bruta definida em "(2, acima.

5) A pessoa jurídica deverá manter em boa guarda, à disposição da RFB, o demonstrativo de apuração da base de cálculo referida em "(2", acima.

D – Atividades "financeiras"

De acordo com o art. 36 da IN RFB nº 1700/2017, nas atividades financeiras (bancos comerciais e "outros" – "III.b" do subitem 5.3.1, acima), o percentual de 16% deverá ser aplicado sobre a receita bruta ajustada pelas seguintes deduções:

I — no caso de instituições financeiras, sociedades corretoras de títulos, valores mobiliários e câmbio, e sociedades distribuidoras de títulos e valores mobiliários:

a) despesas incorridas na captação de recursos de terceiros;
b) despesas com obrigações por refinanciamentos, empréstimos e repasses de recursos de órgãos e instituições oficiais e do exterior;
c) despesas de cessão de créditos;
d) despesas de câmbio;
e) perdas com títulos e aplicações financeiras de renda fixa; e
f) perdas nas operações de renda variável;

II — no caso de empresas de seguros privados, o cosseguro e resseguros cedidos, os valores referentes a cancelamentos e restituições de prêmios que houverem sido computados em conta de receita, assim como a parcela dos prêmios destinada à constituição de provisões ou reservas técnicas;

III — no caso de entidades de previdência privada abertas e de empresas de capitalização, a parcela das contribuições e prêmios, respectivamente, destinada à constituição de provisões ou reservas técnicas; e

IV — no caso de operadoras de planos de assistência à saúde, as corresponsabilidades cedidas e a parcela das contraprestações pecuniárias destinada à constituição de provisões técnicas.

Nota

Na hipótese prevista acima:

i — integrarão também a receita bruta:

a) os rendimentos obtidos em aplicações financeiras de renda fixa de titularidade de instituição financeira, sociedade de seguro, de previdência e de capitalização, sociedade corretora de títulos, valores mobiliários e câmbio, sociedade distribuidora de títulos e valores mobiliários ou sociedade de arrendamento mercantil; e

b) os ganhos líquidos e rendimentos auferidos nas operações de renda variável realizadas em bolsa, no mercado de balcão organizado autorizado por órgão competente ou por intermédio de fundos de investimento para a carteira própria das instituições referidas "a", acima;

ii — é vedada a dedução de qualquer despesa administrativa.

5.3.2 Acréscimo ao Lucro estimado

Conforme vimos anteriormente, serão acrescidos à bases de cálculo do IRPJ, no mês em que forem auferidos, os ganhos de capital, as demais receitas e os resultados positivos decorrentes de receitas não compreendidas na receita bruta. Ao detalhar o assunto, o artigo 39 da IN RFB nº 1700/2017 esclarece que esse "acréscimo" aplica-se, inclusive:

I — os ganhos de capital auferidos na alienação de participações societárias permanentes em sociedades coligadas e controladas e de participações societárias que permaneceram no ativo da pessoa jurídica até o término do ano-calendário seguinte ao de suas aquisições;

II — os ganhos auferidos em operações de cobertura (hedge) realizadas em bolsas de valores, de mercadorias e de futuros ou no mercado de balcão organizado;

III — a receita de locação de imóvel, quando não for este o objeto social da pessoa jurídica, deduzida dos encargos necessários à sua percepção;

IV — os juros equivalentes à taxa referencial do Selic para títulos federais relativos a impostos e contribuições a serem restituídos ou compensados;

V — os rendimentos auferidos nas operações de mútuo realizadas entre pessoas jurídicas ou entre pessoa jurídica e pessoa física;

VI — as receitas financeiras decorrentes das variações monetárias dos direitos de crédito e das obrigações do contribuinte, em função de índices ou coeficientes aplicáveis por disposição legal ou contratual;

VII — os ganhos de capital auferidos na devolução de capital em bens e direitos; e

VIII — a diferença entre o valor em dinheiro ou o valor dos bens e direitos recebidos de instituição isenta, a título de devolução de patrimônio, e o valor em dinheiro ou o valor dos bens e direitos entregues para a formação do referido patrimônio.

5.3.2.1 Ajuste a valor presente

Os valores decorrentes do ajuste a valor presente de que trata o inciso VIII do caput do art. 183 da Lei nº 6.404, de 1976, incluem-se nas receitas referidas no subitem anterior, independentemente da forma como estas receitas tenham sido contabilizadas.

Agora, se os valores decorrentes do ajuste a valor presente forem apropriados como receita financeira no mesmo período de apuração do reconhecimento das receitas relativas ao caput, ou em outro período de apuração, não serão incluídos na base de cálculo estimada.

5.3.2.2 Ganho de capital

O ganho de capital, nas alienações de bens do ativo não-circulante imobilizados, investimentos e intangíveis e de ouro não considerado ativo financeiro, corresponderá à diferença positiva verificada entre o valor da alienação e o respectivo valor contábil. Para tanto, poderão ser considerados no valor contábil, e na proporção deste, os respectivos valores decorrentes dos efeitos do ajuste a valor presente de que trata o inciso III do caput do art. 184 da Lei nº 6.404, de 1976.

Para obter a parcela a ser considerada no valor contábil do ativo, a pessoa jurídica terá que calcular inicialmente o quociente entre:

(1) o valor contábil do ativo na data da alienação, e

(2) o valor do mesmo ativo sem considerar eventuais realizações anteriores, inclusive mediante depreciação, amortização ou exaustão, e a perda estimada por redução ao valor recuperável.

Já a parcela a ser considerada no valor contábil do ativo corresponderá ao produto: (1) dos valores decorrentes do ajuste a valor presente com (2) o quociente acima apurado.

Em relação ao ganho de capital deve ser observado ainda que:

- Para fins da neutralidade tributária deverá ser considerada no valor contábil eventual diferença entre o valor do ativo na contabilidade societária e o valor do ativo mensurado de acordo com os métodos e critérios contábeis vigentes em 31 de dezembro de 2007 ;
- Os ajustes aqui comentados serão efetuados independentemente das determinações relativas à evidenciação por meio de subcontas;
- Para efeitos de apuração do ganho de capital, considera-se valor contábil:

I — no caso de investimentos do ativo não circulante em:

a) participações societárias avaliadas pelo custo de aquisição, o valor de aquisição;

b) participações societárias avaliadas pelo valor de patrimônio líquido, a soma algébrica dos seguintes valores,:

1. valor de patrimônio líquido pelo qual o investimento estiver registrado;

2. os valores de mais ou menos valia e o *goodwill*, ainda que tenham sido realizados na escrituração societária do contribuinte;

II — no caso de aplicações em ouro, não considerado ativo financeiro, o valor de aquisição;

III — no caso dos demais bens e direitos do ativo não-circulante imobilizado, investimentos ou intangível, o custo de aquisição, diminuído dos encargos de depreciação, amortização ou exaustão acumulada e das perdas estimadas no valor de ativos,

- No caso de outros bens e direitos não classificados no ativo não-circulante imobilizado, investimentos ou intangível, considera-se valor contábil o custo de aquisição.
- a não comprovação dos custos pela pessoa jurídica implicará adição integral da receita à base de cálculo do imposto sobre a renda devido mensalmente.
- O ganho de capital auferido na venda de bens do ativo não circulante imobilizado, investimentos e intangíveis para recebimento do preço, no todo ou em parte, após o término do ano-calendário seguinte ao da contratação deverá integrar a base de cálculo do imposto sobre a renda mensal, podendo ser computado na proporção da parcela do preço recebida em cada mês.

5.3.3 Valores que não integram a base de cálculo

De acordo com o art. 40 da IN RFB nº 1700/2017, não integram a base de cálculo do imposto sobre a renda mensal:

I — as receitas provenientes de atividade incentivada, na proporção do benefício de isenção ou redução do tributo a que a pessoa jurídica submetida ao regime de tributação com base no lucro real fizer jus;

II — as recuperações de créditos que não representem ingressos de novas receitas;

III — a reversão de saldo de provisões, exceto aquelas admitidas pela legislação;

Nota

As provisões admitidas são:

a) técnicas das companhias de seguro e de capitalização, das entidades de previdência privada complementar e das operadoras de planos de assistência à saúde, quando constituídas por exigência da legislação especial a elas aplicável;

b) para perdas de estoques de livros de que trata o art. 8º da Lei nº 10.753, de 30 de outubro de 2003;

c) para o pagamento de férias de empregados; e

d) para o pagamento de décimo-terceiro salário de empregados.

IV — os lucros e dividendos decorrentes de participações societárias não avaliadas pelo método da equivalência patrimonial, em empresas domiciliadas no Brasil;

V — os lucros, rendimentos e ganhos de capital decorrentes de participações societárias em empresas domiciliadas no exterior;

VI — as parcelas referentes aos ajustes de preços de transferência;

VII — a contrapartida do ajuste por aumento do valor de investimentos avaliados pelo método da equivalência patrimonial;

VIII — O ganho proveniente de compra vantajosa pela aquisição de participação societária sujeita à avaliação pelo valor do patrimônio líquido que integrará as bases de cálculo estimadas no mês em que houver a alienação ou baixa do investimento; e

IX — as receitas de subvenções para investimento e as receitas relativas a prêmios na emissão de debêntures, desde que os registros nas respectivas reservas de lucros sejam efetuados até 31 de dezembro do ano em curso, salvo nos casos de apuração de prejuízo

Observa-se, ainda, que não integrarão a base de cálculo da estimativa do IRPJ:

a) os rendimentos e ganhos líquidos produzidos por aplicação financeira de renda fixa[1] e de renda variável. Tais valores somente serão considerados na determinação da base de cálculo estimada do IRPJ quando não houverem sido submetidos à incidência na fonte ou ao recolhimento mensal previstos nas regras específicas de tributação a que estão sujeitos; e

b) Os juros sobre o capital próprio auferidos

5.3.3.1 Ganho decorrente de avaliação de ativo ou passivo com base no valor justo

De acordo com o art. 41 da IN RFB nº 1700/2017, o ganho decorrente de avaliação de ativo ou passivo com base no valor justo não integrará a base de cálculo estimada no período de apuração:

I — relativo à avaliação com base no valor justo, caso seja registrado diretamente em conta de receita; ou

II — em que seja reclassificado como receita, caso seja inicialmente registrado em conta de patrimônio líquido.

Na apuração dos ganhos a serem acrescidos a base de cálculo da estimativa mensal,, o aumento ou redução no valor do ativo registrado em contrapartida a ganho ou perda decorrente de sua avaliação com base no valor justo não será considerado como parte integrante do valor contábil. Tal regra não se aplica caso o ganho relativo ao aumento no valor do ativo tenha sido anteriormente computado na base de cálculo do imposto.

5.4 Imposto mensal — Cálculo

5.4.1 Alíquotas

O imposto mensal devido por estimativa é calculado mediante a aplicação:

a) da alíquota normal de 15% sobre a totalidade da base de cálculo, conforme vimos anteriormente (art. 228 do RIR/1999);

---

1 Exceto quando o título for de titularidade de instituição financeira, sociedade de seguro, de previdência e de capitalização, sociedade corretora de títulos, valores mobiliários e câmbio, sociedade distribuidora de títulos e valores mobiliários ou sociedade de arrendamento mercantil

b) da alíquota adicional de 10% sobre a parcela da base de cálculo que exceder o limite de R$ 20.000,00.

5.4.2 Deduções admitidas do IRPJ devido

O art. 43 da IN RFB nº 1700/2017 estabelece que do imposto apurado com base na estimativa a pessoa jurídica poderá, observados os limites e prazos previstos na legislação de regência, deduzir os valores dos benefícios fiscais de dedução do imposto, excluído o adicional, relativos:

I — às despesas de custeio do Programa de Alimentação do Trabalhador (PAT);

II — às doações aos fundos dos direitos da criança e do adolescente;

III — às doações aos fundos nacional, estaduais ou municipais do idoso;

IV — às doações e patrocínios a título de apoio a ações de prevenção e de combate ao câncer no âmbito do Programa Nacional de Apoio à Atenção Oncológica (Pronon);

V — às doações e patrocínios a título de apoio a ações e serviços de reabilitação da pessoa com deficiência promovidas no âmbito do Programa Nacional de Apoio à Atenção da Saúde da Pessoa com Deficiência (Pronas/PCD);

VI — às doações e patrocínios realizados a título de apoio a atividades culturais ou artísticas;

VII — ao valor despendido na aquisição de vale-cultura distribuído no âmbito do Programa de Cultura do Trabalhador;

VIII — aos investimentos, aos patrocínios e à aquisição de quotas de Fundos de Financiamento da Indústria Cinematográfica Nacional (Funcines), realizados a título de apoio a atividades audiovisuais;

IX — às doações e patrocínios realizados a título de apoio a atividades desportivas e paradesportivas; e

Nota

As pessoas jurídicas não poderão deduzir referidos valores para fins de determinação do lucro real e da base de cálculo da Contribuição Social sobre o Lucro Líquido — CSLL.

X — à remuneração da empregada paga no período de prorrogação da licença-maternidade.

Nota-se que a parcela excedente, em cada mês, dos incentivos acima referidos, poderá ser utilizada nos meses subsequentes do mesmo ano-calendário, observados os limites legais específicos.

5.4.3 IRPJ a pagar — Deduções admitidas

Apurado o imposto devido, conforme abordado em 5.4.1 e 5.4.2, resta, agora, determinar o IRPJ a pagar. De acordo com o art. 44 da IN RFB nº 1700/2017, para determinação do valor do IRPJ a pagar a pessoa jurídica poderá ainda deduzir do imposto devido (subitem 5.4.2), o imposto pago ou retido na fonte sobre as receitas que integraram a respectiva base de cálculo.

Excetuando-se o disposto na "nota no tópico D.IV do subitem 5.3.1.1", em nenhuma hipótese poderá ser deduzido o imposto sobre a renda retido na fonte sobre rendimentos de aplicações financeiras de renda fixa e de renda variável ou pago sobre os ganhos líquidos.

Os valores dos incentivos fiscais referidos em 5.4.2 deduzidos do imposto devido com base no lucro estimado não serão considerados imposto pago por estimativa.

5.4.3.1 Imposto de renda pago a maior

O imposto sobre a renda pago a maior, apurado em 31 de dezembro de cada ano, poderá ser objeto de restituição ou compensação.

Considera-se imposto sobre a renda pago a maior a diferença positiva verificada entre o imposto sobre a renda pago ou retido relativo aos meses do período de apuração e o respectivo imposto devido.

5.4.3.2 Exemplo

Consideremos, no desenvolvimento do exemplo, os seguintes dados de empresa optante pela estimativa mensal, relativo a determinado ano do mês:

a) receita de vendas de mercadorias no valor total de R$ 1.657.500,00, e receita de prestação de serviços no total de R$ 238.000,00, sem inclusão do IPI e líquidas de descontos incondicionais e de devoluções feitas por clientes;

b) alienou bens do Ativo Permanente, apurando ganho de capital (lucro na alienação) no valor de R$ 51.000,00;

c) não auferiu outras receitas ou rendimentos que devam ser incluídos na base de cálculo do imposto mensal.

Neste caso, admitindo-se que os percentuais aplicáveis sobre a receita bruta sejam de 8% sobre a receita de vendas de mercadorias e de 32% sobre a receita de prestação de serviços, teremos:

I — Determinação da base de cálculo do imposto

Discriminação da receita	Receita auferida	Percentual aplicável sobre a receita		Base de cálculo do imposto
Receita de vendas de mercadorias	R$ 1.657.500,00	x	8%	R$ 132.600,00
Receita de prestação de serviços	R$ 238.000,00	x	32%	R$ 76.160,00
Ganho de capital (lucro) na alienação de bens do Ativo Permanente	R$ 51.000,00	x	100%	R$ 51.000,00
Base de cálculo total				R$ 259.760,00

II — Cálculo do imposto devido

Alíquota do imposto	Base de cálculo	Imposto devido
15% (imposto normal)	R$ 259.760,00	R$ 38.964,00
10% (adicional)	R$ 239.760,00*	R$ 23.976,00
Imposto e adicional devido		R$ 62.940,00

*R$ 259.760,00 — R$ 20.000,00

III — Determinação do valor do imposto a pagar

Considerando-se que a empresa tenha direito, apenas, à dedução do incentivo do PAT pelo limite máximo e que não tenha sofrido desconto do imposto na fonte sobre receitas computadas na base de cálculo do imposto mensal, teremos:

• Imposto e adicional devidos	R$ 62.940,00
Dedução: PAT: 4% sobre R$ 38.964,00	R$ (1.558,56)
Imposto líquido a pagar	R$ 61.381,44

5.4.4 *Pagamento do imposto*

O imposto devido em cada mês deverá ser pago até o último dia útil do mês subsequente ao mês de apuração.

O recolhimento deverá ser efetuado mediante a utilização de Darf, preenchido em 2 vias. O campo 04 desse documento deve ser preenchido com um dos seguintes códigos, conforme o caso:

Pessoas jurídicas obrigadas à apuração do lucro real:	
• entidades financeiras	2319
• demais pessoas jurídicas	2362
Pessoas jurídicas não obrigadas à apuração do lucro real:	5993

De acordo com o art. 873, § 5°, do RIR/1999, o Darf não pode ser utilizado para pagamento de tributos e contribuições de valor inferior a R$ 10,00. Se o imposto mensal a pagar for inferior a R$ 10,00, deverá ser adicionado ao imposto devido em mês(es) subsequente(s), até que o valor total seja igual ou superior a R$ 10,00, quando, então, deverá ser pago no prazo para o pagamento do imposto devido no mês em que esse limite for atingido, juntamente com esse e sem nenhum acréscimo moratório.

5.5 Suspensão ou redução dos pagamentos mensais (levantamento de balanços ou balancetes periódicos)

Com base no art. 230 do RIR/1999, é facultado às pessoas jurídicas que optaram pelo pagamento mensal do imposto (por estimativa):

a) suspender o pagamento do imposto relativo ao mês em que levantar balanço ou balancete quando o valor devido, inclusive o adicional, calculado com base no lucro real do ano-calendário em curso, até esse mês, for igual ou inferior à soma do imposto pago, correspondente aos meses anteriores do mesmo ano-calendário; ou

b) reduzir o valor do imposto a pagar ao montante correspondente à diferença positiva entre o imposto devido sobre o lucro real do ano-calendário em curso, até o mês em que levantar balanço ou balancete, e a soma dos impostos pagos, correspondente aos meses anteriores do mesmo ano-calendário.

O pagamento do imposto mensal relativo ao mês de janeiro do ano-calendário pode ser suspenso ou reduzido, com base em balanço ou balancete levantado nesse mês, caso tenha sido apurado prejuízo fiscal ou o imposto calculado sobre o lucro real apurado tenha sido inferior ao calculado por estimativa.

Na apuração do lucro real do período em curso as determinações relativas à evidenciação por meio de subcontas deverão ser observadas. Sobre as subcontas, veja capítulo próprio neste livro

5.5.1 Conceitos importantes

5.5.1.1 Períodos de abrangência dos balanços ou balancetes de suspensão/redução

Os balanços ou balancetes levantados para fins de suspensão ou redução do Imposto de Renda devem abranger o período de 1° de janeiro do ano-calendário em curso (ou do dia de início de atividades, se dentro do ano em curso) até o último dia do mês cujo imposto se pretende suspender ou reduzir. Portanto, por ocasião do levantamento de cada balanço ou balancete deve ser apurado o resultado acumulado do ano em curso, e não apenas o resultado do mês cujo imposto se deseja suspender ou reduzir.

Ou seja:

- no balanço ou balancete de janeiro, apura-se o resultado de 1°.01 a 31.01;
- no balanço ou balancete de fevereiro, apura-se o resultado acumulado de janeiro e fevereiro;
- no balanço ou balancete de março, apura-se o resultado acumulado de janeiro a março, e assim sucessivamente.

Nessa sistemática:

a) não se encerram (em definitivo) as contas de resultado por ocasião do levantamento dos balanços ou balancetes, as quais continuarão acumulando valores até 31 de dezembro;

b) não há necessidade de levantamento de balanço ou balancete em todos os meses do ano, mas somente naqueles em que a empresa deseja se valer da faculdade de suspender ou reduzir o pagamento do imposto mensal estimado. Portanto, não é porque a empresa levantou balanço ou balancete de suspensão em janeiro que estará obrigada a levantar em fevereiro e assim por diante.

5.5.1.2 Algumas características dos balanços ou balancetes de suspensão/redução

Os balanços ou balancetes de suspensão ou redução de pagamento do Imposto de Renda mensal devem ser levantados com observância das leis comerciais e fiscais, como se fossem um balanço de encerramento de período de apuração.

Desse modo, todas as receitas e rendimentos auferidos, bem como todos os custos, despesas e encargos incorridos, observarão o regime de competência. No entanto, esses balanços ou balancetes somente produzirão efeitos para fins de determinação das parcelas do Imposto de Renda e da Contribuição Social sobre o Lucro devidas no decorrer do ano-calendário.

5.5.1.3 Dispensa de escrituração do livro Registro de Inventário

Em princípio, para fins de determinação de resultado é necessário o levantamento dos estoques existentes na data dos balanços ou balancetes que objetivem a suspensão ou a redução do Imposto de Renda. Contudo, as empresas que mantiverem registro permanente de estoques, integrado e coordenado com a contabilidade, somente ficam obrigadas a ajustar os saldos contábeis, pelo confronto com a contagem física, por ocasião do balanço anual, em 31 de dezembro, ou na data de encerramento do período de apuração, nos casos de fusão, cisão, incorporação ou encerramento de atividade.

Desse modo, a existência de registro permanente de estoques, integrado e coordenado com a contabilidade, dispensa o levantamento físico dos estoques por ocasião dos balanços ou balancetes elaborados nos meses de janeiro a novembro. Para esse fim, prevalecerá o valor dos estoques constante do registro permanente.

Em qualquer caso, nos balanços ou balancetes de suspensão ou redução levantados de janeiro a novembro, é dispensada a escrituração do livro Registro de Inventário.

5.5.1.4 "Cuidados" com o balanço ou balancete de suspensão ou redução

O § 4º do art. 49 da IN RFB nº 1700/2017 determina que o balanço ou balancete de suspensão ou redução, para efeito de determinação do lucro líquido do período em curso será levantado com observância das disposições contidas nas leis comerciais e fiscais e informado no Livro de Apuração do Lucro Real (Lalur), a ser entregue em meio digital (veja detalhes no item 2 deste capítulo).

Por sua vez, o art. 50 da mesma IN estabelece que a demonstração do lucro real ajustado relativas ao período abrangido pelos balanços ou balancetes de suspensão ou redução deverão ser informadas no Lalur, a ser entregue em meio digital, observando-se o seguinte:

I — a cada balanço ou balancete levantado para fins de suspensão ou redução do IRPJ e da CSLL o contribuinte deverá determinar um novo lucro real para o período em curso, desconsiderando aqueles apurados em meses anteriores do mesmo ano-calendário; e

II — as adições, exclusões e compensações, computadas na apuração do lucro real correspondentes aos balanços ou balancetes, deverão constar, discriminadamente, na Parte A do e-Lalur, não cabendo nenhum registro na Parte B dos referidos Livros.

5.5.1.5 Desconsideração do balanço ou balancete por falta de escrituração do livro Diário e do Lalur

A não escrituração do livro Diário (inclusive com a transcrição do balanço ou balancete levantado para efeito de suspensão ou redução de pagamentos mensais do Imposto de Renda e da Contribuição Social sobre o Lucro) e do Lalur (com os ajustes ao lucro líquido e a demonstração do lucro real do período em curso) até a data fixada para o pagamento do imposto do respectivo mês (até o último dia útil do mês seguinte), quando detectada pelo Fisco, implicará a desconsideração do balanço ou balancete levantado e o lançamento e a cobrança dos valores indevidamente suspensos ou reduzidos, com os acréscimos legais e as penalidades previstas na legislação vigente.

De acordo com o art. 54, § 4º, da IN RFB nº 1700/2017, a não escrituração do livro Diário ou do Lalur (e-Lalur) até a data fixada para pagamento do IRPJ e da CSLL do respectivo mês (até o último dia útil do mês de apuração), implicará desconsideração do balanço ou balancete para efeito da suspensão ou redução, além de sujeição à multa de ofício sobre o valor indevidamente reduzido ou suspenso.

Adicionalmente, o art. 313 da referida IN ainda estabelece que o fisco poderá impor o arbitramento do lucro à pessoa que não escriturar o Lalur de acordo com as disposições da legislação tributária.

5.5.2 Como apurar o lucro real mês a mês

Nos subitens a seguir, comentamos procedimentos para apuração do lucro real do período em curso (mês a mês), para fins de suspensão ou redução da estimativa mensal.

5.5.2.1 Necessidade de ajustes no resultado apurado contabilmente (Lalur)

De acordo com o § 1º do artigo 49 da IN RFB nº 1700/2017, o lucro líquido do período em curso apurado em balanço ou balancete de suspensão ou redução deverá ser ajustado por todas as adições determinadas e exclusões e compensações admitidas pela legislação do IRPJ e da CSLL.

5.5.2.2 Registros no Lalur

O art. 50 da IN RFB nº 170/2017 estabelece que a demonstração do lucro real relativa ao período abrangido pelos balanços ou balancetes de suspensão deverão ser informadas no Lalur, observando-se o seguinte:

I — a cada balanço ou balancete levantado para fins de suspensão ou redução do IRPJ o contribuinte deverá determinar um novo lucro real para o período em curso, desconsiderando aqueles apurados em meses anteriores do mesmo ano-calendário; e

II — as adições, exclusões e compensações, computadas na apuração do lucro real, correspondentes aos balanços ou balancetes, deverão constar, discriminadamente, na Parte A do e-Lalur, não cabendo nenhum registro na Parte B do referido Livro.

5.5.2.3 Compensação de prejuízos fiscais

É permitido ao contribuinte, por ocasião do levantamento dos balanços ou balancetes de suspensão ou redução do imposto, compensar os prejuízos fiscais existentes em 31 de dezembro do ano-calendário anterior, registrados na Parte "B" do Lalur, respeitado o limite de 30% do lucro real apurado (art. 510 do RIR/1999). É claro que se trata de uma "compensação provisória", apenas para aferição do lucro real do período, que, por isso, não gera a correspondente baixa no valor do prejuízo a compensar controlado na Parte B do Lalur.

É importante ressaltar que não existe a possibilidade de compensação de "prejuízos fiscais" do próprio ano-calendário em curso, tendo em vista que nos balanços ou balancetes levantados para fins de suspensão ou redução do Imposto de Renda apura-se o resultado acumulado desde o mês de janeiro. Por isso, os prejuízos de um mês são automaticamente absorvidos por lucros de outro, sem nenhuma restrição.

5.5.3 Cálculo do imposto devido no período em curso

Por ocasião do levantamento de cada balanço ou balancete, calcula-se o Imposto de Renda devido no período em curso, que corresponderá à soma dos seguintes valores (arts. 541 e 542 do RIR/1999):

a) imposto normal, à alíquota de 15%, incidente sobre a totalidade do lucro real do período em curso, determinado com observância das regras anteriormente comentadas; e

b) adicional de 10%, incidente sobre a parcela do lucro real do período em curso que ultrapassar a R$ 20.000,00 multiplicado pelo número de meses transcorridos de janeiro (ou do mês de início de atividades) até o mês a que se referir o balanço ou balancete levantado.

O imposto devido em cada mês deve ser pago até o último dia útil do mês subsequente ao mês de apuração.

O recolhimento deverá ser efetuado mediante a utilização de Darf, preenchido em 2 vias. O campo 04 desse documento deverá ser preenchido com um dos seguintes códigos, conforme o caso:

Pessoas jurídicas obrigadas à apuração do lucro real:	
• entidades financeiras	2319
• demais pessoas jurídicas	2362
Pessoas jurídicas não obrigadas à apuração do lucro real:	5993

5.5.4 Aproveitamento de incentivos fiscais

Do imposto calculado sobre o lucro real do período em curso, poderão ser deduzidos os incentivos fiscais de dedução diretamente do imposto e os incentivos fiscais de redução ou isenção do imposto, calculados com base no lucro da exploração.

Naturalmente, por ocasião de cada balanço ou balancete levantado, serão deduzidos esses incentivos fiscais pelos valores correspondentes a todo o período abrangido pelo balanço ou balancete.

5.5.5 Exemplos

5.5.5.1 Suspensão do pagamento

Admita-se que, em determinado ano, uma empresa:

a) pagou por estimativa, nos meses de fevereiro a maio, o imposto devido nos meses de janeiro a abril, no valor total de R$ 64.800,00;

b) em 31 de maio, levantou um balanço com base no qual determinou o lucro real do período de 1º de janeiro a 31 de maio, no valor de R$ 342.000,00;

c) sofreu retenção do Imposto de Renda na Fonte, no valor de R$ 10.800,00, sobre receitas computadas no lucro real apurado em 31 de maio, e tem direito à dedução do incentivo do PAT, no limite máximo admitido (4% do imposto normal devido).

Nesse caso, temos:

• Imposto devido no período em curso:	
(+) Imposto normal (15% s/ R$ 342.000,00)	51.300,00
(+) Adicional (10% s/ R$ 242.000,00*)	24.200,00
• Imposto e adicional devidos	75.500,00
(–) Dedução do incentivo do PAT (4% s/ R$ 51.300,00)	2.052,00
• Imposto devido no período em curso, líquido do PAT	73.448,00
(–) Imposto pago por estimativa	64.800,00
(–) IRRF sobre receitas computadas no lucro real do período	10.800,00
(=) Excesso de pagamento verificado	(2.152,00)

* R$ 342.000,00 — R$ 100.000,00. Este valor (R$ 100.000,00) corresponde ao limite mensal para aplicação do adicional (R$ 20.000,00) multiplicado pelo número de meses do período em curso (no caso, 5 meses).

Nesta situação, poderá ser suspenso o pagamento do imposto mensal relativo ao mês de junho, que seria pago em julho, porque o valor acumulado pago até junho supera o valor do imposto efetivamente devido sobre o lucro real apurado até esse mês.

5.5.5.2 Redução do pagamento

Com base nos mesmos dados do exemplo acima, mas considerando que não haja aqueles R$ 10.800,00 de Imposto de Renda Retido na Fonte a compensar, teremos:

Imposto devido no período em curso, líquido do incentivo fiscal do PAT	R$ 73.448,00
(–) Imposto pago no período	R$ 64.800,00
Saldo a pagar	R$ 8.648,00

Se admitirmos que o imposto calculado por estimativa no mês de junho seja de R$ 9.000,00, o seu pagamento em julho poderá limitar-se a R$ 8.648,00, que é o saldo a pagar do imposto efetivamente devido até o mês de junho.

5.5.5.3 Saldo a pagar do imposto determinado com base no balanço ou balancete maior que o devido por estimativa

Se o saldo a pagar do imposto calculado sobre o lucro real determinado com base no balanço ou balancete levantado, de acordo com os procedimentos exemplificados nos subitens anteriores, for superior ao valor do imposto calculado por estimativa com base na receita bruta do mês de junho, a empresa simplesmente pode ignorar o balanço ou balancete levantado e pagar o imposto pelo valor determinado por estimativa.

5.6 Determinação do lucro real anual e do saldo do imposto a pagar ou a compensar

As pessoas jurídicas que, no ano-calendário, optaram pelo pagamento mensal do imposto calculado por estimativa ou com base em balanço ou balancete de suspensão ou redução ficam obrigadas à apuração anual do lucro real, em 31 de dezembro do referido ano-calendário, para efeito de cálculo do imposto anual e determinação do saldo a pagar ou a ser compensado ou restituído, mesmo que já não estivessem obrigadas à apuração do lucro real por outro motivo (art. 246, inciso V, do RIR/1999).

A apuração do lucro real deve ser precedida da apuração do lucro líquido, contabilmente, com observância das disposições das leis comerciais, ocasião em que serão feitos, no Livro de Apuração do Lucro Real (Lalur), os devidos ajustes para fins de determinação do lucro real.

5.6.1 Saldo a pagar ou a restituir

Art. 66. O IRPJ devido sobre o lucro real de que trata o § 4º do art. 31 será calculado mediante aplicação das alíquotas previstas no art. 29 sobre o lucro real.

De acordo com o § 1º do art. 66 da IN RFB nº 1700/2017, para efeitos de determinação do saldo do imposto a pagar ou a ser restituído ou compensado, a pessoa jurídica poderá deduzir do IRPJ devido os valores referentes:

I — aos incentivos fiscais de dedução do imposto, observados os limites e prazos fixados na legislação vigente;

II — aos incentivos fiscais de redução e isenção do imposto, calculados com base no lucro da exploração;

III — ao imposto sobre a renda pago ou retido na fonte, incidente sobre receitas computadas na determinação do lucro real; e

IV — ao imposto sobre a renda calculado por estimativa e efetivamente pago mensalmente.

Nota

Para efeitos de determinação dos incentivos fiscais de dedução do imposto, serão considerados os valores efetivamente despendidos pela pessoa jurídica. Lembra-se que o valor do adicional, se devido, será recolhido integralmente, não sendo permitidas quaisquer deduções.

5.6.1.2 dedução de benefícios fiscais

Observa-se que a estimativa mensal é uma antecipação do valor efetivamente devido, a partir de uma base de cálculo "provisória". Desta forma, do saldo a pagar ou a restituir cabem as deduções dos benefícios fiscais de dedução do imposto. Portanto, cabem, neste caso, as mesma deduções referidas no subitem 5.4.2, relativas a PAT e outros.

5.6.2 Exemplo de apuração anual do Imposto de Renda

Admita-se a hipótese de uma empresa submetida à apuração anual do lucro real no período-base anual encerrado:

- cujo imposto mensal devido nos meses de janeiro a dezembro, calculado por estimativa, pago nos meses de fevereiro/X1 a janeiro/X2, some R$ 152.000,00;
- que sofreu retenção do IRRF sobre rendimentos de aplicações financeiras e sobre juros remuneratórios do capital próprio (não compensados nos pagamentos mensais) no valor de R$ 14.560,00;
- que apurou lucro real anual no valor de R$ 784.000,00 e não tem prejuízos fiscais de períodos de apuração anteriores a compensar;
- que tem direito à dedução do incentivo fiscal do PAT, no valor de R$ 16.000,00 (sem considerar o limite em função do imposto devido).

Nesse exemplo, primeiramente calcula-se o imposto e o adicional devidos sobre o lucro real, como segue:

IRPJ normal (15% s/ R$ 784.000,00)	R$ 117.600,00
(+) Adicional (10% s/ R$ 544.000,00*)	R$ 54.400,00
Total do imposto e adicional devidos	R$ 172.000,00

* R$ 784.000,00 — R$ 240.000,00

Na sequência, deduzindo o incentivo ao PAT e compensando o imposto pago mensalmente e o IRRF, teremos:

Imposto e adicional devidos	R$ 172.000,00
(–) Incentivo fiscal PAT: (4% s/ R$ 117.600,00)	R$ 4.704,00
(–) Imposto mensal pago	R$ 152.000,00
(–) IRRF	R$ 14.560,00
Saldo de IRPJ a pagar	R$ 736,00

5.6.3 *Pagamento do saldo do imposto*

O saldo positivo do imposto apurado conforme visto acima deve ser pago, em quota única, até o último dia útil do mês de março do ano subsequente, acrescido de juros equivalentes à taxa Selic para títulos federais acumulada mensalmente, a partir de 1º de fevereiro (também do ano subsequente ao da apuração) e até o mês anterior ao do pagamento, e de 1% no mês do pagamento (art. 858, inciso I e § 2º, do RIR/1999).

Observa-se que esse prazo não se aplica ao pagamento do imposto mensal devido no mês de dezembro do período-base em encerramento, que vence em 31 de janeiro.

O recolhimento deve ser efetuado mediante a utilização de Darf, em 2 vias. O campo 04 desse documento deve ser preenchido com um dos seguintes códigos, conforme o caso:

Entidades financeiras	2390
Outras pessoas jurídicas sujeitas à apuração do lucro real	2430
Demais pessoas jurídicas (empresas não obrigadas à apuração do lucro real, que se submeteram a essa forma de tributação por opção)	2456

5.6.4 *Apuração de saldo de imposto a compensar ou a restituir*

Inversamente à possibilidade de se apurar imposto a pagar, pode ocorrer de ser apurado imposto pago a maior, conhecido por muitos como "saldo negativo".

Nesse caso, o contribuinte poderá compensar o valor pago a maior com aquele devido a partir de janeiro do ano subsequente ao da apuração.

De acordo com antigas orientações do Fisco, a compensação será feita observadas as seguintes regras (AD SRF nº 3/2000 e Manual de Instruções da DIPJ):

a) os valores pagos nos respectivos vencimentos com base na receita bruta e acréscimos ou em balanço ou balancete de suspensão ou redução nos meses de janeiro a novembro, que excederem o valor devido anualmente, serão acrescidos de juros equivalentes à taxa Selic, a partir de 1° de janeiro até o mês anterior ao da compensação, e de 1% relativamente ao mês da compensação que estiver sendo efetuada;

b) o valor pago no vencimento com base na receita bruta e acréscimos ou em balanço ou balancete de suspensão ou redução relativo ao mês de dezembro, que exceder o valor devido anualmente, será acrescido dos juros equivalentes à taxa Selic, a partir de 1° de fevereiro até o mês anterior ao da compensação, e de 1% relativamente ao mês em que a compensação estiver sendo efetuada.

Lembra-se que a compensação do saldo negativo referido em "b" somente poderá ser feita após o seu pagamento. Não pode ser efetuada compensação a partir de 1° de janeiro ainda que o imposto tenha sido pago no vencimento (até 31 de janeiro), salvo se pago até 31 de dezembro).

5.7 Lançamento de ofício pela fala de pagamento do imposto

Existe a possibilidade do Fisco detectar a falta de pagamento de imposto durante o ano calendário e após o ano calendário. Para esses casos o fisco pode adotar os seguintes procedimentos:

A — falta de pagamento do IRPJ ou por estimativa durante o ano calendário (art. 52 da IN RFB n° 1700/2017)

Verificada, durante o ano-calendário em curso, a falta de pagamento do IRPJ ou da CSLL por estimativa, o lançamento de ofício restringir-se-á à multa isolada sobre os valores não recolhidos.

Deverá ser observado, ainda, que:

1) A multa será de 50% (cinquenta por cento) sobre o valor do pagamento mensal que deixar de ser efetuado.

2) As infrações relativas às regras de determinação do lucro real ou do resultado ajustado, verificadas nos procedimentos de redução ou suspensão do IRPJ ou da CSLL a pagar em determinado mês, ensejarão a aplicação da multa de ofício sobre o valor indevidamente reduzido ou suspenso.

3) Na falta de atendimento à intimação no prazo nela consignado, o Auditor-Fiscal da Receita Federal do Brasil procederá à aplicação da multa sobre o valor apurado com base nas regras da estimativa, ressalvado o disposto em "2)", acima.

4) A não escrituração do livro Diário ou do Lalur até a data fixada para pagamento do IRPJ e da CSLL do respectivo mês, implicará desconsideração do balanço ou balancete para efeito da suspensão ou redução do imposto e a aplicação de multa referida em "(2".

5) Na verificação relativa ao ano-calendário em curso o livro Diário e o Lalur serão exigidos mediante intimação específica, emitida pelo Auditor-Fiscal da Receita Federal do Brasil.

A — falta de pagamento do IRPJ ou por estimativa após o término do ano calendário (art. 53 da IN RFB nº 1700/2017)

Por outro lado, pode ser verificada a falta de pagamento do IRPJ ou da CSLL por estimativa, após o término do ano-calendário. Neste caso, o lançamento de ofício abrangerá:

I — a multa de ofício de 50% (cinquenta por cento) sobre o valor do pagamento mensal que deixar de ser efetuado, ainda que tenha sido apurado prejuízo fiscal ou base de cálculo negativa da CSLL no ano-calendário correspondente; e

II — o IRPJ ou a CSLL devido com base no lucro real ou no resultado ajustado apurado em 31 de dezembro, caso não recolhido, acrescido de multa de ofício e juros de mora contados do vencimento da quota única do tributo.

Capítulo 6

Avaliação de Estoques

1. EXIGÊNCIA LEGAL

1.1 Pessoas jurídicas tributadas com base no lucro real

De acordo com a disciplina consolidada nos arts. 261 e 262 do RIR/1999, ao final de cada período de apuração, as pessoas jurídicas submetidas à tributação com base no lucro real devem efetuar o levantamento e a avaliação dos estoques existentes.

Tal levantamento deve abranger os estoques de:

a) mercadorias para revenda, nas empresas comerciais;

b) matérias-primas, materiais auxiliares (e outros materiais empregados na produção) e produtos (acabados e em elaboração), nas empresas industriais;

c) outros bens existentes em almoxarifado, em qualquer empresa.

1.1.1 Períodos de apuração do lucro real

O lucro real das pessoas jurídicas é apurado (art. 220 do RIR/1999)[1]:

a) trimestralmente, nos períodos de apuração encerrados em 31 de março, 30 de junho, 30 de setembro e 31 de dezembro; ou

b) anualmente, em 31 de dezembro, no caso de opção pelo pagamento mensal do imposto por estimativa,

---

1 Cabe lembrar que nos casos de incorporação, fusão, cisão e encerramento de atividades a apuração do lucro real (se a empresa estiver submetida à tributação nessa modalidade) deve ocorrer na data do evento.

1.1.2 Balanço/balancete de redução ou suspensão do imposto

A empresa que optar pelo pagamento mensal do imposto por estimativa pode, se quiser, levantar balanços ou balancetes periódicos e apurar o lucro real gerado no ano-calendário em curso (até o mês do levantamento do balanço ou balancete), para fins de suspensão ou redução do pagamento do imposto mensal.

Na data desses balanços ou balancetes, para fins de apuração do resultado do período, será necessário levantar e avaliar os estoques existentes, embora seja dispensada a escrituração do livro Registro de Inventário (IN RFB nº 1700/2017, art. 49: § 2º). Todavia, se a empresa possuir registro permanente de estoques, integrado e coordenado com a contabilidade, somente estará obrigada a ajustar os saldos contábeis, pelo confronto com a contagem física, ao final de cada ano-calendário ou no encerramento do período de apuração, nos casos de incorporação, fusão, cisão ou encerramento de atividades (IN RFB nº 1700/2017, art. 49: § 3º).

Desse modo, a existência de registro permanente de estoques, integrado e coordenado com a contabilidade, dispensa o levantamento físico dos estoques por ocasião dos balanços ou balancetes de suspensão ou redução do pagamento mensal. Para esse fim, prevalecerá o valor dos estoques constante do registro permanente. Em 31 de dezembro, porém, será indispensável o levantamento físico.

1.2 Empresas tributadas pelo lucro presumido ou optante pelo Simples

As pessoas jurídicas optantes pela tributação com base no lucro presumido e as microempresas e as empresas de pequeno porte que se submeterem ao regime tributário do Simples (observada, quanto a estas, a legislação de regência) também ficam obrigadas a proceder, em 31 de dezembro de cada ano-calendário, ao levantamento e à avaliação de seus estoques, para fins de escriturar, nessa data, o livro Registro de Inventário (art. 190, parágrafo único, II, e art. 527, II, do RIR/1999;).

2. MERCADORIAS PARA REVENDA E MATÉRIAS-PRIMAS INDUSTRIAIS

As mercadorias adquiridas para revenda, as matérias-primas adquiridas para emprego na produção industrial e os bens em almoxarifado deverão ser avaliados pelo custo de aquisições (art. 293 do RIR/1999).

É fundamental, portanto, definir adequadamente quais valores integram o custo de aquisição desses bens.

2.1 Valores que integram o custo de aquisição

De acordo com o art. 289, §§ 1º a 3º, do RIR/1999, o custo de aquisição de mercadorias destinadas à revenda, bem como o de matérias-primas e quaisquer outros bens utilizados ou consumidos na produção industrial, compreende, além do preço pago ao fornecedor, as despesas de transporte e de seguro até a entrega dos bens no estabelecimento do adquirente, os impostos não recuperáveis pagos na aquisição ou na importação e os gastos com desembaraço aduaneiro.

2.1.1 Impostos não recuperáveis

Impostos não recuperáveis são aqueles dos quais o adquirente dos bens não pode se creditar nos livros fiscais, como, por exemplo:

a) IPI pago na aquisição de mercadorias, por comerciante varejista ou atacadista não equiparado a industrial;

b) ICMS pago na aquisição de mercadorias cuja saída do estabelecimento adquirente não gera débito desse imposto e para as quais não haja permissão legal para manutenção do crédito pela entrada.

Integra também o custo de aquisição o valor da contribuição previdenciária do produtor rural, quando o adquirente de produtos rurais assume o ônus de seu pagamento (ADN CST nº 15/1981). Esse tratamento aplica-se, também, ao ICMS pago pelo adquirente (contribuinte substituto) de produtos rurais destinados a uso ou consumo próprio (não destinados à comercialização ou industrialização). E ao PIS e à COFINS não recuperáveis (cumulativos).

2.2 Parcelas não integrantes do custo de aquisição

Não integram o custo de aquisição o IPI, o ICMS, o PIS/PASEP e a COFINS quando recuperáveis mediante crédito pelo adquirente (§ 3º do art. 289 do RIR/1999).

2.3 Exemplos

Admitamos a aquisição, por uma empresa industrial (sujeita ao PIS e à COFINS não cumulativos), de 350 unidades de determinada matéria-prima por R$ 10,00 a unidade, com ICMS incluído (18%), mais 10% de IPI (consideremos frete e seguro por conta do vendedor):

Preço das matérias-primas, sem inclusão do IPI:	
350 X R$ 10,00	R$ 3.500,00
(-) ICMS destacado na nota fiscal (recuperável)	(R$ 630,00)
(-) PIS/PASEP a recuperar (1,65%)	(R$ 57,75)
(-) COFINS a recuperar (7,6%)	(R$ 266,00)
(=) Custo líquido de aquisição	R$ 2.546,25
Custo unitário (para registro no estoque):	
R$ 2.546,25 ÷ 350 =	R$ 7,28

Agora, num segundo exemplo, vamos supor a aquisição de 2.500 unidades de certa mercadoria, destinada à revenda no varejo, ao preço de compra de R$ 50,00 por unidade, com ICMS incluído (18%), mais 10% de IPI, com frete e seguro por conta do vendedor (novamente, admitamos sujeição ao PIS e à COFINS não cumulativos e frete e seguro por conta do vendedor):

Preço das mercadorias (2.500 x R$ 50,00)	R$ 125.000,00
+ IPI (não recuperável)	R$ 12.500,00
(-) ICMS (recuperável)	(R$ 22.500,00)
(-) PIS/PASEP a recuperar (1,65%)	(R$ 2.062,50)
(-) COFINS a recuperar (7,6%)	(R$ 9.500,00)
(=) Custo líquido de aquisição	R$ 103.437,50
Custo unitário (para registro no estoque):	
R$ 103.437,50 ÷ 2.500 =	R$ 41,38

2.4 Frete e seguro

As despesas de frete e seguro, quando cobradas diretamente pelo vendedor de bens, são debitadas na própria nota fiscal de venda e somadas ao preço total.

Nesse caso, para se determinar o custo unitário de aquisição, basta dividir o valor total da nota fiscal (excluídos o IPI, o ICMS, o PIS/PASEP e a COFINS, quando recuperáveis) pela quantidade adquirida.

Se, todavia, frete e/ou seguro forem pagos a terceiros (transportadores e companhias seguradoras, respectivamente), deverá ser efetuada a agregação dos valores correspondentes ao custo de aquisição dos bens, por meio de lançamento contábil específico. Observe-se que, se for o caso, deverá ser excluído o ICMS passível de crédito.

2.5 Importação - Valores componentes do custo

O custo de aquisição de mercadorias ou matérias-primas importadas[2] diretamente pela empresa compreende, além do valor da operação cambial, também o valor do frete, do seguro e dos impostos não recuperáveis, além de

2 Se o vendedor dos bens importados for pessoa vinculada ao importador (por exemplo: se o vendedor for a matriz ou filial da empresa importadora, ou detiver o controle societário dessa, ou for sociedade controlada ou coligada; ou se o importador e o vendedor forem sociedades sob controle societário ou administrativo comum) ou for domiciliado ou residente em país que não tribute a renda ou que a tribute com alíquota máxima inferior a 20%, os custos constantes dos documentos de importação ficam, para fins de determinação do lucro real, sujeitos à observância das normas sobre preços de transferência (sobre o assunto, veja capítulo próprio deste livro).

todos os demais gastos com o desembaraço aduaneiro (despesas portuárias, honorários do despachante, etc.).

É por isso que, para cada importação, é usual abrir uma conta transitória de "importação em andamento" (classificável no Ativo Circulante), na qual serão debitados os gastos imputáveis a ela, na medida em que forem sendo pagos ou incorridos.

Após o recebimento dos bens, o custo final da importação, representado pelo saldo da conta transitória de importação em andamento, será transferido para a conta própria do estoque.

Se a importação for pactuada para pagamento a prazo, o valor a pagar, expresso em moeda estrangeira, deverá ser:

a) convertido em reais com base na taxa cambial (para venda da moeda pelas instituições operadoras de câmbio) vigente na data do desembaraço aduaneiro; e
b) registrado a débito da importação e a crédito de conta própria do Passivo Circulante ou exigível a longo prazo, de acordo com o vencimento.

A partir desse momento, o ajuste do valor da obrigação, em decorrência de variações na taxa cambial verificadas até a sua liquidação, terá como contrapartida conta de resultado (variações monetárias).

3. CRITÉRIOS DE AVALIAÇÃO DE ESTOQUE

Nos termos do art. 295 do RIR/1999, os estoques existentes na data do encerramento do período de apuração podem ser avaliados pelo custo médio ponderado de aquisição ou produção ou pelo custo dos bens adquiridos ou produzidos mais recentemente (FIFO ou PEPS).

A legislação admite, ainda, a avaliação com base no preço de venda, subtraída a margem de lucro, conforme comentado adiante.

Cabe assinalar que:

a) custo médio: esse método, que é o mais comumente adotado, consiste em avaliar o estoque pelo custo médio de aquisição apurado em cada entrada, ponderado pelas quantidades adicionadas e pelas anteriormente existentes. Na prática, há duas modalidades distintas de custo médio: o custo médio permanente e o custo médio mensal (porque é aceito pelo PN CST nº 6/79 que as saídas sejam registradas somente ao fim de cada mês, desde que avaliadas ao custo médio que, sem considerar o lançamento de baixa, se verificar no mês).
b) custo das aquisições mais recentes (FIFO ou PEPS): por este método, as saídas de estoque são avaliadas pelos respectivos custos de aquisição,

pela ordem de entrada. Dessa forma, o estoque sempre será avaliado pelos custos das aquisições mais recentes;

c) avaliação a preço de venda, subtraída a margem de lucro: na utilização desse critério, para isso, é fundamental a precisão quanto à margem de lucro a ser considerada. Deve ser observado que esse critério, é claro, não se aplica na avaliação dos estoques de matérias-primas e outros insumos de produção (matérias-primas, etc.), aos quais só cabe a avaliação pelo custo médio ou pelo PEPS. Há ainda um aspecto a ser observado: no caso de empresa industrial que não mantém sistema de contabilidade de custo integrado e coordenado com o restante da escrituração, a legislação prescreve critérios específicos para a avaliação dos estoques de produtos acabados e em elaboração. Veja item 8 deste capítulo.

4. REGISTRO PERMANENTE DE ESTOQUES

O registro permanente de estoques pode ser feito em livros, fichas ou formulários contínuos emitidos por sistema de processamento de dados. Os modelos são de livre escolha da empresa (PN CST nº 6/1979).

Para cada espécie de bem estocado, deve ser aberta ficha ou página própria, na qual as entradas e as saídas serão registradas em ordem cronológica.

Observe-se que o custo das mercadorias vendidas ou das matérias-primas utilizadas na produção deverá corresponder à soma dos valores lançados durante o período de apuração de resultado na coluna "Saídas".

Importa, ainda, salientar que:

a) no registro de estoque de matérias-primas, as saídas são lançadas com base nas requisições de materiais transferidos para a produção;

b) o livro ou as fichas de estoque não necessitam ser autenticados, mas os respectivos registros deverão ser mantidos em boa guarda durante o prazo prescricional aplicável ao Imposto de Renda, para eventual exibição aos agentes do Fisco (art. 264 do RIR/1999).

4.1 Registro de devoluções

Devem ser observados os procedimentos a seguir descritos quando ocorrer devolução de mercadorias ao fornecedor ou recebimento de devolução de clientes, após terem sido efetuados os registros da entrada ou da saída, respectivamente, na ficha de estoque:

a) as devoluções ao fornecedor são lançadas na ficha de estoque na coluna "Entradas", negativamente (entre parênteses), e não na coluna "Saídas";

b) as devoluções recebidas de clientes são lançadas na coluna "Saídas", também negativamente.

Com a adoção de tais procedimentos:

- a soma das "Entradas" corresponderá ao valor das compras líquidas;
- a soma das "Saídas" equivalerá ao valor do custo das mercadorias vendidas.

4.1.1 Valor das devoluções

No que se refere ao valor a ser atribuído às devoluções, deve ser observado que:

a) o valor da devolução ao fornecedor será o mesmo pelo qual houver sido registrada a compra das mercadorias devolvidas;

b) o valor da devolução de cliente será aquele pelo qual foi registrada a respectiva saída. É irrelevante o preço médio (se adotado tal critério de avaliação) na data do registro da devolução.

Não esqueça, no entanto, de que: o lançamento da devolução implica ajuste no custo médio, pela alteração nos saldos físico e monetário. Todavia, não é necessário refazer a ficha de estoque, recalculando toda a movimentação a partir da data da compra ou da venda.

5. EMPRESA QUE NÃO POSSUI REGISTRO PERMANENTE DE ESTOQUES

Caso a empresa não possua registro permanente, ela não poderá adotar a avaliação de estoque com base no custo médio (PN CST nº 6/1979).

Nesta hipótese, efetuado o inventário do estoque existente na data de encerramento do período-base, as quantidades encontradas, por contagem física, devem ser avaliadas de acordo com os preços unitários praticados nas compras mais recentes, constantes das respectivas notas fiscais.

Repetimos que deve ser excluído o valor do IPI, do ICMS, do PIS/ PASEP e da COFINS, se recuperáveis.

5.1 Exemplo

Suponhamos que na contagem física de certa mercadoria ou matéria-prima foram encontradas 400 unidades. Admitamos, também, que, na última compra desse bem (antes do encerramento do período de apuração do resultado), foram adquiridas 240 unidades, ao custo unitário de R$ 60,00. Consideremos, ainda, que na compra imediatamente anterior foram adquiridas

300 unidades, ao custo unitário de R$ 57,00 (em ambos os casos, já excluídos os impostos recuperáveis).

Nesse caso, as 400 unidades apuradas no inventário devem ser assim avaliadas[3]:

240 unidades (total da última compra) a R$ 60,00 =	R$ 14.400,00
160 unidades (parte da penúltima compra) a R$ 57,00	R$ 9.120,00
Custo total das 400 unidades	R$ 23.520,00

5.1.1 CMV

O custo das mercadorias vendidas ou das matérias-primas empregadas, no caso, é obtido por meio da seguinte operação:

$$CMV = EI + CP - EF$$

Onde:

CMV = Custo das Mercadorias Vendidas (ou das matérias-primas utilizadas)

EI = Estoque Inicial

CP = Compras do Período[4]

EF = Estoque Final

Vamos exemplificar o cálculo do CMV (com dados meramente ilustrativos):

Estoque inicial	R$ 90.000,00
(+) Compras do período	R$ 600.000,00
(-) Devolução de compras	(R$ 50.000,00)
Subtotal	R$ 640.000,00
(-) Estoque final	R$ 350.000,00
(=) Custo das mercadorias vendidas	R$ 290.000,00

6. PRODUTOS ACABADOS E EM ELABORAÇÃO

Nas empresas industriais, o custo dos produtos fabricados deve ser determinado com base no chamado método do custeio por absorção. O método também é denominado como custeio pleno ou integral.

---

3 Observa-se que, se a soma das quantidades das duas últimas aquisições fosse inferior ao total inventariado, teria que ser levada em conta a terceira compra, a quarta e quantas fossem necessárias para atingir o valor total em estoque.

4 Do valor das compras, devem ser excluídas as devoluções efetuadas.

Não é admitida, pela legislação fiscal, a utilização do chamado custeio direito ou variável (art. 290 do RIR/1999; e PN CST nº 6/1979)

Isto significa que o custo de produção deve compreender, além da matéria-prima e da mão de obra direta empregada (custos diretos), os gastos gerais de fabricação (custos indiretos).

6.1 Componentes obrigatórios do custo de produção

Os componentes obrigatórios do custo dos produtos são (art. 290 do RIR/1999):

a) custo de aquisição de matérias-primas empregadas e de quaisquer outros bens ou serviços aplicados ou consumidos na produção (o custo é determinado de acordo com os critérios focalizados nos itens 2 a 5 deste capítulo);

b) custo do pessoal aplicado na produção, inclusive de supervisão direta, manutenção e guarda das instalações de produção;

c) custos de locação, manutenção e reparo e encargos e depreciação dos bens aplicados na produção[5];

d) encargos de amortização diretamente relacionados com a produção;

e) encargos de exaustão dos recursos naturais empregados na produção.

Convém estar atento para o fato de que a relação *supra* não é exaustiva. Ou seja, devem ser considerados, também, outros elementos que efetivamente contribuam para a formação do custo.

6.2 Bens de consumo eventual

A aquisição de bens de consumo eventual, cujo valor não exceda 5% do custo total dos produtos vendidos no período de apuração anterior, poderá ser registrada diretamente como custo (RIR/1999, art. 290, parágrafo único). Todavia, somente poderão ser enquadrados como de consumo eventual os materiais utilizados de forma esporádica no processo produtivo, os quais, normalmente, a empresa não empregaria na obtenção do produto, tais como (PN CST nº 70/1979):

a) materiais destinados a restaurar a integridade ou a apresentação de produtos danificados;

---

5 Não se incluem no custo da produção a depreciação acelerada admitida a título de incentivo fiscal nem a exaustão mineral incentivada calculada com base na receita bruta (na parte que exceder a quota de exaustão com base no custo de aquisição dos direitos minerais). Tais valores devem ser registrados apenas no Livro de Apuração do Lucro Real (Lalur - arts. 313, § 1º, e 331, § 6º, do RIR/1999; e PN CST nº 96/1978).

b) embalagem especial (utilizada, por exemplo, para atender a determinadas necessidades de transporte);

c) produtos para retificar deficiências reveladas pelas matérias-primas ou produtos intermediários, etc.

Saliente-se, portanto, que:

- os materiais cujo uso seja previsível no processo produtivo e que sejam periodicamente empregados ou regularmente consumidos na produção, ainda que de forma intermitente, não poderão ser considerados como de consumo eventual;
- tais materiais, independentemente de limite de valor, somente poderão ser computados no custo da produção quando forem efetivamente empregados ou consumidos (PN CST nº 70/1979).

6.3 Indústria calçadista

Para as indústrias calçadistas, o valor de aquisição de formas para calçados e o de facas e matrizes (moldes), estas últimas utilizadas para confecção de partes de calçados, são admitidos também como integrantes do custo de produção (IN SRF nº 104/1987).

Isto significa que o valor desses bens, considerados diretamente como custo da produção, não precisa ser registrado no Ativo Imobilizado para serem depreciados.

6.4 Custo padrão

A apuração de custos com base em padrões preestabelecidos (custo padrão ou standard), que muitas empresas adotam como instrumento de controle de gestão, é aceita para efeitos fiscais, desde que (PN CST nº 6/1979):

a) o padrão preestabelecido incorpore todos os elementos constitutivos do custeio por absorção (matéria-prima, mão de obra e gastos gerais de fabricação);

b) as variações de custos (negativas e positivas) sejam distribuídas aos produtos, de modo que a avaliação final dos estoques não discrepe da que seria obtida com o emprego do custo real;

c) as variações de custos sejam identificadas em nível de item final de estoque, de forma a permitir a verificação do critério de neutralidade do sistema adotado de custos sobre a valoração dos inventários.

Nos termos do mesmo PN CST nº 6/1979, a distribuição das variações entre os produtos (em processo e acabados) em estoque e o custo dos produtos vendidos deverá ser feita em intervalos não superiores a três meses ou em intervalos de maior duração, desde que, em qualquer caso, não seja excedido qualquer um dos seguintes prazos:

- o período de apuração do lucro real;
- o ciclo usual de produção, assim entendido o tempo normalmente despendido no processo industrial do produto avaliado.

7. AVALIAÇÃO DOS ESTOQUES DE PRODUTOS COM BASE EM CONTABILIDADE DE CUSTOS

A empresa industrial que mantiver sistema de contabilidade de custos integrado e coordenado com o restante da escrituração poderá utilizar os custos apurados contabilmente para avaliação dos estoques de produtos acabados e em elaboração (RIR/1999, art. 294, § 1º).

7.1 Sistema de contabilidade de custo integrado e coordenado com o restante da escrituração

Considera-se sistema de contabilidade de custo integrado e coordenado com o restante da escrituração aquele que, cumulativamente (RIR/1999, art. 294, § 2º):

a) seja apoiado em valores originados da escrituração contábil (matéria-prima, mão de obra direta e gastos gerais de fabricação);

b) permita a determinação contábil, ao fim de cada mês, do valor dos estoques de matérias-primas e outros materiais, produtos em elaboração e produtos acabados;

c) seja apoiado em livros auxiliares, ou fichas, ou formulários contínuos, ou mapas de apropriação ou rateio, tidos em boa guarda e de registros coincidentes com aqueles constantes da escrituração principal;

d) permita avaliar os estoques existentes na data de encerramento do período de apropriação de resultados segundo os custos efetivamente incorridos.

7.2 Periodicidade dos registros contábeis

De acordo como o Parecer Normativo CST nº 6/1979, os lançamentos contábeis de custos poderão ser feitos mensalmente ou em períodos menores, desde que apoiados em comprovantes e demonstrativos adequados.

7.3 Necessidade da existência de registro permanente de estoques

O sistema integrado de custos pressupõe a existência de controle escritural permanente de estoques. É incompatível com tal sistema a avaliação de estoque baseada em contagem física (PN CST nº 6/1979).

Nas fichas de estoque de produtos acabados, as entradas serão avaliadas com base nos valores apurados por meio do sistema de custos integrado com a escrituração e as saídas serão avaliadas com base no custo médio de produção ou pelo custo das produções mais antigas (PEPS ou FIFO).

O estoque final, consequentemente, fica avaliado pelo custo médio ponderado de produção ou pelo custo das produções mais recentes, respectivamente, conforme focalizado nos subitens 3.1 e 3.2 deste capítulo.

8. ARBITRAMENTO DO VALOR DO ESTOQUE DE PRODUTOS ACABADOS E EM FABRICAÇÃO

Caso a empresa industrial não mantenha sistema de contabilidade de custos ou o sistema mantido não possua os requisitos para ser considerado integrado e coordenado com o restante da escrituração, os estoques existentes no final do período de apuração deverão ser, obrigatoriamente, avaliados de acordo com as regras examinadas nos subitens seguintes (RIR/1999, art. 296).

Observa-se que, de acordo com o § 2º do art. 296 do RIR/1999, o valor do estoque determinado de acordo com as regras focalizadas nos próximos subitens deverá ser reconhecido na escrituração comercial.

8.1 Produtos acabados

Os produtos acabados serão avaliados em 70% do maior preço de venda verificado no período-base, sem a inclusão do IPI, quando for o caso.

Nota-se que, para esse fim, o maior preço de venda será tomado sem a inclusão do IPI. Mas não é admitida a exclusão de qualquer parcela a título de ICMS (RIR/1999, art. 296, § 1º).

8.1.1 Exemplo

Imaginemos que, na contagem física, apurem-se 100 unidades de determinado produto, cujo maior preço unitário de venda no período-base tenha sido R$ 1.000,00 (sem inclusão do IPI).

Nesse caso, teremos:

Valor unitário atribuído ao produto (70% de R$ 1.000,00)	R$ 700,00
Valor do estoque: 100 unidades X R$ 700,00	R$70.000,00

8.2 Produtos em elaboração

Os materiais que se encontrarem em processamento no setor de produção (produtos em elaboração), na data de encerramento do período-base, deverão ser avaliados por um dos seguintes critérios:

a) uma vez e meia (150%) o maior custo de aquisição das matérias-primas adquiridas no período-base (excluídos o IPI e o ICMS, quando recuperáveis); ou

b) 80% do valor-base para avaliação dos produtos acabados, determinado de acordo com o critério exposto no subitem anterior.

Salientamos que o arbitramento do valor do estoque final segundo as regras *supra* (as quais exemplificamos a seguir) somente se aplica às matérias-primas em processamento (produtos em elaboração), ou seja, àquelas que estiverem em processo de produção no encerramento do período-base. As matérias-primas em estoque devem ser avaliadas pelo custo médio ou pelo custo das aquisições mais recentes, de acordo com as regras já explanadas neste Capítulo.

8.2.1 Exemplos:

A) Avaliação com base no custo da matéria-prima

Suponhamos que, no encerramento do período-base, determinada indústria tenha em andamento uma Ordem de Produção na qual foram empregados 250 kg do material "X" e 300 kg do material "Y".

Se admitirmos que, durante o período-base o maior custo de aquisição dessas matérias-primas (excluídos os impostos recuperáveis) tenha sido de R$ 60,00 por kg (material "X") e R$ 70,00 por kg (material "Y"), teremos:

Ordem de produção nº...					**Avaliação**	
Matérias-primas empregadas						
Nº da Requisição	Material	Quantidade (Q)	Unidade	Maior Custo Unitário de Aquisição (MC) R$	Base: 150% do MC (B) R$	Valor total (Q x B) R$
001	"X"	250	Kg	60,00	90,00	22.500,00
002	"Y"	300	Kg	70,00	105,00	31.500,00
Valor total desta Ordem de Produção 54.000,00						

B) Avaliação com base no preço de venda do produto acabado:

Se considerarmos, agora, haver 50 unidades de certo produto em fase de acabamento e admitirmos que o maior preço unitário de venda do produto acabado, no período-base, foi de R$ 150,00 (excluído o IPI), teremos:

Maior preço de venda do produto acabado no período--base (sem IPI)	R$ 150,00
Avaliação do produto acabado: 70% de R$ 150,00	R$ 105,00
Avaliação do produto em elaboração: 80% de R$ 105,00	R$ 84,00
Quantidade de produtos em elaboração: 50 unidades	
Valor do estoque: 50 X R$ 84,00 =	R$4.200,00

9. REDUÇÕES E PROVISÕES - PROIBIÇÃO

Na avaliação de estoques, não são admitidas, para fins de apuração do lucro real (RIR/1999, art. 298)[6]:

a) reduções globais de valores inventariados nem formação de reservas ou provisões para fazer face à sua desvalorização;

b) deduções de valor por depreciações estimadas ou mediante provisões para oscilação de preços;

c) manutenção de estoques "básicos" ou "normais" a preços constantes ou nominais.

10. PROVISÃO PARA AJUSTE AO VALOR DE MERCADO - INDEDUTIBILIDADE

Nos termos do art. 183, II, da Lei nº 6.404/1976 ("Lei das S/A"), o valor dos estoques deve deduzido de provisão para ajustá-lo ao valor de mercado.

Importa salientar, todavia, que, desde 1º.01.1996, a despesa com a constituição dessa provisão passou a ser indedutível tanto para fins de determinação do lucro real como da base de cálculo da Contribuição Social sobre o Lucro (Lei nº 9.249/1995, art. 13, I, matriz legal do art. 298, IV, do RIR/1999).

Isso significa que se a empresa fizer tal provisão ficará obrigada a adicioná-la ao lucro líquido na determinação do lucro real e da base de cálculo da CSL.

11. ESTOQUES DE PRODUTOS RURAIS

Nos termos do art. 297 do RIR/1999, os estoques de produtos agrícolas, animais e extrativos poderão ser avaliados aos preços correntes de mercado, conforme as práticas usuais em cada tipo de atividade.

6 Sobre provisão para perda de estoques de livros, veja subitem 12.2.1.

De acordo com o PN CST nº 5/1986, a faculdade de avaliar o estoque desses produtos ao preço corrente de mercado se aplica não só aos produtores, mas também aos comerciantes desses produtos e aos industriais que os utilizam como insumo da produção.

Deve, entretanto, ser observado que:

a) se o valor corrente de mercado dos produtos for maior que o custo de aquisição ou produção registrado na contabilidade, a contrapartida do aumento do Ativo em virtude da avaliação do estoque a preços de mercado constituirá receita tributável (ADN COSIT nº 32/1994); e

b) se o valor de mercado dos produtos for menor que o custo de aquisição ou produção registrado na contabilidade, a avaliação a preços de mercado implicará a constituição de uma provisão que cai na regra geral de indedutibilidade, da qual tratamos no item 10.

12. QUEBRAS OU PERDAS DE ESTOQUE

Deve também integrar o custo de produção de bens ou serviços o valor das (RIR/1999, art. 291):

a) quebras e perdas razoáveis, de acordo com a natureza do bem e da atividade, ocorridas na fabricação, no transporte e no manuseio;

b) quebras ou perdas de estoque por deterioração ou obsolescência ou pela ocorrência de riscos não cobertos por seguros, desde que comprovadas:

  b.1) por laudo ou certificado de autoridade sanitária ou de segurança que especifique e identifique as quantidades destruídas ou inutilizadas e as razões da providência;

  b.2) por certificado de autoridade competente, nos casos de incêndios, inundações ou outros eventos semelhantes;

  b.3) mediante laudo de autoridade fiscal chamada a certificar a destruição de bens obsoletos, invendáveis ou danificados, quando não houver valor residual apurável.

12.1 Quebras ou perdas "normais"

12.1.1 Perdas decorrentes do processo de produção

Conforme vimos, a legislação do Imposto de Renda considera como parcela integrante do custo da produção as quebras ou perdas razoáveis, de acordo com a natureza do bem e da atividade, ocorridas na fabricação, no transporte e no manuseio.

Citem-se como exemplo as perdas resultantes da evaporação de produtos sujeitos a tanto, bem como os resíduos, aparas ou rebarbas de materiais.

12.1.2 Comprovação

Não há, formalmente, uma exigência legal de comprovação das perdas normais. Mas o fato é que o Fisco exige a prova da normalidade e da extensão da perda, o que, por óbvio, deve ser examinado caso a caso, levando-se em conta a natureza do material e as características do processo de produção.

Para ilustrar o entendimento do Fisco sobre o tema, cite-se que a Superintendência Regional da Receita Federal da 6ª Região Fiscal (Estado de Minas Gerais) decidiu que se entende por razoável aquilo que está conforme a razão, valendo a adoção de uma média levantada entre empresas que operam no mesmo ramo (Decisão nº 275/1998).

12.2 Quebras ou perdas por deterioração, obsolescência ou pela ocorrência de riscos não segurados

Tais perdas, por seu caráter, digamos, "anormal", somente são admitidas como dedutíveis se comprovadas por uma das formas mencionadas em "b.1" a "b.3" do item 12.

Cabe observar, de todo modo, que a 1ª Câmara do 1º Conselho de Contribuintes decidiu, no Acórdão nº 101-84.593/93, que a contabilização de perdas por quebras de estoque em valor ínfimo em relação ao montante da compra pode ser admitida, independentemente de prova por uma das formas supracitadas.

12.2.1 Fascículos obsoletos nas empresas editoras

A Portaria MF nº 496/1977 admite que nas empresas editoras os fascículos obsoletos, assim considerados aqueles rejeitados pelo mercado e que, em decorrência, não mais figurem nas vendas normais da empresa, constem do Registro de Inventário com valor zero, desde que, no prazo de trinta dias contados da data do balanço, a empresa comunique a ocorrência à repartição da Secretaria da Receita Federal de sua jurisdição.

Tal estoque deve ser mantido em condições de ser verificado e, caso a empresa pretenda, antes da auditoria fiscal, inutilizar, destruir ou vender os fascículos como matéria-prima para reaproveitamento industrial, deve fazer nova comunicação à Secretaria da Receita Federal até dez dias antes de se desfazer, total ou parcialmente, do estoque.

A receita assim obtida deve ser contabilizada como recuperação de custos.

12.2.2 Provisão para perda de estoques de livros

Nos termos da IN SRF nº 412/2004, as pessoas jurídicas e as que lhes são equiparadas pela legislação do Imposto de Renda que exerçam as atividades de editor, distribuidor e livreiro poderão constituir provisão para perda de estoques.

Consulte capítulo específico sobre provisões.

13. CUSTOS DOS EMPRÉSTIMOS PARA FINANCIAR ESTOQUES DE LONGA MATURAÇÃO

De acordo com o art. 145 da IN RFB nº 1700/2017, os juros e outros encargos, associados a empréstimos contraídos, especificamente ou não, para financiar a aquisição, construção ou produção de bens classificáveis **como estoques de longa maturação**, propriedade para investimento, Ativo Imobilizado ou Ativo intangível podem ser registrados como custo do Ativo adquirido, construído ou produzido.

Esclareça-se que:

1) Os juros e outros encargos de que trata o caput somente poderão ser registrados como custo até o momento em que o Ativo estiver pronto para seu uso ou venda.

2) Considera-se como encargo associado a empréstimo aquele em que o tomador deve necessariamente incorrer para fins de obtenção dos recursos.

3) Os juros e outros encargos registrados como custo do Ativo, poderão ser excluídos na determinação do lucro real do período de apuração em que forem incorridos, devendo a exclusão ser feita na Parte A do Lalur e controlada, de forma individualizada para cada bem ou grupo de bens de mesma natureza e uso, na Parte B.

4) Na hipótese acima, os valores excluídos deverão ser adicionados, na Parte A do Lalur, à medida que o Ativo for realizado, inclusive mediante depreciação, amortização, exaustão, alienação ou baixa.

Capítulo 7

Critérios para Dedutibilidade de Despesas com Utilização de Bens

1. CONDIÇÃO PARA QUE SEJA PERMITIDA A DEDUÇÃO DE ALUGUEL, ARRENDAMENTO, DEPRECIAÇÃO, MANUTENÇÃO, ETC.

Tanto para fins de apuração do lucro real quanto da base de cálculo da Contribuição Social sobre o Lucro, é proibida a dedução[1]:

a) das contraprestações de arrendamento mercantil e do aluguel de bens móveis ou imóveis, exceto quando relacionados intrinsecamente com a produção ou a comercialização dos bens e serviços;

b) de despesas de depreciação, amortização, manutenção, reparo, conservação, impostos, taxas, seguros e quaisquer outros gastos com bens móveis ou imóveis, exceto se intrinsecamente relacionados com a produção ou a comercialização dos bens e serviços.

Em outras palavras: esses gastos somente serão considerados como despesa dedutível se os bens móveis ou imóveis a que se refiram forem *"intrinsecamente relacionados com a produção ou a comercialização dos bens e serviços"*. Caso contrário, deverão ser adicionados ao lucro líquido, no Lalur.

Essa regra tem por fundamento legal o art. 13, II e III, da Lei nº 9.249/1995 e está incorporada a diversos dispositivos do RIR/1999 (por exemplo: § 5º do art. 305 e § 4º do art. 324, que cuidam, respectivamente, de depreciação e amortização).

---

1 Saliente-se, contudo, que, de acordo com a resposta à questão nº 409 do "Perguntas e Respostas Pessoa Jurídica/2006", da SRF, tais valores poderão ser considerados como dedução do lucro real quando se enquadrarem como remuneração dos administradores, diretores, gerentes e de seus assessores, hipótese em que deverão ser tributados pelo Imposto de Renda na Pessoa Física, ou seja, ficarão sujeitos à retenção na fonte e à inclusão na Declaração de Ajuste Anual (Lei nº 9.249/1995, art. 13, II, III e IV).

2. BENS QUE O FISCO CONSIDERA "INTRINSECAMENTE RELACIONADOS COM A PRODUÇÃO OU com A COMERCIALIZAÇÃO"

Nos termos do parágrafo único do art. 25 da IN SRF nº 11/1996, consideram-se intrinsecamente relacionados com a produção ou com a comercialização:

a) os bens móveis e imóveis utilizados no desempenho das atividades de contabilidade;

b) os bens imóveis utilizados como estabelecimento da administração;

c) os bens móveis utilizados nas atividades operacionais, instalados em estabelecimento da empresa;

d) os veículos do tipo caminhão, caminhoneta de cabina simples ou utilitário, utilizados no transporte de mercadorias e produtos adquiridos para revenda, de matéria-prima, de produtos intermediários e de embalagem aplicados na produção;

e) os veículos do tipo caminhão, caminhoneta de cabina simples ou utilitário, bicicletas e motocicletas utilizados pelos cobradores, compradores e vendedores nas atividades de cobrança, compra e venda;

f) os veículos do tipo caminhão, caminhoneta de cabina simples ou utilitário, bicicletas e motocicletas utilizados nas entregas de mercadorias e produtos vendidos;

g) os veículos utilizados no transporte coletivo de empregados;

h) os bens móveis e imóveis utilizados em pesquisa e desenvolvimento de produtos ou processos;

i) os bens móveis e imóveis próprios, locados pela pessoa jurídica que tenha a locação como objeto de sua atividade;

j) os veículos utilizados na prestação de serviços de vigilância móvel pela pessoa jurídica que tenha por objeto essa espécie de atividade;

k) os bens móveis e imóveis objeto de arrendamento mercantil, nos termos da Lei nº 6.099/1974, pela pessoa jurídica arrendadora (empresa de *leasing*)[2].

2.1 Como a lista deve ser entendida

A nosso ver, a relação baixada da IN SRF nº 11/1996 não pode ser considerada exaustiva. Seria demasiada pretensão tentar abranger todos os bens necessários às atividades da empresa.

2 Na empresa arrendatária, as despesas com o arrendamento mercantil somente serão dedutíveis se o bem arrendado enquadrar-se nas situações descritas nas letras "a" a "j" do item 2.

Parece-nos que o intuito do Fisco foi fornecer uma relação exemplificativa de bens que, claramente, preenchem o requisito de ser *"intrinsecamente relacionados com a produção ou a comercialização"*. Mas cabe salientar que a Receita Federal não voltou a se manifestar sobre o assunto. Assim, ainda permanece alguma dúvida sobre se a intenção do Fisco foi baixar uma relação exaustiva ou não. Entendemos que não, todavia, a questão é, de fato, controvertida. Aliás, toda a problemática de aceitação, pelo Fisco, da dedução de despesas é bastante complexa.

Algumas decisões que têm sido prolatadas pelo 1° Conselho de Contribuintes já sinalizam na linha de nosso entendimento, ou seja, para um abrandamento do rigor supostamente taxativo da IN SRF n° 11/1996.

No Acórdão n° 105-14.315, de 17.03.2004, decidindo sobre dedutibilidade de despesas com arrendamento mercantil (*leasing*), a 5ª Câmara concluiu pela não exaustividade da lista da Instrução Normativa supracitada, nos seguintes termos:

> "IRPJ - ARRENDAMENTO MERCANTIL - CONCEITO DE GASTOS "INTRINSECAMENTE RELACIONADOS COM A PRODUÇÃO OU COMERCIALIZAÇÃO DOS BENS E SERVIÇOS" - A Lei n° 9.249/95 (art. 13) ao vedar a dedutibilidade das contraprestações de arrendamento mercantil de bens que não fossem intrinsecamente relacionados com a produção ou comercialização dos bens, não pretendeu promover a indedutibilidade de gastos legítimos, usuais, normais e necessários à atividade empresarial, apenas aperfeiçoou o conceito de dedutibilidade. ***Por outro lado, é de se reconhecer que as situações descritas na IN SRF n° 11/96, art. 25, não são de caráter exaustivo."*** [negritamos]

Sob outro aspecto (não menos importante), ao julgar recurso apresentado por contribuinte contra autuação na qual a fiscalização glosou despesas com veículos supostamente de luxo utilizados por diretorias, administrações de fábrica e pelo presidente do Conselho de Administração da empresa, a 7ª Câmara do 1° CC rechaçou a pretensão do Fisco, assim concluindo (Acórdão n° 107-07.933, em Sessão de 28.01.2005):

> "IRPJ E CSL - GASTOS COM VEÍCULOS - DEDUTIBILIDADE. A cláusula aberta, prevista na parte final do inciso III do art. 13 da Lei n° 9.249/95, no sentido de que somente seriam dedutíveis os gastos com veículos "intrinsecamente relacionados com a produção ou comercialização dos bens e serviços", não pode transformar em norma que afeta a segurança jurídica das relações entre contribuinte e Fisco. Este, portanto, deve demonstrar, à saciedade, que os gastos feitos por aquela não se enquadram em tal previsão legal. Todavia, ***não podem ser considerados critérios alheios ao dispositivo legal, tal como o fato de serem ou***

> ***não os automóveis em questão "veículos de luxo". Afinal, a questão fulcral não é o valor do bem, mas a sua destinação, temperando-se, porém, tal afirmativa pela ideia de razoabilidade.*** Ademais, no caso concreto, mesmo que se pudesse aceitar o critério "veículo de luxo" como relevante para aplicar a norma supracitada, não vislumbramos nos veículos considerados a ideia de "luxo"". [negritamos]

Deve ser sublinhado que as decisões aqui mencionadas somente beneficiam diretamente as empresas que as obtiveram. Mas, sem dúvida, constituem importante precedente para contribuintes que venham a ser autuados e pretendam recorrer administrativa ou judicialmente contra a exigência.

Capítulo 8

Depreciação de Bens do Ativo Imobilizado

1. EM QUE CONSISTE A DEPRECIAÇÃO

Conceitualmente, podemos definir a depreciação como o modo pelo qual se registra, contabilmente, a diminuição do valor de bens do Ativo Imobilizado em decorrência do desgaste pelo uso, pela ação da natureza ou pela obsolescência normal.

Conforme se verifica, calcular e registrar a depreciação é indispensável para a exata aferição do lucro do período, o que significa que todas as empresas deveriam efetuá-la, independentemente do fato de serem tributadas com base no lucro real, optantes pelo lucro presumido ou mesmo pelo Simples.

Alertamos, entretanto, neste capítulo, em especial, para as regras a serem observadas pelas empresas tributadas com base no lucro real, porque, para estas, a depreciação tem ainda um ingrediente a mais que a recomenda: o fato de representar um custo ou despesa cuja dedução é aceita pela legislação do Imposto de Renda e da Contribuição Social sobre o Lucro[1].

Salientamos que referências ao "Ativo Permanente" devem ser consideradas como se fossem ao "Ativo não Circulante", segundo a nova denominação contida na Lei nº 6.404/1976, na sua atual redação.

1.1 A questão das alterações nos critérios contábeis da depreciação e seus efeitos fiscais

Com as alterações nos critérios adotados para fins de cálculo da depreciação dos bens do Ativo Imobilizado, provocadas principalmente pela inclusão do § 3º do art. 183 da Lei nº 6.404/1976 (Lei das S/A), pelas Leis nºs

1 Conforme o art. 1º da Lei nº 11.051/2004 (com a redação do art. 4º da MP nº 340/2006), as pessoas jurídicas tributadas com base no lucro real podem utilizar crédito relativo à Contribuição Social sobre o Lucro Líquido, à razão de 25% sobre a depreciação contábil de máquinas, aparelhos, instrumentos e equipamentos, novos, relacionados em regulamento, adquiridos entre 1º de outubro de 2004 e 31 de dezembro de 2008, destinados ao Ativo Imobilizado e empregados em processo industrial do adquirente.

11.638/2007 e 11.941, de 2009, os aspectos fiscais da depreciação passaram a ser objeto de muitas dúvidas.

Por meio do Parecer Normativo nº 1, de 29 de julho de 2011, o Fisco trouxe orientações sobre o tema, concluindo que *"as diferenças no cálculo da depreciação de bens do Ativo Imobilizado decorrentes do disposto no § 3º do art. 183 da Lei nº 6.404, de 1976, com as alterações introduzidas pela Lei nº 11.638, de 2007, e pela Lei nº 11.941, de 2009, não terão efeitos para fins de apuração do lucro real e da base de cálculo da CSLL da pessoa jurídica sujeita ao RTT, devendo ser considerados, para fins tributários, os métodos e critérios contábeis vigentes em 31 de dezembro de 2007".*

Hoje, vige a Lei nº 12.973/2014, regulamentada pela IN RFB nº 1700/2017 que, em boa medida, recepcionou o entendimento manifestado do PN 1/2011.Veja alguns comentários no subitem a seguir

1.2 Despesas com depreciação em face da Lei nº 12.973/2014

A Lei Nº 12.973/2014 (oriunda da conversão, com alterações da MP 627/2013) estabeleceu o fim do Regime Tributário de transição (RTT) que, ao longo de mais de seis anos, fez a "ligação" entre o lucro contábil e o lucro fiscal naturalmente, sem negligenciar o Lalur que continuou a ser utilizado.

Paralelamente, a referida lei também veio "disciplinar" a relação entre contabilidade e Fisco no que diz respeito às questões conflitantes que até então o RTT tratava.

Uma dessas questões conflitantes diz respeito à despesa de depreciação. Não é demais lembrar que as novas regras contábeis determinam que a empresa faça uma análise criteriosa do imobilizado e, a partir daí, estime a vida útil dos bens. Portanto, na maioria dos casos a despesa de depreciação a ser aproveitada pelas empresas é diferente daquela imposta pelo Fisco.

Com a extinção do RTT foram necessárias alterações na legislação que permitissem a observância da legislação comercial, sem prejuízo para o Fisco.

1.2.1 O que mudou com a Lei nº 12.973/2013

O art. 40 da Lei nº 12.973/2014 deu nova redação ao § 1º do art. 57 da Lei nº 4.506/64, com o objetivo de eliminar da legislação tributária regras sobre contabilização da depreciação.

§ 1º do art. 57 da Lei nº 4.506/64 passou a ter a seguinte redação:

> "...
>
> § 1º *A quota de depreciação dedutível na apuração do imposto será determinada mediante a aplicação da taxa anual de depreciação sobre o custo de aquisição do Ativo.*
>
> ..."

Anteriormente, o dispositivo legal referia-se **a quota de depreciação registrável**. Hoje, o dispositivo refere-se **a quota de depreciação dedutível**. Portanto, percebe-se claramente que o Fisco, no tocante às despesas de depreciação, não mais interfere no processo contábil limitando, apenas, a estabelecer regras de dedutibilidade da despesa.

Além disso, houve a introdução dos §§ 15 e 16 para autorizar a exclusão em livro fiscal da diferença de depreciação registrada na escrituração do contribuinte, o que não era permitido anteriormente. Referidos dispositivos têm a seguinte redação:

> "...
>
> *[§ 3º A administração do Imposto de Renda publicará periodicamente o prazo de vida útil admissível a partir de 1º de janeiro de 1965, em condições normais ou médias, para cada espécie de bem, ficando assegurado ao contribuinte o direito de computar a quota efetivamente adequada às condições de depreciação dos seus bens, desde que faça a prova dessa adequação, quando adotar taxa diferente.*
>
> ...
>
> § 6º Em qualquer hipótese, o montante acumulado, das cotas de depreciação não poderá ultrapassar o custo de aquisição do bem, atualizado monetariamente.]
>
> ...
>
> § 15. Caso a quota de depreciação registrada na contabilidade do contribuinte seja menor do que aquela calculada com base no § 3º, a diferença poderá ser excluída do lucro líquido na apuração do lucro real, observando-se o disposto no § 6º.
>
> § 16. Para fins do disposto no § 15, a partir do período de apuração em que o montante acumulado das quotas de depreciação computado na determinação do lucro real atingir o limite previsto no § 6º, o valor da depreciação, registrado na escrituração comercial, deverá ser adicionado ao lucro líquido para efeito de determinação do lucro real." (NR)

1.2.2 Como proceder fiscalmente

Os critérios contábeis não influenciarão a depreciação para efeitos fiscais. Para fins fiscais as empresas deverão utilizar as taxas anuais de depreciação permitidas pelo Fisco. Essas taxas são aquelas constantes do anexo III da Instrução Normativa SRF nº 1700/2017 (§ 1º do art. 124).

Resumidamente, as taxas admitidas pelo Fisco são:

Bem	Taxa de Depreciação	Prazo
Veículos	20% ao ano	5 anos
Motociclos	25% ao ano	4 anos
Tratores	25% ao ano	4 anos
Máquinas e equipamentos	10% ao ano	10 anos
Edificações	4% ao ano	25 anos
Instalações	10% ao ano	10 anos
Móveis e utensílios	10% ao ano	10 anos

1.2.2.1 Adoção de taxas "aceleradas"

A legislação do Imposto de Renda permite que a empresa reconheça a depreciação que vai afetar o resultado com base em percentuais majorados. Trata-se da depreciação acelerada em função do uso "anormal" do bem.

Como regra, se a empresa utiliza o bem 8 horas no dia a depreciação observará a taxa normal. Agora, se a atividade se estender por dois turnos (16 horas) a taxa de depreciação a ser aplicada será majorada em 50%; Se a atividade se estender por 3 turnos a majoração será de 100%.

Portanto, máquinas e equipamentos, por exemplo, sofrem depreciação fiscal normal de 10%. Se o bem for utilizado por dois turnos a depreciação será de 15%. Agora, se o trabalho se estender por 3 turnos a depreciação será de 20%.

(Perguntas e respostas IRPJ 2017 – VIII/58 e RIR/1999, art. 312.

1.2.3 Como proceder contabilmente

A Lei nº 6.404/1976, em seu art. 183, § 2º, alínea "a" estabelece que "a diminuição do valor dos elementos do Ativo Imobilizado será registrada periodicamente nas contas de depreciação, quando corresponder à perda do valor dos direitos que têm por objeto bens físicos sujeitos a desgaste ou perda de utilidade por uso, ação da natureza ou obsolescência"

Portanto, para fins contábeis, a empresa deverá reconhecer como despesa com depreciação **o valor do desgaste efetivo do bem**. Na prática, isso significa dizer que a empresa não deve observar ou aceitar as taxas de depreciação fixadas pelo Fisco.

A depreciação a ser utilizada pela empresa terá como base uma criteriosa análise dos bens que forma o imobilizado, estimando-se sua vida útil econômica e seu valor residual.

Deste modo, na prática, os bens da empresa normalmente terão vida útil diferente daqueles fixados pelo Fisco. Essa diferença, para mais ou para menos, deverá ser ajustada na Lalur.

1.2.4 Exemplo de depreciação contábil menor do que aquela exigida pelo Fisco

Vimos anteriormente, que a empresa deverá reconhecer como despesa com depreciação o valor do desgaste efetivo do bem.

Também vimos que a Lei nº 12.973/2014 veio disciplinar a forma como a empresa deverá agir caso a depreciação a ser reconhecida contabilmente seja menor do que aquela aceita pelo Fisco.

Resumidamente, se a depreciação registrada pela contabilidade for menor do que aquela imposta pelo Fisco, a empresa poderá adicionar a diferença (entre a contábil e a fiscal) no Lalur. Deste modo, ela estará atendendo as novas normas contábeis e não vai ser prejudicada do ponto de vista fiscal, pois o aproveitamento da depreciação se dará parte via contabilidade, parte via Lalur.

No entanto, a partir do período em que a contabilidade contábil mais a fiscal atingir 100% do bem, a depreciação que for registrada contabilmente passa a ser excluída no Lalur, na apuração do lucro tributável.

No desenvolvimento do exemplo, consideremos os dados a seguir.

Em 02.01.x1 determinada empresa adquiri um trator, com as seguintes premissas:

- Valor de aquisição: R$ 300.000
- Prazo de vida útil estimado (contábil): 5 anos;
- Valor residual: de R$ 35.000.
- Depreciação fiscal: 4 anos: R$ 75.000 ($ 300.000/4 anos)

Com base nessas informações, na contabilidade teremos depreciação de R$ 53.000 ao ano (R$ 265.000/5 anos).

Já no e-Lalur deverão ser feitos os seguintes registros:

- Exclusão de R$ 22.000 (R$ 75.000 menos R$ 53.000) nos anos X1, X2, X3 e X4.
- Adição de R$ 53.000 em X5.

Com isso, ao final do quarto ano teríamos a exclusão total de R$ 88.000 (R$ 22.000 vezes 4 anos). Esse valor (R$ 88.000) somado a depreciação contábil dos quatro primeiros períodos (R$ 212.000, ou seja, R$ 53.000 x 4 anos) totalizam R$ 300.000, que é o valor total do bem sujeito a depreciação.

Não podemos esquecer, no entanto, que no quinto ano, a empresa ainda faz o registro contábil de uma parcela da depreciação no valor de R$ 53.000. Esse valor deverá ser adicionado ao Lalur, isto porque, para fins fiscais, o bem estará totalmente depreciado ao final de 20x4. A depreciação feita em 20x5 atende, exclusivamente, a contabilidade e não pode ser aproveitada pra fins fiscais.

A tabela a seguir resume o exposto acima.

Período	Depreciação contábil	Depreciação fiscal	Tratamento no Lalur		Depreciação acumulada
			Exclusão	Adição	
ano 1	53.000	75.000	22.000		75.000
ano 2	53.000	75.000	22.000		150.000
ano 3	53.000	75.000	22.000		225.000
ano 4	53.000	75.000	22.000		300.000
ano 5	53.000			53.000	300.000
Total	265.000	300.000	88.000	53.000	300.000

Lembra-se que a empresa assumiu um valor residual para o bem, ao final do período de depreciação, de R$ 35.000. Isso significa dizer que ao final do quinto ano a conta que registra o bem apresentará um saldo de R$ 35.000 (valor de possível venda). Já a conta de depreciação acumulada, o valor de R$ 265.000. No entanto, para fins fiscais, o bem terá sido totalmente depreciado.

2. A PREVISÃO LEGAL DE DEDUTIBILIDADE DA DEPRECIAÇÃO

De acordo com os arts. 305 e 306 do RIR/1999, para fins de apuração do lucro real, as pessoas jurídicas podem considerar dedutíveis, como custo ou despesa operacional, a importância correspondente à diminuição do valor de bens do Ativo Imobilizado (depreciação) resultante do desgaste por uso, ação da natureza ou obsolescência normal - ou seja, a depreciação dos bens.

Deve ser observado, ainda, que[2]:

2 Na hipótese de bens adquiridos no exterior, de pessoas vinculadas à empresa adquirente ou domiciliadas em países com tributação favorecida, a dedução dos encargos de depreciação fica limitada, em cada período de apuração, ao montante calculado com base no preço de

a) a depreciação só pode ser deduzida pela pessoa jurídica empresa que suportar o encargo econômico do desgaste ou da obsolescência, de acordo com as condições de propriedade, posse ou uso do bem;
b) a quota de depreciação é dedutível a partir da época em que o bem é instalado, posto em serviço ou em condições de produzir;
c) em qualquer hipótese, o montante acumulado das quotas de depreciação não poderá ultrapassar o custo de aquisição do bem;
d) o valor não depreciado dos bens sujeitos à depreciação, que se tornarem imprestáveis ou caírem em desuso, importará redução do Ativo Imobilizado.

3. BENS QUE PODEM SER DEPRECIADOS

Podem ser objeto de depreciação todos os bens físicos sujeitos a desgaste pelo uso ou por causas naturais ou obsolescência normal, inclusive (RIR/1999, art. 307):

a) edificações e construções, observando-se que:
   a.1) a quota de depreciação é dedutível a partir da época da conclusão das obras e do início da sua utilização;
   a.2) o valor das edificações deve estar destacado do valor do custo de aquisição do terreno, admitindo-se, no caso de imóvel adquirido construído, o destaque baseado em laudo pericial;
b) bens cedidos em comodato, se o empréstimo desses bens for usual nos tipos de operações, transações ou atividades da comodante e não mera liberalidade desta (por exemplo: os bens cedidos em comodato por fabricantes de bebidas ou sorvetes ou distribuidores de derivados de petróleo, aos comerciantes revendedores de seus produtos - PN CST nº 19/1984);
c) construções ou benfeitorias em imóvel alugado de terceiros, caso o respectivo custo não possa ser amortizado durante o prazo da locação, ou seja, nos seguinte casos:
   c.1) se o contrato de locação não tiver prazo determinado ou não vedar, à empresa locatária, o direito à indenização pelas benfeitorias realizadas (PN CST nºs 210/1973 e 104/1975);

---

transferência do bem, observadas as regras específicas (consulte capítulo sobre o tema). Essa restrição se estende, também, à determinação da base de cálculo da Contribuição Social sobre o Lucro (Lei nº 9.430/1996, art. 18, § 8º, e arts. 23, 24 e 28).

c.2) caso o imóvel seja locado de sócios, acionistas, dirigentes, participantes nos lucros ou respectivos parentes ou dependentes (PN CST nº 869/1971);

d) projetos florestais destinados à exploração dos respectivos frutos.

3.1 O bem deve ser intrinsecamente relacionado com a produção ou a comercialização de bens e serviços

Desde 1º.01.1996, tanto para fins do IRPJ quanto da Contribuição Social sobre o Lucro, somente se admite a dedução da depreciação de bens móveis e imóveis intrinsecamente relacionados com a produção ou a comercialização de bens e serviços (Lei nº 9.249/1995; e RIR/1999, art. 305, § 5º).

Para esse efeito, e nos termos do parágrafo único do art. 25 da IN SRF nº 11/1996, consideram-se intrinsecamente relacionados com a produção ou comercialização de bens ou serviços:

a) bens móveis e imóveis utilizados no desempenho das atividades de contabilidade;
b) bens imóveis utilizados como estabelecimento da administração;
c) bens móveis utilizados nas atividades operacionais, instalados em estabelecimento da empresa;
d) veículos do tipo caminhão, caminhoneta de cabina simples ou utilitário, utilizados no transporte de mercadorias e produtos adquiridos para revenda de matéria-prima, produtos intermediários e de embalagem aplicados na produção;
e) veículos do tipo caminhão, caminhoneta de cabina simples ou utilitário, bicicletas e motocicletas utilizados pelos cobradores, compradores e vendedores nas atividades de cobrança, compra e venda;
f) veículos do tipo caminhão, caminhoneta de cabina simples ou utilitário, bicicletas e motocicletas utilizados nas entregas de mercadorias e produtos vendidos;
g) veículos utilizados no transporte coletivo de empregados;
h) bens móveis e imóveis utilizados em pesquisa e desenvolvimento de produtos ou processos;
i) bens móveis e imóveis próprios, locados pela pessoa jurídica que tenha a locação como objeto de sua atividade;
j) veículos utilizados na prestação de serviços de vigilância móvel, pela pessoa jurídica que tenha por objeto essa espécie de atividade;

k) bens móveis e imóveis objeto de arrendamento mercantil, nos termos da Lei nº 6.099/1974, pela pessoa jurídica arrendadora (empresa de *leasing*).

A relação *supra*, baixada pela IN SRF nº 11/1996, não nos parece exaustiva, porquanto não abrange (nem poderia fazê-lo) todos os bens necessários às atividades da empresa. Só elenca aqueles que o Fisco considera intrinsecamente relacionados com a produção ou a comercialização, sobre os quais, eventualmente, poderiam pairar dúvidas.

A questão, no entanto, é polêmica e, por isso, recomendamos a leitura do capítulo específico em que focalizamos o assunto e comentamos sobre a jurisprudência administrativa que vai se formando.

Nota:

Somente os edifícios e construções alugados ou utilizados pela pessoa jurídica na produção dos seus rendimentos podem ser objeto de depreciação. PN CST nº 14, de 1972

(Perguntas e Respostas IRPJ 2017 – Questão VIII/056)

4. BENS QUE NÃO PODEM SER DEPRECIADOS

Não é admitida a dedução de quota de depreciação referente a (RIR/1999, art. 307, parágrafo único):

a) terrenos, salvo em relação aos melhoramentos ou construções;

b) prédios e construções não alugados nem utilizados na produção dos rendimentos da empresa ou destinados à revenda;

c) bens que normalmente aumentam de valor com o tempo, como obras de arte ou antiguidades;

d) bens para os quais sejam registradas quotas de exaustão (jazidas minerais e florestas destinadas ao corte).

4.1 Como proceder quando o registro contábil de imóvel construído agregar o valor da construção ao do terreno

Quando o valor do terreno não estiver separado do valor da edificação que sobre ele existir, deve ser providenciado o respectivo destaque, para que seja admitida a dedução da depreciação do valor da construção ou edifício.

Para isso, o contribuinte poderá se basear em laudo pericial para determinar que parcela do valor contabilizado corresponde ao valor do edifício ou construção, aplicando, sobre essa parcela, o percentual de depreciação efetivamente suportado, limitado, para efeito tributário, ao admitido para esse tipo de bem.

(Perguntas e Respostas IRPJ 2017 – Questão VIII/056)

5. BENS CUJO CUSTO PODE SER DEDUZIDO DIRETAMENTE

O custo de aquisição de certos bens não precisa ser registrado no Ativo Imobilizado para posterior depreciação, pois pode ser computado diretamente como custo da produção ou despesa operacional, conforme o caso. Isto se aplica aos seguintes casos (art. 301 do RIR/1999):

a) bens cujo prazo de vida útil não ultrapasse o período de um ano (sem limite de valor de aquisição);

b) bens cujo custo unitário de aquisição não seja superior a R$ 1.200,00, mesmo que o prazo de vida útil seja superior a um ano. Isto não se aplica, todavia a:

   b.1) bens que, unitariamente considerados, não tenham condições de prestar utilidade à empresa adquirente (por exemplo: materiais de construção - PN CST nº 100/1978);

   b.2) bens utilizados na exploração de atividade que requeira o emprego concomitante de um conjunto desses bens, tais como (PN CST nº 20/1980):

   - engradados, vasilhames e barris utilizados por empresas distribuidoras de águas minerais, refrigerantes, cervejas e chopes;
   - cadeiras utilizadas por empresas de diversões públicas em cinemas e teatros;
   - botijões de gás usados por distribuidoras de gás liquefeito de petróleo;
   - filmes de videocassete, CD e roupas adquiridos por empresas que exploram a atividade de locação desses bens (Decisão nº 289/1997 da SRRF da 7ª RF; e Decisão nº 9/98 da SRRF da 1ª RF);

c) formas para calçados, facas e matrizes (moldes) para confecção de partes de calçados, utilizadas pelas indústrias calçadistas (IN SRF nº 104/1987);

d) louças e guarnições de cama, mesa e banho utilizadas por empresas que exploram serviços de hotelaria, restaurantes e atividades similares (IN SRF nº 122/1989)[3].

3 Com referência a louças e guarnições de cama, mesa e banho utilizadas por empresas que exploram serviços de hotelaria, restaurantes e atividades similares, registramos que, de

6. TAXA ANUAL DE DEPRECIAÇÃO

De acordo com o art. 310 do RIR/1999, a taxa anual de depreciação é fixada em função do prazo durante o qual se possa esperar a utilização econômica do bem pela empresa, na produção de seus rendimentos.

O parágrafo único do mesmo art. 310 do RIR/1999 estabelece que à Secretaria da Receita Federal compete publicar, periodicamente, o prazo de vida útil admissível, em condições normais ou médias, para cada espécie de bem.

A IN SRF nº 1700/2017 trouxe o anexo com uma relação de bens, com os respectivos prazos de vida útil e taxas de depreciação admissíveis. Veja apêndice ao final deste livro, o anexo III.

6.1 Relação de taxas de depreciação baixadas pela Receita Federal

Vimos anteriormente, que a taxa anual de depreciação será fixada em função do prazo durante o qual se possa esperar a utilização econômica do bem pelo contribuinte, na produção dos seus rendimentos. Tal disposição foi reiterada pela IN RFB nº 1700, em seu art. 124.

Adicionalmente, o § 1º do mesmo artigo estabelece que o prazo de vida útil admissível para o bem é aquele estabelecido em seu Anexo III. Referido anexo consta como anexo III no apêndice ao final deste livro.

6.2 Utilização, pela empresa, de taxas de depreciação diferentes das baixadas pelo Fisco

O § 1º do art. 310 do RIR/1999 assegura à empresa o direito de computar a quota efetivamente adequada às condições de depreciação de seus bens, mediante utilização de taxas diferentes das fixadas pela Receita Federal, desde que faça prova dessa adequação. Nota-se que a prova só é exigida se a empresa, efetivamente, optar por adotar taxa diferente da determinada pelo Fisco.

Por seu turno, o § 2º do mesmo art. 310 estabelece que, no caso de dúvida, a empresa (ou o agente da fiscalização) pode pedir perícia do Instituto Nacional de Tecnologia, ou de outra entidade oficial de pesquisa científica ou tecnológica. Prevalecerão os prazos de vida útil recomendados por essas instituições, enquanto não forem alterados por decisão administrativa superior ou por sentença judicial, baseadas, igualmente, em laudo técnico idôneo.

---

acordo com a Decisão nº 94/97 da SRRF da 1ª RF (Distrito Federal, Goiás, Tocantins, Mato Grosso e Mato Grosso do Sul), a permissão para apropriar imediatamente como despesa não alcança o custo de aquisição de talheres e bandejas de aço inoxidável. Nesse mesmo sentido, há também decisão do 1º Conselho de Contribuintes (Acórdão nº 105-6.912/92, da 5ª Câmara) que concluiu que peças de aço inox não constituem guarnições de mesa.

Tal disposição foi reiterada pela IN RFB nº 1700/2017, art. 124)

Hoje, tem sido comum a utilização de taxas diferentes, tendo em vista a exigência da lei contábil nesse sentido. Desta forma, a IN RFB nº 1700;/2017, em seu art. 124, §§ 3º e 4º estabelece que:

- Caso a quota de depreciação registrada na contabilidade do contribuinte seja menor do que aquela admitida (calculada com base no anexo III do subitem 6.1) a diferença poderá ser excluída do lucro líquido na apuração do lucro real com registro na Parte B do e-Lalur do valor excluído, observando-se o disposto no § 3º do art. 121.
- a partir do período de apuração em que o montante acumulado das quotas de depreciação computado na determinação do lucro real atingir o custo de aquisição do bem, o valor da depreciação, registrado na escrituração comercial, deverá ser adicionado ao lucro líquido para efeito de determinação do lucro real e do resultado ajustado com a respectiva baixa na parte B do e-Lalur.

Nota

Observa-se que a utilização de quota de depreciação inferior àquela admitida pelo Fisco não se confunde com o não reconhecimento da depreciação. Sobre o assunto, o § 6º do art. 121 da IN RFB nº 1700/2017 estabelece que se o contribuinte deixar de deduzir a depreciação de um bem depreciável do Ativo Imobilizado em determinado período de apuração, não poderá fazê-lo acumuladamente fora do período em que ocorreu a utilização desse bem, tampouco os valores não deduzidos poderão ser recuperados posteriormente mediante utilização de taxas superiores às máximas permitidas.

6.3 Taxas de depreciação para bens adquiridos usados

É importante salientar que as taxas indicadas no subitem 5.1 são para bens adquiridos novos.

Tratando-se de bens adquiridos usados, o prazo de vida útil admissível para fins de depreciação é o maior entre os seguintes (RIR/1999, art. 311):

a) metade da vida útil admissível para o bem adquirido novo;

b) restante de vida útil do bem, considerada em relação à primeira instalação para utilização.

6.4 Bens utilizados na exploração mineral ou florestal

No caso de bens aplicados exclusivamente na exploração de minas, jazidas e florestas, cujo período de exploração total seja inferior ao tempo de vida útil desses bens, a quota de depreciação poderá ser determinada, opcionalmente, em função do prazo de concessão ou do contrato de exploração ou, ainda, em função do volume da produção de cada ano e sua relação com a possança conhecida da mina ou dimensão da floresta explorada (RIR/1999, art. 309, § 3º).

6.5 Conjunto de instalações ou equipamentos

Quando o registro do imobilizado for feito por conjunto de instalação ou equipamentos, sem especificação suficiente para permitir aplicar as diferentes taxas de depreciação de acordo com a natureza do bem, e o contribuinte não tiver elementos para justificar as taxas médias adotadas para o conjunto, será obrigatória a utilização das taxas aplicáveis aos bens de maior vida útil que integrem o conjunto (RIR/1999, art. 310, § 3º).

6.6 Depreciação acelerada contábil

Em relação aos bens móveis, poderão ser adotados, em função do número de horas diárias de operação, os seguintes coeficientes de depreciação acelerada (RIR/1999, art. 312):

a) dois turnos de oito horas 1,5;

b) três turnos de oito horas 2,0.

Se, portanto, determinada máquina sujeita à depreciação pela taxa de 10% ao ano operar regularmente 16 horas por dia, poderá ser depreciado à taxa de 15% ao ano (10% X 1,5). E, se operar regularmente 24 horas por dia, poderá ser aplicada a taxa de 20% ao ano (10% X 2,0).

Cabe observar que o encargo calculado com base nas taxas assim majoradas (em função de operação em mais de um turno diário de oito horas) deverá ser integralmente registrado na escrituração contábil, ou seja, não se cogita, aqui, de aproveitamento da depreciação via Lalur, o que ocorre no caso de depreciação acelerada a título de incentivo fiscal, nas hipóteses previstas em lei (veja item 11 deste capítulo).

6.6.1 Comprovação que pode vir a ser solicitada pelo Fisco

Em respostas a questões do "Perguntas e Respostas Pessoa Jurídica 2017" (questões VIII/58 e 60), disponibilizado pela Receita Federal em seu *site*, esclarece-se que:

a) embora não seja exigida autorização prévia para a adoção das taxas majoradas de depreciação mencionadas no subitem 6.6, o contribuinte poderá ser solicitado, a qualquer tempo, a justificar convenientemente tal procedimento perante a fiscalização, sob pena de ver glosado o excesso em relação à taxa normal;

b) a comprovação, que deve reportar-se ao período em que foi utilizado o coeficiente de depreciação acelerada, deverá demonstrar que, efetivamente, determinado bem esteve em operação por dois ou três turnos de 8 horas, conforme o caso, dependendo, exclusivamente, do tipo de atividade exercida pelo contribuinte.

c) como elementos de prova, visando a convencer a autoridade fiscal de sua adequada utilização, poderão ser apresentados, entre outros:

 c.1) folha de pagamento relativa a 2 ou 3 operadores diários para um mesmo equipamento que necessite de um único operador durante o período de 8 horas;

 c.2) produção condizente com o número de horas de operação do equipamento;

 c.3) consumo de energia elétrica condizente com o regime de horas de operação, etc.

Notas

1) Os hotéis e pousadas que adotarem, em relação aos bens móveis registrados em conta do Ativo Imobilizado, os coeficientes de depreciação acelerada contábil deverão comprovar o número de horas efetivas de utilização dos bens;

2) Na impossibilidade de comprovação do número de horas diárias de operação dos bens intrinsecamente relacionados com a atividade, a utilização dos coeficientes de aceleração poderá ser efetuada na proporção da taxa média mensal de ocupação da capacidade de hospedagem;

3) Para a utilização dos coeficientes, deve ser comprovada a taxa de ocupação de sua capacidade de hospedagem.

(Perguntas e Respostas IRPJ 2017 – Questão VIII/060)

7. PERIODICIDADE NA CONTABILIZAÇÃO

Sob o aspecto contábil, registrar a depreciação mensalmente é o procedimento mais adequado. É uma forma de contribuir para que a contabilidade gere demonstrativos completos e aptos a auxiliar a administração da empresa na tomada de decisões.

De outro lado, para efeitos fiscais, é necessária, no mínimo, a observância da periodicidade de registro da depreciação a seguir explanada.

Nas empresas industriais, a manutenção de sistema de contabilidade de custos integrado e coordenado com o restante da escrituração exige que os encargos de depreciação dos bens empregados na produção sejam contabilizados mensalmente.

Quanto às demais pessoas jurídicas não enquadradas nessa hipótese:

a) se submetidas à apuração trimestral do lucro real, poderão contabilizar o encargo mensalmente ou no encerramento de cada trimestre de apuração do lucro real;

b) se optantes pelo pagamento mensal do Imposto de Renda por estimativa, poderão contabilizar o encargo:

b.1) mensalmente;

b.2) no encerramento do período de apuração do lucro real (em 31 de dezembro) ou, é claro, por ocasião de eventual incorporação, fusão, cisão ou encerramento de atividades; ou, ainda,

b.3) por ocasião do levantamento de balanços ou balancetes de suspensão ou redução do pagamento do imposto mensal, caso adote tal procedimento ao longo do ano.

8. CÁLCULO DA DEPRECIAÇÃO

A quota de depreciação registrável na escrituração como custo ou despesa operacional é determinada mediante a aplicação da taxa anual de depreciação sobre o custo de aquisição dos bens depreciáveis (RIR/1999, art. 309), observados os seguintes procedimentos:

a) a taxa anual de depreciação deve ser aplicada sobre o valor dos bens em reais (se o bem foi adquirido até 31.12.1995, seu valor estará atualizado monetariamente até essa data)[4];

b) se for o caso, a quota anual deve ser ajustada, proporcionalmente ao período a que se referir o encargo a contabilizar, adotando-se os seguintes procedimentos:

b.1) dividindo-a por doze, se o encargo é apropriado mensalmente;

4 A última correção monetária do balanço foi efetuada em 31.12.1995. A partir de 1º.01.1996, em decorrência da revogação da correção (Lei nº 9.249/1995, art. 4º), as quotas de depreciação passaram a ser calculadas diretamente em reais.

b.2) dividindo-a por doze e multiplicando o resultado pelo número de meses a que se referir o encargo, no caso de:
- período de apuração superior a um mês e inferior a doze meses; ou
- bem adquirido ou baixado durante o período de apropriação do encargo.

Observe-se que não é necessário ajustar a taxa de depreciação para bens postos em funcionamento ou baixados no decorrer do mês. Nesses casos, considera-se o mês inteiro do (RIR/1999, art. 309, § 2º).

8.1 Cuidados a serem tomados

Como procedimento prévio ao cálculo da depreciação, é fundamental checar se há bens totalmente depreciados registrados em determinada conta.

Outro aspecto: podem existir bens que já foram depreciados, até o último balanço, em montante que já não admite mais a utilização integral da taxa anual. Nesse caso, a taxa deverá ser ajustada ao saldo a ser depreciado.

É por isso, e também para facilitar o cálculo da depreciação a contabilizar, que se recomenda a utilização de mapa de controle, o qual também servirá para demonstrar à fiscalização (quando solicitado) que o total da depreciação acumulada não ultrapassa o valor do custo de aquisição dos bens.

8.2 Exemplo

Suponhamos os seguintes dados:

Conta: Móveis e Utensílios

saldo de abertura em 1º.01.2016:	R$ 250.000,00
aquisição em julho/2016:	R$ 55.000,00
saldo em 31.12.2016:	R$ 305.000,00

Conta: Depreciação Acumulada de Móveis e Utensílios

saldo de abertura em 1º.01.2016	R$ 83.919,00

Imaginemos que os saldos de abertura de R$ 250.000,00 e R$ 83.919,00 desdobrem-se, por ano de aquisição dos bens, assim:

Conta: Móveis e Utensílios

Móveis adquiridos em 2011:	R$ 180.000,00
Móveis adquiridos em 2015:	R$ 70.000,00

Conta: Depreciação Acumulada de Móveis e Utensílios

Depreciação de móveis adquiridos em 2011:R$ 81.000,00

Depreciação de móveis adquiridos em 2015:R$ 2.919,00

Nesse caso, o cálculo dos encargos relativos ao ano de 2006 (pela taxa anual de 10%) será assim efetuado (desdobradamente, por ano de aquisição):

a) móveis adquiridos em 2011:	
quota anual: 10% de R$ 180.000,00	R$ 18.000,00
duodécimo: R$ 18.000,00 ÷ 12	R$ 1.500,00
b) móveis adquiridos em 2015:	
quota anual: 10% de R$ 70.000,00	R$ 7.000,00
duodécimo: R$ 7.000,00 ÷ 12	R$ 583,33
c) móveis adquiridos em 2006:	
quota anual: 10% de R$ 55.000,00	R$ 5.500,00
duodécimo: R$ 5.500,00 ÷ 12	R$ 458,33
valor do encargo em 31.12.2016[5]	R$ 2.750,00

9. DEPRECIAÇÃO DE BENS REAVALIADOS

De acordo com o art. 434 do RIR/1999, se a empresa efetua reavaliação de bens com base em laudo nos termos do art. 8º da Lei nº 6.404/1976 (subscrito por três peritos ou por empresa especializada), é autorizado o diferimento da tributação da reavaliação contabilizada. Mas, para tanto, a contrapartida do aumento do valor dos bens deve ser registrada em conta de reserva de reavaliação (art. 434 do RIR/1999).

Nos termos dos arts. 4º e 12 da Lei nº 9.959/2000, a contrapartida da reavaliação de quaisquer bens somente poderá ser computada em conta de resultado ou na determinação do lucro real e da base de cálculo da Contribuição Social sobre o Lucro quando ocorrer a efetiva realização do bem reavaliado.

A realização do bem ocorre pela sua alienação ou baixa a qualquer título, inclusive por depreciação, amortização ou exaustão.

Portanto, como a depreciação é uma das formas de realização do bem, sempre que forem registrados encargos de depreciação correspondente a

5 Esse será o valor total da depreciação do bem no ano, porque se trata de bem adquirido durante o período. Tal valor será registrado diretamente, caso a empresa não aproprie os duodécimos mensais da depreciação (ou seja, contabilize o encargo total em 31.12.2006). No cálculo, dividimos a quota anual por 12 e multiplicamos em seguida por 6 (julho a dezembro).

bem reavaliado deverá ser computada na determinação do lucro real parcela proporcional da reserva de reavaliação.

Tal procedimento tem por finalidade a anular, para efeitos fiscais, o registro do encargo calculado sobre o valor acrescido pela reavaliação (RIR/1999, art. 435, II).

10. BENS TOTALMENTE DEPRECIADOS

A pessoa jurídica não pode efetuar a baixa contábil de determinado bem só porque sua depreciação acumulada atingiu 100% do custo. Tal procedimento não é admitido mesmo que o bem se tenha tornado imprestável para a finalidade a que se destinava.

A baixa contábil só pode ser efetuada quando o bem for, de fato, baixado fisicamente, ou seja, quando ele sair, definitivamente, do patrimônio da empresa (PN CST nº 146/75). Portanto, enquanto não ocorrer a baixa física do bem, permanecerão registrados na escrituração o custo de aquisição e a respectiva depreciação acumulada. É claro que, neste caso, o seu valor contábil (custo menos depreciação acumulada) corresponderá a zero.

A respeito da baixa, cabe ainda salientar que:

a) de acordo com o PN CST nº 146/75, embora a lei não imponha formalidade especial para a eliminação do Ativo, em qualquer caso fica o contribuinte sujeito a comprovar, pela forma estabelecida nas leis comerciais e fiscais, o ato ou fato econômico que serviu de base aos lançamentos contábeis efetuados;
b) a baixa física de um bem do Ativo Imobilizado decorre, em geral da sua venda, ainda que como sucata, caso em que a Nota Fiscal de Venda será o documento hábil a comprovar a baixa física e lastrear a baixa contábil;
c) se o bem estiver totalmente depreciado, todo o valor obtido na sua venda constituirá ganho de capital tributável.

Para finalizar, alertamos que, embora devam permanecer registrados no Ativo Imobilizado, é evidente que os bens cuja depreciação acumulada já atingiu 100% do custo corrigido não poderão mais ser objeto de cálculo de quotas de depreciação (§ 3º do art. 305 do RIR/1999).

11. DEPRECIAÇÃO ACELERADA INCENTIVADA

Em muitos casos, a legislação se utiliza da chamada "depreciação acelerada incentivada" de bens do Ativo Imobilizado para incentivar a implantação, renovação ou modernização de equipamentos de produção em determinados setores cujo incremento interesse à economia do País.

A depreciação acelerada incentivada promove a antecipação, para fins fiscais, da depreciação dos bens por ela beneficiados. Trata-se, portanto, de efetivo benefício concedido pela legislação (e somente nos casos expressamente nela previstos), o qual, por óbvio, só pode ser usufruído por empresas tributadas com base no lucro real.

Saliente-se que, salvo autorização expressa em lei, o benefício fiscal de depreciação acelerada incentivada não pode ser usufruído cumulativamente com outros idênticos, exceto a depreciação acelerada contábil, em função dos turnos de trabalho, a que nos referimos no subitem 6.6 deste capítulo (RIR/1999, art. 313, § 5º).

11.1 Hipóteses previstas na legislação

Seguem, a título ilustrativo, algumas das várias hipóteses de depreciação acelerada previstas na legislação de regência.

11.1.1 Bens adquiridos por empresas rurais

Os bens do Ativo Permanente Imobilizado (hoje, pertencente ao grupo "não circulante", no Ativo), exceto a terra nua, adquiridos por pessoa jurídica que explore a atividade rural, para uso nessa atividade, podem ser depreciados integralmente no próprio ano da aquisição (MP nº 2.159-70/2001, art. 6º; e RIR/1999, art. 314), observados os critérios definidos pela IN RFB nº 1700/2017.

Essa IN, em seu art. 260, dispõe que:

1) O encargo de depreciação dos bens, calculado à taxa normal, será registrado na escrituração comercial, e o seu complemento para atingir o valor integral do bem constituirá exclusão para fins de determinação das bases de cálculo do IRPJ e da CSLL correspondentes à atividade rural.

2) O valor a ser excluído, correspondente à atividade rural, será igual à diferença entre o custo de aquisição do bem do ativo imobilizado destinado à atividade rural e o respectivo encargo de depreciação normal escriturado durante o período de apuração, e deverá ser controlado na parte B do e-Lalur e do e-Lacs.

3) A partir do período de apuração seguinte ao da aquisição do bem, o encargo de depreciação normal que vier a ser registrado na escrituração comercial deverá ser adicionado ao resultado líquido correspondente à atividade rural,

efetuando-se a baixa do respectivo valor no saldo da depreciação incentivada controlado na parte B do e-Lalur e do e-Lacs.

4) O total da depreciação acumulada, incluindo a normal e a complementar, não poderá ultrapassar o custo de aquisição do bem.

5) No caso de alienação dos bens, o saldo da depreciação complementar existente na parte B do e-Lalur e do e-Lacs será adicionado ao resultado líquido da atividade rural no período de apuração da alienação.

6) Não fará jus ao benefício de que trata este artigo a pessoa jurídica rural que direcionar a utilização do bem exclusivamente para outras atividades estranhas à atividade rural própria.

7) No período de apuração em que o bem, já totalmente depreciado em virtude da depreciação incentivada, for desviado exclusivamente para outras atividades, deverá ser adicionado ao resultado líquido da atividade rural o saldo da depreciação complementar existente na parte B do e-Lalur e do e-Lacs.

8) Retornando o bem a ser utilizado na produção rural própria da pessoa jurídica, esta poderá voltar a fazer jus ao benefício da depreciação incentivada, excluindo do resultado líquido da atividade rural no período a diferença entre o custo de aquisição do bem e a depreciação acumulada até a época, fazendo os devidos registros na parte B do e-Lalur e do e-Lacs.

Por seu turno, o art. 261 da mesma IN dispõe que a pessoa jurídica rural que retornar à tributação com base no lucro real deverá adicionar o encargo de depreciação normal registrado na escrituração comercial, relativo a bens já totalmente depreciados conforme explanado neste subitem, ao resultado líquido do período de apuração, para determinação do lucro real e do resultado ajustado da atividade rural, efetuando a baixa do respectivo valor no saldo da depreciação incentivada controlado na parte B do e-Lalur e do e-Lacs[6].

11.1.2 Máquinas e equipamentos industriais adquiridos no período de 12.06.1991 a 31.12.1993

É permitida a depreciação acelerada, mediante aplicação do dobro da taxa usualmente admitida, sem prejuízo da depreciação normal, de máquinas, equipamentos, aparelhos e instrumentos novos, destinados ao uso na produção industrial, incorporados ao Ativo Imobilizado da adquirente no período de 12.06.91 a 31.12.93 e utilizados no seu processo de produção (art. 315 do RIR/1999).

De acordo com a Portaria MEFP nº 596/1991, os bens objeto dessa depreciação acelerada são os relacionados no Decreto nº 151/1991.

---

6 A respeito da utilização do benefício aqui mencionado para fins de determinação da base de cálculo da Contribuição Social sobre Lucro, veja subitem 11.4 adiante.

11.1.3 Máquinas e equipamentos industriais adquiridos no período de 1º.01.1992 a 31.12.1994

A legislação consolidada no art. 316 do RIR/1999 autorizou a depreciação, em vinte e quatro meses, do custo de aquisição ou construção de máquinas e equipamentos adquiridos novos ou construídos pela própria usuária no período de 1º.01.1992 a 31.12.1994, utilizados em processo industrial da adquirente ou que tenham sido objeto de contratos de arrendamento mercantil (*leasing*).

Depreciar um bem em vinte e quatro meses significa utilizar uma taxa anual de depreciação acelerada que, somada à taxa anual de depreciação normal (de acordo com o prazo estimado de vida útil do bem), atinja 50%.

No caso de bens objeto de contratos de arrendamento mercantil (leasing), o benefício é da empresa arrendadora e restringe-se a bens destinados à utilização em processo de produção industrial pela arrendatária (PN CST nº 7/1992).

11.1.4 Equipamentos Emissores de Cupom Fiscal adquiridos em 1995

As pessoas jurídicas que exploram atividade comercial de vendas de produtos e serviços foram autorizadas a promover a depreciação acelerada dos equipamentos Emissores de Cupom Fiscal (ECF) novos, adquiridos no período compreendido entre 1º.01.1995 e 31.12.1995, observado o seguinte (art. 103 da Lei nº 8.981/1995, incorporado ao art. 317 do RIR/1999):

a) a depreciação acelerada foi calculada pela aplicação da taxa de depreciação usualmente admitida, sem prejuízo da depreciação normal;

b) o total acumulado da depreciação, inclusive a normal, não poderia ultrapassar o custo de aquisição do bem;

c) esse benefício somente se aplicava aos equipamentos:

   c.1) que identifiquem no cupom fiscal emitido os produtos ou serviços vendidos; e

   c.2) cuja utilização tenha sido autorizada pelo órgão competente dos Estados, do Distrito Federal ou dos Municípios.

11.1.5 Incentivos à inovação tecnológica

A Lei nº 11.196/2005 (com regulamentação pelos Decretos nºs 5.798/2006 e 6.909/2009) instituiu, em seus arts. 17 a 26, uma série de incentivos à inovação tecnológica, com vigência a partir de 1º.01.2006. Entre eles, figuram os seguintes:

a) autorização (art. 17, III) depreciação integral, no próprio ano da aquisição, de máquinas, equipamentos, aparelhos e instrumentos, novos, destinados à utilização nas atividades de pesquisa tecnológica e desenvolvimento de inovação tecnológica, para efeito de apuração do IRPJ e da CSLL;

b) permissão para que os valores relativos aos dispêndios incorridos em instalações fixas e na aquisição de aparelhos, máquinas e equipamentos, destinados à utilização em projetos de pesquisa e desenvolvimento tecnológico, metrologia, normalização técnica e avaliação da conformidade, aplicáveis a produtos, processos, sistemas e pessoal, procedimentos de autorização de registros, licenças, homologações e suas formas correlatas, bem como relativos a procedimentos de proteção de propriedade intelectual, sejam depreciados (ou amortizados) na forma da legislação vigente, podendo o saldo não depreciado (ou não amortizado) ser excluído na determinação do lucro real, no período de apuração em que for concluída sua utilização, observado que (art. 20):

   b.1) o valor do saldo assim excluído (no período de apuração em que concluída a utilização) deverá ser controlado na Parte "B" do Lalur e será adicionado, na determinação do lucro real, em cada período de apuração posterior, pelo valor da depreciação (ou amortização) normal que venha a ser contabilizada como despesa operacional;

   b.2) a pessoa jurídica beneficiária da depreciação acelerada mencionada em "a" não poderá utilizar-se do benefício indicado em "b", relativamente aos mesmos Ativos.

11.1.6 Incentivos às microrregiões da ADA (Sudam) e Adene (Sudene)

Nos termos do art. 31 da Lei nº 11.196/2005 (e observada a disciplina do Decreto nº 5.988/2006), para bens adquiridos a partir de 1º de janeiro de 2006 e até 31 de dezembro de 2018, as pessoas jurídicas que tenham projeto aprovado para instalação, ampliação, modernização ou diversificação enquadrado em setores da economia considerados prioritários para o desenvolvimento regional, em microrregiões menos desenvolvidas localizadas nas áreas de atuação das extintas Sudene e Sudam[7], que sejam beneficiárias da redução de 75% do IRPJ e adicionais, calculados com base no lucro da exploração (MP nº 2.199-14/2001, art. 1º), terão direito à depreciação acelerada incentivada.

As microrregiões alcançadas bem como os limites e condições para fruição do benefício serão definidos em regulamento.

---

7 A ADA e a Adene foram extintas pelas Leis Complementares nºs 124 e 125/2007 (respectivamente), que "recriaram" a Sudam e a Sudene.

A depreciação acelerada incentivada aqui mencionada consiste na depreciação integral, no próprio ano da aquisição ou até o 4º (quarto) ano subsequente à aquisição.

A quota de depreciação acelerada, correspondente ao benefício, constituirá exclusão do lucro líquido para fins de determinação do lucro real e será escriturada no Lalur.

O total da depreciação acumulada, incluindo a normal e a acelerada, não poderá ultrapassar o custo de aquisição do bem. Assim, a partir do período de apuração em que for atingido esse limite, o valor da depreciação normal, registrado na escrituração comercial, deverá ser adicionado ao lucro líquido para efeito de determinação do lucro real.

Acrescente-se que, salvo autorização expressa em lei, os benefícios fiscais às microrregiões da ADA/Sudam e Adene/Sudene não podem ser usufruídos cumulativamente com outros de mesma natureza.

11.1.7 Bens de empresas geradoras de energia elétrica

A Lei nº 11.196/2005, em seu art. 37 (vigente desde 1º.12.2005), trouxe autorização específica sobre a depreciação de bens do Ativo Imobilizado por empresas concessionárias, permissionárias e autorizadas de geração de energia elétrica.

De acordo com o caput desse dispositivo legal, a diferença entre o valor do encargo decorrente das taxas anuais de depreciação fixadas pela SRF e o valor do encargo contabilizado decorrente das taxas anuais de depreciação fixadas pela legislação específica aplicável aos bens do Ativo Imobilizado, exceto terrenos adquiridos ou construídos por essas empresas, pode ser excluída do lucro líquido para a apuração:

- do lucro real, base de cálculo do Imposto de Renda Pessoa Jurídica; e
- da base de cálculo da Contribuição Social sobre o Lucro (CSL).

Deve ser observado que:

a) o § 1º do mencionado art. 37 estabelece um requisito e, também, um limite de tempo para a aplicabilidade do benefício, ao definir que a regra em foco se aplica somente a bens novos adquiridos ou construídos destinados a empreendimentos cuja concessão, permissão ou autorização tenha sido outorgada a partir de 22.11.2005 e até 31.12.2018

b) nos termos do § 2º do mesmo dispositivo, a diferença entre os valores dos encargos supramencionados deve ser controlada no Livro de Apuração do Lucro Real (Lalur);

c) de acordo com os §§ 3º e 4º do art. 37:

c.1) o total da depreciação acumulada, incluindo a contábil e a fiscal, não pode ultrapassar o custo do bem depreciado;

c.2) a partir do período de apuração em que for atingido esse limite, o valor da depreciação registrado na escrituração comercial deverá ser adicionado ao lucro líquido, para efeito da determinação do lucro real e da base de cálculo da CSL, com a concomitante baixa na conta de controle do Lalur;

d) o § 5º do dispositivo em tela determina que a autorização para a depreciação nos moldes aqui relatados:

d.1) produz apenas efeitos fiscais;

d.2) não altera as atribuições e competências fixadas na legislação para a atuação da Agência Nacional de Energia Elétrica (Aneel); e

d.3) não pode repercutir, direta ou indiretamente, no aumento de preços e tarifas de energia elétrica.

11.1.8 Benefício concedido na aquisição de veículos e similares para transportes de mercadorias

De acordo com a Lei nº 12.788/2013, para efeito de apuração do Imposto de Renda, as pessoas jurídicas tributadas com base no lucro real terão direito à depreciação acelerada, calculada pela aplicação da taxa de depreciação usualmente admitida multiplicada por 3 (três), sem prejuízo da depreciação contábil:

i. de veículos automóveis para transporte de mercadorias, destinados ao Ativo Imobilizado da pessoa jurídica adquirente, classificados nas posições da TIPI, a seguir relacionadas:

- 87.04.21.10 (exceto Ex 01);
- 87.04.21.20 (exceto Ex 01);
- 87.04.21.30 (exceto Ex 01);
- 87.04.21.90 (exceto Ex 01 e Ex 02);
- 87.04.22;
- 87.04.23;
- 87.04.31.10 Ex 01;
- 87.04.31.20 Ex 01;
- 87.04.31.30 Ex 01;
- 87.04.31.90 Ex 01; e
- 87.04.32.

ii. de vagões, locomotivas, locotratores e tênderes, destinados ao Ativo Imobilizado da pessoa jurídica adquirente, classificados nas posições da TIPI a seguir relacionadas:

- 86.01;
- 86.02; e
- 86.06.

Nota-se que o benefício acima somente se aplica aos bens novos, que tenham sido adquiridos ou objeto de contrato de encomenda entre 1° de setembro de 2012 e 31 de dezembro de 2012.

11.1.8.1 "Veículos" abrangidos pelo benefício

A seguir, reproduzimos a parte da TIPI que traz os bens abrangida pelo benefício:

NCM	DESCRIÇÃO	ALÍQUOTA (%)
86.01	Locomotivas e locotratores, de fonte externa de eletricidade ou de acumuladores elétricos.	
8601.10.00	- De fonte externa de eletricidade	0
8601.20.00	- De acumuladores elétricos	0
86.02	Outras locomotivas e locotratores; tênderes	
8602.10.00	- Locomotivas diesel-elétricas	0
8602.90.00	- Outros	0
86.06	Vagões para transporte de mercadorias sobre vias férreas	
8606.10.00	- Vagões-tanques e semelhantes	0
8606.30.00	- Vagões de descarga automática, exceto os da subposição 8606.10	0
8606.9	- Outros:	
8606.91.00	- Cobertos e fechados	0
8606.92.00	- Abertos, com paredes fixas de altura superior a 60 cm	0
8606.99.00	- Outros	0

NCM	DESCRIÇÃO	ALÍQUOTA (%)
87.04	Veículos automóveis para transporte de mercadorias	
8704.21.10 10	Chassis com motor e cabina	0
	0 Ex 01 - De camionetas, furgões, "pick-ups" e semelhantes	8
8704.21.20	Com caixa basculante	0
	Ex 01 - De camionetas, furgões, "pick-ups" e semelhantes	4
4 8704.21.30	Frigoríficos ou isotérmicos	0
	Ex 01 - De camionetas, furgões, "pick-ups" e semelhantes	4
8704.21.90	Outros	0
	Ex 01 - De camionetas, furgões, "pick-ups" e semelhantes	8
	Ex 02 - Carro-forte para transporte de valores	10
8704.22	- De peso em carga máxima superior a 5 toneladas, mas não superior a 20 toneladas	
8704.22.10	Chassis com motor e cabina	0
8704.22.20	Com caixa basculante	0
8704.22.30	Frigoríficos ou isotérmicos	0
8704.22.90	Outros	0
8704.23	- De peso em carga máxima superior a 20 toneladas	
8704.23.10	Chassis com motor e cabina	0
8704.23.20	Com caixa basculante	0
8704.23.30	Frigoríficos ou isotérmicos	0
8704.23.90	Outros	0
8704.3	- Outros, com motor de pistão, de ignição por centelha:	
8704.31	- De peso em carga máxima não superior a 5 toneladas	
8704.31.10	Chassis com motor e cabina	4
	Ex 01 - De caminhão	0
8704.31.20	Com caixa basculante	4
	Ex 01 - Caminhão	0

NCM	DESCRIÇÃO	ALÍQUOTA (%)
8704.31.30	Frigoríficos ou isotérmicos	4
	Ex 01 - Caminhão	0
8704.31.90	Outros	4
	Ex 01 - Caminhão	0
8704.32	- De peso em carga máxima superior a 5 toneladas	
8704.32.10	Chassis com motor e cabina	0
8704.32.20	Com caixa basculante	0
8704.32.30	Frigoríficos ou isotérmicos	0
8704.32.90	Outros	0
8704.90.00	- Outros	0

11.1.9 Pessoa jurídica que explore atividade de hotelaria

De acordo com Lei nº 11.727/2008, para efeito de apuração da base de cálculo do Imposto de Renda, a pessoa jurídica que explore a atividade de hotelaria poderá utilizar depreciação acelerada incentivada de bens móveis integrantes do Ativo Imobilizado, adquiridos a partir de 03.01.2008, até 31 de dezembro de 2010, calculada pela aplicação da taxa de depreciação admitida pela legislação tributária, sem prejuízo da depreciação contábil.

A quota de depreciação acelerada incentivada constituirá exclusão do lucro líquido para fins de determinação do lucro real e será controlada no livro fiscal de apuração do lucro real.

O total da depreciação acumulada, incluindo a contábil e a acelerada incentivada, não poderá ultrapassar o custo de aquisição do bem.

A partir do período de apuração em que for atingido o limite de 100% do bem, o valor da depreciação, registrado na contabilidade, deverá ser adicionado ao lucro líquido para efeito de determinação do lucro real.

11.1.10 Empresas industriais fabricantes de veículos e de autopeças

De acordo com o art. 11 da Lei nº 11.774/2008, para efeito de apuração do Imposto de Renda, as empresas industriais fabricantes de veículos e de autopeças terão direito à depreciação acelerada. Essa depreciação deve ser calculada pela aplicação da taxa de depreciação usualmente admitida, multiplicada por quatro, sem prejuízo da depreciação normal das máquinas, equipamentos, aparelhos e instrumentos, novos, relacionados em regulamento, adquiridos entre 01.05.2008 e 31.12.2010 (veja Decreto nº 6.701/2008), destinados ao Ativo Imobilizado e empregados em processo industrial do adquirente.

11.1.11 Pessoas jurídicas fabricantes de bens de capital

Segundo a Lei nº 11.774/2008 (art. 12), para efeito de apuração do Imposto de Renda, as pessoas jurídicas fabricantes de bens de capital, sem prejuízo da depreciação normal, terão direito à depreciação acelerada. Essa depreciação deve ser calculada pela aplicação da taxa de depreciação usualmente admitida, multiplicada por quatro, das máquinas, equipamentos, aparelhos e instrumentos, novos, adquiridos entre 01.05.2008 e 31.12.2010, destinados ao Ativo Imobilizado e empregados em processo industrial do adquirente.

Os referidos bens de capital e as máquinas, equipamentos, aparelhos e instrumentos de que trata este artigo serão relacionados em regulamento (Decreto nº 6.701, de 2008).

11.2 Utilização do Lalur

A depreciação acelerada incentivada é utilizada mediante ajuste ao lucro líquido, o que é feito na Parte "A" do Lalur (RIR/1999, art. 313, § 1º).

Isso significa que os bens em relação aos quais a empresa usufrua do benefício de depreciação acelerada incentivada são, na escrituração comercial, depreciados normalmente mediante aplicação das taxas admitidas em função do prazo estimado de sua vida útil.

Calcula-se a quota de depreciação acelerada, correspondente ao benefício, que constitui exclusão do lucro líquido na Parte "A" do Lalur para fins de apuração do lucro real, mediante aplicação da taxa admitida para essa depreciação sobre o custo de aquisição do bem.

É claro que, no caso de apuração do lucro real relativo a período inferior a doze meses, bem como na hipótese de bem acrescido ao Ativo no curso do período-base, a quota anual acelerada deve ser ajustada proporcionalmente, de acordo com o número de meses do período de apuração do lucro real ou de depreciação do bem no período. É o mesmo procedimento adotado quanto à depreciação normal.

11.2.1 Controle na Parte "B" do Lalur

Devem ser registradas na Parte "B" do Lalur, em folha própria, as parcelas da depreciação acelerada excluídas do lucro líquido na Parte "A" desse livro.

O bem estará totalmente depreciado, para efeitos fiscais, no momento em que a soma da depreciação acumulada normal, registrada na escrituração mercantil, com a depreciação acelerada incentivada, registrada no Lalur, atingir 100% do custo do bem. Mas observe que, na escrituração mercantil, como o bem é depreciado em função do seu prazo de vida útil, o encargo continuará sendo apropriado normalmente. Isso implicará que, a partir do momento em que o bem estiver totalmente depreciado para efeitos fiscais, o encargo apropriado na contabilidade deverá ser:

a) adicionado ao lucro líquido, na Parte "A" do Lalur; e

b) baixado na conta de controle, na Parte "B" do mesmo livro.

Desse modo, no período-base em que a depreciação normal registrada na escrituração mercantil atingir 100% do custo do bem, o saldo da depreciação acelerada, registrada na Parte "B" do Lalur estará zerado.

11.3 Exemplo

Admitamos que a empresa seja beneficiada por depreciação acelerada mediante aplicação, no ano da aquisição, de taxa que somada à utilizada na depreciação normal contabilizada totalize 100% do custo de aquisição do bem.

Nesse caso, as duas depreciações que podem ser registradas para esse bem (a normal, na contabilidade, e a incentivada, no Lalur) totalizam 100% do custo, no ano de aquisição.

Em outro exemplo, autorizada a depreciação de bens mediante utilização da taxa usualmente admitida multiplicada por dois, sem prejuízo da depreciação normal, se a taxa de depreciação normal, em função do prazo de vida útil do bem, for de 10% ao ano, a taxa de depreciação acelerada será de 20% ao ano. Com base nesse percentual, será determinado o valor a ser excluído no Lalur e as duas depreciações (contábil e fiscal) totalizarão 30% ao ano.

11.4 Empresas rurais - Base de cálculo da Contribuição Social sobre o Lucro

Tal como estipulado para do IRPJ (subitem 11.1.1), também para efeito da Contribuição Social sobre o Lucro, os bens do Ativo Permanente Imobilizado (hoje, pertencente ao grupo "não circulante", no Ativo), exceto a terra nua, adquiridos por pessoa jurídica rural, para uso nessa atividade, podem ser depreciados integralmente no próprio ano de aquisição.

O encargo de depreciação dos bens, calculado à taxa normal, deve ser registrado na escrituração comercial e o complemento para atingir o valor integral do bem constituirá exclusão para fins de determinação da base de cálculo da CSL correspondente à atividade rural.

O valor a ser excluído, correspondente à atividade rural, será igual à diferença entre o custo de aquisição do bem do Ativo Permanente (hoje, pertencente ao grupo "não circulante", no Ativo) destinado à atividade rural e o respectivo encargo de depreciação normal escriturado durante o período de apuração da CSL, e poderá ser controlado na Parte "B" do Lalur ou em livro específico para apuração da CSL.

A partir do período de apuração seguinte ao da aquisição do bem, o encargo de depreciação normal que vier a ser registrado na escrituração comercial deverá ser adicionado ao resultado líquido correspondente à atividade rural, efetuando-se a baixa do respectivo valor no saldo da depreciação incentivada (IN RFB nº 1700/2014, art. 260).

Alerte-se, porém, que esse benefício somente pode ser usufruído no regime de tributação pelo lucro real e não se estende às demais hipóteses de depreciação acelerada tratadas anteriormente.

Capítulo 9

Baixa de Bens do Ativo Imobilizado

1. VALORES QUE DEVEM SER BAIXADOS

No caso de baixa de bens do Ativo Imobilizado, devem ser baixados na escrituração comercial:

a) o custo de aquisição do bem e os acréscimos posteriores ao custo, a saber:

a.1) as melhorias ou reparos que tenham resultado em aumento superior a um ano do prazo de vida útil do bem;

a.2) as reavaliações do bem eventualmente efetuadas com base em laudo elaborado por três peritos ou por empresa especializada (Lei nº 6.404/1976, art. 8º) e com observância das normas consolidadas no art. 434 do RIR/1999;

Nota

Lembra-se que as reavaliações acima referidas somente puderam ser realizadas até 31.12.2007, tendo em vista a revogação do § 2º do artigo 187 da Lei nº 6.404/1976, pela Lei nº 11.638/2007. Sobre o assunto, a Solução de Consulta nº 23/2009 da 10ª Região Fiscal esclareceu, taxativamente, que "*a partir de 1º de janeiro de 2008, é vedada a reavaliação de bens do Ativo Imobilizado*".

b) a respectiva depreciação, amortização ou exaustão acumulada;

c) tratando-se de bem adquirido até 31.12.1990 (e caso a pessoa jurídica tenha sido tributada com base no lucro real no período-base de 1990):

c.1) a parcela que corresponda ao bem baixado, referente à correção monetária complementar pela diferença IPC/BTNF de 1990; e c.2) a parcela correspondente à correção especial facultativa, referida a 31.01.1991 e escriturada até 31.12.1991, se o bem baixado houver sido objeto dessa correção.

Nota-se que a simples pretensão da pessoa jurídica no sentido de alienar bens destinados a utilização na exploração do objeto social ou na manutenção das atividades da empresa não autoriza, para os efeitos fiscais, a exclusão dos elementos correspondentes registrados em contas do Ativo Permanente (hoje, pertencente ao grupo "não circulante", no Ativo), devendo a cifra respectiva continuar integrando aquele agrupamento até a alienação, baixa ou liquidação do bem (Solução de Consulta nº 80/2007)

Nota:

De acordo com o Pronunciamento Técnico CPC27, o valor contábil de um item do Ativo Imobilizado deve ser baixado por ocasião de sua alienação ou quando não há expectativa de benefícios econômicos futuros com a sua utilização ou alienação. O fato de o bem estar totalmente depreciado para fins contábeis não é motivador para sua baixa.

2 GANHO OU PERDA DE CAPITAL

O ganho ou a perda de capital na baixa de bem do Ativo Imobilizado representa a diferença (positiva ou negativa) entre[1]:

a) o preço obtido na venda do bem; e

b) o seu valor contábil (custo de aquisição, e eventuais acréscimos posteriores, diminuído pela respectiva depreciação, amortização ou exaustão acumulada). Lembre-se que, conforme dissemos anteriormente, no caso de bem (e acréscimos) anteriores a 31.12.1995, deve ser levada em conta a correção monetária até essa data.

2.1 Tratamento fiscal

Nos termos do art. 418 do RIR/1999, o ganho ou a perda de capital apurado deverá ser computado, como ganho tributável ou perda dedutível,

1 Caso a empresa mantenha escrituração contábil, o ganho ou a perda de capital será determinado via conta de resultado ("Ganhos/Perdas na Alienação do Imobilizado", por exemplo), na qual é debitado o custo de aquisição (e eventuais acréscimos) e são creditados o respectivo preço obtido na alienação e o valor da depreciação, amortização ou exaustão acumulada. O saldo representa o ganho (se credor) ou a perda (se devedor) na baixa do bem.

no resultado do período de apuração em que ocorrer a baixa. Portanto, a perda de capital é integralmente dedutível do lucro líquido na determinação do lucro real.

Há, todavia, mais um aspecto a ser considerado. De acordo com o art. 511 do RIR/1999, os prejuízos não operacionais apurados pelas pessoas jurídicas, desde 1º.01.1996, somente podem ser compensados, nos períodos-base seguintes, com lucros da mesma natureza (não operacionais), observado o limite de 30% de redução do lucro real (caput do art. 510 do RIR/1999). Consideram-se não operacionais os resultados decorrentes da alienação de bens ou direitos do Ativo Permanente (hoje, pertencente ao grupo "não circulante", no Ativo).

Esta restrição, porém, não se aplica em relação às perdas decorrentes de baixa de bens ou direitos do Ativo Permanente (hoje, pertencente ao grupo "não circulante", no Ativo) em virtude de terem se tornado imprestáveis, obsoletos ou caído em desuso, ainda que posteriormente venham a ser alienados como sucata.

2.1.1 Diferimento da tributação

Pode ser diferida a tributação do ganho apurado na baixa de bens do Ativo Imobilizado, mediante ajustes ao lucro líquido, no Livro de Apuração do Lucro Real (Lalur) nos seguintes casos (RIR/1999, arts. 421 e 422):

a) vendas de bens para recebimento do preço, no todo ou em parte, após o término do ano-calendário seguinte ao da contratação. Nesta hipótese, o ganho apurado será oferecido à tributação na proporção da parcela de preço recebida em cada período de apuração;
b) ganho de capital obtido na desapropriação de bens, desde que a pessoa jurídica:
    - b.1) transfira o ganho de capital para a reserva especial de lucros;
    - b.2) aplique, no prazo máximo de dois anos do recebimento da indenização, na aquisição de outros bens do Ativo Permanente (hoje, pertencente ao grupo "não circulante", no Ativo), importância igual ao ganho de capital;
    - b.3) discrimine, na reserva de lucros, os bens objeto da aplicação, em condições que permitam a determinação do valor realizado em cada período de apuração.

Nota

Em decisão antiga, a então Secretaria da Receita Federal havia se manifestado sobre o tema nos seguintes termos:

"MINISTÉRIO DA FAZENDA
SECRETARIA DA RECEITA FEDERAL

DECISÃO Nº 115 de 12 de novembro de 1999

ASSUNTO: Imposto sobre a Renda de Pessoa Jurídica - IRPJ

EMENTA: GANHO DE CAPITAL. REGIME DE APURAÇÃO. Para as empresas tributadas pelo lucro real, a regra geral de tributação do ganho de capital é a do regime de competência. Contudo, poder-se-á tributar o lucro na proporção do preço recebido em cada período, nas alienações dos bens do Ativo Permanente em que, no contrato, fique estipulado o recebimento do preço, no todo ou em parte, após o término do ano-calendário seguinte ao da contratação. As empresas tributadas pelo lucro presumido poderão, à sua opção, tributar o ganho de capital, bem como a receita bruta e demais receitas, pelo regime de caixa ou de competência."

2.1.2 Desapropriação para fins de reforma agrária

De acordo com o art. 423 do RIR/1999 (que apenas incorporou norma constante do § 5º do art. 184 da Constituição Federal de 1988), é isento do Imposto de Renda o ganho obtido nas operações de transferência de imóveis desapropriados para fins de reforma agrária.

2.2 Baixa de bem reavaliado - Observação sobre a reserva de reavaliação

Se o bem baixado houver sido reavaliado, com a contrapartida do aumento de seu valor lançada a crédito de conta de reserva de reavaliação, a parcela remanescente (ainda não tributada) da reserva, correspondente ao bem, deverá ser adicionada ao lucro líquido para fins de determinação do lucro real e da base de cálculo da Contribuição Social sobre o Lucro.

Deve ser observado, porém, que não cabe essa adição quando a reserva de reavaliação já houver sido integralmente tributada, por ter sido utilizada (RIR/1999, art. 435):

- para aumento do capital social (enquanto vigente esta forma de realização da reserva; há nova disciplina desde 1º.01.2000 - veja a seguir); ou

- pela total realização do bem reavaliado, mediante sua depreciação, amortização ou exaustão (art. 435 do RIR/1999).

Lembramos que, desde 1º.01.2000, de acordo com o artigo 4º da Lei nº 9.959/2000, a contrapartida da reavaliação de quaisquer bens somente é computada em conta de resultado ou na determinação do lucro real e da base de cálculo da Contribuição Social sobre o Lucro quando ocorre a efetiva realização do bem reavaliado, mediante (RIR/1999, artigo 435, II)

a) alienação sob qualquer forma;

b) depreciação, amortização ou exaustão; e

c) baixa por perecimento.

É importante lembrar que, por força das alterações promovidas na Lei nº 6.404/1976 pela Lei nº 11.638/2007, não mais é admitida a reavaliação espontânea de bens do Ativo Imobilizado. Essa vedação aplica-se a partir de 01.01.2008.

2.3 Reserva de correção especial

Caso o bem que está sendo baixado tenha sido objeto da correção especial facultativa em 31.01.1991 (RIR/1999, art. 460):

a) a parcela de seu custo correspondente à referida correção é dedutível; mas

b) a parcela da reserva especial formada em contrapartida ao registro dessa correção especial, proporcional ao valor realizado pela baixa, deve ser adicionada ao lucro líquido, para efeito de determinação do lucro real e da base de cálculo da Contribuição Social sobre o Lucro.

Importa, ainda, sublinhar que:

- a adição se impõe ainda que a reserva especial tenha sido baixada por capitalização, caso em que o valor da reserva estará sendo controlado na Parte "B" do Lalur (a capitalização da reserva especial não implica a sua realização para efeitos fiscais);
- deve ser transferido para a conta de lucros (ou prejuízos) acumulados o valor da reserva não capitalizada que seja considerado realizado pela baixa do bem.

2.4 Alterações no art. 31 do DL nº 1.598/77

A Lei nº 12.973/2014 promoveu alterações no art. 31 do DL 1.598/1977. Um dos objetivos foi o de alinhar novos grupos de contas do art. 178 da Lei nº 6.404/76 (Ativo não Circulante), isto porque a legislação fiscal anterior fazia referência ao realizável a longo prazo e o Permanente.

Também houve mudança no § 1º. Agora ficou estabelecido que na apuração do ganho de capital, o valor contábil também deve ser deduzido das perdas estimadas uma vez que estas terão tratamento de provisão,

Por fim, o § 6º estabelece que a depreciação excluída em Livro Fiscal deve ser adicionada na **apuração do imposto no período de apuração em que ocorrer a alienação ou baixa do Ativo.** Na prática, quando a empresa realizar depreciação em prazo superior ao permitido pela legislação fiscal e fizer exclusão no Lalur, esta exclusão será considerada para fins de apuração do ganho de capital.

Exemplo:

- ✓ Aquisição de veículo para transporte por: R$ 150.000.
- ✓ valor residual (valor estimado): R$ 10.000
- ✓ O veículo será utilizado por 5 anos. Portanto, depreciação contábil de: 20% ao ano
- ✓ Para fins fiscais, a depreciação deve ser feita em 4 anos. Portanto, depreciação anual de: 25% ao ano
- ✓ Valor de venda no quinto ano: R$ 14.000

Com base nesses dados, temos:

Despesa de depreciação **contábil** anual de R$ 28.000 (140.000 x 20%)

Depreciação fiscal anual de R$ 37.500 (150.000 x 25%)

Portanto, no Lalur o Fisco permite a exclusão de R$ 9.500 (R$ 37.500 – R$ 28.000) por ano, pelo prazo de 4 anos.

No quinto ano, a empresa deverá adicionar ao Lalur, a depreciação contábil do ano, no valor de R$ 28.000.

O quadro a seguir evidencia tal fato.

Período	**Deprec contábil**	**Deprec fiscal**	**Tratamento no Lalur**		**Deprec acum**
			Exclusão	**adição**	
ano 1	28.000	37.500	9.500		37.500
ano 2	28.000	37.500	9.500		75.000
ano 3	28.000	37.500	9.500		112.500
ano 4	28.000	37.500	9.500		150.000
ano 5	28.000			28.000	150.000
Total	140.000	150.000	38.000	28.000	150.000
Saldo Lalur			10.000		

Portanto, temos:

Apuração do valor contábil

VC = CA - Deprec acumulada – perdas estimadas

VC = 150.000 – 140.000

VC = 10.000

Apuração do Ganho de capital

GC = VV – VC

GC = 14.000 – 10.000

GC = 4.000

Onde:

VC = Valor contábil

CA = Custo de aquisição

VV = Valor de venda

3. BEM OBJETO DE DEPRECIAÇÃO ACELERADA

A depreciação acelerada incentivada é focalizada no capítulo que cuida da depreciação.

Fazemos aqui, todavia, um alerta importante: o saldo das quotas de depreciação acelerada incentivada, registradas na Parte "B" do Lalur (se cabível, corrigido até 31.12.1995), deve ser adicionado ao lucro líquido do período de apuração em que ocorrer a baixa do bem (RIR/1999, art. 418, § 2º).

4. PESSOAS JURÍDICAS OPTANTES PELA ESTIMATIVA MENSAL

As empresas optantes pelo pagamento mensal do Imposto de Renda e da Contribuição Social sobre o Lucro por estimativa (portanto, sujeitas a balanço anual) devem adicionar à base de cálculo do imposto e da contribuição mensal o ganho de capital apurado na alienação de bens do Ativo Permanente - hoje, pertencente ao grupo "não circulante", no Ativo - (Lei nº 9.430/1996, art. 30; e RIR/1999, art. 225).

Também para este efeito, entende-se como tal a diferença positiva verificada entre o valor da alienação e o respectivo valor contábil, nos moldes focalizados neste capítulo.

Deve ser observado, contudo, que:

a) não obstante o ganho de capital apurado na alienação deva ser incluído à base de cálculo, a eventual perda de capital (resultado negativo) não pode ser deduzida da base de cálculo mensal do IRPJ e da CSL pagos por estimativa;

b) a perda apurada em uma operação não poderá ser compensada com o ganho de capital auferido em outras operações.

É claro, contudo, que, em qualquer caso, a perda de capital será integralmente considerada:

- no lucro real anual definitivo (balanço anual); ou
- nos balanços ou balancetes de redução ou suspensão da estimativa (caso a empresa opte por fazê-lo).

5. LUCRO PRESUMIDO OU ARBITRADO

As empresas tributadas com base no lucro presumido ou arbitrado ficam obrigadas a adicionar à base de cálculo trimestral do Imposto de Renda e da Contribuição Social sobre o Lucro o ganho de capital apurado na alienação de bens do Ativo Permanente - hoje, pertencente ao grupo "não circulante", no Ativo - (Lei nº 9.430/1996, art. 29; e RIR/1999, arts. 521 e 536).

Igualmente nesta hipótese, entende-se como tal a diferença positiva verificada entre o valor da alienação e o respectivo valor contábil, nos moldes aqui focalizados.

Importa salientar que, nestas duas modalidades de tributação:

a) o ganho de capital apurado na alienação é sempre tributável;

b) a perda de capital (resultado negativo) não pode ser deduzida da base de cálculo do imposto e da contribuição devidos por essas empresas;

c) a perda apurada em uma operação não poderá ser compensada com o ganho de capital apurado em outras operações.

Verifica-se, portanto, que os ganhos de capital são sempre tributados; as perdas nunca são consideradas. Este, entre outros vários fatores, é algo a ser considerado antes de uma eventual opção pelo lucro presumido.

Mais um alerta: de acordo com o art. 52 da Lei nº 9.430/1996, na apuração de ganho de capital de pessoa jurídica tributada pelo lucro presumido ou arbitrado, os valores acrescidos em virtude de reavaliação[2] somente poderão ser computados como parte integrante dos custos de aquisição dos bens e direitos se a empresa comprovar que os valores acrescidos foram computados na determinação da base de cálculo do Imposto de Renda.

2 Reiteramos que, por força das alterações promovidas na Lei nº 6.404/1976 pela Lei nº 11.638/2007, não mais é admitida a reavaliação espontânea de bens do Ativo Imobilizado. Essa vedação aplica-se a partir de 01.01.2008.

Nota

Por meio da Solução de Consulta nº 71, de 25 de abril de 2003, o Fisco esclareceu que o recebimento de determinada receita de prestação de serviços, em títulos, proveniente de obrigação contratualmente estabelecida, deve ser computado na determinação da base de cálculo da CSLL por ocasião do faturamento (emissão da nota fiscal de serviços), sendo vedado qualquer diferimento, ainda que haja a opção pelo regime de caixa.

5.1 Custo de empréstimos - Lucro Presumido e Arbitrado – Lei nº 12.973/2014

É vedado, para fins de determinação do ganho de capital, o cômputo de qualquer parcela a título de encargos associados a empréstimos, registrados como custo na forma da alínea "b" do § 1º do art. 17 do Decreto-lei nº 1.598, de 1977. Referidos encargos são os juros e outros encargos, associados a empréstimos contraídos, especificamente ou não, para financiar a aquisição, construção ou produção de bens classificados como estoques de longa maturação, propriedade para investimentos, Ativo Imobilizado ou Ativo intangível; podem ser registrados como custo do Ativo, desde que incorridos até o momento em que os referidos bens estejam prontos para seu uso ou venda.

6. PESSOAS JURÍDICAS OPTANTES PELO SIMPLES NACIONAL

Se a empresa for optante pelo Simples Nacional, deve ficar atenta para o fato de que o Imposto de Renda relativo aos ganhos de capital obtidos na alienação de Ativos não está englobado no pagamento mensal.

Isso significa que, se a ME ou a EPP inscrita no Simples alienar bens de seu Ativo e apurar ganho de capital, fica obrigada a calcular e pagar separadamente o Imposto de Renda.

Segundo as regras do Simples Nacional:

a) a tributação do ganho de capital será definitiva mediante a incidência da alíquota de 15% (quinze por cento) sobre a diferença positiva entre o valor de alienação e o custo de aquisição diminuído da depreciação, amortização ou exaustão acumulada, ainda que a microempresa e a empresa de pequeno porte não mantenham escrituração contábil desses lançamentos (a alíquota pode ser maior – veja detalhes em capítulo sobre o Simples Nacional, neste livro);

b) a ME ou a EPP optante pelo Simples Nacional que não mantiver escrituração contábil deverá comprovar, mediante documentação hábil e idônea, o valor e data de aquisição do bem ou direito e demonstrar o cálculo da depreciação, amortização ou exaustão acumulada;

c) na apuração de ganho de capital, os valores acrescidos em virtude de reavaliação somente poderão ser computados como parte integrante dos custos de aquisição dos bens e direitos se a empresa comprovar que os valores acrescidos foram computados na determinação da base de cálculo do imposto;

d) O Imposto de Renda sobre o ganho de capital anteriormente comentado decorrente da alienação de Ativos, deverá ser pago até o último dia útil do mês subsequente ao da percepção dos ganhos.

Veja as regras específicas no capítulo deste livro que cuida do Simples Nacional.

7. BENS IMPRESTÁVEIS

É conveniente salientar que o bem do Ativo Imobilizado que tenha se tornado imprestável antes de decorrido o seu prazo de vida útil pela obsolescência normal ou excepcional, ou em razão de ocorrência de caso fortuito ou de força maior, somente pode ser baixado por ocasião da sua efetiva saída física do patrimônio da empresa (Parecer Normativo CST nº 146/1975).

Ocorrendo esta hipótese, se não restar ao bem nenhum valor econômico apurável, o valor contábil residual baixado será considerado dedutível, desde que seja devidamente comprovada, por meio de documentação idônea, a efetiva saída física do bem.

8. BENS SINISTRADOS

No caso de bem sinistrado, somente é dedutível a perda de capital correspondente à parcela do valor contábil residual que não esteja coberta por seguro nem seja indenizável por terceiros.

9. DEVOLUÇÃO DE CAPITAL EM BENS OU DIREITOS A PREÇO DE MERCADO

Os bens e direitos do Ativo da pessoa jurídica que forem entregues ao titular ou a sócio ou acionista, a título de devolução de sua participação no capital social, poderão ser avaliados pelo valor contábil ou de mercado.

No caso de a devolução realizar-se pelo valor de mercado, a diferença entre este e o valor contábil dos bens ou direitos entregues será considerada ganho de capital, a ser computado nos resultados da pessoa jurídica tributada com base no lucro real ou na base de cálculo do Imposto de Renda e da Contribuição

Social sobre o Lucro devidos pela pessoa jurídica tributada com base no lucro presumido ou arbitrado (Lei nº 9.249/1995, art. 22; e RIR/1999, art. 238).

10. EXEMPLO (BAIXA DE UM BEM ADQUIRIDO A PARTIR DE 1º.01.1996)

Admitamos que certa pessoa jurídica tributada com base no lucro real venda um bem de seu Ativo Imobilizado, em 31.05.2017.

Suponhamos que, relativamente a esse bem, não foram registrados acréscimos ao custo ou reavaliações.

Nota

É importante lembrar que, tendo sido o bem adquirido após 31.12.1995, também não há que se falar em qualquer atualização, em face da extinção da correção monetária das demonstrações financeiras a partir de 1º.01.1996.

Vamos aos dados hipotéticos (a empresa não mantém controle individualizado de bens):

data de aquisição: 1º.07.2013[3];

custo de aquisição: R$ 50.000,00;

porcentagem da depreciação contabilizada relativa ao bem: 35%[4];

preço de venda: R$ 38.000,00.

A) Depreciação acumulada do bem, em reais, a ser baixada

35% de R$ 50.000,00 = R$ 17.500,00

B) Apuração do ganho ou perda de capital

Preço de venda do bem	R$ 38.000,00
(-) Custo de aquisição	R$ 50.000,00
(+) Depreciação acumulada sobre o custo do bem	R$ 17.500,00
(=) Ganho de capital	R$ 5.500,00

3 Para fins da depreciação, estamos pressupondo que, a partir da data de aquisição, o bem foi instalado, posto em serviço ou em condições de produzir.

4 O bem, no exemplo, está sujeito à depreciação pela taxa de 10% ao ano. Por isso, teriam sido registrados os seguintes percentuais, desde a aquisição e início de utilização do bem, em 1º.07.2013: 5% em 2013; 10% ao ano de 2014 a 2016. A premissa é que a empresa não registra a depreciação em duodécimos mensais, ou seja, o faz somente por ocasião do levantamento do balanço anual (31 de dezembro), razão pela qual não houve registro de quotas de depreciação de janeiro a maio de 2017.

Capítulo 10

Controle por Subcontas, Ajuste a Valor Presente e Avaliação a Valor Justo

Neste capítulo, tendo como base a IN RFB nº 1700/2017, discorremos sobre os aspectos teóricos que envolvem:

- a utilização de subcontas nos registros das empresas para controlar ajustes resultantes de procedimentos contábeis não aceitos pelo Fisco; e
- a aplicação das regras do ajuste a valor presente e de avaliação a valor justo.

Os aspectos práticos que envolvem esses temas são tratados no último capítulo deste livro.

I. CONTROLE POR SUBCONTAS

É fato que o RTT foi extinto. Isso se deu por meio da Lei nº 12.973/2014. E é fato também, a referida lei está "recheada" de citações que obrigam o contribuinte a utilizar subcontas nos seus registros para controlar ajustes e torná-los rastreáveis. As regras aqui tratadas foram disciplinadas pela IN RFB nº 1700/2017, art. 89

De uma forma geral, as subcontas serão analíticas e registrarão os lançamentos contábeis em último nível.

A soma do saldo da subconta com o saldo da conta do Ativo ou Passivo a que a subconta está vinculada resultará no valor do Ativo ou Passivo mensurado de acordo com as disposições da Lei nº 6.404, de 1976.

No caso de Ativo ou Passivo representados por mais de uma conta, tais como bens depreciáveis, o controle deverá ser feito com a utilização de uma subconta para cada conta.

No caso de conta que se refira a grupo de Ativo ou Passivo, de acordo com a natureza desses, a subconta poderá se referir ao mesmo grupo de Ativo ou Passivo, desde que haja livro razão auxiliar que demonstre o detalhamento individualizado por Ativo ou Passivo.

Nos casos de subcontas vinculadas a participação societária ou a valor mobiliário que devam discriminar Ativo ou Passivo da investida ou da emitente do valor mobiliário, poderá ser utilizada uma única subconta para cada participação societária ou valor mobiliário, desde que haja livro razão auxiliar que demonstre o detalhamento individualizado por Ativo ou Passivo da investida ou da emitente do valor mobiliário.

Os livros razão auxiliar serão transmitidos ao Sistema Público de Escrituração Digital (SPED), instituído pelo Decreto nº6.022, de 22 de janeiro de 2007.

Observa-se que o controle por meio de subcontas dispensa o controle dos mesmos valores na Parte B do Lalur.

Cada subconta deve se referir a apenas uma única conta de Ativo ou Passivo, e cada conta de Ativo ou Passivo deverá se referir a mais de uma subconta caso haja fundamentos distintos para sua utilização.

II. AJUSTE A VALOR PRESENTE

1. AJUSTE A VALOR PRESENTE DE ATIVO

Os valores decorrentes do ajuste a valor presente, de que trata o inciso VIII do caput do art. 183 da Lei nº 6.404, de 1976, relativos a cada operação, somente serão considerados na determinação do lucro real no mesmo período de apuração em que a receita ou resultado da operação deva ser oferecido à tributação.

Na venda a prazo sujeita ao ajuste a valor presente, os valores decorrentes do ajuste a valor presente serão registrados a crédito em conta de juros a apropriar ou equivalente.

Caso a receita da venda deva ser classificada como receita bruta, os valores decorrentes do ajuste a valor presente deverão ser registrados a débito em conta de dedução da receita bruta, em contrapartida à conta de juros a apropriar ou equivalente.

Os valores apropriados como receita a partir da conta de juros a apropriar ou equivalente poderão ser excluídos do lucro líquido na determinação do lucro real nos períodos de apuração relativos às apropriações.

Os valores decorrentes do ajuste a valor presente serão adicionados ao lucro líquido na determinação do lucro real no período de apuração em que a receita ou resultado da venda deva ser oferecido à tributação.

As adições e exclusões serão controladas na Parte B do Lalur.

Nas demais operações sujeitas ao ajuste a valor presente, os valores decorrentes do ajuste a valor presente também serão registrados a crédito em conta de juros a apropriar ou equivalente.

Os valores apropriados como receita a partir da conta de juros a apropriar ou equivalente poderão ser excluídos do lucro líquido na determinação do lucro real nos períodos de apuração relativos às apropriações.

Os valores decorrentes do ajuste a valor presente serão adicionados ao lucro líquido na determinação do lucro real no período de apuração em que a receita ou resultado relacionado à operação deva ser oferecido à tributação.

Caso o ajuste a valor presente esteja relacionado a:

I - um outro Ativo, a adição será feita à medida que esse Ativo for realizado, inclusive mediante depreciação, amortização, exaustão, alienação ou baixa;

II - uma despesa, a adição será feita no período de apuração em que a despesa for incorrida; ou

III - um custo de produção de bens ou serviços, a adição será feita no período de apuração em que o custo for incorrido.

As adições e exclusões serão controladas na Parte B do Lalur.

2. AJUSTE A VALOR PRESENTE DE PASSIVO

Os valores decorrentes do ajuste a valor presente, de que trata o inciso III do caput do art. 184 da Lei nº 6.404, de 1976, relativos a cada operação, somente serão considerados na determinação do lucro real no período de apuração em que:

I - o bem for revendido, no caso de aquisição a prazo de bem para revenda;

II - o bem for utilizado como insumo na produção de bens ou serviços, no caso de aquisição a prazo de bem a ser utilizado como insumo na produção de bens ou serviços;

III - o Ativo for realizado, inclusive mediante depreciação, amortização, exaustão, alienação ou baixa, no caso de aquisição a prazo de Ativo não referida em I e II acima;

IV - a despesa for incorrida, no caso de aquisição a prazo de bem ou serviço contabilizado diretamente como despesa; e

V - o custo for incorrido, no caso de aquisição a prazo de bem ou serviço contabilizado diretamente como custo de produção de bens ou serviços.

Nas hipóteses previstas em I, II e III acima, os valores decorrentes do ajuste a valor presente deverão ser evidenciados contabilmente em subconta vinculada ao Ativo.

Os valores decorrentes de ajuste a valor presente não poderão ser considerados na determinação do lucro real:

i - na hipótese prevista em III acima, caso o valor realizado, inclusive mediante depreciação, amortização, exaustão, alienação ou baixa, não seja dedutível;

ii - na hipótese prevista em IV, caso a despesa não seja dedutível; e

iii - nas hipóteses previstas em I, II e III acima, caso os valores decorrentes do ajuste a valor presente não tenham sido evidenciados.

2.1 Aquisições a prazo

Na aquisição a prazo sujeita ao ajuste a valor presente, os valores decorrentes do ajuste a valor presente serão registrados a débito em conta de juros a apropriar ou equivalente.

Nas hipóteses em I, II ou III do item acima, os valores decorrentes do ajuste a valor presente serão registrados a crédito na subconta, em contrapartida à conta de juros a apropriar ou equivalente.

Os valores apropriados como despesa a partir da conta de juros a apropriar ou equivalente serão adicionados ao lucro líquido na determinação do lucro real nos períodos de apuração relativos às apropriações.

Na hipótese em I do item anterior, o valor evidenciado na subconta será baixado no período de apuração em que o bem for revendido.

Na hipótese referida em II do item anterior, o valor evidenciado na subconta será baixado no período de apuração em que o bem for utilizado como insumo na produção de bens ou serviços.

Na determinação do período de apuração em que o bem foi revendido ou utilizado como insumo na produção de bens ou serviços, caso não haja controle individual das unidades em estoque, poderá ser utilizado o método contábil denominado Primeiro que Entra, Primeiro que Sai (PEPS), independentemente de haver ou não registro permanente de estoque, ou do registro permanente ser feito com base no custo médio.

O valor da subconta baixado poderá ser excluído do lucro líquido na determinação do lucro real no período de apuração relativo à baixa.

Na hipótese prevista em III do item anterior, o valor evidenciado na subconta será baixado à medida que o Ativo for realizado, inclusive mediante depreciação, amortização, exaustão, alienação ou baixa.

No caso de Ativo depreciável, amortizável ou exaurível, em que o controle é feito com a utilização de uma subconta para cada conta, a baixa relativa à depreciação, amortização ou exaustão será feita por meio de registro a débito na subconta vinculada à conta de depreciação acumulada, amortização acumulada ou exaustão acumulada.

Caso o valor realizado do Ativo seja dedutível, o valor da subconta baixado poderá ser excluído do lucro líquido na determinação do lucro real no período de apuração relativo à baixa.

Caso o valor realizado do Ativo seja indedutível, o valor da subconta baixado não poderá ser excluído do lucro líquido na determinação do lucro real.

Na hipótese prevista em IV do item 2, caso a despesa seja dedutível, os valores decorrentes do ajuste a valor presente poderão ser excluídos do lucro líquido na determinação do lucro real no período de apuração em que a despesa for incorrida.

Na hipótese prevista em IV do item 2, caso a despesa seja indedutível, os valores decorrentes do ajuste a valor presente não poderão ser excluídos do lucro líquido na determinação do lucro real.

Na hipótese prevista em V do item 2, os valores decorrentes do ajuste a valor presente poderão ser excluídos do lucro líquido na determinação do lucro real no período de apuração em que o custo for incorrido.

As adições e exclusões relativas às hipóteses previstas em IV e V do item 2 serão controladas na Parte B do Lalur.

2.2 Outras operações sujeitas ao AVP

Nas demais operações sujeitas ao ajuste a valor presente, os valores decorrentes do ajuste a valor presente também serão registrados a débito em conta de juros a apropriar ou equivalente.

Os valores apropriados como despesa a partir da conta de juros a apropriar ou equivalente serão adicionados ao lucro líquido na determinação do lucro real nos períodos de apuração relativos às apropriações.

Caso o ajuste a valor presente esteja relacionado a um Ativo, os valores decorrentes do ajuste a valor presente serão registrados a crédito em subconta vinculada ao Ativo, em contrapartida à conta de juros a apropriar ou equivalente.

Na hipótese prevista acima, o valor evidenciado na subconta será baixado à medida que o Ativo for realizado, inclusive mediante depreciação, amortização, exaustão, alienação ou baixa.

No caso de Ativo depreciável, amortizável ou exaurível, em que o controle é feito com a utilização de uma subconta para cada conta a baixa relativa à depreciação, amortização ou exaustão será feita na subconta vinculada à conta de depreciação acumulada, amortização acumulada ou exaustão acumulada.

Caso o valor realizado do Ativo seja dedutível, o valor da subconta baixado poderá ser excluído do lucro líquido na determinação do lucro real no período de apuração relativo à baixa.

Caso o valor realizado do Ativo seja indedutível, o valor da subconta baixado não poderá ser excluído do lucro líquido na determinação do lucro real.

Caso o ajuste a valor presente esteja relacionado a uma despesa dedutível, os valores decorrentes do ajuste a valor presente poderão ser excluídos do lucro líquido na determinação do lucro real no período de apuração em que a despesa for incorrida.

Caso o ajuste a valor presente esteja relacionado a uma despesa indedutível, os valores decorrentes do ajuste a valor presente não poderão ser excluídos do lucro líquido na determinação do lucro real.

Caso o ajuste a valor presente esteja relacionado a um custo de produção de bens ou serviços, os valores decorrentes do ajuste a valor presente poderão ser excluídos do lucro líquido na determinação do lucro real no período de apuração em que o custo for incorrido.

As adições e exclusões relativas às hipóteses previstas serão controladas na Parte B do Lalur.

3. VARIAÇÃO CAMBIAL - JUROS A APROPRIAR

As variações monetárias, ativas ou passivas, em razão da taxa de câmbio referentes aos saldos de juros a apropriar decorrentes de ajuste a valor presente não serão computadas na determinação do lucro real.

III. AVALIAÇÃO A VALOR JUSTO

1. AVALIAÇÃO A VALOR JUSTO - GANHO

O ganho decorrente de avaliação de Ativo ou Passivo com base no valor justo não será computado na determinação do lucro real desde que o respectivo aumento no valor do Ativo ou redução no valor do Passivo seja evidenciado contabilmente em subconta vinculada ao Ativo ou Passivo.

O ganho evidenciado por meio da subconta será computado na determinação do lucro real à medida que o Ativo for realizado, inclusive mediante depreciação, amortização, exaustão, alienação ou baixa, ou quando o Passivo for liquidado ou baixado.

O ganho não será computado na determinação do lucro real caso o valor realizado, inclusive mediante depreciação, amortização, exaustão, alienação ou baixa, seja indedutível.

Na hipótese de não ser evidenciado por meio de subconta, o ganho será tributado.

Na hipótese acima, o ganho não poderá acarretar redução de prejuízo fiscal do período, devendo, neste caso, ser considerado em período de apuração seguinte em que exista lucro real antes do cômputo do referido ganho.

O disposto acima não se aplica aos ganhos no reconhecimento inicial de Ativos avaliados com base no valor justo decorrentes de doações recebidas de terceiros.

No caso de operações de permuta que envolvam troca de Ativo ou Passivo, o ganho decorrente da avaliação com base no valor justo poderá ser computado na determinação do lucro real na medida da realização do Ativo ou Passivo recebido na permuta, de acordo com as hipóteses previstas.

1.1 Avaliação a valor justo de ativo

A tributação do ganho decorrente de avaliação de Ativo com base no valor justo poderá ser diferida desde que o respectivo aumento no valor do Ativo seja registrado em subconta vinculada ao Ativo.

Quando da avaliação com base no valor justo, o ganho será registrado a crédito em conta de receita ou de patrimônio líquido em contrapartida à subconta vinculada ao Ativo.

O ganho poderá ser excluído do lucro líquido na determinação do lucro real no período de apuração em que for apropriado como receita.

O valor registrado na subconta será baixado à medida que o Ativo for realizado, inclusive mediante depreciação, amortização, exaustão, alienação ou baixa.

No caso de Ativo depreciável, amortizável ou exaurível, em que o controle é feito com a utilização de uma subconta para cada conta, a baixa relativa à depreciação, amortização ou exaustão será feita na subconta vinculada à conta de depreciação acumulada, amortização acumulada ou exaustão acumulada.

Caso o valor realizado do Ativo seja dedutível, o valor da subconta baixado deverá ser adicionado ao lucro líquido na determinação do lucro real no período de apuração relativo à baixa.

Caso seja indedutível, o valor realizado do Ativo, incluído o valor da subconta baixado, deverá ser adicionado ao lucro líquido na determinação do lucro real no período de apuração relativo à realização.

1.2 Avaliação a valor justo na permuta de ativos

A tributação do ganho decorrente de avaliação com base no valor justo em permuta que envolva troca de Ativos poderá ser diferida desde que a diferença entre os valores dos Ativos seja registrada em subconta vinculada ao Ativo recebido.

Quando da permuta, o ganho será registrado a crédito em conta de receita ou de patrimônio líquido em contrapartida à subconta vinculada ao Ativo recebido.

O ganho poderá ser excluído do lucro líquido na determinação do lucro real no período de apuração em que for apropriado como receita.

O valor registrado na subconta será baixado à medida que o Ativo for realizado, inclusive mediante depreciação, amortização, exaustão, alienação ou baixa.

No caso de Ativo depreciável, amortizável ou exaurível, em que o controle é feito com a utilização de uma subconta para cada conta, a baixa relativa à depreciação, amortização ou exaustão será feita na subconta vinculada à conta de depreciação acumulada, amortização acumulada ou exaustão acumulada.

Caso o valor realizado do Ativo seja dedutível, o valor da subconta baixado deverá ser adicionado ao lucro líquido na determinação do lucro real no período de apuração relativo à baixa.

Caso seja indedutível, o valor realizado do Ativo, incluído o valor da subconta baixado , deverá ser adicionado ao lucro líquido na determinação do lucro real no período de apuração relativo à realização.

Para esse fim, não se considera permuta quando o Ativo recebido for classificado em disponibilidades ou recebíveis.

1.3. Avaliação a valor justo de passivo

A tributação do ganho decorrente de avaliação de Passivo com base no valor justo poderá ser diferida desde que a respectiva redução no valor do Passivo seja registrada em subconta vinculada ao Passivo.

Quando da avaliação com base no valor justo, o ganho será registrado a crédito em conta de receita ou de patrimônio líquido em contrapartida à subconta vinculada ao Passivo.

O ganho poderá ser excluído do lucro líquido na determinação do lucro real no período de apuração em que for apropriado como receita.

O valor registrado na subconta será baixado quando o Passivo for liquidado ou baixado.

O valor da subconta baixado deverá ser adicionado ao lucro líquido na determinação do lucro real no período de apuração relativo à baixa.

1.3.1 Avaliação a Valor Justo na Permuta de Passivos

A tributação do ganho decorrente de avaliação com base no valor justo em permuta que envolva troca de Passivos poderá ser diferida desde que a diferença entre os valores dos Passivos seja registrada em subconta vinculada ao Passivo recebido.

Quando da permuta, o ganho será registrado a crédito em conta de receita ou de patrimônio líquido em contrapartida à subconta vinculada ao Passivo recebido.

O ganho poderá ser excluído do lucro líquido na determinação do lucro real no período de apuração em que for apropriado como receita.

O valor registrado na subconta será baixado quando o Passivo for liquidado ou baixado.

O valor da subconta baixado deverá ser adicionado ao lucro líquido na determinação do lucro real no período de apuração relativo à baixa.

2. AVALIAÇÃO A VALOR JUSTO - PERDA

A perda decorrente de avaliação de Ativo ou Passivo com base no valor justo somente poderá ser computada na determinação do lucro real à medida que o Ativo for realizado, inclusive mediante depreciação, amortização, exaustão, alienação ou baixa, ou quando o Passivo for liquidado ou baixado, e desde que a respectiva perda por redução no valor do Ativo ou aumento no valor do Passivo seja evidenciada contabilmente em subconta vinculada ao Ativo ou Passivo.

A perda não será computada na determinação do lucro real caso o valor realizado, inclusive mediante depreciação, amortização, exaustão, alienação ou baixa, seja indedutível.

Na hipótese de não ser evidenciada por meio de subconta, a perda será considerada indedutível na apuração do lucro real.

2.1 Avaliação a Valor Justo de Ativo

A perda decorrente de avaliação de Ativo com base no valor justo somente poderá ser computada na determinação do lucro real caso a respectiva redução no valor do Ativo seja registrada em subconta vinculada ao Ativo.

Quando da avaliação com base no valor justo, a perda será registrada a débito em conta de despesa ou de patrimônio líquido em contrapartida à subconta vinculada ao Ativo.

A perda será adicionada ao lucro líquido na determinação do lucro real no período de apuração em que for apropriada como despesa.

O valor registrado na subconta será baixado à medida que o Ativo for realizado, inclusive mediante depreciação, amortização, exaustão, alienação ou baixa.

No caso de Ativo depreciável, amortizável ou exaurível, em que o controle é feito com a utilização de uma subconta para cada conta, a baixa relativa à depreciação, amortização ou exaustão será feita na subconta vinculada à conta de depreciação acumulada, amortização acumulada ou exaustão acumulada.

Caso o valor realizado do Ativo seja dedutível, o valor da subconta baixado poderá ser excluído do lucro líquido na determinação do lucro real no período de apuração relativo à baixa.

Caso o valor realizado do Ativo seja indedutível, o valor da subconta baixado não poderá ser excluído do lucro líquido na determinação do lucro real.

2.2 Avaliação a Valor Justo de Passivo

A perda decorrente de avaliação de Passivo com base no valor justo somente poderá ser computada na determinação do lucro real caso o respectivo aumento no valor do Passivo seja registrado em subconta vinculada ao Passivo.

Quando da avaliação com base no valor justo, a perda será registrada a débito em conta de despesa ou de patrimônio líquido em contrapartida à subconta vinculada ao Passivo.

A perda será adicionada ao lucro líquido na determinação do lucro real no período de apuração em que for apropriada como despesa.

O valor registrado na subconta será baixado quando o Passivo for liquidado ou baixado.

O valor da subconta baixado poderá ser excluído do lucro líquido na determinação do lucro real no período de apuração relativo à baixa.

3. AVALIAÇÃO A VALOR JUSTO DE TÍTULOS E VALORES MOBILIÁRIOS

O ganho ou perda decorrente de avaliação com base no valor justo de títulos e valores mobiliários adquiridos pelas pessoas jurídicas somente serão computados na base de cálculo do imposto sobre a renda quando de sua alienação ou baixa, observados os procedimentos estabelecidos anteriormente..

Para esse fim, considera-se alienação qualquer forma de transmissão da propriedade, bem como a liquidação, resgate, cessão ou repactuação do título ou aplicação.

No caso de operações realizadas em mercados de liquidação futura sujeitos a ajustes de posições, não se considera como hipótese de liquidação ou baixa o pagamento ou recebimento de tais ajustes durante a vigência do contrato, devendo os resultados positivos ou negativos incorridos nas operações realizadas serem reconhecidos por ocasião da liquidação do contrato, cessão ou encerramento da posição na forma prevista no art. 32 da Lei nº 11.051, de

29 de dezembro de 2004, e no art. 1º da Instrução Normativa SRF nº 575, de 28 de novembro de 2005.

No caso de títulos e valores mobiliários adquiridos por instituições financeiras e demais entidades autorizadas a funcionar pelo Banco Central do Brasil, serão observados os critérios para registro e avaliação contábil de títulos e valores mobiliários estabelecidos no Plano Contábil das Instituições do Sistema Financeiro Nacional (Cosif), sem prejuízo do disposto nos arts. 35 da Lei nº 10.637, de 30 de dezembro de 2002, e 110 da Lei nº 11.196, de 21 de novembro de 2005.

Não serão dedutíveis na determinação do lucro real:

I - as perdas incorridas em operações iniciadas e encerradas no mesmo dia (day trade) realizadas em mercado de renda fixa ou variável, devendo ser adicionadas ao lucro líquido do período de apuração;

II - as perdas apuradas nas operações de renda variável realizadas em bolsa e nas operações de *swap*, que excederem os ganhos auferidos nas mesmas operações.

As perdas incorridas nas operações de *swap* somente serão dedutíveis na determinação do lucro real, se a operação de *swap* for registrada e contratada de acordo com as normas emitidas pelo Conselho Monetário Nacional e pelo Banco Central do Brasil.

As perdas não deduzidas em um período de apuração poderão ser deduzidas nos períodos subsequentes, observado o limite referido em II.

Não se aplica o tais regras às perdas apuradas pelas aplicações de titularidade de instituição financeira, agência de fomento, sociedade de seguro, previdência e capitalização, sociedade corretora de títulos, valores mobiliários e câmbio, sociedade distribuidora de títulos e valores mobiliários ou sociedade de arrendamento mercantil.

3.1 Operações Realizadas para Fins de *Hedge*

Consideram-se operações realizadas para fins de *hedge* as operações com derivativos destinadas, exclusivamente, à proteção contra riscos inerentes às oscilações de preço ou de taxas, quando o objeto do contrato negociado:

I - estiver relacionado com as atividades operacionais da pessoa jurídica;

II - destinar-se à proteção de direitos ou obrigações da pessoa jurídica.

referida regra aplica-se também às operações de *hedge* realizadas nos mercados financeiro ou de liquidação futura de taxas de juros, de preços de título ou valor mobiliário, de mercadoria, de taxa de câmbio e de índices, desde que objetivem a proteção de negócios relacionados com a atividade operacional da empresa e se destinem à proteção de direitos ou obrigações da pessoa jurídica.

A limitação de dedutibilidade de perdas prevista não se aplica às perdas incorridas nas operações .

Será adicionalmente admitida a dedutibilidade de perdas em operações para *hedge* registradas no mercado de balcão organizado ou em sistemas de registro administrados por entidades autorizadas nos termos da legislação vigente.

As variações no valor justo do instrumento de *hedge* e do item objeto de *hedge*, para fins de apuração do imposto sobre a renda, devem ser computadas no mesmo período de apuração,

Sem prejuízo da regra acima, as operações com instrumentos financeiros derivativos destinadas a *hedge* devem atender, cumulativamente, às seguintes condições:

I - ter comprovada a necessidade do *hedge* por meio de controles que mostrem os valores de exposição ao risco relativo aos bens, direitos, obrigações e outros itens objeto de *hedge*, destacados o processo de gerenciamento de risco e a metodologia utilizada na apuração desses valores;

II - ter demonstrada a adequação do *hedge* por meio de controles que comprovem a existência de correlação, na data da contratação da operação, entre as variações de preço do instrumento de *hedge* e os retornos esperados pelos bens, direitos, obrigações e outros itens objeto de *hedge*.

No caso de não atendimento, a qualquer tempo, das exigências previstas ou a falta de comprovação da efetividade do *hedge*, a operação será tributada na forma prevista e a compensação de perdas na apuração do imposto sobre a renda fica limitada aos ganhos auferidos em outras operações de renda variável .

No caso de resultados líquidos, positivos ou negativos, obtidos em operações de *hedge* realizadas em mercados de liquidação futura, diretamente pela empresa brasileira, em bolsas no exterior, deverá ser observado o disposto no art. 17 da Lei nº 9.430, de 1996, e regulamentação específica.

4. AVALIAÇÃO A VALOR JUSTO NA SUBSCRIÇÃO DE AÇÕES

4.1 Avaliação a Valor Justo na Subscrição de Ações - Ganho

O ganho decorrente de avaliação com base no valor justo de bem do Ativo incorporado ao patrimônio de outra pessoa jurídica, na subscrição em bens de capital social, ou de valores mobiliários emitidos por companhia, não será computado na determinação do lucro real, desde que o aumento no valor do bem do Ativo seja evidenciado contabilmente em subconta vinculada à participação societária ou aos valores mobiliários, com discriminação do bem objeto de avaliação com base no valor justo, em condições de permitir a determinação da parcela realizada em cada período.

O ganho evidenciado por meio da subconta será computado na determinação do lucro real:

I - na alienação ou na liquidação da participação societária ou dos valores mobiliários, pelo montante realizado;

II - proporcionalmente ao valor realizado, no período-base em que a pessoa jurídica que houver recebido o bem realizar seu valor, inclusive mediante depreciação, amortização, exaustão, alienação ou baixa, ou com ele integralizar capital de outra pessoa jurídica; ou

III - na hipótese de bem não sujeito a realização por depreciação, amortização ou exaustão que não tenha sido alienado, baixado ou utilizado na integralização do capital de outra pessoa jurídica, nos 5 (cinco) anos-calendário subsequentes à subscrição em bens de capital social, ou de valores mobiliários emitidos por companhia, à razão de 1/60 (um sessenta avos), no mínimo, para cada mês do período de apuração.

Na hipótese de não ser evidenciado por meio de subconta, o ganho será tributado.

Na hipótese, o ganho não poderá acarretar redução de prejuízo fiscal do período e deverá, nesse caso, ser considerado em período de apuração seguinte em que exista lucro real antes do cômputo do referido ganho.

Na hipótese de a subscrição de capital social ser feita por meio da entrega de participação societária, será considerada realização a absorção do patrimônio da investida, em virtude de incorporação, fusão ou cisão, pela pessoa jurídica que teve o capital social subscrito por meio do recebimento da participação societária.

A regra acima aplica-se inclusive quando a investida absorver, em virtude de incorporação, fusão ou cisão, o patrimônio da pessoa jurídica que teve o capital social subscrito por meio do recebimento da participação societária.

No caso de Ativo incorporado ao patrimônio de outra pessoa jurídica nas condições acima, a tributação do ganho decorrente de avaliação com base no valor justo poderá ser diferida, desde que o respectivo aumento no valor do Ativo seja registrado em subconta vinculada à participação societária ou aos valores mobiliários adquiridos, com discriminação do bem na denominação da subconta, e em condições de permitir a determinação da parcela realizada em cada período de apuração.

Quando da avaliação com base no valor justo, o ganho será registrado a crédito em conta de receita ou de patrimônio líquido em contrapartida à subconta vinculada à participação societária ou aos valores mobiliários adquiridos.

O ganho poderá ser excluído do lucro líquido na determinação do lucro real no período de apuração em que for apropriado como receita.

O valor registrado na subconta será baixado de acordo com as regras referidas em I, II e III, acima

O valor da subconta baixado deverá ser adicionado ao lucro líquido na determinação do lucro real no período de apuração relativo à baixa.

4.2 Avaliação a Valor Justo na Subscrição de Ações - Perda

A perda decorrente de avaliação com base no valor justo de bem do Ativo incorporado ao patrimônio de outra pessoa jurídica, na subscrição em bens de capital social, ou de valores mobiliários emitidos por companhia, somente poderá ser computada na determinação do lucro real caso a respectiva redução no valor do bem do Ativo seja evidenciada contabilmente em subconta vinculada à participação societária ou aos valores mobiliários, com discriminação do bem objeto de avaliação com base no valor justo, em condições de permitir a determinação da parcela realizada em cada período, e:

I - na alienação ou na liquidação da participação societária ou dos valores mobiliários, pelo montante realizado;

II - proporcionalmente ao valor realizado, no período-base em que a pessoa jurídica que houver recebido o bem realizar seu valor, inclusive mediante depreciação, amortização, exaustão, alienação ou baixa, ou com ele integralizar capital de outra pessoa jurídica; ou

III - na hipótese de bem não sujeito a realização por depreciação, amortização ou exaustão que não tenha sido alienado, baixado ou utilizado na integralização do capital de outra pessoa jurídica, a perda poderá ser amortizada nos balanços correspondentes à apuração de lucro real, levantados durante os 5 (cinco) anos-calendário subsequentes à subscrição em bens de capital social, ou de valores mobiliários emitidos por companhia, à razão de 1/60 (um sessenta avos), no máximo, para cada mês do período de apuração.

Na hipótese de não ser evidenciada por meio de subconta a perda será considerada indedutível na apuração do lucro real.

Na hipótese da subscrição de capital social ser feita por meio da entrega de participação societária, será considerada realização, a absorção do patrimônio da investida, em virtude de incorporação, fusão ou cisão pela pessoa jurídica que teve o capital social subscrito por meio do recebimento da participação societária.

A regra acima aplica-se inclusive quando a investida absorver, em virtude de incorporação, fusão ou cisão, o patrimônio da pessoa jurídica que teve o capital social subscrito por meio do recebimento da participação societária.

No caso de Ativo incorporado ao patrimônio de outra pessoa jurídica nas condições previstas, a perda decorrente da avaliação com base no valor justo somente poderá ser computada na determinação do lucro real caso a respectiva redução no valor do Ativo seja registrada em subconta vinculada à participação societária ou aos valores mobiliários adquiridos, com discriminação do bem na denominação da subconta e em condições de permitir a determinação da parcela realizada em cada período, e obedecidas as condições estabelecidas adiante.

Quando da avaliação com base no valor justo, a perda será registrada a débito em conta de despesa ou de patrimônio líquido em contrapartida à subconta vinculada à participação societária ou aos valores mobiliários adquiridos.

A perda será adicionada ao lucro líquido na determinação do lucro real no período de apuração em que for apropriada como despesa.

O valor registrado na subconta será baixado de acordo as regras referidas em I, II e III.

O valor da subconta baixado poderá ser excluído do lucro líquido na determinação do lucro real no período de apuração relativo à baixa.

5. AJUSTE DECORRENTE DE AVALIAÇÃO A VALOR JUSTO NA INVESTIDA

5.1 Ajuste Decorrente de Avaliação a Valor Justo na Investida - Ganho

A contrapartida do ajuste positivo, na participação societária, mensurada pelo patrimônio líquido, decorrente da avaliação pelo valor justo de Ativo ou Passivo da investida, deverá ser compensada pela baixa do respectivo saldo da mais-valia.

O ganho relativo à contrapartida, no caso de bens diferentes dos que serviram de fundamento à mais-valia, ou relativo à contrapartida superior ao saldo da mais-valia, deverá ser computado na determinação do lucro real, salvo se o ganho for evidenciado contabilmente em subconta vinculada à participação societária, com discriminação do bem, do direito ou da obrigação da investida objeto de avaliação com base no valor justo, em condições de permitir a determinação da parcela realizada, liquidada ou baixada em cada período.

O valor registrado na subconta será baixado à medida que o Ativo da investida for realizado, inclusive mediante depreciação, amortização, exaustão, alienação ou baixa, ou quando o Passivo da investida for liquidado ou baixado, e o ganho respectivo não será computado na determinação do lucro real nos períodos de apuração em que a investida computar o ganho na determinação do lucro real.

O ganho relativo ao saldo da subconta deverá ser computado na determinação do lucro real do período de apuração em que o contribuinte alienar ou liquidar o investimento.

A tributação do ganho poderá ser diferida, desde que o ganho seja evidenciado em subconta vinculada à participação societária, com discriminação do bem, do direito ou da obrigação da investida objeto de avaliação com base no valor justo, em condições de permitir a determinação da parcela realizada, liquidada ou baixada em cada período de apuração.

Quando da avaliação com base no valor justo pela investida, o ganho será registrado pela investidora a crédito em conta de receita ou de patrimônio líquido em contrapartida à subconta vinculada à participação societária.

O ganho poderá ser excluído do lucro líquido na determinação do lucro real no período de apuração em que for apropriado como receita.

O valor registrado na subconta será baixado à medida que o Ativo da investida for realizado, inclusive mediante depreciação, amortização, exaustão, alienação ou baixa, ou quando o Passivo da investida for liquidado ou baixado.

O valor da subconta baixado não será adicionado ao lucro líquido na determinação do lucro real caso a investida tenha computado o ganho respectivo na determinação do lucro real, ou esteja desobrigada de computar o ganho respectivo na determinação do lucro real.

O valor registrado na subconta também será baixado na alienação ou liquidação da participação societária, pelo montante realizado.

O valor da subconta baixado deverá ser adicionado ao lucro líquido na determinação do lucro real no período de apuração relativo à baixa.

5.2 Ajuste Decorrente de Avaliação a Valor Justo na Investida - Perda

A contrapartida do ajuste negativo na participação societária, mensurada pelo patrimônio líquido, decorrente da avaliação pelo valor justo de Ativo ou Passivo da investida, deverá ser compensada pela baixa do respectivo saldo da menos-valia.

A perda relativa à contrapartida , no caso de bens diferentes dos que serviram de fundamento à menos-valia, ou relativa à contrapartida superior ao saldo da menos-valia não será computada na determinação do lucro real e será evidenciada contabilmente em subconta vinculada à participação societária, com discriminação do bem, do direito ou da obrigação da investida objeto de avaliação com base no valor justo, em condições de permitir a determinação da parcela realizada, liquidada ou baixada em cada período.

O valor registrado na subconta será baixado à medida que o Ativo da investida for realizado, inclusive mediante depreciação, amortização, exaustão, alienação ou baixa, ou quando o Passivo da investida for liquidado ou baixado, e a perda respectiva não será computada na determinação do lucro real nos períodos de apuração em que a investida computar a perda na determinação do lucro real.

A perda relativa ao saldo da subconta poderá ser computada na determinação do lucro real do período de apuração em que o contribuinte alienar ou liquidar o investimento.

Na hipótese de não ser evidenciada por meio de subconta na forma prevista, a perda será considerada indedutível na apuração do lucro real.

A perda somente poderá ser computada na determinação do lucro real caso seja evidenciada em subconta vinculada à participação societária, com discriminação do bem, do direito ou da obrigação da investida objeto de avaliação com base no valor justo, em condições de permitir a determinação da parcela realizada, liquidada ou baixada em cada período de apuração, e obedecidas as condições estabelecidas abaixo.

Quando da avaliação com base no valor justo pela investida, a perda será registrada pela investidora a débito em conta de despesa ou de patrimônio líquido em contrapartida à subconta vinculada à participação societária.

A perda será adicionada ao lucro líquido na determinação do lucro real no período de apuração em que for apropriada como despesa.

O valor registrado na subconta será baixado à medida que o Ativo da investida for realizado, inclusive mediante depreciação, amortização, exaustão, alienação ou baixa, ou quando o Passivo da investida for liquidado ou baixado.

O valor da subconta baixado não poderá ser excluído do lucro líquido na determinação do lucro real caso a investida tenha deduzido a perda respectiva na determinação do lucro real, ou esteja impedida de deduzir a perda respectiva na determinação do lucro real.

O valor registrado na subconta também será baixado na alienação ou liquidação da participação societária, pelo montante realizado.

O valor da subconta baixado poderá ser excluído do lucro líquido na determinação do lucro real no período de apuração relativo à baixa.

6. INCORPORAÇÃO, FUSÃO E CISÃO - AVJ TRANSFERIDO PARA A SUCESSORA

Nos casos de incorporação, fusão ou cisão, os ganhos decorrentes de avaliação com base no valor justo na sucedida não poderão ser considerados na sucessora como integrante do custo do bem ou direito que lhe deu causa para efeito de determinação de ganho ou perda de capital e do cômputo da depreciação, amortização ou exaustão.

Os ganhos e perdas evidenciados contabilmente em subconta vinculada ao Ativo ou Passivo transferidos em decorrência de incorporação, fusão ou cisão terão, na sucessora, o mesmo tratamento tributário que teriam na sucedida.

7. AVALIAÇÃO A VALOR JUSTO - LUCRO PRESUMIDO PARA LUCRO REAL

A pessoa jurídica tributada pelo lucro presumido que, em período de apuração imediatamente posterior, passar a ser tributada pelo lucro real deverá incluir na base de cálculo do imposto apurado pelo lucro presumido os ganhos decorrentes de avaliação com base no valor justo, que façam parte do valor contábil, e na proporção deste, relativos aos Ativos constantes em seu patrimônio.

A tributação dos ganhos poderá ser diferida para os períodos de apuração em que a pessoa jurídica for tributada pelo lucro real.

As perdas verificadas somente poderão ser computadas na determinação do lucro real dos períodos de apuração posteriores.

Referida regra aplica-se, também, na hipótese de avaliação com base no valor justo de Passivos relacionados a Ativos ainda não totalmente realizados na data de transição para o lucro real.

A tributação dos ganhos poderá ser diferida para os períodos de apuração em que a pessoa jurídica for tributada pelo lucro real, desde que observados os procedimentos e requisitos necessários.

As perdas somente poderão ser computadas na determinação do lucro real dos períodos de apuração posteriores se observados os procedimentos e requisitos necessários..

Capítulo 11

Amortização

1. PREVISÃO DE DEDUTIBILIDADE DA AMORTIZAÇÃO

Este capítulo focaliza a amortização nos termos previstos na legislação do Imposto de Renda. (De acordo com o art. 324 do RIR/1999, pode ser computada, como custo ou encargo, em cada período de apuração, a importância correspondente à recuperação do capital aplicado, ou dos recursos aplicados em despesas que contribuirão para a formação do resultado de mais de um período de apuração, observado que:

a) em qualquer hipótese, o montante acumulado das quotas de amortização não pode ultrapassar o custo de aquisição do bem ou direito, ou o valor das despesas;

b) somente são admitidas as amortizações de custos ou despesas que observem estritamente as condições gerais de dedutibilidade estabelecidas na legislação do Imposto de Renda, além das normas que focalizaremos neste capítulo;

c) se a existência ou o exercício do direito, ou a utilização do bem, terminar antes da amortização integral de seu custo, o saldo não amortizado constituirá encargo no período de apuração em que se extinguir o direito ou terminar a utilização do bem;

d) tal como ocorre em relação à depreciação, somente é permitida a amortização de bens e direitos intrinsecamente relacionados com a produção ou comercialização dos bens e serviços.

1.1 Hipóteses em que cabe a amortização

Conforme se verifica, a empresa tributada com base no lucro real pode reconhecer, como custo ou despesa operacional, a amortização de:

a) capitais classificados no Ativo Imobilizado (não sujeitos à depreciação), aplicados em:

a.1) bens imateriais (marcas e patentes, direitos autorais, etc.), com prazo de fruição limitado;

a.2) bens materiais cujo prazo de utilização pela empresa, por determinação legal ou contratual, tenha duração inferior ao prazo de vida útil dos bens;

b) recursos aplicados em despesas que contribuirão para a formação do resultado de mais de um período de apuração, registradas no Ativo Diferido[1].

2. AMORTIZAÇÃO DE CAPITAIS CLASSIFICADOS NO ATIVO IMOBILIZADO

2.1 O que pode ser amortizado

Nos termos do art. 325 do RIR/1999, pode ser amortizado o capital aplicado na aquisição de direitos cuja existência ou exercício tenha duração limitada, ou de bens cuja utilização pelo contribuinte tenha o prazo legal ou contratualmente limitado, tais como:

a) patentes de invenção, fórmulas e processos de fabricação, direitos autorais, licenças, autorizações ou concessões;

b) investimento em bens que, nos termos da lei ou contrato que regule a concessão de serviço público, devem reverter ao poder concedente, ao fim do prazo da concessão, sem indenização;

c) custo de aquisição, prorrogação ou modificação de contratos e direitos de qualquer natureza, inclusive de exploração de fundos de comércio;

d) custos das construções ou benfeitorias em bens locados ou arrendados, ou em bens de terceiros, quando não houver direito ao recebimento de seu valor[2];

e) o valor dos direitos contratuais de exploração de florestas.

1 Não obstante a extinção desse grupo vale lembrar que o art. 299-A da Lei nº 6.404/1976 (incluído pela Lei nº 11.941/2009) dispôs que o saldo existente em 31 de dezembro de 2008 no Ativo diferido que, pela sua natureza, não puder ser alocado a outro grupo de contas, poderá permanecer no Ativo sob essa classificação até sua completa amortização, sujeito à análise sobre a recuperação de valores estatuída pelo § 3º do art. 183 da mesma Lei.

2 As benfeitorias que devem ser ativadas para posterior amortização são apenas as que tenham prazo de vida útil superior a um ano e custo unitário superior a R$ 326,61 (RIR/1999, art. 301).

2.1.1 Abrigos para usuários de ônibus

No caso de dispêndios com abrigos para usuários de ônibus, adquiridos de terceiros e instalados em vias públicas, com o fim específico de promover a publicidade da empresa adquirente por prazo superior a um exercício, findo o qual os bens revertem ao domínio público (ADN CST nº 15/1976):

a) tais bens devem ser registrados em conta própria do Ativo Imobilizado;

b) o custo respectivo poderá ser amortizado durante o prazo de duração do direito à utilização dos bens pela empresa, desde que as importâncias desembolsadas não sejam ressarcidas por qualquer forma.

2.2 Valores não amortizáveis

Não podem ser amortizados (tampouco depreciados) os recursos aplicados em direitos cujo exercício ou duração não tenha prazo determinado. Por exemplo: direito de uso de linha telefônica, adquirido de terceiros ou da própria concessionária (PN CST nº 108/1978).

Igualmente, não se admite a amortização de bens ou direitos para os quais seja registrada quota de exaustão. Por exemplo: recursos minerais ou empreendimentos florestais destinados ao corte para industrialização, comercialização ou consumo, exceto no caso mencionado no subitem 2.11 deste capítulo (§ 2º do art. 325 do RIR/1999).

De acordo com os Pareceres Normativos CST nºs 210/1973 e 104/1975, não podem ser amortizados os custos das construções ou benfeitorias realizadas em bens locados ou arrendados de terceiros quando o contrato de locação ou arrendamento:

a) não tiver prazo de duração determinado; ou

b) mesmo tendo prazo determinado, não vedar à empresa locatária ou arrendatária o direito de ser indenizada pelas benfeitorias realizadas.

Neste caso, contudo, cabe a depreciação em função do prazo de vida útil das construções ou benfeitorias.

2.2.1 E se as benfeitorias forem feitas em bens locados de sócios?

Há restrições fiscais à amortização nesse caso. Trata-se, contudo, de tema muito controvertido, que focalizamos com detalhes no próximo Capítulo.

2.3 Quotas de amortização

Conforme determina o art. 327 do RIR/1999, a taxa anual de amortização é fixada levando-se em conta o número de anos restantes da existência do direito ou do prazo (legal ou contratual) de utilização dos bens.

Exemplo: vamos admitir que determinada empresa tenha realizado, em setembro/2005, benfeitorias em imóvel alugado de terceiros. Suponhamos, também, que o respectivo contrato de locação tenha sido firmado em 1°.09.2004, com vencimento para 31.08.2007 e que contenha cláusula estipulando que o valor das benfeitorias que forem realizadas no imóvel pela locatária não será indenizado pelo locador.

Neste caso, o prazo contratual restante, durante o qual as benfeitorias poderão ser utilizadas, é de dois anos (setembro/2005 a agosto/2007). Por isso, a taxa anual de amortização admitida será de 50% ao ano.

De acordo com o art. 326 do RIR/1999, a quota de amortização dedutível em cada período de apuração será determinada pela aplicação da taxa anual de amortização sobre o valor original[3] do capital aplicado, observando-se que:

a) se a amortização tiver início ou terminar no curso do período de apuração anual, ou se este tiver duração inferior a doze meses, a taxa anual será ajustada proporcionalmente ao período de amortização, quando for o caso;

b) a amortização poderá ser apropriada em quotas mensais, dispensado o ajuste da taxa (em função da quantidade de dias) para o capital aplicado ou baixado no curso do mês.

É, no entanto, fundamental observar que, em qualquer hipótese, o montante acumulado das quotas de amortização não poderá ultrapassar o custo de aquisição do bem ou direito (RIR/1999, art. 324, § 1°).

2.4 Baixa de saldos não amortizados

Caso a existência ou o prazo de exercício do direito, ou o prazo de utilização do bem, terminar antes da amortização integral de seu custo, o saldo não amortizado será contabilizado como perda de capital do ano em que se extinguir o direito ou terminar o prazo de utilização do bem (RIR/1999, art. 324, § 3°).

---

3 Na hipótese de bem ou direito adquirido até 31.12.1995, a amortização é calculada sobre o custo de aquisição corrigido até aquela data. A partir de 1°.01.1996 ficou vedada a utilização de qualquer sistema de correção monetária (Lei n° 9.249/1995, art. 4° e 35).

2.5 Programas de computador

Os custos e as despesas de aquisição e desenvolvimento de logiciais (software) utilizados em processamento de dados devem ser registrados no Ativo Imobilizado e podem ser amortizados no prazo mínimo de cinco anos (IN SRF nº 4/1985).

2.6 Marcas e patentes

O PN CST nº 375/1970 esclareceu que as marcas e patentes sujeitas à amortização proporcional à sua validade, quando caducas, deverão ser baixadas pelo seu valor residual, se houver.

A propósito, no Acórdão nº 108-3.559/1996, o 1º Conselho de Contribuintes decidiu que, para que se possa amortizar o direito a marcas e patentes, é necessário ter-se esse direito limitado no tempo.

Já no Acórdão nº 101-81.519/1991, o 1º CC entendeu que o fato de ter sido prorrogado o uso da marca não impede que ao usuário se reconheça o direito de amortizar o valor despendido com sua utilização, dentro do prazo de vigência do contrato existente, frente à periodicidade típica do registro no INPI.

2.7 Luvas

O ADN nº 21/1976 esclareceu que o valor pago a título de luvas ou semelhantes, relativo a contrato de locação de bens destinados ao uso da própria adquirente, deve integrar o Ativo Imobilizado e somente poderá ser amortizado nos casos em que o exercício de tal direito seja estabelecido por prazo determinado.

2.8 Benfeitorias em bens objeto de arrendamento mercantil (*leasing*)

Segundo o Parecer Normativo CST nº 18/1987, é vedado à empresa arrendatária apropriar, no prazo do contrato, a totalidade dos gastos com benfeitorias em bens objeto de arrendamento mercantil (*leasing*), mesmo quando não tenha sido prevista indenização por parte da arrendadora.

O Fisco considera, para assim concluir, as características específicas do arrendamento mercantil, que tornam tal operação inteiramente distinta do arrendamento comum. Sendo essas operações inconfundíveis, quer jurídica quer economicamente, argumenta o Fisco que não se pode estender às benfeitorias em bens arrendados sob o regime do *leasing* o mesmo tratamento fiscal dos custos de benfeitorias em bens arrendados (amortização durante o prazo do contrato, quando não houver direito ao recebimento de seu valor).

Nessas condições, concluiu o Fisco que os gastos com benfeitorias em bens objeto de arrendamento mercantil somente poderão ser amortizados no decurso do prazo de vida útil restante dos bens, contado da data em que forem realizadas as benfeitorias.

Deve ser observado que, se a empresa realizar benfeitorias no bem arrendado e, ao término do contrato de *leasing*, exercer a opção de compra do bem, o saldo não amortizado do valor das benfeitorias comporá o custo de aquisição do bem, juntamente com o valor pago à arrendadora pelo exercício da opção de compra.

Alerte-se também aqui, a partir de 1996, para efeito de apuração do lucro real e da base de cálculo da Contribuição Social sobre o Lucro, somente é dedutível a amortização de benfeitorias em bens intrinsecamente relacionados com a produção ou comercialização de bens ou serviços.

2.9 Amortização acelerada incentivada

As empresas executoras de Programas de Desenvolvimento Tecnológico Industrial ou Agropecuário (PDTI ou PDTA) podem utilizar o incentivo de amortização acelerada mediante exclusão do lucro líquido, para efeito de determinação do lucro real, dos dispêndios relativos à aquisição de bens intangíveis, vinculados exclusivamente às atividades de pesquisa e desenvolvimento tecnológico industrial ou agropecuário, classificáveis no Ativo intangível da beneficiária.

Nesse caso, o valor da amortização acelerada a excluir do lucro líquido, na apuração do lucro real do período-base de aquisição do bem, corresponde à totalidade da diferença entre o valor do bem e o valor do encargo de amortização registrado na escrituração comercial. O valor excluído do lucro líquido deve ser registrado na Parte "B" do Lalur para ser adicionado ao lucro líquido na determinação do lucro real a partir do período-base seguinte, à medida que forem sendo registrados, na escrituração comercial, encargos de amortização calculados sobre o bem que foi objeto da amortização acelerada.

Na nova disciplina de incentivos fiscais às atividades de pesquisa tecnológica e ao desenvolvimento de inovação tecnológica (arts. 17 a 26 da Lei nº 11.196/2005), que substituiu os incentivos PDTI/PDTA, também figura o benefício de amortização acelerada[4].

4 Os Programas de Desenvolvimento Tecnológico Industrial (PDTI), os Programas de Desenvolvimento Tecnológico Agropecuário (PDTA) e os projetos aprovados até 31.12.2005 continuam regidos pela legislação em vigor na data de publicação da Lei nº 11.196 (22.11.2005). As pessoas jurídicas executoras de tais programas e projetos, contudo, podem solicitar ao Ministério da Ciência e Tecnologia a migração para o regime da Lei nº 11.196/2005, apresentando relatório final de execução do programa ou projeto.

2.10 Aquisição de direitos de pessoas vinculadas domiciliadas no exterior ou em paraísos fiscais

Os encargos de amortização de capitais aplicados em bens ou direitos adquiridos de pessoas físicas ou jurídicas domiciliadas no exterior, vinculadas a adquirente, ou em países que não tributem a renda ou que a tributem com alíquota máxima inferior a 20% somente são dedutíveis até o limite determinado com base nas regras de preços de transferência.

Consulte o capítulo específico sobre o tema.

2.11 Amortização de direitos de exploração de florestas

A quota anual de amortização do valor dos direitos contratuais de exploração de florestas tem como base de cálculo o valor do contrato e deve ser calculada em função do prazo de sua duração (RIR/1999, art. 328).

Opcionalmente, poderá ser considerada como data do início do prazo contratual, para efeito de cálculo da amortização, a do início da efetiva exploração dos recursos.

Ocorrendo a extinção dos recursos florestais antes do término do prazo contratual, o saldo não amortizado poderá ser computado como custo ou encargo do período de apuração em que ocorrer a extinção.

Não poderão ser amortizados os valores pagos na aquisição de direitos de exploração com base em contratos firmados por prazo indeterminado (para estes, somente poderão ser registradas quotas de exaustão, de acordo com as normas do art. 334 do RIR/1999).

3. DESPESAS PRÉ-OPERACIONAIS OU PRÉ-INDUSTRIAIS

De acordo com o art. 325, II, do RIR/1999, podem ser amortizados os custos, encargos ou despesas, registrados (até 31.12.2008) no Ativo Diferido (saldo remanescente à entrada em vigor das novas normas contábeis), que contribuirão para a formação do resultado de mais de um período de apuração, tais como:

a) as despesas de organização pré-operacionais ou pré-industriais;

b) as despesas com pesquisas científicas ou tecnológicas, inclusive com experimentação para criação ou aperfeiçoamento de produtos, processos, fórmulas e técnicas de produção, administração ou venda (RIR/1999, art. 349), se a empresa optar pela sua capitalização;

c) as despesas com prospecção e cubagem de jazidas ou depósitos, realizadas por concessionárias de pesquisa ou lavra de minérios, sob a orientação técnica de engenheiro de minas (RIR/1999, art. 349, § 1º), se a empresa optar pela sua capitalização;

d) os custos e as despesas de desenvolvimento de jazidas e minas ou de expansão de atividades industriais, classificados como Ativo Diferido até o término da construção ou da preparação para exploração;

e) a parte dos custos, encargos e despesas operacionais registrados como Ativo diferido durante o período em que a empresa, na fase inicial da operação, utilizou apenas parcialmente o seu equipamento ou as suas instalações;

f) os juros durante o período de construção e pré-operação;

g) os juros pagos ou creditados aos acionistas durante o período que anteceder o início das operações sociais ou de implantação do empreendimento inicial;

h) os custos, despesas e outros encargos com a reestruturação, reorganização ou modernização da empresa.

O § 1º do mesmo art. 325 define que a amortização terá início:

- no caso da letra "a", a partir do início das operações;
- no caso da letra "d", a partir da exploração da jazida ou mina, ou do início das atividades das novas instalações;
- no caso da letra "e", a partir do momento em que for iniciada a operação ou atingida a plena utilização das instalações.

Os custos, os encargos e as despesas que forem diferidos após o início das atividades da empresa, em virtude de ociosidade parcial de equipamentos ou instalações, serão amortizados a partir do momento em que os equipamentos ou instalações passarem a ser operados em sua plena capacidade.

Agora, caso as despesas pré operacionais ou pré industriais tenham sua origem após a entrada em vigor das novas normas contábeis, deverá ser observado as regras referidas no subitem 3.1.1, adiante.

3.1 "Despesas pré-operacionais ou pré-industriais" e "despesas pagas antecipadamente" não são a mesma coisa

"Despesas pagas antecipadamente" não são a mesma coisa que "despesas pré-operacionais ou pré-industriais".

As despesas pré-operacionais ou pré-industriais são aquelas já incorridas que, por antecederem ao início das atividades sociais da empresa ou por serem relativas à ampliação de seus empreendimentos, beneficiarão exercícios futuros e, portanto, eram registradas até 31.12.2008 no Ativo Diferido e amortizadas.

Por seu turno, as despesas pagas antecipadamente (Ativo Circulante ou, mais remotamente, Realizável a Longo Prazo) representam a aplicação de recursos em despesas ainda não incorridas, as quais serão computadas na apuração de resultados de exercícios futuros.

3.1.1 Despesas pré-operacionais (Lei 12973, art. 11)

Por conta da legislação contábil, as despesas pré-operacionais ou pré industriais são reconhecidas diretamente em despesa.

No entanto, essa não é a posição do fisco. Isso fica bem claro ao analisarmos o art. 11 da Lei nº 12.973/2014 que estabelece o tratamento tributário das despesas de organização pré-operacionais ou pré-industriais. A empresa reconhece como despesa, mas adiciona o respectivo valor no Lalur. A dedução da despesa é permitida no período mínimo de cinco anos.

Segue referido dispositivo legal.

> *"Art. 11.* **Para fins de determinação do lucro real**, *não serão computadas, no período de apuração em que incorridas, as despesas:*
>
> *I - de organização pré-operacionais ou pré-industriais, inclusive da fase inicial de operação, quando a empresa utilizou apenas parcialmente o seu equipamento ou as suas instalações; e*
>
> *II - de expansão das atividades industriais.*
>
> *Parágrafo único. As despesas referidas no caput poderão ser excluídas para fins de determinação do lucro real, em quotas fixas mensais e no prazo mínimo de 5 (cinco) anos, a partir:*
>
> *I - do início das operações ou da plena utilização das instalações, no caso do inciso I do caput; e*
>
> *II - do início das atividades das novas instalações, no caso do inciso II do caput."*

3.2 Valores não dedutíveis

O Parecer Normativo CST nº 110/1975 determina a contabilização em separado das despesas pré-operacionais não dedutíveis.

A amortização dos valores relativos a essas despesas (registrados como custo ou despesa) deve ser adicionada ao lucro líquido, no Lalur.

3.3 Resultados não operacionais apurados na fase pré-operacional

Os resultados líquidos de transações não operacionais, ocorridas durante a fase pré-operacional, devem ser apurados como transações eventuais e apropriados como resultado no período-base de sua ocorrência. Em caso de prejuízo, serão acumulados para posterior compensação com lucros, observadas as regras de compensação (PN CST nº 110/1975).

3.4 Aquisição de Imobilizado na fase pré-operacional

A aquisição de Imobilizado na fase pré-operacional deve ser tratada normalmente: o registro é feito no Ativo Permanente Imobilizado (hoje, pertencente ao grupo "não circulante", no Ativo), sujeitando-se à taxa de depreciação usualmente aplicável a partir do início da sua efetiva utilização..

Capítulo 12

Benfeitorias em Bens Pertencentes a Sócios ou Dirigentes

1. REGRA SOBRE A AMORTIZAÇÃO DE BENFEITORIAS EM PROPRIEDADE DE TERCEIROS

O custo de benfeitorias[1] com prazo de vida útil superior a um ano, realizadas pela empresa em bens locados ou arrendados de terceiros, deve ser registrado em conta do Ativo Imobilizado, podendo o respectivo valor ser (RIR/1999, art. 301, § 2º):

a) amortizado durante o prazo de vigência do contrato de locação ou arrendamento, se este tiver prazo determinado e estipular expressamente que as benfeitorias não serão indenizadas (RIR/1999, art. 325, inciso I, "d", e PN CST nº 210/1973), observando-se que essa regra não se aplica a benfeitorias em bens objeto de arrendamento mercantil (*leasing*), que somente poderão ser amortizadas no decurso do prazo de vida útil restante do bem arrendado, contado da data em que forem realizadas as benfeitorias (PN CST nº 18/1987);

b) depreciado à taxa normal de acordo com o prazo de vida útil admitido para a espécie de benfeitoria, se o contrato de locação ou arrendamento for de prazo indeterminado ou, mesmo tendo prazo certo, não vedar à empresa locatária o direito de pleitear indenização pelas benfeitorias realizadas (PN CST nº 104/1975)[2].

---

1 Até 31.12.1995, o custo das benfeitorias em bens de terceiros, registrado no Ativo Imobilizado, ficou sujeito à correção monetária. Entretanto, a partir de 1º.01.1996, ficou vedada a utilização de qualquer sistema de correção monetária das demonstrações financeiras, inclusive para fins societários (RIR/1999, art. 446).

2 A partir de 1º.01.1996, ficou vedada a dedução de despesas de amortização e depreciação de bens móveis ou imóveis não relacionados com a produção ou comercialização dos bens e serviços. O assunto foi disciplinado pela IN SRF nº 11/1996 (veja capítulo específico sobre o assunto).

2. RESTRIÇÃO À DEDUÇÃO

Em antigo pronunciamento (PN CST nº 869/1971), o Fisco manifestou-se no sentido de que as construções ou benfeitorias realizadas em terrenos locados de sócios, acionistas, dirigentes, participantes nos lucros ou seus respectivos parentes ou dependentes não podem ser amortizadas em hipótese alguma.

Tais construções ou benfeitorias, independentemente das condições contratuais, podem apenas, segundo a ótica fiscal, ser depreciadas à taxa anual admitida para imóveis, atualmente fixada em 4% (Ver anexo III em apêndice ao final deste livro com as taxas de depreciação aplicáveis aos bens do Ativo Imobilizado).

O argumento em que se baseou o Fisco para chegar a tal conclusão foi o de que a presunção legal para a empresa gozar da faculdade de amortizar o valor das benfeitorias realizadas é a ausência, ao final do contrato de locação, do direito à recuperação dos custos despendidos na sua construção.

Essa presunção, segundo entendeu o Fisco, é inadmissível se o locador for uma das pessoas mencionadas, em razão de a operação de transferência de propriedade das benfeitorias para elas, sem pagamento de indenização, enquadrar-se como distribuição disfarçada de lucros, pois caracteriza uma alienação de bem do Ativo por valor notoriamente inferior ao de mercado (hipótese atualmente contemplada no RIR/1999, art. 464, inciso I).

Importa salientar que a presunção legal de distribuição disfarçada de lucros, após a expedição do referido parecer, sofreu algumas alterações, principalmente no que se refere às pessoas beneficiárias do favorecimento, que segundo o art. 465 do RIR/1999 são as seguintes:

a) o sócio ou acionista da empresa, mesmo quando pessoa jurídica;
b) o administrador ou o titular da pessoa jurídica;
c) o cônjuge e os parentes até o terceiro grau, inclusive os afins do sócio pessoa física e das demais pessoas mencionadas na letra "b".

Importa, ainda, salientar que, desde 1º.01.1998, a importância correspondente a lucros distribuídos disfarçadamente que for adicionada ao lucro líquido, para fins de determinação do lucro real, deverá, também, ser adicionada ao lucro líquido para fins de determinação da base de cálculo da Contribuição Social sobre o Lucro (Lei nº 9.532/1997, art. 60).

Sobre distribuição disfarçada de lucros, consulte capítulo específico.

3. DECISÕES DO 1º CONSELHO DE CONTRIBUINTES (ATUAL CARF)

Vimos que, de acordo com o PN CST nº 869/1971, caso a empresa realize construção ou benfeitorias em imóvel locado de pessoa ligada e, ao término do contrato de locação, essas construções ou benfeitorias venham a ser transferidas gratuitamente ao locador, estará caracterizada a distribuição disfarçada de lucros.

O mesmo ocorrerá se a indenização que o locador pagar à empresa for notoriamente inferior ao valor de mercado dos bens ou, eventualmente, poderá ser considerado tratar-se de negócio realizado com pessoa ligada em condições de favorecimento.

Vejamos as seguintes decisões que confirmam a caracterização da distribuição disfarçada de lucros, as quais, aliás, vão na linha do decidido pela Câmara Superior de Recursos Fiscais no Acórdão nº CSRF/01-0206, de 1982:

> "BENFEITORIAS EM IMÓVEL LOCADO DE SÓCIO - As benfeitorias efetuadas em imóvel locado à empresa, de propriedade de sócio-majoritário, contratualmente não indenizáveis, configuram transferência de numerário ao sócio beneficiado, tipificando distribuição disfarçada de lucros." (Acórdão nº 104-17037/1999)

> "DISTRIBUIÇÃO DISFARÇADA DE LUCROS - Não comprovado que a realização de benfeitorias em imóvel de propriedade de pessoas ligadas, sem direito a ressarcimento dos custos, deu-se no interesse exclusivo da pessoa jurídica locatária, fica caracterizada a distribuição disfarçada de lucros." (Acórdão nº 101-93041/2000)

Deve ser registrado que, na decisão a seguir, prolatada há muito tempo, o 1º Conselho de Contribuintes, diante de boas razões, foi suficientemente maleável para afastar a presunção de distribuição disfarçada de lucros:

> "Não constitui hipótese de distribuição disfarçada de lucros a efetivação de obras por empresa locatária no imóvel pertencente ao sócio majoritário, ainda que contratualmente não indenizáveis, se essas obras tiverem por objetivo adaptar o imóvel a fim de que este se preste ao funcionamento de um novo departamento e sem que ocorra a ampliação da área construída." (Acórdão nº 106-241/1985)

Há, todavia, uma questão que permanece gerando dúvidas: a própria Câmara Superior de Recursos Fiscais passou a admitir (contrariando o PN CST nº 869/1971) que **as construções ou benfeitorias realizadas em bens locados de sócios podem ser amortizadas** (Acórdãos nºs 1.431 e 1.432, publicados no DOU de 19.01.1995).

Isso, na prática, significa que, caso a empresa registre a amortização e venha a ser autuada, poderá defender-se com razoáveis chances de êxito, mesmo na esfera administrativa, considerando-se o entendimento da CSRF. Mas não se pode afastar o risco de autuação por distribuição disfarçada de lucros. E, se isso ocorrer, a empresa deverá se preparar para uma batalha bem mais complexa. Observe-se, ainda, que, neste caso, a autuação poderá vir a ser efetuada tomando por base o valor de mercado, não o valor contábil da benfeitoria. Portanto, fica o alerta: realizar tais benfeitorias (deduzindo, ou não, a amortização do seu valor) é procedimento que deve ser analisado com muito cuidado, considerada a possibilidade de sobrevirem questionamentos fiscais.

Capítulo 13

Investimentos em Participações Societárias (método da equivalência patrimonial e método de custo ou aquisição)

Conforme comentaremos neste capítulo, os investimentos que a empresa faz em participações societárias devem ser avaliados:

a) pelo método da equivalência patrimonial (I); ou

b) pelo custo de aquisição (II).

I – INVESTIMENTOS AVALIADOS PELO MÉTODO DA EQUIVALÊNCIA PATRIMONIAL

1. COMPANHIAS ABERTAS E INSTITUIÇÕES FINANCEIRAS - NORMAS ESPECÍFICAS

No caso de companhias abertas e de instituições financeiras, além das normas aqui mencionadas, deve ser observada, também, a disciplina normativa baixada, respectivamente, pela Comissão de Valores Mobiliários (CVM) e pelo Banco Central do Brasil (Bacen).

2. INVESTIMENTOS SUJEITOS À AVALIAÇÃO PELA EQUIVALÊNCIA PATRIMONIAL

Devem ser avaliados pelo Método da Equivalência Patrimonial (MEP) os investimentos da pessoa jurídica (Lei nº 6.404/1976, art. 248, caput, com a redação dada pela Lei nº 11.941/2009, art. 37):

a) em sociedades controladas;

b) em sociedades coligadas; e

c) em outras sociedades que façam parte de um mesmo grupo ou estejam sob controle comum.

2.1 Conceito de sociedades coligadas, controladas e controladoras

2.1.1 Sociedades coligadas

São coligadas as sociedades nas quais a investidora tenha influência significativa (Lei nº 6.404/1976, art. 243, § 1º, com redação dada pela Lei nº 11.941/2009, art. 37).

Notas

(1) O conceito de sociedade coligada previsto no art. 243 da Lei nº 6.404/1976, com a redação dada pela Lei nº 11.941/2009, art. 37, somente será utilizado para os propósitos previstos na Lei das S/A. Para os propósitos previstos em leis especiais, considera-se coligada a sociedade referida no art. 1.099 do Código Civil.

(2) De acordo com os §§ 4º e 5º do art. 243 da Lei nº 6.404/1976 (incluídos pela Lei nº 11.941/2009, art. 37), influência significativa:

a) há quando a investidora detém ou exerce o poder de participar nas decisões das políticas financeira ou operacional da investida, sem controlá-la;

b) é presumida quando a investidora for titular de 20% ou mais do capital votante da investida, sem controlá-la.

Assim, se a empresa "A" detiver 20% do capital da empresa "B", as empresas "A" e "B" são coligadas. Se, no entanto, esta participação for de 5%, não estará caracterizada a coligação.

Observa-se que a referência ao "capital" abrange tanto o "capital votante" quanto o "capital não votante", ou seja, o total de ações ou quotas integralizadas.

2.1.2 Sociedades controladas e controladoras

Considera-se controlada a sociedade na qual a controladora, diretamente ou por intermédio de outras controladas, é titular de direitos de sócio que lhe assegurem, de modo permanente, preponderância nas deliberações sociais e poder de eleger a maioria dos administradores (Lei nº 6.404/1976, art. 243, § 2º).

Observa-se, assim, que o controle pode ser direto ou indireto (por meio de outras controladas) e refere-se à participação no capital votante.

Se a empresa "A" participa com mais de 50% do capital votante da empresa "B", configura-se o controle, ou seja, a empresa "A" controla a empresa "B".

Consideremos ainda que:

a) a empresa "A" detém 15% do capital votante da empresa "C";

b) a empresa "B" (que, como vimos, é controlada por "A") participa com 40% do capital votante da empresa "C".

Nesse caso, a empresa "A" é controladora também da empresa "C", porque a soma das participações (15% própria e 40% de sua controlada "B") ultrapassa a 50% do capital votante.

2.3 Momento em que deve ser feita a equivalência patrimonial

De acordo com a legislação do Imposto de Renda e exposto tópico, a avaliação de investimentos pela equivalência patrimonial deve ser efetuada:

a) na aquisição do investimento, momento em que deverá ser desdobrado o custo de aquisição em valor de PL na época da aquisição, mais ou menos valia e ágio por rentabilidade futura (*goodwill*),

b) em cada balanço de encerramento do período-base de apuração do lucro real, momento em que o ajuste do valor do investimento ao valor de Patrimônio Líquido da coligada ou controlada deverá ser registrado como indicado no subitem 3.1;

c) por ocasião da alienação do investimento.

3. CRITÉRIOS GERAIS DE CÁLCULO DA EQUIVALÊNCIA PATRIMONIAL

No balanço patrimonial da companhia, os investimentos em coligadas ou em controladas e em outras sociedades que façam parte de um mesmo grupo ou estejam sob controle comum serão avaliados pelo método da equivalência patrimonial, de acordo com as seguintes normas:

a) o valor do Patrimônio Líquido da coligada ou controlada será determinado com base em balanço patrimonial ou balancete de verificação levantado na mesma data do balanço da empresa, ou até 2 meses no máximo antes dessa data, com observância da legislação comercial, inclusive quanto à dedução das participações nos resultados e da provisão para o Imposto de Renda;

Nota

Nos termos da Lei nº 6.404/1976, art. 248, I, no valor do Patrimônio Líquido da coligada ou controlada não devem ser computados os resultados não realizados decorrentes de negócios com a companhia investidora ou com outras sociedades coligadas à companhia ou por ela controladas.

b) se os critérios contábeis adotados pela coligada ou controlada e pela empresa investidora não forem uniformes, esta deverá fazer, no balanço ou balancete da coligada ou controlada, os ajustes necessários para eliminar as diferenças relevantes decorrentes da diversidade de critérios;

c) o balanço ou balancete da coligada ou controlada levantado em data anterior à do balanço da empresa investidora deverá ser ajustado para registrar os efeitos relevantes de fatos extraordinários ocorridos no período;

d) o prazo de 2 meses mencionado na letra "a" aplica-se aos balanços ou balancetes de verificação das sociedades de que a coligada ou controlada participe, direta ou indiretamente, com investimentos que devam ser avaliados pelo MEP, para efeito de determinar o valor de Patrimônio Líquido da coligada ou controlada;

e) o valor do investimento será determinado mediante a aplicação, sobre o valor do Patrimônio Líquido ajustado conforme as letras "a" a "d", do percentual de participação da investidora no capital da coligada ou controlada.

3.1 Ajuste do valor contábil do investimento - Registro e tratamento fiscal

O valor do investimento na data do balanço deve ser ajustado ao valor de Patrimônio Líquido da coligada ou controlada, determinado de acordo com os critérios citados nas letras "a" a "e" supra, mediante lançamento da diferença a débito (se positiva) ou a crédito (se negativa) na conta de Investimentos.

A contrapartida do ajuste, por aumento ou redução no valor de Patrimônio Líquido do investimento (que é registrada em conta de resultado), não será computada na determinação do lucro real.

Isso significa que a conta que registrar a contrapartida do ajuste terá o seguinte tratamento fiscal:

a) se houver ganho, a receita contabilizada será excluída no Lalur para efeito de apuração do lucro real;

b) havendo perda, o respectivo valor contabilizado em conta de despesa será adicionado no Lalur para efeito de apuração do lucro real.

É importante salientar, ainda, que, nos termos da Lei nº 6.404/1976, art. 248, III, a diferença entre o valor do investimento, determinado segundo a equivalência patrimonial, e seu valor contábil somente deve ser registrada como resultado do exercício:

a) se decorrer de lucro ou prejuízo apurado na coligada ou controlada;

b) se corresponder, comprovadamente, a ganhos ou perdas efetivos;

c) no caso de companhia aberta, com observância das normas expedidas pela CVM.

3.1.1 Lucros ou dividendos recebidos da coligada ou controlada

Os lucros ou dividendos distribuídos pela coligada ou controlada devem ser registrados, pela investidora, como diminuição do valor de Patrimônio Líquido do investimento (débito de "Caixa" ou "Bancos Conta Movimento" e crédito da conta que registra o Investimento), ou seja, não influenciarão as contas de resultado.

Quando os lucros ou dividendos forem apurados em balanço de coligada ou controlada levantado em data posterior à da última avaliação pelo método de equivalência patrimonial, os respectivos valores devem ser creditados à conta de resultado da investidora, mas poderão ser excluídos do lucro líquido, no Lalur, para efeito de determinação do lucro real.

Como se verifica, essa forma de registro é aplicável às hipóteses em que sejam distribuídos lucros ou dividendos ainda não integrados ao valor do investimento e aos resultados da investidora.

Nesse caso, se a avaliação subsequente for baseada em balanço ou balancete com data anterior à da distribuição, o Patrimônio Líquido da coligada ou controlada deverá ser ajustado com a exclusão do valor total distribuído.

Nota

Os lucros ou dividendos calculados com base nos resultados apurados a partir de janeiro de 1996, pagos ou creditados por pessoas jurídicas domiciliadas no País, não estão sujeitos à incidência do Imposto de Renda na Fonte nem integram a base de cálculo do imposto do beneficiário, pessoa física ou jurídica, domiciliado no País ou no exterior. No caso de distribuição de lucros ou dividendos apurados antes de 1º.01.1996, poderá haver incidência do IR Fonte, de acordo com a época de sua apuração.

3.2 Desdobramento do custo de aquisição

Na aquisição da participação societária sujeita à avaliação pelo MEP, a empresa deverá desdobrar o custo de aquisição em:

a) valor de patrimônio líquido na época da aquisição, determinado de acordo com o patrimônio líquido da investida; e

b) mais ou menos-valia, que corresponde à diferença entre o valor justo dos Ativos líquidos da investida, na proporção da porcentagem da participação adquirida, e o valor referido em "a"; e

c) ágio por rentabilidade futura (*goodwill*), que corresponde à diferença entre o custo de aquisição do investimento e o somatório dos valores de que tratam as letras "a" e "b".

O valor de patrimônio líquido, a mais-valia ou menos-valia e o *goodwill*, devem ser registrados em subcontas distintas.

3.2.1 Procedimentos básicos

A aquisição de participação societária sujeita à avaliação pelo valor do patrimônio líquido exige o reconhecimento e a mensuração:

I - primeiramente, dos ativos identificáveis adquiridos e dos Passivos assumidos a valor justo; e

II - posteriormente, do ágio por rentabilidade futura (*goodwill*) ou do ganho proveniente de compra vantajosa.

O ganho proveniente de compra vantajosa que corresponde ao excesso do valor justo dos Ativos líquidos da investida, na proporção da participação adquirida, em relação ao custo de aquisição do investimento, será computado na determinação do lucro real no período de apuração da alienação ou baixa do investimento.

3.2.2 Mais-valia ou menos valia – Necessidade de laudo de perito

O valor da mais-valia ou menos-valia deverá ser baseado em laudo elaborado por perito independente que deverá ser protocolado na Secretaria da Receita Federal do Brasil ou cujo sumário deverá ser registrado em Cartório de Registro de Títulos e Documentos, até o último dia útil do 13° (décimo terceiro) mês subsequente ao da aquisição da participação.

4. TRATAMENTO CONTÁBIL DA MAIS-VALIA E DO *GOODWILL*

4.1 Mais-valia

A Mais-Valia será "transferida" para resultado quando os bens que lhe deram origem forem baixados na investida, seja por depreciação, amortização ou alienação.

A contrapartida será a conta de resultado de equivalência patrimonial e não despesa de amortização de ágio, como era antes.

Na prática, a mais-valia será "baixada" ou "transferida" para o resultado proporcionalmente a baixa do Ativo que a gerou.

4.2. *Goodwill*

Já o *goodwill* não será "amortizado", sendo apenas submetido periodicamente ao teste de *impairment* (valor de recuperação), que analisará sua capacidade de contribuir para a produção de resultados futuros.

Se o teste de *impairment* revelar aumento no valor do *goodwill*, nada será feito na contabilidade.

Agora, se o teste de *impairment* revelar perda de valor, essa perda deverá ser reconhecida. Neste caso, teremos o seguinte registro:

Lançamento 1

D - Despesa com *impairment* (resultado)

C – Perda por desvalorização – *Goodwill* (redutora do investimento)

Nota

O *goodwill* é compilação dos "intangíveis" formados ao longo dos anos de existência da investida. São exemplos de intangíveis: ponto comercial, carteira de clientes, capital intelectual. São esses intangíveis, entre outros, que criam a expectativa de rentabilidade futura.

5. TRATAMENTO FISCAL DA MAIS-VALIA E DO *Goodwill*

5.1 Não tributação da redução da mais-valia e do *goodwill*

Como regra, o art. 25 do DL 1.598/1977, na redação dada pela Lei nº 12.973/2014, estabelece que a contrapartida da redução dos valores referentes a mais-valia e do *goodwill* não será computada na determinação do lucro real.

Portanto, o valor reconhecido como despesa (Resultado com MEP) deverá ser adicionado no Lalur. Essa adição correrá sempre que houver redução na mais-valia ocasionada pela realização do Ativo da investida, seja por depreciação ou alienação

Nota

É importante esclarecer que os demais valores eventualmente incluídos nesta conta ("Resultado com MEP") também não devem influenciar o resultado tributável, a exemplo da equivalência patrimonial, propriamente dita, seja ele positivo ou negativo. Possivelmente, a adição ou exclusão para fins de apuração do lucro tributável será feita pelo valor líquido dessa conta.

5.1.1 Momento da tributação do eventual ganho

A tributação do eventual ganho de capital se dará no momento da alienação ou liquidação do investimento avaliado pelo valor de patrimônio líquido

De acordo com o art. 33 do DL 1.598/1977, na redação dada pela Lei nº 12.973/2014, o valor contábil, para efeito de determinar o ganho ou perda de capital na alienação ou liquidação do investimento avaliado pelo valor de patrimônio líquido (art. 20), será a soma algébrica dos seguintes valores:

I. patrimônio líquido pelo qual o investimento estiver registrado na contabilidade do contribuinte;

II. mais-valia e *goodwill*, ainda que tenham sido realizados na escrituração comercial do contribuinte, conforme comentado acima.

Na prática esses valores somente poderão ser computados no resultado para fins tributários por ocasião da alienação ou baixa do investimento.

6. EXEMPLO

Para exemplificar o tratamento contábil e fiscal no que diz respeito à aquisição de Investimentos permanentes avaliados pelo método da equivalência patrimonial, consideremos os dados a seguir:

Balanço da investida Sena em 31.12.x1			
Ativo		**Passivo**	
Caixa	100	Fornecedores	800
Duplicatas a receber	1.000	Financiamentos	1.300
Estoque	3.000	Impostos a pagar	900
Imobilizado	4.000	Patrimônio Líquido	5.100
		Capital	3.000
		Lucros	1.500
		Reservas	600
Total	8.100	Total	8.100

Investidora Delta adquiri em 31.12.x1 participação no capital de Sena de	70%
Valor pago pelo investimento	10.000
Bens da investida a valor justo (para fins de equivalência) – Fundamento econômico para a mais-valia:	
Imobilizado	6.000

Como na contabilidade da investida o bem está registrado por R$ 4.000, temos ai a ocorrência da mais-valia no valor de R$ 2.000 (R$ 6.000 – R$ 4.000).

Com vimos anteriormente há a necessidade de se evidenciar e destacar a mais-valia e o *goodwill*. Ambos os valores comporão o grupo investimento. Em relação a mais-valia é importante que se crie uma conta para o fundamento econômico que o originou. No nosso exemplo, o fundamento econômico foi o imobilizado. Deste modo, a conta deverá trazer essa referencia. Como sugestão poderá ser denominada "Mais-valia – Imobilizado - DL 1598, art. 20, II". Isso é importante no momento do reconhecimento da mais-valia como resultado.

Diante do exposto, o registro contábil deverá se apresentar da seguinte forma, observados os dados do exemplo:

Lançamento 2

D – Investimentos em controladas - DL 1598, art. 20, I	3.570	
D – Mais-valia – Imobilizado - DL 1598, art. 20, II	1.400	
D – *Goodwill* – DL 1598, art. 20, III	5.030	
C – Caixa/Bancos		10.000

Origem dos valores acima:

Participação na Cia investida (DL 1598, art. 20, I)

R$ 3.570 (70% do PL de R$ 5.100)

Mais-valia (DL 1598, art. 20, II)

R$ 1.400 (70% da Mais-valia de R$ 2.000)

Ágio por Rentabilidade Futura – *goodwill* (DL 1598, art. 20, III)

R$ 5.030, assim apurado: $ 10.000 –($ 3.570 + $ 1.400)

Dando continuidade ao exemplo, consideremos que o bem da investida (que deu origem a mais valia) no balanço de 31.12.x2 tenha sido depreciado em 10%. A investidora deverá fazer o seguinte registro em sua contabilidade por ocasião da equivalência patrimonial (10% de R$ 1.400,00)

Lançamento 3

D – Resultado com MEP (Resultado)

C – Mais-valia – Imobilizado - DL 1598, art. 20, II 140

Já o *goodwill* não será "amortizado", sendo apenas submetido periodicamente ao teste de *impairment* (valor de recuperação), que analisará sua capacidade de contribuir para a produção de resultados futuros.

Se o teste de *impairment* revelar aumento no valor do *goodwill*, nada será feito na contabilidade.

Agora, se o teste revelar perda de valor, essa perda deverá ser reconhecida. Neste caso, teremos o seguinte registro:

Lançamento 4

D - Despesa com *impairment* (resultado)

C – Perda por desvalorização – *Goodwill* (redutora do investimento)

Como visto anteriormente, a contrapartida da redução dos valores referentes a mais-valia e do *goodwill* (incisos II e III do caput do art. 20 do DL 1.598/1977) não será computada na determinação do lucro real.

Portanto, diante do exposto acima, o valor reconhecido como despesa (Resultado com MEP - lançamento nº 3) deverá ser adicionado no Lalur.

Essa adição correrá sempre que houver redução na mais-valia ocasionada pela realização do Ativo da investida, seja por depreciação ou alienação. Por tanto, no exemplo, deverá ser feita uma adição ao lucro líquido, no valor de R$ 140.

Caso haja perda por desvalorização (*impairment* do *goodwill* – lançamento 4), a adição também deverá ser feita na apuração do lucro real.

Nota

A tributação do eventual ganho de capital, conforme visto anteriormente, se dará no momento da alienação ou liquidação do investimento avaliado pelo valor de patrimônio líquido

6.1 Aumento do patrimônio Líquido da investida proveniente de lucros – tratamento na investidora

Consideremos que em 3112.x2 a investidora aufira lucros da ordem de $ 500 e que 50% desses lucros sejam destinados, pela assembleia, à distribuição aos acionistas. Em 31.12.x2 a investidora deverá proceder aos seguintes registros:

Lançamento 5 - Reconhecimento da equivalência patrimonial

D – Investimentos em controladas - DL 1598, art. 20, I

C – Resultado com MEP (Resultado) 350*

* $ 500 x 70%.

Lançamento 6 - Reconhecimento da distribuição de dividendos

D – Dividendos a Receber

C – Investimentos em controladas - DL 1598, art. 20, I 175**

** $ 500 x 70% = $ 350 x 50% = $ 175

7. EXEMPLO DE OCORRÊNCIA DE MENOS VALIA - TRATAMENTO CONTÁBIL E FISCAL

Consideremos os mesmo dados do exemplo do item 6. No entanto, estamos considerando que o valor justo do imobilizado da investida seja R$ 3.000. Lembra-se que o patrimônio líquido da investida corresponde a R$ 5.100

Diante desses dados, temos:

Investidora Delta adquiri participação no capital de Sena de	70%
Valor pago pelo investimento	10.000
Bens da investida a valor justo (para fins de equivalência) – Fundamento econômico para a menos-valia:	
Imobilizado	3.000

Como na contabilidade da investida o bem está registrado por R$ 4.000, temos ai a ocorrência da menos-valia no valor de R$ 1.000 (R$ 4.000 – R$ 3.000).

Diante do exposto, o registro contábil deverá se apresentar da seguinte forma, observados os dados do exemplo:

Lançamento 7

D – Investimentos em controladas - DL 1598, art. 20, I 3.570

D – *Goodwill* – DL 1598, art. 20, III 7.130

C – Ganho por compra vantajosa
(menos-valia) - DL 1598, art. 20, II 700

C – Caixa/Bancos 10.000

Origem dos valores acima:

a) Participação na Cia investida (DL 1598, art. 20, I) R$ 3.570 (70% do PL de R$ 5.100)

b) Ganho por compra vantajosa - Menos-valia (DL 1598, art. 20, II) R$ 700 (70% da menos-valia de R$ 1.000)

c) Ágio por Rentabilidade Futura – *goodwill* (DL 1598, art. 20, III) R$ 7.130, assim apurado: $ 10.000 –[$ 3.570 + (-$ 700)]

Conforme vimos anteriormente, o ganho por compra vantajosa não será tributado quando da sua ocorrência, mas sim por ocasião da venda do investimento. Portanto, o valor de R$ 700 deverá ser excluído na apuração do lucro real.

8. OUTRAS PARTICIPAÇÕES SOCIETÁRIAS - AVALIAÇÃO PELO MÉTODO DE CUSTO

Devem ser avaliados pelo MEP os investimentos da pessoa jurídica (Lei nº 6.404/1976, art. 248, caput, com a redação dada pela Lei nº 11.941/2009, art. 37):

a) em sociedades controladas;

b) em sociedades coligadas;e

c) em outras sociedades que façam parte de um mesmo grupo ou estejam sob controle comum.

Assim, os demais investimentos em participação no capital social de outras sociedades devem ser avaliados pelo custo de aquisição.

A eventual avaliação desses investimentos acima do valor de custo de aquisição (corrigido até 31.12.1995, se adquiridos até essa data) é considerada reavaliação tributável.

(Lei nº 6.404/1976, art. 183, III)

9. COLIGADAS OU CONTROLADAS COM PATRIMÔNIO LÍQUIDO NEGATIVO

Como visto, no MEP, o valor do investimento registrado no Ativo não Circulante da empresa investidora tem estrita relação com o valor do Patrimônio Líquido da controlada ou coligada.

Se, em face de sucessivos prejuízos apurados pela coligada ou controlada, o valor de seu Patrimônio Líquido passar a ser negativo, entende-se que o procedimento contábil mais adequado, na investidora, é registrar normalmente a equivalência patrimonial, diminuindo o valor do investimento até que este esteja "zerado", não se registrando, portanto, qualquer parcela a título de investimento negativo.

Após haver "zerado" o investimento, a investidora deixará de reconhecer contabilmente a sua participação nos eventuais prejuízos posteriormente apurados pela coligada ou controlada. Do mesmo modo, os lucros apurados pela controlada ou coligada também não devem ser reconhecidos pela investidora enquanto não forem suficientes para tornar positivo o Patrimônio Líquido da investida.

Caso a investidora possua saldos de ágios ou deságios relativos a investimentos em coligada ou controlada com Patrimônio Líquido negativo, tais valores devem ser totalmente amortizados no momento em que o investimento estiver "zerado".

II - INVESTIMENTOS EM PARTICIPAÇÕES SOCIETÁRIAS NÃO SUJEITOS À EQUIVALÊNCIA PATRIMONIAL - AVALIAÇÃO PELO CUSTO DE AQUISIÇÃO

Os comentários a seguir se aplicam aos investimentos em participações societárias permanentes **não sujeitos ao método da equivalência patrimonial**

São, portanto, os investimentos em participações societárias obrigatoriamente avaliados pelo custo de aquisição.

1 PRESUNÇÃO DA INTENÇÃO DE PERMANÊNCIA DO INVESTIMENTO

Presume-se, para fins fiscais, a intenção de permanência do investimento se este, porventura registrado no Ativo Circulante, não for alienado até a data do balanço do exercício social seguinte àquele em que tiver sido adquirida a participação.

Nesse caso, o valor da aplicação deverá ser reclassificado para o subgrupo de Investimentos, no Ativo Permanente (hoje, pertencente ao grupo "não circulante", no Ativo).

Não é demais lembrar que esse critério de presunção consta do antigo Parecer Normativo CST nº 108/1978 e, a toda evidência, tinha por finalidade a correção monetária do balanço, extinta, inclusive para fins societários, a partir de 1º.01.1996, pelo art. 4º da Lei nº 9.249/1995 (incorporado ao art. 446 do RIR/99). O citado Parecer exigia que o investimento reclassificado fosse corrigido monetariamente, considerando como data de aquisição a do balanço do período-base anterior.

2 CUSTO DE AQUISIÇÃO

Os investimentos em participações no capital social de outras sociedades, desde que não sujeitos à avaliação pela equivalência patrimonial, devem ser avaliados pelo custo de aquisição, deduzido da provisão para perdas prováveis na sua realização, quando essa perda estiver comprovada como permanente.

Cabe salientar, uma vez mais, que, até 31.12.1995, o investimento, por integrar o Ativo Permanente, ficava sujeito à extinta correção monetária do balanço.

Outro aspecto importante é a questão da provisão para perdas prováveis na realização de investimentos. Até 31.12.1995, a legislação do Imposto de Renda admitia a dedução dessa provisão, embora com algumas restrições (conforme art. 374 do então vigente RIR/1994):

a) a provisão deveria ser constituída após 3 anos da aquisição do investimento;

b) a perda deveria ser comprovada como permanente (de impossível ou improvável recuperação);

c) cabia à pessoa jurídica o ônus da prova da perda permanente que justificasse a constituição da provisão;

d) a provisão constituída antes do prazo referido na letra "a" poderia ser deduzida, após o decurso desse prazo, para efeito de determinação do lucro real, desde que observadas as normas citadas em "b" e "c".

A provisão, no entanto, em relação aos períodos-base iniciados a partir de 1º.01.1996, passou a ser indedutível na determinação do lucro real e da base de cálculo da Contribuição Social sobre o Lucro (Lei nº 9.249/1995, art. 13, I).

É claro que a empresa não está proibida de constituí-la contabilmente por causa dessa norma eminentemente fiscal. Mas, se o fizer, a contrapartida (despesa com a constituição da provisão) não será dedutível, o que significa que o respectivo valor constituirá adição ao lucro líquido.

3 EXEMPLO DE CONTABILIZAÇÃO

A aquisição de participação societária não sujeita à equivalência patrimonial, ou seja, que deve ser avaliada pelo método de custo, pode ser contabilizada como segue (considera-se estritamente o valor de custo da participação, sem estabelecer qualquer tipo de relação ou "equivalência" com o Patrimônio Líquido da investida):

D	Investimentos - Empresa "ABC"
C	Caixa/Bancos Conta Movimento

4 RECEBIMENTO DE LUCROS OU DIVIDENDOS

Os lucros ou dividendos[1] relativos a investimentos avaliados pelo custo de aquisição, recebidos da investida, integram o lucro operacional da investidora.

1 Por ocasião da contabilização dos lucros ou dividendos, a investidora deverá levar em conta o tratamento tributário respectivo de acordo com o período em que foram apurados.

Essa regra só não se aplica na hipótese comentada no subitem 3.4.1. Portanto, os valores recebidos podem ser contabilizados como segue:

D	Caixa/Bancos Conta Movimento
C	Dividendos e Lucros Recebidos*

*Conta de resultado.

Os respectivos valores (tributados na investida), computados como receita pela investidora, poderão ser excluídos do lucro líquido desta para fins de apuração do lucro real do período-base, bem como para efeito de determinação da base de cálculo da Contribuição Social sobre o Lucro (Lei nº 7.689/1988, art. 2º, § 1º, "c" 2). Mas, por ocasião da contabilização dos lucros ou dividendos, a empresa investidora deverá levar em conta o tratamento tributário dispensado a esses lucros, de acordo com o período em que foram apurados.

Os lucros ou dividendos calculados com base nos resultados apurados a partir de janeiro de 1996, pagos ou creditados por pessoas jurídicas domiciliadas no País, não estão sujeitos à incidência do Imposto de Renda na Fonte nem integram a base de cálculo do imposto do beneficiário (pessoa física ou jurídica) domiciliado no País ou no exterior (RIR/1999, arts. 383 e 654).

Quanto à distribuição de lucros ou dividendos apurados antes de 1º.01.1996, poderá ou não haver incidência do IR Fonte, de acordo com a época de sua apuração, o que deve ser verificado na legislação que rege o assunto.

As ações ou quotas bonificadas, recebidas sem custo pela pessoa jurídica, não importam modificação no valor pelo qual a participação societária estiver registrada no Ativo nem serão computadas na determinação do lucro real, ressalvando-se, todavia, que:

a) as participações societárias decorrentes de incorporação de lucros ou reservas tributados na forma do art. 35 da Lei nº 7.713/1988 (IR Fonte sobre o Lucro Líquido - ILL) e de lucros ou reservas apurados no ano-calendário de 1993, no caso de investimentos avaliados pelo custo de aquisição, serão registradas tomando-se como custo o valor dos lucros ou reservas capitalizados que corresponder ao sócio ou

---

Os lucros ou dividendos calculados com base nos resultados apurados a partir de janeiro de 1996, pagos ou creditados por pessoas jurídicas domiciliadas no País, não se sujeitam ao Imposto de Renda na Fonte nem integram a base de cálculo do imposto do beneficiário (pessoa física ou jurídica) domiciliado no País ou no exterior (RIR/1999, arts. 383 e 654). Quanto à distribuição de lucros ou dividendos apurados antes de 1º.01.1996, poderá ou não haver incidência do IR Fonte, de acordo com a época de sua apuração pela investida.

acionista; a contrapartida do registro contábil, na investidora, da referida incorporação não será computada na determinação do lucro real;

b) no caso de quotas ou ações distribuídas em decorrência de aumento de capital por incorporação de lucros apurados a partir do mês de janeiro de 1996, ou de reservas constituídas com esses lucros, o custo de aquisição será igual à parcela do lucro ou reserva capitalizado, que corresponder ao sócio ou acionista.

4.1 Lucros ou dividendos de participação societária adquirida até seis meses antes

Se os lucros ou dividendos recebidos pela pessoa jurídica forem decorrentes de participação societária, avaliada pelo custo de aquisição, adquirida até seis meses antes da data da respectiva percepção, tais importâncias devem ser registrados pela investida como diminuição do valor do custo e não influenciarão as contas de resultado. Portanto, a contabilização será assim efetuada:

D	Caixa/Bancos Conta Movimento
C	Investimentos - Empresa "ABC"

Capítulo 14

Provisões

1. CONCEITO DE PROVISÃO

Tradicionalmente, as provisões sempre foram utilizadas para se reconhecer obrigações ou perdas de ativos de valor ainda não completamente definido. Para a constituição de tal provisão procede-se da seguinte forma:

a) debita-se a conta de resultado representativa da "perda" ou da "despesa" que está sendo provisionada;

b) credita-se a conta de provisão, que será classificada no:

b.1) Ativo, como conta redutora (negativa), no caso de provisões para perdas no Ativo;

b.2) Passivo, no caso de provisões para exigibilidades.

Ao contabilizar a provisão, é comum apenas complementar-se o saldo das contas envolvidas no lançamento. Mas, também é válido reverter-se o saldo não utilizado da provisão anteriormente constituída para uma conta de reversão de provisão. E, em seguida, constituir nova provisão, pelo valor integral.

Do ponto de vista fiscal, atualmente, existem enormes restrições à dedução das provisões, para efeito de determinação do lucro real e da base de cálculo da Contribuição Social sobre o Lucro. Já do ponto de vista contábil, há restrições quanto à utilização do termo "provisão". Essas restrições constam do CPC 25 - CPC 25 - Provisões, Passivos Contingentes e Ativos Contingentes. Resumidamente, referido CPC estabelece que o termo provisão refere-se apenas aos Passivos com prazo ou valor incertos. Na prática, o termo "provisão" para contas retificadoras do Ativo não deve ser utilizado. O ideal é que para contas do Ativo sejam utilizadas outras nomenclaturas para se referir as provisões ativas como, por exemplo, "perdas estimadas..." ou "perdas prováveis...".

Ocorre, porém, que a legislação tributária federal traz em diversos diplomas o termo "provisão" ou "provisões" cujo objetivo é o de abranger tanto as provisões passivas como as ativas, o que estava alinhado com a contabilidade do passado.

Com o objetivo de evitar possível interpretação errônea no sentido de que o termo "provisão" ou "provisões" na legislação tributária alcance somente as provisões passivas, no restrito sentido dado pelas normas contábeis, a Lei nº 12.973/2014 tratou de disciplinar o tema. O referido diploma legal assim estabelece:

> "Art. 59. Para fins da legislação tributária federal, as referências a provisões **alcançam as perdas estimadas** no valor de ativos, inclusive as decorrentes de redução ao valor recuperável.
>
> Parágrafo único. A Secretaria da Receita Federal do Brasil, no âmbito de suas atribuições, disciplinará o disposto neste artigo."

1.1 Provisões dedutíveis

Na determinação do lucro real e da base de cálculo da Contribuição Social sobre o Lucro da pessoa jurídica somente são dedutíveis, como custo ou despesa operacional, as seguintes provisões ou "perdas estimadas", quando se tratar de conta retificadora do Ativo (Lei nº 9.249/1995, art. 13, I; Lei nº 10.753/2003, arts. 8º e 9º; e Lei nº 10.833/2003, art. 85):

a) provisão para pagamento de férias de empregados (ver nota adiante);
b) provisão para pagamento do 13º salário dos empregados (ver nota adiante);
c) provisões técnicas das companhias de seguro e de capitalização e das entidades de previdência privada, inclusive as importâncias destinadas a completar as provisões técnicas para garantia das operações dessas pessoas jurídicas, cuja constituição é exigida pela legislação especial a elas aplicável;
d) provisão para perda de estoque de livros constituída pelas pessoas jurídicas que exerçam as atividades de editor, distribuidor e livreiro.

Importa salientar que as provisões para o Imposto de Renda e para a Contribuição Social sobre o Lucro não são dedutíveis para fins de determinação do lucro real e de apuração da base de cálculo da Contribuição Social.

Nota

Relativamente as letras "a" e "b" acima, a Solução de Consulta nº 230/2008, esclarece que a pessoa jurídica poderá deduzir, como custo ou despesa operacional, em cada período de apuração, importância destinada a constituir provisão para pagamento de remuneração correspondente ao 13º salário e a férias de seus empregados, acrescida dos encargos sociais, cujo ônus cabe à empresa, desde que devidamente quantificadas e individualizadas essas obrigações.

1.2 Tradicionais provisões indedutíveis

Considerando-se as mencionadas restrições da legislação tributária, é indedutível, para fins de apuração do lucro real e da base de cálculo da Contribuição Social sobre o Lucro, a contrapartida (registrada a débito de conta de resultado) da constituição de quaisquer outras provisões (ou "perdas estimadas", quando se tratar de conta retificadora do Ativo), ainda que exigidas pelos princípios contábeis e pela Lei das S/As., tais como:

a) Provisão para Créditos de Liquidação Duvidosa[1];

b) provisão para ajuste do custo de Ativos ao valor de mercado;

c) provisão para perdas prováveis na realização de investimentos permanentes.

Nota

De acordo com a Solução de Consulta nº 151/2008, a despesa com provisão para ajuste do valor realizável do Ativo correspondente a crédito presumido de PIS/PASEP e COFINS constitui despesa indedutível do IRPJ.

1.3 Outras provisões indedutíveis segundo a Lei nº 12.973/2014

1.3.1 Custos estimados de desmontagens

Caso a empresa constitua provisão estimando os gastos de desmontagem e retirada de item de Ativo Imobilizado ou restauração do local em que está situado, observadas as novas normas contábeis, referidos valores somente serão dedutíveis quando efetivamente incorridos.

Portanto, caso constitua provisão para gastos de desmontagem e retirada de item de Ativo Imobilizado ou restauração do local em que está situado, a pessoa jurídica deverá proceder ao ajuste no lucro líquido para fins de apuração do lucro real, no período de apuração em que o imobilizado for realizado, inclusive por depreciação, amortização, exaustão, alienação ou baixa.

Na prática, isso significa dizer que eventuais efeitos contabilizados no resultado, provenientes de ajustes na provisão ou de atualização de seu valor, não serão computados na determinação do lucro real (art. 69 da IN RFB 1700/2017).

1 A Provisão para Créditos de Liquidação Duvidosa tornou-se indedutível a partir de 1º.01.1997. Nos períodos de apuração iniciados a partir dessa data, em substituição à provisão, passou a ser admitida a dedução de perdas efetivas ocorridas no recebimento de créditos, observados certos limites e condições previstos na legislação fiscal. Comentamos o assunto em capítulo específico.

1.3.2 Ganho ou perda na avaliação a valor justo dos instrumentos financeiros

Nota-se que os artigos 13 e 14 da Lei nº 12.973/2014 estabelecem o tratamento tributário aplicável aos ganhos e as perdas tidos com os ajustes a valor justo impostos pela lei comercial, exigindo a criação de subconta para recepcionar o referido ajuste, seja ele para mais ou para menos.

De uma forma sucinta, pode-se dizer que o art. 13 da referida Lei permite que o contribuinte proceda ao diferimento da tributação dos ganhos tidos na avaliação a valor justo dos instrumentos financeiros. Para tanto, referidos valores deverão ser evidenciados contabilmente em subconta vinculada ao Ativo. Naturalmente, em se tratando de Instrumentos financeiros "mantidos até o vencimento" não há que se falar em ganho na avaliação a valor justo, pois quando o valor de mercado é superior ao valor contábil, não cabe ajuste.

Já o art. 14 estabelece que a dedutibilidade das perdas decorrentes de ajuste a valor justo dos instrumentos financeiros somente será admitida quando de sua realização.

Adicionalmente, o § 2º do referido artigo estabelece que na hipótese de não ser evidenciada por meio de subconta, **a perda será considerada indedutível na apuração do lucro real.**

2. PROVISÃO PARA 13º SALÁRIO

Contabilizar mensalmente a Provisão para 13º salário é procedimento que atende ao Princípio Contábil da Competência, segundo o qual as despesas (e receitas) devem ser computadas à medida que vão sendo incorridas, independentemente do seu pagamento (ou recebimento).

Nesse passo, constituir a provisão contribui para a elaboração de demonstrações contábeis mais apropriadas à análise e à apuração do resultado efetivo das operações sociais da empresa.

2.1 Vantagem fiscal

Outro aspecto que recomenda à empresa constituir a Provisão para 13º Salário: considerando-se sua dedutibilidade, a contabilização mensal é interessante também do ponto de vista fiscal, para efeito de redução ou suspensão da estimativa mensal ou, ainda, de apuração do lucro real trimestral, conforme o caso.

Isso porque as bases de cálculo do Imposto de Renda Pessoa Jurídica e da Contribuição Social sobre o Lucro serão determinadas partindo-se de um resultado contábil já influenciado pela despesa incorrida com o 13º salário.

2.2 Aquisição do direito ao 13º salário

Todo empregado que esteve à disposição do empregador tem direito ao 13º salário ao final de cada ano. Se o empregado foi admitido ou desligado durante o ano, fará jus a esse benefício proporcionalmente ao número de meses em que esteve prestando serviços à empresa.

2.3 Cálculo da provisão e encargos

A base para o cálculo da Provisão para o 13º salário é a remuneração do empregado no mês em que ela estiver sendo constituída (excluídos eventuais valores não integrantes dessa verba).

Na prática, constitui-se a provisão com base em 1/12 por mês da remuneração mensal do empregado.

Para esse efeito, considera-se como mês completo a fração igual ou superior a 15 dias de trabalho (Decreto nº 57.155/1965, art. 1º, parágrafo único).

Também devem ser provisionados os respectivos encargos sociais (contribuições previdenciárias e FGTS) incidentes sobre o 13º salário.

2.4 Esquema básico de lançamentos contábeis

Os lançamentos contábeis básicos de constituição dessa provisão são os seguintes:

I - 13º salário

D	Conta de Resultado 13º Salário
C	Passivo Circulante Provisão para 13º Salário

II - Encargos previdenciários

D	Conta de Resultado INSS
C	Passivo Circulante INSS sobre Provisão para 13º Salário

III - FGTS

D	Conta de Resultado FGTS
C	Passivo Circulante FGTS sobre Provisão para 13º Salário

3. PROVISÃO PARA FÉRIAS

Nos termos do art. 337 do RIR/1999, é dedutível a despesa com a constituição da provisão para férias. Assim, a constituição dessa provisão, além de atender ao Princípio Contábil da Competência, também é interessante do ponto de vista fiscal.

A contrapartida da provisão reduz o lucro contábil. Consequentemente, diminui as bases de cálculo do Imposto de Renda Pessoa Jurídica e da Contribuição Social sobre o Lucro. Por isso, é recomendável constituí-la mensalmente, esteja a empresa no lucro real trimestral ou na estimativa (neste caso, também porque poderá optar pelo levantamento de balanços/balancetes mensais de redução/suspensão da estimativa).

3.1 Determinação dos valores e limite da provisão

Determina-se o limite do saldo da provisão para férias, no encerramento do período-base, tomando-se por base a remuneração mensal do empregado e o número de dias de férias a que este já tiver direito.

É importante salientar que, na constituição da provisão, devem ser considerados o adicional constitucional de 1/3 e os encargos sociais.

Na aferição do valor a ser provisionado, deve-se estabelecer o critério de contagem de dias de férias com base no artigo 130 da CLT (com redação dada pelo art. 1° do Decreto-lei n° 1.535/1977), conforme segue:

I - Períodos completos

Após cada período de 12 meses de vigência do contrato de trabalho, o empregado tem direito a férias[2] na seguinte proporção:

a) até 5 faltas no período aquisitivo, 30 dias corridos;

b) de 6 a 14 faltas, 24 dias corridos;

c) de 15 a 23 faltas, 18 dias corridos; e

d) de 24 a 32 faltas, 12 dias corridos.

II - Por períodos incompletos

Quanto aos períodos inferiores a 12 meses de serviço, na data do balanço as férias serão calculadas com base na proporção de 1/12 de 30 por mês de serviço ou fração superior a 14 dias.

Isso equivale a 2,5 dias por mês ou fração superior a 14 dias.

2 Sempre que, nos termos da CLT, as férias forem devidas em dobro, os dias de férias a que fizer jus o empregado serão contados considerada essa circunstância.

Se a empresa contabiliza mensalmente a provisão, considerará, em cada mês, o equivalente a 2,5 dias de salário, acrescido do adicional constitucional de 1/3 e dos respectivos encargos sociais.

3.2 Empresa que não constitui a provisão - Procedimento por ocasião do pagamento das férias

Normalmente, o pagamento da remuneração de férias é efetuado ao empregado que já adquiriu integralmente o direito a elas.

Assim, a pessoa jurídica que não houver constituído a Provisão para Pagamento de Férias poderá computar, como custo ou despesa operacional, todo o valor pago a seus empregados a esse título no próprio período do pagamento, ainda que o gozo das férias se inicie num período e termine no seguinte. Mas, de todo modo e pelas razões já perfiladas, é sempre mais conveniente provisionar as férias e, de preferência, fazê-lo mensalmente.

3.3 Esquema básico de lançamentos contábeis

Os lançamentos contábeis básicos de constituição da provisão para férias são os seguintes:

I - Férias

D	Conta de Resultado Férias
C	Passivo Circulante Provisão para Férias

II - Encargos previdenciários

D	Conta de Resultado INSS
C	Passivo Circulante INSS sobre Provisão para Férias

III - FGTS

D	Conta de Resultado FGTS
C	Passivo Circulante FGTS sobre Provisão para Férias

4. PROVISÃO PARA A CONTRIBUIÇÃO SOCIAL SOBRE O LUCRO

Há duas hipóteses de classificação para a Contribuição Social sobre o Lucro (CSL):

a) no Passivo Circulante (mais usualmente): provisão para contribuição cujo vencimento ocorrerá no ano-calendário seguinte;

b) no Passivo não exigível (no Exigível a Longo Prazo): provisão para contribuição sobre lucros diferidos (valores cuja realização efetiva só ocorrerá em período-base posterior e que, por isso, tiveram sua tributação legalmente postergada para o momento em que, de acordo com a legislação, forem considerados efetivamente auferidos).

Constitui-se a provisão por ocasião do encerramento do trimestre (se a pessoa jurídica está no balanço trimestral) ou do ano-calendário (empresas optantes pela estimativa).

O sistema de cálculo e de constituição dessa provisão assemelha-se muito ao da Provisão para Imposto de Renda, focalizada no item 5 deste capítulo.

4.1 Indedutibilidade da contribuição

Desde 1°.01.1997, a Contribuição Social sobre o Lucro deixou de ser dedutível tanto para fins de determinação do lucro real quanto de sua própria base de cálculo. Por isso, o valor da contribuição registrado a débito do Resultado do Exercício deve ser adicionado ao lucro líquido do respectivo período de apuração, para fins de determinação do lucro real.

4.2 Deduções do valor provisionado

Do valor provisionado da CSL podem ser deduzidas as parcelas porventura pagas por estimativa, relativamente ao período-base em que a pessoa jurídica tenha optado por essa modalidade de pagamento mensal, bem como os valores eventualmente retidos na fonte.

4.3 Esquema básico de lançamentos contábeis

Os lançamentos contábeis básicos de constituição da provisão para a CSL e de compensação da estimativa (quando a empresa é optante por esse sistema de pagamento do IRPJ e da CSL) são os seguintes:

I - Constituição da provisão

D	Apuração do Resultado do Exercício
C	Provisão para Contribuição Social sobre o Lucro

II - Compensação de estimativa

D	Provisão para Contribuição Social sobre o Lucro
C	Contribuição Social sobre o Lucro Paga por Estimativa

5. PROVISÃO PARA O IMPOSTO DE RENDA

Em cada período de apuração, deve ser constituída provisão para Imposto de Renda, relativa ao imposto devido sobre (artigo 339 do RIR/1999):

a) o lucro real do período-base; e

b) os lucros cuja tributação tenha sido diferida (se for o caso), relativos a esse mesmo período de apuração.

Deve-se salientar que o valor provisionado é indedutível para fins de apuração do lucro real.

5.1 Classificação contábil

São aplicáveis, conforme o caso, duas classificações contábeis distintas para a provisão para Imposto de Renda:

a) no Passivo Circulante: a provisão para o Imposto de Renda que deva ser pago no ano-calendário seguinte;

b) no Passivo não Circulante (Exigível a Longo Prazo): a provisão para Imposto de Renda sobre lucros porventura diferidos.

5.2 Compensação da estimativa e de valores retidos na fonte

Podem ser compensados, do valor provisionado, aqueles eventualmente pagos por estimativa, caso a pessoa jurídica tenha optado por essa modalidade de pagamento do imposto.

A pessoa jurídica também pode compensar, com o imposto provisionado, o Imposto de Renda que houver sido retido na fonte, o qual terá sido registrado em conta de tributos a compensar/recuperar, relativo a receitas computadas na determinação do lucro real (por exemplo: IR Fonte sobre receitas de prestação de serviços caracterizadamente de natureza profissional, sobre comissões e corretagens, etc.).

5.3 Esquema básico de lançamentos contábeis

Os lançamentos contábeis básicos de constituição da provisão para o Imposto de Renda e de compensação da estimativa (quando a empresa é optante por esse sistema de pagamento do IRPJ e da CSL) são os seguintes:

I - Constituição da provisão

D	Apuração do Resultado do Exercício
C	Provisão para Imposto de Renda

II - Compensação de estimativa

D	Provisão para Imposto de Renda
C	Imposto de Renda Pago por Estimativa

6. PROVISÃO PARA PERDA DE ESTOQUES DE LIVROS

De acordo com os arts. 8º e 9º da Lei nº 10.753/2003 (alterados pelo art. 85 da Lei nº 10.833/2003) e com a disciplina da IN SRF nº 412/2004, as pessoas jurídicas e as que lhes são equiparadas pela legislação do Imposto de Renda que exerçam as atividades de editor, distribuidor e livreiro poderão constituir provisão para perda de estoques.

A provisão é calculada no último dia de cada período de apuração do Imposto de Renda e da Contribuição Social sobre o Lucro (CSL) e corresponde a 1/3 (um terço) do valor do estoque existente naquela data.

A provisão em foco é dedutível para fins de determinação do lucro real e da base de cálculo da CSL.

Para este efeito, é considerado:

a) **editor:** a pessoa jurídica que adquire o direito de reprodução de livros, dando a eles tratamento adequado à leitura;

b) **distribuidor:** a pessoa jurídica que opera no ramo de compra e venda de livros por atacado;

c) **livreiro:** a pessoa jurídica que se dedica à venda de livros.

Os registros contábeis relativos à constituição da provisão para perda de estoques, à reversão dessa provisão, à perda efetiva do estoque e a sua recuperação devem observar os seguintes critérios básicos:

- a constituição da provisão é efetuada a débito da conta de resultado e a crédito da conta redutora do estoque;
- a reversão da provisão é efetuada a débito da supracitada conta redutora do estoque, e a crédito da conta de resultado;
- a perda efetiva será efetuada a débito da conta redutora do estoque, até o seu valor, e o excesso, a débito da conta de resultado (custos ou despesas) e a crédito da conta de estoque;
- a recuperação das perdas que tenham impactado o resultado tributável, a débito da conta patrimonial e a crédito da conta de resultado.

Capítulo 15

Perdas no Recebimento de Créditos

Concomitantemente com a vedação, pela legislação fiscal, da dedutibilidade da "antiga" Provisão para Créditos de Liquidação Duvidosa (PCLD), a pessoa jurídica passou a poder considerar, na apuração do lucro real, as perdas ocorridas com créditos decorrentes de suas atividades. Isso se deu a partir de 1°.01.1997, com a entrada em vigor da Lei n° 9.430/1996.

Assim, a partir do ano-calendário de 1997, para efeito de apuração do lucro real, a sistemática de provisão constituída com base em percentual aplicável sobre o total dos créditos a receber foi substituída pelo regime de dedução direta de perdas ocorridas no recebimento de créditos, observados os critérios focalizados neste capítulo.

> É importante salientar que em diversos pontos da legislação tributária federal, o termo "provisão" ou "provisões" tem o sentido de abranger tanto as provisões passivas como as ativas. Para sanar tal problema, o art. 59 da Lei n° 12.973/2014 estabelece que o termo "provisão" ou provisões" na legislação tributária alcança somente as provisões passivas, no restrito sentido dado pelas normas contábeis. Segue teor do referido dispositivo:
>
> "Art. 59. Para fins da legislação tributária federal, as referências a provisões ***alcançam as perdas estimadas*** no valor de ativos, inclusive as decorrentes de redução ao valor recuperável.
>
> Parágrafo único. A Secretaria da Receita Federal do Brasil, no âmbito de suas atribuições, disciplinará o disposto neste artigo."

1. LIMITES PARA DEDUTIBILIDADE PARA CONTRATOS INADIMPLIDOS A PARTIR DE 08/10/2014

De acordo com o § 1° do art. do art. 71 da IN SRF n° 1700/2017, para os contratos inadimplidos a partir de 8 de outubro de 2014, poderão ser registrados como perda os créditos:

I - em relação aos quais tenha havido a declaração de insolvência do devedor, em sentença emanada do Poder Judiciário;

II - sem garantia, de valor:

a) até R$ 15.000,00 (quinze mil reais), por operação, vencidos há mais de 6 (seis) meses, independentemente de iniciados os procedimentos judiciais para o seu recebimento[1];

b) acima de R$ 15.000,00 (quinze mil reais) até R$ 100.000,00 (cem mil reais), por operação, vencidos há mais de 1 (um) ano, independentemente de iniciados os procedimentos judiciais para o seu recebimento, mantida a cobrança administrativa[2]; e

c) superior a R$ 100.000,00 (cem mil reais), vencidos há mais de 1 (um) ano, desde que iniciados e mantidos os procedimentos judiciais para o seu recebimento;

III - com garantia, vencidos há mais de 2 (dois) anos, de valor:

a) até R$ 50.000,00 (cinquenta mil reais), independentemente de iniciados os procedimentos judiciais para o seu recebimento ou o arresto das garantias; e

b) superior a R$ 50.000,00 (cinquenta mil reais), desde que iniciados e mantidos os procedimentos judiciais para o seu recebimento ou o arresto das garantias; e

IV - contra devedor declarado falido ou pessoa jurídica em concordata ou recuperação judicial, relativamente à parcela que exceder o valor que esta tenha se comprometido a pagar, observado que, no caso de crédito com empresa em processo falimentar, em concordata ou em recuperação judicial, a dedução da perda será admitida a partir da data da decretação da falência ou do deferimento do processamento da concordata ou recuperação judicial, desde que a credora tenha adotado os procedimentos judiciais necessários para o recebimento do crédito.

Os referidos limites estão fixados por operação e não por devedor.

Para fins de aproveitamento desse limite considera-se operação a venda de bens, a prestação de serviços, a cessão de direitos, a aplicação de recursos financeiros em operações com títulos e valores mobiliários, constante de um único contrato no qual esteja prevista a forma de pagamento do preço pactuado, ainda que a transação seja realizada para pagamento em mais de uma parcela.

1 No caso de contrato de crédito em que o não pagamento de uma ou mais parcelas implique o vencimento automático de todas as demais parcelas vincendas, esse limite será considerado em relação ao total dos créditos, por operação, com o mesmo devedor.

2 No caso de contrato de cartão de crédito em que o não pagamento de uma ou mais parcelas implique o vencimento automático de todas as demais parcelas vencidas, esse limite será considerado em relação ao total de créditos, por operação, com o mesmo devedor.

Em se tratando de empresas mercantis, a operação será caracterizada pela emissão da fatura, mesmo que englobe mais de uma nota fiscal.

1.1 limites para dedutibilidade de contratos inadimplidos até 07/10/2014

Até 07.10.2014 puderam ser registrados como perda para efeito de apuração do lucro real os créditos (§11 do art. do art. 71 da IN SRF nº 1700/2017):

a) em relação aos quais tenha havido a declaração de insolvência do devedor, em sentença emanada do Poder Judiciário;

b) sem garantia, de valor:

b.1) até R$ 5.000,00, por operação, vencidos há mais de seis meses, independentemente de iniciados os procedimentos judiciais para o seu recebimento;

b.2) acima de R$ 5.000,00 até R$ 30.000,00, por operação, vencidos há mais de um ano, independentemente de iniciados os procedimentos judiciais para o seu recebimento, porém mantida a cobrança administrativa;

b.3) superior a R$ 30.000,00, vencidos há mais de um ano, desde que iniciados e mantidos os procedimentos judiciais para o seu recebimento;

c) com garantia, vencidos há mais de dois anos, desde que iniciados e mantidos os procedimentos judiciais para o seu recebimento ou o arresto das garantias;

d) contra devedor declarado falido ou pessoa jurídica declarada concordatária (atualmente, recuperação judicial - Lei nº 11.101/2005), relativamente à parcela que exceder o valor que esta se tenha comprometido a pagar, observado o seguinte:

d.1) a dedução da perda será admitida a partir da data da decretação da falência ou da concessão da concordata, desde que a credora tenha adotado os procedimentos judiciais necessários para o recebimento do crédito;

d.2) a parcela do crédito cujo compromisso de pagar não houver sido honrado pela empresa concordatária poderá também ser deduzida como perda.

2. O QUE SE CONSIDERA "OPERAÇÃO" PARA FINS DE DETERMINAÇÃO DOS LIMITES DE QUE TRATA A LEGISLAÇÃO?

De acordo com o Plantão Fiscal IRPJ 2017 - Capítulo VIII - IRPJ - Lucro operacional, considera-se operação a venda de bens, a prestação de serviços, a cessão de direitos, a aplicação de recursos financeiros em operações com títulos e valores mobiliários, constante de um único contrato, no qual esteja prevista a forma de pagamento do preço pactuado, ainda que a transação seja realizada para pagamento em mais de uma parcela.

No caso de empresas mercantis, a operação será caracterizada pela emissão da fatura, mesmo que englobe mais de uma nota fiscal.

Por sua vez, os limites de que trata a legislação serão sempre calculados sobre o valor total da operação ainda que tenha honrado uma parte do débito, o devedor esteja inadimplente de um valor correspondente a uma faixa abaixo da que se encontra o valor total da operação.

3. ACRÉSCIMO DE REAJUSTES E ENCARGOS MORATÓRIOS CONTRATADOS

Para efetuar o registro da perda, os créditos serão considerados pelo seu valor original, acrescido de reajustes em virtude de contrato, inclusive juros e outros encargos pelo financiamento da operação e de eventuais acréscimos moratórios em razão da sua não liquidação, considerados até a data da baixa.

4. REGISTRO DE NOVA PERDA EM UMA MESMA OPERAÇÃO

Para o registro de nova perda em uma mesma operação, as condições referidas na letra "b" do item 1 devem ser observadas em relação à soma da nova perda com aquelas já registradas.

5. EXEMPLOS

Em relação ao assunto, a Receita Federal, por meio do Plantão Fiscal IRPJ 2017 - Capítulo VIII - IRPJ - Lucro operacional, apresenta os seguintes exemplos, aqui reproduzidos com pequenas alterações e ambientados em data a partir de 08.10.2014 (portanto, observando os novos limites):

"Hipótese 1:

Admitamos que uma pessoa jurídica tenha realizado no mês de abril de 20X1 vendas de mercadorias a um determinado cliente, cujas notas fiscais foram englobadas numa única fatura (de nº 111), para pagamento nos seguintes prazos e condições:

a) valor e vencimento das duplicatas:

- duplicata nº 111-A, no valor de R$ 6.000,00 com vencimento em 2/5/20X1;
- duplicata nº 111-B, no valor de R$ 4.500,00 com vencimento em 16/5/20X1;

- duplicata nº 111-C, no valor de R$ 3.000,00 com vencimento em 30/05/20X1;

b) caso as duplicatas não sejam pagas no vencimento, os respectivos valores serão acrescidos dos seguintes encargos, previstos contratualmente:

- juros (simples) de 0,5% a ao mês, contado a partir do mês subsequente ao do vencimento do título;
- multa de mora de 2% sobre o valor original do crédito.

Neste caso, se em 31/12/20X1 esses créditos ainda não tiverem sido liquidados, tem-se a seguinte situação:

Valor total do crédito, acrescido dos encargos moratórios:

Duplicata nº	Vencimento	A Valor original	B Valor dos juros devidos até 31/12/20X1 (3,5% de A)	C Valor da multa (2% de A)	Total do crédito (A + B + C)
111-A	02/05/20X1	6.000,00	210,00	120,00	6.330,00
111-B	16/05/20X1	4.500,00	157,50	90,00	4.747,50
111-C	30/05/20X1	3.000,00	105,00	60,00	3.165,00
Totais		13.500,00	270,00	270,00	14.242,50

Nesta hipótese, como o total do crédito relativo à operação, acrescido dos encargos moratórios contratados, se enquadra no limite de R$ 15.000,00, a empresa poderá proceder à sua baixa, no valor de R$ 14.242,50 (naturalmente, no pressuposto de que os encargos moratórios foram contabilizados como receita), tendo em vista que esse crédito está vencido há mais de seis meses.

Hipótese 2:

Considerando-se que a pessoa jurídica tenha crédito não liquidado relativo a vendas de mercadorias feita a outro cliente, representado por uma única fatura cujas duplicatas venceram nas seguintes datas:

- duplicatas nº 222-A, no valor de R$ 7.500,00, vencida em 30/01/20X1;
- duplicatas nº 222-B, no valor de R$ 6.900,00, vencida em 28/02/20X1.

Admitindo-se que nessa operação também foram contratados encargos moratórios, para o curso de não pagamento dentro do prazo, em 31/12/20X1 temos:

Duplicata nº	Vencimento	A Valor original	B Valor dos juros devidos até 31/12/20X1		C Valor da multa (2% de A)	Total do crédito (A + B + C)
			Percentual	Valor		
222-A	30/01/20X1	7.500,00	5,5	412,50	150,00	8.062,50
222-B	28/02/20X1	6.900,00	5,0	345,00	138,00	7.383,00
Totais		14.400,00		757,50	288,00	15.445,50

Neste caso, como valor total do crédito (R$ 15.445,50) é superior ao limite de R$ 15.000,00, a parcela referida à duplicata 222-A somente poderá ser baixada após decorrido um ano do seu vencimento. O mesmo se aplica à duplicata 222-B.

6. CRÉDITO GARANTIDO

Crédito garantido pode ser definido como aquele proveniente de vendas com reserva de domínio, de alienação fiduciária em garantia ou de operações com outras garantias reais, tais como o penhor de bens móveis, a hipoteca de bens imóveis ou a anticrese.

Veja que os créditos com garantia, qualquer que seja o seu valor, somente poderão ser deduzidos como perdas após decorridos dois anos do seu vencimento e desde que tenham sido iniciados e mantidos os procedimentos judiciais para o seu recebimento ou a execução das garantias.

7. PERDAS COM PESSOAS LIGADAS - INDEDUTIBILIDADE

Não será admitida a dedução de perdas no recebimento de créditos com pessoa jurídica que seja controladora, controlada, coligada ou interligada, bem como com pessoa física que seja acionista controlador, sócio, titular ou administrador da pessoa jurídica credora, ou parente até o terceiro grau dessas pessoas físicas.

8. TRATAMENTO CONTÁBIL DAS PERDAS

De acordo com o artigo 341 do RIR/1999, o registro contábil das perdas será efetuado a débito de conta de resultado e a crédito:

a) da conta que registra o crédito, quando este não tiver garantia e seu valor for de até R$ 5.000,00, por operação, e estiver vencido há mais de seis meses, independentemente de iniciados os procedimentos judiciais para o seu recebimento;

b) de conta redutora do crédito, nas demais hipóteses.

Ocorrendo a desistência da cobrança pela via judicial, antes de decorridos cinco anos do vencimento do crédito, a perda eventualmente registrada deverá ser estornada ou adicionada ao lucro líquido para determinação do lucro real do período da desistência, considerando-se como postergação o imposto que deixar de ser pago desde o período de apuração em que tenha sido reconhecida a perda.

Os valores registrados na conta redutora do crédito, letra "b" retro, poderão ser baixados definitivamente em contrapartida à conta que registre o crédito, a partir do período de apuração em que se completarem cinco anos do vencimento do crédito, sem que este tenha sido liquidado pelo devedor.

Exemplo de registro da apropriação das perdas:

Duplicatas a Receber vencida há mais de 6 (seis) meses no valor de R$ 13.900,00:

D	Conta de Resultado Perdas no recebimento de créditos (DRE)	13.900,00
C	Ativo Circulante Duplicatas a Receber	13.900,00

Duplicatas a Receber vencida há mais de 1 (um) ano no valor de R$20.000,00:

D	Conta de Resultado Perdas no recebimento de créditos (DRE)	20.000,00
C	Ativo Circulante Duplicatas a Receber em Atraso(retificadora do AC)	20.000,00

(Plantão Fiscal IRPJ 2017- Capítulo VIII - IRPJ - Lucro operacional)

8.1 Dedutibilidade na apuração do lucro real e da base de cálculo da CSL

Observe-se que as perdas no recebimento de créditos somente poderão ser consideradas dedutíveis para efeitos de apuração do lucro real e da base de cálculo da Contribuição Social sobre o Lucro, se houverem sido reconhecidas contabilmente.

9. CRÉDITOS RECUPERADOS - CÔMPUTO NA DETERMINAÇÃO DO LUCRO REAL

A pessoa jurídica que recuperar crédito, em qualquer época ou a qualquer título, inclusive no caso de novação da dívida ou arresto dos bens recebidos em garantia, deverá computar o montante recuperado na determinação do lucro real do período de apuração em que se der a recuperação.

No caso de serem recebidos bens para quitação do débito, aqueles deverão ser escriturados pelo valor do crédito ou avaliados pelo valor definido na decisão judicial que tenha determinado a sua incorporação ao patrimônio do credor.

Na situação acima, os juros vincendos poderão ser computados na determinação do lucro real à medida que forem incorridos.

Nota

Nas operações de crédito realizadas por instituições financeiras autorizadas a funcionar pelo Banco Central do Brasil, nos casos de renegociação de dívida, o reconhecimento da receita para fins de incidência de imposto sobre a renda ocorrerá no momento do efetivo recebimento do crédito.

(artigo 343 do RIR/1999; IN RFB nº 1700/2017, art. 74 e Plantão Fiscal IRPJ 2017- Capítulo VIII - IRPJ - Lucro operacional)

10. DESISTÊNCIA DA COBRANÇA JUDICIAL - CONSEQUÊNCIAS NA BASE DE CÁLCULO DO IR E DA CSL

De acordo com o § 1º do artigo 341 do RIR/1999, ocorrendo a desistência da cobrança pela via judicial, antes de decorridos cinco anos do vencimento do crédito, a perda eventualmente registrada deverá ser estornada ou adicionada ao lucro líquido, para determinação do lucro real correspondente ao período de apuração em que se der a desistência.

O mesmo dispositivo legal, em seu § 2º, estabelece que se ocorrer essa hipótese, o imposto será considerado como postergado desde o período de apuração em que tenha sido reconhecida a perda.

Se a solução da cobrança se der em virtude de acordo homologado por sentença judicial, o valor da perda a ser estornado ou adicionado ao lucro líquido para determinação do lucro real será igual à soma da quantia recebida com o saldo a receber renegociado. Nesse caso, não há que se falar em imposto postergado.

Em linhas gerais, os valores adicionados ao lucro líquido para a determinação do lucro real também deverão ser adicionados à base de cálculo da Contribuição Social sobre o Lucro. Refoge a essa regra a hipótese de solução da cobrança mediante acordo homologado judicialmente. Neste caso, a contribuição social também será considerada postergada desde o período de apuração em que tenha sido reconhecida a perda.

11. ENCARGOS FINANCEIROS SOBRE CRÉDITOS VENCIDOS

Tratamento na empresa credora PARA FINS DE DETERMINAÇÃO DA BASE DE CÁLCULO DO IR E DA CSL

Os encargos financeiros incidentes sobre o crédito, contabilizados como receita, poderão ser excluídos do lucro líquido na apuração do lucro real (e da base de cálculo da CSL), na parte A do Lalur, após dois meses do seu vencimento, sem que tenha havido o recebimento, na hipótese em que a pessoa jurídica houver tomado as providências de caráter judicial necessárias ao recebimento do crédito, exceto para os créditos sem garantia de valor até R$ 30.000,00 para os créditos inadimplidos até 8 de outubro de 2014 e R$100.000,00 para os créditos inadimplidos a partir de 8 de outubro de 2014.

Os valores excluídos do lucro líquido deverão ser mantidos na parte B do Lalur, para posterior adição na apuração do lucro real do período de apuração em que se tornarem disponíveis para a pessoa jurídica credora ou em que for reconhecida a respectiva perda.

Exemplo:

Crédito vencido em 30/06/20x1: R$ 10.000,00.

Encargos financeiros: dois por cento ao mês

Contabilização dos encargos em 31.12.20X1:

D	Ativo Circulante Créditos a receber	1.200,00
C	Contas de Resultado Receitas financeiras (20X1)	1.200,00

A receita de R$ 1.200,00 poderá ser excluída do lucro líquido, para fins de determinação do lucro real correspondente ao período de apuração encerrado em 31.12.20X1 e será controlada na parte B do Lalur. No ano seguinte, em 1º.07.20X2, a empresa reconhece a perda do crédito, acrescido dos encargos financeiros transcorridos de janeiro a junho de 20X2 (mais R$ 1.200,00 pelo período transcorrido).

Contabilização dos encargos em 1º.07.20X2:

D	Ativo Circulante Créditos a Receber	1.200,00
C	Contas de resultado Receitas Financeiras (20X2)	1.200,00

Registro das perdas em 1º/07/20X2:

D	Contas de resultado Perdas no recebimento de créditos	12.400,00
C	Ativo Circulante Créditos a receber em atraso	12.400,00

O valor de R$ 1.200,00, constante da parte B do Lalur, deverá ser adicionado ao lucro líquido para apuração do lucro real de 20X2.

(RIR/1999, artigo 342; e Plantão Fiscal IRPJ 2017 - Capítulo VIII - IRPJ - Lucro operacional)

12. ENCARGOS FINANCEIROS SOBRE CRÉDITOS VENCIDOS
Tratamento na empresa devedora PARA FINS DE DETERMINAÇÃO DA BASE DE CÁLCULO DO IR E DA CSL

A pessoa jurídica devedora deverá adicionar ao lucro líquido, na parte A do Lalur, na apuração do lucro real (e da base de cálculo da CSL), o valor dos encargos financeiros incidentes sobre débito vencido e não pago que tenham sido deduzidos como despesa ou custo, incorridos a partir da citação judicial inicial para o seu pagamento.

Os valores adicionados deverão ser mantidos na parte B do Lalur para posterior exclusão no período de apuração em que ocorra a quitação do débito por qualquer forma (§§ 3º e 4º do artigo 342 do RIR/1999; e Plantão Fiscal IRPJ 2017 - Capítulo VIII - IRPJ - Lucro operacional).

Capítulo 16

Dedutibilidade de Tributos, Juros e Multas Fiscais

1. TRIBUTOS E CONTRIBUIÇÕES

Com a edição da Lei nº 8.981/1995 (vigente desde 1º.01.1995), ficou estabelecido que os tributos e contribuições são dedutíveis, na determinação do lucro real, segundo o regime de competência.

Na prática, isso significa que os tributos e contribuições, sejam eles federais, estaduais ou municipais, como regra, são dedutíveis na apuração do lucro real no período de apuração em que ocorrer o fato gerador da respectiva obrigação tributária, independentemente do efetivo pagamento.

1.1 Tributos e contribuições com exigibilidade suspensa

O § 1º do art. 344 do RIR/99 estabelece que não são dedutíveis na apuração do lucro real as importâncias contabilizadas como custo ou despesa relativas a tributos e contribuições cuja exigibilidade esteja suspensa, nas seguintes hipóteses (incisos II a IV do art. 151 do CTN):

a) depósito do seu montante integral;

b) reclamações e recursos, nos termos das leis reguladoras do processo tributário administrativo;

c) concessão de medida liminar em mandado de segurança.

Veja que a indedutibilidade aqui abordada aplica-se, inclusive, na hipótese de o valor dos tributos e contribuições com exigibilidade suspensa, ter sido depositado judicialmente.

Manifestações antigas sobre o assunto (Decisões nºs 237 e 238/1998 da Superintendência Regional da Receita Feqderal da 8ª Região Fiscal - Estado de São Paulo) esclarecem que os tributos e contribuições com exigibilidade suspensa, nas situações mencionadas, somente serão dedutíveis quando forem pagos, desde que não haja outras restrições à sua dedutibilidade.

Caso haja depósito judicial do tributo ou contribuição com exigibilidade suspensa após a decisão final irrecorrível contrária ao contribuinte, o respectivo valor será dedutível.

Entende-se que as multas e outros acréscimos sobre tributos e contribuições cuja exigibilidade esteja suspensa também não são dedutíveis para efeito de apuração do lucro real.

1.1.1 Base de cálculo da Contribuição Social sobre o Lucro

Questão controvertida é se a indedutibilidade focalizada no subitem 1.1 também se estende à base de cálculo da Contribuição Social sobre o Lucro. O Fisco tem entendido que sim, sob o argumento de que a contabilização em conta de despesa dos tributos com exigibilidade suspensa constituiria mera provisão cuja dedução não é autorizada, tanto para fins de determinação do lucro real quanto da base de cálculo da Contribuição Social sobre o Lucro.

Na Decisão nº 186/2000, da SRRF da 8ª Região Fiscal, o entendimento do Fisco ficou bem explicitado, como segue:

> "BASE DE CÁLCULO. ADIÇÕES AO RESULTADO DO PERÍODO-BASE. Devem ser adicionadas ao resultado do período-base, para determinação da base de cálculo da CSLL, as importâncias antes deduzidas, segundo o regime de competência, referentes a tributos cuja exigibilidade esteja suspensa em virtude de liminar concedida em mandado de segurança. Entende-se que os lançamentos contábeis efetuados com tal propósito caracterizam-se como provisões, dado serem, em essência, lançamentos cautelares, que não refletem obrigações fiscais efetivamente constituídas, sujeitas a exigência certa futura, mas, sim, um provisionamento contra eventuais riscos de a ação impetrada ter resultado desfavorável, precavendo-se a empresa contra os consequentes impactos negativos que tal resultado traria a seu patrimônio. Impõe-se, portanto, a adição dos respectivos montantes na determinação da base de cálculo da aludida contribuição por força do artigo 2º, parágrafo 1º, letra "c", da Lei 7.689/1988, na redação dada pelo art. 2º da Lei nº 8.034, de 1990, e art. 13, I, da Lei nº 9.249, de 1995."

1.2 Imposto de Renda e Contribuição Social sobre o Lucro

A previsão de indedutibilidade do Imposto de Renda consta do § 2º do art. 344 do RIR/99, segundo o qual, na determinação do lucro real, a pessoa jurídica não pode deduzir como custo ou despesa o Imposto de Renda do qual seja sujeito passivo, como contribuinte ou como responsável em substituição ao contribuinte.

Já a indedutibilidade da Contribuição Social sobre o Lucro foi imposta, a partir de 1°.01.1997, pelos arts. 1° e 4° da Lei n° 9.316/1996. A CSL é indedutível tanto para fins de determinação do lucro real como da própria base de cálculo da referida contribuição.

1.3 Impostos pagos na aquisição de bens do Ativo Permanente

O § 4° do art. 344 do RIR/1999 estabelece que os impostos pagos pela pessoa jurídica na aquisição de bens do Ativo Permanente (hoje, pertencente ao grupo "não circulante", no Ativo) poderão, a seu critério, ser registrados como custo de aquisição ou deduzidos como despesa operacional, salvo os pagos na importação de bens, que se acrescerão ao custo de aquisição.

Em manifestação antiga (PN CST n° 2/1979), o Fisco firmou o entendimento de que os impostos pagos na aquisição de bens a que se refere a lei são aqueles dos quais o adquirente seja o contribuinte de direito, isto é, aquele que tem a obrigação de efetuar o seu recolhimento aos cofres públicos. O mesmo parecer exclui da opção de serem deduzidos como despesa os impostos que o adquirente de bens no mercado interno paga juntamente com o preço de aquisição (IPI e ICMS), isto porque, neste caso, o contribuinte de direito é o vendedor, embora o ônus econômico da tributação seja repassado ao comprador.

O referido PN esclarece que, não obstante essa repercussão do tributo no preço do bem, o adquirente não paga ICMS e/ou IPI e sim o preço de máquinas, veículos, etc., constituído este pelo valor global da aquisição.

Hoje, na prática, a opção de computar como despesa, alternativamente à inclusão no custo do bem, restringe-se ao imposto de transmissão pago na aquisição de bens imóveis.

No tocante ao ICMS pago na aquisição de bens destinados ao Ativo Imobilizado do adquirente, é importante lembrar que a LC n° 87/1996, alterada pela LC n° 102/2000, estabeleceu que esse imposto, ainda que pago na condição de contribuinte de fato, gera direito ao crédito fiscal, não compondo, assim, o custo do bem a ser ativado.

1.4 Rendimentos pagos a terceiros sujeitos ao IR Fonte

O § 3° do art. 344 do RIR/1999 estabelece que a dedutibilidade, como custo ou despesa, de rendimentos pagos ou creditados a terceiros abrange o imposto sobre os rendimentos que o contribuinte, como fonte pagadora, tiver o dever legal de reter e recolher, ainda que assuma o ônus do imposto.

Na hipótese de assunção do imposto, esse valor não deve ser registrado como despesa tributária, mas sim como complemento do rendimento pago ou creditado sobre o qual incidir. Naturalmente, o imposto assumido pela fonte pagadora somente será considerado despesa dedutível se o rendimento sobre o qual incidir for dedutível.

Em Parecer de 1980 (PN CST nº 2/1980), o Fisco manifestou entendimento no sentido de que não é dedutível o imposto pago sobre o valor dos juros remetidos para o exterior em razão da compra de bens a prazo, nem o imposto assumido pela fonte, incidente sobre quaisquer espécies de rendimentos pagos ou creditados a sócios, dirigentes ou administradores de pessoas jurídicas, ou a titular de empresa individual, ainda que se trate de rendimento dedutível.

2. MULTAS POR INFRAÇÕES FISCAIS

Consideram-se multas fiscais aquelas impostas pela lei tributária (PN CST nº 61/1979). Quando decorrentes de falta ou insuficiência de pagamento de tributo e não tiverem natureza compensatória, tais multas serão indedutíveis.

O § 5º do art. 344 do RIR/1999 estabelece que as multas por infrações fiscais não são dedutíveis como custo ou despesa operacional, salvo as de natureza compensatória e as impostas por infrações das quais não tenham resultado falta ou insuficiência de pagamento de tributo.

2.1 Multas indedutíveis

Por meio do PN CST nº 61/1979, o Fisco concluiu que não são dedutíveis as multas impostas em lançamento de ofício (por iniciativa da fiscalização) como punição por infrações das quais tenham resultado falta ou insuficiência de pagamento de tributos, que podem ser:

a) falta de pagamento pura e simples, ou pagamento em valor menor que o devido; ou

b) falta de cumprimento de obrigação que não seja propriamente a de pagar o tributo, mas que implica o seu não recolhimento, por ter a lei atribuído ao cumprimento da obrigação a condição do lançamento normal.

2.1.1 Multas provenientes da falta de pagamento

As multas provenientes da falta de pagamento pura e simples, ou do pagamento em valor menor que o devido, são indedutíveis. Tais multas são calculadas sobre a totalidade ou diferença de tributo ou contribuição e **exigidas em lançamento de ofício:**

a) juntamente com tributo ou contribuição não pago; ou

b) isoladamente:

b.1) quando o tributo ou contribuição houver sido pago após o vencimento do prazo previsto, mas sem o acréscimo de multa de mora; ou

b.2) no caso de empresa, submetida à apuração anual do lucro real, que tenha deixado de efetuar os pagamentos mensais do IRPJ e da CSL, ainda que tenha apurado prejuízo fiscal ou base de cálculo negativa da CSL no ano-calendário correspondente.

2.1.2 Não cumprimento de obrigação acessória

O PN CST nº 61/1979 cita como exemplos de infração pelo descumprimento de obrigação acessória que resulta em falta de pagamento de tributo, a falta de prestação de informações quanto à matéria de fato indispensável à constituição do crédito tributário (lançamento com base em declaração) e a falta de retenção do imposto devido na fonte.

2.2 Multas consideradas dedutíveis

O PN CST nº 61/1979 ainda estabelece que são dedutíveis:

a) as multas impostas por descumprimento de obrigações que não sejam as de pagar o tributo nem constituam condição do seu lançamento normal, podendo ser citadas como exemplo multas por irregularidades formais em livros e documentos fiscais, das quais não tenha decorrido falta ou insuficiência de pagamento de tributos;

b) as multas compensatórias, assim consideradas as **multas de mora** devidas nos recolhimentos feitos com atraso, mas antes de qualquer procedimento do Fisco para a cobrança.

2.2.1 Quando podem ser deduzidas as multas dedutíveis

Segundo antigo entendimento da Receita Federal reiteradamente manifestado por meio do "Manual de Instruções da DIPJ", as multas dedutíveis somente podem ser deduzidas quando efetivamente pagas.

É possível que esse posicionamento fiscal tenha sido respaldado por decisões do Conselho de Contribuintes que justificam a indedutibilidade de multa não paga, alegando tratar-se de uma provisão[1] não prevista na legislação do Imposto

1 Provisões, segundo a terminologia contábil, são estimativas de obrigações já incorridas, mas cujo valor ainda não foi determinado.

de Renda. Contudo, já existem manifestações dessa Corte Administrativa em sentido contrário. Segundo o 1° Conselho de Contribuintes (Acórdão n° 103-18.787/1997, da 3ª Câmara), a multa de mora "*é dedutível na apuração do lucro real do exercício em que foi incorrida, mesmo que paga no exercício seguinte*".

De todo modo, a questão é complexa e a fiscalização costuma não aceitar mesmo a dedução.

2.3 Multas relativas às contribuições sociais

A doutrina predominante e também a jurisprudência do Supremo Tribunal Federal entendem que a Constituição Federal de 1988 conferiu natureza tributária às contribuições sociais (INSS, PIS/Pasep, Cofins e Contribuição Social sobre o Lucro). Portanto, parece-nos razoável afirmar que as multas relativas às contribuições ao INSS, ao PIS, ao extinto Finsocial, à Cofins e à Contribuição Social sobre o Lucro, para fins de apuração do lucro real, sujeitam-se ao regime fiscal tratado neste item 2, ou seja, podem ser dedutíveis ou não, conforme o caso.

2.4 Multas relativas ao FGTS

O Boletim Central Extraordinário da SRF n° 021, de 25.02.1993 (resposta à questão 14A) esclarece que a contribuição para o Fundo de Garantia do Tempo de Serviço (FGTS) é considerada como de natureza indenizatória nos termos da legislação trabalhista, não tendo, portanto, caráter tributário. Assim, as multas por atraso no recolhimento da contribuição, tendo natureza indenizatória, são dedutíveis. Por outro lado, as multas por outras infrações à legislação do FGTS são indedutíveis.

3. MULTAS POR TRANSGRESSÕES DE NORMAS DA LEGISLAÇÃO NÃO TRIBUTÁRIA

O art. 299 do RIR/1999 condiciona a dedutibilidade de uma despesa ao atendimento do requisito de ser um gasto necessário à atividade da empresa e à manutenção da respectiva fonte produtora. O Fisco entende que, às multas por transgressões de normas da legislação não tributária, se aplica essa regra geral.

Assim, ainda com base no PN CST n° 61/1979, o Fisco firmou entendimento de que as multas por transgressões de leis de natureza não tributária não são dedutíveis, sob o argumento de que é inadmissível considerar como necessárias à atividade da empresa despesas relativas a atos e omissões proibidos e punidos por norma de ordem pública.

4. JUROS DE MORA

O PN CST nº 174/1974 esclarece que os juros de mora calculados sobre débitos fiscais recolhidos com atraso são sempre dedutíveis, como despesa financeira que realmente são. Como despesa financeira, é de ser reconhecido, inclusive, que os juros incorridos e contabilizados são dedutíveis independentemente do efetivo pagamento. Essa regra não se aplica, contudo, no caso de tributos e contribuições cuja exigibilidade esteja suspensa.

5. MULTAS CONTRATUAIS

A dedutibilidade das multas contratuais foi focalizada pelo PN CST nº 66/1976. Segundo esse Parecer, são admitidas como dedutíveis as multas efetivamente suportadas pela empresa em virtude de descumprimento de obrigação contratual, desde que vinculadas a legítimas transações comerciais, necessárias à atividade da empresa, tais como:

a) arras perdidas ou pena convencional por rescisão de contrato de compra e venda mercantil;

b) multa suportada pelo representante comercial, mandatário ou comissário mercantil, por não ter conseguido promover a venda de determinada cota de mercadorias a que se obrigou contratualmente.

Ainda segundo o PN CST nº 66/1976, para a aceitação da dedução de tais encargos, é necessário que tanto a efetividade do dispêndio quanto a sua exigibilidade e vinculação com a atividade da empresa estejam amparadas em documentos absolutamente idôneos, quer quanto à forma quer quanto à origem, principalmente na hipótese da letra "a".

Capítulo 17

Despesas de Propaganda

1. DESPESAS CUJA DEDUÇÃO É ACEITA

São admitidos como despesas de propaganda das pessoas jurídicas tributadas pelo lucro real os seguintes dispêndios (art. 366 do RIR/1999)[1]:

a) rendimentos específicos do trabalho assalariado, autônomo ou profissional, pagos ou creditados a terceiros, e a aquisição de direitos autorais de obra artística;

b) importâncias pagas ou creditadas a empresas jornalísticas correspondentes a anúncios ou publicações;

c) importâncias pagas ou creditadas a empresas de radiodifusão ou televisão correspondentes a anúncios, horas locadas ou programas;

d) despesas pagas ou creditadas a quaisquer empresas, inclusive de propaganda;

e) o valor das amostras, tributáveis ou não pelo Imposto sobre Produtos Industrializados (IPI), distribuídas gratuitamente por laboratórios químicos ou farmacêuticos e por outras empresas que utilizem esse sistema de promoção de venda de seus produtos, consideradas, todavia, as regras focalizadas no item 4 deste capítulo.

Para que a dedução dessas despesas seja aceita, é imprescindível que:

- os dispêndios sejam relacionados diretamente com a atividade explorada pela empresa;
- seja respeitado o regime de competência (ou seja, os respectivos dispêndios devem ser deduzidos no período-base em que forem incorridos, mesmo que ainda não tenham sido pagos).

1 De acordo com o art. 651, II, do RIR/1999, as importâncias pagas ou creditadas por pessoas jurídicas a outras pessoas jurídicas no País a título de serviços de propaganda e publicidade estão sujeitas à incidência do Imposto de Renda na Fonte à alíquota de 1,5%.

2. PROVA DE INSCRIÇÃO NO CNPJ E DE MANUTENÇÃO DE ESCRITA REGULAR PELA BENEFCIÁRIA

O § 2º do art. 366 do RIR/1999 dispõe que as despesas de propaganda, pagas ou creditadas a quaisquer empresas, somente serão admitidas como despesa operacional quando a empresa beneficiada:

a) for registrada no Cadastro Nacional da Pessoa Jurídica (CNPJ); e

b) mantiver escrituração regular.

É, portanto, conveniente que a empresa tomadora dos serviços solicite cópia do Cartão CNPJ da empresa de propaganda, E, também, uma declaração de que possui escrituração comercial e fiscal regular.

3. CONTABILIZAÇÃO DAS DESPESAS

Outra exigência da legislação para que seja aceita a dedução das despesas de propaganda: de acordo com o § 3º do art. 366 do RIR/1999, elas devem ser escrituradas destacadamente, em conta própria.

Não é aceita a contabilização das despesas de propaganda em contas como "Despesas Gerais" ou semelhantes.

4. AMOSTRA GRÁTIS

Como vimos antes, é admitido como despesa de propaganda o valor das amostras grátis distribuídas por laboratórios químicos ou farmacêuticos e por outras empresas que utilizem esse sistema de promoção de venda de seus produtos (art. 366,V, do RIR/1999). Mas é indispensável que:

a) a distribuição das amostras seja contabilizada, nos livros de escrituração da empresa, pelo preço de custo real;

b) a saída das amostras esteja documentada com a emissão das correspondentes notas fiscais;

c) o valor das amostras distribuídas em cada ano-calendário não ultrapasse os limites estabelecidos pela Receita Federal, tendo em vista a natureza do negócio, até o máximo de 5% da receita obtida na venda dos produtos[2].

A respeito do limite mencionado em "c", a IN SRF nº 2/1969 (itens 93 e 94) estabelece que, para efeito de dedutibilidade, o valor das amostras

2 Atualmente, a SRF determina que seja considerada, como parâmetro, a receita líquida obtida na venda dos produtos (questão nº 414 do "Perguntas e Respostas Pessoa Jurídica/2006" disponibilizado pela SRF em seu *site* na Internet.)

distribuídas gratuitamente, contabilizado como despesa de propaganda pelo seu custo real, deve respeitar o limite de 5% da receita bruta (veja Nota 2) obtida na venda dos produtos elaborados. Exceto no caso de cosméticos, perfumarias e artigos de toucador, hipótese em que o limite será de 1% da receita bruta de venda desses produtos (veja Nota 2).

Ainda de acordo com a IN SRF nº 2/1969 (item 95), se a empresa tiver mais de uma atividade industrial será calculado o limite separadamente sobre a venda global de cada uma dessas atividades.

Veja ainda, no subitem 4.3, as regras relativas a planos especiais de divulgação.

4.1 Custo real das amostras distribuídas

Na linha do que concluíram os Pareceres Normativos CST n°s 17/1976 e 21/1976, o custo das amostras grátis é composto por todos os gastos e encargos da respectiva produção, ou seja, materiais, mão de obra, e gastos gerais de fabricação[3].

O mesmo PN CST nº 21/1976 definiu que, se não existir preço (por exemplo: amostras importadas gratuitamente), o custo de aquisição das amostras grátis será a soma dos encargos efetivamente suportados pelo importador.

4.2 Valor das amostras distribuídas no período e saldo de encerramento

Cabe registrar que (IN SRF nº 2/1969, itens 91 e 92):

a) o valor das amostras distribuídas em cada ano é o correspondente às amostras efetivamente saídas das fábricas produtoras ou dos depósitos e demais dependências da empresa, devidamente documentado pela emissão dos documentos (notas fiscais) exigidos pela legislação do IPI;

b) o saldo de amostras existente no encerramento do ano (diferença entre as amostras produzidas e as efetivamente distribuídas) deve ser transportado para cômputo no ano subsequente.

3 A antiga Instrução Normativa SRF nº 2/1969, em seu item 89, declarou que o custo real das amostras grátis seria o custo das matérias-primas e do material de acondicionamento aplicado na produção, acrescido do valor do IPI porventura devido na saída das amostras. Como vimos, o critério dos Pareceres Normativos é mais completo (e mais coerente), porque admite "todos os custos", e não apenas matéria-prima e material de acondicionamento.

4.3 Planos especiais de divulgação

A Receita Federal pode admitir[4] que as despesas com a distribuição gratuita de amostras ultrapassem, excepcionalmente, os limites supracitados, nos casos de planos especiais de divulgação (inclusive de introdução de novos produtos no mercado) destinados a produzir efeito além de um ano-calendário.

Nesse caso, a importância excedente daqueles limites deverá ser amortizada no prazo mínimo de três anos, a partir do ano-calendário seguinte ao da realização das despesas (art. 366, § 1°, do RIR/1999; e item 96 da IN SRF n° 2/1969).

5. RATEIO DE DESPESAS

Ocorrem com relativa frequência campanhas publicitárias conjuntas, promovidas por pessoas jurídicas distintas que distribuem o mesmo produto ou serviço.

Há decisões do 1° Conselho de Contribuintes do Ministério da Fazenda aceitando o rateio das respectivas despesas entre as coparticipantes da campanha. Vejamos, nessa linha, a ementa dos Acórdãos n°s 103-8.605/1988, da 3ª Câmara, e 101-89.828/1996, da 1ª Câmara:

> "IRPJ - Custos, Despesas Operacionais e Encargos. Despesas com Propaganda: decorrentes de campanha publicitária institucionalizada, promovida pela pessoa jurídica em coparticipação com outras integrantes de rede nacional de distribuição, desde que a empresa coordenadora da publicidade mantenha escrituração destacada de todos os atos diretamente relacionados com o fato; sejam elaborados mapas demonstrativos, lastreados em documentação hábil e idônea; os serviços sejam efetivamente prestados; a quitação obedeça aos requisitos legais; cada um dos participantes, quando solicitado, possa comprovar a satisfação das condições retroelencadas, são dedutíveis para efeito de apuração, pela pessoa jurídica, do lucro sujeito à tributação."
>
> "O rateio de despesas de propaganda entre empresas deve ser feito mediante critério que justifique e especifique de forma clara os parâmetros utilizados."

4 Para obter a autorização, no ano seguinte ao da realização das despesas excedentes aos limites admitidos a pessoa jurídica deverá submeter à aprovação do Delegado da Receita Federal a que estiver jurisdicionada um programa de amortização das importâncias que tenham ultrapassado os mencionados limites, acompanhado do respectivo plano especial de divulgação, suficientemente justificado (IN SRF n° 2/1969, item 97).

6. PRÊMIOS EM COMPETIÇÕES DE CONHECIMENTOS

De acordo com o PN CST nº 62/1976, o valor de prêmio em dinheiro conferido à pessoa física como recompensa por participação em competição de conhecimentos, realizada em auditório de empresa de radiodifusão ou televisão, integra-se na despesa de propaganda do patrocinador.

7. PROPAGANDA POR MEIO DE EQUIPE ESPORTIVA

O PN CST nº 236/1974 concluiu que são dedutíveis como despesas de propaganda as importâncias pagas pelo direito de colocar placas ou veículos semelhantes com fins propagandísticos em dependências de agremiações esportivas (terrenos, muros, fachadas e outras superfícies).

Registramos, também, a existência de decisão na qual o 1º Conselho de Contribuintes (Acórdão nº 107-204/1993, da 7ª Câmara) reconheceu que constitui gasto com publicidade e propaganda o patrocínio de equipe esportiva que divulga a marca do produto produzido pela empresa.

8. BRINDES

A respeito das despesas com a aquisição e a distribuição de brindes, a Receita Federal, por meio do "Perguntas e Respostas Pessoa Jurídica" disponibilizado em seu site na Internet, assim se manifestou (fundamentando-se no art. 299 do RIR/1999; no PN CST nº 15/1976; e na Solução de Consulta Cosit nº 4/2001):

a) a partir de 1º.01.1996, a Lei nº 9.249/1995 (art. 13, VII) proibiu a dedução de despesas com brindes, para fins da determinação da base de cálculo do Imposto de Renda e da Contribuição Social sobre o Lucro;

b) entretanto, os gastos com a distribuição de objetos, desde que de diminuto valor e diretamente relacionados com a atividade da empresa, poderão ser deduzidos a título de despesas com propaganda, para efeitos do lucro real.

9. HIPÓTESES DE REGISTRO NO ATIVO IMOBILIZADO

Na linha do que determina o art. 301 do RIR/1999:

a) os dispêndios com a aquisição de bens cujo prazo de vida útil seja superior a um ano, embora destinados exclusivamente a emprego em propaganda, devem ser registrados em conta do Ativo Imobilizado;

b) o respectivo valor poderá ser objeto de depreciação, de acordo com o prazo de vida útil dos bens e com as normas gerais aplicável à depreciação;

c) é admitida a dedução direta da despesa no caso de aquisição de bens de reduzido valor unitário (aqueles cujo custo de aquisição não seja superior a R$ 326,61).

9.1 Abrigos para usuários de ônibus

Com relação a dispêndios com abrigos para usuários de ônibus, adquiridos de terceiros e instalados em vias públicas, com o fim específico de promover a publicidade da empresa adquirente por prazo superior a um exercício, findo o qual os bens revertem ao domínio público (ADN CST nº 15/1976):

a) tais bens devem ser registrados em conta própria do Ativo Imobilizado;

b) o custo respectivo poderá ser amortizado durante o prazo de duração do direito à utilização dos bens pela empresa, desde que as importâncias desembolsadas não sejam ressarcidas por qualquer forma (ADN CST nº 15/1976).

10. DESPESAS REALIZADAS NO EXTERIOR

O art. 367 do RIR/1999 permite às empresas exportadoras de produtos manufaturados, inclusive cooperativas, consórcios de exportadores, consórcios de produtores ou entidades semelhantes, imputar ao custo, destacadamente, para apuração do lucro líquido, os gastos que, no exterior, efetuarem com promoção e propaganda de seus produtos, com a participação em feiras, exposições e certames semelhantes, na forma, limite e condições determinados pelo Ministério da Fazenda.

Capítulo 18

Arrendamento Mercantil (Leasing)

1. O *LEASING*

Legalmente denominado arrendamento mercantil, o *leasing* é disciplinado pela Lei nº 6.099/1974, com as modificações introduzidas pela Lei nº 7.132/1983.

Podem ser objeto de arrendamento mercantil bens móveis, de produção nacional ou estrangeira, e bens imóveis.

Trata-se de uma alternativa para a obtenção de bens duráveis a serem utilizados na exploração de atividades econômicas, sem que para isso o usuário tenha de desembolsar, de imediato, a totalidade do preço.

No *leasing,* a empresa arrendadora (uma empresa de arrendamento mercantil ou instituição financeira devidamente autorizada pelo Banco Central) adquire o bem do fornecedor segundo especificações fornecidas pelo arrendatário e este fica de posse do bem para utilização nas suas atividades. Portanto, o bem objeto do *leasing* fica, juridicamente, de propriedade da arrendadora. Em contrapartida pelo arrendamento, o arrendatário efetua pagamentos de contraprestações mensais (ou por períodos maiores), acrescidas de outros encargos previstos contratualmente.

No final do prazo contratual do arrendamento, o arrendatário pode exercer a opção de adquirir o bem pelo valor estipulado no contrato. Caso não o faça, devolverá o bem à arrendadora.

1.1 Modalidades

A operacionalização do arrendamento mercantil é regulamentada pela Resolução Bacen nº 2.309/1996, com as alterações introduzidas pelas Resoluções Bacen nºs 2.465/1998 e 2.659/1999.

Importa-nos, aqui, salientar que existem duas modalidades de arrendamento mercantil (*leasing*), observando-se, contudo, que, na empresa arrendatária, o tratamento fiscal é o mesmo para ambas:

a) arrendamento mercantil financeiro (assemelhado a uma compra e venda financiada), modalidade na qual:

a.1) as contraprestações e demais pagamentos previstos no contrato, devidos pela arrendatária, são normalmente suficientes para que a arrendadora recupere o custo do bem arrendado durante o prazo contratual da operação e, adicionalmente, obtenha um retorno sobre os recursos investidos;

a.2) as despesas de manutenção, assistência técnica e serviços correlatos à operacionalidade do bem arrendado são de responsabilidade da arrendatária;

a.3) o preço para o exercício da opção de compra é livremente pactuado, podendo ser, inclusive, o valor de mercado do bem arrendado;

b) arrendamento mercantil operacional (com mais característica de locação), modalidade na qual:

b.1) as contraprestações a serem pagas pela arrendatária contemplem o custo de arrendamento do bem e os serviços inerentes à sua colocação à disposição da arrendatária, não podendo o valor presente dos pagamentos, calculado com a utilização da taxa equivalente aos encargos financeiros constantes do contrato, ultrapassar 90% do custo do bem;

b.2) o prazo contratual é inferior a 75% do prazo de vida útil econômica do bem;

b.3) o preço para o exercício da opção de compra é o valor do mercado do bem arrendado;

b.4) não há previsão de pagamento de valor residual garantido;

b.5) a manutenção, a assistência técnica e os serviços correlatos à operacionalidade do bem arrendado podem ser de responsabilidade da arrendadora ou da arrendatária.

1.2 *Leaseback*

Leaseback é a operação pela qual uma empresa vende determinado bem do seu Ativo Imobilizado a uma empresa de *leasing* e, em seguida, toma-o em arrendamento mercantil, na modalidade de *leasing* financeiro[1].

1 Nas operações de arrendamento mercantil contratadas com a própria vendedora do bem ou com pessoas jurídicas a ela vinculadas (*leaseback*), a perda apurada na alienação do bem à arrendadora não é dedutível na determinação do lucro real da alienante (art. 424 do RIR/1999).

2 CONDIÇÕES PARA DEDUTIBILIDADE DA DESPESA

Desde 1º.01.1996, as contraprestações de arrendamento mercantil somente são dedutíveis, para efeito de apuração do lucro real e da base de cálculo da Contribuição Social sobre o Lucro, quando o bem arrendado estiver relacionado intrinsecamente com a produção ou comercialização dos bens e serviços (RIR/1999, art. 356, § 5º, cuja matriz legal é o art. 13, inciso II, da Lei nº 9.249/1995; art. 47 da Lei nº 12.973/2014).

Para esse efeito, consideram-se intrinsecamente relacionados com a produção ou a comercialização (IN SRF nº 11/1996, art. 25, parágrafo único)[2]:

a) os bens móveis e imóveis utilizados no desempenho das atividades de contabilidade;

b) os bens imóveis utilizados como estabelecimento da administração;

c) os bens móveis utilizados nas atividades operacionais, instalados em estabelecimento da empresa;

d) os veículos do tipo caminhão, caminhoneta de cabina simples ou utilitário utilizados no transporte de mercadorias e produtos adquiridos para revenda, de matéria-prima, de produtos intermediários e de embalagem aplicados na produção;

e) os veículos do tipo caminhão, caminhoneta de cabina simples ou utilitário, as bicicletas e as motocicletas utilizados por cobradores, compradores e vendedores nas atividades de cobrança, compra e venda;

f) os veículos do tipo caminhão, caminhoneta de cabina simples ou utilitário, as bicicletas e as motocicletas utilizados nas entregas de mercadorias e produtos vendidos;

g) os veículos utilizados no transporte coletivo de empregados[3];

h) os bens móveis e imóveis utilizados em pesquisa e desenvolvimento de produtos ou processos;

i) os bens móveis e imóveis próprios, locados pela pessoa jurídica que tenha a locação como objeto de sua atividade;

2 A relação da IN SRF nº 11/1996 não nos parece exaustiva, porquanto não abrange (nem poderia fazê-lo) todos os bens necessários às atividades da empresa. Só relaciona aqueles que o Fisco considera intrinsecamente relacionados com a produção ou a comercialização, sobre os quais, eventualmente, poderiam pairar dúvidas. Mas alertamos que a Receita Federal não voltou a se manifestar sobre o assunto.

3 No caso de arrendamento mercantil de veículos utilizados no transporte de administradores, diretores, gerentes e seus assessores ou de terceiros em relação à pessoa jurídica, o valor da contraprestação constitui modalidade de remuneração indireta dessas pessoas, sujeitando-se à incidência do Imposto de Renda na Fonte. Isto se estende aos encargos focalizados no item 3.

j) os bens móveis e imóveis objeto de arrendamento mercantil (*leasing*), nos termos da Lei nº 6.099/1974, pela pessoa jurídica arrendadora (ou seja, pela empresa de *leasing*);

k) os veículos utilizados na prestação de serviços de vigilância móvel, pela pessoa jurídica que tenha por objeto essa espécie de atividade.

3. DEDUÇÃO DE OUTROS ENCARGOS DECORRENTES DO LEASING

Ficam por conta da arrendatária, também, os encargos de manutenção e seguro (contra roubo e/ou sinistro) do bem objeto do *leasing*, durante o prazo do arrendamento.

Os encargos contratualmente assumidos pela arrendatária são também dedutíveis, como custo ou despesa operacional desde que, como já vimos, o bem arrendado esteja relacionado intrinsecamente com a produção ou comercialização de bens ou serviços.

Observe-se que:

a) são dedutíveis os gastos necessários para manter o bem em condições de uso e funcionamento, isto é, que não se refiram a benfeitorias com prazo de vida útil superior a um ano, cujo custo deve ser ativado e pode ser amortizado nas condições informadas no item 4, exceto se de valor inferior a R$ 1.200,00;

b) os prêmios de seguro pagos devem ser tratados como despesas antecipadas (registradas no Ativo Circulante) e apropriados como custo ou despesa operacional, durante o prazo de vigência do seguro, com observância do regime de competência (PN CST nºs 122/1975 e 58/1977).

4. BENFEITORIAS EM BENS ARRENDADOS

A empresa arrendatária não pode apropriar, no prazo do contrato, a totalidade dos gastos com benfeitorias em bens objeto de arrendamento mercantil, mesmo quando não tenha sido prevista indenização por parte da arrendadora (PN CST nº 18/1987).

De acordo com o citado PN, os gastos com benfeitorias em bens objeto de arrendamento mercantil somente poderão ser amortizados no decurso do prazo de vida útil restante dos bens, contado da data em que foram realizadas as benfeitorias.

Não esqueça: também aqui, deve ser observada a regra segundo a qual somente é dedutível, para efeito de apuração do lucro real e da base de cálculo da Contribuição Social sobre o Lucro, a amortização de benfeitorias em bens relacionados intrinsecamente com a produção ou comercialização de bens ou serviços.

5. ANTECIPAÇÃO DO VALOR RESIDUAL

Os contratos de arrendamento mercantil financeiro podem conter previsão de pagamento pela arrendatária, em qualquer momento durante a vigência do contrato, de valor residual garantido, sem que esse pagamento caracterize o exercício de opção de compra (art. 7°, inciso VII, alínea "a", do Regulamento anexo à Resolução Bacen n° 2.309/1996).

Valor residual garantido é o preço contratualmente fixado para o exercício da opção de compra ou o valor contratualmente garantido pela arrendatária como mínimo que será recebido pela arrendadora, na venda a terceiros do bem arrendado, na hipótese de não ser exercida a opção de compra (Portaria MF n° 564/1978). Reajustes desse valor devem estar previstos no contrato, conforme dispõe o art. 7°, inciso VII, letra "b", da Resolução Bacen n° 2.309/1996. Todavia, segundo a Portaria MF n° 140/1984 (item II), as parcelas de antecipação do valor residual garantido (cobradas pela arrendadora antes do término do contrato) devem ser tratadas como Ativo da arrendatária, ou seja, não podem ser deduzidas na determinação do seu lucro real.

5.1 Decisões do 1° Conselho de Contribuintes (atualmente, Carf)

A 3ª Câmara do 1° Conselho de Contribuintes, no Acórdão n° 103-12.152, de 28.04.1992 (publicado no DOU de 09.11.1993), decidiu que a antecipação do valor residual garantido não implica exercício antecipado da opção de compra quando observado o disposto na Portaria MF n° 140/1984, inciso II (acima informado). O que não se admite é o exercício da opção de compra antes do término do prazo de vigência do contrato de arrendamento.

Cabe, no entanto, um alerta: a 1ª Câmara do 1° Conselho de Contribuintes decidiu (Acórdão n° 101-88.923/1995, publicado no DOU de 06.11.1996) que a antecipação do pagamento do valor residual garantido descaracteriza o contrato de arrendamento mercantil, para efeito de dedução das contraprestações pagas pela arrendatária (veja o item 9).

5.2 Decisões do STJ

Após alguma controvérsia (principalmente por causa da Súmula n° 263, de Jurisprudência Predominante do Superior Tribunal de Justiça), a Corte Especial do STJ decidiu que *"a cobrança antecipada do valor residual garantido (VRG) não descaracteriza o contrato de arrendamento mercantil"* (entendimento adotado no julgamento dos Embargos de Divergência no Recurso Especial n° 2003/0151367-0; acórdão unânime em 1°.12.2004).

Esse entendimento foi reafirmado pelo STJ na Sumula n° 293, aprovada pela Corte Especial (DJU 1 de 13.05.2004), nos seguintes termos:

"A cobrança antecipada do Valor Residual Garantido (VRG) não descaracteriza o contrato de arrendamento mercantil. Referência: Lei nº 6.099, de 12.09.1974, artigo 5º c/c artigo 11, § 1º. Súmula nº 263-STJ (cancelada). EREsp 213.828/RS (CE 07.05.2003 - DJ 29.09.2003). REsp 163.845/RS (3ªT. 15.06.1999 - DJ 11.10.1999). REsp 164.918/RS (3ªT 03.08.00 - DJ 24.09.2001). REsp 280.833/RO (4ªT. 26.08.2003 - DJ 08.09.2003)."

6. OPÇÃO DE COMPRA

Ao término do contrato de arrendamento, é comum a arrendatária efetivamente exercer a opção de compra do bem, caso em que este deve ser registrado, nesse momento, em conta própria do Ativo Imobilizado, pelo valor pago à arrendadora pelo exercício da opção de compra (art. 15 da Lei nº 6.099/1974).

Comporão o custo de aquisição do bem, além do valor pago pelo exercício da opção de compra:

a) as quantias pagas pela arrendadora, durante a vigência do contrato, a título de antecipação do valor residual (veja o item 5); e

b) o saldo não amortizado de benfeitorias realizadas no bem arrendado (conforme dissemos anteriormente, o custo dessas benfeitorias somente pode ser amortizado no decurso do prazo de vida útil do bem).

6.1 Prazo para depreciação

O PN CST nº 8/1992 estabelece que o custo de aquisição de bem objeto de arrendamento mercantil, representado pelos valores acima citados, poderá ser depreciado[4] no prazo previsto para a depreciação de bens adquiridos usados (art. 311 do RIR/1999), ou seja, o maior dos seguintes prazos:

a) metade do prazo de vida útil admissível para o bem adquirido novo;

b) restante do prazo de vida útil do bem, considerando este em relação à primeira instalação ou utilização do bem.

6.1.1 Exemplo

Arrendamento mercantil de um bem cujo prazo de vida útil seja de cinco anos, tendo sido o arrendamento contratado por vinte e quatro meses. Se a arrendatária exercer a opção de compra ao término do prazo, teremos:

a) metade do prazo de vida útil do bem: dois anos e meio;

b) prazo restante de vida útil: três anos.

---

4 Desde 1º.01.1996, para efeito de apuração do lucro real e da base de cálculo da Contribuição Social sobre o Lucro, somente é dedutível a depreciação de bens relacionados intrinsecamente com a produção ou comercialização de bens e serviços. Veja a relação da Receita Federal no subitem 2.3 deste capítulo.

Adotando-se, portanto, o maior dos prazos, o valor do bem poderá ser depreciado no prazo de três anos (taxa de depreciação anual de 33,33% ao ano).

7. PRAZOS MÍNIMOS DE ARRENDAMENTO

De acordo com o art. 8° do Regulamento anexo à Resolução Bacen n° 2.309/1996, os prazos mínimos de arrendamento são:

a) para o arrendamento mercantil financeiro:

a.1) dois anos, quando se tratar de bens com vida útil igual ou inferior a cinco anos;

a.2) três anos, para o arrendamento de outros bens;

b) para o arrendamento mercantil operacional: noventa dias.

Os prazos mencionados em "a" são contados entre a data de entrega dos bens à arrendatária, consubstanciada em termo de aceitação e recebimento dos bens, e a data de vencimento da última contraprestação.

8. AQUISIÇÃO DE BENS ARRENDADOS EM DESACORDO COM A LEI N° 6.099/1974

De acordo com os §§ 1° e 2° do art. 356 do RIR/1999, a aquisição, pela arrendatária, de bens arrendados em desacordo com as disposições da Lei n° 6.099/1974 (com as alterações da Lei n° 7.132/1983) será considerada operação de compra e venda à prestação.

Nesta hipótese, o valor total das contraprestações pagas durante a vigência do arrendamento, acrescido da parcela paga a título de preço de aquisição, será classificado como preço da operação.

Por seu turno, a Resolução Bacen n° 2.309/1996 (art. 10) define que a operação de arrendamento mercantil será considerada como de compra e venda à prestação se a opção de compra for exercida antes de decorrido o respectivo prazo mínimo (item 7).

Se ocorrer tal hipótese, as importâncias já deduzidas pela adquirente, como custo ou despesa operacional, devem ser adicionadas ao lucro líquido, para efeito de apuração do lucro real (e da base de cálculo da CSL) do período-base em que foram deduzidas. Observe-se que será exigido o recolhimento das diferenças com os acréscimos legais (RIR/1999, art. 356, §§ 3° e 4°).

Sobre o assunto, a IN RFB n° 1700/2017 segue a mesma linha, estabelecendo que em seu art. 176 que:.

1) O preço de compra e venda será o total das contraprestações pagas durante a vigência do arrendamento, acrescido da parcela paga a título de preço de aquisição.

2) as importâncias já deduzidas, como custo ou despesa operacional pela adquirente, acrescerão ao lucro tributável, no período de apuração correspondente à respectiva dedução.

3) os tributos não recolhidos na hipótese "2" serão devidos com acréscimos previstos na legislação vigente.

9. ARRENDAMENTO DE IMÓVEL CONSTRUÍDO PELA ARRENDADORA EM TERRENO DA ARRENDATÁRIA

O PN CST nº 24/1982 dispôs que não se considera operação de arrendamento mercantil o contrato que tenha por objeto a construção de prédio pela arrendadora em terreno de propriedade da arrendatária, abrangendo o contrato apenas o prédio a ser edificado.

Tal operação será considerada compra e venda à prestação. E sobrevirão as consequências fiscais explanadas no item 8.

10. BENS DESTINADOS À LOCAÇÃO

O PN CST nº 34/1984 concluiu que não desvirtua o *leasing* o fato de o bem arrendado vir a ser locado a terceiros pela arrendatária, desde que esta tenha por objeto a locação de bens

Tal esclarecimento do Fisco era necessário, porque um dos requisitos para a caracterização do *leasing* é que os bens arrendados sejam destinados ao uso da arrendatária na sua atividade econômica (art. 11 do Regulamento aprovado pela Resolução Bacen nº 2.309/1996).

11. AUTUAÇÕES FISCAIS E A POSIÇÃO DA JURISPRUDÊNCIA

O tema *leasing* há muito tempo causa discordâncias entre o Fisco e os contribuintes.

A Receita Federal costuma entender que a estipulação de contraprestações desiguais, com grande concentração de valor nas primeiras, descaracteriza o contrato de arrendamento mercantil.

Outra coisa com a qual o Fisco costuma não concordar: contratação do *leasing* por prazo muito inferior ao de vida útil do bem.

Também a estipulação de valor ínfimo para o exercício da opção de compra é encarada como motivo para a descaracterização do *leasing*.

Conforme vimos, a descaracterização do arrendamento mercantil implica considerar a operação como compra e venda, com a consequente cobrança das diferenças de IRPJ e CSL, com acréscimos legais.

Vejamos, a seguir, como a jurisprudência tem entendido essas questões que levam o Fisco a autuar as empresas.

11.1 Opção de compra por valor residual ínfimo

A Jurisprudência do 1° Conselho de Contribuintes e da Câmara Superior de Recursos Fiscais aceitou, durante algum tempo, a interpretação da fiscalização. Mas, essa posição se reverteu a favor das empresas. Tanto o 1° Conselho de Contribuintes como a Câmara Superior de Recursos Fiscais passaram a decidir que a fixação de valor residual mínimo não descaracteriza, por si só, o contrato de arrendamento mercantil, desde que respeitadas as normas da legislação pertinente.

Segue a ementa do Acórdão n° CSRF/01-02.256 (DOU de 07.05.1998, Seção 1, pág. 27), que negou provimento ao recurso do Procurador da Fazenda Nacional contra decisão da 3ª Câmara do 1° CC:

> *"IRPJ - ARRENDAMENTO MERCANTIL - São dedutíveis, na determinação do lucro real, as despesas correspondentes a contratos de arrendamento mercantil, na forma da Lei n° 6.099/74 e alterações posteriores. A pactuação de valor residual insignificante em comparação com o valor econômico do bem ao término do contrato e com o seu prazo de vida útil restante estimado não atribui ao contrato natureza jurídica de compra e venda a prestações, desde que observados os requisitos legais expressos na legislação de regência."*

Saliente-se, também, que as decisões judiciais conhecidas também têm sido contrárias à pretensão do Fisco. Por exemplo, a decisão proferida pelo juiz da 13ª Vara Federal de Minas Gerais, confirmada em segunda instância (Acórdão unânime da 3ª Turma do TRF da 1ª Região n° 89.01.00449-6-MG - DJU II de 19.12.1991, pág. 32.890):

> *"Não estabeleceu a lei, nos contratos de arrendamento mercantil (*leasing*), qual o percentual que deve ser estipulado para ocorrer a opção de compra. Assim, não cabe à Receita Federal decidir se o valor residual é ínfimo, com o propósito de descaracterizar o contrato de* leasing*."*

O Superior Tribunal de Justiça (STJ), no julgamento do Recurso Especial n° 268005/MG, assim decidiu (Acórdão unânime da 1ª Turma, em 23/10/2000):

> *"TRIBUTÁRIO. "*LEASING*". IMPOSTO DE RENDA. DESCARACTERIZAÇÃO DO CONTRATO EM COMPRA E VENDA. INOCORRÊNCIA. 1. O contrato de* leasing*, em nosso ordenamento jurídico, é um negócio jurídico complexo definido, no artigo 1°, da Lei n° 6.099, de 12/09/1974, com as alterações introduzidas pela Lei n° 7.132, de 26/10/1983, como um "Negócio jurídico realizado entre pessoas jurídicas, na qualidade de arrendadora, e pessoa física ou jurídica, na qualidade de arrendatária e que tenha por objeto o arrendamento de bens adquiridos pela arrendadora segundo especificações da arrendatária para uso próprio desta". 2. Por tais características, o referido contrato só se transmuda em forma dissimulada de compra e venda quando,*

expressamente, ocorrer violação da própria lei e da regulamentação que o rege. 3. Não havendo nenhum dispositivo legal considerando como cláusula obrigatória para a caracterização do contrato de leasing *e que fixe valor específico de cada contraprestação, há de se considerar como sem influência, para a definição de sua natureza jurídica, o fato das partes ajustarem valores diferenciados ou até mesmo simbólico para efeitos da opção de compra. 4. O Banco Central, por permissão legal, na Resolução nº 2.309, de 28/08/1996, considera arrendamento mercantil financeiro a modalidade em que: "I - As contraprestações e demais pagamentos previstos no contrato, devidos pela arrendatária, sejam normalmente suficientes para que a arrendadora recupere o custo do bem arrendado durante o prazo contratual da operação e, adicionalmente, obtenha um retorno sobre os recursos investidos; II - as despesas de manutenção, assistência técnica e serviços correlatos à operacionalidade do bem arrendado sejam de responsabilidade da arrendatária; III - o preço para o exercício da opção de compra seja livremente pactuado, podendo ser, inclusive, o valor do mercado do bem arrendado". 5. Contrato de* leasing, *compondo todos os elementos acima anunciados, firmado livremente pelas partes, não pode ser descaracterizado pelo Fisco para fins tributários, como sendo de compra e venda, passando a não aceitar as prestações pagas como despesas dedutíveis. 6. A descaracterização do contrato de* leasing *só pode ocorrer quando fique devidamente evidenciada uma das situações previstas em lei, no caso, a prevista nos arts. 2º, 9º, 11, § 1º, 14 e 23, da Lei nº 6.099/74. Fora desse alcance legislativo, impossível ao Fisco tratar o contrato de* leasing, *por simples entendimento de natureza contábil, como sendo de compra e venda. 7. Homenagem ao princípio de livre convenção pelas partes quanto ao valor residual a ser pago por ocasião da compra. 8. Não descaracterização de contrato de* leasing *em compra e venda para fins de imposto de renda. 9. Precedentes jurisprudenciais: REsp's nºs 174031/SC e 184932/SP, ambos da 1ª Turma. 10. Recurso desprovido."*

11.2 Contrato de arrendamento por prazo inferior ao de vida útil do bem

A mais recente jurisprudência do 1º Conselho de Contribuintes, também nesta questão, passou a ser favorável às empresas.

Cite-se, para exemplificar, o Acórdão nº 101-89.931/1996, da 1ª Câmara, que assim decidiu:

"O contrato de arrendamento mercantil, com prazo de vigência menor que a vida útil do bem arrendado ou valor residual mínimo, por si só não descaracteriza o contrato de leasing, *desde que observadas as demais regras estabelecidas pelo Banco Central do Brasil."*

11.3 Concentração de valor nas prestações iniciais

Nesta questão, as decisões administrativas não têm sido favoráveis aos contribuintes autuados.

Verifica-se que a jurisprudência administrativa (CC e CSRF) é reiterada no sentido de que a concentração de valor nas prestações nos primeiros meses de vigência do contrato desvirtua a essência do *leasing*, convertendo-o em contrato de compra e venda a prazo.

De todo modo, vale registrar que, no Acórdão nº CSRF/01-02425, de 13.07.1998, a Câmara Superior de Recursos Fiscais decidiu que não constitui concentração o pagamento maior distribuído nos primeiro 12 meses, fato este que não é capaz de descaracterizar a natureza jurídica do contrato de arrendamento mercantil.

Por seu turno, no Judiciário, há decisões favoráveis e desfavoráveis aos contribuintes, como se observa nas ementas a seguir:

> *"Tributário. Imposto de Renda. Arrendamento Mercantil.* Leasing. *A Lei nº 6.099/74, que regula o arrendamento mercantil, não estabelece o valor de prestações que podem ser convencionadas livremente pelas partes, e deduzidas pela pessoa jurídica arrendatária como despesa operacional. Consequentemente, o Judiciário não pode referendar a autuação do Fisco, calcada na interpretação econômica dos fatos tributáveis, a ponto de, invadindo a seara do direito privado, descaracterizar um contrato formalmente perfeito. Improvimento dos recursos." (Acórdão da 4ª Turma do TRF da 1ª Região, nº 91.01.05066-4-MG, DJU II de 24.05.93, pág. 19.542.)*

> *"Tributário. Imposto de Renda. Contrato de arrendamento mercantil (*leasing*). Concentração alta do pagamento das prestações no início do contrato. Simulacro de contrato de compra e venda. 1. Se a quase totalidade do valor do bem é pago no início do contrato de arrendamento mercantil (*leasing*), evidentemente que o que existe é um simulacro de contrato de compra e venda a prestação, para burlar o Fisco." (Acórdão da 3ª Turma do TRF da 1ª Região, nº 93.01.24612-0-MG, DJU II de 25.11.93, pág. 50.877.)*

12. CESSÃO DE CONTRATOS

Desde que haja anuência expressa da arrendadora, a arrendatária poderá transferir a terceiros no País os seus direitos e obrigações decorrentes de contrato de arrendamento mercantil (art. 7º, XII, do Regulamento anexo à Resolução Bacen nº 2.309/1996).

No Acórdão nº 101-77.960/88, a 1ª Câmara do 1º Conselho de Contribuintes decidiu que a transferência do contrato, com a anuência da arrendadora, não descaracteriza o *leasing* e, consequentemente, não prejudica a dedutibilidade das contraprestações pagas pelo arrendatário-cessionário à arrendadora. Mas a importância paga à cedente pela cessionária é considerada aplicação de capital ativável (até 31.12.1995, esse valor ficava sujeito inclusive à correção monetária - Acórdão da 1ª Câmara do 1º Conselho de Contribuintes nº 101-77.248/1987).

13. Arrendamento mercantil financeiro a partir da edição da Lei Nº 12.973/2014

É fato que a partir da edição das Leis nºs 11.638/2007 e 11.941/2009, o "benefício fiscal" de se adotar o critério fiscal para contabilizar a operação de arrendamento não mais se aplica. Portanto, não se justifica mais o registro como despesa de aluguel, quando se tratar de uma aquisição de fato.

Referidas leis passaram a exigir o reconhecimento no Ativo de bens adquiridos por meio de arrendamento mercantil financeiro pelo seu valor presente, devendo a dívida ser reconhecida no passivo, como uma obrigação a pagar. Tal procedimento esta de acordo com as normas internacionais de contabilidade.

Ao proceder desta forma, obrigatoriamente, teremos duas despesas: uma de depreciação; outra financeira. Essas duas despesas substituirão, para fins contábeis, a despesa de arrendamento e são indedutíveis na apuração do lucro real.

A legislação também deixa claro que o aproveitamento da despesa para fins fiscais deverá ser feita mediante o valor da prestação efetivamente paga.

13.1 Indedutibilidade da despesa de depreciação

Para harmonizar os procedimentos, a Lei nº 12.973/2014 acresceu ao art. 13 da Lei nº 9.245/1995, o inciso VIII com o seguinte teor:

> [Art. 13. Para efeito de apuração do lucro real e da base de cálculo da contribuição social sobre o lucro líquido, são vedadas as seguintes deduções, independentemente do disposto no art. 47 da Lei nº 4.506, de 30 de novembro de 1964:]
>
> ...
>
> VIII - de despesas de depreciação, amortização e exaustão geradas por bem objeto de arrendamento mercantil pela arrendatária, na hipótese em que esta reconheça contabilmente o encargo. (Incluído pela Lei nº 12.973, de 2014)
>
> ..."

Na pratica essa inclusão ao art. 13 da Lei nº 9.249/1995 veda a dedução da despesa de depreciação e amortização **de bem objeto de arrendamento mercantil**, mas permite o reconhecimento como despesa do pagamento do arrendamento mercantil, conforme tratado no subitem a seguir.

Lembra-se que o direito ao reconhecimento da despesa com depreciação pertence ao detentor dos benefícios, riscos e controle dos bens. No caso de arrendamento mercantil, o detentor é o arrendatário do bem.

13.2 Indedutibilidade das despesas financeiras

São indedutíveis na determinação do lucro real as despesas financeiras incorridas pela arrendatária em contratos de arrendamento mercantil. Essa norma consta explicitamente do art. 48 da Lei nº 12.973/2014 e estende a indedutibilidade a valores decorrentes do ajuste a valor presente.

13.2 Tratamento fiscal

O tratamento fiscal das operações de arrendamento mercantil não alcançadas pela Lei nº 6.099/1974, tanto sob a ótica do arrendatário quanto do arrendador, foram disciplinadas pelos arts. 46 a 49 da Lei nº 12.973/2014.

13.2.1 Tratamento fiscal na arrendatária

Apesar de vedar a dedução da despesa de depreciação de bem arrendado para fins de determinação da base de cálculo do IRPJ e da CSL, a Lei Nº 12.973/2014 disciplinou o tratamento fiscal da referida despesa. Tal disciplina consta dos arts. 46 a 48 da referida lei.

Como regra, os valores do arrendamento mercantil serão dedutíveis da base de cálculo do IRPJ e da CSL por ocasião do pagamento.

Resumidamente, em relação à arrendatária, temos não serão dedutíveis as despesas com depreciação e de juros. Portanto, tais despesas deverão ser adicionadas ao lucro líquido na apuração da base de cálculo do IRPJ e da CSL.

Exemplo:

Determinada empresa adquiri veículo através de arrendamento financeiro em janeiro/2015.

O contrato já inclui o valor da opção de compra embutido nas prestações. O contrato tem as seguintes características:

Total de prestações	40		
Valor de cada prestação	R$	5.000,00	
Valor total	R$	200.000,00	
Encargo financeiro embutido na operação	R$	30.000,00	
O bem será utilizado pelo prazo	5		anos
Valor residual contábil do bem	R$	15.000,00	

Portanto, diante desses dados, temos os seguintes registros contábeis:

1 - Registro da compra do bem

D	-	Imobilizado Veículos	170.000	
D	-	AVP - Juros a apropriar (Ativo)	30.000	
C	-	Financiamentos a Pagar (leasing)		200.000

2 - Depreciação mensal do bem (a cada mês até dezembro de 2019)

D	-	Despesa de depreciação	
C	-	Depreciação acumulada - Veículos	2.583

3 - Apropriação da despesa com juros

D	-	Despesas com juros	
C	-	AVP - Juros a apropriar (Ativo)	750,00

Observação: a apropriação se dará ao longo do contrato de financiamento. Portanto:

R$ 30.000,00 / 40 = R$ 750,00

Por simplificação, adotamos o método linear de apropriação dos juros

4 - Pagamento das parcelas do financiamento

D	-	Financiamentos a Pagar (leasing)	
C	-	Caixa/Bancos	5.000,00

Já no e Lalur, teremos os seguintes registros:

Adição da depreciação: A cada mês deverá ser adicionado ao e-Lalur, o valor da depreciação registrada como despesa.

Portanto, teremos:

Depreciação mensal	2.583,00
Número de meses de utilização do bem	60
Adição total	155.000,00

Adição da despesas financeiras: A despesa financeira de cada mês deverá ser adicionada ao Lalur na apuração do lucro real e da CSL.

Portanto, teremos;

Apropriação mensal	750,00
Números de meses do contrato	40
Adição total dos juros	30.000,00

Exclusão do pagamento da prestação: A cada mês a empresa terá direito a fazer um exclusão na apuração do lucro real e da CSL referente ao valor da parcela paga. Portanto, temos:

Pagamento mensal	5.000,00
Números de meses do contrato	40
Exclusão total	200.000,00

Capítulo 19

Doações

1. A INDEDUTIBILIDADE COMO REGRA

De acordo com a disciplina legal vigente desde 1º.01.1996 (Lei nº 9.249/1995, art. 13,VI e § 2º, incorporado ao art. 365 do RIR/1999), **é, em princípio, proibida a dedução de quaisquer doações e contribuições efetuadas pela pessoa jurídica**, para efeito de apuração do lucro real e da base de cálculo da Contribuição Social sobre o Lucro.

A dedução, contudo, é permitida em algumas hipóteses, como as focalizadas neste capítulo.

1.1 Bolsas de estudo e doações ao Unicef

É interessante, quanto à regra de indedutibilidade de contribuições e doações, registrar as seguintes manifestações do Fisco:

a) na Decisão nº 2/1998, a Superintendência Regional da Receita Federal (SRRF) da 3ª Região Fiscal concluiu que os valores pagos pela pessoa jurídica a título de bolsas de estudo são indedutíveis, para efeito de apuração do lucro real e da base de cálculo da Contribuição Social sobre o Lucro;

b) na Solução de Consulta nº 20/2002, a Coordenação Geral do Sistema de Tributação (Cosit) declarou que, para efeito de apuração do lucro real e da base de cálculo da Contribuição Social sobre o Lucro, a partir de 1º.01.1996, não se incluem entre as doações dedutíveis (examinadas neste capítulo) as doações para o Fundo das Nações Unidas para a Infância (Unicef).

2. DOAÇÕES A INSTITUIÇÕES DE ENSINO E PESQUISA

São dedutíveis as doações efetuadas às instituições de ensino e pesquisa cuja criação tenha sido autorizada por lei federal, desde que:

a) a beneficiária preencha os requisitos previstos nos incisos I e II do art. 213 da Constituição Federal, a saber:
   a.1) tenha finalidade comprovadamente não lucrativa e aplique seus excedentes financeiros em educação;
   a.2) assegure que, no caso de encerramento de suas atividades, o seu patrimônio seja destinado a outra escola comunitária, filantrópica ou confessional, ou ao Poder Público;
b) o valor doado não ultrapasse o limite de 1,5% (um e meio por cento) do lucro operacional da pessoa jurídica doadora, antes de computada a sua própria dedução e a dedução das doações focalizadas no item 3, a seguir.

Saliente-se que:

- o valor integral da doação será indedutível se a beneficiária não comprovar que preenche os requisitos mencionados na letra "a";
- de outro lado, se o valor doado exceder o limite referido na letra "b", o excedente não será dedutível ainda que a beneficiária atenda aos requisitos mencionados na letra "a".

2.1 Doações a escolas da rede pública

Considerados os requisitos mencionados no item 2 *supra*, entende-se que não são dedutíveis as doações porventura feitas pela pessoa jurídica às escolas da rede pública de ensino.

Essa, aliás, foi a linha de entendimento adotada pela SRRF da 9ª Região Fiscal, na Decisão nº 93/2000, ao afirmar que as escolas da rede municipal e estadual de ensino não se enquadram entre as instituições de ensino e pesquisa a que se refere o art. 365, I, do RIR/1999, beneficiárias de doações dedutíveis para fins de apuração da base de cálculo do IRPJ.

3. DOAÇÕES A ENTIDADES CIVIS QUE PRESTEM SERVIÇOS GRATUITOS

São dedutíveis também as doações efetuadas a entidades civis, legalmente constituídas no Brasil, sem fins lucrativos e reconhecidas como de utilidade pública por ato formal de órgão competente da União, que prestem serviços gratuitos em benefício de empregados da pessoa jurídica doadora, e respectivos dependentes, ou em benefício da comunidade onde atuem, observadas as seguintes regras:

a) essas doações são dedutíveis até o limite de 2% (dois por cento) do lucro operacional da pessoa jurídica, antes de computada a sua dedução;

b) se for em dinheiro, essas doações deverão ser feitas mediante crédito em conta corrente bancária, diretamente em nome da entidade beneficiária;

c) a pessoa jurídica doadora deverá manter em arquivo, à disposição da fiscalização, declaração[1] conforme modelo aprovado pela IN SRF nº 87/1996, fornecida pela entidade beneficiária, na qual esta se compromete a:

   c.1) aplicar integralmente os recursos recebidos na realização de seus objetivos sociais, com identificação da pessoa física responsável pelo seu cumprimento; e

   c.2) a não distribuir lucros, bonificações ou vantagens a dirigentes mantenedores ou associados, sob nenhuma forma ou pretexto (sobre remuneração de dirigentes de Organizações da Sociedade Civil de Interesse Público - Oscip - e Organizações Sociais - OS -, veja Nota ao subitem 3.1);

d) a entidade civil beneficiária deverá ser reconhecida de utilidade pública por ato formal de órgão competente da União, exceto quando se tratar de entidade que preste exclusivamente serviços gratuitos em benefício de empregados da pessoa jurídica doadora e respectivos dependentes, ou em benefício da comunidade onde atuem.

De acordo com a MP nº 2.158-35/2001 (art. 60):

- a dedutibilidade das doações fica condicionada a que a entidade beneficiária tenha sua condição de utilidade pública renovada anualmente pelo órgão competente da União, mediante ato formal;
- a renovação somente será concedida à entidade que comprove, perante o órgão competente da União, haver cumprido, no ano-calendário anterior ao pedido, todas as exigências e condições estabelecidas. E produzirá efeitos para o ano-calendário subsequente ao de sua formalização;
- os atos de reconhecimento emitidos até 31.12.2000 somente produziram efeitos em relação às doações recebidas até 31.12.2001;

1 A IN SRF nº 87/1996 dispõe que a falsidade na prestação das informações contidas nessa declaração constitui crime de falsidade ideológica, na forma do art. 299 do Código Penal, e também crime contra a ordem tributária, na forma do art. 1º da Lei nº 8.137/1990.

- os órgãos competentes da União são obrigados a expedir, no âmbito de suas respectivas competências, os atos necessários à renovação.

3.1 Doações feitas a Organizações da Sociedade Civil de Interesse Público (Oscip)

As doações efetuadas às Organizações da Sociedade Civil de Interesse Público (Oscip), que atendam aos requisitos estabelecidos pela Lei nº 9.790/1999, passaram a ser dedutíveis, a partir do ano-calendário de 2001, para efeito de apuração do lucro real e da base de cálculo da Contribuição Social sobre o Lucro, até o limite de 2% (dois por cento) do lucro operacional da pessoa jurídica, antes de computada a sua dedução.

Para efeito dessa dedução, as Oscip não precisam ser reconhecidas como de utilidade pública por ato formal de órgão competente da União. Entretanto, a dedutibilidade das doações fica condicionada a que a entidade beneficiária tenha sua condição de Oscip renovada anualmente pelo órgão competente da União, mediante ato formal, conforme mencionado na Nota, à letra "d" do item 3 *supra.*

Salientamos que, de acordo com a Lei nº 10.637/2002, art. 34, desde 1º.01.2003, a restrição mencionada na letra "c.2" do item 3 (*"não distribuir lucros, bonificações ou vantagens a dirigentes, mantenedores ou associados, sob nenhuma forma ou pretexto"*) não alcança a hipótese de remuneração de dirigente, em decorrência de vínculo empregatício, pelas Organizações da Sociedade Civil de Interesse Público (Oscip), qualificadas segundo as normas estabelecidas na Lei nº 9.790/1999, e pelas Organizações Sociais (OS), qualificadas consoante os dispositivos da Lei nº 9.637/1998.

Essa flexibilização da regra, contudo, se aplica somente à remuneração não superior, em seu valor bruto, ao limite estabelecido para a remuneração de servidores do Poder Executivo Federal.

4. EXEMPLOS

4.1 Conceito de lucro operacional

Conforme visto, respeitadas as demais condições comentadas, o valor dedutível de doações fica limitado a:

a) no caso das doações tratadas no item 2 (a instituições de ensino e pesquisa): 1,5% do lucro operacional, antes de computadas essas doações e as doações referidas na letra "b";

b) no caso das doações tratadas no item 3 e no subitem 3.1 (às entidades civis que prestem serviços gratuitos e as Oscip): 2% do lucro operacional antes de computada essa doação.

O lucro operacional, na definição do art. 277 do RIR/1999, é o resultado das atividades, principais ou acessórias, que constituem o objeto da pessoa jurídica. Contabilmente, o lucro operacional é o valor positivo que resultar, na Demonstração do Resultado, depois de deduzidas do lucro bruto (resultado do confronto entre a receita líquida de vendas e o custo das vendas) as despesas operacionais e acrescidas outras receitas operacionais.

Observa-se, porém, que o parâmetro para cálculo dos limites de dedução de doações é o valor do lucro operacional antes de deduzidas as doações. Portanto, tendo em vista que no valor do lucro operacional já deve estar deduzido o valor das doações feitas, o valor computado como despesa deve ser adicionado ao valor do lucro operacional apurado para efeito de cálculo dos limites fiscais dedutíveis.

No caso de terem sido feitas, no mesmo período-base, doações a instituições de ensino e pesquisa (tratadas no item 2) e a entidades civis que prestem serviços gratuitos, inclusive Oscip (focalizadas no item 3 e no subitem 3.1), no cálculo do limite de dedução daquelas primeiras adiciona-se ao lucro operacional inclusive o valor das demais doações.

A parcela do valor das doações deduzidas como despesas que exceder os limites referidos nas letras "a" e "b" deste subitem deverá ser adicionada ao lucro líquido, tanto para fins de apuração do lucro real, no Livro de Apuração do Lucro Real (Lalur), como para fins de determinação da base de cálculo da Contribuição Social sobre o Lucro. Essas adições são definitivas, sem qualquer possibilidade de exclusão futura.

4.2 Exemplo de dedução somente das doações focalizadas no item 2

Vamos supor que o lucro operacional apurado por uma pessoa jurídica seja de R$ 2.000.000,00, do qual estão deduzidas doações a instituições de ensino e pesquisa, que satisfaçam os requisitos do item 2, no valor de R$ 50.000,00:

Lucro operacional	R$ 2.000.000,00
Valor das doações (deduzido como despesa)	R$ 50.000,00
Base de cálculo do limite dedutível	R$ 2.050.000,00
Limite dedutível: 1,5% de R$ 2.050.000,00 =	R$ 30.750,00
Excedente a ser adicionado ao lucro líquido, no Lalur:	
Valor das doações (deduzido como despesa)	R$ 50.000,00
Limite dedutível	(R$ 30.750,00)
Excedente	R$ 19.250,00

4.3 Dedução simultânea das doações focalizadas nos itens 2 e 3

Suponhamos que o lucro operacional seja de R$ 4.000.000,00 e a empresa tenha feito doações a instituições de ensino e pesquisa (que preencham os requisitos referidos no item 2), no valor de R$ 65.000,00, e doações a entidades civis que prestem serviços gratuitos (nas condições mencionadas no item 3), no valor de R$ 80.000,00, cujos valores estão deduzidos como despesa:

I - Cálculo do limite dedutível das doações a entidades civis que prestem serviços gratuitos:

Lucro operacional	R$ 4.000.000,00
Doações feitas a entidades civis	R$ 80.000,00
Base de cálculo do limite dedutível	R$ 4.080.000,00
Limite dedutível: 2% de R$ 4.080.000,00 =	R$ 81.600,00

Verifica-se que, quanto a essas doações, não há adição a ser feita no lucro líquido, no Lalur, porque o limite dedutível é maior que o valor das doações feitas.

II - Cálculo do limite dedutível das doações a instituições de ensino e pesquisa:

Lucro operacional	R$ 4.000.000,00
Doações feitas a entidades civis	R$ 80.000,00
Doações feitas a instituições de ensino e pesquisa	R$ 65.000,00
Base de cálculo do limite dedutível	R$ 4.145.000,00
Limite dedutível: 1,5% de R$ 4.145.000,00 =	R$ 62.175,00
Excedente a ser adicionado ao lucro líquido, no Lalur:	
Valor das doações (deduzido como despesa)	R$ 65.000,00
Limite dedutível	(R$ 62.175,00)
Excedente	R$ 2.825,00

5. DOAÇÕES EM FAVOR DE PROJETOS CULTURAIS APROVADOS PELO MINISTÉRIO DA CULTURA

São dedutíveis, como despesas operacionais, pelo seu valor total, as doações e os patrocínios realizados em favor de projetos culturais previamente aprovados pela Comissão Nacional de Incentivo à Cultura (CNIC), na forma do art. 26 da Lei nº 8.313/1991, ou seja, aqueles cujo incentivo fiscal, dedutível diretamente do Imposto de Renda (até o limite de 4% do imposto devido à alíquota de 15%), pode ser calculado com base em 40% das doações e 30% dos patrocínios (art. 475, § 2º, do RIR/1999). Todavia, **não são dedutíveis** as doações e os patrocínios realizados em favor de projetos culturais cujo incentivo fiscal, dedutível diretamente do Imposto de Renda (até o limite de 4% do imposto devido à alíquota de 15%), pode ser calculado com base no valor total despendido ("projetos especiais" a determinados segmentos, aprovados na forma do art. 18 da Lei nº 8.313/1991, com a redação dada pela Lei nº 9.874/1999, e projetos aprovados pela Ancine nos termos do § 6º do art. 39 da MP nº 2.228-1/2001).

6. DOAÇÕES AOS FUNDOS DOS DIREITOS DA CRIANÇA E DO ADOLESCENTE

As doações feitas aos Fundos dos Direitos da Criança e do Adolescente, comprovadas na forma exigida pela legislação que rege esse benefício, podem ser deduzidas diretamente do Imposto de Renda devido, até o limite de 1% do imposto normal (sem inclusão do adicional), **mas não são dedutíveis** como despesa operacional. Portanto, o valor da doação, contabilizado como despesa, deve ser adicionado ao lucro líquido, para fins de determinação do lucro real e da base de cálculo da Contribuição Social sobre o Lucro.

7. DOAÇÃO AO DESPORTO

A partir do ano-calendário de 2007 e até o ano-calendário de 2022, inclusive, poderão ser deduzidos do imposto de renda devido, apurado na Declaração de Ajuste Anual pelas pessoas físicas ou em cada período de apuração, trimestral ou anual, pela pessoa jurídica tributada com base no lucro real os valores despendidos a título de patrocínio ou doação, no apoio direto a projetos desportivos e paradesportivos previamente aprovados pelo Ministério do Esporte.

Tais deduções ficam sujeitas à observância do limites de 1% (um por cento) do imposto devido (sem inclusão do adicional do imposto, se devido - Lei nº 9.249/1995, art. 3º, § 4º) em cada período de apuração. Todavia, as pessoas jurídicas não poderão deduzir os valores dos patrocínios e doações supramencionados para fins de determinação do lucro real e da base de cálculo da Contribuição Social sobre o Lucro (CSL), o que implica adição de tais valores (contabilizados como despesa) ao lucro líquido.

8. DOAÇÕES A PARTIDOS POLÍTICOS

A Lei das Eleições (Lei nº 9.504/1997) não mais prevê a possibilidade de doações de pessoas jurídicas para as campanhas eleitorais. A mudança foi introduzida pela mais Reforma Eleitoral (Lei nº 13.165/2015) que, ratificou a decisão do Supremo Tribunal Federal, na análise da Ação Direta de Inconstitucionalidade (ADI) 4650, de declarar inconstitucionais os dispositivos legais que autorizavam esse tipo de contribuição.

Capítulo 20

Juros Remetidos ao Exterior em Razão da Compra de Bens a Prazo

1. TRIBUTAÇÃO NA FONTE

Segundo o art. 703, caput, do RIR/1999, está sujeito à incidência do Imposto de Renda na Fonte o valor dos juros remetidos para o exterior, devidos em razão da compra de bens a prazo, mesmo quando o beneficiário do rendimento for o próprio vendedor.

O parágrafo único do citado dispositivo estabelece, ainda, que, para efeito da tributação, consideram-se:

a) fato gerador do imposto: a remessa para o exterior; e

b) contribuinte: o remetente.

Esta é uma modalidade de incidência efetivamente controvertida.

Há quem entenda, com bons argumentos para tanto, que a tributação em foco seria contrária ao art. 43 do Código Tributário Nacional (CTN), segundo o qual o Imposto de Renda tem como fato gerador a aquisição da disponibilidade econômica ou jurídica de renda (produto do capital, do trabalho ou da combinação de ambos) ou de proventos de qualquer natureza (outros acréscimos patrimoniais).

Quando o remetente paga juros, é claro que não está auferindo rendimento. Por isso, ele não poderia nesse momento, ser contribuinte de Imposto de Renda (sobre a remessa). Mas, para aumentar ainda mais a controvérsia, o Fisco não aceita a dedução do tributo pago!

1.1 Não se aplica o reajuste do rendimento

O parágrafo único do citado art. 703 do RIR/1999 dispõe que não se aplica o reajustamento de rendimento (de que trata o art. 725 do RIR/1999) para fins de cálculo do IR Fonte sobre juros remetidos para o exterior, na modalidade em análise.

O art. 725 do RIR/1999 define que, quando a fonte pagadora assume o ônus do imposto devido pelo beneficiário, a importância paga, creditada, empregada, remetida ou entregue deve ser considerada líquida e cabe o reajustamento do respectivo rendimento bruto, sobre o qual recairá o imposto.

A explicação para o não reajustamento nesta modalidade de tributação está no fato de que a própria fonte pagadora é o contribuinte. Ou seja, não se trata de "ônus assumido pela fonte pagadora", nos moldes preconizados pelo art. 725 do RIR/1999.

1.2 Distinção entre juros pagos e preço do bem adquirido

A tributação em foco recai sobre o valor dos juros remetidos para o exterior, devidos em razão da compra de bens a prazo, e não sobre o preço do bem adquirido.

Para sublinhar essa diferença, o Parecer Normativo CST n° 116/1973 (item 7) esclareceu que, na aquisição financiada de bens, não se confundem os juros pagos com o preço dos bens adquiridos.

O parecerista destaca que preço é o valor atribuído à coisa vendida; os juros representam a compensação, proporcional a valores e prazos, pela permanência, em poder do adquirente, por certo tempo do numerário correspondente, total ou parcialmente, ao preço.

2. ALÍQUOTA E PRAZO PARA RECOLHIMENTO DO IMPOSTO

O imposto de que se ocupa este capítulo incide, exclusivamente na fonte, à alíquota de 15% sobre o valor bruto dos juros (código de DARF: 0481).

Caso exista acordo internacional entre o Brasil e o País onde o beneficiário dos juros é domiciliado, deve ser observado o disposto no acordo. A esse respeito, o Parecer Normativo CST n° 94/1974 reafirmou que, na existência de acordo internacional, aplicam-se as alíquotas nele previstas em detrimento das fixadas na legislação interna, inclusive no caso de juros remetidos para o exterior decorrente da aquisição de bens a prazo, de que falamos.

Também deve ser salientado que, se o beneficiário for residente ou domiciliado em país ou dependência que não tribute a renda ou que a tribute por alíquota inferior a 20%, a alíquota do imposto será 25%.

O imposto deve ser recolhido na data da ocorrência do fato gerador. Nesta modalidade de tributação, entende-se ocorrido o fato gerador por ocasião da remessa dos juros ao exterior, ainda que tenha sido efetuado o crédito anteriormente (PN CST n° 116/1973, item 9).

3. INDEDUTIBILIDADE DO IMPOSTO

Reprisando norma prevista em diplomas legais anteriores, o § 2° do art. 41 da Lei n° 8.981/1995 (incorporado ao § 2° do art. 344 do RIR/1999) dispõe que, na determinação do lucro real, a pessoa jurídica não pode deduzir como custo ou despesa o Imposto de Renda do qual for sujeito passivo, como contribuinte ou como responsável em substituição ao contribuinte.

Essa é a razão pela qual não se considera dedutível o Imposto de Renda incidente sobre o lucro real da pessoa jurídica. Contudo, o Parecer Normativo CST nº 2/1980 afirmou que também não é dedutível o Imposto de Renda na Fonte sobre remessa de juros para o exterior em razão da compra de bens a prazo, referido neste capítulo.

O parecerista, para concluir pela indedutibilidade, baseia-se no fato de, por expressa disposição legal, o fato gerador do imposto ser a remessa dos juros; e o contribuinte, o próprio remetente.

Importa salientar que existem, na doutrina, ponderáveis opiniões contrárias às conclusões do PN CST nº 2/1980.

No que se refere à jurisprudência do 1º Conselho de Contribuinte, cabe registrar que, no Acórdão nº 105-07.072/1992, a 5ª Câmara decidiu, contrariamente ao PN CST nº 2/1980, que são dedutíveis as importâncias pagas a título de Imposto de Renda sobre remessas de juros para o exterior, relativos à compra de bens a prazo.

Se, portanto, a empresa deduzir o IR Fonte porventura pago (na modalidade comentada neste capítulo), certamente a fiscalização glosará a dedução. Restará a ela defender a correção de seu procedimento administrativa ou judicialmente, com alguma chance de êxito.

4. ENTIDADES ISENTAS OU IMUNES

De acordo com o Parecer Normativo CST nº 103/1974 (item 4), os juros remetidos ao exterior na compra de bens a prazo, mesmo que a pessoa jurídica remetente esteja isenta do Imposto de Renda Pessoa Jurídica, sujeitam-se à tributação aqui focalizada. Mas, a Receita Federal tem decidido, sob questionável argumentação, que entidades imunes ficam sujeitas ao pagamento do IR Fonte na modalidade em análise. Vejamos, por exemplo, a conclusão do Fisco na Solução de Consulta nº 171/2003, da 8ª Região Fiscal:

> *"REMESSAS AO EXTERIOR - Juros na Compra de Bens a Prazo. Sujeitam-se à incidência do imposto de renda na fonte as remessas de juros ao exterior decorrentes de financiamento na compra de bens a prazo, efetuadas por entidades sindicais de trabalhadores, pois, embora estas gozem de imunidade tributária, os juros remetidos constituem rendimentos de terceiros."*

Cabe, contudo, observar que, no Acórdão nº 102-43798, a 2ª Câmara do 1º Conselho de Contribuintes assim decidiu:

> *"IRF - Entidades de assistência social que preencham os requisitos legais não estão sujeitas ao pagamento do imposto de renda sobre remessa de juros ao exterior decorrentes de contratos de financiamento. Recurso provido."*

Também é interessante registrar uma decisão da Segunda Turma do Supremo Tribunal Federal (RE nº 115.530) que reconhece a imunidade da municipalidade como barreira à pretensão do Fisco de cobrar tributos da espécie, nos seguintes termos:

> *"Remessa de juros para o exterior, decorrente de empréstimo contraído por municipalidade. Considerando-se o fato gerador do tributo - remessa para o exterior - e contribuinte o remetente, é de se reconhecer a imunidade prevista no art. 19, inc. III, letra 'a', da lei magna."*

5. REMESSAS PARA O EXTERIOR – LEGISLAÇÃO QUE REGE O ASSUNTO

Abaixo, estão relacionados alguns diplomas legais que disciplinam a remessa para o exterior.

a) Instruções Normativas

i. Instrução Normativa RFB nº 1.645/2016

Dispõe sobre a incidência do Imposto sobre a Renda Retido na Fonte sobre rendimentos pagos, creditados, empregados, entregues ou remetidos para pessoas jurídicas domiciliadas no exterior nas hipóteses que menciona.

ii. Instrução Normativa RFB nº 1.611/2016

Dispõe sobre a incidência do Imposto sobre a Renda Retido na Fonte sobre rendimentos pagos, creditados, empregados, entregues ou remetidos para pessoas jurídicas domiciliadas no exterior nas hipóteses que menciona.

iii. Instrução Normativa RFB nº 1.455/2014 e suas alterações

Dispõe sobre a incidência do imposto sobre a renda na fonte sobre rendimentos pagos, creditados, empregados, entregues ou remetidos para pessoas jurídicas domiciliadas no exterior nas hipóteses que menciona.

iv. Instrução Normativa RFB nº 1.214/2011 e suas alterações

Dispõe sobre os limites para remessa de valores, isentos do Imposto sobre a Renda Retido na Fonte (IRRF), destinados à cobertura de gastos pessoais, no exterior, de pessoas físicas residentes no País, em viagens de turismo, negócios, serviço, treinamento ou missões oficiais.

b) Atos Declaratórios Interpretativos

i. Ato Declaratório Interpretativo RFB nº 4/2017

Dispõe sobre o tratamento tributário a ser dispensado aos rendimentos pagos, creditados, entregues, empregados ou remetidos por fonte situada no Brasil a pessoas jurídicas residentes no exterior pela exploração de serviços de transporte internacional com base em acordo ou convenção para evitar a dupla tributação da renda celebrado pelo Brasil.

Capítulo 21

Remuneração Indireta de Administradores e Terceiros (*fringe benefits*)

1. CONCEITO DE REMUNERAÇÃO

Tradicionalmente, "remuneração" é entendida pelo Fisco como sendo o montante mensal, nele computados, pelo valor <u>bruto</u>, todos os pagamentos ou créditos em caráter de remuneração pelos serviços efetivamente prestados à empresa, inclusive retribuições ou benefícios recebidos em decorrência do exercício do cargo ou função como, por exemplo, o valor do aluguel de imóvel residencial ocupado por sócios ou dirigentes pago pela empresa, e outros salários indiretos (PN CST nº 18/1985).

Incluem-se no conceito de remuneração, no caso de sócio, diretor ou administrador que seja, concomitantemente, empregado da empresa, os rendimentos auferidos, seja a título de remuneração como dirigente, seja como retribuição do trabalho assalariado. Igualmente, tal entendimento se aplica ao dirigente ou administrador que for membro, simultaneamente, da diretoria executiva e do conselho de administração da companhia.

Os salários indiretos, igualmente, incluem-se no conceito de remuneração, assim consideradas as despesas particulares dos administradores, diretores, gerentes e seus assessores, nelas incluídas, por exemplo, as despesas de supermercados e cartões de crédito, pagamento de anuidade de colégios, clubes, associações, etc. (RIR/1999, art. 358 e PN CST nºs 18/1985 e 11/1992).

Nota
Registre-se que, segundo a Solução de Consulta nº 43/2001, as instituições isentas, para que possam continuar usufruindo de tal benefício, não poderão remunerar, por qualquer forma, seus dirigentes, inclusive através de ressarcimento das despesas com telefones celulares, assistência médica e seguros, considerados pela legislação tributária como remuneração indireta.

2. REMUNERAÇÃO INDIRETA

No tocante à remuneração indireta de administradores e terceiros (*fringe benefits*), o art. 358 do RIR/1999 taxativamente estabelece que integrarão a remuneração dos beneficiários:

a) a contraprestação de arrendamento mercantil ou o aluguel ou, quando for o caso, os respectivos encargos de depreciação:

a.1) de veículos utilizados no transporte de administradores, diretores, gerentes e seus assessores ou de terceiros em relação à pessoa jurídica;

a.2) de imóvel cedido para uso de qualquer das pessoas referidas em "a.1";

b) as despesas com benefícios e vantagens concedidos pela empresa a administradores, diretores, gerentes e seus assessores, pagas diretamente ou por meio da contratação de terceiros, tais como:

b.1) a aquisição de alimentos ou quaisquer outros bens de utilização pelo beneficiário fora do estabelecimento da empresa;

b.2) os pagamentos relativos a clubes e assemelhados;

b.3) os salários e os respectivos encargos sociais de empregados postos à disposição ou cedidos pela empresa a administradores, diretores, gerentes e seus assessores ou de terceiros;

b.4) a conservação, o custeio e a manutenção dos bens referidos em "a.1" e "a.2".

3. APROVEITAMENTO DA DESPESA PELA PESSOA JURÍDICA - condição

O valor dos gastos tidos pela pessoa jurídica com a concessão dos benefícios e vantagens indiretos mencionados no item 2 terá o seguinte tratamento tributário em se tratando de pessoa jurídica tributada pelo lucro real (art. 358, § 3º, do RIR/1999):

a) quando pago a beneficiários identificados e individualizados poderá ser dedutível;

b) quando pago a beneficiários não identificados ou a beneficiários identificados, mas não individualizados, será indedutível, inclusive o Imposto de Renda incidente na fonte.

Na hipótese da letra "b" os valores dos benefícios e vantagens indiretos deverão ser adicionados ao lucro líquido, para efeito de apuração do lucro real. A adição ao lucro líquido abrange, inclusive o valor do Imposto de Renda incidente na fonte.

3.1 Extensão a certas despesas indedutíveis

Como regra, o art. 13, incisos II, III e IV, da Lei nº 9.249/1995 estabelece que não são dedutíveis, para fins de determinação do lucro real e da base de cálculo da Contribuição Social sobre o Lucro:

a) as contraprestações de arrendamento mercantil ou o aluguel, bem como as despesas de depreciação, amortização, manutenção, reparo, conservação, impostos, taxas, seguros e quaisquer outros gastos, relativos a bens móveis ou imóveis que não sejam relacionados intrinsecamente com a produção e a comercialização de bens e serviços;

b) as despesas com alimentação de sócios, acionistas e administradores.

A Receita Federal, contudo, permite a dedução desses valores quando se enquadrarem como remuneração de administradores, diretores, gerentes e seus assessores, hipótese em que deverão ser tributados na fonte e na declaração de ajuste anual do beneficiário ("Plantão Fiscal - IRPJ/Capítulo VIII).

4. TRIBUTAÇÃO NA FONTE E NA DECLARAÇÃO DO BENEFICIÁRIO

De acordo com o art. 622 do RIR/1999, as vantagens e os benefícios relacionados no item 2 concedidos pela pessoa jurídica integrarão a remuneração mensal dos beneficiários, para efeito de incidência do Imposto de Renda na fonte. Diante disso, temos que referidos valores devem ser incorporados aos salários dos beneficiários. Sobre o valor total incidirá Imposto de Renda pela alíquota progressiva vigente no mês.

Por sua vez, o parágrafo único do art. 622 do RIR/1999 ainda estabelece que a falta de identificação do beneficiário da despesa e a não incorporação das vantagens aos respectivos salários dos beneficiários implicará a tributação dos referidos valores, exclusivamente na fonte, à alíquota de 35%.

Lembra-se que o rendimento será considerado líquido, cabendo o reajustamento do respectivo rendimento bruto sobre o qual recairá o imposto.

O imposto devido na fonte deverá ser pago no próprio dia em que ocorrer o pagamento de benefícios ou vantagens indiretos. O campo 04 do DARF será preenchido com o código 2063.

Até agora, falamos das obrigações da pessoa jurídica que conceder benefícios e vantagens indiretas a administradores, diretores, gerentes e seus assessores, sobretudo no que diz respeito a retenção na fonte. Contudo, o beneficiário desses rendimentos deve informar tais valores em sua declaração, os quais compõem o total dos rendimentos tributáveis da pessoa física quando acrescidos às suas respectivas remunerações normais. O Imposto de Renda Retido na Fonte, no caso, pode ser compensado com o devido na Declaração de Ajuste Anual, conforme dispõem os arts. 43, inciso XVII, e 87, inciso IV, do RIR/1999.

Por sua vez, se a pessoa jurídica efetuar o pagamento e não identificar os beneficiários, os benefícios ou as vantagens indiretos não integrarão os rendimentos tributáveis na Declaração de Ajuste Anual da pessoa física. Por conseguinte, o imposto devido exclusivamente na fonte não poderá ser compensado.

4.1 Pagamento de seguridade social no exterior

De acordo com a Solução de Consulta nº 9/2010, da 7ª Região Fiscal, os valores remetidos ao exterior para pagamento da seguridade social de empregado estrangeiro em seu país de origem representam uma remuneração indireta e, como tal, devem ser tributados na fonte pela pessoa jurídica, sujeitando-se à declaração de ajuste anual na pessoa física, por configurarem benefícios do empregado e, por conseguinte, rendimentos tributáveis.

Esses valores, até o limite da seguridade social paga no exterior, não se sujeitam à incidência do Imposto de Renda Retido na Fonte, quando da respectiva remessa, por não configurarem rendimento da empresa que efetua o pagamento da seguridade no exterior.

Capítulo 22

Juros sobre o Capital Próprio

1. BASE DE CÁLCULO

A legislação do Imposto de Renda permite a dedução de juros remuneratórios do capital próprio calculados sobre as contas do patrimônio líquido. Para tanto, deverão ser observadas as normas adiante comentadas.

De pronto, é importante lembrarmos quais contas compõem o patrimônio líquido. Essa composição consta do art. 178, § 2º da Lei nº 6.404/1976 (com as alterações promovidas pela Lei nº 11.638/2007, o qual define que integram esse grupo de contas:

a) (+) o capital social;

b) (-) Capital a realizar

c) (+) as reservas de capital;

d) (+) as reservas de reavaliação

e) (+/-) os ajustes de avaliação patrimonial;

f) (+) as reservas de lucros;

g) (+/-) os lucros ou prejuízos acumulados[1]; e

h) (-) as ações em tesouraria (conta retificadora).

1.1 Exclusões

Na determinação da base de cálculo dos juros sobre o capital próprio, não devem ser considerados, salvo se forem adicionados na determinação do lucro real e da base de cálculo da Contribuição Social sobre o Lucro:

a) a reserva de reavaliação de bens e direitos da pessoa jurídica que vigorou até 31.12.2007 (Lei nº 11.638/2007)[2];

---

1 A vedação à manutenção de saldo positivo dessa conta, conforme Orientação OCPC 02, do Comitê de Pronunciamentos Contábeis aplica-se **unicamente** às sociedades por ações.

2 A partir de 1º.01.2000, a contrapartida da reavaliação de quaisquer bens somente pode ser contabilizada em conta de resultado ou na determinação do lucro real e da base de cálculo da

b) a reserva especial relativa à correção monetária facultativa de bens do Ativo Permanente referida na data de 31.01.1991;

c) a parcela ainda não realizada (não computada na apuração do lucro real) da reserva de reavaliação de imóveis integrantes do Ativo Permanente e de patentes ou direitos de exploração de patentes, que tenha sido incorporada ao capital social;

d) de avaliação patrimonial (art. 59 da Lei nº 11.941/2009)

Caso a empresa tenha prejuízos acumulados[3] de períodos de apuração anteriores, esse valor deverá ser subtraído do patrimônio líquido para efeito de cálculo dos juros remuneratórios do capital próprio.

Também não deve ser computado, como integrante do patrimônio líquido, para efeito de cálculo dos juros remuneratórios do capital próprio, o lucro do próprio período de apuração.

2. CONTAS A SEREM CONSIDERADAS NO CÁLCULO DO JCP

Para fins de cálculo da remuneração do JCP, serão consideradas exclusivamente as seguintes contas do patrimônio líquido (art. 9º da Lei nº 12.973/2014):

I - capital social;

II - reservas de capital;

III - reservas de lucros;

IV - ações em tesouraria; e

V - prejuízos acumulados.

3. CÁLCULO DOS JUROS

A pessoa jurídica poderá deduzir, para efeitos da apuração do lucro real, os juros pagos ou creditados individualizadamente a titular, sócios ou acionistas, a título de remuneração do capital próprio, calculados sobre as contas do patrimônio líquido e limitados à variação, **pro rata dia**, da Taxa de Juros de Longo Prazo (TJLP).

Contribuição Social sobre o Lucro quando ocorrer a efetiva realização do bem reavaliado. Essa realização se dá pela depreciação, amortização, exaustão ou baixa a qualquer título (arts. 4º e 12 da Lei nº 9.959/2000).

3 Aliás, a conta "Prejuízos Acumulados" é retificadora do patrimônio líquido, ou seja, a soma dos saldos das contas do PL é automaticamente ajustada pela subtração do valor correspondente aos prejuízos acumulados.

Notas:

1) A TJLP é fixada, pelo Conselho Monetário Nacional, em percentuais anuais com vigência trimestral. Essas taxas são divulgadas por meio de Resoluções do Banco Central do Brasil.

2) Lembra-se que a empresa não está impedida de utilizar taxa superior a essa. Contudo, a dedutibilidade dos juros pagos ou creditados, fica limitada aos juros devidos com base na TJLP

3.1 TJLP vigentes desde 2010

Segue tabela com as TJLP vigentes desde 2010 aplicáveis no cálculo dos valores dedutíveis na apuração do lucro real e da base de cálculo da CSL a título de juros remuneratórios sobre o capital próprio.

Ano	Trimestres			
	1º	2º	3º	4º
2010	6,00%	6,00	6,00	6,00
2011	6,00	6,00	6,00	6,00
2012	6,00	6,00	5,50	5,50
2013	5,00	5,00	5,00	5,00
2014	5,00	5,00	5,00	5,00
2015	5,50	6,00	6,50	7,00
2016	7,5	7,5	7,5	7,5
2017	7,5	7,00	7,0	7,0

As taxas acima são trimestrais. Para determinar a taxa anual, veja fórmula para cálculo anexa à Circular Bacen nº 2.722/1996, cuja íntegra disponibilizamos em apêndice, ao final deste capítulo.

Portanto, para fins de cálculo dos juros remuneratórios sobre o capital próprio é necessário ajustá-las *pro rata* dia para o período de referência dos juros.

3.1.1 Exemplo de cálculo da TJLP anual

A seguir, demonstramos os cálculos para acumulação das TJLP trimestrais do ano de 2017.

Os cálculos podem ser feitos tendo como base a formula disponibilizada pelo Bacen por meio da Circular nº 2.722/1996, ou, alternativamente, utilizando-se uma forma mais simples, por meio de cálculo linear.

Isso pode ser feito mediante a soma de três doze avos da TJLP anual vigente em cada trimestre do ano. Exemplo (2017):

Trimestre	**TJLP vigente**			**TJLP do trimestre**
jan. a mar.	7,50%	(÷ 12) X 3	=	1,88%
abr. a jun.	7,00%	(÷ 12) X 3	=	1,75%
jul. a set.	7,00%	(÷ 12) X 3	=	1,75%
out. a dez.	7,00%	(÷ 12) X 3	=	1,75%
TJLP anual par cálculo do JCP				7,13%

3.2 Períodos inferiores a um mês

Naturalmente, o cálculo dos juros remuneratórios sobre o capital próprio não se dá, necessariamente, para o período inteiro (de 1º.01 a 31.12 do ano). Existem situações para as quais o cálculo deve ser feito para períodos inferiores a um ano. Isso ocorre nas hipóteses de início ou encerramento de atividades ou de alteração no valor do patrimônio líquido.

Para esses casos, a TJLP aplicável no período pode ser determinada observadas as normas baixadas pela Circular Bacen nº 2.722/1996, devidamente adaptadas.

a) calcula-se o fator de acumulação da TJLP anual para os dias do mês em que ocorreu o evento, mediante aplicação da seguinte fórmula:

$$FA = (FAM)^{d/n}$$

Onde:

FA = fator de acumulação para período inferior a um mês;

FAM = fator de acumulação mensal da TJLP no trimestre considerado;

d = número de dias a serem considerados no mês;

n = número de dias corridos do mês correspondente a "d".

Operando com uma calculadora financeira, extrai-se a raiz *n* do FAM e eleva-a à potência *d*.

b) acumula-se o resultado da operação referida em "a" com os fatores mensais de acumulação da TJLP dos meses seguintes.

4. DEDUTIBILIDADE DOS JUROS - LIMITE A SER OBSERVADO

Feito o cálculo utilizando-se a TJLP do período, deve-se proceder à determinação do limite que pode ser deduzido na apuração do lucro real e da base de cálculo da CSL. Esse limite corresponde a 50% do maior entre os seguintes valores:

a) lucro líquido correspondente ao período de apuração dos juros, após a dedução da Contribuição Social sobre o Lucro e antes da dedução da Provisão para o Imposto de Renda e dos juros remuneratórios (o valor da CSL é provisório, porque sua base de cálculo ainda não terá sido afetada pela dedução dos próprios juros); ou

b) saldo de lucros acumulados e reservas de lucros de períodos de apuração anteriores.

Se a empresa tiver saldo de lucros acumulados e reservas de lucros de períodos anteriores em valor igual ou superior ao dobro dos juros remuneratórios calculados pela TJLP, esses juros serão dedutíveis pelo total calculado, independentemente do montante do lucro apurado no período.

5. EXEMPLO

5.1 Quando os juros remuneratórios calculados pela TJLP não excedem o limite dedutível

5.1.1 Exemplo de cálculo de juros sobre o capital próprio

Consideremos determinada empresa tributada com base no lucro real que em 2016 apresentou a seguinte situação em seu PL, que permaneceu inalterada até 31.12.2017:

Capital Social Integralizado	=	R$	630.000,00
Reservas de Capital	=	R$	45.000,00
Reservas de Lucros	=	R$	270.000,00
Lucros Acumulados	=	R$	45.000,00
Total		R$	990.000,00

No exemplo, os juros remuneratórios sobre o capital calculados de acordo com a TJLP para 2017, correspondem a R$ 70.537,50 (R$ 990.000,00 x 7,13%).

5.1.2 Limite dedutível

Em continuidade ao exemplo, consideremos que o Lucro líquido apurado em 31.12.2017, após o cálculo da "CSL provisória", corresponde a R$ 64,189,12 e foi determinado da seguinte forma (dados hipotéticos):

Resultado do exercício antes da CSL	70.537,50
(-) CSL "provisória" (9% de R$ 70537,50)	6.348,38
(=) Lucro "Ajustado", antes do IRPJ	64.189,13

Com base na informação acima e nos dados do subitem 5.1.1, temos:

Juros remuneratórios calculados com base na TJLP	=	R$	70.537,50
Lucro do período de apuração encerrado em 31.12.2017, após cálculo CSL provisória.	=	R$	64.189,13
Lucros acumulados e reservas de lucros (270 mil + 45 mil)	=	R$	315.000,00

Como os juros remuneratórios (R$ 70.537,50) estão dentro do limite de 50% dos lucros acumulados (157.500,00 x 50% de 315.000,00 = o maior valor entre os dois referidos no item 4), o seu total (R$ 70.537,50) é dedutível na apuração do lucro real e da base de cálculo da Contribuição Social sobre o Lucro do ano de 2017.

5.2 Quando os juros remuneratórios calculados pela TJLP excedem o limite dedutível

5.2.1 Exemplo de cálculo de juros sobre o capital próprio

Consideremos determinada empresa tributada com base no lucro real que em 2017 apresentou a seguinte situação em seu PL, que permaneceu inalterada até 31.12.2017:

Capital Social Integralizado	=	R$	945.000,00
Reservas de Capital	=	R$	45.000,00
Total		R$	990.000,00

Nota-se que, neste caso, o total do PL é o mesmo do caso anterior. Porém, agora, não há saldo em contas de reserva de lucros.

No exemplo, os juros remuneratórios sobre o capital calculados de acordo com a TJLP para 2017, correspondem a R$ 70.537,50 (R$ 990.000,00 x 7,13%). Resta-nos, agora, determinar o valor dedutível, tendo em vista essa nova configuração do PL.

5.2.2 Limite dedutível

Conforme vimos no subitem 5.1.2, o lucro líquido apurado em 31.12.2017, após a "CSL provisória" e antes do IRPJ, corresponde a R$ 64.189,13. Com base nos dados do subitem 5.2.1, temos:

Juros remuneratórios calculados com base na TJLP	=	R$	70.537,50
Lucro do período de apuração encerrado em 31.12.2017, após cálculo da "CSL provisória".	=	R$	64.189,13
Lucros acumulados e reservas de lucros	=	R$	0

Vê-se que, observados os limites estabelecidos no item 4, o valor dedutível para fins da CSL e do IR corresponde a: **50% dos lucros do exercício, ou seja: R$ 32.094,56 (50% de R$ 64.189,13).**

Os juros remuneratórios calculados pela TJLP (R$ 70.537,50), portanto, não são totalmente dedutíveis.

A parcela excedente de R$ 38.442,94 (R$ 70.537,50 – R$ 32.094,56), se paga a título de juros remuneratórios do capital próprio, deverá ser adicionada no Lacs e no Lalur para fins de apuração dos referidos tributos.

6. BALANÇOS OU BALANCETES DE SUSPENSÃO OU REDUÇÃO DO IMPOSTO

É permitido às pessoas jurídicas optantes pelo pagamento mensal do Imposto de Renda por estimativa, que levantarem balanços ou balancetes de suspensão ou redução de pagamentos mensais, considerar como despesa dedutível, os juros remuneratórios do capital próprio. Porém, no cálculo dos juros não poderão ser computados, como integrantes do patrimônio líquido, lucros do próprio período de apuração em andamento. A restrição aplica-se, inclusive, no cálculo de juros no balanço anual de 31 de dezembro.

Observa-se, ainda, que se o resultado anual revelar prejuízo e a empresa não tiver lucros acumulados nem reservas de lucros de períodos anteriores, em valor equivalente, no mínimo, ao dobro dos juros remuneratórios do capital próprio pagos com base no lucro de balanços ou balancetes de suspensão ou redução, o valor desses (ou da parcela que exceder a 50% da soma dos lucros acumulados e reservas de lucros de períodos anteriores) será indedutível para fins de apuração do lucro real anual e da base de cálculo da Contribuição Social sobre o Lucro, tendo em vista o limite de dedutibilidade abordado no item anterior deste capítulo.

7. LUCRO REAL TRIMESTRAL - PARTICULARIDADES

Para as pessoas jurídicas sujeitas ao lucro real trimestral o lucro de um trimestre integrará o patrimônio para efeito de compor a base de cálculo dos juros remuneratórios nos trimestres seguintes (desde que não distribuído), ainda que dentro do mesmo ano.

Por sua vez, a dedução de juros em um trimestre, tendo como limite a metade do lucro do próprio trimestre, não será prejudicada pela apuração de prejuízo em trimestre posterior, ainda que dentro do mesmo ano.

8. TRATAMENTO CONTÁBIL DOS JUROS REMUNERATÓRIOS

Como regra, os juros remuneratórios sobre o capital próprio, contabilmente, devem ser tratados como despesa financeira.

Essa orientação consta explicitamente da IN SRF nº 11/1996 (artigos 29 e 30). De acordo com esses dispositivos, para efeito de dedutibilidade na determinação do lucro real, observado o regime de competência, os juros pagos ou creditados deverão ser registrados em contrapartida a débito em conta de despesa financeira.

Em complemento a essa orientação, a IN SRF nº 41/1998 estabelece que para atendimento ao disposto no art. 9º da Lei nº 9.249/1995, considera-se creditado, individualizadamente, o valor dos juros sobre o capital próprio, quando a despesa for registrada, na escrituração contábil da pessoa jurídica, em contrapartida a conta ou subconta do seu Passivo exigível, representativa de direito de crédito do sócio ou acionista da sociedade ou do titular da empresa individual.

Lembra-se que IN SRF nº 41/1998 em seu art. 1º, parágrafo único estabelece que o valor dos juros creditados individualizadamente aos beneficiários, líquido do Imposto de Renda incidente na fonte, pode ser utilizado para integralização de capital subscrito na empresa, sem prejuízo do direito à dedutibilidade da despesa, tanto para efeito do lucro real quanto da base de cálculo da Contribuição Social sobre o Lucro.

9. TRIBUTAÇÃO NA FONTE

O beneficiário do rendimento (pessoa física ou jurídica residentes no Brasil ou no exterior) fica sujeito à incidência do Imposto de Renda na Fonte, à alíquota de 15%, na data do pagamento ou crédito.

Se o beneficiário do rendimento for residente ou domiciliado em país com tributação favorecida, a alíquota do imposto passa a ser de 25%, conforme estabelece o art. 685, inciso II, letra "b", do RIR/1999 e a Decisão nº 324/1999, da Superintendência Regional da Receita Federal da 8ª Região Fiscal).

O recolhimento do imposto deverá ser efetuado até o terceiro dia útil subsequente ao decêndio de ocorrência do fato gerador (pagamento ou crédito dos juros), inclusive os atribuídos a residentes ou domiciliados no exterior (item 1 da alínea "b" do inciso I do art. 70 da Lei nº 11.196/2005)

No campo 04 do DARF, deve ser indicado o código 5706 (AD Cosar nº 8/1996). Agora, em se tratando de beneficiário residente ou domiciliado no exterior, o campo 04 do DARF deve ser preenchido com o código 9453.

9.1 Hipóteses de imunidade e de não incidência do IRRF

Relativamente aos juros remuneratórios pagos ou creditados a residentes ou domiciliados no Pais, o Mafon esclarece que:

- a incidência do imposto sobre a renda na fonte sobre os juros remuneratórios do capital próprio não se aplica à parcela correspondente à pessoa jurídica imune;
- a incidência do imposto sobre a renda na fonte sobre os juros remuneratórios do capital próprio não se aplica à parcela correspondente aos recursos das provisões, reservas técnicas e fundos de planos de benefícios de entidade de previdência complementar, sociedade seguradora e FAPI, bem como de seguro de vida com cláusula de cobertura por sobrevivência, nos termos do art. 5º da Lei nº 11.053, de 2004;
- são isentos do imposto sobre a renda na fonte os juros recebidos pelos fundos de investimento regulamentados pela Comissão de Valores Mobiliários conforme art. 14 da IN RFB nº 1.022, de 2010 (IN SRF nº 12, de 1999, art. 3º; Lei nº 11.053, de 2004, art. 5º).

10. OBRIGAÇÃO DE INFORMAR AOS BENEFICIÁRIOS

A IN SRF nº 41/1998 estabelece que a pessoa jurídica que pagar ou creditar juros remuneratórios sobre o capital próprio deve fornecer comprovante aos beneficiários do rendimento.

Se o beneficiário for pessoa física, o rendimento deverá ser informado na linha 02 do Campo 05 do Comprovante de Rendimentos Pagos e de Retenção de Imposto de Renda na Fonte. Esse documento deve ser fornecido até o último dia útil do mês de fevereiro do ano subsequente ao do pagamento ou crédito dos juros.

Em se tratando de beneficiário pessoa jurídica, a informação deverá ser prestada até o dia 10 do mês subsequente ao do crédito ou pagamento, por meio do Comprovante de Pagamento ou Crédito, a Pessoa Jurídica, de Juros sobre o Capital Próprio.

11. TRATAMENTO DOS JUROS E DO IMPOSTO RETIDO NA FONTE PELO BENEFICIÁRIO DO RENDIMENTO

11.1 Empresas sujeitas ao lucro real

Em se tratando de pessoa jurídica tributada com base no lucro real, os juros auferidos deverão ser registrados como receita financeira (obedecendo ao regime de competência) e integrarão o lucro real e a base de cálculo da Contribuição Social sobre o Lucro.

O Imposto de Renda na fonte, por sua vez, poderá ser compensado com o IRPJ devido no período de apuração em que os juros forem computados na sua base de cálculo ou com o Imposto de Renda Retido na Fonte por ocasião do pagamento ou crédito de juros, a título de remuneração de capital próprio, ao titular, sócios ou acionistas.

No caso de pessoa jurídica que tenha optado pelo pagamento mensal do IRPJ por estimativa, os juros auferidos não entram na base de cálculo do imposto mensal estimado (e o imposto retido na fonte não pode ser compensado com o IRPJ estimado). Por sua vez, a IN SRF nº 1700/2017 estabelece que os juros remuneratórios sobre o capital próprio não integram a base de cálculo da estimativa.

(Arts. 29 e 30 da Lei nº 9.430/1996)

11.2 Empresas tributadas com base no lucro presumido ou arbitrado

As empresas tributadas com base no lucro presumido ou arbitrado devem adicionar os juros auferidos ao lucro presumido ou arbitrado, bem como à base de cálculo da Contribuição Social sobre o Lucro.

Já o Imposto de Renda descontado na fonte poderá ser compensado com o IRPJ incidente sobre o lucro presumido ou arbitrado, devido no período em que os juros auferidos forem computados na sua base de cálculo.

(Arts. 29 e 51 da Lei nº 9.430/1996.)

11.3 Pessoas jurídicas isentas do Imposto de Renda

O imposto descontado na fonte das pessoas jurídicas isentas do IRPJ, beneficiárias de juros remuneratórios sobre o capital próprio, é considerado tributação definitiva. Deste modo, o imposto não é compensável nem restituível.

11.4 Beneficiário pessoa física

Para os beneficiários pessoa física, o Imposto de Renda Retido na Fonte sobre os juros remuneratórios do capital próprio é considerado tributação definitiva.

O art. 3º da IN SRF nº 41/1998 estabelece que:

a) os juros pagos ou creditados, líquidos do imposto retido na fonte, devem ser declarados como rendimentos sujeitos à tributação exclusiva, não entrando na base de cálculo do imposto anual; e

b) o imposto retido na fonte não poderá ser compensado com o imposto devido na declaração.

É importante salientar que o valor líquido dos juros, creditado a pessoa física, mas não pago até o dia 31 de dezembro do ano do crédito, deverá ser informado pelo beneficiário, na sua declaração de bens, como direito de crédito contra a pessoa jurídica.

11.5 Imputação dos juros ao valor do dividendo obrigatório

O valor dos juros pagos ou creditados pela pessoa jurídica poderá ser imputado ao valor do dividendo obrigatório de que trata o art. 202 da Lei das S/As (Lei nº 6.404/1976), sem prejuízo da incidência do Imposto de Renda na fonte.

12. JUROS E OUTROS ENCARGOS FINANCEIROS INCIDENTES SOBRE OS JUROS REMUNERATÓRIOS - TRIBUTAÇÃO

Os juros e outros encargos financeiros pagos ou creditados pela pessoa jurídica a seus sócios ou acionistas, calculados sobre os juros remuneratórios do capital próprio, sujeitam-se à incidência do Imposto de Renda na fonte à alíquota de 20%.

A estes juros e encargos aplicam-se as normas referentes aos rendimentos de aplicações financeiras de renda fixa, inclusive quanto ao comprovante de rendimentos a ser fornecido pela pessoa jurídica.

(Instrução Normativa do SRF nº 12/1999)

13. APÊNDICE - CIRCULAR BACEN Nº 2.722/1996

Circular 2.722/1996

Estabelece condições para remessa de juros a titular, sócios ou acionistas estrangeiros, a título de remuneração do capital próprio, calculado sobre as contas do patrimônio líquido, bem como para registro de participações estrangeiras nas capitalizações desses juros.

A Diretoria Colegiada do Banco Central do Brasil, em sessão realizada em 25.09.96, com base nos arts. 3º, 4º e 9º da Lei nº 4.131, de 03.09.62, modificada pela Lei nº 4.390, de 29.08.64, regulamentada pelo Decreto nº

55.762, de 17.02.65, e tendo em vista o disposto no art. 9º da Lei nº 9.249, de 26.12.95,

DECIDIU:

Art. 1º Estabelecer as condições a seguir especificadas para remessa de juros a investidores estrangeiros a título de remuneração do capital próprio, calculados sobre as contas do patrimônio líquido, bem como registro de participações estrangeiras nas capitalizações desses juros.

Art. 2º A remessa de juros a investidor estrangeiro, a título de remuneração de capital próprio, ou o registro das capitalizações desses juros, terão como limite o percentual da participação registrada do investidor estrangeiro aplicado sobre a parcela paga, creditada ou capitalizada pela empresa receptora do investimento, não podendo exceder os limites de dedutibilidade como despesa financeira fixados na legislação do Imposto de Renda das pessoas jurídicas.

Parágrafo único. O valor dos juros a que se refere este artigo, que de acordo com a legislação em vigor pode ser incorporado ao capital social ou mantido em conta de reserva destinada a aumento de capital, quando capitalizado será registrado como reinvestimento.

Art. 3º Por ocasião da remessa de juros a investidores estrangeiros a título de remuneração do capital próprio, deverão ser entregues ao banco operador de câmbio os seguintes documentos:

I - demonstrativo na forma do modelo anexo a esta Circular;

II - cópia do balanço ou demonstraçao de resultados que serviu de base para os cálculos;

III - cópia do ato societário deliberativo do pagamento dos juros;

IV - cópia do DARF correspondente ao recolhimento do Imposto de Renda;

V - termo assinado por dois diretores da empresa ou por um diretor e o contador, onde declarem que as contas do patrimônio líquido não apresentaram variações negativas decorrentes de ajustes de exercícios anteriores ou de outros motivos supervenientes, durante o período-base de pagamento dos juros, não tendo provocado decréscimo no valor-base de cálculo ou no limite de dedutibilidade em função dos lucros acumulados;

VI - original do Certificado de Registro para anotação das características da remessa ou registro do reinvestimento.

Parágrafo único. No caso de capitalização dos juros, deverá ser apresentado, por ocasião do pedido de registro do reinvestimento à Divisão do Banco Central do Brasil responsável, além dos documentos exigidos para remessa dos juros, os documentos exigidos na legislação específica para os casos de reinvestimentos.

Art. 4º O valor em moeda estrangeira da remessa ou do reinvestimento será obtido:

I - no caso da remessa, pela conversão do valor remissível líquido em reais à taxa de câmbio de venda vigente no Mercado de Taxas Livres da data da remessa;

II - no caso do reinvestimento, pela conversão do valor reinvestido em reais à taxa de venda constante da transação PTAX800/Opção 5/Cotações para Contabilidade do Sistema de Informações Banco Central - Sisbacen correspondente à data do aumento de capital.

Art. 5º Na hipótese de se verificar remessa a maior de juros sobre capital próprio, o valor das divisas correspondente ao excesso deverá ser imediatamente reingressado no País.

Parágrafo único. O não cumprimento do disposto no "caput" deste artigo, no prazo estabelecido pelo Banco Central do Brasil, ensejará o abatimento do excesso dos valores em moeda estrangeira e nacional e do correspondente número de ações ou quotas consignados no Certificado de Registro.

Art. 6º Esta Circular entra em vigor na data de sua publicação.

Brasília, 25 de setembro de 1996

Carlos Eduardo T. de Andrade

Diretor

ANEXO À CIRCULAR Nº 2.722, de 25.09.1996

Demonstrativo de Cálculo do Valor remissível ou capitalizável de Juros Pagos ao Sócio Estrangeiro a Título de Remuneração do Capital Próprio (Obs.: O pagamento ou crédito dos juros fica condicionado à existência de lucros líquidos no período-base de pagamento ou crédito dos juros antes da dedução destes, ou de lucros acumulados, em montante igual ou superior a duas vezes os juros a serem pagos ou creditados - Art. 9º da Lei nº 9.249/95)

....

Parte I

DADOS DE BALANÇO/CONTA DE RESULTADOS

Balanço/Demonstração do Resultado de:__/__/____

....

EMPRESA RECEPTORA

Denominação Social:

Endereço:

CGC:

Capital Realizado:

Nº de ações/quotas por tipo:

....

REAIS (R$)

A.1 - PATRIMÔNIO LÍQUIDO ....

A.2 - RESERVA DE REAVALIAÇÃO DE BENS E DIREITOS ....

A.3 - RESERVA ESPECIAL DE QUE TRATA O ART. 428 DO RIR ....

A.4 - RESERVA DE REAVALIAÇÃO CAPITALIZADA CONFORME ARTS. 384 E 385 DO RIR/94, EM RELAÇÃO ÀS PARCELAS NÃO REALIZADAS ....

A.5 - BASE DE CÁLCULO DOS JUROS:A.1 - (A.2 + A.3 + A.4) ....

A.6 - LUCRO LÍQUIDO DO PERÍODO-BASE DE PAGAMENTO OU CRÉDITO DOS JUROS, ANTES DA PROVISÃO PARA O IMPOSTO DE RENDA E DA DEDUÇÃO DOS REFERIDOS JUROS ....

A.7 - LUCROS ACUMULADOS ....

A.8 - PARTICIPAÇÃO REGISTRADA (%) ....

....

Parte 2

DADOS DA TJLP

....

B - TJLP ANUAL PERCENTUAL RELATIVA AO TRIMESTRE

B.1 - (dez./ a fev./): __,__

B.2 - (mar./ a maio/): __,__

B.3 - (jun./ a ago./): __,__

B.4 - (set./ a nov./): __,__

C - FATOR DE ACUMULAÇÃO MENSAL DA TJLP ANUAL RELATIVA AO TRIMESTRE

C.1 - (dez./ a fev./): $[1 + (b.1/100)]^{1/12}$ = _,____

C.2 - (mar./ a maio/): $[1 + (b.2/100)]^{1/12}$ = _,____

C.3 - (jun./ a ago./): $[1 + (b.3/100)]^{1/12}$ = _,____

C.4 - (set./ a nov./): $[1 + (b.4/100)]^{1/12}$ = _,____

D - FATOR DE ACUMULAÇÃO PARA PERÍODO INFERIOR A UM MÊS DA TJLP ANUAL RELATIVA AO TRIMESTRE d/n

D.1 - (dez./ a fev./): (c.1) = _,____

d/n

D.2 - (mar./ a maio/): (c.2) = _,____

d/n

D.3 - (jun./ a ago./): (c.3) = _,____

d/n

D.4 - (set./ a nov./): (c.4) = _,____

E - FATOR DE ACUMULAÇÃO DA TJLP PRO RATA DIA NO PERÍODO DE PAGAMENTO (__.__.__ a __.__.__): _,____

F - TJLP PRO RATA DIA RELATIVA AO PERÍODO DE PAGAMENTO:(E-1)=__,____

....

Parte 3

CÁLCULO DA REMUNERAÇÃO COM BASE NA TJLP PRO RATA DIA RELATIVA AO PERÍODO DE PAGAMENTO UTILIZANDO COMO LIMITE DE REMUNERAÇÃO O LUCRO LÍQUIDO DO PERÍODO-BASE DE PAGAMENTO OU CRÉDITO DOS JUROS, ANTES DA PROVISÃO PARA IR E DA DEDUÇÃO DOS REFERIDOS JUROS (art. 29, parágrafo 3º, "a" DA IN Nº 11/96 DA SRF)

....

REAIS (R$)

G.1 - JUROS MÁXIMOS SOBRE CAPITAL PRÓPRIO (A.5).(F) ....

G.2 - VALOR MÁXIMO PARA PAGAMENTO DE JUROS COM ÔNUS DO IRF POR CONTA DO INVESTIDOR (0,50).(A.6) ....

G.3 - PARCELA BRUTA DE G.1 ATRIBUÍDA AO INVESTIDOR (G.1).(A.8)- LIMITADA A G.2 ....

G.4 - IRF POR CONTA DO INVESTIDOR INCIDENTE SOBRE A REMESSA (G.3).(0,15) ....

G.5 - PARCELA LÍQUIDA DE G.3 ATRIBUÍDA AO INVESTIDOR A SER REMETIDA (G.3-G.4) ....

G.6 - VALOR EM MOEDA ESTRANGEIRA (G.5/Tx. câmbio de venda da data da remessa) ....

G.7 - PARCELA A SER CAPITALIZADA (G.5) ....

G.8 - VALOR EM MOEDA ESTRANGEIRA (G.7/Tx. câmbio de venda da data do aumento de capital) ....

Obs.: CASO A ALTERNATIVA ESCOLHIDA COMO LIMITE DE DEDUTIBILIDADE SEJA A UTILIZAÇÃO DOS LUCROS ACUMULADOS DE PERÍODOS ANTERIORES (art. 29, parágrafo 3º, "b" DA IN Nº 11/96 DA SRF) SUBSTITUIR G.2 POR H NO CÁLCULO DA REMUNERAÇÃO, SENDO A PARCELA BRUTA G.3 LIMITADA A H:

REAIS (R$)

H - VALOR MÁXIMO PARA PAGAMENTO DE JUROS COM ÔNUS DO IRF POR CONTA DO INVESTIDOR (0,50).(A.7) ....

...

INSTRUÇÕES PARA PREENCHIMENTO DO ANEXO À CIRCULAR Nº 2.722, de 25.09.1996

Devem ser observadas no preenchimento as instruções a seguir, referenciadas pelo nome do item correspondente do demonstrativo:

A.1 - Indicar o valor do patrimônio líquido constante das demonstrações financeiras.

A.2 a A.4 - Indicar os saldos, constantes das demonstrações financeiras, das contas mencionadas nos respectivos itens, em relação às parcelas que não tenham sido adicionadas ao lucro líquido para determinação do lucro real e da contribuição social sobre o lucro, conforme art. 29, parágrafo 2º da Instrução Normativa Nº 11 da Secretaria da Receita Federal.

A.5 - Informar o resultado do cálculo indicado.

A.6 - Informar o Lucro Líquido do período-base de pagamento ou crédito dos juros, antes da provisão para o Imposto de Renda e da dedução dos referidos juros, caso tenha sido escolhido este valor para verificação do limite de remuneração.

A.7 - Informar o saldo de Lucros Acumulados caso tenha sido esta a conta com base na qual será verificado o limite de remuneração.

A.8 - Indicar o percentual de participação registrada constante do Certificado de Registro do investidor.

B - Indicar as TJLPs anuais percentuais divulgadas trimestralmente por meio de Comunicado pelo Banco Central do Brasil correspondentes aos trimestres sobre os quais será calculada a remuneração.

C - Informar os resultados dos cálculos, efetuados mediante aplicação das respectivas fórmulas, utilizando-se 4 (quatro) casas decimais.

D - Se for o caso, informar o resultado do cálculo para período inferior a um mês completo, valendo-se do número de dias a serem capitalizados (d) e do número de dias corridos do mês correspondente (n), utilizando-se 4 (quatro) casas decimais.

E - O fator de acumulação da TJLP pro rata dia no período de pagamento será o resultado do produto dos fatores de acumulação mensais ou diários, se for o caso, das TJLPs correspondentes aos meses ou dias do período em que está sendo paga a remuneração, utilizando-se 4 (quatro) casas decimais.

F - Indicar a TJLP pro rata dia, a ser obtida a partir da fórmula expressa, utilizando-se 4 (quatro) casas decimais.

G.1 - Indicar o valor dos juros sobre o capital próprio, calculados com utilização da fórmula expressa.

G.2 - Preencher esse item, de acordo com o cálculo indicado, caso tenha sido esta a alternativa escolhida como limite de dedutibilidade fiscal, devendo ser este valor maior ou igual ao valor informado em G.3.

G.3 - Indicar o valor da parcela bruta dos juros atribuída ao investidor, calculado com utilização da fórmula expressa.

G.4 - Indicar o valor do Imposto de Renda na fonte recolhido por conta do investidor incidente sobre a parcela bruta dos juros atribuída ao investidor.

G.5 - Indicar o valor da parcela líquida dos juros atribuída ao investidor, calculado com utilização da fórmula expressa.

G.6 - Indicar o valor em moeda estrangeira da parcela líquida dos juros atribuída ao investidor estrangeiro, calculado com utilização da fórmula expressa.

G.7 - Indicar o valor da parcela a ser capitalizada, se exercida tal opção.

G.8 - Indicar o valor em moeda estrangeira da parcela dos juros a ser capitalizada.

H - Preencher esse item, de acordo com o cálculo indicado, caso tenha sido esta a alternativa escolhida como limite de dedutibilidade fiscal, devendo ser este valor maior ou igual a G.3.

Capítulo 23

Preços de Transferência

1. DEFINIÇÃO

O termo "preço de transferência" ou *transfer pricing*, como também é conhecido, tem sido utilizado para identificar os controles a que estão sujeitas as operações comerciais ou financeiras realizadas entre partes relacionadas, sediadas em diferentes jurisdições tributárias, ou quando uma das partes está sediada em paraíso fiscal.

Em razão das circunstâncias peculiares existentes nas operações realizadas entre essas pessoas, o preço praticado nessas operações pode ser artificialmente estipulado e, consequentemente, divergir do preço de mercado negociado por empresas independentes, em condições análogas - preço com base no princípio *arm's length* ("preços sem interferência") - Plantão Fiscal IRPJ 2017 - Capítulo XIX - IRPJ e CSLL - Operações Internacionais - resposta à questão 001.

1.1 Extensão das regras do "preço de transferência" às operações realizadas em regime fiscal privilegiado

O art. 24-A da Lei nº 9.430/1996 (incluído pela Lei nº 11.727/2008) estendeu às operações realizadas em regime fiscal privilegiado as disposições relativas a preços, custos e taxas de juros relativos constantes dos arts. 18 a 22 da referida Lei (regras sobre preço de transferência), nas transações entre pessoas físicas ou jurídicas residentes e domiciliadas no País com qualquer pessoa física ou jurídica, ainda que não vinculada, residente ou domiciliada no exterior.

Para tanto, considera-se regime fiscal privilegiado aquele que apresentar uma ou mais das seguintes características:

I - não tribute a renda ou a tribute à alíquota máxima inferior a 20% (vinte por cento);

II - conceda vantagem de natureza fiscal a pessoa física ou jurídica não residente:

a) sem exigência de realização de atividade econômica substantiva no país ou dependência;

b) condicionada ao não exercício de atividade econômica substantiva no país ou dependência;

III - não tribute, ou o faça em alíquota máxima inferior a 20% (vinte por cento), os rendimentos auferidos fora de seu território;

IV - não permita o acesso a informações relativas à composição societária, titularidade de bens ou direitos ou às operações econômicas realizadas.

Nota

O Poder Executivo poderá reduzir ou restabelecer o percentual de 20% anteriormente referido. Essa faculdade poderá também ser aplicado, de forma excepcional e restrita, a países que componham blocos econômicos dos quais o País participe. (Lei nº 11.727/2008).

1.2 País ou dependência com tributação favorecida?

Ao dispor sobre o tema, a receita Federal do Brasil, por meio do Plantão fiscal IRPJ 2017 – Resposta a Questão XIX/005 esclareceu que País ou dependência com tributação favorecida é aquele(a):

a) que não tribute a renda ou que a tribute à alíquota inferior a 20% (vinte por cento). Devendo ser considerada a legislação tributária do referido país, aplicável às pessoas físicas ou às pessoas jurídicas, conforme a natureza do ente com o qual houver sido praticada a operação, considerando-se separadamente a tributação do trabalho e do capital, bem como as dependências do país de residência ou domicílio, ou

b) cuja legislação não permita o acesso a informações relativas à composição societária de pessoas jurídicas, à sua titularidade ou à identificação do beneficiário efetivo de rendimentos atribuídos a não residentes.

A Portaria MF nº 488, de 28 de novembro de 2014, reduziu para 17% (dezessete por cento) o percentual do item a para os países que estejam alinhados com os padrões internacionais de transparência fiscal, nos termos definidos pela Secretaria da Receita Federal do Brasil. A Instrução Normativa RFB nº 1.530, de 2014, disciplinou o conceito de padrões internacionais de transparência fiscal, para os fins da Portaria MF nº 488, de 2014, e o pedido de revisão de enquadramento como país ou dependência com tributação favorecida ou detentor de regime fiscal privilegiado.

2. OBJETIVO DO CONTROLE FISCAL DOS PREÇOS DE TRANSFERÊNCIA

O controle fiscal dos preços de transferência se impõe em função da necessidade de se evitar a perda de receitas fiscais. Essa redução se verifica em face da alocação artificial de receitas e despesas nas operações com venda de bens, direitos ou serviços, entre pessoas situadas em diferentes jurisdições tributárias, quando existe vinculação entre elas, ou ainda que não sejam vinculadas, mas desde que uma delas esteja situada em paraíso fiscal (veja subitem 2.2, adiante) - país ou dependência com tributação favorecida ou cuja legislação interna oponha sigilo à divulgação de informações referentes à constituição societária das pessoas jurídicas ou a sua titularidade.

Temos assim, que as normas que regulam os denominados preços de transferência objetivam coibir a prática de transferências de resultados para o exterior mediante a manipulação dos preços pactuados nas importações ou exportações de bens, serviços ou direitos.

Nessa linha, temos que a prestação de serviços de manutenção que não envolvam a transferência de tecnologia ou processos, assim como os rendimentos percebidos pelo autor ou criador do bem ou da obra (direitos autorais), estão sujeitos aos ajustes de preços de transferência. No entanto, as normas sobre preços de transferência não se aplicam aos pagamentos de *royalties* e assistência técnica, científica, administrativa (ou assemelhados) referidos nos arts. 352 a 355 do RIR/1999, respeitadas as definições do art. 22 da Lei nº 4.506/1964.

Nota

A legislação de preços de transferência aplica-se ao imposto de Renda e à contribuição social sobre o lucro líquido.

(Plantão Fiscal IRPJ - Capítulo XIX - IRPJ e CSLL - Operações Internacionais respostas às questões 002 e 011)

2.1 Prática mundial

Diversos países vêm instituindo esse controle como medida de salvaguarda de seus interesses fiscais, haja vista a constatação de manipulação dos preços por empresas interdependentes em transações internacionais, com o inequívoco objetivo de usufruir de regimes tributários mais favoráveis.

Assim, ocorre a transferência de renda de um Estado para outros que oferecem alíquotas inferiores ou concedem isenções, por intermédio da manipulação dos preços praticados na exportação e na importação de bens, serviços e direitos (Plantão Fiscal IRPJ 2017 - Capítulo XIX - IRPJ e CSLL - Operações Internacionais resposta à questão 002).

2.2 Países considerados "paraísos físicas"

Consideram-se países ou dependências que não tributam a renda ou que a tributam à alíquota inferior a 20% (vinte por cento) ou, ainda, cuja legislação interna não permita acesso a informações relativas à composição societária de pessoas jurídicas ou à sua titularidade, as seguintes jurisdições (IN RFB nº 1.037/2010):

I - Andorra; II - Anguilla; III - Antígua e Barbuda; IV - [revogada: IN RFB 1658/2016]; V - Aruba; VI - Ilhas Ascensão; VII - Comunidade das Bahamas; VIII - Bahrein; IX - Barbados; X - Belize; XI - Ilhas Bermudas; XII - Brunei; XIII - Campione d'Italia; XIV - Ilhas do Canal (Alderney, Guernsey, Jersey e Sark); XV - Ilhas Cayman; XVI - Chipre; XVII - Cingapura; XVIII - Ilhas Cook; XIX - República da Costa Rica; XX - Djibouti; XXI - Dominica; XXII - Emirados Árabes Unidos; XXIII - Gibraltar; XXIV - Granada; XXV - Hong Kong; XXVI - Kiribati; XXVII - Lebuan; XXVIII - Líbano; XXIX - Libéria; XXX - Liechtenstein; XXXI - Macau; XXXII - Ilha da Madeira; XXXIII - Maldivas; XXXIV - Ilha de Man; XXXV - Ilhas Marshall; XXXVI - Ilhas Maurício; XXXVII - Mônaco; XXXVIII - Ilhas Montserrat; XXXIX - Nauru; XL - Ilha Niue; XLI - Ilha Norfolk; XLII - Panamá; XLIII - Ilha Pitcairn; XLIV - Polinésia Francesa; XLV - Ilha Queshm; XLVI - Samoa Americana; XLVII - Samoa Ocidental; XLVIII - San Marino; XLIX - Ilhas de Santa Helena; L - Santa Lúcia; LI - Federação de São Cristóvão e Nevis; LII - Ilha de São Pedro e Miguelão; LIII - São Vicente e Granadinas; LIV - Seychelles; LV - Ilhas Solomon; LVI - St. Kitts e Nevis; LVII - Suazilândia; LVIII - Suíça[1]; LIX - Sultanato de Omã; LX - Tonga; LXI - Tristão da Cunha; LXII - Ilhas Turks e Caicos; LXIII - Vanuatu; LXIV - Ilhas Virgens Americanas; LXV - Ilhas Virgens Britânicas; LXVI - Curaçao; (Incluído IN RFB nº 1658/2016) ;LXVII - São Martinho; (Incluído IN RFB nº 1658/2016) ; LXVIII – Irlanda; (Incluído IN RFB nº 1658/2016)

2.2.1 Regimes especiais privilegiados

A referida IN RFB nº 1.037/2010 ainda estabelece que são regimes fiscais privilegiados:

I - [Revogado(a) pelo Ato Declaratório Executivo RFB nº 3/2011;

II - com referência à legislação do Uruguai, o regime aplicável às pessoas jurídicas constituídas sob a forma de "Sociedades Financeiras de Inversão (Safis)" até 31 de dezembro de 2010;

1 O Ato Declaratório Executivo RFB nº 11, de 24 de junho de 2010, concedeu efeito suspensivo à inclusão da Suíça na relação de países com tributação favorecida, prevista na Instrução Normativa RFB Nº 1.037, de 4 de junho de 2010, tendo em vista o pedido de revisão, apresentado pelo Governo do referido país.

III - com referência à legislação da Dinamarca, o regime aplicável às pessoas jurídicas constituídas sob a forma de *holding company* que não exerçam atividade econômica substantiva;

IV - com referência à legislação do Reino dos Países Baixos[2], o regime aplicável às pessoas jurídicas constituídas sob a forma de *holding company* que não exerçam atividade econômica substantiva;

V - com referência à legislação da Islândia, o regime aplicável às pessoas jurídicas constituídas sob a forma de *International Trading Company* (ITC);

VI - com referência à legislação da Hungria, o regime aplicável às pessoas jurídicas constituídas sob a forma de *offshore* KFT;

VII - com referência à legislação dos Estados Unidos da América, o regime aplicável às pessoas jurídicas constituídas sob a forma de *Limited Liability Company* (LLC) estaduais, cuja participação seja composta de não residentes, não sujeitas ao Imposto de Renda federal; ou

VIII - com referência à legislação da Espanha[3], o regime aplicável às pessoas jurídicas constituídas sob a forma de *Entidad de Tenencia de Valores Extranjeros* (ETVEs);

IX - com referência à legislação de Malta, o regime aplicável às pessoas jurídicas constituídas sob a forma de *International Trading Company* (ITC) e de *International Holding Company* (IHC).

X - com referência à Suíça, os regimes aplicáveis às pessoas jurídicas constituídas sob a forma de *holding company*, *domiciliary company*, *auxiliary company*, *mixed company* e *administrative company* cujo tratamento tributário resulte em incidência de Imposto sobre a Renda da Pessoa Jurídica (IRPJ), de forma combinada, inferior a 20% (vinte por cento), segundo a legislação federal, cantonal e municipal, assim como o regime aplicável a outras formas legais de constituição de pessoas jurídicas, mediante *rulings* emitidos por autoridades tributárias, que resulte em incidência de IRPJ, de forma combinada, inferior a 20% (vinte por cento), segundo a legislação federal, cantonal e municipal. (Incluído pela Instrução Normativa RFB nº 1474/2014)

2 O Ato Declaratório Executivo RFB nº 10, de 24 de junho de 2010 concedeu efeito suspensivo da inclusão dos Países Baixos na relação de países detentores de regime fiscal privilegiado, prevista na Instrução Normativa RFB nº 1.037, de 4 de junho de 2010, tendo em vista o pedido de revisão, apresentado pelo Governo daquele país.

3 Ato Declaratório Executivo RFB nº 22, de 30 de novembro de 2010 concedeu efeito suspensivo da inclusão da Espanha na relação de países detentores de regime fiscal privilegiado, prevista na Instrução Normativa RFB nº 1.037, de 4 de junho de 2010, tendo em vista o pedido de revisão, apresentado pelo Governo do referido País.

XI - com referência à legislação da República da Áustria, o regime aplicável às pessoas jurídicas constituídas sob a forma de *holding company* que não exerçam atividade econômica substantiva. (Redação dada pela Instrução Normativa RFB nº 1683/2016)

Nota-se, ainda, que para fins de identificação de regimes fiscais privilegiados previstos em III e IV, entende-se que a pessoa jurídica que exerce a atividade de *holding* desempenha atividade econômica substantiva quando possui, no seu país de domicílio, capacidade operacional apropriada para os seus fins, evidenciada, entre outros fatores, pela existência de empregados próprios qualificados em número suficiente e de instalações físicas adequadas para o exercício da gestão e efetiva tomada de decisões relativas:

- ao desenvolvimento das atividades com o fim de obter rendas derivadas dos ativos de que dispõe; ou
- à administração de participações societárias com o fim de obter rendas decorrentes da distribuição de lucro e do ganho de capital.

Observa-se, ainda, que a Lei nº 11.727/2008 ao incluir o § 4º ao art. 24 da Lei nº 9.430/1996 estabeleceu que considera-se também país ou dependência com tributação favorecida aquele cuja legislação não permita o acesso a informações relativas à composição societária de pessoas jurídicas, à sua titularidade ou à identificação do beneficiário efetivo de rendimentos atribuídos a não residentes.

Nota

Como vimos anteriormente, a legislação brasileira considera país com tributação favorecida aquele que não tributa a renda ou que a tributa à alíquota inferior a 20% (vinte por cento). Para tanto, considera-se a alíquota efetiva do imposto, determinada mediante a comparação da soma do imposto pago sobre o lucro, na pessoa jurídica e na sua distribuição, com o lucro apurado em conformidade com a legislação brasileira, antes dessas incidências, considerando-se separadamente a tributação do rendimento do trabalho e do capital. (Plantão Fiscal IRPJ - Capítulo XIX - IRPJ e CSLL - Operações Internacionais resposta à questão 008.)

3. VALORES SUJEITOS AO PREÇO DE TRANSFERÊNCIA E APLICABILIDADE NO ÂMBITO DO IRPJ e da CSL

As normas de preço de transferência estabelecem, para efeito do Imposto de Renda e da Contribuição Social sobre o Lucro, parâmetros de valores que devem ser observados nas operações de importação e exportação de bens, serviços e direitos realizadas por pessoa física ou jurídica residente ou domiciliada no Brasil, que seja vinculada à pessoa física ou jurídica domiciliada no Brasil ou residente ou domiciliada em país com tributação favorecida ("paraíso fiscal"), ainda que não vinculada a pessoa física ou jurídica domiciliada no Brasil.

3.1 Outros valores e contribuintes sujeitos às regras de preços de transferência

Estão sujeitos também às normas sobre preços de transferência os juros ativos e passivos decorrentes de mútuos contratados com pessoa física ou jurídica do exterior, vinculada à pessoa jurídica do Brasil ou domiciliada em país com tributação favorecida, exceto se o respectivo contrato houver sido registrado no Banco Central do Brasil.

A Lei nº 10.451/2002 estabelece que estão também obrigadas à observância das regras de preços de transferência as pessoas físicas ou jurídicas residentes ou domiciliadas no Brasil que realizem operações com qualquer pessoa física ou jurídica, ainda que não vinculada, residente ou domiciliada em país ou dependência cuja legislação interna oponha sigilo relativo à composição societária de pessoas jurídicas ou a sua titularidade.

3.2 Comprovação dos preços de transferência

Além dos documentos emitidos normalmente pelas empresas, nas operações de compra e venda, a comprovação dos preços de transferência poderá ser efetuada também com base em:

a) publicações ou relatórios oficiais do governo do país do comprador ou vendedor ou declaração da autoridade fiscal desse mesmo país, quando com ele o Brasil mantiver acordo para evitar a bitributação ou para intercâmbio de informações;

b) pesquisas efetuadas por empresa ou instituição de notório conhecimento técnico ou publicações técnicas, nas quais se especifique o setor, o período, as empresas pesquisadas e a margem encontrada, bem como se identifique, por empresa, os dados coletados e trabalhados.

As publicações, as pesquisas e os relatórios oficiais somente serão admitidos como prova se houverem sido realizados com observância de critérios de avaliação internacionalmente aceitos e se referirem a período contemporâneo ao de apuração da base de cálculo do Imposto de Renda da empresa brasileira.

4. PESSOAS CONSIDERADAS VINCULADAS

Na aplicação das normas sobre preços de transferência, consideram-se vinculadas à pessoa jurídica domiciliada no Brasil:

a) a matriz, quando domiciliada no exterior;

b) a filial ou sucursal, domiciliada no exterior;

c) a pessoa física ou jurídica, residente ou domiciliada no exterior, cuja participação societária no seu capital social a caracterize como sua controladora ou coligada, na forma definida nos §§ 1º e 2º do art. 243 da Lei nº 6.404/1976[4]:

d) a pessoa jurídica domiciliada no exterior que seja caracterizada como sua controlada ou coligada, na forma definida nos §§ 1º e 2º do art. 243 da Lei nº 6.404/1976;

e) a pessoa jurídica domiciliada no exterior, quando esta e a empresa domiciliada no Brasil estiverem sob controle societário ou administrativo comum ou quando pelo menos 10% do capital social de cada uma pertencer a uma mesma pessoa física ou jurídica. Para esse efeito, deverá existir:

e.1) controle societário comum, quando uma mesma pessoa física ou jurídica, independentemente da localidade de sua residência ou domicílio, seja titular de direitos de sócio em cada uma das referidas empresas, que lhe assegurem, de modo permanente, preponderância nas deliberações sociais daquelas e poder de eleger a maioria dos seus administradores;

e.2) controle administrativo comum, na hipótese de:

- cargo de presidente do conselho de administração ou de diretor presidente de ambas tenha por titular a mesma pessoa;

4 Originalmente, os § 1º do artigo 243 da Lei nº 6.404/1976, definia como coligadas as sociedades quando uma participa, com 10% ou mais, do capital da outra, sem controlá-la. Já o § 2º do mesmo artigo define como controlada a sociedade na qual a controladora, diretamente ou através de outras controladas, é titular de direitos de sócio que lhe assegurem, de modo permanente, preponderância nas deliberações sociais e o poder de eleger a maioria dos administradores. Nota-se que o § 1º do artigo 43 da Lei nº 6.404/1976 recebeu nova redação. Isso foi feito pela MP nº 449/2008. Referido diploma legal estabelece que passam a ser consideradas coligadas as sociedades nas quais a investidora tenha influência significativa. Mais adiante, o § 4º da MP nº 449/2008 estabelece que a influência significativa ocorre quando a investidora detém ou exerce o poder de participar nas decisões das políticas financeira ou operacional da investida, sem controlá-la.

- cargo de presidente do conselho de administração de uma e o de diretor presidente de outra sejam exercidos pela mesma pessoa;
- uma mesma pessoa exercer cargo de direção, com poder de decisão, em ambas as empresas;

f) pessoa física ou jurídica, residente ou domiciliada no exterior, que, em conjunto com a pessoa jurídica domiciliada no Brasil, tiver participação no capital social de uma terceira pessoa jurídica, cuja soma as caracterize como controladoras ou coligadas desta, conforme tratado nas letras "a" e "b" ;

g) pessoa física ou jurídica, residente ou domiciliada no exterior, que seja sua associada, na forma de consórcio ou condomínio, conforme definido na legislação brasileira, em qualquer empreendimento(nesse caso, as empresas serão consideradas vinculadas somente durante o período de duração do consórcio ou condomínio no qual ocorrer a associação);

h) pessoa física residente no exterior que for parente ou afim até o terceiro grau, cônjuge ou companheiro de qualquer de seus diretores ou de seu sócio ou acionista controlador em participação direta ou indireta;

i) pessoa física ou jurídica, residente ou domiciliada no exterior, que goze de exclusividade como seu agente, distribuidor ou concessionário, para compra e venda de bens, serviços ou direitos;

j) pessoa física ou jurídica, residente ou domiciliada no exterior, em relação à qual a pessoa jurídica domiciliada no Brasil goze de exclusividade, como agente, distribuidora ou concessionária, para compra e venda de bens, serviços ou direitos[5].

Lembra-se, ainda, que:

- As operações efetuadas por meio de pessoa interposta, não caracterizada como vinculada à empresa no Brasil, por meio da qual

5 Neste caso:

a) a vinculação somente se aplica em relação às operações com bens, serviços ou direitos para os quais se constatar a exclusividade;

b) será considerada distribuidora ou concessionária exclusiva a pessoa física ou jurídica titular desse direito relativamente a uma parte ou a todo o território do país, inclusive do Brasil;

c) a exclusividade será constatada por meio de contrato escrito ou, na inexistência deste, pela prática de operações comerciais, relacionadas a um tipo de bem, serviço ou direito, efetuadas exclusivamente entre as duas empresas ou exclusivamente por intermédio de uma delas.

esta opere com outra, no exterior, caracterizada como vinculada, ficam também sujeitas às normas sobre preços de transferência. A existência de vinculação com pessoa física ou jurídica domiciliada no exterior relativamente às operações de compra e venda efetuadas durante o ano-calendário deverá ser comunicada à Secretaria da Receita Federal.

- As operações de importação ou exportação de bens, serviços ou direitos devem ser agrupadas por produtos idênticos ou similares. por meio de antigas orientações, prestada por meio da extinta DIPJ foi esclarecido pelo Fisco que uma operação de importação ou exportação de bens, serviços ou direitos compreenderá o conjunto de transações de mesma natureza.

Nota

As operações de importação ou exportação de bens, serviços ou direitos devem ser agrupadas por produtos idênticos, podendo ser incluídos os similares, desde que efetuados os ajustes de similaridade, comentados adiante.

(Plantão Fiscal IRPJ 2017 - Capítulo XIX - IRPJ e CSLL - Operações Internacionais resposta à questão 004)

4.1 Operações realizadas por intermédio de empresa *trading* - Aplicação do controle de preços de transferência

Considera-se, para fins de controle de preço de transferência, como interposta pessoa a que intermedeia operações entre pessoas vinculadas, portanto as operações que a pessoa jurídica domiciliada no Brasil efetuar com a intermediação de uma *trading company*, quer esta seja ou não domiciliada no País, estarão sujeitas ao controle de preço de transferência.

Observa-se que a *trading company*, como pessoa jurídica, que goze de exclusividade, como agente, distribuidor ou concessionário, para a compra e venda de bens, serviços ou direitos é considerada vinculada à pessoa jurídica domiciliada no Brasil.

Da mesma forma, a *trading company*, como pessoa jurídica domiciliada no Brasil, que goze de exclusividade, como agente, distribuidor ou concessionário, para a compra e venda de bens, serviços ou direitos, é considerada vinculada à pessoa jurídica domiciliada no exterior.

(Plantão Fiscal IRPJ 2017 - Capítulo XIX - IRPJ e CSLL - Operações Internacionais - Respostas às questões n°s 9 e 10.)

A seguir, reproduzimos os arts. 18 a 24A da Lei nº 9430/1996 (com as alterações promovidas pelo art. 48 da Lei nº 12.715/2012 e pela Lei nº 12.766/2012) que trata do preço de transferência.

"...

Seção V
Preços de Transferência

Bens, Serviços e Direitos Adquiridos no Exterior

Art. 18. Os custos, despesas e encargos relativos a bens, serviços e direitos, constantes dos documentos de importação ou de aquisição, nas operações efetuadas com pessoa vinculada, somente serão dedutíveis na determinação do lucro real até o valor que não exceda ao preço determinado por um dos seguintes métodos: (~~Vide Medida Provisória nº 478, de 2009~~)

I - Método dos Preços Independentes Comparados - PIC: definido como a média aritmética ponderada dos preços de bens, serviços ou direitos, idênticos ou similares, apurados no mercado brasileiro ou de outros países, em operações de compra e venda empreendidas pela própria interessada ou por terceiros, em condições de pagamento semelhantes; (Redação dada pela Lei nº 12.715, de 2012) (Vigência)

II - Método do Preço de Revenda menos Lucro - PRL: definido como a média aritmética ponderada dos preços de venda, no País, dos bens, direitos ou serviços importados, em condições de pagamento semelhantes e calculados conforme a metodologia a seguir: (Redação dada pela Lei nº 12.715, de 2012) (Vigência)

a) preço líquido de venda: a média aritmética ponderada dos preços de venda do bem, direito ou serviço produzido, diminuídos dos descontos incondicionais concedidos, dos impostos e contribuições sobre as vendas e das comissões e corretagens pagas; (Redação dada pela Lei nº 12.715, de 2012) (Vigência)

b) percentual de participação dos bens, direitos ou serviços importados no custo total do bem, direito ou serviço vendido: a relação percentual entre o custo médio ponderado do bem, direito ou serviço importado e o custo total médio ponderado do bem, direito ou serviço vendido, calculado em conformidade com a planilha de custos da empresa; (Redação dada pela Lei nº 12.715, de 2012) (Vigência)

c) participação dos bens, direitos ou serviços importados no preço de venda do bem, direito ou serviço vendido: aplicação do percentual de participação do bem, direito ou serviço importado no custo total, apurada conforme a alínea "*b*", sobre o preço líquido de venda calculado de acordo com a alínea "*a*"; (Redação dada pela Lei nº 12.715, de 2012) (Vigência)

d) margem de lucro: a aplicação dos percentuais previstos no § 12, conforme setor econômico da pessoa jurídica sujeita ao controle de preços de transferência, sobre a participação do bem, direito ou serviço importado no preço de venda do bem, direito ou serviço vendido, calculado de acordo com a alínea "*c*"; e (Redação dada pela Lei nº 12.715, de 2012) (Vigência)

1. (revogado); (Redação dada pela Lei nº 12.715, de 2012) (Vigência)

2. (revogado); (Redação dada pela Lei nº 12.715, de 2012) (Vigência)

e) preço parâmetro: a diferença entre o valor da participação do bem, direito ou serviço importado no preço de venda do bem, direito ou serviço vendido, calculado conforme a alínea "*c*"; e a "margem de lucro", calculada de acordo com a alínea "*d*"; e (Redação dada pela Lei nº 12.715, de 2012) (Vigência)

III - Método do Custo de Produção mais Lucro - CPL: definido como o custo médio ponderado de produção de bens, serviços ou direitos, idênticos ou similares, acrescido dos impostos e taxas cobrados na exportação no país onde tiverem sido originariamente produzidos, e de margem de lucro de 20% (vinte por cento), calculada sobre o custo apurado. (Redação dada pela Lei nº 12.715, de 2012) (Vigência)

§ 1º As médias aritméticas ponderadas dos preços de que tratam os incisos I e II do caput e o custo médio ponderado de produção de que trata o inciso III do caput serão calculados considerando-se os preços praticados e os custos incorridos durante todo o período de apuração da base de cálculo do imposto sobre a renda a que se referirem os custos, despesas ou encargos. (Redação dada pela Lei nº 12.715, de 2012) (Vigência)

§ 2º Para efeito do disposto no inciso I, somente serão consideradas as operações de compra e venda praticadas entre compradores e vendedores não vinculados. (~~Vide Medida Provisória nº 478, de 2009~~)

§ 3º Para efeito do disposto no inciso II, somente serão considerados os preços praticados pela empresa com compradores não vinculados. (~~Vide Medida Provisória nº 478, de 2009~~)

§ 4º Na hipótese de utilização de mais de um método, será considerado dedutível o maior valor apurado, observado o disposto no parágrafo subsequente. (~~Vide Medida Provisória nº 478, de 2009~~)

§ 5º Se os valores apurados segundo os métodos mencionados neste artigo forem superiores ao de aquisição, constante dos respectivos documentos, a dedutibilidade fica limitada ao montante deste último. (~~Vide Medida Provisória nº 478, de 2009~~)

§ 6º Não integram o custo, para efeito do cálculo disposto na alínea "*b*" do inciso II do caput, o valor do frete e do seguro, cujo ônus tenha sido do importador, desde que tenham sido contratados com pessoas: (Redação dada pela Lei nº 12.715, de 2012) (Vigência)

I - não vinculadas; e (Incluído pela Lei nº 12.715, de 2012) (Vigência)

II - que não sejam residentes ou domiciliadas em países ou dependências de tributação favorecida, ou que não estejam amparados por regimes fiscais privilegiados. (Incluído pela Lei nº 12.715, de 2012) (Vigência)

§ 6º-A. Não integram o custo, para efeito do cálculo disposto na alínea "*b*" do inciso II do caput, os tributos incidentes na importação e os gastos no desembaraço aduaneiro. (Incluído pela Lei nº 12.715, de 2012) (Vigência)

§ 7º A parcela dos custos que exceder ao valor determinado de conformidade com este artigo deverá ser adicionada ao lucro líquido, para determinação do lucro real. (~~Vide Medida Provisória nº 478, de 2009~~)

§ 8º A dedutibilidade dos encargos de depreciação ou amortização dos bens e direitos fica limitada, em cada período de apuração, ao montante calculado com base no preço determinado na forma deste artigo. (Vide Medida Provisória nº 478, de 2009)

§ 9º O disposto neste artigo não se aplica aos casos de *royalties* e assistência técnica, científica, administrativa ou assemelhada, os quais permanecem subordinados às condições de dedutibilidade constantes da legislação vigente. (~~Vide Medida Provisória nº 478, de 2009~~)

§ 10. Relativamente ao método previsto no inciso I do caput, as operações utilizadas para fins de cálculo devem: (Incluído pela Lei nº 12.715, de 2012) (Vigência)

I - representar, ao menos, 5% (cinco por cento) do valor das operações de importação sujeitas ao controle de preços de transferência, empreendidas pela pessoa jurídica, no período de apuração, quanto ao tipo de bem, direito ou serviço importado, na hipótese em que os dados utilizados para fins de cálculo digam respeito às suas próprias operações; e (Incluído pela Lei nº 12.715, de 2012) (Vigência)

II - corresponder a preços independentes realizados no mesmo ano-calendário das respectivas operações de importações sujeitas ao controle de preços de transferência. (Incluído pela Lei nº 12.715, de 2012) (Vigência)

§ 11. Na hipótese do inciso II do § 10, não havendo preço independente no ano-calendário da importação, poderá ser utilizado preço independente relativo à operação efetuada no ano-calendário imediatamente anterior ao da importação, ajustado pela variação cambial do período. (Incluído pela Lei nº 12.715, de 2012) (Vigência)

§ 12. As margens a que se refere a alínea "*d*" do inciso II do caput serão aplicadas de acordo com o setor da atividade econômica da pessoa jurídica brasileira sujeita aos controles de preços de transferência e incidirão, independentemente de submissão a processo produtivo ou não no Brasil, nos seguintes percentuais: (Incluído pela Lei nº 12.715, de 2012) (Vigência)

I - 40% (quarenta por cento), para os setores de: (Incluído pela Lei nº 12.715, de 2012) (Vigência)

a) produtos farmoquímicos e farmacêuticos; (Incluído pela Lei nº 12.715, de 2012) (Vigência)

b) produtos do fumo; (Incluído pela Lei nº 12.715, de 2012) (Vigência)

c) equipamentos e instrumentos ópticos, fotográficos e cinematográficos; (Incluído pela Lei nº 12.715, de 2012) (Vigência)

d) máquinas, aparelhos e equipamentos para uso odonto-médico-hospitalar; (Incluído pela Lei nº 12.715, de 2012) (Vigência)

e) extração de petróleo e gás natural; e (Incluído pela Lei nº 12.715, de 2012) (Vigência)

f) produtos derivados do petróleo; (Incluído pela Lei nº 12.715, de 2012) (Vigência)

II - 30% (trinta por cento) para os setores de: (Incluído pela Lei nº 12.715, de 2012) (Vigência)

a) produtos químicos; (Incluído pela Lei nº 12.715, de 2012) (Vigência)

b) vidros e de produtos do vidro; (Incluído pela Lei nº 12.715, de 2012) (Vigência)

c) celulose, papel e produtos de papel; e (Incluído pela Lei nº 12.715, de 2012) (Vigência)

d) metalurgia; e (Incluído pela Lei nº 12.715, de 2012) (Vigência)

III - 20% (vinte por cento) para os demais setores. (Incluído pela Lei nº 12.715, de 2012) (Vigência)

§ 13. Na hipótese em que a pessoa jurídica desenvolva atividades enquadradas em mais de um inciso do § 12, deverá ser adotada para fins de cálculo do PRL a margem correspondente ao setor da atividade para o qual o bem importado tenha sido destinado, observado o disposto no § 14. (Incluído pela Lei nº 12.715, de 2012) (Vigência)

§ 14. Na hipótese de um mesmo bem importado ser revendido e aplicado na produção de um ou mais produtos, ou na hipótese de o bem importado ser submetido a diferentes processos produtivos no Brasil, o preço parâmetro final será a média ponderada dos valores encontrados mediante a aplicação do método PRL, de acordo com suas respectivas destinações. (Incluído pela Lei nº 12.715, de 2012) (Vigência)

§ 15. No caso de ser utilizado o método PRL, o preço parâmetro deverá ser apurado considerando-se os preços de venda no período em que os produtos forem baixados dos estoques para resultado. (Incluído pela Lei nº 12.715, de 2012) (Vigência)

§ 16. Na hipótese de importação de commodities sujeitas à cotação em bolsas de mercadorias e futuros internacionalmente reconhecidas, deverá ser utilizado o Método do Preço sob Cotação na Importação - PCI definido no art. 18-A. (Incluído pela Lei nº 12.715, de 2012) (Vigência)

§ 17. Na hipótese do inciso I do § 10, não havendo operações que representem 5% (cinco por cento) do valor das importações sujeitas ao controle de preços de transferência no período de apuração, o percentual poderá ser complementado com as importações efetuadas no ano-calendário imediatamente anterior, ajustado pela variação cambial do período. (Incluído pela Lei nº 12.715, de 2012) (Vigência)

Art. 18-A. O Método do Preço sob Cotação na Importação - PCI é definido como os valores médios diários da cotação de bens ou direitos sujeitos a preços públicos em bolsas de mercadorias e futuros internacionalmente reconhecidas. (Incluído pela Lei nº 12.715, de 2012) (Vigência)

§ 1º Os preços dos bens importados e declarados por pessoas físicas ou jurídicas residentes ou domiciliadas no País serão comparados com os preços de cotação desses bens, constantes em bolsas de mercadorias e futuros internacionalmente reconhecidas, ajustados para mais ou para menos do prêmio médio de mercado, na data da transação, nos casos de importação de: (Incluído pela Lei nº 12.715, de 2012) (Vigência)

I - pessoas físicas ou jurídicas vinculadas; (Incluído pela Lei nº 12.715, de 2012) (Vigência)

II - residentes ou domiciliadas em países ou dependências com tributação favorecida; ou (Incluído pela Lei nº 12.715, de 2012) (Vigência)

III - pessoas físicas ou jurídicas beneficiadas por regimes fiscais privilegiados. (Incluído pela Lei nº 12.715, de 2012) (Vigência)

§ 2º Não havendo cotação disponível para o dia da transação, deverá ser utilizada a última cotação conhecida. (Incluído pela Lei nº 12.715, de 2012) (Vigência)

§ 3º Na hipótese de ausência de identificação da data da transação, a conversão será efetuada considerando-se a data do registro da declaração de importação de mercadoria. (Incluído pela Lei nº 12.715, de 2012) (Vigência)

§ 4º Na hipótese de não haver cotação dos bens em bolsas de mercadorias e futuros internacionalmente reconhecidas, os preços dos bens importados a que se refere o § 1º poderão ser comparados com os obtidos a partir de fontes de dados independentes fornecidas por instituições de pesquisa setoriais internacionalmente reconhecidas. (Incluído pela Lei nº 12.715, de 2012) (Vigência)

§ 5º A Secretaria da Receita Federal do Brasil do Ministério da Fazenda disciplinará a aplicação do disposto neste artigo, inclusive a divulgação das bolsas de mercadorias e futuros e das instituições de pesquisas setoriais internacionalmente reconhecidas para cotação de preços. (Incluído pela Lei nº 12.715, de 2012) (Vigência)

Receitas Oriundas de Exportações para o Exterior

Art. 19. As receitas auferidas nas operações efetuadas com pessoa vinculada ficam sujeitas a arbitramento quando o preço médio de venda dos bens, serviços ou direitos, nas exportações efetuadas durante o respectivo período de apuração da base de cálculo do Imposto de Renda, for inferior a noventa por cento do preço médio praticado na venda dos mesmos bens, serviços ou direitos, no mercado brasileiro, durante o mesmo período, em condições de pagamento semelhantes.

§ 1º Caso a pessoa jurídica não efetue operações de venda no mercado interno, a determinação dos preços médios a que se refere o caput será efetuada com dados de outras empresas que pratiquem a venda de bens, serviços ou direitos, idênticos ou similares, no mercado brasileiro.

§ 2º Para efeito de comparação, o preço de venda:

I - no mercado brasileiro, deverá ser considerado líquido dos descontos incondicionais concedidos, do imposto sobre a circulação de mercadorias e serviços, do imposto sobre serviços e das contribuições para a seguridade social - COFINS e para o PIS/PASEP;

II - nas exportações, será tomado pelo valor depois de diminuído dos encargos de frete e seguro, cujo ônus tenha sido da empresa exportadora.

§ 3º Verificado que o preço de venda nas exportações é inferior ao limite de que trata este artigo, as receitas das vendas nas exportações serão determinadas tomando-se por base o valor apurado segundo um dos seguintes métodos:

I - Método do Preço de Venda nas Exportações - PVEx: definido como a média aritmética dos preços de venda nas exportações efetuadas pela própria empresa, para outros clientes, ou por outra exportadora nacional de bens, serviços ou direitos, idênticos ou similares, durante o mesmo período de apuração da base de cálculo do Imposto de Renda e em condições de pagamento semelhantes;

II - Método do Preço de Venda por Atacado no País de Destino, Diminuído do Lucro - PVA: definido como a média aritmética dos preços de venda de bens, idênticos ou similares, praticados no mercado atacadista do país de destino, em condições de pagamento semelhantes, diminuídos dos tributos incluídos no preço, cobrados no referido país, e de margem de lucro de quinze por cento sobre o preço de venda no atacado;

III - Método do Preço de Venda a Varejo no País de Destino, Diminuído do Lucro - PVV: definido como a média aritmética dos preços de venda de bens, idênticos ou similares, praticados no mercado varejista do país de destino, em condições de pagamento semelhantes, diminuídos dos tributos incluídos no preço, cobrados no referido país, e de margem de lucro de trinta por cento sobre o preço de venda no varejo;

IV - Método do Custo de Aquisição ou de Produção mais Tributos e Lucro - CAP: definido como a média aritmética dos custos de aquisição ou de produção dos bens, serviços ou direitos, exportados, acrescidos dos impostos e contribuições cobrados no Brasil e de margem de lucro de quinze por cento sobre a soma dos custos mais impostos e contribuições.

§ 4º As médias aritméticas de que trata o parágrafo anterior serão calculadas em relação ao período de apuração da respectiva base de cálculo do Imposto de Renda da empresa brasileira.

§ 5º Na hipótese de utilização de mais de um método, será considerado o menor dos valores apurados, observado o disposto no parágrafo subsequente.

§ 6º Se o valor apurado segundo os métodos mencionados no § 3º for inferior aos preços de venda constantes dos documentos de exportação, prevalecerá o montante da receita reconhecida conforme os referidos documentos.

§ 7º A parcela das receitas, apurada segundo o disposto neste artigo, que exceder ao valor já apropriado na escrituração da empresa deverá ser adicionada ao lucro líquido, para determinação do lucro real, bem como ser computada na determinação do lucro presumido e do lucro arbitrado.

§ 8º Para efeito do disposto no § 3º, somente serão consideradas as operações de compra e venda praticadas entre compradores e vendedores não vinculados.

§ 9º Na hipótese de exportação de commodities sujeitas à cotação em bolsas de mercadorias e futuros internacionalmente reconhecidas, deverá ser utilizado o Método do Preço sob Cotação na Exportação - PECEX, definido no art. 19-A. (Incluído pela Lei nº 12.715, de 2012) (Produção de efeito)

Art. 19-A. O Método do Preço sob Cotação na Exportação - PECEX é definido como os valores médios diários da cotação de bens ou direitos sujeitos a preços públicos em bolsas de mercadorias e futuros internacionalmente reconhecidas. (Incluído pela Lei nº 12.715, de 2012) (Vigência)

§ 1º Os preços dos bens exportados e declarados por pessoas físicas ou jurídicas residentes ou domiciliadas no País serão comparados com os preços de cotação dos bens, constantes em bolsas de mercadorias e futuros internacionalmente reconhecidas, ajustados para mais ou para menos do prêmio médio de mercado, na data da transação, nos casos de exportação para: (Incluído pela Lei nº 12.715, de 2012) (Vigência)

I - pessoas físicas ou jurídicas vinculadas; (Incluído pela Lei nº 12.715, de 2012) (Vigência)

II - residentes ou domiciliadas em países ou dependências com tributação favorecida; ou (Incluído pela Lei nº 12.715, de 2012) (Vigência)

III - pessoas físicas ou jurídicas beneficiadas por regimes fiscais privilegiados. (Incluído pela Lei nº 12.715, de 2012) (Vigência)

§ 2º Não havendo cotação disponível para o dia da transação, deverá ser utilizada a última cotação conhecida. (Incluído pela Lei nº 12.715, de 2012) (Vigência)

§ 3º Na hipótese de ausência de identificação da data da transação, a conversão será efetuada considerando-se a data de embarque dos bens exportados. (Incluído pela Lei nº 12.715, de 2012) (Vigência)

§ 4º As receitas auferidas nas operações de que trata o caput ficam sujeitas ao arbitramento de preços de transferência, não se aplicando o percentual de 90% (noventa por cento) previsto no caput do art. 19. (Incluído pela Lei nº 12.715, de 2012) (Vigência)

§ 5º Na hipótese de não haver cotação dos bens em bolsas de mercadorias e futuros internacionalmente reconhecidas, os preços dos bens exportados a que se refere o § 1º poderão ser comparados: (Incluído pela Lei nº 12.715, de 2012) (Vigência)

I - com os obtidos a partir de fontes de dados independentes fornecidas por instituições de pesquisa setoriais internacionalmente reconhecidas; ou (Incluído pela Lei nº 12.715, de 2012) (Vigência)

II - com os preços definidos por agências ou órgãos reguladores e publicados no Diário Oficial da União. (Incluído pela Lei nº 12.715, de 2012)

§ 6º A Secretaria da Receita Federal do Brasil do Ministério da Fazenda disciplinará o disposto neste artigo, inclusive a divulgação das bolsas de mercadorias e futuros e das instituições de pesquisas setoriais internacionalmente reconhecidas para cotação de preços. (Incluído pela Lei nº 12.715, de 2012) (Vigência)

§ 7º (VETADO) (Incluído pela Lei nº 12.715, de 2012) (Vigência)

Art. 20. O Ministro de Estado da Fazenda poderá, em circunstâncias justificadas, alterar os percentuais de que tratam os arts. 18 e 19, de ofício ou mediante requerimento conforme o § 2º do art. 21. (Redação dada pela Lei nº 12.715, de 2012)

Art. 20-A. A partir do ano-calendário de 2012, a opção por um dos métodos previstos nos arts. 18 e 19 será efetuada para o ano-calendário e não poderá ser alterada pelo contribuinte uma vez iniciado o procedimento fiscal, salvo quando, em seu curso, o método ou algum de seus critérios de cálculo venha a ser desqualificado pela fiscalização, situação esta em que deverá ser intimado o sujeito Passivo para, no prazo de 30 (trinta) dias, apresentar novo cálculo de acordo com qualquer outro método previsto na legislação. (Incluído pela Lei nº 12.715, de 2012)

§ 1º A fiscalização deverá motivar o ato caso desqualifique o método eleito pela pessoa jurídica. (Incluído pela Lei nº 12.715, de 2012)

§ 2º A autoridade fiscal responsável pela verificação poderá determinar o preço parâmetro, com base nos documentos de que dispuser, e aplicar um dos métodos previstos nos arts. 18 e 19, quando o sujeito Passivo, após decorrido o prazo de que trata o caput: (Incluído pela Lei nº 12.715, de 2012)

I - não apresentar os documentos que deem suporte à determinação do preço praticado nem às respectivas memórias de cálculo para apuração do preço parâmetro, segundo o método escolhido; (Incluído pela Lei nº 12.715, de 2012)

II - apresentar documentos imprestáveis ou insuficientes para demonstrar a correção do cálculo do preço parâmetro pelo método escolhido; ou (Incluído pela Lei nº 12.715, de 2012)

III - deixar de oferecer quaisquer elementos úteis à verificação dos cálculos para apuração do preço parâmetro, pelo método escolhido, quando solicitados pela autoridade fiscal. (Incluído pela Lei nº 12.715, de 2012)

§ 3º A Secretaria da Receita Federal do Brasil do Ministério da Fazenda definirá o prazo e a forma de opção de que trata o caput. (Incluído pela Lei nº 12.715, de 2012)

Art. 20-B. A utilização do método de cálculo de preço parâmetro, de que tratam os arts. 18 e 19, deve ser consistente por bem, serviço ou direito, para todo o ano-calendário. (Incluído pela Lei nº 12.715, de 2012)

Apuração dos Preços Médios

Art. 21. Os custos e preços médios a que se referem os arts. 18 e 19 deverão ser apurados com base em:

I - publicações ou relatórios oficiais do governo do país do comprador ou vendedor ou declaração da autoridade fiscal desse mesmo país, quando com ele o Brasil mantiver acordo para evitar a bitributação ou para intercâmbio de informações;

II - pesquisas efetuadas por empresa ou instituição de notório conhecimento técnico ou publicações técnicas, em que se especifiquem o setor, o período, as empresas pesquisadas e a margem encontrada, bem como identifiquem, por empresa, os dados coletados e trabalhados.

§ 1º As publicações, as pesquisas e os relatórios oficiais a que se refere este artigo somente serão admitidos como prova se houverem sido realizados com observância de métodos de avaliação internacionalmente adotados e se referirem a período contemporâneo com o de apuração da base de cálculo do Imposto de Renda da empresa brasileira.

§ 2º Admitir-se-ão margens de lucro diversas das estabelecidas nos arts. 18 e 19, desde que o contribuinte as comprove, com base em publicações, pesquisas ou relatórios elaborados de conformidade com o disposto neste artigo.

§ 3º As publicações técnicas, as pesquisas e os relatórios a que se refere este artigo poderão ser desqualificados mediante ato do Secretário da Receita Federal, quando considerados inidôneos ou inconsistentes.

Juros

Art. 22. Os juros pagos ou creditados a pessoa vinculada somente serão dedutíveis para fins de determinação do lucro real até o montante que não exceda ao valor calculado com base em taxa determinada conforme este artigo acrescida de margem percentual a título de *spread*, a ser definida por ato do

Ministro de Estado da Fazenda com base na média de mercado, proporcionalizados em função do período a que se referirem os juros. (Redação dada pela Lei nº 12.766, de 2012) Produção de efeito

§ 1º No caso de mútuo com pessoa vinculada, a pessoa jurídica mutuante, domiciliada no Brasil, deverá reconhecer, como receita financeira correspondente à operação, no mínimo o valor apurado segundo o disposto neste artigo.

§ 2º Para efeito do limite a que se refere este artigo, os juros serão calculados com base no valor da obrigação ou do direito, expresso na moeda objeto do contrato e convertida em reais pela taxa de câmbio, divulgada pelo Banco Central do Brasil, para a data do termo final do cálculo dos juros.

§ 3º O valor dos encargos que exceder o limite referido no caput e a diferença de receita apurada na forma do parágrafo anterior serão adicionados à base de cálculo do Imposto de Renda devido pela empresa no Brasil, inclusive ao lucro presumido ou arbitrado.

§ 4º (Revogado pela Lei nº 12.715, de 2012) (Vigência)

§ 5º (Revogado). (Redação dada pela Lei nº 12.766, de 2012) Produção de efeito

§ 6º A taxa de que trata o caput será a taxa: (Incluído pela Lei nº 12.766, de 2012) Produção de efeito

I - de mercado dos títulos soberanos da República Federativa do Brasil emitidos no mercado externo em dólares dos Estados Unidos da América, na hipótese de operações em dólares dos Estados Unidos da América com taxa prefixada; (Incluído pela Lei nº 12.766, de 2012) Produção de efeito

II - de mercado dos títulos soberanos da República Federativa do Brasil emitidos no mercado externo em reais, na hipótese de operações em reais no exterior com taxa prefixada; e (Incluído pela Lei nº 12.766, de 2012) Produção de efeito

III - London Interbank Offered Rate - Libor pelo prazo de 6 (seis) meses, nos demais casos. (Incluído pela Lei nº 12.766, de 2012) Produção de efeito

§ 7º O Ministro de Estado da Fazenda poderá fixar a taxa de que trata o caput na hipótese de operações em reais no exterior com taxa flutuante. (Incluído pela Lei nº 12.766, de 2012) Produção de efeito

§ 8º Na hipótese do inciso III do § 6º, para as operações efetuadas em outras moedas nas quais não seja divulgada taxa Libor própria, deverá ser utilizado o valor da taxa Libor para depósitos em dólares dos Estados Unidos da América. (Incluído pela Lei nº 12.766, de 2012) Produção de efeito

§ 9º A verificação de que trata este artigo deve ser efetuada na data da contratação da operação e será aplicada aos contratos celebrados a partir de 1º de janeiro de 2013. (Incluído pela Lei nº 12.766, de 2012) Produção de efeito

§ 10. Para fins do disposto no § 9º, a novação e a repactuação são consideradas novos contratos. (Incluído pela Lei nº 12.766, de 2012) Produção de efeito

§ 11. O disposto neste artigo será disciplinado pela Secretaria da Receita Federal do Brasil, inclusive quanto às especificações e condições de utilização das taxas previstas no caput e no § 6º. (Incluído pela Lei nº 12.766, de 2012) Produção de efeito

Pessoa Vinculada - Conceito

Art. 23. Para efeito dos arts. 18 a 22, será considerada vinculada à pessoa jurídica domiciliada no Brasil:

I - a matriz desta, quando domiciliada no exterior;

II - a sua filial ou sucursal, domiciliada no exterior;

III - a pessoa física ou jurídica, residente ou domiciliada no exterior, cuja participação societária no seu capital social a caracterize como sua controladora ou coligada, na forma definida nos §§ 1º e 2º do art. 243 da Lei nº 6.404, de 15 de dezembro de 1976;

IV - a pessoa jurídica domiciliada no exterior que seja caracterizada como sua controlada ou coligada, na forma definida nos §§ 1º e 2º do art. 243 da Lei nº 6.404, de 15 de dezembro de 1976;

V- a pessoa jurídica domiciliada no exterior, quando esta e a empresa domiciliada no Brasil estiverem sob controle societário ou administrativo comum ou quando pelo menos dez por cento do capital social de cada uma pertencer a uma mesma pessoa física ou jurídica;

VI - a pessoa física ou jurídica, residente ou domiciliada no exterior, que, em conjunto com a pessoa jurídica domiciliada no Brasil, tiver participação societária no capital social de uma terceira pessoa jurídica, cuja soma as caracterizem como controladoras ou coligadas desta, na forma definida nos §§ 1º e 2º do art. 243 da Lei nº 6.404, de 15 de dezembro de 1976;

VII - a pessoa física ou jurídica, residente ou domiciliada no exterior, que seja sua associada, na forma de consórcio ou condomínio, conforme definido na legislação brasileira, em qualquer empreendimento;

VIII - a pessoa física residente no exterior que for parente ou afim até o terceiro grau, cônjuge ou companheiro de qualquer de seus diretores ou de seu sócio ou acionista controlador em participação direta ou indireta;

IX - a pessoa física ou jurídica, residente ou domiciliada no exterior, que goze de exclusividade, como seu agente, distribuidor ou concessionário, para a compra e venda de bens, serviços ou direitos;

X - a pessoa física ou jurídica, residente ou domiciliada no exterior, em relação à qual a pessoa jurídica domiciliada no Brasil goze de exclusividade, como agente, distribuidora ou concessionária, para a compra e venda de bens, serviços ou direitos.

Países com Tributação Favorecida

Art. 24. As disposições relativas a preços, custos e taxas de juros, constantes dos arts. 18 a 22, aplicam-se, também, às operações efetuadas por pessoa física ou jurídica residente ou domiciliada no Brasil, com qualquer pessoa física ou jurídica, ainda que não vinculada, residente ou domiciliada em país que não tribute a renda ou que a tribute a alíquota máxima inferior a vinte por cento.

§ 1° Para efeito do disposto na parte final deste artigo, será considerada a legislação tributária do referido país, aplicável às pessoas físicas ou às pessoas jurídicas, conforme a natureza do ente com o qual houver sido praticada a operação.

§ 2° No caso de pessoa física residente no Brasil:

I - o valor apurado segundo os métodos de que trata o art. 18 será considerado como custo de aquisição para efeito de apuração de ganho de capital na alienação do bem ou direito;

II - o preço relativo ao bem ou direito alienado, para efeito de apuração de ganho de capital, será o apurado de conformidade com o disposto no art. 19;

III - será considerado como rendimento tributável o preço dos serviços prestados apurado de conformidade com o disposto no art. 19;

IV - serão considerados como rendimento tributável os juros determinados de conformidade com o art. 22.

§ 3° Para os fins do disposto neste artigo, considerar-se-á separadamente a tributação do trabalho e do capital, bem como as dependências do país de residência ou domicílio. (Incluído pela Lei n° 10.451, de 2002)

§ 4° Considera-se também país ou dependência com tributação favorecida aquele cuja legislação não permita o acesso a informações relativas à composição societária de pessoas jurídicas, à sua titularidade ou à identificação do beneficiário efetivo de rendimentos atribuídos a não residentes. (Incluído pela Lei n° 11.727, de 2008)

Art. 24-A. Aplicam-se às operações realizadas em regime fiscal privilegiado as disposições relativas a preços, custos e taxas de juros constantes dos arts. 18 a 22 desta Lei, nas transações entre pessoas físicas ou jurídicas residentes e domiciliadas no País com qualquer pessoa física ou jurídica, ainda que não vinculada, residente ou domiciliada no exterior. (Incluído pela Lei nº 11.727, de 2008)

Parágrafo único. Para os efeitos deste artigo, considera-se regime fiscal privilegiado aquele que apresentar uma ou mais das seguintes características: (Redação dada pela Lei nº 11.941, de 2009)

I – não tribute a renda ou a tribute à alíquota máxima inferior a 20% (vinte por cento); (Incluído pela Lei nº 11.727, de 2008)

II – conceda vantagem de natureza fiscal a pessoa física ou jurídica não residente: (Incluído pela Lei nº 11.727, de 2008)

a) sem exigência de realização de atividade econômica substantiva no país ou dependência; (Incluído pela Lei nº 11.727, de 2008)

b) condicionada ao não exercício de atividade econômica substantiva no país ou dependência; (Incluído pela Lei nº 11.727, de 2008)

III – não tribute, ou o faça em alíquota máxima inferior a 20% (vinte por cento), os rendimentos auferidos fora de seu território; (Incluído pela Lei nº 11.727, de 2008)

IV – não permita o acesso a informações relativas à composição societária, titularidade de bens ou direitos ou às operações econômicas realizadas. (Incluído pela Lei nº 11.727, de 2008)

Art. 24-B. O Poder Executivo poderá reduzir ou restabelecer os percentuais de que tratam o caput do art. 24 e os incisos I e III do parágrafo único do art. 24-A, ambos desta Lei. (Incluído pela Lei nº 11.727, de 2008)

Parágrafo único. O uso da faculdade prevista no caput deste artigo poderá também ser aplicado, de forma excepcional e restrita, a países que componham blocos econômicos dos quais o País participe. (Incluído pela Lei nº 11.727, de 2008)

..."

Capítulo 24

Compensação de Prejuízos Fiscais

1. PREJUÍZOS COMPENSÁVEIS NA APURAÇÃO DO LUCRO REAL

Ao contribuinte do Imposto de Renda tributado com base no lucro real é permitido compensar eventuais prejuízos que porventura resultem de sua operação, desde que respeitados os limites e condições estabelecidos na legislação.

Lembra-se que são duas as modalidades de prejuízos que podem ser apurados pela pessoa jurídica (Plantão Fiscal IRPJ 2017 - Capítulo X - IRPJ - Compensação de prejuízos):

a) aquele apurado na Demonstração do Resultado do período de apuração, conforme determinado pelo art. 187 da Lei nº 6.404/1976; e

b) aquele apurado na Demonstração do Lucro Real e registrado no Lalur (que parte do lucro líquido contábil do período mais adições menos exclusões e compensações).

O prejuízo apurado na modalidade referida em "a" é conhecido como prejuízo contábil ou comercial[1], pois é obtido por meio da escrituração comercial do contribuinte. Já o prejuízo apurado conforme letra "b" é o chamado "prejuízo fiscal", compensável para fins da legislação do Imposto de Renda com observância das normas gerais objeto deste capítulo.

1.1 Tributação por outro sistema - Tratamento do prejuízo fiscal

O direito à compensação dos prejuízos fiscais, desde que estejam devidamente apurados e controlados na parte B do Lalur, somente poderá ser exercido quando a pessoa jurídica for tributada com base no lucro real, pois quando a forma de tributação for outra não há que se falar em apurar ou compensar prejuízos fiscais.

1 Lembra-se que a existência na escrituração comercial do contribuinte de lucro ou prejuízo contábil não impede a compensação do prejuízo fiscal apurado na demonstração do lucro real.

Esse direito, entretanto, não será prejudicado ainda que o contribuinte possa, em algum período de apuração, ter sido tributado com base no lucro presumido ou arbitrado. Assim, no período-base em que retornar à tributação com base no lucro real poderá compensar o prejuízo fiscal constante no Lalur, Parte "B", observada a legislação vigente à época da compensação

(Art. 22 da IN SRF nº 21/1992; Plantão Fiscal IRPJ 2017 - Capítulo X - IRPJ - Compensação de prejuízos).

2. PREJUÍZOS COMPENSÁVEIS E CONTRIBUINTES AUTORIZADOS A EXERCER A COMPENSAÇÃO

De acordo com a legislação do Imposto de Renda, na apuração do lucro real, podem ser compensados, os prejuízos fiscais de períodos de apuração anteriores, registrados no Livro de Apuração do Lucro Real (Lalur).

A legislação estabelece que são compensáveis os prejuízos fiscais apurados em:

a) períodos de apuração encerrados a partir do ano-calendário de 1995, bem como os saldos ainda não compensados, existentes em 31.12.1994, de prejuízos fiscais apurados a partir do ano-calendário de 1991;
b) períodos nos quais a empresa foi tributada pelo lucro real, sendo inadmissível compensar prejuízos de períodos nos quais a empresa submeteu-se à tributação pelo lucro presumido, ainda que esses valores tenham sido apurados no Lalur.

A legislação ainda estabelece que somente podem compensar prejuízos fiscais as pessoas jurídicas que mantiverem os livros e documentos, exigidos pela legislação fiscal, comprobatórios do montante do prejuízo fiscal utilizado para a compensação.

Lembra-se, por oportuno que a compensação de prejuízo se constitui em uma faculdade que poderá ou não ser utilizada pela pessoa jurídica a seu livre critério (Plantão Fiscal IRPJ 2017 - Capítulo X - IRPJ - Compensação de prejuízos - Resposta à questão 007).

(Arts. 509 e 510 do RIR/1999)

3. LIMITE A SER OBSERVADO

Até 1994, as pessoas jurídicas estavam obrigadas a compensar os prejuízos fiscais no prazo máximo de 4 anos. A partir de 1995 esse prazo deixou de existir, ou seja, as empresas passaram a poder compensar os prejuízos fiscais por prazo indeterminado. Contudo, essa permissão veio acompanhada de uma restrição à compensação no que diz respeito ao valor total que pode ser compensado. Essa restrição é conhecida como "trava de 30%".

De acordo com a legislação atualmente em vigor, o lucro real em cada período de apuração pode ser reduzido pela compensação de prejuízos fiscais de períodos de apuração anteriores em, no máximo, 30%.

É importante salientar que esse limite está relacionado com o lucro real do período de apuração em que o prejuízo for compensado, e não com o prejuízo a compensar.

Isso significa que o prejuízo fiscal de período de apuração anterior poderá até ser integralmente compensado em um único período de apuração, desde que o valor a compensar não ultrapasse a trinta por cento do lucro real do período de apuração da compensação.

Na prática, temos que se a empresa apurar lucro real no exercício atual inferior ao prejuízo acumulado, a compensação somente poderá ser feita até o limite de 30% do lucro real apurado. O valor não compensado do prejuízo poderá sê-lo em período subsequente, observado o limite de 30% do lucro real do período em que se estiver fazendo a compensação.

Exemplo: se considerarmos uma empresa tributada com base no lucro real que tenha auferido em determinado período-base lucro real R$ 300.000,00 e prejuízos acumulados (períodos-base anteriores) no valor de R$ 100.000,00, temos que a compensação limitar-se-á a R$ 90.000,00 (30% de R$ 300.000,00). Portanto, nesse exemplo, a compensação dos R$ 10.000,00 somente poderá ser feita em período-base posterior, observado o limite de 30%.

(Art. 510 do RIR/1999)

4. RESTRIÇÕES À COMPENSAÇÃO DOS PREJUÍZOS

Legislação do Imposto de Renda impede que a pessoa jurídica compense prejuízos fiscais quando, cumulativamente ocorrer modificação do seu controle societário e do ramo de atividade (art. 513 do RIR/1999).

4.1 Modificação do controle societário e do ramo de atividade

A pessoa jurídica não poderá compensar seus prejuízos fiscais se entre a data da apuração e a da compensação do prejuízo houver ocorrido, cumulativamente, modificação do seu controle societário e do ramo de atividade (art. 513 do RIR/1999).

Veja que a perda do direito à compensação somente se dá se os eventos ocorrerem cumulativamente, o que não significa simultaneamente.

4.1.1 Modificação do controle societário definição

A Lei nº 6.404/1976 estabelece que o controle pode ser direto ou indireto. Para tanto, define os seguintes conceitos (arts. 116 e 243):

a) **controle direto:** entende-se por controlador a pessoa, natural ou jurídica, ou o grupo de pessoas vinculadas por acordo de voto ou sob controle comum, que:
   - a.1) é titular de direitos de sócio que lhe assegurem, de modo permanente, a maioria dos votos nas deliberações sociais e o poder de eleger a maioria dos administradores da sociedade;
   - a.2) usa efetivamente seu poder para dirigir as atividades sociais e orientar o funcionamento dos órgãos da sociedade;

b) **controle indireto**: considera-se controlada a sociedade na qual a controladora, diretamente ou por meio de outras controladas, é titular de direitos de sócio que lhe assegurem, de modo permanente, preponderância nas deliberações sociais e o poder de eleger a maioria dos administradores.

É considerado modificado o controle direto ou indireto da sociedade quando a detenção desse controle é passada (mediante transferência da titularidade de participações societárias) de uma pessoa ou grupo de pessoas para outra pessoa ou outro grupo de pessoas, mesmo que os adquirente(s) já participasse(m) do capital da sociedade.

Observe-se, porém, que não há modificação de controle se a mesma pessoa ou grupo de pessoas que controla a sociedade aumenta ou diminui a sua participação proporcional no capital votante, mantendo-a, entretanto, em pelo menos 50% dos votos mais um.

4.1.2 Modificação do ramo de atividade

Doutrinariamente, a alteração do ramo de atividade pode ocorrer por inclusão de nova atividade ou substituição de atividade anteriormente exercida, desde que, em qualquer caso, a nova atividade seja de ramo diferente das anteriormente exploradas. Todavia, é fato que a que a simples cessação de determinada(s) atividade(s) e a manutenção de outra(s) já explorada(s) anteriormente não constituem impedimento à compensação de prejuízos, visto que, em tal hipótese, não ocorre modificação do ramo, mas apenas cessação parcial de atividade.

5. PREJUÍZOS NÃO OPERACIONAIS - TRATAMENTO E CONCEITO

Os prejuízos não operacionais, apurados a partir de 1º.01.1996, somente poderão ser compensados com lucros não operacionais, observado o limite de 30% do lucro real do período de apuração da compensação

São considerados não operacionais, os resultados (lucros ou prejuízos) decorrentes da alienação de bens ou direitos do Ativo Permanente, que corresponde à diferença, positiva ou negativa, entre o valor pelo qual o bem ou direito houver sido alienado e o seu valor contábil.

Naturalmente, a restrição à compensação de prejuízos não operacionais não se aplica em relação às perdas decorrentes de baixa de bens ou direitos do Ativo Permanente em virtude de terem se tornado imprestáveis, obsoletos ou de terem caído em desuso, ainda que posteriormente venham a ser alienados como sucata.

Nota

Caso a empresa adote as regras da MP nº 627/2013 já em 2014, os Prejuízos não Operacionais decorrentes da alienação de bens e direitos do Ativo Imobilizado, investimento e intangível, ainda que reclassificados para o Ativo Circulante com intenção de venda, poderão ser compensados somente com lucros de mesma natureza, observado o limite previsto no art. 15 da Lei nº 9.065, de 20 de junho de 1995 (limite de 30% do lucro líquido do exercício).

A regra acima não se aplica em relação às perdas decorrentes de baixa de bens ou direitos em virtude de terem se tornado imprestáveis, obsoletos ou caído em desuso, ainda que posteriormente venham a ser alienados como sucata (art. 41 da MP nº 627/2013).

(Art. 511 do RIR/1999)

5.1 Aplicação da restrição - Regra

O art. 36 da IN SRF nº 11/1996, estabelece que a vinculação da compensação de prejuízos não operacionais com lucros da mesma natureza somente se aplica nos períodos de apuração subsequentes ao de sua apuração. Em outras palavras, temos que os resultados não operacionais, positivos ou negativos, integrarão normalmente o lucro real do período de sua ocorrência. Portanto, no período de sua apuração, os prejuízos não operacionais podem ser absorvidos pelos lucros operacionais sem nenhuma restrição fiscal.

Isto posto, temos que a restrição se dará nos períodos de apuração subsequentes, somente na hipótese de o prejuízo não operacional ter implicado apuração de prejuízo fiscal a compensar.

5.2 Resultado não operacional negativo que implicar em apuração de prejuízo fiscal - Tratamento

Os resultados não operacionais de todas as alienações de bens do Ativo Permanente (hoje, pertencente ao grupo "não circulante", no Ativo), ocorridas durante o período de apuração, deverão ser apurados englobadamente, absorvendo-se lucros de umas com prejuízos de outras, se for o caso.

Na hipótese de o resultado não operacional (consolidado) de todas as alienações de bens do Ativo Permanente (hoje, pertencente ao grupo "não circulante", no Ativo) realizadas no período de apuração se revelar negativo (prejuízo), a separação em prejuízo não operacional e em prejuízo das demais atividades somente será exigida se, no período, forem verificados, cumulativamente, resultado não operacional negativo e lucro real negativo (prejuízo fiscal).

Ocorrendo esse fato, a pessoa jurídica deverá comparar o prejuízo não operacional com o prejuízo fiscal apurado na demonstração do lucro real, no Lalur e observar os seguintes procedimentos:

a) se o prejuízo fiscal for maior, todo o resultado não operacional negativo será considerado prejuízo fiscal não operacional e a parcela excedente será considerada prejuízo fiscal das demais atividades;

b) se o resultado não operacional negativo for maior ou igual ao prejuízo fiscal, todo o prejuízo fiscal será considerado não operacional.

Lembra-se que os prejuízos não operacionais e os decorrentes das atividades operacionais da pessoa jurídica, apurados nas condições acima deverão ser controlados em folhas específicas, individualizadas por espécie, na Parte "B" do Lalur, para compensação com lucros da mesma natureza apurados nos períodos de apuração subsequentes.

5.3 Procedimentos para compensações futuras

Na compensação dos prejuízos não operacionais, nos períodos de apuração subsequentes, a pessoa jurídica deverá observar os seguintes procedimentos:

a) o valor do prejuízo fiscal não operacional a ser compensado em cada período de apuração subsequente não poderá exceder o resultado não operacional positivo (lucro não operacional) do período da compensação;

b) a soma dos prejuízos fiscais não operacionais com os prejuízos decorrentes de outras atividades da pessoa jurídica, a ser compensada, não poderá exceder ao limite de 30% do lucro real;

c) no período em que for apurado resultado não operacional positivo, todo o seu valor poderá ser utilizado para compensar prejuízos fiscais não operacionais de períodos anteriores, ainda que a parcela do lucro real admitida para compensação não seja suficiente ou que tenha sido apurado prejuízo fiscal;

d) na hipótese da letra "c", a parcela dos prejuízos não operacionais que for compensada com os lucros não operacionais, mas que não puder ser compensada com o lucro real, em virtude do limite de 30% desse ou por ter ocorrido prejuízo fiscal no período de apuração, passará a ser considerada prejuízo das demais atividades, devendo ser promovidos os devidos ajustes na Parte "B" do Lalur.

5.4 Classificação dos prejuízos como operacionais e não operacionais

5.4.1 Exemplo 1

a) resultado não operacional negativo no valor de R$ 68.000,00; e

b) prejuízo fiscal, no Lalur, no valor de R$ 102.000,00.

Nessa hipótese, como o prejuízo fiscal apurado foi superior ao valor do resultado não operacional negativo, temos que o prejuízo fiscal das demais atividades corresponde a R$ 34.000,00 (R$ 102.000,00 - R$ 68.000,00). Portanto, teremos a seguinte configuração para compensações futuras: Prejuízo não operacional = R$ 68.000,00; prejuízo das demais atividades (operacional) = R$ 34.000,00

5.4.2 Exemplo 2

a) Resultado não operacional negativo no valor de R$ 102.000,00; e

b) prejuízo fiscal, no Lalur, no valor de R$ 68.000,00.

Nessa hipótese, como o prejuízo fiscal apurado no Lalur foi inferior ao valor do resultado negativo não operacional, temos que todo o prejuízo fiscal será considerado como não operacional para fins de compensações futuras.

5.5 Compensação futura - Exemplo

No ano-calendário seguinte, a empresa do "Exemplo 1" no subitem 5.4.1 apurou resultado não operacional positivo no valor de R$ 72.000,00 e lucro real (já ajustados pelas adições e exclusões, mas antes da compensação de prejuízos) de R$ 192.000,00. Deste modo, temos:

I - Prejuízo fiscal compensável

	Total do prejuízo fiscal a compensar	R$	102.000,00
(-)	Limite: 30% de R$ 192.000,00	R$	57.600,00
(=)	Parcela excedente (a compensar nos períodos subsequentes)	R$	44.400,00

II - Compensação do prejuízo não operacional do período anterior

	Prejuízo não operacional do período anterior	R$	68.000,00
(-)	Parcela compensada, observado o limite de 30% lucro real do ano em curso	R$	57.600,00
(=)	Parcela não compensada	R$	10.400,00

O lucro não operacional do período em curso de R$ 72.000,00, no exemplo, é suficiente para compensar o total do prejuízo não operacional do período anterior que corresponde a R$ 68.000,00. Já a parcela do prejuízo não operacional no valor de R$ 10.400,00 que não pode ser compensada em virtude do limite de 30% do lucro real do ano em curso, passará a ser considerada prejuízo das demais atividades. Portanto, o "estoque" de prejuízo operacional, controlado no Lalur, passa a ser de R$ 44.400,00 (R$ 10.400,00 + R$ 34.000,00)

5.6 Registros no Lalur

Os prejuízos fiscais, conforme vimos acima, devem ser registrados e controlados na Parte "B" do Lalur. Já a parte A destina-se a compensação dos prejuízos. Nessa parte, efetua-se o lançamento na Demonstração do Lucro Real, até o limite de 30% do lucro real do período.

6. PARTICULARIDADES DA EMPRESA OPTANTE PELO PAGAMENTO MENSAL DO IMPOSTO

As empresas optantes pela estimativa mensal estão impedidas de compensar prejuízos fiscais de períodos de apuração anteriores.

A compensação somente será admitida durante o ano se a empresa apurar prejuízos por ocasião do levantamento de balanços ou balancetes de suspensão ou redução de pagamentos mensais, observado o limite de 30% do lucro real.

Veja que nesse caso não existe a figura da compensação de prejuízos do próprio período em curso. Isto porque nos balanços ou balancetes levantados para fins de suspensão ou redução do imposto, apura-se o resultado acumulado desde o mês de janeiro do ano em curso. Deste modo, os prejuízos de um mês são automaticamente absorvidos por lucros de outro.

7. EMPRESAS TRIBUTADAS COM BASE NO LUCRO REAL TRIMESTRAL

As empresas tributadas com base no lucro real trimestral somente poderão compensar o prejuízo fiscal apurado em um trimestre com o lucro real apurado nos trimestres subsequentes (ainda que do mesmo ano-calendário), naturalmente, observado o limite de 30% do lucro real do período em curso e os demais requisitos anteriormente focalizados.

8. ABSORÇÃO DE PREJUÍZOS NA ESCRITURAÇÃO COMERCIAL

De acordo com o do RIR/1999 (art. 509, § 2º), a absorção de prejuízos apurados na escrituração comercial, mediante débito à conta de lucros acumulados, de reservas de lucros ou de capital, ao capital social, ou à conta de sócios, matriz ou titular de empresa individual, não prejudica o direito de compensar o prejuízo fiscal apurado no Lalur.

9. COMPENSAÇÃO DE PREJUÍZOS NA BASE DE CÁLCULO DA CONTRIBUIÇÃO SOCIAL SOBRE O LUCRO

A sistemática de compensação de prejuízos fiscais na determinação da base de cálculo da Contribuição Social sobre o Lucro (CSL), é muito parecida com a do Imposto de Renda, contudo não é igual.

O resultado apurado, depois de ajustado pelas adições e exclusões prescritas ou autorizadas pela legislação dessa contribuição, quando positivo, poderá ser reduzido pela compensação de valor negativo apurado na determinação da base de cálculo da contribuição em período(s) de apuração anterior(es), encerrado(s) a partir do ano-calendário de 1992, até o limite de 30% do resultado positivo apurado (art. 16 da Lei nº 9.065/95 e art. 52 da IN SRF nº 11/1996).

Lembra-se que a compensação de valores negativos relativos a períodos anteriores, na determinação da base de cálculo da CSL, sujeita a pessoa jurídica, também, às restrições referidas no item 4 e subitem 10.1 deste capítulo.

Contudo, a legislação que rege a determinação da base de cálculo da CSL não impõe à pessoa jurídica a compensação de prejuízos não operacionais com lucros da mesma natureza.

10. ALGUMAS SITUAÇÕES ESPECIAIS

10.1 Incorporação, fusão ou cisão

Nos casos de incorporação, fusão ou cisão de sociedades, o artigo 514 do RIR/1999 estabelece que as pessoas jurídicas devem observar as seguintes regras:

a) a pessoa jurídica sucessora (incorporadora, resultante da fusão ou que absorver patrimônio da cindida) não poderá compensar:

 a.1) prejuízos fiscais das pessoas jurídicas sucedidas (incorporadas, fusionadas ou cindidas), nem mesmo o prejuízo fiscal apurado na demonstração do lucro real do período de apuração encerrado em virtude do evento;

 a.2) seus próprios prejuízos fiscais, apurados em períodos anteriores ao evento (no caso de incorporação ou cisão) com lucros reais das sucedidas;

b) no caso de cisão parcial, os prejuízos fiscais da pessoa jurídica cindida (apurados até o período encerrado em virtude do evento) somente poderão ser por ela compensados proporcionalmente à parcela remanescente do patrimônio líquido;

c) ressalvada a hipótese de modificação do controle societário e do ramo de atividade, a sucessora pode continuar compensando os seus próprios prejuízos fiscais, apurados anteriormente, com os próprios lucros reais, observado o limite o limite de 30% do lucro real do período em curso.

Lembra-se que nas incorporações realizadas a partir de 1º.01.2000, de acordo com os arts. 5º e 12 da Lei nº 9.959/2000, a empresa incorporada também fica obrigada a apurar a base de cálculo e o Imposto de Renda devido, na data do evento, salvo se a incorporadora e a incorporada estivessem, desde o ano-calendário anterior ao do evento, sob o mesmo controle societário.

10.2 Sociedades em conta de participação

Não pode ser compensado com o lucro real do sócio ostensivo o prejuízo fiscal apurado pela sociedade em conta de participação (SCP). Esse prejuízo somente poderá ser compensado com o lucro real apurado pela SCP.

A legislação estabelece, ainda, que é vedada qualquer compensação de prejuízos fiscais entre duas ou mais sociedades em conta de participação ou entre estas e o sócio ostensivo.

(Art. 515 do RIR/1999)

10.3 Prejuízos apurados no exterior

Não serão compensados com lucros auferidos no Brasil os prejuízos e perdas decorrentes das operações ocorridas no exterior, a saber:

a) prejuízos de filiais, sucursais, controladas ou coligadas no exterior, e

b) os prejuízos e as perdas de capital decorrentes de aplicações e operações efetuadas no exterior pela própria empresa brasileira, inclusive em relação à alienação de filiais e sucursais e de participações societárias em pessoas jurídicas domiciliadas no exterior.

(Lei nº 9.249/1995, art. 25, § 5º, e IN SRF nº 213/2002, art. 4º e parágrafos; Plantão Fiscal IRPJ - Capítulo X - IRPJ - Compensação de prejuízos)

11. ATIVIDADE RURAL

Não se aplica o limite de trinta por cento à compensação dos prejuízos fiscais decorrentes da atividade rural, com lucro real da mesma atividade. Nota-se que é vedada a compensação do prejuízo fiscal da atividade rural apurado no exterior com o lucro real obtido no Brasil, seja este oriundo da atividade rural ou não.

a) o prejuízo fiscal da atividade rural a ser compensado é o apurado na demonstração do lucro real transcrita no Lalur;

b) o prejuízo fiscal da atividade rural determinado no período de apuração poderá ser compensado com o lucro real das demais atividades apurado no mesmo período, sem limite;

c) aplicam-se as regras para as demais pessoas jurídicas à compensação dos prejuízos fiscais das demais atividades, e os da atividade rural com lucro real de outra atividade, determinado em período subsequente.

11.1 Prejuízos não operacionais

Os prejuízos não operacionais, apurados pelas pessoas jurídicas que exploram atividade rural, somente poderão ser compensados, nos períodos subsequentes ao de sua apuração, com lucros de mesma natureza, observado o limite de redução do lucro de, no máximo, trinta por cento.

Consideram-**se não operacionais** os resultados decorrentes da alienação de bens e direitos do Ativo Permanente (hoje, pertencente ao grupo "não circulante", no Ativo) não utilizados exclusivamente na produção rural, incluída a terra nua, exceto as perdas decorrentes de baixa de bens ou direitos do Ativo Permanente, em virtude de terem-se tornado imprestáveis, obsoletos ou caído em desuso, ainda que posteriormente venham a ser alienados como sucata.

(Art. 512 do RIR/1999 e arts. 17, 18 e 24 da Instrução Normativa SRF nº 257/2002)

Capítulo 25

Distribuição de Lucros ou Dividendos

1. CONSIDERAÇÕES INICIAIS

Diferentemente do que ocorria em outras épocas, as regras para distribuição de lucros pouco têm mudado nos últimos tempos. Uma das últimas alterações significativas ocorreu por meio da Lei nº 9.249/1995 que, em relação aos fatos geradores ocorridos a partir de 1º.01.1996, desonerou os lucros ou dividendos distribuídos do Imposto de Renda.

Mais recentemente, a MP nº 627/2013(posteriormente convertida na Lei nº 12.973/2014), no bojo de suas alterações, veio dispor sobre os lucros ou dividendos calculados com base nos resultados apurados entre 1º de janeiro de 2008 e 31 de dezembro de 2013, pelas pessoas jurídicas tributadas com base no lucro real, presumido ou arbitrado.

Segundo referida legislação, tais valores efetivamente pagos até 12.11.2013 em valores superiores aos apurados com observância dos métodos e critérios contábeis vigentes em 31 de dezembro de 2007, não ficarão sujeitos à incidência do Imposto de Renda na Fonte, nem integrarão a base de cálculo do Imposto de Renda e da Contribuição Social sobre o Lucro Líquido do beneficiário, pessoa física ou jurídica, residente ou domiciliado no País ou no exterior.

No entanto, esse benefício da "isenção" somente se aplicou se a empresa tiver adotado, na íntegra, já partir de 2014, as regras da MP nº 627/2013.

A seguir, tratamos, especificamente, da distribuição de lucros e dividendos pelas pessoas jurídicas **tributadas com base no lucro real**.

A distribuição de lucros pelas demais pessoas jurídicas (tributadas com base no lucro presumido/arbitrado ou optante pelo Simples) é abordada nos Capítulos próprios que focalizam essas formas de tributação.

2. TRATAMENTO TRIBUTÁRIO APLICÁVEL AOS LUCROS - VINCULAÇÃO AO PERÍODO DE APURAÇÃO

Em manifestação antiga da Receita Federal (por ocasião da introdução da incidência do IR Fonte à alíquota de 15% sobre os lucros ou dividendos distribuídos - sistemática que vigorou no período de 1º.01.1994 a 31.12.1995), ficou estabelecido que os lucros e dividendos apurados até 31.12.1993, por pessoas jurídicas tributadas com base no lucro real, deveriam submeter-se às normas de incidência aplicáveis na época da formação dos lucros (ADN Cosit nº 49/1994).

Ficou definido, ainda, que isso se aplicava também aos lucros e dividendos redistribuídos por pessoas jurídicas, auferidos em decorrência de participação societária em outra pessoa jurídica, que os tivesse apurado até 31.12.1993. Na oportunidade, concluiu o Fisco que em qualquer hipótese seria considerada época de formação dos lucros aquela constante dos registros da primeira pessoa jurídica que os tivesse apurado.

Depreende-se do exposto que a Receita Federal entende que o tratamento tributário aplicável aos lucros e dividendos é aquele legalmente previsto por ocasião da apuração dos lucros, e não da sua distribuição.

3. DISTRIBUIÇÃO DE LUCROS APURADOS A PARTIR DE 1º.01.1996

De acordo com o art. 10 da Lei nº 9.249/1995, os lucros ou dividendos calculados com base nos resultados apurados a partir do mês de janeiro de 1996, pagos ou creditados pelas pessoas jurídicas tributadas com base no lucro real, presumido ou arbitrado, não ficarão sujeitos à incidência do Imposto de Renda na fonte, nem integrarão a base de cálculo do Imposto de Renda do beneficiário, pessoa física ou jurídica, domiciliado no País ou no exterior.

3.1 Tratamento fiscal aos rendimentos excedentes ao lucro apurado

A parcela dos rendimentos pagos ou creditados a sócio ou acionista ou ao titular da pessoa jurídica submetida ao regime de tributação com base no lucro real, presumido ou arbitrado, a título de lucros ou dividendos distribuídos, ainda que por conta de período-base não encerrado, que exceder ao valor apurado com base na escrituração, será imputada aos lucros acumulados ou reservas de lucros de exercícios anteriores, ficando sujeita a incidência do Imposto de Renda calculado segundo o disposto na legislação específica, com acréscimos legais.

Inexistindo lucros acumulados ou reservas de lucros em montante suficiente, a parcela excedente será submetida à tributação pelo Imposto de Renda exclusivamente na fonte, à alíquota de trinta e cinco por cento (IN RFB nº 1700/2017, art. 238; § 4º; e art. 61 da Lei nº 8.981/ 1995.

3.2 Distribuição de lucros de forma desproporcional à participação no capital social

Segundo a Solução de Consulta nº 46, de 24 de maio de 2010, da 6ª Região Fiscal, a distribuição de lucros aos sócios é isenta de Imposto de Renda (na fonte e na declaração dos beneficiários), contanto que sejam observadas as regras previstas na legislação de regência, atinentes à forma de tributação da pessoa jurídica. A mesma Solução de Consulta ainda esclarece que estão abrangidos pela isenção os lucros distribuídos aos sócios de forma desproporcional à sua participação no capital social, **desde que tal distribuição esteja devidamente estipulada pelas partes no contrato social**, em conformidade com a legislação societária.

4. DISTRIBUIÇÃO DE lucros apurados no período de 1º.01.1994 a 31.12.1995

No caso de distribuição de lucros apurados no período de 1º.01.1994 a 31.12.1995, a tributação pelo IR Fonte se dá pela alíquota de 15%.

Essa tributação alcança dividendos, bonificações em dinheiro, lucros e outros interesses, assim entendidos, segundo a IN do SRF nº 87/1980, os rendimentos da mesma natureza de lucros, dividendos e bonificações em dinheiro, resultantes de participação no capital quando pagos ou creditados a pessoas físicas ou jurídicas residentes ou domiciliadas no País.

O recolhimento do imposto deve ser efetuado até o último dia útil do segundo decêndio do mês subsequente ao mês de ocorrência dos fatos geradores (alínea "d" do inciso I do artigo 70 da Lei nº 11.196/2005 e Lei nº 11.933/2009).

4.1 Tratamento do imposto retido pelo beneficiário

O Imposto de Renda na Fonte incidente sobre lucros apurados no período de 1º.01.1994 a 31.12.1995, terá o seguinte tratamento:

a) **beneficiário pessoa física**: pode ser deduzido do imposto devido na declaração de ajuste anual, assegurada a opção pela tributação exclusiva;

b) **beneficiário pessoa jurídica tributada com base no lucro real**: será considerado como antecipação compensável com o Imposto de Renda que a pessoa jurídica beneficiária tiver de recolher relativo à distribuição de dividendos, bonificações em dinheiro, lucros e outros interesses;

c) **demais beneficiários**: será considerado definitivo.

4.2 Opção pela aplicação do valor recebido na subscrição de aumento de capital de pessoa jurídica

O beneficiário dos lucros e dividendos (apurados no período de 1º.01.1994 a 31.12.1995) que, mediante prévia comunicação à Secretaria da Receita

Federal, optar pela aplicação do valor recebido na subscrição de aumento de capital de pessoa jurídica poderá requerer a restituição do correspondente Imposto de Renda na Fonte incidente por ocasião da distribuição.

A restituição subordina-se ao atendimento cumulativo das seguintes condições:

a) os recursos serem aplicados, na subscrição do aumento de capital de pessoa jurídica tributada com base no lucro real, no prazo de 90 dias da data em que os rendimentos foram distribuídos ao beneficiário;

b) a incorporação, mediante aumento de capital social da pessoa jurídica receptora, ocorrer no prazo de 90 dias da data em que esta recebeu os recursos;

c) não ter havido redução de capital nos 5 anos anteriores nem ocorrer redução de capital ou extinção da pessoa jurídica receptora nos 5 anos subsequentes.

(Art. 657 do RIR/1999 e Ato Declaratório Cosar nº 20/1995)

5. DISTRIBUIÇÃO DE LUCROS APURADOS EM 1993

Conforme estabelece o artigo 659 do RIR/1999, os lucros apurados no ano-calendário de 1993, pelas pessoas jurídicas tributadas com base no lucro real, não estão sujeitos à incidência do Imposto de Renda na Fonte quando distribuídos a pessoas físicas ou jurídicas, residentes ou domiciliadas no País.

6. DISTRIBUIÇÃO DE LUCROS APURADOS NO PERÍODO DE 1º.01.1989 A 31.12.1992

Os lucros apurados em período-base encerrado entre 1º.01.1989 e 31.12.1992, sujeitos ao Imposto de Renda na Fonte, à alíquota de oito por cento, calculado com base no lucro líquido apurado pelas pessoas jurídicas na data do encerramento do período-base ("Imposto sobre o Lucro Líquido" - art. 35 da Lei nº 7.713/1988), quando distribuídos, não estarão sujeitos a incidência do Imposto de Renda na Fonte, exceto em se tratando de beneficiário residente ou domiciliado no exterior. Nesse caso, os lucros distribuídos ficam sujeitos à alíquota de 25%.

7. Distribuição de lucros apurados até 31.12.1988

Sobre os lucros apurados até 31.12.1988, o IR Fonte incide às seguintes alíquotas[1]:

1 A tributação aqui abordada não se aplica a lucros, dividendos e outros interesses distribuídos por empresas rurais a outras pessoas jurídicas, em decorrência de participação societária.

a) beneficiário pessoa física:

a.1) 23%, quando os lucros ou dividendos forem distribuídos por companhia aberta (exceto empresas rurais) e por sociedades civis de prestação de serviços relativos ao exercício de profissão legalmente regulamentada (estas somente em relação aos lucros apurados até 31.12.1987);

a.2) 15%, quando distribuídos por empresas rurais;

a.3) 25%, nos demais casos;

b) beneficiário pessoa jurídica: 23%[2].

O recolhimento do imposto deverá ser efetuado até o último dia útil do segundo decêndio do mês subsequente ao mês de ocorrência dos fatos geradores (alínea "d" do inciso I do art. 70 da Lei nº 11.196/2005 e Lei nº 11.933/2009).

Esse imposto somente poderá ser compensado com o que a pessoa jurídica beneficiária tiver de reter na distribuição de dividendos, bonificações em dinheiro, lucros e outros interesses a pessoas físicas ou jurídicas (Decretos-leis nºs 1.790/1980, 2.065/1983 e 2.303/1986, alínea "d" do inciso I do art. 83 da Lei nº 8.981/1995; e Ato Declaratório Cosar nº 20/1995).

8. LUCROS DISTRIBUÍDOS POR CONTA DE PERÍODO-BASE NÃO ENCERRADO

De acordo com o art. 51 da Instrução Normativa do SRF nº 11/1996, são isentos os lucros ou dividendos pagos ou creditados ao sócio ou acionista ou ao titular da pessoa jurídica por conta de resultado de período-base não encerrado, apurado em balanço intermediário[3]. Contudo, a parcela paga ou creditada a esse título que exceder ao valor do lucro apurado ao final do período-base deverá ser imputada aos lucros acumulados ou às reservas de lucros de exercícios anteriores. Consequentemente, referida parcela ficará sujeita à incidência do Imposto de Renda calculado de acordo com a legislação específica, relativa ao período de formação dos lucros, com acréscimos legais, isto porque o fato gerador do imposto terá ocorrido no dia em que os lucros ou dividendos tiverem sido distribuídos.

---

2 Para esses casos é dispensado o desconto quando o beneficiário dos rendimentos for pessoa jurídica:

- cujas ações sejam negociadas em bolsa ou no mercado de balcão;
- cuja maioria do capital pertença, direta ou indiretamente, a pessoa ou pessoas jurídicas cujas ações sejam negociadas em bolsa ou no mercado de balcão;
- imune ou isenta do Imposto de Renda, exceto entidades de previdência privada;
- cuja maioria do capital pertença, direta ou indiretamente, a pessoa jurídica imune ou isenta.

3 A distribuição de rendimentos a título de lucros ou dividendos que não tenham sido apurados em balanço sujeita-se à incidência do Imposto de Renda com base na tabela progressiva mensal.

Lembra-se que se inexistirem lucros acumulados ou reservas de lucros em montante suficiente, a parcela excedente será submetida à tributação ``a alíquota de 35%No tocante aos Lucros Acumulados, é interessante lembrar que, por força da Lei nº 11.638/2007, desde 1º.01.2008, essa conta passou a ter natureza absolutamente transitória. Isso significa dizer que ela deverá ser utilizada para a transferência do lucro apurado no período, na contrapartida das reversões das reservas de lucros e, também, para as destinações do lucro. Deste modo em princípio, a partir de 1º.01.2008 a sua utilização para recepcionar a parcela paga ou creditada que exceder ao valor do lucro apurado ao final do período-base não mais se aplica. No entanto, a obrigação da conta lucros acumulados não conter saldo positivo **aplica-se unicamente às sociedades por ações, e não às demais (inclusive sociedade limitada),** e para os balanços do exercício social terminado a partir de 31 de dezembro de 2008 (Orientação OCPC 02, do Comitê de Pronunciamentos Contábeis)

Nota

Veja que a conta lucros acumulados continuará nos planos de contas de todas as empresas, inclusive das sociedades anônimas. Para essa forma societária, essa conta terá como função receber o resultado do exercício, as reversões de determinadas reservas, os ajustes de exercícios anteriores, para distribuir os resultados nas suas várias formas e destinar valores para reservas de lucros.

8.1 Quando o lucro distribuído for superior ao lucro efetivamente apurado - Algumas considerações

Como vimos anteriormente, não há vedação a retirada de lucros por conta de exercício não encerrado. Naturalmente, para que não haja tributação, é fundamental no encerramento do período-base que o lucro apurado seja suficiente para absorver a retirada ou que haja lucros acumulados ou reservas de lucros para tanto.

Ausentes essas premissas (falta de lucro no período-base ou lucros ou reservas de exercícios anteriores), a IN RFB nº 1700/2017 (reprisando normas que já constavam da IN SRF nº 11/1996 e 93/1997), assim se pronunciou (art. 238, §§ 3º e 4º)::

"...

§ 3º A parcela dos rendimentos pagos ou creditados a sócio ou acionista ou ao titular da pessoa jurídica submetida ao regime de tributação com base no lucro real, presu-

mido ou arbitrado, a título de lucros ou dividendos distribuídos, ainda que por conta de período-base não encerrado, que exceder o valor apurado com base na escrituração, será imputada aos lucros acumulados ou reservas de lucros de exercícios anteriores, ficando sujeita a incidência do imposto sobre a renda calculado segundo o disposto na legislação específica, com acréscimos legais.

§ 4º Inexistindo lucros acumulados ou reservas de lucros em montante suficiente, a parcela excedente será submetida à tributação nos termos do art. 61 da Lei nº 8.981, de 1995."

Observa-se que o art. 61 da Lei nº 8.981/1995 estabelece que à incidência do Imposto de Renda exclusivamente na fonte, à alíquota de trinta e cinco por cento, a todo pagamento efetuado pelas pessoas jurídicas a beneficiário não identificado, ressalvado o disposto em normas especiais.

Por sua vez, para a empresa que fez a distribuição, o valor não poderá ser considerado dedutível, porquanto configura-se liberalidade e, também, porque não atende o conceito de despesas necessária estabelecida pelo art. 299 do RIR/1999.

9. Pessoas jurídicas com débito, não garantido, para com a União - Implicações e controvérsias

Segundo o art. 32 da Lei nº 4.357/1964, as pessoas jurídicas, enquanto estiverem em débito, não garantido, para com a União e suas autarquias de Previdência e Assistência Social, por falta de recolhimento de imposto, taxa ou contribuição, no prazo legal, não podem:

a) distribuir quaisquer bonificações a seus acionistas;
b) dar ou atribuir participação de lucros a seus sócios ou quotistas, bem como a seus diretores e demais membros de órgãos dirigentes, fiscais ou consultivos.

A penalidade era definida no parágrafo único do mencionado art. 32, segundo o qual a desobediência à restrição importaria em multa imposta:

- às pessoas jurídicas que distribuíssem ou pagassem bonificações ou remunerações, em montante igual a 50% das quantias pagas indevidamente;
- aos diretores e demais membros da administração superior que houvessem recebido as importâncias indevidas, em montante igual a 50% dessas importâncias.

Essas normas, posteriormente, foram incorporadas ao Regulamento do Imposto de Renda (com modificações, as quais entendemos indevidas), nos seguintes termos:

> *"Art. 889. As pessoas jurídicas, enquanto estiverem em débito, não garantido, por falta de recolhimento de* **imposto** *no prazo legal, não poderão (Lei nº 4.357, de 1964, art. 32): [grifamos]*
>
> *I - distribuir quaisquer bonificações a seus acionistas;*
>
> *II - dar ou atribuir participação de lucros a seus sócios ou quotistas, bem como a seus diretores e demais membros de órgãos dirigentes, fiscais ou consultivos."*

O que ocorre é que muitos têm entendido o art. 32 da Lei nº 4.357/1964 não foi recepcionado pela Constituição Federal de 1988, especialmente por afrontar os princípios da propriedade privada e do livre exercício da atividade econômica, assim delineados no art. 170, II, e parágrafo único, da Lei Maior:

> *"Art. 170. A ordem econômica, fundada na valorização do trabalho humano e na livre iniciativa, tem por fim assegurar a todos existência digna, conforme os ditames da justiça social, observados os seguintes princípios:*
>
> *...*
>
> *II - propriedade privada;*
>
> *...*
>
> *Parágrafo único. É assegurado a todos o livre exercício de qualquer atividade econômica, independentemente de autorização de órgãos públicos, salvo nos casos previstos em lei."*

9.1 A regra na Lei nº 8.212/1991

Registre-se que o entendimento do Fisco sobre a aplicação do art. 32 da Lei nº 4.357/1964 não se limitou somente aos aspectos da legislação do Imposto de Renda. Esse conceito alcançou a Lei nº 8.212/1991 (que dispõe sobre a organização da Seguridade Social, institui Plano de Custeio, e dá outras providências). O art. 52 da referida Lei nº 8.212/1991 assim dispõe:

> *"Art. 52. À empresa em débito para com a Seguridade Social é proibido:*
>
> *I - distribuir bonificação ou dividendo a acionista;*
>
> *II - dar ou atribuir cota ou participação nos lucros a sócio cotista, diretor ou outro membro de órgão dirigente, fiscal ou consultivo, ainda que a título de adiantamento.*
>
> *Parágrafo único. A infração do disposto neste artigo sujeita o responsável à multa de 50% (cinquenta por cento) das quantias que tiverem sido pagas ou creditadas a partir da data do evento, atualizadas na forma prevista no art. 34."*

Prevalecendo o entendimento de que o art. 32 a Lei nº 4.357/1964 não foi recepcionado pela Constituição de 1988, pode-se inferir que o artigo 52 da Lei nº 8.212/1991 nasceu inconstitucional.

9.2 O que dispõe a Lei nº 11.051/2004

A partir da edição da Lei nº 11.051/2004, o assunto foi retomado.

Aparentemente, o art. 17 da nova lei pretendeu "revitalizar" a antiga regra do art. 32 da Lei nº 4.357/1964, ao modificar sua redação (inserindo-lhe dois parágrafos), como segue:

> *Art. 32. As pessoas jurídicas, enquanto estiverem em débito, não garantido, para com a União e suas autarquias de Previdência e Assistência Social, por falta de recolhimento de imposto, taxa ou contribuição, no prazo legal, não poderão:*
>
> *a) distribuir ... (VETADO) .. quaisquer bonificações a seus acionistas;*
>
> *b) dar ou atribuir participação de lucros a seus sócios ou quotistas, bem como a seus diretores e demais membros de órgãos dirigentes, fiscais ou consultivos;*
>
> *c) (VETADO).*
>
> *§ 1º A inobservância do disposto neste artigo importa em multa que será imposta:*
>
> *I - às pessoas jurídicas que distribuírem ou pagarem bonificações ou remunerações, em montante igual a 50% (cinquenta por cento) das quantias distribuídas ou pagas indevidamente; e*
>
> *II - aos diretores e demais membros da administração superior que receberem as importâncias indevidas, em montante igual a 50% (cinquenta por cento) dessas importâncias.*
>
> *§ 2º A multa referida nos incisos I e II do § 1º deste artigo fica limitada, respectivamente, a 50% (cinquenta por cento) do valor total do débito não garantido da pessoa jurídica." (NR)*

O entendimento dominante é de que o artigo 17 da Lei nº 11.051/2004 também é inconstitucional, isto porque não poderia ter modificado a redação de um dispositivo legal (o artigo 32 da Lei nº 4.357/1964) que não foi recepcionado pela Constituição Federal de 1988, ou seja, que não mais existe no mundo jurídico.

Além disso, mesmo que fosse um dispositivo legal "novo" (integralmente), haveria, ainda, a questão da proibição constitucional à imposição de restrições à propriedade privada e ao livre exercício da atividade econômica, conforme anteriormente comentada.

Conclui-se, portanto que se isso é considerado motivo suficiente para a não recepção do dispositivo legal antigo, também o é para a suposta "nova" regra, uma vez que o objetivo permaneceria o mesmo: impedir a distribuição de lucros por empresas em débito não garantido com a União.

O fato, todavia, é que a empresa com débito tributário não garantido deve estar ciente de que, se efetuar distribuições, poderá vir a ser penalizada. Nesse caso, terá que defender-se, administrativa ou judicialmente, para tentar afastar a aplicação das multas previstas.

Tem-se notícias de que há entidades de classe que já obtiveram medidas liminares que impedem a imposição das penalidades, ou seja, contrárias à restrição legal aqui tratada. Diante de recurso apresentado pela Fazenda Nacional, uma liminar teria sido inclusive mantida pelo TRF da 3ª Região.

Naturalmente, o Poder Judiciário terá que apreciar o mérito da questão e decidir-se sobre a aplicabilidade, ou não, da norma. A discussão, possivelmente, chegará até o Supremo Tribunal Federal, por envolver matéria constitucional. É fundamental acompanhar a jurisprudência que, certamente, irá se formar.

9.3 Débito parcelado

Existe a possibilidade de o contribuinte ter débito para com a União, no entanto, pode ter parcelado essa dívida. O parcelamento, por si só, possibilita a distribuição de lucros. Sobre o tema, reproduzimos duas Soluções de Consulta (da 9ª e da 6ª Regiões Fiscais, respectivamente).

"MINISTÉRIO DA FAZENDA
SECRETARIA DA RECEITA FEDERAL
SOLUÇÃO DE CONSULTA Nº 13, DE 14 DE JANEIRO DE 2010

ASSUNTO: Normas Gerais de Direito Tributário

EMENTA: PARCELAMENTO. DISTRIBUIÇÃO DE LUCROS. MULTA. A distribuição de lucros por pessoa jurídica que possui débitos com exigibilidade suspensa em virtude de parcelamento não constitui fato apto a gerar a penalidade prescrita pelo art. 32 da Lei nº 4.357, de 1964."

"MINISTÉRIO DA FAZENDA
SECRETARIA DA RECEITA FEDERAL
SOLUÇÃO DE CONSULTA Nº 80 de 06 de julho de 2009

ASSUNTO: Normas Gerais de Direito Tributário

EMENTA: PARCELAMENTO. SUSPENSÃO DA EXIGIBILIDADE DO CRÉDITO TRIBUTÁRIO. O parcelamento de débito suspende a exigibilidade do crédito tributário e, enquanto mantido, garante a situação regular do contribuinte em relação às obrigações tributárias respectivas. DISTRIBUIÇÃO

DE LUCROS. POSSIBILIDADE. O crédito tributário, cuja exigibilidade esteja suspensa, não impede a distribuição aos sócios do lucro apurado pela empresa."

10. INCIDÊNCIA DE CONTRIBUIÇÃO PREVIDENCIÁRIA

Segundo a Solução de Consulta nº 46, de 24 de maio de 2010, da 6ª Região Fiscal, o sócio cotista que receba *pró-labore* é segurado obrigatório do RGPS, na qualidade de contribuinte individual, havendo incidência de contribuição previdenciária sobre o *pró-labore* por ele recebido. No entanto, não incide a contribuição previdenciária sobre os lucros distribuídos aos sócios quando houver discriminação entre a remuneração decorrente do trabalho (*pro labore*) e a proveniente do capital social (lucro) e tratar-se de resultado já apurado por meio de demonstração do resultado do exercício,(DRE). Estão abrangidos pela não incidência os lucros distribuídos aos sócios de forma desproporcional à sua participação no capital social, desde que tal distribuição esteja devidamente estipulada pelas partes no contrato social, em conformidade com a legislação societária.

11. QUADRO SINÓPTICO

O quadro a seguir resume o tratamento fiscal aplicável aos lucros ou dividendos distribuídos por pessoas jurídicas tributadas com base no lucro real tratada neste capítulo.

Período em que os lucros foram apurados	Tratamento tributário aplicável aos lucros ou dividendos distribuídos
A partir de 1º.01.1996	Não há tributação na fonte nem na declaração dos beneficiários, pessoas físicas ou jurídicas.
De 1º.01.1994 a 31.12.1995	Sujeitam-se à incidência do IR Fonte, à alíquota de 15%, por ocasião do pagamento ou crédito, as pessoas físicas ou jurídicas residentes ou domiciliadas no País.
De 1º.01. a 31.12.1993	Não há tributação na fonte nem na declaração dos beneficiários, pessoas físicas ou jurídicas residentes ou domiciliadas no País.
De 1º.01.1989 a 31.12.1992	Não há tributação na fonte nem na declaração dos beneficiários, pessoas físicas ou jurídicas residentes ou domiciliadas no País.
Até 31.12.1988	Sujeitam-se à incidência do IR Fonte, por ocasião da distribuição as pessoas físicas ou jurídicas residentes ou domiciliadas no País.

Capítulo 26

Distribuição Disfarçada de Lucros

1. QUANDO SE CONSIDERA QUE OCORREU DISTRIBUIÇÃO DISFARÇADA

De acordo com o art. 464 do RIR/1999, presume-se distribuição disfarçada de lucros no negócio pelo qual a pessoa jurídica[1]:

a) aliena, por valor notoriamente inferior ao de mercado, bem do seu Ativo à pessoa ligada;

b) adquire, por valor notoriamente superior ao de mercado, bem de pessoa ligada;

c) perde, em decorrência do não exercício de direito à aquisição de bem e em benefício de pessoa ligada, sinal, depósito em garantia ou importância paga para obter opção de aquisição;

d) transfere a pessoa ligada, sem pagamento ou por valor inferior ao de mercado, direito de preferência à subscrição de valores mobiliários (por exemplo: ações e debêntures) de emissão de companhia;

e) paga à pessoa ligada aluguéis, *royalties* ou assistência técnica em montante que excede notoriamente ao valor de mercado;

f) realiza com pessoa ligada qualquer outro negócio em condições de favorecimento, assim entendidas condições mais vantajosas para a pessoa ligada do que as que prevaleçam no mercado ou em que a pessoa jurídica contrataria com terceiros.

---

1 Deve ser observado que:

- as hipóteses mencionadas nas letras "a" e "d" não se aplicam nos casos de devolução de participação no capital social de titular, sócio ou acionista de pessoa jurídica em bens ou direitos, avaliados a valor contábil ou de mercado (RIR/199, art. 464, § 1° - veja item 8 deste capítulo);
- a hipótese a que se refere a letra "b" não se aplica quando a pessoa física transferir a pessoa jurídica, a título de integralização de capital, bens e direitos pelo valor constante na respectiva declaração de bens (RIR/199, art. 464, § 2° - veja item 9 deste capítulo).

2. PESSOA LIGADA

Considera-se pessoa ligada (RIR/1999, art. 465):

a) o sócio ou acionista, mesmo quando outra pessoa jurídica;

b) o administrador ou titular da pessoa jurídica;

c) o cônjuge e os parentes até o terceiro grau, inclusive os afins, do sócio pessoa física mencionado na letra "a" e das pessoas referidas em "b".

2.1 Sócio ou acionista

Sócio é a palavra utilizada para designar genericamente a pessoa que participa como titular de parcela do capital de qualquer tipo de sociedade. O "acionista" é utilizado para designar, especificamente, a pessoa que participa do capital de sociedade por ações.

Entende-se que, embora o RIR/1999 não faça tal distinção, não se aplica a presunção de distribuição disfarçada de lucros no caso de acionista não controlador (e que também não seja administrador da empresa).

2.2 Administrador

De acordo com a IN SRF nº 2/1969 (itens 130 e 131), administrador é a pessoa que pratica, com habitualidade, atos privativos de gerência ou administração de negócios da empresa, e o faz por delegação ou designação de assembleia, de diretoria ou de diretor. Mas são excluídos dessa conceituação os empregados que trabalham com exclusividade permanente para uma empresa, subordinados hierárquica ou juridicamente e, como meros prepostos ou procuradores mediante outorga de instrumento de mandato, exerçam essa função cumulativamente com as de seus cargos efetivos e percebam remuneração ou salário constante do respectivo contrato de trabalho, provado com a Carteira de Trabalho.

2.3 Titular

Na legislação do Imposto de Renda, a palavra titular é utilizada para designar o empresário individual, ou seja, o titular de firma ou empresa individual equiparada à pessoa jurídica.

No âmbito do Direito de Empresa (Livro II do Novo Código Civil - arts. 966 a 1.195), utiliza-se agora simplesmente o termo "empresário" para designar tal figura.

2.4 Relações de parentesco

Com referência à letra "c" do item 2 *supra*, cabe esclarecer que, de acordo com o Novo Código Civil (Lei nº 10.406/2002), arts. 1.591 a 1.595:

a) parentes em linha reta:

a.1) são parentes em linha reta as pessoas que estão umas para com as outras na relação de ascendentes e descendentes;

a.2) contam-se, na linha reta, os graus de parentesco pelo número de gerações;

a.3) portanto, em linha reta, pai e filho são parentes de primeiro grau; avô e neto, de segundo grau; bisavô e bisneto, de terceiro grau, etc.;

b) parentes em linha colateral ou transversal:

b.1) são parentes em linha colateral ou transversal, até o quarto grau, as pessoas provenientes de um só tronco, sem descenderem uma da outra;

b.2) contam-se, na linha colateral, os graus de parentesco pelo número de gerações, subindo de um dos parentes até ao ascendente comum, e descendo até encontrar o outro parente.

b.3) assim, na linha colateral, irmãos são parentes de segundo grau (não existe parentesco colateral de primeiro grau), tio e sobrinho são de terceiro grau, e primos são de quarto grau;

c) parentes por afinidade:

c.1) cada cônjuge ou companheiro é aliado aos parentes do outro pelo vínculo da afinidade;

c.2) o parentesco por afinidade limita-se aos ascendentes, aos descendentes e aos irmãos do cônjuge ou companheiro;

c.3) na linha reta, a afinidade não se extingue com a dissolução do casamento ou da união estável. Assim, ainda que ocorra a dissolução do casamento, genros e noras permanecerão parentes de primeiro grau dos sogros (por equiparação aos filhos), de segundo grau dos avós do cônjuge ou ex-cônjuge (por equiparação aos netos), etc.;

c.4) em linha colateral, cunhados são parentes de segundo grau (por equiparação aos irmãos) e os tios de um cônjuge são parentes de terceiro grau do outro cônjuge. Mas esse parentesco deixa de existir com a dissolução do casamento.

3. VALOR DE MERCADO

Valor de mercado é a importância em dinheiro que o vendedor pode obter mediante negociação do bem no mercado.

O valor de bem negociado frequentemente no mercado, ou em bolsa, é o preço das vendas efetuadas em condições normais de mercado, que tenham por objeto bens em quantidade e em qualidade semelhantes.

O valor dos bens para os quais não haja mercado ativo poderá ser determinado com base em negociações anteriores e recentes do mesmo bem, ou em negociações contemporâneas de bens semelhantes, entre pessoas não compelidas a comprar ou vender e que tenham conhecimento das circunstâncias que influam de modo relevante na determinação do preço. Mas, se o valor do bem não puder ser determinado conforme um dos dois critérios supramencionados e desde que o valor negociado pela pessoa jurídica esteja baseado em laudo de avaliação de perito ou de empresa especializada, caberá à autoridade tributária a prova de que o negócio serviu de instrumento à distribuição disfarçada de lucros.

Com referência a participações societárias para as quais não haja mercado ativo (por exemplo: quotas de sociedades limitadas ou ações de companhias fechadas), tem sido aceito pela jurisprudência administrativa que se tome como valor de mercado o respectivo valor patrimonial. Entende-se por valor patrimonial de participações societárias aquele determinado com base no patrimônio líquido da empresa e na relação percentual entre as participações avaliadas e o capital social.

Por exemplo: 20.000 ações de uma empresa com capital dividido em 200.000 ações e com patrimônio líquido no valor de R$ 10.000.000,00. Neste caso, o valor patrimonial seria de R$ 1.000.000,00, equivalente a 10% sobre o valor do patrimônio líquido de R$ 10.000.000,00.

Sobre esse critério de avaliação de participações societárias, é ilustrativo registrar o Acórdão nº 103-08.120/87, do 1º Conselho de Contribuintes, segundo o qual:

> *"na impossibilidade de se saber o valor de mercado, na alienação de participação societária, é lícito estimar-se este valor de acordo com o valor do patrimônio líquido da empresa, se outro critério mais específico não for possível, na forma dos §§ 2º e 3º deste artigo. Se o valor da negociação ficou muito abaixo do valor que a participação alcançaria em confronto com o patrimônio líquido da investida, está caracterizada a distribuição disfarçada de lucros."*

Outra decisão interessante do 1º CC (Acórdão nº 102-28.513/93 e outros, no mesmo sentido) diz respeito à prova do valor de mercado pelo Fisco:

> *"a impugnação imprescinde de prova, a ser feita pelo Fisco, do valor de mercado, segundo sua previsão legal, para se poder chegar à conclusão de realização ou não da hipótese legal de incidência da figura de distribuição disfarçada de lucros."*

3.1 Valor "notoriamente inferior" ao de mercado

Vimos nas letras "a" e "b" do item 1 que são hipóteses de presunção de distribuição disfarçada de lucros a alienação, por valor notoriamente inferior ao de mercado, de bem do Ativo da pessoa jurídica à pessoa ligada ou a aquisição pela empresa, por valor notoriamente superior ao de mercado, de bem de pessoa ligada (letras "a" e "b").

Os Pareceres Normativos CST n°s 449/1971 e 69/1977 firmaram o entendimento de que, para caracterização da hipótese de presunção de distribuição disfarçada de lucros nesses casos, não é suficiente um valor meramente inferior, sem que essa inferioridade seja notória. Há de ser sabido de todos, não do público em geral, mas dos que costumam transacionar com os referidos bens, ou ser constatada mediante publicações especializadas. Se há controvérsias em torno, cujo deslinde dependa de pesquisas mais aprofundadas, então já não mais será notório.

Com as devidas adaptações, entende-se que tais conclusões são extensivas à hipótese mencionada na letra "e" do item 1, segundo a qual o fato de a pessoa jurídica pagar à pessoa ligada aluguéis, *royalties* ou assistência técnica em montante que excede notoriamente o valor de mercado autoriza a presunção em foco.

4. NEGÓCIOS QUE ENSEJAM A CARACTERIZAÇÃO DE DISTRIBUIÇÃO DISFARÇADA DE LUCROS

4.1 Alienação de bem à pessoa ligada

Admitamos que determinada pessoa jurídica aliene à pessoa ligada, por R$ 500.000,00, um bem de seu Ativo que vale no mercado, comprovadamente, R$ 900.000,00.

Nesse caso, será considerada distribuição disfarçada de lucros a importância de R$ 400.000,00, que corresponde à diferença entre o valor de alienação e o valor de mercado do bem.

É importante sublinhar que, nos termos do Parecer Normativo CST nº 1.002/1971, a comprovação de que o bem foi alienado pelo valor contábil (constante da escrituração da pessoa jurídica) não é suficiente para afastar a presunção de distribuição disfarçada de lucros se o respectivo valor de mercado for notoriamente superior.

4.2 Aquisição de bem de pessoa ligada

Agora consideremos que certa pessoa jurídica adquira, de pessoa ligada, por R$ 200.000,00, um bem cujo valor de mercado é de R$ 120.000,00.

Nesta hipótese, será considerada distribuição disfarçada de lucros a importância de R$ 80.000,00, que corresponde à diferença entre o valor de alienação e de mercado do bem.

É importante salientar que:

a) no caso de aquisição de pessoa física ligada, o fato de o bem ter sido alienado pelo valor que consta da declaração de bens do alienante não afasta a presunção de distribuição disfarçada de lucros, se o valor for notoriamente superior ao de mercado;
b) no caso de aquisição de pessoa jurídica ligada, o fato de o bem ter sido alienado pelo seu valor contábil (que consta da escrituração da pessoa jurídica vendedora) não afasta a presunção de distribuição disfarçada de lucros se o valor for notoriamente superior ao de mercado.

4.3 Benfeitorias em imóvel locado de pessoa ligada

De acordo com o PN CST nº 869/1971, caso a empresa realize construção ou benfeitorias em imóvel locado de pessoa ligada e, ao término do contrato de locação, essas construções ou benfeitorias venham a ser transferidas gratuitamente ao locador, estará caracterizada a distribuição disfarçada de lucros. Contudo, trata-se de tema bastante controvertido. Consulte o capítulo específico deste livro que focaliza o assunto.

4.4 Permuta de bens com pessoas ligadas

De acordo com o antigo Parecer Normativo CST nº 213/1973, caso a pessoa jurídica permute bens, de qualquer natureza, com pessoas a ela ligadas, a atribuição de valor inferior ao de mercado ao bem entregue pela empresa, ou de valor superior ao de mercado ao bem por ela recebido, caso não haja pagamento da diferença, caracterizará a distribuição disfarçada de lucros.

Por seu turno, a Instrução Normativa do SRF nº 107/88 determina que deverão sempre tomar por base o valor de mercado dos bens as operações de permuta de imóveis realizadas:

a) entre pessoas jurídicas coligadas, controladoras e controladas, sob controle comum ou associadas por qualquer forma; ou
b) entre a pessoa jurídica e o seu sócio, administrador ou titular, ou com o cônjuge ou parente até o terceiro grau, inclusive afim, dessas pessoas.

O valor de mercado deve estar apoiado em laudo feito por três peritos ou por entidade ou empresa especializada, desvinculados dos interesses dos contratantes, com a indicação dos critérios de avaliação e dos elementos de comparação adotados, e instruído com os documentos relativos aos bens avaliados.

4.5 Perda de sinal ou depósito em garantia

Como vimos no item 1, letra "c", presume-se a distribuição disfarçada de lucros no caso de perda, em decorrência do não exercício de direito à aquisição de bem e em benefício de pessoa ligada, de sinal, de depósito em garantia ou de importância paga para obter opção de aquisição.

Admitamos que certa pessoa jurídica dê um sinal para a compra de determinado bem pertencente à pessoa ligada, vindo, posteriormente, a desistir do negócio.

Caso não haja devolução da importância dada a título de sinal, o respectivo valor representará o montante da distribuição disfarçada de lucros, independentemente dos motivos pelos quais a compra não se efetivou.

5. DISTRIBUIÇÃO A SÓCIO OU ACIONISTA CONTROLADOR POR INTERMÉDIO DE TERCEIROS

Conforme estabelece o art. 466 do RIR/1999, se a pessoa ligada for sócio ou acionista controlador da pessoa jurídica, é presumida a distribuição disfarçada de lucros ainda que os negócios indicados no item 1 deste capítulo sejam realizados com a pessoa ligada por intermédio de outrem, ou com sociedade na qual a pessoa ligada tenha, direta ou indiretamente, interesse.

O Parecer Normativo CST nº 43/1981 concluiu que deve ser entendido que o sócio ou acionista controlador tem interesse na sociedade intermediária quando sua participação nos lucros dessa sociedade se manifeste de forma significativa, ponderável ou relevante, em montante que justifique a presunção de favorecimento.

Para os efeitos aqui mencionados, sócio ou acionista controlador é a pessoa física ou jurídica que, diretamente ou por intermédio de sociedade ou sociedades sob seu controle, seja titular de direitos de sócio ou acionista que lhe assegurem, de modo permanente, a maioria de votos nas deliberações da sociedade (Decreto-lei nº 1.598/1977, art. 61, parágrafo único, na redação dada pelo Decreto-lei nº 2.065/1983, art. 20,VI).

6. EXCLUSÃO DA PRESUNÇÃO

De acordo com o § 3º do art. 464 do RIR/1999, a prova de que o negócio foi realizado no interesse da pessoa jurídica e em condições estritamente comutativas, ou em que a pessoa jurídica contrataria com terceiros, exclui a presunção de distribuição disfarçada de lucros.

7. TRIBUTAÇÃO

7.1 IRPJ - Cômputo na determinação do lucro real

De acordo com o art. 467 do RIR/1999, para fins de determinação do lucro real da pessoa jurídica:

a) deve ser adicionada ao lucro líquido do período-base a diferença entre o valor de mercado e o valor de alienação, nos casos de:
   a.1) alienação de bens do Ativo à pessoa ligada por valor notoriamente inferior ao de mercado;
   a.2) transferência à pessoa ligada, sem pagamento ou por valor inferior ao de mercado, de direito de preferência à subscrição de valores mobiliários de emissão de companhia;
b) no caso de aquisição de bem de pessoa ligada por valor notoriamente superior ao de mercado, a diferença entre o custo de aquisição do bem e o valor de mercado não constituirá custo ou prejuízo dedutível na posterior alienação ou baixa, inclusive por depreciação, amortização ou exaustão (os valores da espécie deduzidos deverão ser adicionados ao lucro líquido, no Lalur);
c) não será dedutível a importância perdida, no caso de perda, em decorrência do não exercício de direito à aquisição de bem e em benefício de pessoa ligada, de sinal, depósito em garantia ou importância paga para obter opção de aquisição;
d) não será dedutível o montante dos rendimentos que exceder o valor de mercado, no caso de pagamento à pessoa ligada de aluguéis, *royalties* ou assistência técnica em montante que excede notoriamente o valor de mercado;
e) não serão dedutíveis as importâncias pagas ou creditadas à pessoa ligada, nos casos em que a pessoa jurídica realiza com pessoa ligada qualquer outro negócio em condições de favorecimento.

De acordo com o art. 469 do RIR/1999, o imposto devido pela pessoa jurídica (e as multas correspondentes) relativamente aos efeitos da distribuição disfarçada de lucros, pela aplicação das regras mencionadas neste subitem, somente poderá ser lançado de ofício (pelo Fisco) após o término do período de apuração do Imposto de Renda da Pessoa Jurídica.

Isto significa que a distribuição disfarçada de lucros não é tributada isoladamente e sim como integrante do fato gerador global do período-base (mediante adições ao lucro líquido).

7.2 Contribuição Social sobre o Lucro

Desde 1º.01.1998, a importância correspondente a lucros distribuídos disfarçadamente que for adicionada ao lucro líquido, para fins de determinação do lucro real (conforme subitem 7.1) deverá, também, ser adicionada ao lucro líquido para fins de determinação da base de cálculo da Contribuição Social sobre o Lucro (art. 60 da Lei nº 9.532/1997).

7.3 Isenção do IR para lucros distribuídos

Estão isentos do Imposto de Renda os lucros ou dividendos, pagos ou creditados a beneficiários do País ou do exterior, que tenham sido calculados com base nos resultados apurados a partir de 1º.01.1996 (art. 10 da Lei nº 9.249/1995).

Desse modo, em princípio, não há tributação sobre os lucros considerados distribuídos disfarçadamente. Mas isso não significa que a distribuição dos referidos lucros seja dedutível na apuração do lucro real. A tributação, como vimos, ocorre nos moldes indicados nos subitens 7.1 e 7.2. Mas é importante observar que:

a) a isenção do imposto concedida pelo citado art. 10 da Lei nº 9.249/1995 somente se aplica em relação aos lucros e dividendos distribuídos por conta de lucros apurados no encerramento de período-base ocorrido a partir de 1º.01.1996;

b) a distribuição de rendimentos a título de lucros ou dividendos que não tenham sido apurados em balanço se sujeita à incidência do Imposto de Renda com base na tabela progressiva (excetua-se, aqui, a isenção sobre a distribuição da parcela do lucro arbitrado ou presumido, deduzido de todos os impostos e contribuições a que estiver sujeita a pessoa jurídica).

8. RESTITUIÇÃO DE CAPITAL EM BENS

Conforme o art. 22 da Lei nº 9.249/1995, os bens e os direitos do Ativo da pessoa jurídica que forem entregues ao titular ou sócio ou acionista, a título de devolução de sua participação no capital social, poderão ser avaliados pelo valor contábil ou de mercado.

Se a devolução dos bens for feita pelo valor de mercado, a diferença positiva entre este e o valor contábil dos bens terá o seguinte tratamento:

a) na pessoa jurídica que devolver os bens, será computada:

a.1) no resultado, como ganho de capital, no caso de tributação com base no lucro real; ou

a.2) na base de cálculo do Imposto de Renda e da Contribuição Social, no caso de tributação com base no lucro presumido ou arbitrado;

b) na pessoa jurídica que receber os bens:

b.1) poderá ser excluída do lucro líquido, para a determinação do lucro real ou da base de cálculo da Contribuição Social sobre o Lucro, no caso de pessoa jurídica tributada com base no lucro real; ou

b.2) não será computada na base de cálculo do Imposto de Renda nem da Contribuição Social sobre o Lucro, no caso de pessoa jurídica tributada com base no lucro presumido ou arbitrado;

c) para o titular, sócio ou acionista, pessoa física, que receber os bens, será considerada rendimento isento.

9. INTEGRALIZAÇÃO DE CAPITAL EM BENS

Importa salientar que a transferência de bem ao patrimônio de pessoa jurídica, como forma de integralização de capital subscrito pelo sócio ou acionista, é considerada pelo Fisco como uma forma de distribuição disfarçada de lucros, se os bens forem transferidos por valor notoriamente superior ao valor de mercado.

De outro lado, todavia, cabe fazer um registro sobre outra particularidade da legislação: de acordo com o art. 23 da Lei nº 9.249/1995, desde 1º.01.1996, as pessoas físicas podem transferir a pessoas jurídicas, a título de integralização de capital, bens ou direitos pelo valor constante da sua Declaração de Bens ou pelo valor de mercado, observado que:

a) se a transferência for feita pelo valor constante da Declaração de Bens:

a.1) a pessoa física deverá lançar as quotas ou ações subscritas, na Declaração de Bens relativa ao respectivo ano, pelo mesmo valor dos bens ou direitos transferidos; e

a.2) não será presumida distribuição de lucros;

b) se a transferência se fizer pelo valor de mercado dos bens ou direitos, a diferença entre este e o valor constante da Declaração de Bens será tributável como ganho de capital.

10. REGRAS SOBRE PREÇOS DE TRANSFERÊNCIA

Desde 1º.01.1997, para efeitos do Imposto de Renda e da Contribuição Social sobre o Lucro, a dedutibilidade do custo de bens ou direitos adquiridos de pessoas vinculadas, residentes ou domiciliadas no exterior, fica condicionada, também, à observância das normas sobre preços de transferência.

Isto se aplica inclusive à dedução do custo de bens do Ativo Permanente (hoje, pertencente ao grupo "não circulante", no Ativo) sob a forma de depreciação ou amortização.

Capítulo 27

Omissão de Receitas

1. SALDO CREDOR DE CAIXA E PASSIVO FICTÍCIO

Nos termos do art. 281 do RIR/1999, caracterizam omissão no registro de receita, ressalvada ao contribuinte a prova da improcedência da presunção, a ocorrência das seguintes hipóteses:

a) a indicação na escrituração de saldo credor de caixa;

b) a falta de escrituração de pagamentos efetuados;

c) a manutenção, no passivo, de obrigações já pagas ou cuja exigibilidade não seja comprovada.

1.1 Saldo credor de Caixa — Decisões do 1º Conselho de Contribuintes

Saídas do caixa mantidas à margem da contabilidade e que, se escrituradas, ensejariam o chamado "estouro de caixa", evidenciam a existência de omissão de receitas, conforme decidiu o 1º Conselho de Contribuintes no Acórdão nº 101-81.871/91.

Para fins de determinação do saldo credor de caixa, a fiscalização reconstitui a movimentação dessa conta contábil. O 1º CC, no Acórdão nº 103-10.379/90, decidiu que, na reconstituição da conta Caixa, não devem ser considerados os depósitos efetuados nos bancos que por ela não passaram ou que dela não saíram.

Em outra decisão (Acórdão nº 101-84.906/93), aquela Corte administrativa manifestou o entendimento de que, em razão da cronologia de contabilização das operações pela pessoa jurídica, a omissão no registro de receitas somente se caracteriza e pode ser quantificado o seu montante se recomposta a conta caixa, dia a dia, durante determinado lapso temporal. O acórdão considerou incorreto critério que consiste em deduzir, em um mesmo dia, o total dos ingressos na conta Caixa que a fiscalização suspeita sejam fictícios.

Importa, ainda, salientar que, quando a fiscalização apura a existência de saldo credor na conta Caixa em diversos momentos do período-base, deve considerar o maior saldo credor do período como valor da receita omitida. Este é o procedimento recomendado pela jurisprudência administrativa (por exemplo: Acórdão 1º CC nº 103-19.555/1998).

1.2 Passivo fictício — Decisões do 1º Conselho de Contribuintes

Existem muitas decisões do 1º Conselho de Contribuintes que confirmam Autos de Infração lavrados com base em passivo fictício. Vejamos alguns exemplos que ilustram o entendimento da jurisprudência administrativa sobre o tema:

> "OMISSÃO DE RECEITA — PASSIVO FICTÍCIO — *A existência de títulos pagos e arrolados como pendentes por ocasião do balanço, bem como a não comprovação adequada de tais obrigações, caracterizam omissão de receita, comprovando a manutenção de passivo fictício."* (Acórdão nº e 103-19.510/98)

> "OMISSÃO DE RECEITA — PASSIVO FICTÍCIO — *Desde que não comprovado adequadamente o passivo exigível irreal, configurada está a omissão de receitas operacionais."* (Acórdãos nºs 103-03.706/81 e 202-05.669/93)

> "PASSIVO FICTÍCIO — *A diferença entre o saldo da conta Fornecedores no balanço e as relações de credores apresentadas pela contribuinte à fiscalização, quando não comprovada adequadamente, configura omissão de receitas."* (Acórdão nº 103-18.878/97)

Mas importa salientar que, como vimos no item 1, caracteriza omissão de receitas não apenas a manutenção no passivo de obrigações já pagas ou não comprovadas (o passivo fictício "tradicional"). Também a simples falta de escrituração de pagamentos efetuados também dá origem à presunção de omissão. Portanto:

a) as importâncias integrantes das contas Duplicatas a Pagar, Fornecedores e congêneres ficam sujeitas à comprovação, sob pena de serem presumidamente consideradas omissão de receitas;
b) os pagamentos de valores relativos à compra de bens e de despesas com a utilização de recursos financeiros de origem não comprovada ensejam a presunção de que tais recursos são provenientes de anterior omissão de receitas.

2. SUPRIMENTOS DE CAIXA

Provada a omissão de receita, por indícios na escrituração do contribuinte ou qualquer outro elemento de prova, o Fisco poderá arbitrá-la com base no valor dos recursos de caixa fornecidos à empresa por administradores, sócios da sociedade não anônima, titular da empresa individual, ou pelo acionista controlador da companhia, se a efetividade da entrega e a origem dos recursos não forem comprovadamente demonstradas (RIR/1999, art. 282).

Observe-se que, para afastar a presunção de omissão de receitas nesta hipótese, devem ser comprovadas tanto a efetividade da entrega dos recursos, pelas pessoas citadas, à empresa quanto a origem dos respectivos valores.

Nos termos do Parecer Normativo CST n° 242/1971, a simples prova de capacidade financeira do supridor não basta para comprovação dos suprimentos efetuados à pessoa jurídica. É necessário, para tanto, a apresentação de documentação hábil e idônea, coincidente em datas e valores com as importâncias supridas.

Também na linha da "dupla comprovação" (prova da origem e da efetividade da entrega dos recursos), a Decisão n° 195/2000 da SRRF da 8ª Região Fiscal assim concluiu:

> *"SUPRIMENTO DE CAIXA. A comprovação da efetiva entrega do numerário à pessoa jurídica, bem como da origem daquele, são requisitos cumulativos e indissociáveis, cuja comprovação incumbe ao contribuinte beneficiário dos recursos fornecidos."*

2.1 Suprimento via aumento de capital

Ainda que o suprimento tenha decorrido de aumento de capital efetuado pelos sócios, a prova da efetividade da entrega e da origem dos valores poderá vir a ser exigida pela fiscalização.

A jurisprudência administrativa acolhe a exigência da dupla comprovação também neste caso, conforme se verifica na ementa do Acórdão n° 103-21910/05:

> *IRPJ — SUPRIMENTO DE NUMERÁRIO. Os suprimentos de numerários feitos pelos sócios, a título de integralização de capital, quando não comprovada a origem e a efetividade da entrega, autorizam a presunção de que se originaram de recursos da pessoa jurídica, provenientes de receitas mantidas à margem da tributação.*

Há decisões, todavia, que, coerentemente, afastam a exigência no caso de sócio que esteja ingressando na sociedade.

2.2 Suprimentos efetuados por terceiros

Já vimos (item 2) que a previsão legal de omissão de receitas refere-se à hipótese de não comprovação de origem e efetividade de entrega de recursos de caixa supostamente fornecidos à empresa por administradores, sócios da sociedade não anônima, titular da empresa individual, ou pelo acionista controlador da companhia.

Desse modo, entende-se que não ocorre a infração quando o suprimento é efetuado por quaisquer outras pessoas, que não as supracitadas (por exemplo: suprimento feito por acionista não controlador).

O 1º Conselho de Contribuintes tem decidido nessa linha. Mas, no Acórdão nº 101-91.566/97, a 1ª Câmara entendeu que, se o suprimento de caixa é efetuado por pessoa não identificada (uma vez que cabe à pessoa jurídica identificar quem fez o suprimento), é forçoso admitir que tenha sido feito por uma das pessoas acima mencionadas ou com receitas da própria pessoa jurídica, não submetidas à tributação.

2.3 Suprimentos de caixa não comprovados, passivo fictício e saldo credor de caixa — Ocorrências simultâneas

Quando a fiscalização verifica ter ocorrido, concomitantemente, suprimentos de caixa não comprovados, passivo fictício e saldo credor de caixa, o procedimento adotado é somar as parcelas encontradas para se determinar o montante tributável.

A jurisprudência administrativa confirma esse procedimento, como se observa na ementa do Acórdão nº 108-05.984/00, que transcrevemos para ilustrar:

> *"IMPOSTO DE RENDA — PESSOA JURÍDICA — SUPRIMENTO DE CAIXA, PASSIVO FICTÍCIO E SALDO CREDOR DE CAIXA — Verificada a existência concomitante de suprimentos de caixa não comprovados, passivo fictício e saldo credor de caixa, o somatório das parcelas encontradas em cada uma dessas rubricas será tributável como omissão de receitas."*

3. FALTA DE EMISSÃO DE NOTA FISCAL

Nos termos do art. 283 do RIR/1999 (cuja matriz legal é o art. 2º da Lei nº 8.846/1994), caracteriza omissão de receita ou de rendimentos, inclusive ganhos de capital, a falta de emissão de nota fiscal, recibo ou documento equivalente, ou a sua emissão com valor inferior ao da operação, no momento da efetivação das operações de[1]:

a) venda de mercadorias;

b) prestação de serviços;

c) alienação de bens móveis;

1 O art. 59 da Lei nº 9.069/1995 dispõe que a falta de emissão de notas fiscais, nos termos mencionados no item 3, acarretará à pessoa jurídica infratora a perda, no ano-calendário correspondente, dos incentivos e benefícios de redução ou isenção previstos na legislação tributária.

d) locação de bens móveis e imóveis; ou

e) quaisquer outras transações realizadas com bens ou serviços.

O § 2º do art. 1º da Lei mencionada atribui competência ao Ministro da Fazenda para estabelecer, para efeito da legislação do Imposto de Renda, os documentos equivalentes à nota fiscal ou ao recibo, podendo dispensá-los quando os considerar desnecessários.

4. ARBITRAMENTO DA RECEITA POR INDÍCIOS DE OMISSÃO

Verificada por indícios a omissão de receita, a autoridade tributária poderá, para efeito de determinação da base de cálculo sujeita à incidência do imposto, arbitrar a receita do contribuinte, tomando por base as receitas, apuradas em procedimento fiscal, correspondentes ao movimento diário das vendas, da prestação de serviços e de quaisquer outras operações, observado que (RIR/1999, art. 284):

a) para efeito de arbitramento da receita mínima do mês, devem ser identificados, pela fiscalização, os valores efetivos das receitas auferidas pelo contribuinte em três dias alternados desse mesmo mês, necessariamente representativos das variações de funcionamento do estabelecimento ou da atividade;

b) a renda mensal arbitrada corresponderá, então, à multiplicação do valor correspondente à média das receitas apuradas conforme letra "a" pelo número de dias de funcionamento do estabelecimento naquele mês;

c) o critério mencionado na letra "a" poderá ser aplicado a, pelo menos, três meses do mesmo ano-calendário. Nesse caso, a receita média mensal das vendas, da prestação de serviços e de outras operações correspondentes aos meses arbitrados será considerada suficientemente representativa das receitas auferidas pelo contribuinte naquele estabelecimento. Então, tal valor poderá ser utilizado, para efeitos fiscais, por até doze meses contados a partir do último mês submetido à regra mencionada na letra "a";

d) a diferença positiva entre a receita arbitrada e a escriturada no mês será considerada na determinação da base de cálculo do imposto, mas não integrará a base de cálculo de quaisquer incentivos fiscais previstos na legislação tributária;

e) a previsão legal para adoção, pelo Fisco, das providências mencionadas neste item não dispensa o contribuinte da emissão de documentário fiscal, bem como da escrituração a que estiver obrigado pela legislação comercial e fiscal.

Por seu turno, o art. 285 do RIR/1999 estabelece que é facultado à fiscalização utilizar, para efeito do arbitramento mencionado neste item, outros métodos de determinação da receita quando for constatado qualquer artifício utilizado pelo contribuinte visando a frustrar a apuração da receita efetiva do seu estabelecimento.

4.1 Decisões do 1º Conselho do Contribuintes

As regras supracitadas, evidentemente, não têm por finalidade permitir a adoção, pelo Fisco, de critérios indiscriminados de apuração de valores de receita. Ao contrário, são parâmetros legais que devem ser, obrigatoriamente, observados pela fiscalização.

Sobre o tema, registramos duas decisões do 1º Conselho de Contribuintes que, embora relativas a atividades bastante específicas, mostram uma linha de conclusão contrária à adoção de métodos de presunção não devidamente admitidos pela lei:

> "IRPJ — OMISÃO DE RECEITA — LANÇAMENTO — PROVA — O lançamento, como ato de aplicação do direito, envolve entre outros atributos a caracterização e prova da hipótese prevista em lei, decorrente da descoberta da verdade material por todos os meios admitidos, mas incabível a presunção (não legal) advinda de critérios de médias de ocupação e médias de diárias em estabelecimento hoteleiro, sem qualquer outro elemento a solidificar os valores apurados." (Acórdão nº 103-20.599/01)

> "OMISSÃO DE RECEITA — CRUZAMENTO DE INFORMAÇÕES — ANTIJURICIDADE — Ilegítima a exação a título de receita desviada da escrituração com base em divergências detectadas a partir do confronto entre números de passageiros transportados no período informados pela prefeitura local e a receita declarada pela transportadora, sendo necessário, para deixar afastada a hipótese de ter sido o lançamento efetuado com base em presunção não autorizada, calcada em mero indício, a comprovação irrefutável dos efetivos ingressos supervenientes e a mensuração incontroversa da exigência fiscal." (Acórdão nº 101-93.617/2001)

5. LEVANTAMENTO QUANTITATIVO POR ESPÉCIE

O art. 286 do RIR/1999 prevê que a omissão de receita poderá, também, ser determinada a partir de levantamento por espécie de quantidade de matérias-primas e produtos intermediários utilizados no processo produtivo da pessoa jurídica.

Para esse efeito, apura-se a diferença, positiva ou negativa, entre:

a) a soma das quantidades de produtos em estoque no início do período e da quantidade de produtos fabricados com as matérias-primas e produtos intermediários utilizados; e

b) a soma das quantidades de produtos cuja venda houver sido registrada na escrituração contábil da empresa com as quantidades em estoque, no final do período de apuração, constantes do Livro de Inventário.

Considera-se receita omitida, nesse caso, o valor resultante da multiplicação das diferenças de quantidade de produtos ou de matérias-primas e produtos intermediários pelos respectivos preços médios de venda ou de compra, conforme o caso, em cada período de apuração abrangido pelo levantamento.

Os critérios de apuração de receita omitida aqui mencionados se aplicam, também, às empresas comerciais, relativamente às mercadorias adquiridas para revenda.

6. DEPÓSITOS BANCÁRIOS

De acordo com o art. 287 do RIR/1999 (cuja matriz legal é o art. 42 da Lei nº 9.430/1996), caracterizam-se também como omissão de receita os valores creditados em conta de depósito ou de investimento mantida junto à instituição financeira, em relação aos quais o titular, pessoa jurídica, regularmente intimado, não comprove, mediante documentação hábil e idônea, a origem dos recursos utilizados nessas operações.

Importa acrescentar que:

a) o valor das receitas ou dos rendimentos omitido será considerado auferido ou recebido no mês do crédito efetuado pela instituição financeira;

b) os valores cuja origem houver sido comprovada, que não houverem sido computados na base de cálculo do imposto a que estiverem sujeitos, serão submetidos às normas de tributação específicas, previstas na legislação vigente à época em que auferidos ou recebidos;

c) para efeito de determinação da receita omitida, os créditos serão analisados individualmente. Não serão considerados os créditos decorrentes de transferência de outras contas da própria pessoa jurídica.

Esta sempre foi uma das modalidades de exigência de imposto por omissão de receitas mais combatidas pelos contribuintes, tanto na esfera administrativa quanto na judicial.

As normas aqui mencionadas, trazidas pela Lei nº 9.430/1996 e posteriormente complementadas pela Lei nº 10.637/2002 (subitens 6.1 e 6.2 a seguir), visaram exatamente trazer mais respaldo às autuações, como forma de reduzir a quantidade de decisões desfavoráveis ao Fisco.

O Poder Judiciário sempre viu com muita cautela o assunto, em geral exigindo aprofundamento nas investigações. Na antiga Súmula 182 (DJU 07.10.1985), o Tribunal Federal de Recursos declarou ser *"ilegítimo o lançamento do Imposto de Renda arbitrado com base apenas em extratos ou depósitos bancários"*, rechaçando a presunção.

Na esfera administrativa, particularmente após o advento da Lei nº 9.430/1996, as autuações têm sido mantidas. Com efeito, há várias decisões do 1º Conselho de Contribuintes que confirmam os Autos de Infração lavrados com base na mencionada Lei.

Para exemplificar, vejamos como decidiram a 2ª Câmara do 1º Conselho de Contribuintes, no Acórdão nº 102-46.569/04, e a 4ª Turma, no Acórdão 104-20.184/2004:

> "OMISSÃO DE RENDIMENTOS — DEPÓSITOS BANCÁRIOS — SITUAÇÃO POSTERIOR À LEI Nº 9.430/96 — Com o advento da Lei nº 9.430/96, art. 42, caracterizam-se também omissão de rendimentos os valores creditados em conta de depósito ou de investimento, mantida junto a instituição financeira, em relação aos quais o titular regularmente intimado não comprove a origem dos recursos utilizados."

> "OMISSÃO DE RENDIMENTOS — LANÇAMENTO COM BASE EM VALORES CONSTANTES EM EXTRATOS BANCÁRIOS — DEPÓSITOS BANCÁRIOS DE ORIGEM NÃO COMPROVADA — ARTIGO 42, DA LEI Nº 9.430, DE 1996 — Caracteriza omissão de rendimentos os valores creditados em conta de depósito ou de investimento mantidos junto a instituição financeira, em relação aos quais o titular, pessoa física ou jurídica, regularmente intimado, não comprove, mediante documentação hábil e idônea, a origem dos recursos utilizados nessas operações."

6.1 Contas pertencentes a terceiros

Quando provado que os valores creditados na conta de depósito ou de investimento pertencem a terceiro, evidenciando interposição de pessoa, a determinação dos rendimentos ou receitas deverá ser efetuada em relação ao terceiro, na condição de efetivo titular da conta de depósito ou de investimento (§ 5º do art. 42 da Lei nº 9.430/1996, incluído pelo art. 58 da Lei nº 10.637/2002).

6.2 Contas mantidas em conjunto

No caso de contas de depósito ou de investimento mantidas em conjunto, cuja declaração de rendimentos ou de informações dos titulares tenham sido apresentadas em separado, e não havendo comprovação da origem dos recursos nos termos explanados no item 6, o valor dos rendimentos ou receitas será imputado a cada titular.

Isso será feito mediante divisão entre o total dos rendimentos ou receitas pela quantidade de titulares (§ 6° do art. 42 da Lei n° 9.430/1996, incluído pelo art. 58 da Lei n° 10.637/2002).

7. SINAIS EXTERIORES DE RIQUEZA

Nos termos do art. 847 do RIR/1999, o contribuinte que detiver a posse ou propriedade de bens que, por sua natureza, revelem sinais exteriores de riqueza, deverá comprovar, mediante documentação hábil e idônea, os gastos realizados a título de despesas com tributos, guarda, manutenção, conservação e demais gastos indispensáveis à utilização desses bens.

Consideram-se bens representativos de sinais exteriores de riqueza, para essa finalidade, automóveis, iates, imóveis, cavalos de raça, aeronaves e outros bens que demandem gastos para sua utilização.

A falta de comprovação dos gastos, ou a verificação de indícios de realização de gastos não comprovados, autorizará o arbitramento dos dispêndios em valor equivalente a até 10% do valor de mercado do respectivo bem, observada necessariamente a sua natureza, para cobertura de despesas realizadas durante cada ano-calendário em que o contribuinte tenha detido a sua posse ou propriedade.

O valor assim arbitrado, deduzido dos gastos efetivamente comprovados, será considerado renda presumida nos anos-calendário relativos ao arbitramento.

Tratando-se de contribuinte pessoa jurídica, a diferença positiva entre a renda arbitrada e os gastos efetivamente comprovados será tributada na forma estabelecida para a tributação de omissão de receitas (art. 288 do RIR/1999).

Acrescente-se que:

a) a norma legal determina que a fiscalização tome como base os preços de mercado vigentes em qualquer mês do ano-calendário a que se referir o arbitramento;

b) o Poder Executivo pode baixar tabela dos limites percentuais máximos relativos a cada um dos bens ou atividades evidenciadoras de sinais exteriores de riqueza, observados os critérios mencionados neste item.

8. TRATAMENTO TRIBUTÁRIO DA RECEITA OMITIDA

8.1 IRPJ

Desde 1º.01.1996, nos termos do art. 24 da Lei nº 9.249/1995 (matriz legal do art. 288 do RIR/1999), verificada a omissão de receita, a autoridade determinará o valor do Imposto de Renda e do adicional a serem lançados de acordo com o regime de tributação a que estiver submetida a pessoa jurídica no período de apuração a que corresponder a omissão.

No caso de pessoa jurídica com atividades diversificadas, tributadas com base no lucro presumido ou arbitrado, se não for possível a identificação da atividade a que se refere a receita omitida, esta será adicionada àquela a que corresponder o percentual mais elevado.

Esse critério também deve ser adotado na hipótese de lançamento durante o ano-calendário, se a pessoa jurídica for optante pelo pagamento do Imposto de Renda mensal por estimativa (IN SRF nº 11/1996, art. 63, § 2º).

Um aspecto importante a ser considerado: o valor considerado como receita omitida não se sujeita à tributação pelo Imposto de Renda na Fonte. Também não há tributação sobre os sócios da empresa relativamente à receita omitida.

8.1.1 Multa aplicável

Durante o ano de 1996, vigorou o § 3º do art. 24 da Lei nº 9.249/1995, segundo o qual o imposto relativo à receita omitida era exigido com o acréscimo de multa de ofício de 300% (com agravamento para 450% se o contribuinte não atendesse, no prazo, intimação para prestar esclarecimentos). Todavia, esse dispositivo foi revogado, a partir de 1º.01.1997, pela Lei nº 9.430/1996 (art. 88, XXVI). Portanto, desde então, os lançamentos feitos pelo Fisco com base em omissão de receita são acrescidos da multa de lançamento de ofício de 75% ou de 150%, nas hipóteses em que o Fisco entende que houve intuito de fraude, o que é um dos maiores motivos de recursos por parte dos contribuintes.

8.2 CSL, PIS/Pasep e Cofins

De acordo com o § 2º do art. 24 da Lei nº 9.249/1995, o valor da receita omitida será considerado na determinação da base de cálculo para o lançamento da:

a) Contribuição Social sobre o Lucro;

b) Cofins; e

c) PIS/Pasep; e

d) Contribuições previdenciárias incidentes sobre a receita

9. EMPRESAS ENQUADRADAS NO SIMPLES

No passado, o art. 18 da Lei nº 9.317/1996, instituidora da sistemática do Simples (ME/EPP) que vigorou até 30.06.2007, eram aplicáveis à microempresa e à empresa de pequeno porte todas as presunções de omissão de receita existentes nas legislações de regência dos impostos e contribuições englobados nesse regime de pagamento unificado, desde que apuráveis com base nos livros e documentos a que estiverem obrigadas aquelas pessoas jurídicas.

Atualmente, a Lei Complementar nº 123/2006, que instituiu o Simples Nacional (vigente a partir de 1º.07.2007), em seu art. 34, declara que

> *"aplicam-se à microempresa e à empresa de pequeno porte optantes pelo Simples Nacional todas as presunções de omissão de receita existentes nas legislações de regência dos impostos e contribuições incluídos no Simples Nacional".*

Capítulo 28

Lucro da Exploração

1. FINALIDADE

Há casos em que a legislação do Imposto de Renda concede benefícios fiscais de isenção ou redução do imposto e determina que tais benefícios sejam calculados exclusivamente sobre o lucro que a pessoa jurídica aufere na exploração daquela atividade empresarial específica.

Essa é a figura do "lucro da exploração", que comentaremos neste Capítulo com base na legislação indicada.

2. EMPRESAS QUE DEVEM CALCULAR O LUCRO DA EXPLORAÇÃO

Considerada a legislação de regência, devem calcular o lucro da exploração as pessoas jurídicas submetidas à apuração trimestral ou anual do Imposto de Renda com base no lucro real que gozem de benefícios fiscais da espécie, **tais como**:

a) empresas instaladas nas áreas de atuação das extintas Superintendência do Desenvolvimento do Nordeste (Sudene) e/ou Superintendência do Desenvolvimento da Amazônia (Sudam), que tenham direito à isenção ou redução do imposto (RIR/1999, arts. 546 a 561; e MP 2.058/2000 — atualmente, MP nº 2.199-14/2001, com modificações posteriores);

b) empresas que explorem empreendimentos hoteleiros e outros empreendimentos turísticos com projetos aprovados pelo extinto Conselho Nacional de Turismo até 31 de dezembro de 1985, em gozo de redução de até 70% do imposto pelo prazo de dez anos a partir da conclusão das obras (RIR/1999, arts. 564 a 573);

c) empresas que tenham efetuado exportação de produtos de fabricação própria, produzidos e exportados por meio de Programas Befiex aprovados até 31.12.1987, beneficiadas com isenção do imposto (RIR/1999, art. 474);

d) empresas que instalaram, ampliaram ou modernizaram, até 31 de dezembro de 1990, na área do Programa Grande Carajás, empreendimentos dele integrantes, beneficiadas com isenção do imposto por ato do Conselho Interministerial do Programa Grande Carajás (RIR/1999, arts. 562 e 563);

e) empresas que tenham empreendimentos industriais ou agroindustriais, inclusive de construção civil, em operação nas áreas de atuação das extintas Sudam e Sudene, que optarem por depositar parte do imposto devido para reinvestimento (RIR/1999, art. 612; e MP nº 2.199-14/2001, art. 3º);

f) instituições privadas de ensino superior, com fins lucrativos ou sem fins lucrativos não-beneficentes, que aderiram ao Programa Universidade para Todos (Prouni), relativamente à realização de atividades de ensino superior, proveniente de cursos de graduação ou cursos sequenciais de formação específica, nos termos do art. 5º da Lei nº 11.096/2005 (no período de vigência do termo de adesão);

g) nos termos do art. 4º, III, da MP nº 352/2007, as pessoas jurídicas beneficiárias do Programa de Apoio ao Desenvolvimento Tecnológico da Indústria de Semicondutores (Padis), para fins de fruição do benefício de redução de cem por cento das alíquotas do Imposto de Renda e adicional incidentes sobre o lucro da exploração relativo às vendas dos dispositivos referidos nos incisos I e II do art. 2º da mencionada MP (dispositivos eletrônicos semicondutores e mostradores de informação — *displays*).

3. ALTERAÇÕES PROMOVIDAS PELA LEI Nº 12.973/2014

A legislação vigente estabelece que o lucro da exploração, a ser calculado pelas empresas que desenvolvem atividades incentivadas, corresponde ao lucro líquido do período, ajustado por receitas e despesas que não integrem sua atividade operacional. O tema e disciplinado pelo art. 19 do Decreto-lei nº 1.598/77 que sofreu alterações pela Lei nº 12.973/2014. As alterações dizem respeito a inclusão dos incisos V e VI ao caput, alterações dos parágrafos 3º e 4º e acréscimo dos parágrafo 7º, 8º e 9º

Resumidamente, os objetivos das alterações foram:

- excluir do cálculo do lucro da exploração os valores recebidos a título de subvenção para investimento e doações do Poder Público;
- excluir os ganhos e perdas decorrentes de ajuste com base no valor justo.
- reduzir os efeitos do ajuste a valor presente sobre o cálculo do lucro da exploração

Seguem dispositivos alterados e comentários pertinentes em negrito e entre colchetes:

[Art. 19. Considera-se lucro da exploração o lucro líquido do período-base, ajustado pela exclusão dos seguintes valores:]

...

V — as subvenções para investimento, inclusive mediante isenção e redução de impostos, concedidas como estímulo à implantação ou expansão de empreendimentos econômicos, e as doações, feitas pelo Poder Público; e

[Antes da alteração na Lei as subvenções eram registradas diretamente no PL como reserva de capital. Hoje transitam pelo resultado e são apresentadas no balanço como reserva de incentivos fiscais]

VI — ganhos ou perdas decorrentes de avaliação de ativo ou passivo com base no valor justo.

(novidade trazida pela "recente" contabilidade)

...

§ 3º O valor do imposto que deixar de ser pago em virtude das isenções e reduções de que tratam as alíneas "a", "b", "c" e "e" do § 1º não poderá ser distribuído aos sócios, e constituirá a reserva de incentivos fiscais de que trata o art. 195-A da Lei nº 6.404/76, que poderá ser utilizada somente para:

I — absorção de prejuízos, desde que anteriormente já tenham sido totalmente absorvidas as demais Reservas de Lucros, com exceção da Reserva Legal; ou

II — aumento do capital social.

§ 4º — Consideram-se distribuição do valor do imposto:

a) a restituição de capital aos sócios, em caso de redução do capital social, até o montante do aumento com incorporação da reserva;

b) a partilha do acervo líquido da sociedade dissolvida, até o valor do saldo da reserva de que trata o art. 195-A da Lei nº 6.404/76.

§ 5º A inobservância do disposto nos §§ 3º, 4º, 8º e 9º importa em perda da isenção e em obrigação de recolher, com relação à importância distribuída ou valor da reserva não constituída, não recomposta ou absorvida indevidamente, o imposto que deixou de ser pago.

...

§ 7º No cálculo da diferença entre as receitas e despesas financeiras a que se

refere o inciso I do caput, não serão computadas as receitas e despesas financeiras decorrentes do ajuste a valor presente de que tratam o inciso VIII do caput do art. 183 e o inciso III do caput do art. 184 da Lei nº 6.404/76.

[Tal procedimento se justifica tendo em vista que as despesas e receitas financeiras decorrentes do AVP são indedutíveis e não tributáveis na apuração do lucro real]. O AVP é uma imposição da legislação comercial.

§ 8º Se, no período em que deveria ter sido constituída a reserva de incentivos fiscais de que trata o art. 195-A da Lei nº 6.404/76, a PJ tiver apurado prejuízo contábil ou lucro líquido contábil inferior ao valor do imposto que deixou de ser pago na forma prevista no § 3º, a constituição da reserva deverá ocorrer nos períodos subsequentes.

§ 9º Na hipótese do inciso I do § 3º, a pessoa jurídica deverá recompor a reserva à medida que forem apurados lucros nos períodos subsequentes.

4. CONCEITO DE LUCRO DA EXPLORAÇÃO

Considera-se lucro da exploração o lucro líquido do período de apuração, antes de deduzidas a provisão para a Contribuição Social sobre o Lucro (CSL) e a provisão para o Imposto de Renda, ajustado pelas adições e exclusões mencionadas nos subitens 4.1 e 43.2 a seguir (MP nº 2.158-35/2001; RIR/1999, art. 544; IN SRF nº 267/2002, art. 57, § 1º; e IN SRF nº 456/2004, art. 2º) e observadas as normas trazidas pela lei nº 12.973/2014, comentada no item 3 anterior.

Sublinhe-se que o § 1º do art. 544 do RIR/1999 dispõe que, no cálculo do lucro da exploração, a pessoa jurídica deveria tomar por base o lucro líquido apurado depois de ter sido deduzida a Contribuição Social sobre o Lucro, embora esta não seja dedutível na determinação do lucro real desde 1º.01.1997 (Lei nº 9.316/1996, art. 1º). Mas, em decorrência da MP nº 1.858-9/1999, art. 23 (atualmente, MP nº 2.158-35, art. 23), passou a ser permitida a adição da provisão para a CSL, o que foi reconhecido pelas Instruções Normativas SRF nºs 267/2002 e 456/2004. Por meio do "Perguntas e Respostas Pessoa Jurídica", o Fisco reafirmou a adição.

Observa-se que adicionar a provisão para a CSL ao lucro líquido é o mesmo que considerar o lucro líquido antes de deduzida essa provisão. Por isso, na prática, diz-se que o valor da provisão para a CSL deve ser adicionado ao lucro líquido.

Vale também acrescentar que:

a) caso o lucro real da pessoa jurídica seja inferior ao lucro da exploração da atividade incentivada, entende-se que o limite máximo da redução correspondente aos incentivos fiscais deve ser o valor resultante da aplicação da alíquota do Imposto de Renda sobre o lucro real. Há decisões do 1° Conselho de Contribuintes que confirmam esse entendimento;

b) a SRF chegou a exigir, no passado, a adição do lucro da exploração, quando negativo, ao lucro real. Mas não existe dispositivo legal que justifique tal exigência. Já há algum tempo, contudo, o Fisco deixou de fazer essa exigência, via "Instruções para preenchimento da extinta DIPJ".

4.1 Adições ao lucro líquido

No cálculo do lucro da exploração, devem ser adicionados ao resultado apurado contabilmente (antes do IRPJ) certos valores, tais como:

I — Contribuição Social sobre o Lucro devida (e provisionada) no período-base;

II — despesas não operacionais, as quais compreendem os valores debitados ao resultado, decorrentes de transações extraoperacionais realizadas, tais como:

a) prejuízos verificados na alienação (inclusive por desapropriação) ou baixa de bens do Ativo Permanente (hoje, pertencente ao grupo "não circulante", no Ativo), inclusive os situados no exterior;

b) constituição de provisão para perdas prováveis na realização de investimentos permanentes;

c) perda de capital por variação na porcentagem de participação no capital social de coligada ou controlada, quando o investimento for avaliado pela equivalência patrimonial;

III — resultados negativos em participações societárias, que compreendem:

a) prejuízos havidos na alienação de participações societárias não integrantes do Ativo Permanente (investimentos temporários — hoje, pertencente ao grupo "não circulante", no Ativo), exceto os que forem adicionados na rubrica "despesas não operacionais";

b) perdas decorrentes de ajustes de investimentos relevantes avaliados pelo valor do Patrimônio Líquido de controladas e coligadas;

c) valores decorrentes das amortizações de ágios nas aquisições de investimentos relevantes avaliados pela equivalência patrimonial;

IV — resultados negativos em Sociedades em Conta de Participação;

V — perdas em operações realizadas no exterior diretamente pela empresa que não forem adicionadas na rubrica "despesas não operacionais";

VI — reserva de reavaliação baixada no período-base, nos casos em que o valor realizado dos bens objeto da reavaliação tenha sido registrado como custo ou despesa operacional e a baixa da reserva tenha sido efetuada em contrapartida à conta de:

a) receita não operacional (hipótese em que o valor dessa receita deve ser excluído do lucro líquido);

b) Patrimônio Líquido, não computado no resultado do período-base;

VII — reserva especial de correção monetária (Lei n° 8.200/1991, art. 2°) baixada no período-base em razão da realização de bens ou direitos que tenham sido submetidos à correção especial facultativa referida à data de 31.01.1991, mediante alienação, depreciação, amortização, exaustão ou baixa a qualquer título;

VIII — lucro inflacionário apurado, até 31.12.1995, na fase pré-operacional de empreendimento industrial ou agrícola instalado na área de atuação da Sudene ou da Sudam, cuja tributação tenha sido diferida, considerado realizado no período-base (IN SRF n° 91/1984);

VIII — tributos e contribuições computados no resultado e adicionados ao lucro líquido, para fins de apuração do lucro real, por estarem com a sua exigibilidade suspensa (haja ou não depósito judicial) em virtude de (incisos II a IV do art. 151 do CTN, com a redação da Lei Complementar n° 104/2001):

a) depósito do seu montante integral;

b) reclamações e recursos apresentados em processo administrativo-fiscal;

c) concessão de medida liminar em mandado de segurança[1];

IX — efeitos das variações cambiais, no caso de pessoa jurídica que optou por considerar, exclusivamente para fins de determinação da base de cálculo do IRPJ, da CSL, do PIS/Pasep e da Cofins, o valor correspondente às variações monetárias das obrigações e direitos de crédito, em função da taxa de câmbio, quando da liquidação da correspondente operação (MP n° 1.858-10/1999, art. 30, atual MP n° 2.158-35/2001), a saber:

a) variações cambiais passivas, inclusive se correspondentes à operação liquidada no período de apuração; e

b) variações cambiais ativas (verificadas a partir de 1°.01.2000), cujas operações tenham sido liquidadas no período de apuração[2];

---

1 Em face de sua inclusão ao art. 151 do CTN (inciso V) pela Lei Complementar n° 104/2001, a concessão de medida liminar ou de tutela antecipada, em outras espécies de ação judicial, também suspende a exigibilidade do crédito tributário. Essa hipótese de suspensão não está, contudo, relacionada entre as supracitadas (letras "a" a "c") pelo comando legal que determinou a indedutibilidade dos tributos e contribuições com exigibilidade suspensa (Lei n° 8.981/1995, art. 41, § 1°). Mas sabe-se que a SRF, em certas circunstâncias, tem entendido que, também neste caso, o tributo é indedutível, sob o argumento de que o valor contabilizado como despesa constituiria mera provisão, cuja dedutibilidade é vedada.

2 No que se refere à adição das variações cambiais passivas, registramos que, nas "Instruções para preenchimento da Ficha 08 da DIPJ/2006", a SRF orientou que também deve ser

X — valor que exceder aquele já apropriado na escrituração da pessoa jurídica em decorrência da aplicação dos métodos de ajuste de preços de transferência sobre a parcela das receitas auferidas nas exportações às pessoas vinculadas, às interpostas pessoas, ou aos países com tributação favorecida (Lei nº 9.430/1996, arts. 18 a 24 e 28, com as alterações introduzidas pela Lei nº 9.959/2000, art. 2º). Observe-se que os valores de ajustes apurados no decorrer do ano-calendário devem ser adicionados à base de cálculo do lucro da exploração no 4º trimestre de cada ano-calendário.

4.2 Exclusões do lucro líquido

No cálculo do lucro da exploração, devem ser excluídos do resultado contábil certos valores, entre os quais:

I — valor correspondente à diferença entre o somatório das receitas financeiras e o somatório das despesas financeiras (somente quando essa diferença for positiva), observando-se que:

a) consideram-se receitas financeiras os seguintes valores:

a.1) rendimentos de aplicações financeiras de renda fixa;

a.2) ganhos líquidos auferidos em operações no mercado de renda variável (operações em bolsas de valores, de mercadorias, de futuros e assemelhadas);

a.3) variações monetárias ativas (ganhos apurados em decorrência da atualização monetária de direitos de crédito ou de obrigações, com base em índices ou coeficientes aplicáveis por disposição legal ou contratual ou por variações nas taxas de câmbio);

a.4) juros ativos em geral, inclusive juros remuneratórios do capital próprio recebidos de outra sociedade da qual a empresa participe, descontos obtidos no pagamento ou na negociação de títulos de crédito, lucros na operação de reporte e prêmio de resgate de títulos ou debêntures;

b) consideram-se despesas financeiras os seguintes valores:

b.1) perdas incorridas em operações no mercado de renda variável (referidas no número I, a.2, deste subitem);

b.2) perdas incorridas em operação *day trade*;

b.3) variações monetárias passivas (perdas apuradas em decorrência da atualização monetária de direitos de crédito e de obrigações, com base em índices ou coeficientes aplicáveis por disposição legal ou contratual ou por variações nas taxas de câmbio);

---

indicada entre elas o valor do resultado líquido negativo decorrente do ajuste em Reais de obrigações e créditos, efetuado em virtude de variação nas taxas de câmbio ocorrida no ano-calendário, que tenha sido registrado em conta do Ativo Diferido.

b.4) juros passivos em geral, inclusive juros remuneratórios do capital próprio pagos ou creditados individualizadamente ao titular, aos sócios ou acionistas da empresa, descontos concedidos sobre títulos de crédito e deságio na colocação de debêntures;

II — receitas não operacionais, que compreendem todas as receitas decorrentes de operações não incluídas nas atividades principais e acessórias da empresa, tais como:

a) ganhos de capital na alienação, inclusive por desapropriação, de bens do Ativo Permanente (hoje, pertencente ao grupo "não circulante", no Ativo), inclusive os situados no exterior;

b) reversão do saldo da provisão para perdas prováveis na realização de investimentos (PN CST nº 114/1978);

c) ganhos de capital por variação na porcentagem de participação no capital social de coligada ou controlada, quando o investimento for avaliado pela equivalência patrimonial;

d) reserva de reavaliação realizada no período-base, quando creditada a conta de resultado;

III — resultados positivos em Sociedades em Conta de Participação (SCP);

IV — rendimentos de participações societárias, os quais compreendem:

a) lucros auferidos na alienação de participações societárias não integrantes do Ativo Permanente (investimentos temporários — hoje, pertencente ao grupo "não circulante", no Ativo) que não forem computados na rubrica "valor correspondente à diferença entre o somatório das receitas financeiras e o somatório das despesas" (número I deste subitem);

b) lucros e dividendos derivados de investimentos não sujeitos à avaliação pela equivalência patrimonial (avaliados pelo custo de aquisição) que tenham sido computados como receita;

c) ganhos decorrentes de ajustes de investimentos relevantes avaliados pelo valor do Patrimônio Líquido de controladas e coligadas;

d) valores decorrentes das amortizações de deságios nas aquisições de investimentos relevantes avaliados pela equivalência patrimonial;

V — valor controlado na Parte "B" do Lalur, corrigido monetariamente até 31.12.1995, relativo a tributos e contribuições pagos no ano-calendário, que hajam sido adicionados ao lucro real e ao lucro da exploração em períodos de apuração de 1993 e 1994 em virtude da dedução condicionada ao efetivo pagamento;

VI — rendimentos e ganhos de capital (exceto na alienação de bens do Ativo Permanente — número II, "a", deste subitem) auferidos no exterior diretamente pela empresa;

VII — efeitos das variações cambiais, no caso de pessoa jurídica que optou por considerar, exclusivamente para fins de determinação da base de cálculo do IRPJ, da CSL, do PIS/Pasep e da Cofins, o valor correspondente às variações monetárias das obrigações e direitos de crédito, em função da taxa de câmbio, quando da liquidação da correspondente operação (MP nº 1.858-10/1999, art. 30, atual MP nº 2.158-35/2001), a saber:

a) variações cambiais ativas, inclusive se correspondentes à operação liquidada no período de apuração; e

b) variações cambiais passivas (verificadas a partir de 1º.01.2000), cujas operações tenham sido liquidadas no período de apuração.

5. EXEMPLO DE CÁLCULO

A seguir, exemplificamos o cálculo do lucro da exploração considerando, para tanto, que, no período base, determinada pessoa jurídica submetida à apuração anual do lucro real obteve:

a) lucro líquido, depois da Contribuição Social e antes do Imposto de Renda, de R$ 10.000.000,00;

b) Contribuição Social sobre o Lucro devida e provisionada no encerramento do período-base de R$ 650.000,00;

c) despesas não operacionais de R$ 350.000,00;

d) resultados negativos em participações societárias de R$ 500.000,00;

e) receitas financeiras que excederam as despesas financeiras em R$ 400.000,00;

f) receitas não operacionais de R$ 1.100.000,00;

g) resultados positivos em participações societárias de R$ 950.000,00.

Neste caso, temos:

Itens	Valores — R$
Lucro líquido* antes do IRPJ	10.000.000,00
(+) Contribuição Social sobre o Lucro	650.000,00
(+) Despesas não operacionais	350.000,00
(+) Resultados negativos em participações societárias	500.000,00
(-) Receitas financeiras excedentes das despesas financeiras	400.000,00
(-) Receitas não operacionais	1.100.000,00
(-) Resultados positivos em participações societárias	950.000,00
(=) Lucro da exploração	9.050.000,00

***Se apurado prejuízo no período-base (ao invés de lucro), inicia-se o cálculo do lucro da exploração com esse prejuízo.**

5.1 Distribuição por atividade

Se a empresa explorar atividade(s) beneficiária(s) de incentivo fiscal e outra(s) não incentivada(s), ou explorar atividades beneficiárias de incentivos fiscais distintos, e o seu sistema de contabilidade não oferecer condições para a apuração do lucro da exploração por atividade, este deverá ser estabelecido por critério de estimativa, mediante os seguintes procedimentos (IN SRF nº 267/2002, art. 62, §§ 3º e 4º; IN SRF nº 456/2004, art. 3º, parágrafo único; e PN CST nº 49/1979):

a) soma da receita líquida[3] de vendas correspondente à atividade incentivada de todos os estabelecimentos beneficiados com o mesmo percentual de redução do imposto;

b) soma da receita líquida de vendas correspondente à atividade incentivada de todos os estabelecimentos beneficiados com isenção do imposto;

c) aplicação, sobre o total do lucro da exploração, de percentagem igual à relação, no mesmo período, entre o valor de cada uma destas somas e o total da receita líquida de vendas da pessoa jurídica.

5.1.1 Exemplo

Para exemplificar o critério de proporcionalidade supracitado, admitamos que a empresa cujo lucro da exploração calculamos no item 4 explore um empreendimento beneficiado com isenção total do imposto e, também, outras atividades não incentivadas. E que, no ano-calendário, auferiu receita líquida proveniente de:

Atividades isentas .... R$ 20.000.000,00
Atividades não incentivadas .... R$ 30.000.000,00
Receita líquida total .... R$ 50.000.000,00;

Nesse caso, a distribuição do lucro da exploração pelas diversas atividades da empresa será assim efetuada:

Atividade isenta: $\frac{R\$\ 20.000.000,00 \times 100}{R\$\ 50.000.000,00} = 40\%$

Demais atividades: $\frac{R\$\ 30.000.000,00 \times 100}{R\$\ 50.000.000,00} = 60\%$

3 Nos termos do art. 280 do RIR/1999 e da IN SRF nº 51/1978, a receita líquida é a receita bruta (sem IPI, se a empresa for contribuinte desse imposto), deduzida das vendas canceladas, dos impostos incidentes sobre vendas (ICMS, ISS, Cofins e PIS/Pasep sobre a receita bruta de vendas e serviços) e dos descontos concedidos incondicionalmente (constantes do documento fiscal de venda ou prestação de serviços e não dependentes de evento posterior à emissão desses documentos).

Teremos, portanto, o seguinte rateio do lucro da exploração:

Atividade isenta .... R$ 9.050.000,00 X 40% = R$ 3.620.000,00

Demais atividades...................... R$ 9.050.000,00 X 60% = R$ 5.430.000,00

6. IMPOSTO QUE DEIXA DE SER PAGO — DESTINAÇÃO

Conforme arts. 545 e 562 do RIR/1999, o valor do imposto que deixar de ser pago em virtude das isenções e reduções (nos casos dos incentivos referentes às extintas Sudene e Sudam, a empreendimentos hoteleiros e outros empreendimentos turísticos e ao Programa Grande Carajás):

a) não poderá ser distribuído aos sócios; e

b) constituirá reserva de capital da pessoa jurídica, que somente poderá ser utilizada para absorção de prejuízos ou aumento do capital social.

Para esse efeito, é considerada distribuição do valor do imposto:

- a restituição de capital aos sócios, em casos de redução do capital social, até o montante do aumento com incorporação da reserva;
- a partilha do acervo líquido da sociedade dissolvida, até o valor do saldo da reserva de capital.

A inobservância dessa restrição importa perda da isenção e obrigação de recolher, com relação à importância distribuída, o imposto que a pessoa jurídica tiver deixado de pagar, sem prejuízo da incidência do imposto sobre o lucro distribuído, quando for o caso, como rendimento do beneficiário, e das penalidades cabíveis.

O valor da isenção ou redução, lançado em contrapartida à conta de reserva de capital, não é dedutível na determinação do lucro real.

Também com referência ao incentivo à indústria de semicondutores (Padis — MP nº 352/2007, convertida na Lei nº 11.484/2007), está previsto que o valor do IRPJ que deixar de ser pago em virtude da redução não pode ser distribuído aos sócios. Deve constituir reserva de capital da pessoa jurídica, que somente poderá ser utilizada para absorção de prejuízos ou aumento do capital social, considerando-se distribuição do valor do imposto:

- a restituição de capital aos sócios, em caso de redução do capital social, até o montante do aumento com a incorporação da reserva de capital; e
- a partilha do acervo líquido da sociedade dissolvida, até o valor do saldo da reserva de capital.

A inobservância das mencionadas regras do Padis importa perda do direito à redução de alíquotas de IRPJ e obrigação de recolher, com relação à importância distribuída, o imposto que a pessoa jurídica tiver deixado de pagar, acrescido de juros e multa de mora.

6.1 Exemplo

Prosseguindo com nosso exemplo, se admitirmos que o benefício de isenção decorra de um dos incentivos citados no item 6 *supra* e considerarmos que a empresa tenha auferido lucro real no valor de R$ 18.900.000,00, teríamos os seguintes cálculos:

I — IR devido sobre o lucro real

Alíquota normal (15% de R$ 18.900.000,00)	R$ 2.835.000,00
Adicional (10% de R$ 18.660.000,00*)	R$ 1.866.000,00
Total do IR devido	R$ 4.701.000,00

***R$ 18.900.000,00 (-) R$ 240.000,00 (limite a partir do qual incide o adicional).**

II — Valor correspondente ao benefício de isenção

Alíquota normal (15% de R$ 3.620.000,00, que é o valor do lucro da exploração correspondente à atividade isenta)	R$ 543.000,00
Adicional (19,153439%* de R$ 1.866.000,00, que é o valor do adicional do IR devido)	R$ 357.403,17
Total da isenção	R$ 900.403,17

*** Percentual calculado por rateio, que toma por base a proporção entre o lucro da exploração (de cada atividade) e o lucro real da empresa (se o lucro real for menor que o lucro da exploração, o rateio é efetuado com base na proporção da receita líquida de cada atividade em relação à receita líquida total). No exemplo:**

$$\frac{\text{R\$ } 3.620.000,00 \text{ X } 100}{\text{R\$ } 18.900.000,00} = 19,153439\%$$

Desse modo, o valor total do imposto que deixou de ser pago em decorrência do benefício de isenção (R$ 900.403,17) constituiria reserva de capital.

A contabilização desse valor poderia ser feita:

- debitando-se a conta de Provisão para Imposto de Renda (esta, no valor total de R$ 4.701.000,00, porque constituída sobre o total do lucro real), reduzindo-a; • creditando-se conta de Reserva de Capital.

Capítulo 29

Incorporação, Fusão e Cisão

1. CONSIDERAÇÕES INICIAIS

A incorporação, a fusão e a cisão podem ser operadas entre sociedades[1] de tipos iguais ou diferentes, e devem ser deliberadas na forma prevista para a alteração dos respectivos estatutos ou contratos sociais das empresas envolvidas.

Nas operações em que houver criação de nova sociedade devem ser observadas as normas reguladoras da constituição das sociedades do tipo criado (Lei nº 6.404/1976, art. 223, §§ 3º e 4º).

A complexidade das normas, especialmente as tributárias, exige que cada operação da espécie seja concretamente analisada, para que se possa, efetivamente, aferir os efeitos dela decorrentes e, assim, aplicar corretamente as regras explanadas neste Capítulo.

2. CONCEITOS

2.1 Incorporação

Incorporação é a operação pela qual uma ou mais sociedades são absorvidas por outra, que lhes sucede em todos os direitos e obrigações. Desaparecem as sociedades incorporadas, permanecendo, porém, com a sua natureza jurídica inalterada a sociedade incorporadora (Lei nº 6.404/1976, art. 227, *caput*; e "Perguntas e Respostas Pessoa Jurídica", disponibilizado pela Receita Federal).

A Lei das S.As. (art. 227, §§ 1º a 3º) exige, para que se processe a incorporação, o cumprimento das seguintes formalidades por essas sociedades:

- a assembleia geral da companhia incorporadora, se aprovar o protocolo da operação, deverá autorizar o aumento de capital a ser subscrito e realizado pela incorporada mediante versão do seu patrimônio líquido, e nomear os peritos que o avaliarão;

1 Com relação aos atos de registro de comércio, não se aplicam às firmas individuais ("empresários") os processos de incorporação, fusão ou cisão de empresa.

- a sociedade que houver de ser incorporada, se aprovar o protocolo da operação, autorizará seus administradores a praticarem os atos necessários à incorporação, inclusive a subscrição do aumento de capital da incorporadora;
- aprovados pela assembleia geral da incorporadora o laudo de avaliação e a incorporação, extingue-se a incorporada, competindo à primeira promover o arquivamento e a publicação dos atos da incorporação.

Para as demais sociedades (por exemplo, as limitadas), o Código Civil/2002 (cujo art. 1.116 dispõe que "na incorporação, uma ou várias sociedades são absorvidas por outra, que lhes sucede em todos os direitos e obrigações, devendo todas aprová-la, na forma estabelecida para os respectivos tipos") determina, em seus arts. 1.117 e 1.118, que:

- a deliberação dos sócios da sociedade incorporada deverá aprovar as bases da operação e o projeto de reforma do ato constitutivo;
- a sociedade que houver de ser incorporada tomará conhecimento desse ato, e, se o aprovar, autorizará os administradores a praticar o necessário à incorporação, inclusive a subscrição em bens pelo valor da diferença que se verificar entre o ativo e o passivo;
- a deliberação dos sócios da sociedade incorporadora compreenderá a nomeação dos peritos para a avaliação do patrimônio líquido da sociedade, que tenha de ser incorporada.
- aprovados os atos da incorporação, a incorporadora declarará extinta a incorporada, e promoverá a respectiva averbação no registro próprio.

2.2 Fusão

Fusão é a operação pela qual se unem duas ou mais sociedades para formar sociedade nova, que lhes sucederá em todos os direitos e obrigações. Observado que:

a) com a fusão desaparecem todas as sociedades anteriores para dar lugar a uma só, na qual todas elas se fundem, extinguindo-se todas as pessoas jurídicas existentes, surgindo outra em seu lugar;
b) a sociedade que surge assumirá todas as obrigações ativas e passivas das sociedades fusionadas (Lei nº 6.404/1976, art. 228, *caput*; e "Perguntas e Respostas Pessoa Jurídica).

A Lei das S.As. (art. 228, §§ 1º a 3º) exige, para que se processe a fusão, o cumprimento das seguintes formalidades por essas sociedades:

- a assembleia geral de cada companhia, se aprovar o protocolo de fusão, deverá nomear os peritos que avaliarão os patrimônios líquidos das demais sociedades;
- apresentados os laudos, os administradores deverão convocar os sócios ou acionistas das sociedades para uma assembleia geral, que deles tomará conhecimento e resolverá sobre a constituição definitiva da nova sociedade (observando-se que é vedado aos sócios ou acionistas votar o laudo de avaliação do patrimônio líquido da sociedade de que fazem parte);
- constituída a nova companhia, incumbirá aos primeiros administradores promover o arquivamento e a publicação dos atos da fusão.

Para as demais sociedades (por exemplo, as limitadas), o Código Civil (cujo art. 1.119 dispõe que "a fusão determina a extinção das sociedades que se unem, para formar sociedade nova, que a elas sucederá nos direitos e obrigações") determina, em seus arts. 1.120 e 1.121, que:

- a fusão deve ser decidida, na forma estabelecida para os respectivos tipos, pelas sociedades que pretendam unir-se;
- em reunião ou assembleia dos sócios de cada sociedade, deliberada a fusão e aprovado o projeto do ato constitutivo da nova sociedade, bem como o plano de distribuição do capital social, devem ser nomeados os peritos para a avaliação do patrimônio da sociedade;
- apresentados os laudos, os administradores devem convocar reunião ou assembleia dos sócios para tomar conhecimento deles, decidindo sobre a constituição definitiva da nova sociedade;
- é vedado aos sócios votar o laudo de avaliação do patrimônio da sociedade de que façam parte;
- constituída a nova sociedade, incumbe aos administradores fazer inscrever, no registro próprio da sede, os atos relativos à fusão.

2.3 Cisão

Cisão é a operação pela qual a sociedade transfere todo ou somente uma parcela do seu patrimônio para uma ou mais sociedades, constituídas para esse fim ou já existentes, extinguindo-se a sociedade cindida — se houver versão de todo o seu patrimônio —, ou dividindo-se o seu capital — se parcial a versão[2].

2 No caso de cisão de sociedade anônima, as ações integralizadas com parcelas de patrimônio da companhia cindida deverão ser atribuídas a seus titulares, em substituição às extintas,

Importa observar que (Lei nº 6.404/1976, art. 229, modificado pela Lei nº 9.457/1997; e "Perguntas e Respostas Pessoa Jurídica):

- quando houver versão de parcela de patrimônio em sociedade já existente, a cisão obedecerá às disposições sobre incorporação, isto é, a sociedade que absorver parcela do patrimônio da pessoa jurídica cindida suceder-lhe-á em todos os direitos e obrigações;
- nas operações em que houver criação de sociedade, serão observadas as normas reguladoras das sociedades, conforme o tipo da sociedade criada;
- efetivada a cisão com extinção da empresa cindida caberá aos administradores das sociedades que tiverem absorvido parcelas do seu patrimônio promover o arquivamento e publicação dos atos da operação.
- na cisão com versão parcial do patrimônio, a obrigação *supra* caberá aos administradores da companhia cindida e da que absorver parcela do seu patrimônio.

3. CUMPRIMENTO DE OBRIGAÇÕES FISCAIS

De acordo com o "Perguntas e Respostas Pessoa Jurídica 2017" (resposta a questão nº 27), a legislação fiscal prevê as seguintes obrigações a serem cumpridas pelas pessoas jurídicas na ocorrência de qualquer um desses eventos:

a) Levantar, até 30 dias antes do evento, balanço específico, no qual os bens e direitos poderão ser avaliados pelo valor contábil ou de mercado (Lei nº 9.249, de 1995, art. 21, e Lei nº 9.430, de 1996, art. 1º, § 1º); Relativamente às pessoas jurídicas incluídas em programas de privatização da União, Estados, Distrito Federal e Municípios, o balanço ora referido deverá ser levantado dentro do prazo de 90 dias que antecederem a incorporação, fusão ou cisão (Lei nº 9.648, de 1998, art. 6º);

b) A partir do ano-calendário de 2015, as pessoas jurídicas incorporadas, fusionadas ou cindidas deverão apresentar a Escrituração Contábil Fiscal (ECF) correspondente ao período transcorrido durante o ano-calendário, em seu próprio nome, até o último dia útil do terceiro mês subsequente ao do evento, salvo nos casos em que as pessoas jurídicas incorporada e incorporadora estejam sob o mesmo controle societário desde o ano-calendário anterior ao do evento (Lei nº 9.249, de 1995, art. 21, § 4º);

c) Nos casos cisão parcial, cisão total, fusão ou incorporação, ocorrido de janeiro a abril do ano-calendário, o prazo para a apresentação da ECF será

---

na proporção das que possuíam. A eventual atribuição em proporção diferente requererá aprovação de todos os titulares, inclusive das ações sem direito a voto.

até o último dia útil do mês de junho do referido ano, mesmo prazo da ECF para situações normais relativas ao ano-calendário anterior;

d) O prazo para a entrega da ECF será encerrado às 23h59min59s, horário de Brasília, do último dia fixado para a entrega da escrituração;

e) A apuração da base de cálculo do imposto sobre a renda e da contribuição social sobre o lucro líquido será efetuada na data do evento, ou seja, na data da deliberação que aprovar a incorporação, fusão ou cisão, devendo ser computados os resultados até essa data (Lei nº 9.430, de 1996, art 1º, §§ 1º e 2º);

f) No cálculo do imposto relativo ao período transcorrido entre o último período de apuração e a data do evento, a parcela do lucro real, presumido ou arbitrado que exceder ao valor resultante da multiplicação de R$ 20.000,00 pelo número de meses do respectivo período de apuração, sujeita-se à incidência de adicional de imposto sobre a renda à alíquota de 10%;

g) O imposto sobre a renda e a contribuição social sobre o lucro líquido apurados deverão ser pagos, em quota única, até o último dia útil do mês subsequente ao do evento;

h) A incorporadora também deverá apresentar ECF tendo por base balanço específico levantado até 30 dias antes do evento, salvo nos casos em que as pessoas jurídicas, incorporadora e incorporada, estivessem sob mesmo controle societário desde o ano calendário anterior ao do evento (Lei nº 9.959, de 2000, art. 5º);

i) Dar baixa da empresa extinta por incorporação, fusão ou cisão total, de acordo com as regras dispostas na IN RFB nº 1.634, de 2016;

j) O período de apuração do IPI, da Cofins e da contribuição PIS/Pasep, será encerrado na data do evento nos casos de incorporação, fusão e cisão ou na data da extinção da pessoa jurídica, devendo ser pagos nos mesmos prazos originalmente previstos.

3.1 Pagamento do IRPJ e da CSL

O "Perguntas e Respostas Pessoa Jurídica 2017" (resposta a questão nº 29), esclarece que o imposto de renda e a CSLL devidos em função da incorporação, fusão ou cisão total, tal como aqueles relativos ao período de incidência imediatamente anterior, e ainda não recolhidos, serão pagos pela sucessora em nome da sucedida.

O imposto de renda e a CSLL relativos ao período encerrado em virtude do evento deverá ser pago, em quota única, até o último dia útil do mês subsequente ao do evento. Até 31/12/1996, o pagamento deveria ser efetuado até o 10º dia subsequente ao da ocorrência do evento.

Com relação ao imposto de renda e a CSLL apurados na ECF relativa ao ano calendário anterior ao evento, poderão ser observados os prazos originalmente previstos para pagamento.

Nota

Os DARF serão preenchidos com o CNPJ da sucedida

3.2 Forma de tributação na incorporação, fusão ou cisão

O Imposto de Renda e a Contribuição Social sobre o Lucro relativos ao ano-calendário do evento podem ser calculados com base nas regras do lucro real ou com base no lucro presumido[3] (desde que atendidas as condições necessárias à opção).

Até 31.12.1995, as pessoas jurídicas incorporadas, fusionadas ou cindidas estavam obrigadas à tributação dos seus resultados pelo lucro real. Todavia, a Lei nº 9.249/1995, art. 36, V, revogou essa obrigatoriedade ("Perguntas e Respostas Pessoa Jurídica).

3.3 Pagamento dos tributos devidos e declarados em nome da pessoa jurídica incorporada, fusionada ou cindida

No "Perguntas e Respostas Pessoa Jurídica 2017" (resposta à questão 29), a RFB orienta que:

a) o IRPJ e a CSL sobre o lucro devidos em função da incorporação, fusão ou cisão total, tal como aqueles relativos ao período de incidência imediatamente anterior e ainda não recolhidos, devem ser pagos pela sucessora em nome da sucedida;

b) o IRPJ e a CSL relativos ao período encerrado em virtude do evento deve ser pago, em quota única, até o último dia útil do mês subsequente ao do evento (até 31.12.1996, o pagamento, neste caso, deveria ser efetuado até o décimo dia subsequente ao da ocorrência do evento);

c) com relação ao IRPJ e à CSL apurados no ano-calendário anterior ao evento, poderão ser observados os prazos originalmente previstos para pagamento.

4. AVALIAÇÃO DE BENS E DIREITOS

Conforme art. 21 da Lei nº 9.249/1995:

3 O art. 58, *caput*, da IN SRF nº 11/1996, declara expressamente que a obrigatoriedade de levantar o balanço específico relativo à incorporação, fusão ou cisão aplica-se, inclusive, à pessoa jurídica submetida ao regime de tributação com base no lucro presumido ou arbitrado.

a) a pessoa jurídica que tiver parte ou todo o seu patrimônio absorvido em virtude de incorporação, fusão ou cisão deverá levantar balanço específico para esse fim, observada a legislação comercial.

b) o balanço a que se refere este artigo deverá ser levantado até trinta dias antes do evento.

c) a pessoa jurídica incorporada, fusionada ou cindida deverá apresentar declaração de rendimentos correspondente ao período transcorrido durante o ano-calendário, em seu próprio nome, até o último dia útil do mês subsequente ao do evento.

Resumidamente, a pessoa jurídica que tiver parte ou todo o seu patrimônio absorvido em virtude de incorporação, fusão ou cisão deverá levantar balanço específico para esse fim, observada a legislação comercial, conforme vimos acima, observando-se os métodos e critérios contábeis legalmente aceitos.

Ao tratar do assunto, o Fisco, por meio do "Perguntas e Respostas Pessoa Jurídica 2017" (resposta a questão n° 30), esclarece que caso de pessoa jurídica tributada com base no lucro presumido ou arbitrado, que optar pela avaliação a valor de mercado, a diferença entre este e o custo de aquisição, diminuído dos encargos de depreciação, amortização ou exaustão, será considerada ganho de capital, que deverá ser adicionado à base de cálculo do imposto de renda devido e da contribuição social sobre o lucro líquido. Os encargos serão considerados incorridos, ainda que não tenham sido registrados contabilmente.

4.1 Laudo de avaliação e registro por valor contábil

A Lei das S.As. (arts. 227 a 229) refere-se expressamente à obrigatoriedade de nomeação de peritos para avaliação do patrimônio líquido da empresa incorporada, fusionada ou cindida. O Código Civil (arts. 1.117 e 1.120) também menciona a necessidade de laudo de avaliação no caso de incorporação e fusão.

4.2 Bens e direitos transferidos de entidades isentas

A transferência de bens e direitos do patrimônio das entidades isentas para o patrimônio de outra pessoa jurídica, em virtude de incorporação, fusão ou cisão, deve ser efetuada pelo valor de sua aquisição ou pelo valor atribuído, no caso de doação (Lei n° 9.532/1997, art. 16, parágrafo único).

4.3 Tratamento do ajuste a valor justo transferido para a sucessora, no caso de incorporação, fusão e cisão

De acordo com o "Perguntas e Respostas Pessoa Jurídica 2017" (resposta a questão n° 32), nos casos de incorporação, fusão ou cisão, os ganhos decorrentes de avaliação com base no valor justo na sucedida não poderão ser considerados na sucessora como integrante do custo do bem ou direito que lhe deu causa para efeito de determinação de ganho ou perda de capital e do cômputo da depreciação, amortização ou exaustão.

Os ganhos e perdas evidenciados contabilmente em subconta vinculada ao ativo ou passivo, transferidos em decorrência de incorporação, fusão ou cisão, terão, na sucessora, o mesmo tratamento tributário que teriam na sucedida. Normativo: Lei nº 12.973, de 2014, art. 13.

5. TRATAMENTO TRIBUTÁRIO DADO PELA LEI Nº 12.973/2014

Os artigos 20 a 28 da Lei nº 12973/2014 trouxeram a nova regulamentação sobre o tratamento tributário a ser aplicado nos casos de incorporação, fusão e cisão.

O que se observa é que referidos artigos confirmam o modelo anterior de dedutibilidade do ágio. Na prática, referido valor é considerado dedutível apenas em duas situações:

- *Na venda da empresa investida; e*
- *Caso a empresa investida seja transferida para outra mediante incorporação, fusão ou cisão.*

É importante destacar também que:

a) *De acordo com o § 3º do art. 20 do Decreto-Lei nº 1.598/77, é exigido laudo preparado por peritos independentes e registrado na RFB para apuração do ágio e sua separação entre ágio gerado por mais-valia dos bens e ágio gerado por rentabilidade futura (goodwill).*

b) *Na venda a dedutibilidade acontece no momento do evento, isto porque o ágio gerado é caracterizado com a venda.*

c) *Por sua vez, na incorporação, o ágio registrado na investidora referente a empresa investida, torna-se dedutível:*

i. *Se oriundo de mais-valia: quando da depreciação, amortização, exaustão, baixa ou venda do bem que gerou o ágio; e*

ii. *Se oriundo de goodwill: no período de sessenta meses, a razão de 1/60 por mês.*

A seguir são reproduzidos os arts. 20 a 28 da Lei nº 12973/2014 acima comentados

"Seção VII
Incorporação, Fusão ou Cisão

Subseção I
Mais -Valia

Art. 20. Nos casos de incorporação, fusão ou cisão, o saldo existente na contabilidade, na data da aquisição da participação societária, referente à mais--valia de que trata o inciso II do caput do art. 20 do Decreto-Lei no 1.598, de 26 de dezembro de 1977, decorrente da aquisição de participação societária entre partes não dependentes, poderá ser considerado como integrante do custo do bem ou direito que lhe deu causa, para efeito de determinação de ganho ou perda de capital e do cômputo da depreciação, amortização ou exaustão. (Vigência)

§ 1º Se o bem ou direito que deu causa ao valor de que trata o caput não houver sido transferido, na hipótese de cisão, para o patrimônio da sucessora, esta poderá, para efeitos de apuração do lucro real, deduzir a referida importância em quotas fixas mensais e no prazo mínimo de 5 (cinco) anos contados da data do evento.

§ 2º A dedutibilidade da despesa de depreciação, amortização ou exaustão está condicionada ao cumprimento da condição estabelecida no inciso III do caput do art. 13 da Lei nº 9.249, de 26 de dezembro de 1995.

§ 3º O contribuinte não poderá utilizar o disposto neste artigo, quando:

I — o laudo a que se refere o § 3º do art. 20 do Decreto-Lei nº 1.598, de 26 de dezembro de 1977, não for elaborado e tempestivamente protocolado ou registrado; ou

II — os valores que compõem o saldo da mais-valia não puderem ser identificados em decorrência da não observância do disposto no § 3º do art. 37 ou no § 1º do art. 39 desta Lei.

§ 4º O laudo de que trata o inciso I do § 3º será desconsiderado na hipótese em que os dados nele constantes apresentem comprovadamente vícios ou incorreções de caráter relevante.

§ 5º A vedação prevista no inciso I do § 3º não se aplica para participações societárias adquiridas até 31 de dezembro de 2013, para os optantes conforme o art. 75, ou até 31 de dezembro de 2014, para os não optantes.

Subseção II

Menos -Valia

Art. 21. Nos casos de incorporação, fusão ou cisão, o saldo existente na contabilidade, na data da aquisição da participação societária, referente à menos-valia de que trata o inciso II do caput do art. 20 do Decreto-Lei nº 1.598, de 26 de dezembro de 1977, deverá ser considerado como integrante do custo do bem ou direito que lhe deu causa para efeito de determinação de ganho ou perda de capital e do cômputo da depreciação, amortização ou exaustão. (Vigência)

§ 1º Se o bem ou direito que deu causa ao valor de que trata o caput não houver sido transferido, na hipótese de cisão, para o patrimônio da sucessora, esta poderá, para efeitos de apuração do lucro real, diferir o reconhecimento da referida importância, oferecendo à tributação quotas fixas mensais no prazo máximo de 5 (cinco) anos contados da data do evento.

§ 2º A dedutibilidade da despesa de depreciação, amortização ou exaustão está condicionada ao cumprimento da condição estabelecida no inciso III do caput do art. 13 da Lei nº 9.249, de 26 de dezembro de 1995.

§ 3º O valor de que trata o caput será considerado como integrante do custo dos bens ou direitos que forem realizados em menor prazo depois da data do evento, quando:

I — o laudo a que se refere o § 3º do art. 20 do Decreto-Lei nº 1.598, de 26 de dezembro de 1977, não for elaborado e tempestivamente protocolado ou registrado; ou

II — os valores que compõem o saldo da menos-valia não puderem ser identificados em decorrência da não observância do disposto no § 3º do art. 37 ou no § 1º do art. 39 desta Lei.

§ 4º O laudo de que trata o inciso I do § 3º será desconsiderado na hipótese em que os dados nele constantes apresentem comprovadamente vícios ou incorreções de caráter relevante.

§ 5º A vedação prevista no inciso I do § 3º não se aplica para participações societárias adquiridas até 31 de dezembro de 2013, para os optantes conforme o art. 75, ou até 31 de dezembro de 2014, para os não optantes.

Subseção III

Goodwill

Art. 22. A pessoa jurídica que absorver patrimônio de outra, em virtude de incorporação, fusão ou cisão, na qual detinha participação societária adquirida com ágio por rentabilidade futura (*goodwill*) decorrente da aquisição de participação societária entre partes não dependentes, apurado segundo o disposto no inciso III do caput do art. 20 do Decreto-Lei no 1.598, de 26 de dezembro de 1977, poderá excluir para fins de apuração do lucro real dos períodos de apuração subsequentes o saldo do referido ágio existente na contabilidade na data da aquisição da participação societária, à razão de 1/60 (um sessenta avos), no máximo, para cada mês do período de apuração. (Vigência)

§ 1º O contribuinte não poderá utilizar o disposto neste artigo, quando:

I — o laudo a que se refere o § 3º do art. 20 do Decreto-Lei nº 1.598, de 26 de dezembro de 1977, não for elaborado e tempestivamente protocolado ou registrado;

II — os valores que compõem o saldo do ágio por rentabilidade futura (*goodwill*) não puderem ser identificados em decorrência da não observância do disposto no § 3º do art. 37 ou no § 1º do art. 39 desta Lei.

§ 2º O laudo de que trata o inciso I do § 1º será desconsiderado na hipótese em que os dados nele constantes apresentem comprovadamente vícios ou incorreções de caráter relevante.

§ 3º A vedação prevista no inciso I do § 1º não se aplica para participações societárias adquiridas até 31 de dezembro de 2013, para os optantes conforme o art. 75, ou até 31 de dezembro de 2014, para os não optantes.

Subseção IV
Ganho por Compra Vantajosa

Art. 23. A pessoa jurídica que absorver patrimônio de outra, em virtude de incorporação, fusão ou cisão, na qual detinha participação societária adquirida com ganho proveniente de compra vantajosa, conforme definido no § 6º do art. 20 do Decreto-Lei nº 1.598, de 26 de dezembro de 1977, deverá computar o referido ganho na determinação do lucro real dos períodos de apuração subsequentes à data do evento, à razão de 1/60 (um sessenta avos), no mínimo, para cada mês do período de apuração. (Vigência)

Art. 24. O disposto nos arts. 20, 21, 22 e 23 aplica-se inclusive quando a empresa incorporada, fusionada ou cindida for aquela que detinha a propriedade da participação societária. (Vigência)

Art. 25. Para fins do disposto nos arts. 20 e 22, consideram-se partes dependentes quando: (Vigência)

I — o adquirente e o alienante são controlados, direta ou indiretamente, pela mesma parte ou partes;

II — existir relação de controle entre o adquirente e o alienante;

III — o alienante for sócio, titular, conselheiro ou administrador da pessoa jurídica adquirente;

IV — o alienante for parente ou afim até o terceiro grau, cônjuge ou companheiro das pessoas relacionadas no inciso III; ou

V — em decorrência de outras relações não descritas nos incisos I a IV, em que fique comprovada a dependência societária.

Parágrafo único. No caso de participação societária adquirida em estágios, a relação de dependência entre o(s) alienante(s) e o(s) adquirente(s) de que trata este artigo deve ser verificada no ato da primeira aquisição, desde que as condições do negócio estejam previstas no instrumento negocial.

Subseção V

Avaliação com Base no Valor Justo na Sucedida Transferido para a Sucessora

Art. 26. Nos casos de incorporação, fusão ou cisão, os ganhos decorrentes de avaliação com base no valor justo na sucedida não poderão ser considerados na sucessora como integrante do custo do bem ou direito que lhe deu causa para efeito de determinação de ganho ou perda de capital e do cômputo da depreciação, amortização ou exaustão. (Vigência)

Parágrafo único. Os ganhos e perdas evidenciados nas subcontas de que tratam os arts. 13 e 14 transferidos em decorrência de incorporação, fusão ou cisão terão, na sucessora, o mesmo tratamento tributário que teriam na sucedida.

Seção VIII

Ganho por Compra Vantajosa

Art. 27. O ganho decorrente do excesso do valor líquido dos ativos identificáveis adquiridos e dos passivos assumidos, mensurados pelos respectivos valores justos, em relação à contraprestação transferida, será computado na determinação do lucro real no período de apuração relativo à data do evento e posteriores, à razão de 1/60 (um sessenta avos), no mínimo, para cada mês do período de apuração. (Vigência)

Parágrafo único. Quando o ganho proveniente de compra vantajosa se referir ao valor de que trata o inciso II do § 5º do art. 20 do Decreto-Lei nº 1.598, de 26 de dezembro de 1977, deverá ser observado, conforme o caso, o disposto no § 6º do art. 20 do mesmo Decreto-Lei ou o disposto no art. 22 desta Lei.

Seção IX

Tratamento Tributário do *Goodwill*

Art. 28. A contrapartida da redução do ágio por rentabilidade futura (*goodwill*), inclusive mediante redução ao valor recuperável, não será computada na determinação do lucro real. (Vigência)

Parágrafo único. Quando a redução se referir ao valor de que trata o inciso III do art. 20 do Decreto-Lei nº 1.598, de 26 de dezembro de 1977, deve ser observado o disposto no art. 25 do mesmo Decreto-Lei."

Capítulo 30

Extinção da Pessoa Jurídica pelo Encerramento de Atividades

1. CONCEITOS INTERFERENTES

1.1 Dissolução

Conceitualmente, a dissolução da pessoa jurídica é o ato pelo qual se manifesta a vontade (dissolução voluntária) ou se constata a obrigação (dissolução forçada) de encerrar a existência de uma firma individual ("empresário") ou sociedade.

Ela pode ser definida como o momento em que se decide a sua extinção, passando-se, imediatamente, à fase de liquidação. Essa decisão pode ser tomada por deliberação do titular, sócios ou acionistas, ou por imposição ou determinação legal do poder público ("Perguntas e Respostas Pessoa Jurídica", da Receita Federal).

1.2 Liquidação

A liquidação, voluntária ou forçada, de empresa individual ("empresário") ou de sociedade, é o conjunto de atos (preparatórios da extinção) destinados a realizar o ativo, pagar o passivo e destinar o saldo que houver ao titular ou, mediante partilha, aos componentes da sociedade, na forma da legislação comercial, do estatuto ou do contrato social (PN CST nº 191/1972 e "Perguntas e Respostas Pessoa Jurídica").

Durante a fase de liquidação:

a) subsistem a personalidade jurídica da sociedade e a equiparação da empresa individual ("empresário") a pessoa jurídica;

b) não se interrompem nem se modificam suas obrigações fiscais, qualquer que seja a causa da liquidação.

Isso significa que, no período de liquidação, o liquidante deve manter a escrituração de suas operações, levantar balanços ou balancetes periódicos, apresentar declaração de rendimentos, pagar os tributos devidos e cumprir todas as demais obrigações previstas na legislação tributária.

1.3 Extinção

Concluída a liquidação, a pessoa jurídica se extingue. Portanto, a extinção da empresa individual ("empresário") ou da sociedade mercantil é o término de sua existência[1]. Disso decorre a baixa dos respectivos registros, inscrições e matrículas nos órgãos competentes (PN CST nº 191/1972).

O art. 240 da IN RFB nº 1700/2017 declara expressamente que se considera extinta a pessoa jurídica no momento do encerramento da sua liquidação, assim entendida a total destinação do seu acervo líquido.

2. FALÊNCIA OU LIQUIDAÇÃO EXTRAJUDICIAL

Até 31.12.1996, em conformidade com o PN CST nº 49/1977, a massa falida não era considerada pessoa jurídica e, por conseguinte, não estava sujeita ao regime tributário das pessoas jurídicas. Esse tratamento era considerado extensivo às instituições financeiras em processo de liquidação extrajudicial (PN CST nº 56/1979).

Desse modo, a decretação da falência ou da liquidação extrajudicial implicava a extinção da pessoa jurídica, impondo-se a determinação do lucro tributável e do Imposto de Renda e da Contribuição Social sobre Lucro devidos com base no resultado apurado até a data do evento, além da entrega da respectiva declaração de rendimentos (PN CST nº 48/87). Contudo, a partir de 1º.01.1997, por força do art. 60 da Lei nº 9.430/1996, as entidades submetidas aos regimes de liquidação extrajudicial e de falência passaram a sujeitar-se às normas de incidência dos tributos e contribuições de competência da União, segundo os critérios aplicáveis às pessoas jurídicas, em relação às operações praticadas durante o período em que perdurarem os procedimentos para realização do seu ativo e o pagamento do passivo.

Isso significa que, nesse período, as pessoas jurídicas submetidas aos regimes de falência ou de liquidação extrajudicial permanecem na condição de contribuintes.

Desse modo, a partir da referida data, a pessoa jurídica que teve decretada a sua falência ou liquidação extrajudicial continua sujeita ao cumprimento

1 A incorporação, a fusão ou a cisão com versão de todo o patrimônio em outras sociedades também extinguem a pessoa jurídica ("Perguntas e Respostas Pessoa Jurídica 2006", da SRF— questão nº 064).

de todas as obrigações tributárias, principais e acessórias, nos mesmos prazos previstos para as demais pessoas jurídicas, inclusive quanto à entrega da declaração anual de rendimentos (atualmente,– a ECF que deverá ser apresentada até o último dia útil do mês subsequente ao do evento.).

Cabe ao liquidante ou administrador judicial da falência (na legislação anterior à Lei nº 11.101/2005, denominado "síndico") proceder à atualização cadastral no CNPJ. E cabe ao representante legal comunicar eventos relativos à liquidação judicial ou extrajudicial e à decretação ou à reabilitação da falência.

3. EFEITOS FISCAIS DA EXTINÇÃO

3.1 Realização integral do lucro inflacionário

O RIR/1999, art. 452, prevê que, no encerramento de atividades, a pessoa jurídica extinta que houvesse diferido, até o ano-calendário de 1995, a tributação sobre o lucro inflacionário deveria considerar integralmente realizado o saldo de lucro inflacionário a tributar, ou seja, o valor remanescente do lucro inflacionário em 31.12.1995, deduzido das parcelas realizadas.

3.2 Pessoa jurídica tributada com base no lucro real

3.2.1 Lucros auferidos no exterior por intermédio de filiais ou sucursais ou sociedades coligadas ou controladas

No encerramento do processo de liquidação da empresa no Brasil, os lucros auferidos no exterior, por intermédio de suas filiais ou sucursais ou sociedades controladas e coligadas, ainda não tributados no Brasil, devem ser considerados disponibilizados na data do balanço de encerramento.

Nessa mesma data, tais valores devem ser adicionados ao lucro líquido, para determinação do lucro real e da base de cálculo da CSL (RIR/1999, art. 394, §§ 5º, III, e 6º, III; e IN SRF nº 213/2002, art. 2º, § 1º).

3.2.2 Pagamento do IRPJ e da CSL por estimativa

A pessoa jurídica que houver optado pelo pagamento mensal do imposto por estimativa deverá (RIR/1999, arts. 220, § 2º, 541 e 542):

a) levantar o balanço e apurar o lucro real relativo ao ano-calendário em curso, até a data da sua extinção;

b) calcular o imposto devido sobre o lucro real apurado, mediante aplicação das alíquotas de:

  b.1) 15% sobre a totalidade do lucro real apurado; e

b.2) 10% sobre a parcela do lucro real que exceder o limite correspondente ao resultado da multiplicação de R$ 20.000,00 pelo número de meses do período de apuração;

c) deduzir do imposto devido sobre o lucro real apurado (após a dedução de incentivos fiscais porventura cabíveis):

c.1) o imposto pago[2] mensalmente, devido nos meses anteriores do ano-calendário em curso, calculado por estimativa ou com base em balanços ou balancetes de suspensão ou redução;

c.2) o imposto retido na fonte ou pago separadamente, pela própria empresa, sobre receitas computadas no lucro real do período;

c.3) o saldo de imposto pago a maior ou indevidamente em períodos de apuração anteriores, que não tenha sido compensado com o imposto mensal pago;

c.4) o IR pago no exterior sobre lucros, rendimentos e ganhos de capital computados no lucro real, observadas as normas pertinentes (RIR/1999, art. 395; e IN SRF nº 213/2002).

O resultado da operação referida na letra "c":

- se positivo, representará o valor a ser pago no prazo mencionado no subitem 3.8, adiante;
- se negativo, poderá ser objeto de pedido de restituição ou compensação com débito relativo a outro tributo ou contribuição administrados pela Secretaria da Receita Federal, observadas as regras atualmente consolidadas na Instrução Normativa SRF nº 600/2005.

3.2.3 Lucro real trimestral

Se a empresa apurar o lucro real trimestralmente, deverá levantar balanço e apurar o resultado do trimestre em curso, até a data da extinção.

Em seguida, calculará o imposto sobre o lucro real do trimestre de encerramento, observados os procedimentos gerais mencionados no subitem anterior (é claro que, neste caso, não haverá imposto pago mensalmente por "estimativa" a ser deduzido).

---

2 Considera-se como "imposto pago" inclusive a parcela do imposto mensal devido que houver sido utilizada para compensar os valores mencionados em "c.2" e "c.3", assim como a parcela do imposto mensal que eventualmente tenha sido recolhida a favor dos fundos Finor, Finam e Funres (até o limite admitido para aplicação nesses fundos e observada a legislação de regência).

O saldo do imposto apurado deverá ser pago no prazo informado no subitem 3.8 ou, se negativo, poderá ser objeto de pedido de restituição ou compensação com débito relativo a outro tributo ou contribuição administrados pela Secretaria da Receita Federal, observadas as regras pertinentes.

3.3 Lucro presumido

Caso a empresa tenha optado pela tributação com base no lucro presumido deverá, no encerramento de atividades, determinar a base de cálculo e o valor do imposto devido no trimestre em curso, até a data da extinção, de acordo com todos os procedimentos normais dessa modalidade de tributação. E o imposto devido deverá ser pago no prazo informado no subitem 3.7.

3.4 Lucro arbitrado

Conforme art. 531 do RIR/1999, quando conhecida a receita bruta e desde que ocorridas as hipóteses que determinam o arbitramento do lucro do contribuinte (art. 530), a empresa poderá efetuar o pagamento do imposto correspondente ao trimestre em curso, até a data da extinção, com base no lucro arbitrado, observados os critérios gerais previstos na legislação de regência dessa modalidade de tributação.

Também neste caso, o imposto, apurado com base no lucro arbitrado, deve ser pago no prazo informado no subitem 3.7.

3.5 Contribuição Social sobre o Lucro

No encerramento de atividades, além do Imposto de Renda, deve ser calculada e recolhida a Contribuição Social sobre o Lucro (CSL), observadas as normas gerais pertinentes a essa contribuição e os seguintes critérios básicos (Lei nº 9.249/1995, arts. 19 e 20; e Lei nº 9.430/1996, arts. 28 a 30):

a) a empresa que apurar o Imposto de Renda com base no lucro real:

  a.1) no caso de apuração trimestral, deverá determinar a base de cálculo da contribuição devida sobre o lucro apurado no trimestre em curso, até a data da extinção (ajustado pelas adições, exclusões e compensações prescritas ou autorizadas pela legislação pertinente), e calcular o valor devido (feitas as compensações admitidas) segundo as regras específicas;

  a.2) no caso de apuração anual do lucro real, deverá determinar a base de cálculo da contribuição devida no ano-calendário em curso, até a data da extinção, efetuando, no lucro líquido apurado no período, os ajustes mencionados em "a.1";

a.3) na hipótese de "a.2" (empresa submetida ao pagamento mensal por estimativa), do valor da contribuição devida sobre o lucro ajustado apurado no balanço de encerramento de atividades será deduzida a soma dos valores das contribuições pagas, relativos aos meses anteriores ao do encerramento (além de eventuais retenções na fonte dessa contribuição, bem como de pagamentos indevidos ou a maior e de outras deduções expressamente estabelecidas pela legislação de regência);

b) se a empresa for tributada com base no lucro presumido ou arbitrado, deverá determinar a base de cálculo da contribuição devida no trimestre em curso, até a data da extinção, segundo as normas prescritas para tais modalidades de tributação;

c) a contribuição a pagar apurada deverá ser paga no prazo informado no subitem 3.8.

3.6 Exemplo

Suponhamos que determinada empresa, optante pela tributação com base no lucro presumido, tenha encerrado atividades no dia 31 de maio de 20X1, considerando que nos meses de abril e maio/20X1:

a) não auferiu nenhuma receita operacional de venda de bens ou serviços, mas vendeu bens do Ativo imobilizado, tendo apurado ganho de capital no valor de R$ 60.000,00;

b) auferiu rendimentos de aplicações financeiras de renda fixa, no valor total de R$ 4.200,00, tendo sido retido o IRRF na importância de R$ 840,00;

c) não auferiu nenhuma outra receita ou rendimento que deva ser computado no lucro presumido.

Com base nesses dados e valores (meramente ilustrativos) e consideradas as regras de tributação com base no lucro presumido, na apuração relativa aos meses de abril e maio/20X1, verificar-se-ia o seguinte:

I— Determinação da base de cálculo	
Ganho de capital apurado	R$ 60.000,00
Rendimentos de aplicações financeiras	R$ 4.200,00
Base de cálculo apurada	R$ 64.200,00
II— Imposto de Renda devido	
Imposto normal: 15% s/ R$ 64.200,00	R$ 9.630,00
Adicional: 10% s/ R$ 24.200,00 (*)	R$ 2.420,00
Soma	R$ 12.050,00

Imposto Retido na Fonte	(R$ 840,00)
Saldo de imposto a pagar	R$ 11.210,00

(*) Parcela excedente a R$ 40.000,00 (R$ 20.000,00 x 2 meses).

III— Contribuição Social sobre o Lucro devida	
9% s/ R$ 64.200,00	= R$ 5.778,00

3.7 Pagamento do IRPJ e da CSL devidos

O Imposto de Renda e a Contribuição Social sobre o Lucro, apurados no encerramento de atividades, devem ser pagos, integralmente, até o último dia útil do mês subsequente ao do evento. Não é permitido o parcelamento em quotas, qualquer que seja o seu valor (RIR/1999, art. 861). Portanto, em nosso exemplo, o IRPJ e a CSL apurados, respectivamente, nos valores de R$ 11.210,00 e R$ 5.778,00, deveriam ser pagos, integralmente, até o dia 30.06.20X1 (ou até o último dia útil anterior, se o dia 30 não for útil).

4. PARTILHA DO PATRIMÔNIO LÍQUIDO

Após terem sido pagas todas as obrigações da empresa, são possíveis três diferentes cenários:

a) o valor do ativo remanescente empata com o valor do capital (corrigido monetariamente até 31.12.1995, na parcela integralizada até essa data), hipótese em que não há lucro nem prejuízo;

b) o valor do ativo remanescente é inferior ao do capital, situação em que há prejuízo;

c) o valor do ativo remanescente é superior ao do capital, caso em que a diferença estará espelhada nas contas de reservas ou de lucros acumulados.

Na situação mencionada na letra "c", a partilha do patrimônio líquido entre os sócios, na parte que exceder ao capital social (corrigido até 31.12.1995, na parte integralizada até essa data), poderá, eventualmente, sofrer tributação como lucro distribuído, de acordo com as regras informadas no item seguinte.

5. DISTRIBUIÇÃO DE LUCROS NÃO CAPITALIZADOS

5.1 Empresa tributada com base no lucro real

Os lucros ou reservas não capitalizados (exceto a reserva de correção monetária do capital), existentes na data da extinção da empresa, submetem-se ao regime fiscal previsto na legislação vigente no período em que foram apurados. Consulte as regras no Capítulo denominado "Distribuição de lucros ou dividendos".

5.2 Empresa tributada com base no lucro presumido

Relativamente a períodos de apuração encerrados a partir de 1º.01.1996, os lucros ou dividendos distribuídos por empresa tributada pelo lucro presumido submetem-se ao seguinte tratamento fiscal (RIR/1999, art. 662 e ADN Cosit nº 4/1996):

a) ficam isentos do Imposto de Renda, independentemente de apuração contábil, até o valor da base de cálculo do Imposto de Renda Pessoa Jurídica (IRPJ), deduzido do IRPJ (inclusive adicional, quando devido), da Contribuição Social sobre o Lucro, do PIS/Pasep e da Cofins devidos, desde que a distribuição ocorra após o encerramento do período de apuração;

b) caso a empresa mantenha escrituração contábil e apure lucro líquido (após a dedução do Imposto de Renda e da Contribuição Social sobre o Lucro) de valor superior ao valor determinado na forma mencionada na letra "a", a totalidade do lucro líquido contábil poderá ser distribuída sem incidência do imposto.

5.3 Empresa tributada com base no lucro arbitrado

Também com referência a períodos-base encerrados a partir de 1º.01.1996, a pessoa jurídica submetida ao regime de tributação com base no lucro arbitrado pode distribuir, a título de lucros ou dividendos, sem incidência do Imposto de Renda, na fonte e na declaração do beneficiário, o valor correspondente à diferença entre a base de cálculo do imposto devido e a soma dos seguintes tributos e contribuições devidos no período (RIR/1999, art. 666; § 2º; e ADN Cosit nº 4/1996):

a) Imposto de Renda Pessoa Jurídica (inclusive adicional, se devido);

b) Contribuição Social sobre o Lucro;

c) Cofins;

d) contribuição ao PIS/Pasep.

A parcela excedente ao valor determinado de acordo com esse procedimento também poderá ser distribuída sem incidência do imposto, desde que a empresa demonstre, por meio de escrituração contábil feita com observância da lei comercial, que o lucro efetivo é maior que o determinado segundo as regras de apuração da base de cálculo do imposto (IN RFB nº 1700/2017, art. 238, § 2º, II).

5.4 Beneficiário residente ou domiciliado no exterior

No caso de lucro distribuído a beneficiário do exterior, aplicam-se as seguintes normas (RIR/1999, arts. 692 e 693 do RIR/1999):

a) estão isentos de Imposto de Renda os lucros apurados a partir de 1º.01.1996 (inclusive, a partir de 1º.01.1999, no caso de empresa tributada com base no lucro presumido);

b) os lucros apurados nos anos-calendário de 1994 e 1995 são tributáveis na fonte à alíquota de 15% (veja a 2ª nota ao final desse subitem);

c) os lucros apurados nos anos-calendário anteriores ao de 1994 são tributáveis à alíquota de 25% (veja as notas abaixo).

Sublinhe-se, ainda, que:

- no caso de lucro apurado nos anos de 1989 a 1992, poderá ser compensado, com o imposto incidente na distribuição, o valor do Imposto sobre o Lucro Líquido (ILL), cobrado na época da apuração do lucro (alíquota de 8%), corrigido monetariamente até 31.12.1995 (IN SRF nº 139/89, item "a").
- se houver acordo firmado pelo Brasil com o país do domicílio do beneficiário, no qual esteja prevista alíquota menor, prevalece essa (RIR/1999, art. 997; e IN SRF nº 92/1981).
- de acordo com o art. 14 da IN SRF nº 252/2002, não incide o Imposto de Renda sobre os lucros e dividendos pagos, creditados, entregues, empregados ou remetidos pela pessoa jurídica a seus sócios ou acionistas domiciliados no exterior, ainda que em países com tributação favorecida.

6. LUCROS OU RESERVAS CAPITALIZADOS

Se nos cinco anos anteriores à data da extinção a pessoa jurídica houver aumentado o seu capital mediante incorporação de lucros ou reservas de lucros apurados até 31.12.1988 ou nos anos de 1994 e 1995 (nessa segunda hipótese, se nesses dois anos a empresa foi tributada com base no lucro real), a parcela desses lucros ou reservas capitalizados será considerada lucro ou dividendo distribuído.

Nesse caso, o valor considerado lucro ou dividendo distribuído ficará sujeito à tributação, na fonte e na declaração de rendimentos dos beneficiários, nos termos da legislação em vigor no ano da formação dos lucros ou reservas capitalizados (RIR/1999, art. 658). Essas regras constam do subitem 5.1.

7. PAGAMENTO DE HAVERES DOS SÓCIOS MEDIANTE ENTREGA DE BENS DA SOCIEDADE EXTINTA

7.1 Avaliação dos bens entregues aos sócios

Os bens e os direitos da pessoa jurídica que forem entregues a titular, sócio ou acionista, a título de sua participação no capital social, podem ser avaliados pelo valor contábil ou de mercado, observado o seguinte (RIR/1999, arts. 133, 238 e 802):

a) no caso de sócio ou acionista pessoa jurídica, os bens e os direitos recebidos deverão ser registrados, contabilmente, pelo valor contábil ou de mercado, conforme tenham sido avaliados pela pessoa jurídica extinta;

b) no caso de sócio ou acionista pessoa física, o valor a ser informado na declaração de bens do ano em que se efetivar a devolução dos bens será o valor contábil ou de mercado, conforme tenham sido avaliados pela pessoa jurídica extinta.

A devolução de participação no capital social de titular, sócio ou acionista de pessoa jurídica, em bens ou direitos avaliados pelo valor contábil ou de mercado, não caracteriza distribuição disfarçada de lucros (art. 464, § 1°, do RIR/99).

7.2 Avaliação a valor de mercado

7.2.1 Tratamento do valor a maior na pessoa jurídica extinta

Caso a entrega dos bens seja feita pelo valor de mercado, a diferença a maior entre este e o valor contábil dos bens ou direitos entregues aos sócios ou acionistas será considerada ganho de capital da pessoa jurídica extinta.

Esse ganho de capital deverá ser computado no resultado da pessoa jurídica tributada com base no lucro real, ou na base de cálculo do Imposto de Renda e da Contribuição Social sobre o Lucro devidos pela pessoa jurídica tributada com base no lucro presumido ou arbitrado (RIR/1999, art. 238, § 1°).

7.2.2 Tratamento no beneficiário da restituição de capital

Tratando-se de sócio ou acionista pessoa física, a diferença entre o valor de mercado e o valor constante da declaração de bens não será tributável pelo Imposto de Renda (art. 39, XLVI, do RIR/99).

No caso de sócia ou acionista pessoa jurídica, a diferença entre o valor de mercado e o valor contábil dos bens não será computada na base de cálculo do Imposto de Renda Pessoa Jurídica (IRPJ) nem da Contribuição Social sobre o Lucro.

Desse modo, caso a pessoa jurídica que receba os bens avaliados a preços de mercado seja tributada com base no lucro real, o ganho de capital representado pela diferença entre o valor dos bens recebidos e o valor contábil da participação societária extinta, computado no seu resultado, será excluído do lucro líquido, na determinação do lucro real e da base de cálculo da Contribuição Social sobre o Lucro (Lei nº 9.249/1995, art. 22, §§ 2º e 4º).

8. APRESENTAÇÃO DE DECLARAÇÕES

Além de outras declarações porventura exigíveis e observadas as orientações pertinentes, relativas a cada uma das declarações, no caso de extinção da empresa por encerramento de atividades devem ser apresentados a DCTF e a Dirf.

9. BAIXA DE INSCRIÇÃO NO CNPJ

De acordo com o art. 27 da IN RFB nº 1634/2016, a baixa da inscrição no CNPJ da entidade ou do estabelecimento filial deve ser solicitada até o 5º (quinto) dia útil do 2º (segundo) mês subsequente ao da ocorrência de sua extinção.

10. ENTREGA DE COMPROVANTE DE RENDIMENTOS PAGOS E DE RETENÇÕES AOS BENEFICIÁRIOS

Na hipótese de extinção da empresa, os comprovantes de rendimentos pagos e de retenção do Imposto de Renda na Fonte devem ser fornecidos até o último dia útil do mês subsequente ao da ocorrência do evento (IN SRF nº 1215/2011, art. 2º, § 3º).Deverão ser fornecidos, também, às pessoas jurídicas beneficiárias de pagamentos de rendimentos sujeitos às respectivas retenções na fonte:

a) o "Comprovante de Rendimentos Pagos ou Creditados e de Retenção do Imposto de Renda na Fonte— Pessoa Jurídica" (RIR/1999, art. 942; e IN SRF nº 119/2000);

b) o "Comprovante Anual de Retenção de CSLL, Cofins e PIS/Pasep— Lei nº 10.833/2003, art. 30" (IN SRF nº 459/2004).

Recomenda-se observar, também quanto aos comprovantes citados em "a" e "b", o prazo expressamente determinado para o fornecimento do comprovante a beneficiários pessoas físicas (até o último dia útil do mês subsequente ao da ocorrência da extinção).

11. RESPONSABILIDADE DOS SÓCIOS OU DO TITULAR

Os sócios com poderes de administração respondem pelos tributos devidos pela pessoa jurídica que deixar de funcionar sem proceder à liquidação, ou sem apresentar a declaração de rendimentos no encerramento da liquidação (art. 207, V, do RIR/1999).

No distrato social da sociedade não-anônima, é nomeado sócio responsável para tomar as últimas providências necessárias para a dissolução da sociedade, ficando sob sua responsabilidade a regularização da extinção perante as repartições públicas, bem como a manutenção e guarda dos livros da sociedade extinta.

Capítulo 31

Aspectos Fiscais do Aumento e da Redução do Capital Social

1. CONSIDERAÇÕES INICIAIS

Neste Capítulo, focalizamos as consequências fiscais do aumento de capital social ou da redução deste.

A divisão lógica da abordagem que aqui fazemos é a seguinte: no item 2, o tema são os aspectos fiscais relativos ao aumento do capital; no item 3, cuida-se da redução do capital social das pessoas jurídicas; finalmente, no item 4, o assunto são as antigas regras sobre capitalização de lucros ou reservas apurados até 31.12.1988 (ou nos anos de 1994 e 1995).

Chamamos a atenção para o fato de que, neste Capítulo, mencionam-se várias vezes as figuras da omissão de receitas e da distribuição disfarçada de lucros, sobre as quais se recomenda consulta ao capítulo específico.

2. CONSEQUÊNCIAS FISCAIS DO AUMENTO DO CAPITAL SOCIAL

2.1 Aumento de capital social em dinheiro

Nesse caso, é necessário assegurar-se de que a empresa não incorrerá na figura de omissão de receita denominada "suprimento de caixa". Para isso, é fundamental que:

- os sócios comprovem a origem dos recursos por eles utilizados para o aumento do capital; e
- a efetiva entrega do valor à empresa possa ser adequadamente demonstrada.

Isso decorre do fato de que, segundo o art. 282 do RIR/1999, provada a omissão de receita, por indícios na escrituração do contribuinte ou qualquer outro elemento de prova, o Fisco pode arbitrá-la. E o arbitramento terá por base o valor dos recursos de caixa fornecidos à empresa por administradores, sócios da sociedade não-anônima, titular da empresa individual, ou pelo acionista controlador da companhia, caso não sejam comprovadamente demonstradas:

a) a efetividade da entrega dos recursos à empresa;

b) a origem desses recursos.

Mesmo que o suprimento tenha decorrido de aumento de capital efetuado pelos sócios, a prova da efetividade da entrega e da origem dos valores poderá vir a ser exigida pela fiscalização.

O 1° Conselho de Contribuintes tem confirmado a exigência da dupla comprovação também nesses casos, conforme se verifica na ementa do Acórdão nº 103-21910/2005:

> *"IRPJ — SUPRIMENTO DE NUMERÁRIO. Os suprimentos de numerários feitos pelos sócios, a título de integralização de capital, quando não comprovada a origem e a efetividade da entrega, autorizam a presunção de que se originaram de recursos da pessoa jurídica, provenientes de receitas mantidas à margem da tributação."*

Cabe, no entanto, registrar que existem decisões do mesmo tribunal administrativo que, coerentemente, afastam a exigência no caso de sócio que esteja ingressando na sociedade.

Acrescentamos que o Parecer Normativo CST nº 242/1971 trouxe um esclarecimento que também deve ser levado em conta no caso de aumento de capital. Segundo essa manifestação do Fisco, a simples prova de capacidade financeira do supridor não basta para comprovação dos suprimentos efetuados à pessoa jurídica. É necessário, para tanto, a apresentação de documentação hábil e idônea, coincidente em datas e valores com as importâncias supridas.

Ainda quanto à chamada "dupla comprovação" (prova da origem e da efetividade da entrega dos recursos), a Decisão nº 195/2000 da SRRF da 8ª Região Fiscal concluiu que *"a comprovação da efetiva entrega do numerário à pessoa jurídica, bem como da origem daquele, são requisitos cumulativos e indissociáveis, cuja comprovação incumbe ao contribuinte beneficiário dos recursos fornecidos"*.

2.2 Aumento de capital social em bens ou direitos

Caso a integralização do aumento de capital seja efetuada mediante a entrega de bens ou direitos, dois aspectos devem ser levados em consideração:

- a possibilidade de ser apurado ganho de capital tributável; e
- o eventual risco de incorrer na figura da chamada "distribuição disfarçada de lucros".

Desde 1º.01.1996, nos termos do art. 23 da Lei nº 9.249/1995, as pessoas físicas podem transferir a pessoas jurídicas, a título de integralização de capital, bens ou direitos pelo valor constante da sua Declaração de Bens ou pelo valor de mercado, observado que:

a) se a transferência for feita pelo valor constante da Declaração de Bens:
   - a.1) a pessoa física deverá lançar as quotas ou ações subscritas, na Declaração de Bens relativa ao respectivo ano, pelo mesmo valor dos bens ou direitos transferidos; e
   - a.2) não será presumida distribuição disfarçada de lucros;

b) se a transferência se fizer pelo valor de mercado dos bens ou direitos, a diferença entre este e o valor constante da Declaração de Bens será tributável como ganho de capital.

É, entretanto, é fundamental ficar atento ao fato de que a transferência de bem ao patrimônio de pessoa jurídica, como forma de integralização de capital subscrito pelo sócio ou acionista, é considerada pelo Fisco como uma forma de distribuição disfarçada de lucros caso os bens sejam transferidos por valor notoriamente superior ao valor de mercado.

Trata-se, aqui, da hipótese de presunção de distribuição disfarçada de lucros no negócio pelo qual a pessoa jurídica adquire bem de pessoa ligada por valor notoriamente superior ao de mercado (RIR/1999, art. 464, II).

Esclareça-se que:

- anteriormente à Lei nº 9.249/1995, o Poder Judiciário entendia majoritariamente que não cabia a tributação de ganho na integralização de capital social mediante a entrega de bens imóveis. Na esfera administrativa, contudo, a tributação sempre foi exigida. E, a partir do diploma legal mencionado, a tendência é o reconhecimento, também pelo Poder Judiciário, da possibilidade legal de existência de ganho de capital tributável nas integralizações de capital da espécie.
- no caso de integralização de capital social mediante a conferência de bem por sócio pessoa jurídica, se for atribuído a este valor superior ao contábil também será apurado ganho de capital tributável, observada a legislação de regência.

2.3 Aumento de capital social mediante incorporação de lucros e reservas

Também é possível efetuar o aumento do capital social da empresa mediante a incorporação, ao capital social, de:

a) **reservas de capital**, cuja capitalização, por si só, não gera efeitos fiscais, como é o caso da incorporação das reservas provenientes de:
   a.1) doações e subvenções para investimento recebidas de pessoas jurídicas de direito público (RIR/1999, art. 443);
   a.2) prêmio recebido na emissão de debêntures;
   a.3) ágio na subscrição de ações;
   a.4) correção monetária do capital realizado (decorrente da antiga sistemática de correção monetária de balanço, extinta a partir de 1°.01.1996);

b) **reservas de reavaliação**, cuja capitalização, atualmente, também não produz efeitos fiscais, cabendo salientar que:
   b.1) até 31.12.1999, o valor da reserva de reavaliação que fosse utilizado para aumento do capital social também devia ser computado na determinação do lucro real, no montante capitalizado (RIR/1999, art. 435, I); mas,
   b.2) a partir de 1°.01.2000, em decorrência do art. 4° da Lei n° 9.959/2000, a contrapartida da reavaliação de quaisquer bens da pessoa jurídica somente deve ser computada em conta de resultado ou na determinação do lucro real e da base de cálculo da Contribuição Social Sobre o Lucro quando ocorrer a efetiva realização do bem reavaliado (ou seja, por ocasião da alienação, sob qualquer forma; da depreciação, amortização ou exaustão; ou da baixa por perecimento);

c) **lucros acumulados e reservas de lucros**, observado, em face das diversas alterações havidas na disciplina de tributação de lucros ou dividendos distribuídos, o quadro a seguir (Decreto-lei n° 1.598/1977, art. 63; Lei n° 7.713/1988, art. 38; Lei n° 7.799/1989, art. 71; Lei n° 8.849/1994, art. 3°; Lei n° 9.064/1995, art. 2°; e Lei n° 9.249/1995, art. 10): [1-2]

---

1 Consulte item 4 deste Capítulo.

2 De acordo com o art. 700 do RIR/1999, a incorporação ao capital de lucros apurados pela pessoa jurídica, também no período de 1°.01.1989 a 31.12.1993, correspondentes a beneficiários residentes ou domiciliados no exterior, pode ser efetuada sem a incidência do imposto. Contudo, a eventual redução, dentro dos cinco anos subsequentes à data da incorporação, do capital aumentado, para restituição aos sócios ou acionistas, sujeitará o contribuinte ao pagamento do imposto dispensado.

Referência cronológica	Efeitos/Consequências se ocorrer a capitalização
Lucros ou reservas apurados: até 31.12.1988; e no período de 1º.01.1994 a 31.12.1995	Isenção do Imposto de Renda, condicionada a que a pessoa jurídica[1]: a) não tenha restituído capital aos sócios ou ao titular, mediante redução do capital social, nos cinco anos anteriores à data da incorporação de lucros ou reservas ao capital; b) não restitua capital social aos sócios ou ao titular, mediante redução do capital social ou, em caso de liquidação, sob a forma de partilha do acervo líquido dentro dos cinco anos subsequentes à data da incorporação.
Lucros ou reservas apurados: no período de 1º.01.1989 a 31.12.1993[2] a partir de 1º.01.1996	Não há incidência do Imposto de Renda.

3. REDUÇÃO DO CAPITAL SOCIAL

Consideradas as regras da legislação societária, temos que:

a) segundo as regras constantes dos arts. 1.082 a 1.084 do Código Civil de 2002, a sociedade limitada pode reduzir o capital, mediante a correspondente modificação de seu contrato social:
   a.1) depois de integralizado, se houver perdas irreparáveis;
   a.2) se excessivo em relação ao objeto da sociedade;

b) por seu turno, o caput do art. 173 da Lei nº 6.404/1976 dispõe que a assembleia geral pode deliberar a redução do capital social da sociedade anônima se houver perda, até o montante dos prejuízos acumulados, ou se julgá-lo excessivo.

3.1 Redução de capital para absorção de prejuízo contábil

A redução do capital para absorção de prejuízo contábil é, em princípio, procedimento que não gera efeitos fiscais, ainda que, anteriormente, tenha sido efetuada capitalização de lucros.

Mesmo que o capital (que será reduzido) tenha sido anteriormente aumentado pela capitalização de reserva de reavaliação, entendemos que não haverá efeitos fiscais, considerada a disciplina legal vigente desde 1º.01.2000. Vale dizer: não ocorrerá realização da reserva.

Voltamos a lembrar que, nos termos do art. 4º da Lei nº 9.959/2000, desde o ano de 2000, a contrapartida da reavaliação de quaisquer bens da pessoa jurídica passou a ser computada em conta de resultado ou na determinação do lucro real e da base de cálculo da Contribuição Social sobre o Lucro somente quando ocorrer a efetiva realização do bem reavaliado. Ou seja, por ocasião da alienação, sob qualquer forma; da depreciação, amortização ou exaustão; ou da baixa por perecimento.

3.2 Redução de capital com restituição de valores aos sócios

Em princípio, a redução do capital social integralizado para restituição aos sócios não tem incidência de imposto.

Esse cenário de não incidência tributária prevalece ainda que, anteriormente à redução, o capital social tenha sido aumentado por integralização em dinheiro ou em outros bens e direitos. Mas poderá haver repercussão tributária na restituição de capital aos sócios se o capital foi anteriormente aumentado com a incorporação de lucros ou reservas, de acordo com o seguinte quadro:

Referência cronológica	Efeitos/Consequências se ocorrer a restituição de capital aos sócios
Lucros apurados: até 31.12.1988; e no período de 1º.01.1994 a 31.12.1995	Perda da isenção condicionada do Imposto de Renda, conforme explanado no item 4 deste Capítulo.
Lucros apurados: no período de 1º.01.1989 a 31.12.1993 a partir de 1º.01.1996	Não há incidência do Imposto de Renda na restituição de capital aos sócios.

Acrescentamos que:

- de acordo com o art. 459, caput, do RIR/1999, a distribuição a titular, sócio ou acionista, pessoa física, do resultado da correção monetária complementar pela diferença IPC/BTNF de 1990 (saldo credor) acarreta a cobrança do imposto na fonte, com base na tabela progressiva. Segundo o dispositivo citado, a incidência ocorre, também, na hipótese da redução do capital aumentado com parcela do referido resultado, na proporção do valor da redução;
- o parágrafo único do mesmo art. 459 estabelece, ainda, que não será atribuído custo às ações ou quotas recebidas em bonificação pelos acionistas ou sócios em razão da capitalização do saldo credor da mencionada correção monetária.

3.2.1 Restituição de capital em bens

De acordo com o art. 22 da Lei nº 9.249/1995, os bens e os direitos do ativo da pessoa jurídica que forem entregues ao titular ou sócio ou acionista, a título de devolução de sua participação no capital social, poderão ser avaliados pelo valor contábil ou de mercado.

Se a devolução dos bens for feita pelo valor de mercado, a diferença positiva entre este e o valor contábil dos bens terá o seguinte tratamento:

a) na pessoa jurídica que devolver os bens, será computada:
   a.1) no resultado, como ganho de capital, no caso de tributação com base no lucro real; ou
   a.2) na base de cálculo do Imposto de Renda e da Contribuição Social, no caso de tributação com base no lucro presumido ou arbitrado;

b) na pessoa jurídica que receber os bens:
   b.1) poderá ser excluída do lucro líquido, para a determinação do lucro real ou da base de cálculo da Contribuição Social sobre o Lucro, no caso de pessoa jurídica tributada com base no lucro real; ou
   b.2) não será computada na base de cálculo do Imposto de Renda nem da Contribuição Social sobre o Lucro, no caso de pessoa jurídica tributada com base no lucro presumido ou arbitrado;

c) para o titular, sócio ou acionista, pessoa física, que receber os bens, será considerada rendimento isento.

Para o titular, sócio ou acionista, pessoa física, os bens ou direitos recebidos em devolução de sua participação no capital serão informados, na declaração de bens correspondente à declaração de rendimentos do respectivo ano-base, pelo valor contábil ou de mercado, conforme avaliado pela pessoa jurídica.

Há um aspecto que deve ser salientado, ainda. De acordo com o art. 464, I e IV, do RIR/1999, presume-se distribuição disfarçada de lucros no negócio pelo qual a pessoa jurídica:

- aliena, por valor notoriamente inferior ao de mercado, bem do seu ativo à pessoa ligada;
- transfere à pessoa ligada, sem pagamento ou por valor inferior ao de mercado, direito de preferência à subscrição de valores mobiliários de emissão de companhia.

Tais hipóteses de presunção não se aplicam, todavia, nos casos de devolução de participação no capital social de titular, sócio ou acionista de pessoa jurídica em bens ou direitos, avaliados a valor contábil ou de mercado (RIR/1999, art. 464, § 1º).

3.3 procedimentos básicos para redução do capital

Para realizar a redução de capital deve-se atender os seguintes critérios:

i. a restituição de parte do valor das quotas aos sócios diminuindo-se proporcionalmente o valor nominal das quotas.

ii. publicar em jornais de grande circulação a ata de reunião ou assembleia que deu origem à decisão de reduzir o capital social e aguardar, durante o prazo mínimo de 90 dias após a publicação, a eventual oposição de credor quirografário possuidor de título líquido com data anterior à deliberação

Não havendo impugnação, procede-se a ao arquivamento da ata de reunião ou assembleia que deliberou a favor da redução do capital social por excesso em relação ao objeto da empresa. O documento deverá trazer cláusula específica explicando os motivos que levaram à redução do capital social.

É dispensa a apresentação, para fins de registro e arquivamento da ata/assembleia, de regularidade de obrigações tributárias, previdenciárias ou trabalhistas, principais ou acessórias (certidões).

(Fund.: arts. 1.082 a 1.084 do Código Civil e art. 7º-A da Lei nº 11.598/2007)

4. CAPITALIZAÇÃO CONDICIONADA DE LUCROS OU RESERVAS (VALORES APURADOS ATÉ 31.12.1988 OU NOS ANOS DE 1994 E 1995)

4.1 Regras a serem observadas

Quando a pessoa jurídica capitaliza lucros ou reservas de lucros, os sócios ou acionistas têm um aumento patrimonial correspondente ao valor das quotas ou ações bonificadas atribuídas a cada um, na proporção da respectiva participação no capital social.

Na capitalização de lucros ou reservas, o aumento verificado no patrimônio dos sócios ou acionistas não é tributado pelo Imposto de Renda. Entretanto, caso os lucros ou reservas capitalizados tenham sido apurados até 31.12.1988, ou nos anos de 1994 e 1995, a não tributação como rendimentos do titular, sócios ou acionistas fica condicionada, cumulativamente, a (art. 3º da Lei nº 8.849/1994, com a redação do art. 2º da Lei nº 9.064/1995; e art. 658 do RIR/1999):

a) não ter havido redução do capital da empresa nos cinco anos anteriores à data do aumento do capital; e

b) não ocorrer extinção da empresa nem redução do seu capital antes de decorridos cinco anos da data da capitalização.

Quanto à capitalização de lucros ou reservas apurados nos anos de 1994 e 1995, essas condições somente se aplicam caso a pessoa jurídica tenha sido tributada com base no lucro real nesses anos.

Voltamos a lembrar que, nos termos do art. 700 do RIR/1999, a incorporação ao capital de lucros apurados pela pessoa jurídica, também no período de 1º.01.1989 a 31.12.1993, correspondentes a beneficiários residentes ou domiciliados no exterior, pode ser efetuada sem a incidência do imposto. Contudo, a eventual redução, dentro dos cinco anos subsequentes à data da incorporação, do capital aumentado, para restituição aos sócios ou acionistas, sujeitará o contribuinte ao pagamento do imposto dispensado.

4.1.1 Inaplicabilidade destas regras

Sublinhe-se que os efeitos fiscais tratados neste item 4 **não se aplicam** aos aumentos mediante incorporação:

a) de lucros ou reservas apurados **nos anos de 1989 a 1993** e **a partir do ano de 1996**;

b) reserva de capital formada, em qualquer época, com:

   b.1) o ágio na emissão de ações;

   b.2) o produto da alienação de partes beneficiárias ou bônus de subscrição;

   b.3) a correção monetária do capital.

Igualmente, não ficam sujeitas a esses efeitos fiscais as sociedades de investimento isentas do imposto, nos termos do § 6º do art. 3º da Lei nº 8.849/1994, na redação do art. 2º da Lei nº 9.064/1995.

4.2 Critérios de contagem do prazo de cinco anos

Segundo os Pareceres Normativos CST nºˢ 82/1975 e 23/1981, o prazo de cinco anos subsequentes à data da capitalização dos lucros ou reservas de lucros deve ser contado:

a) nas sociedades por ações, a partir da data da realização da assembleia geral que aprovou o aumento;
b) nas demais sociedades, a partir da data da alteração contratual;
c) nas firmas individuais (atualmente, "empresários"), a partir da data em que for efetuada a alteração do registro da declaração de firma individual/empresário na Junta Comercial.

4.3 Efeitos da inobservância das condições

4.3.1 Restituição de capital aos sócios antes do aumento

Se, nos cinco anos anteriores à data da capitalização dos lucros ou reservas, a pessoa jurídica restituiu capital aos sócios ou ao titular, mediante redução do capital social, o montante dos lucros ou reservas capitalizados será considerado, até o montante da redução do capital, corrigido monetariamente até 31.12.1995, como lucro ou dividendo distribuído.

Nesse caso, o valor considerado lucro distribuído ficará sujeito à tributação, com observância da legislação vigente no ano da formação dos lucros ou reservas capitalizados, na fonte e na declaração de rendimentos, quando for o caso, como rendimento dos sócios, dos acionistas, ou do titular da pessoa jurídica.

4.3.2 Restituição de capital aos sócios após o aumento

Se a pessoa jurídica, dentro dos cinco anos subsequentes à data da incorporação de lucros ou reservas, restituir capital aos sócios ou ao titular, mediante redução do capital social ou, em caso de liquidação, sob a forma de partilha do acervo líquido, o capital restituído considerar-se-á lucro ou dividendo distribuído.

Assim, o respectivo valor ficará sujeito, nos termos da legislação em vigor no ano da formação dos lucros ou reservas capitalizados, à tributação na fonte e na declaração de rendimentos, quando for o caso, como rendimentos dos sócios, dos acionistas ou do titular.

4.4 Reduções de capital sem efeitos fiscais

A ocorrência dos eventos a seguir relacionados não prejudica a isenção condicionada do imposto sobre a capitalização de lucros ou reservas de lucros, nas hipóteses em foco neste item 4, ainda que tais eventos se verifiquem antes de decorridos os cinco anos subsequentes à data da capitalização:

a) redução do capital em virtude de devolução aos herdeiros da parte de sócio falecido, nas sociedades de pessoas, assim entendidas todas as sociedades, exceto as por ações;

b) reembolso de ações em virtude de exercício, pelo acionista, do direito de retirada assegurado pela Lei nº 6.404/1976;

c) rateio do acervo líquido da pessoa jurídica dissolvida, desde que o aumento do capital tenha sido realizado com a incorporação de ações ou quotas bonificadas por sociedade de que era sócia ou acionista.

De acordo com a IN SRF nº 8/1979, também não implica tributação sobre lucros ou reservas capitalizados:

- a extinção da empresa individual, por falecimento do titular;
- a redução de capital para absorção de prejuízos acumulados, até o limite destes;
- a redução de capital por insuficiência de subscrição, caso a assembleia de acionistas reduza o aumento de capital, deliberado em assembleia anterior, ao montante subscrito;
- o ajuste do capital por eliminação de participações recíprocas entre companhias e suas coligadas, efetuado à época para cumprimento de norma de adaptação constante do § 3º do art. 296 da Lei nº 6.404/1976.

Outro aspecto a ser salientado é que a transferência do Patrimônio Líquido de empresa individual ("empresário"), mediante versão integral do Ativo e do Passivo, como forma de integralização do capital subscrito pelo seu titular em sociedade já existente ou a ser constituída, também não implica incidência de imposto sobre lucros ou reservas capitalizados na extinta firma individual. Continua a correr o prazo de cinco anos, sem interrupção, na sociedade sucessora (PN CST nº 20/1982).

4.5 Incorporação, fusão ou cisão após aumento de capital condicionado

Se, antes de decorrido o prazo de cinco anos seguintes à data da capitalização condicionada, a sociedade for incorporada por outra, fundir-se com outra ou cindir-se, tais eventos também não prejudicarão a isenção do imposto sobre aquela capitalização, observado o seguinte (§§ 7º a 9º do art. 3º da Lei nº 8.849/1994, com a redação dada pela Lei nº 9.064/1995):

a) o prazo de cinco anos continua a correr, sem interrupção, na sociedade incorporadora, ou resultante da fusão, bem como nas sociedades constituídas por cisão, ou na sociedade que absorva parcela de patrimônio líquido da sociedade cindida;

b) enquanto não cumprido aquele prazo, a restrição quanto à não redução do capital na sociedade ou nas sociedades sucessoras aplicar-se-á ao montante dos lucros ou reservas capitalizados proporcional à contribuição:

b.1) da sociedade incorporada ou fundida para o capital social da incorporadora ou resultante de fusão; ou

b.2) de parcela do Patrimônio Líquido da sociedade cindida para o capital da sociedade que absorveu essa parcela.

4.6 Hipóteses de incidência da tributação

A extinção da empresa ou a redução do seu capital, antes de decorridos os cinco anos subsequentes à data da capitalização dos lucros ou reservas referidos no subitem 4.1, não estando presente uma das hipóteses descritas no subitem 4.4, implicará a tributação do capital restituído, até o montante dos lucros ou reservas capitalizados (corrigido monetariamente até 31.12.1995), que se considera lucro distribuído.

Por outro lado, se no quinquênio que anteceder à data da capitalização dos mencionados lucros ou reservas aconteceu redução do capital não enquadrável nas hipóteses do subitem 4.4, o valor do aumento do capital é tributável como lucro distribuído, até o montante da redução havida, corrigido monetariamente até 31.12.1995. Portanto, ocorrerá a tributação quando, dentro de um período de cinco anos, um aumento vinculado for seguido de uma redução vinculada, ou uma redução vinculada for seguida de um aumento vinculado, definidos como:

a) aumento vinculado, todo aumento do capital, por incorporação de lucros ou reservas não enquadrado nas exceções mencionadas no subitem 4.1.1;

b) redução vinculada, toda redução do capital não justificada pelos eventos relacionados no subitem 4.4.

Exemplos:

a) em abril de 2001, uma sociedade limitada realizou um aumento do capital com o aproveitamento de lucros acumulados apurados em 1994 e, em dezembro de 2005 reduziu o seu capital em virtude de devolução de participação de sócio que se retirou da sociedade;

b) em julho de 2002, uma companhia promoveu uma redução do capital não enquadrável nas hipóteses previstas no subitem 4.4 e, em junho de 2006, realizou um aumento do capital mediante aproveitamento de reservas de lucros apurados em 1995.

4.7 Determinação do montante considerado lucro distribuído

A **IN SRF nº 8/1979** disciplinou a tributação sobre a capitalização de lucros ou reservas apurados até 31.12.1988, com regras que se tornaram aplicáveis também à capitalização de lucros ou reservas apurados nos anos de 1994 e 1995, quando descumpridas as condições da não incidência da tributação.

Aspecto importante a ser considerado é que à época vigoravam normas de correção monetária.

Assim, segundo a IN, para determinação do montante considerado lucro distribuído, o valor do fato mais antigo (aumento vinculado ou redução vinculada) deveria ser corrigido monetariamente, com base na variação do referencial comum da correção monetária para efeitos fiscais (Ufir, desde janeiro/1992) até a data do fato mais recente, ou até 31.12.1995, se o fato mais recente houvesse ocorrido posteriormente a essa data.

O menor dos dois valores (o do primeiro fato, corrigido, ou o do segundo fato) constituiria o montante tributável como lucro distribuído.

4.8 Imposto retido

Os lucros pagos ou creditados a pessoas físicas ou jurídicas, residentes ou domiciliadas no País, originários de aumentos vinculados ou reduções vinculadas do capital terão o mesmo tratamento fiscal dispensado à distribuição de lucros e dividendos, conforme a época de apuração destes. Consulte, sobre o assunto, as regras constantes do Capítulo denominado "Distribuição de lucros ou dividendos".

Para beneficiários residentes ou domiciliados no exterior, o art. 693 do RIR/1999 prevê a sujeição ao Imposto de Renda na Fonte pelas alíquotas de 15% (lucros apurados nos anos-calendários de 1994 e 1995) ou 25% (lucros apurados em anos-calendário anteriores).

Capítulo 32

Escrituração Comercial e Fiscal

1. EXIGÊNCIA

A escrituração contábil e fiscal de uma empresa é exigida tanto pela legislação comercial quanto pela legislação fiscal, particularmente a do Imposto de Renda (art. 251 do RIR/1999), segundo a qual a pessoa jurídica sujeita à tributação com base no lucro real deve manter escrituração com observância das leis comerciais e fiscais.

A escrituração deve abranger todas as operações realizadas pela empresa, os resultados apurados em atividades no território nacional, bem como os lucros, rendimentos e ganhos de capital auferidos no exterior.

1.1 Adoção das regras da Lei 12.973/2014 em 2014

De acordo com as regras estabelecias pela MP nº 627/2013 (convertida na Lei nº 12.973/2014), obrigatoriamente, a partir de 2015 e, facultativamente, a partir e 2014, a escrituração comercial e fiscal das empresas deverá ser entregue em meio digital ao Sistema Público de Escrituração Digital (Sped).

Isso se aplica, inclusive, ao Livro de Apuração do Lucro Real, sendo que tal procedimento será disciplinado em ato normativo da Secretaria da Receita Federal do Brasil.

Contudo, os referidos diplomas legais já se encarregaram de estabelecer punição para quem deixar de apresentar o Lalur.

Ficou claro que quem não apresentar o livro nos prazos fixados no ato normativo ou que o apresentar com inexatidões, incorreções ou omissões, ficará sujeito às seguintes multas:

I — equivalente a 0,25% (vinte e cinco centésimos por cento), por mês-calendário ou fração, do lucro líquido antes do Imposto de Renda da pessoa jurídica e da Contribuição Social sobre o Lucro Líquido, no período a que se refere a apuração, limitada a 10% (dez por cento) relativamente às pessoas jurídicas que deixarem de apresentar ou apresentarem em atraso o livro; e

II — 3% (três por cento), não inferior a R$ 100,00 (cem reais), do valor omitido, inexato ou incorreto.

A multa referida em I será reduzida:

1. em 90% (noventa por cento), quando o livro for apresentado em até 30 (trinta) dias após o prazo;
2. em 75% (setenta e cinco por cento), quando o livro for apresentado em até 60 (sessenta) dias após o prazo
3. à metade, quando o livro for apresentado depois do prazo, mas antes de qualquer procedimento de ofício; e
4. em 25% (vinte e cinco por cento), se houver a apresentação do livro no prazo fixado em intimação

Existe também previsão para limitação da multa a ser aplicada no que diz respeito a não apresentação ou a apresentação em atraso. De acordo com o § 1º do art. 8-A do DL 1.598/1977 (incluído pela Lei 12.973/2012), a multa referida em I será limitada:

- R$ 100.000,00 (cem mil reais) para as pessoas jurídicas que no ano-calendário anterior tiverem auferido receita bruta total, igual ou inferior a R$ 3.600.000,00 (três milhões e seiscentos mil reais);
- R$ 5.000.000,00 (cinco milhões de reais) para as pessoas jurídicas que não se enquadrarem na hipótese referida acima

Já a multa referida em II:

- I — não será devida se o sujeito passivo corrigir as inexatidões, incorreções ou omissões antes de iniciado qualquer procedimento de ofício; e
- II — será reduzida em 50% (cinquenta por cento) se forem corrigidas as inexatidões, incorreções ou omissões no prazo fixado em intimação

Quando não houver lucro líquido, antes do Imposto de Renda e da Contribuição Social, no período de apuração a que se refere a escrituração, deverá ser utilizado o lucro líquido, antes do Imposto de Renda e da Contribuição Social do último período de apuração informado, atualizado pela taxa referencial do Sistema Especial de Liquidação e de Custódia — Selic, até o termo final de encerramento do período a que se refere a escrituração

Sem prejuízo das penalidades referidas acima, o lucro da pessoa jurídica será arbitrado quando não for escriturado o Lalur.

2. Sistema Público de Escrituração Digital (Sped) e Escrituração Contábil Digital (ECD)

Para atender o disposto no Decreto nº 6.022/2007, a IN RFB Nº 787/2007 instituiu a Escrituração Contábil Digital (ECD) e estabeleceu que sua transmissão deve ser efetuada pelas pessoas jurídicas a ela obrigadas, ao Sped, e será considerada válida após a confirmação de recebimento do arquivo que a contém e, quando for o caso, após a autenticação pelos órgãos de registro. Hoje, as disposições são regidas pela IN RFB nº 1420/2013.

Cronologicamente, esses são alguns dos atos que disciplinam o tema:

- Decreto no 6.022, de 22 de janeiro de 2007, e alterações posteriores – Instituiu o Sistema Público de Escrituração Digital — SPED.
- Decreto no 8.683, de 26 de fevereiro de 2016 – Altera o Decreto nº 1.800, de 30 de janeiro de 1996, que regulamenta a Lei nº 8.934, de 18 de novembro de 1994, e dá outras providências.
- Comunicado Técnico do Conselho Federal de Contabilidade (CFC) – CTG 2001 (R2) – Define as formalidades da escrituração contábil em forma digital para fins de atendimento ao Sistema Público de Escrituração Digital (Sped).
- Interpretação Técnica do CFC – ITG 2000 (R1) – Escrituração Contábil.
- Instrução Normativa RFB no 1.420, de 19 de dezembro de 2013, e alterações posteriores – Dispõe sobre a Escrituração Contábil Digital
- Ato Declaratório Executivo Cofis no 29, de 3 de maio de 2017 – Dispõe do Manual de Orientação do Leiaute da Escrituração Contábil Digital (ECD).

Notas

1) A ECD, como regra, será transmitida anualmente ao Sped até o último dia útil do mês de maio do ano seguinte ao ano-calendário a que se refira a escrituração.

2) A transmissão da ECD ao Sped não dispensa o empresário e a sociedade empresária de manter sob sua guarda e responsabilidade os livros e documentos na forma e prazos previstos na legislação aplicável

2.1 Abrangência da ECD

A ECD compreende a versão digital dos seguintes livros:

a) livro Diário e seus auxiliares, se houver;

b) livro Razão e seus auxiliares, se houver;

c) livro Balancetes Diários, Balanços e fichas de lançamento comprobatórias dos assentamentos neles transcritos.

Observa-se que os livros contábeis e documentos emitidos em forma eletrônica deverão ser assinados digitalmente, utilizando-se de certificado emitido por entidade credenciada pela Infraestrutura de Chaves Públicas Brasileira (ICP-Brasil), a fim de garantir a autoria, a autenticidade, a integridade e a validade jurídica do documento digital

2.2 Pessoas jurídicas obrigadas a adotar a ECD

Segundo o art. 3° da Instrução Normativa RFB no 1.420/2013, estão obrigadas a adotar a ECD, em relação aos fatos contábeis ocorridos a partir de 1° de janeiro de 2014:

I — as pessoas jurídicas tributadas com base no lucro real;

II — as pessoas jurídicas tributadas com base no lucro presumido, que distribuírem, a título de lucros, sem incidência do Imposto sobre a Renda Retido na Fonte (IRRF), parcela dos lucros ou dividendos superior ao valor da base de cálculo do Imposto, diminuída de todos os impostos e contribuições a que estiver sujeita; e

III —As pessoas jurídicas imunes e isentas que, em relação aos fatos ocorridos no ano calendário, tenham sido obrigadas à apresentação da Escrituração Fiscal Digital das Contribuições, nos termos da Instrução Normativa RFB n° 1.252, de 1° de março de 2012.

IV – As Sociedades em Conta de Participação (SCP), como livros auxiliares do sócio ostensivo.

Notas

1) As declarações relativas a tributos administrados pela Secretaria da Receita Feral do Brasil (RFB) exigidas das pessoas jurídicas que tenham apresentado a ECD, em relação ao mesmo período, serão simplificadas, com vistas a eliminar eventuais redundâncias de informação.

2) Em relação aos fatos contábeis ocorridos no ano de 2013, ficam obrigadas a adotar a ECD as sociedades empresárias sujeitas à tributação do Imposto de Renda com base no Lucro Real.

3) As pessoas jurídicas do segmento de construção civil dispensadas de apresentar a Escrituração Fiscal Digital (EFD) e obrigadas a escriturar o livro Registro de Inventário, devem apresentá-lo na ECD, como um livro auxiliar.

4) A obrigatoriedade prevista em III e IV acima aplica-se em relação aos fatos contábeis ocorridos até 31 de dezembro de 2015.

As regras de obrigatoriedade não levam em consideração se a sociedade empresária teve ou não movimento no período. Sem movimento não quer dizer sem fato contábil. Normalmente ocorrem eventos como depreciação, incidência de tributos, pagamento de aluguel, pagamento do contador, pagamento de luz, custo com o cumprimento de obrigações acessórias, entre outras.

2.2.1 Outras PJ obrigadas à apresentação da ECD

Segundo o art. 3°-A da Instrução Normativa RFB no 1.420/2015, também estão obrigadas a adotar a ECD, em relação aos fatos contábeis ocorridos a partir de 1° de janeiro de 2016:

I — as pessoas jurídicas imunes e isentas obrigadas a manter escrituração contábil, nos termos da alínea "c" do § 2° do art. 12 e do § 3° do art. 15, ambos da Lei n° 9.532, de 10 de dezembro de 1997, quando:

a) apurarem Contribuição para o PIS/Pasep, Cofins, Contribuição Previdenciária incidente sobre a Receita de que tratam os arts. 7° a 9° da Lei n° 12.546, de 14 de dezembro de 2011, e Contribuição incidente sobre a Folha de Salários, cuja soma seja superior a R$ 10.000,00 (dez mil reais) em qualquer mês do ano-calendário a que se refere a escrituração contábil; ou

b) auferirem receitas, doações, incentivos, subvenções, contribuições, auxílios, convênios e ingressos assemelhados, cuja soma seja superior a R$ 1.200.000,00 (um milhão e duzentos mil reais) no ano-calendário a que se refere a escrituração contábil, ou proporcional ao período; **e**

II — as pessoas jurídicas tributadas com base no lucro presumido que não se utilizem da prerrogativa prevista no parágrafo único do art. 45 da Lei n° 8.981, de 1995.

2.2.2 Empresas cuja entrega é facultativa e empresas dispensadas da apresentação

A mesma IN RFB n° 1.420/2013 faculta a entrega da ECD às demais pessoas jurídicas.

Adicionalmente, ficou estabelecido que a obrigatoriedade referida nos subitens 2.2 e 2.2.1 não se aplica:

I — às pessoas jurídicas optantes pelo Regime Especial Unificado de Arrecadação de Tributos e Contribuições devidos pelas Microempresas e Empresas de Pequeno Porte (Simples Nacional), de que trata a Lei Complementar nº 123, de 14 de dezembro de 2006;

II — aos órgãos públicos, às autarquias e às fundações públicas; e

III — às pessoas jurídicas inativas no ano calendário anterior.

2.2.3 multas aplicáveis

De acordo com o art. 57, da Medida Provisória no 2.158-35, de 24 de agosto de 2001, com a nova redação dada pela Lei no 12.766, de 27 de dezembro de 2012, a empresa que deixar de apresentar, nos prazos fixados, declaração, demonstrativo ou escrituração digital exigidos ou que os apresentar com incorreções ou omissões, será intimado para apresentá-los ou para prestar esclarecimentos pela RFB e sujeitar-se-á às seguintes multas:

I — por apresentação extemporânea:

a) R$ 500,00 (quinhentos reais) por mês-calendário ou fração, relativamente às pessoas jurídicas que estiverem em início de atividade ou que sejam imunes ou isentas ou que, na última declaração apresentada, tenham apurado lucro presumido ou pelo Simples Nacional;

b) R$ 1.500,00 (mil e quinhentos reais) por mês-calendário ou fração, relativamente às demais pessoas jurídicas;

c) R$ 100,00 (cem reais) por mês-calendário ou fração, relativamente às pessoas físicas;

II — por não cumprimento à intimação da Secretaria da Receita Federal do Brasil para cumprir obrigação acessória ou para prestar esclarecimentos nos prazos estipulados pela autoridade fiscal: R$ 500,00 (quinhentos reais) por mês-calendário;

III — por cumprimento de obrigação acessória com informações inexatas, incompletas ou omitidas:

a) 3% (três por cento), não inferior a R$ 100,00 (cem reais), do valor das transações comerciais ou das operações financeiras, próprias da pessoa jurídica ou de terceiros em relação aos quais seja responsável tributário, no caso de informação omitida, inexata ou incompleta);

b) 1,5% (um inteiro e cinco décimos por cento), não inferior a R$ 50,00 (cinquenta reais), do valor das transações comerciais ou das operações financeiras, próprias da pessoa física ou de terceiros em relação aos quais seja responsável tributário, no caso de informação omitida, inexata ou incompleta.

Notas

1) Na hipótese de pessoa jurídica optante pelo Simples Nacional, os valores e o percentual referidos em II e III serão reduzidos em 70% (setenta por cento).

2) Para fins do referido em I, em relação às pessoas jurídicas que, na última declaração, tenham utilizado mais de uma forma de apuração do lucro, ou tenham realizado algum evento de reorganização societária, deverá ser aplicada a multa referida em "b.1".

3) A multa referida em I será reduzida à metade, quando a obrigação acessória for cumprida antes de qualquer procedimento de ofício.

2.3 Apreciação das informações a Programa Validador e Assinador (PVA)

A ECD deverá ser submetida ao Programa Validador e Assinador (PVA), especificamente desenvolvido para tal fim, a ser disponibilizado na página da RFB na Internet, no endereço sped.rfb.gov.br, contendo, no mínimo, as seguintes funcionalidades em relação à escrituração:

I — criação e edição; Links para os atos mencionados

II — importação; Links para os atos mencionados

III — validação; Links para os atos mencionados

IV — assinatura; Links para os atos mencionados

V — visualização; Links para os atos mencionados

VI — transmissão para o Sped; e Links para os atos mencionados

VII — consulta à situação

2.4 Formalidades da escrituração contábil em forma digital para fins de atendimento ao SPED — Normatização pelo CFC

Diante das alterações promovidas na legislação comercial, o Conselho Federal de Contabilidade, por meio da Resolução CFC nº 1.299/2010, aprovou Comunicado Técnico CT 04 que define as formalidades da escrituração contábil em forma digital para fins de atendimento ao Sistema Público de Escrituração Digital (Sped).

Estabelece a referida Resolução que, em conformidade com os preceitos estabelecidos na NBC TG que trata sobre "Escrituração Contábil", a escrituração contábil em forma digital deve ser executada da seguinte forma:

a) em idioma e em moeda corrente nacionais;

b) em forma contábil;

c) em ordem cronológica de dia, mês e ano;

d) com ausência de espaços em branco, entrelinhas, borrões, rasuras, emendas ou transportes para as margens; e

e) com base em documentos de origem externa ou interna ou, na sua falta, em elementos que comprovem ou evidenciem fatos contábeis.

2.4.1 Forma contábil a ser adotada

A escrituração 'em forma contábil', referida na letra "b" do subitem anterior, deve conter, no mínimo:

a) data do registro contábil, ou seja, a data em que o fato contábil ocorreu;

b) conta devedora;

c) conta credora;

d) histórico que represente a essência econômica da transação ou o código de histórico padronizado, neste caso baseado em tabela auxiliar inclusa em livro próprio;

e) valor do registro contábil;

f) informação que permita identificar, de forma unívoca, todos os registros que integram um mesmo lançamento contábil.

2.4.2 Conteúdo do registro contábil e lançamento contábil

O registro contábil deve conter o número de identificação do lançamento relacionado ao respectivo documento de origem externa ou interna ou, na sua falta, em elementos que comprovem ou evidenciem os fatos patrimoniais.

Já o lançamento contábil deve ter como origem um único fato contábil e conter:

a) um registro a débito e um registro a crédito; ou

b) um registro a débito e vários registros a crédito; ou

c) vários registros a débito e um registro a crédito; ou

d) vários registros a débito e vários registros a crédito, quando relativos ao mesmo fato contábil.

2.4.3 Plano de contas

O plano de contas, com todas as suas contas sintéticas e analíticas, deve conter, no mínimo, 4 (quatro) níveis e é parte integrante da escrituração contábil da entidade, devendo seguir a estrutura patrimonial prevista nos arts. 177 a 182 da Lei nº 6.404/1976.

2.4.4 Demonstrações contábeis

O Balanço Patrimonial e demais Demonstrações Contábeis de encerramento de exercício devem ser inseridos no livro Diário, completando-se com as assinaturas digitais da entidade e do contabilista legalmente habilitado com registro ativo em Conselho Regional de Contabilidade.

2.4.5 Livro Diário e livro Razão

O livro Diário e o livro Razão constituem registros permanentes da entidade e, quando escriturados em forma digital, são constituídos de um conjunto único de informações das quais eles se originam.

Nota-se que livro Diário, assinado digitalmente pela entidade e pelo contabilista legalmente habilitado, quando exigível por legislação específica, deve ser autenticado no registro público ou entidade competente.

2.4.6 Livros de Registros Auxiliares

Os livros de Registros Auxiliares da escrituração contábil devem obedecer aos preceitos estabelecidos na NBC TG que trata sobre "Escrituração Contábil", bem como os demais procedimentos constantes neste CT, considerando as peculiaridades da sua função.

2.4.7 Atribuições e responsabilidades

A escrituração contábil e a emissão de livros, relatórios, peças, análises, mapas, demonstrativos e demonstrações contábeis são de atribuição e responsabilidade exclusiva de contabilista legalmente habilitado com registro ativo em Conselho Regional de Contabilidade e devem conter certificado e assinatura digital da entidade e do contabilista.

2.4.8 Armazenamento e guarda dos livros e demonstrações contábeis

O contabilista deve tomar as medidas necessárias para que a entidade titular da escrituração armazene, em meio digital, os livros e as demonstrações contábeis mencionados neste CT, devidamente assinados, visando a sua apresentação de forma integral, nos termos estritos das respectivas leis especiais, ou em juízo, quando previsto em lei.

3. FILIAIS, SUCURSAIS OU AGÊNCIAS

A legislação do Imposto de Renda (art. 252 do RIR/1999) dispõe que as pessoas jurídicas que tenham filiais, sucursais ou agências[1] podem, opcionalmente, manter contabilidade descentralizada.

---

1 De acordo com os arts. 147, II, e 253 do RIR/1999, as filiais, sucursais, agências ou representações, no Brasil, de pessoas jurídicas com sede no exterior são, para efeito do Imposto

Se a empresa exercer essa opção, ao final de cada mês deverá incorporar, na escrituração da matriz, os resultados apurados nos demais estabelecimentos.

4. REGRAS GERAIS DE ESCRITURAÇÃO

A escrituração deve ser completa, em idioma e moeda corrente nacionais, em forma mercantil, com individuação e clareza, por ordem cronológica de dia, mês e ano, sem intervalos em branco nem entrelinhas, borraduras, rasuras, emendas e transporte para as margens, observando-se, ainda, que (arts. 269, 270 e 923 do RIR/1999 e PN CST nº 347/1970):

a) os registros contábeis devem estar lastreados em documentos hábeis segundo a sua natureza ou assim definidos em preceitos legais;

b) a forma de escriturar as operações é de livre escolha de cada empresa, desde que obedecidos os princípios e as técnicas ditadas pela contabilidade. Não cabe ao Fisco opinar sobre processos de escrituração, os quais só ficarão sujeitos à impugnação quando em desacordo com as normas e os padrões de contabilidade geralmente aceitos ou possam levar a um resultado diferente do legítimo;

c) eventuais erros cometidos deverão ser corrigidos por meio de retificação de lançamentos contábeis, transferência ou complementação;

d) os registros contábeis que forem necessários para a observância de preceitos da lei tributária, relativos à determinação do lucro real, quando não devam, por sua natureza exclusivamente fiscal, constar da escrituração comercial ou forem diferentes dos lançamentos dessa escrituração, devem ser feitos no Livro de Apuração do Lucro Real (Lalur) ou em livros auxiliares.

5. LIVROS COMERCIAIS

De acordo com o artigo 257 do RIR/1999, na sua escrituração comercial, mecanizada ou não, a pessoa jurídica deve seguir ordem uniforme, com a utilização de livros e papéis adequados, cujo número e espécie ficam a critério da própria empresa.

---

de Renda, equiparadas a pessoas jurídicas. Portanto, a elas se aplicam as regras de escrituração contábil e fiscal focalizadas neste Capítulo. Por seu turno, os arts. 212, I, "b", e 791 do RIR/1999 estatuem que, se houver mais de um estabelecimento no Brasil, caberá a opção pela descentralização contábil, desde que os resultados apurados individualmente, em cada estabelecimento, sejam incorporados ao resultado de um deles. Esse estabelecimento ficará responsável pela apuração, pelo pagamento e pela declaração do Imposto de Renda (atual DIPJ) no seu domicílio fiscal.

5.1 Livro Diário

O livro Diário constitui o registro básico de toda a escrituração contábil e sua utilização é obrigatória. Nele devem ser lançados, dia a dia, todos os atos ou operações da atividade que modifiquem ou possam vir a modificar a situação patrimonial da pessoa jurídica.

Importa salientar que:

a) o Diário deve ser encadernado com folhas numeradas seguidamente e conter, respectivamente, no anverso da primeira e no verso da última folha numerada, os termos de abertura e de encerramento. O livro deve ser autenticado pelo órgão competente (este assunto é focalizado adiante);

b) os lançamentos no Diário:

   b.1) poderão ser efetuados diretamente ou por reprodução, se for adotada a chamada "escrituração mecanizada" (feita por meio de máquinas), em que as matrizes são elaboradas em tinta copiativa e em seguida transpostas para o livro Diário Copiador. Mas, para tanto, somente poderão ser usados processos de reprodução que não prejudiquem a clareza e a nitidez da escrituração;

   b.2) devem ser efetuados com individuação e clareza, de modo que permitam, em qualquer momento, a perfeita identificação dos fatos descritos.

Se adotada escrituração mecanizada, o livro Diário pode ser substituído por lotes de fichas ou folhas soltas, seguidamente numeradas, mecânica ou tipograficamente, desde que no anverso da primeira e no verso da última ficha ou folha numerada de cada lote sejam lavrados, respectivamente, os termos de abertura e de encerramento e elas sejam autenticadas pelo órgão competente.

É claro que o Diário pode ser escriturado por meio de processamento eletrônico de dados. Mas, para isso, é fundamental observar as regras explanadas no item 8 deste Capítulo observadas, ainda, as normas relativa ao Sped tratadas no subitem 1.1 e seguintes.

Um aspecto, todavia, é fundamental: qualquer que seja o sistema adotado em substituição ao livro Diário tradicional, os lançamentos deverão satisfazer todos os requisitos e as normas de escrituração exigidos para os livros mercantis, tais como:

- forma mercantil;
- individuação e clareza;
- ordem cronológica de dia, mês e ano;

- inexistência de intervalos em branco ou entrelinhas, borraduras, rasuras, transportes para as margens etc.;
- garantia de nitidez e de indelebilidade (art. 258 do RIR/1999 e PN CST n°s 97/1978 e 11/1985)

5.1.1 Escrituração resumida do livro Diário ("partidas mensais")

É admitida a escrituração resumida do Diário, por totais que não excedam o período de um mês, relativamente a contas cujas operações sejam numerosas ou realizadas fora da sede do estabelecimento, desde que:

a) sejam utilizados livros auxiliares (autenticados tal como previsto para o Diário) para registro individualizado e conservados os documentos que permitam sua perfeita verificação;

b) nos lançamentos resumidos do Diário sejam feitas referências às páginas dos livros auxiliares (ou fichas que os substituírem) em que as operações estiverem registradas de forma individualizada.

É importante sublinhar: são apenas duas as hipóteses em que é admitida a escrituração resumida de certas contas:

- contas para registro de operações numerosas;
- contas para registro de operações realizadas fora do estabelecimento.

A primeira hipótese relaciona-se com a quantidade das operações inscritas em determinadas contas, cuja movimentação torna onerosa sua escrituração individualizada no livro Diário.

A segunda hipótese refere-se aos casos em que a matriz ou o estabelecimento centralizador, por força da legislação do Imposto de Renda, devem incorporar os resultados de suas filiais, sucursais ou agências que contabilizam suas próprias operações (art. 258, §§ 1º e 2º, do RIR/1999 e PN CST nº 127/1975).

Os livros auxiliares observarão o mesmo meio, digital ou papel, do Livro Diário com Escrituração Resumida.

Quando o Livro Diário com Escrituração Resumida for na forma digital no âmbito do Sped, os livros auxiliares correspondentes deverão se referir ao mesmo período de escrituração e constar de arquivos independentes, observadas as formalidades quanto aos Termos de Abertura e de Encerramento e o Leiaute da Escrituração Contábil Digital (LECD).

5.1.2 Normas específicas sobre o livro digital no âmbito do Sped

Segundo a o art. 22 da IN DREI nº 11/2013, a geração do livro digital deverá observar quanto à:

I — escrituração e incorporação dos Termos de Abertura e de Encerramento, as disposições contidas no Manual de Orientação do Leiaute da Escrituração Contábil Digital – LECD, aprovado pela Instrução Normativa RFB nº 787, de 19 de novembro de 2007 (hoje, IN RFB nº 1.420/2013).

II – incorporação das assinaturas digitais, a utilização de software oficial denominado Programa Validador e Assinador (PVA), a ser disponibilizado, gratuitamente, no sítio da RFB/Sped na Internet, para download pelos interessados.

Observa-se que o PVA deverá possibilitar a execução das funções abaixo, dentre outras, em relação ao livro digital:

- validação da escrituração;
- visualização do livro, segundo formatos tradicionais do livro em papel;
- geração do requerimento próprio para o caso, dirigido à Junta Comercial;
- assinatura digital do livro e do requerimento pertinente;
- transmissão para o Sped;
- consulta para fins de acompanhamento do processo de autenticação, inclusive conhecimento de exigências em decorrência de deficiências identificadas no instrumento;
- download do Termo de Autenticação do livro.

Observa-se que para efeito de prova em juízo ou fora dele, o empresário ou a sociedade deverá utilizar-se do PVA para demonstração visual do conteúdo do livro digital e de seu Termo de Autenticação, assim como para geração e emissão de documentos probantes.

Nota

A validade do livro digital dependerá da sua existência e do respectivo Termo de Autenticação, mantida a inviolabilidade de seus conteúdos.

5.1.2.1 Encaminhamento do livro digital ao Sped

O livro digital será enviado pelo empresário individual, empresa individual de responsabilidade Ltda — Eireli, sociedade empresária, cooperativa, consórcio, grupo de sociedadesao Sped com o respectivo requerimento[2] de

2 O requerimento conterá o número da guia de recolhimento, consoante sistemática adotada pela Junta Comercial, que disponibilizará informação a respeito, quando necessário.

autenticação à Junta Comercial, ficando o livro disponível naquele Serviço para ser visualizado pelo autenticador da Junta Comercial.

O livro digital, mediante solicitação do autenticador ao Sped, será disponibilizado para ser visualizado, por tempo suficiente para esse procedimento, sendo vedado o acesso à visualização após a sua autenticação;

O pagamento do preço do serviço deverá ser efetuado previamente à sua solicitação, mediante recolhimento por guia de arrecadação a ser disponibilizada pela Junta Comercial ao interessado;

Nota-se que o Sped remeterá à Junta Comercial arquivo contendo os Termos de Abertura e de encerramento do livro digital, o respectivo Requerimento, assim como outros dados necessários à análise daqueles instrumentos pelo mencionado Órgão, complementada pela visualização do livro no ambiente daquele Serviço.

5.1.2.2 Autenticação de livros digitais

A autenticação dos livros digitais será efetuada pelas Juntas Comerciais com utilização de software específico, o qual deve ser integrado por aqueles órgãos aos seus sistemas informatizados de apoio ao processo operacional.

No caso das Juntas Comerciais que utilizam sistema informatizado de apoio ao processo operacional fornecido pelo DREI, a integração a que se refere o caput será efetuada pelo Departamento.

Em caso de exigências que impeçam a autenticação do livro digital ou de indeferimento do requerimento, a Junta Comercial enviará ao Sped a respectiva notificação, para conhecimento e providências cabíveis pelo empresário individual, empresa individual de responsabilidade Ltda — Eireli, sociedade empresária, cooperativa, consórcio, grupo de sociedades;

Uma vez autenticado o livro digital, a Junta Comercial enviará quaisquer termos lavrados para o Sped e o empresário individual, a empresa individual de responsabilidade Ltda — Eireli, a sociedade empresária, cooperativa, consórcio, o grupo de sociedades promoverá o seu download, com utilização do PVA.

5.2 Razão

A pessoa jurídica tributada com base no lucro real sempre esteve obrigada a manter, em boa ordem e segundo as normas contábeis recomendadas, livro Razão ou fichas utilizadas para resumir e totalizar, por conta ou subconta, os lançamentos efetuados no Diário. No entanto, a apresentação dos livros digitais no âmbito do SPED, em relação aos períodos posteriores a 31 de dezembro de 2007, supre essa obrigatoriedade.

Notas

1) A escrituração do Razão deve ser individualizada e obedecer à ordem cronológica das operações (artigo 259 do RIR/1999).

2) O livro ou as fichas do Razão são dispensados de autenticação.

5.3 Registro de Duplicatas

É obrigatória a escrituração do livro Registro de Duplicatas caso a empresa realize vendas a prazo com emissão de duplicatas (Lei nº 5.474/1968).

Além disso, de acordo com o PN CST nº 127/1975, desde que devidamente autenticado no Registro do Comércio, esse livro pode ser utilizado como livro auxiliar da escrituração mercantil, na hipótese referida no subitem 4.1.1.

5.4 Caixa e contas correntes

É dispensada a autenticação de livros auxiliares (tais como Caixa e Contas Correntes, os quais também podem ser escriturados em fichas) quando as operações a que se reportarem tiverem sido lançadas pormenorizadamente em livros devidamente registrados (art. 258, § 5º, do RIR/1999).

6. CÓDIGOS E ABREVIATURAS

Na escrituração contábil é permitido o uso de códigos de números ou de abreviaturas, desde que estes constem de livro próprio, revestido das formalidades de registro e autenticação.

Esse livro pode ser:

a) o próprio livro Diário, que deverá conter, necessariamente, no encerramento do período-base, a transcrição das demonstrações contábeis;

b) o mesmo livro específico que for adotado para a inscrição das demonstrações contábeis, no caso de empresas que utilizam o sistema de escrituração mecanizada ou sistema de processamento eletrônico de dados, com o emprego de fichas soltas ou formulários contínuos que não incluam, no fecho do conjunto, as demonstrações contábeis;

c) o próprio conjunto de fichas ou formulários contínuos, quando neles estiverem incluídas, como fecho, as demonstrações contábeis;

d) o livro utilizado para registro do plano de contas e/ou históricos codificados, desde que devidamente autenticado (art. 269, § 1º, do RIR/1999 e PN CST nº 11/1985).

Em se tratando de escrituração digital, no âmbito do Sped, os códigos de números ou de abreviaturas, deverão constar do próprio instrumento de escrituração, observado o Leiaute da Escrituração Contábil Digital — LECD publicado no anexo I da Instrução Normativa RFB nº 787, de 19 de novembro de 2007, ratificado pela Instrução Normativa DNRC nº 107/2008. Hoje, a IN RFB nº 1420/2013 disciplina o assunto.

Nota

O código de histórico padronizado deverá ser único para o período da escrituração, não podendo ser alterado no mesmo período.

7. DEMONSTRAÇÕES FINANCEIRAS OBRIGATÓRIAS

Ao final de cada período de apuração do lucro real, a pessoa jurídica deve apurar o lucro líquido mediante a elaboração, com observância da lei comercial, das seguintes demonstrações financeiras ou contábeis (conforme art. 274 do RIR/1999):

a) Balanço Patrimonial;

b) Demonstração do Resultado do Exercício;

c) Demonstração de Lucros ou Prejuízos Acumulados.

Essas demonstrações, levantadas no encerramento de cada período de apuração do lucro real, devem ser transcritas no livro Diário (subitem 4.4 da IN SRF nº 77/1986).

No passado, as pessoas jurídicas estavam obrigadas a transcrever no Diário os balanços ou balancetes mensais levantados para fins de suspensão ou redução do Imposto de Renda e da Contribuição Social devidos por estimativa em cada mês (art. 230, § 1º, I, do RIR/1999).

Essa obrigatoriedade cessou para as empresas tributadas com base no lucro real, em relação aos períodos posteriores a 31 de dezembro de 2007, tendo em vista a obrigatoriedade de apresentação dos livros digitais no âmbito do Sped por essas empresas.

7.1 Adoção de livro próprio para a inscrição de demonstrações contábeis

No sistema de escrituração por meio de fichas ou folhas soltas ou por processamento eletrônico de dados, deve ser adotado livro próprio para inscrição das demonstrações contábeis obrigatórias. O livro deve ser autenticado no órgão de registro competente.

Fica dispensada a adoção desse livro desde que, no encerramento do período de apuração do lucro real, sejam inseridas as demonstrações contábeis obrigatórias, como fecho, nas próprias fichas ou folhas de escrituração ou nos formulários impressos por meio de processamento eletrônico de dados, submetidos esses instrumentos à autenticação pelo órgão competente (art. 258, § 6º, do RIR/1999 e PN CST nº 11/1985).

7.2 Demonstrações financeiras de filiais, sucursais, controladas ou coligadas no exterior

No caso de pessoa jurídica domiciliada no Brasil que tiver filiais, sucursais ou sociedades controladas ou coligadas no exterior, deve ser observado o seguinte:

a) as demonstrações financeiras de filiais, sucursais, controladas ou coligadas no exterior deverão ser elaboradas segundo as normas da legislação comercial do país de seu domicílio;

b) no caso de inexistência de normas expressas que regulem a elaboração de demonstrações financeiras no país de domicílio da filial, sucursal, controlada ou coligada, estas deverão ser elaboradas com observância dos princípios contábeis geralmente aceitos, segundo as normas da legislação brasileira;

c) as contas e subcontas constantes das demonstrações financeiras elaboradas por filial, sucursal, controlada ou coligada no exterior, depois de traduzidas em idioma nacional e convertidos os seus valores em reais, deverão ser classificadas segundo as normas da legislação comercial brasileira, nas demonstrações financeiras elaboradas para serem utilizadas na determinação do lucro real e da base de cálculo da Contribuição Social sobre o Lucro;

d) a conversão em reais dos valores das demonstrações financeiras elaboradas por filiais, sucursais, controladas ou coligadas no exterior será efetuada tomando-se por base a taxa de câmbio para venda, fixada pelo Banco Central do Brasil, da moeda do país onde estiver domiciliada a filial, sucursal, controlada ou coligada, na data do encerramento do período de apuração relativo às demonstrações financeiras em que tenham sido apurados os lucros da filial, sucursal, controlada ou coligada;

e) caso a moeda do país de domicílio da filial, sucursal, controlada ou coligada não tenha cotação no Brasil, os valores serão primeiramente convertidos em dólares dos Estados Unidos da América e depois em reais;

f) as demonstrações financeiras levantadas por filiais, sucursais, controladas ou coligadas no exterior que embasarem as demonstrações financeiras em reais no Brasil deverão ser mantidas em boa guarda, à disposição das autoridades fiscais da Secretaria da Receita Federal, até o transcurso do prazo de decadência do direito da Fazenda Nacional de constituir crédito tributário com base nelas;

g) as demonstrações financeiras em reais de filiais, sucursais, controladas ou coligadas no exterior deverão ser transcritas ou copiadas no livro Diário da pessoa jurídica no Brasil;

h) as participações em filiais, sucursais, controladas ou coligadas, bem como as aplicações em títulos e valores mobiliários no exterior, devem ser escrituradas, separada e discriminadamente, na contabilidade da pessoa jurídica no Brasil, de forma que permitam a correta identificação desses valores e das operações realizadas (art. 6° da IN SRF n° 213/2002).

8. LIVROS FISCAIS

Para efeito da legislação do Imposto de Renda, além dos livros comerciais, as pessoas jurídicas e as empresas individuais tributadas com base no lucro real devem possuir os seguintes livros fiscais (arts. 260 a 262 do RIR/1999):

a) livro para registro de inventário, no qual deverão ser arrolados, com especificações que facilitem sua identificação, as mercadorias, os produtos manufaturados, as matérias-primas, os produtos em fabricação e os bens em almoxarifado existentes na data do balanço patrimonial levantado ao fim de cada período de apuração do lucro real;

b) livro para registro de entradas (compras) o qual, de acordo com os Pareceres Normativos CST n°s 370/1970 e 127/1975:

   b.1) tem como principal característica a necessidade de ser escriturado em condições de poder identificar, pelos seus registros, os fornecedores e respectivos documentos de compras de bens destinados a industrialização e/ou comercialização;

   b.2) pode ser substituído pelo Registro de Entradas adotado para atendimento da legislação do ICMS/IPI, podendo a empresa, alternativamente, criar modelos próprios que satisfaçam às necessidades de seu negócio, inclusive substituindo o livro por fichas numeradas;

c) Livro de Apuração do Lucro Real (Lalur), no qual deve ser:

   c.1) lançado o ajuste do lucro líquido do período de apuração;

c.2) transcrita a demonstração do lucro real;

c.3) mantido o registro de controle de prejuízos fiscais a compensar e de outros valores previstos na legislação do IRPJ;

d) livro de Movimentação de Combustíveis, a ser escriturado diariamente pelos postos revendedores;

e) livro para registro permanente de estoque, para as pessoas jurídicas que exercerem atividades de compra e venda, incorporação e construção de imóveis, loteamento ou desmembramento de terrenos para venda. Importa salientar que, para as pessoas jurídicas que não exercerem essas atividades, o controle permanente de estoques não é obrigatório, mas a sua inexistência impossibilita a avaliação de estoques pelo método do custo médio.

8.1 E-Lalur e ECF

Originalmente, por meio da Instrução Normativa RFB nº 989/2009, foi instituído o Livro Eletrônico de Escrituração e Apuração do Imposto sobre a Renda e da Contribuição Social sobre o Lucro Líquido da Pessoa Jurídica Tributada pelo Lucro Real (e-Lalur). Hoje o tema encontra-se disciplinado pela IN RFB nº 1.422/2013 que foi além de manter a instituição do E-Lalur. Na verdade, referida IN impõe a obrigatoriedade, a partir de do ano-calendário de 2014, a todas as pessoas jurídicas, inclusive as equiparadas, da apresentação da Escrituração Contábil Fiscal (ECF) de forma centralizada pela matriz. Portanto o e-Lalur passou a ser mais uma informação dentro de um novo "documento" a ser entregue e que veio substituir a DIPJ.

Com a instituição da ECF, as pessoas jurídicas ficaram dispensadas, em relação aos fatos ocorridos a partir de 1° de janeiro de 2014, da escrituração do Livro de Apuração do Lucro Real (Lalur) em meio físico e da entrega da Declaração de Informações Econômico-Fiscais da Pessoa Jurídica (DIPJ).

A obrigatoriedade da entrega da ECF não se aplica:

I – às pessoas jurídicas optantes pelo Regime Especial Unificado de Arrecadação de Tributos e Contribuições devidos pelas Microempresas e Empresas de Pequeno Porte (Simples Nacional), de que trata a Lei Complementar nº 123/2006;

II – aos órgãos públicos, às autarquias e às fundações públicas; e

III — às pessoas jurídicas inativas, assim consideradas aquelas que não tenham efetuado qualquer atividade operacional, não operacional, patrimonial ou financeira, inclusive aplicação no mercado financeiro ou de capitais, durante todo o ano-calendário, as quais deverão cumprir as obrigações acessórias previstas na legislação específica.

A ECF será transmitida anualmente ao Sistema Público de Escrituração Digital (Sped) até o último dia útil do mês de julho do ano seguinte ao ano-calendário a que se refira.

O sujeito passivo deverá informar, na ECF, todas as operações que influenciem a composição da base de cálculo e o valor devido do Imposto sobre a Renda da Pessoa Jurídica (IRPJ) e da Contribuição Social sobre o Lucro Líquido (CSLL).

9. ESCRITURAÇÃO POR PROCESSAMENTO DE DADOS

De acordo com os artigos 255 e 263 do RIR/1999, os livros comerciais e fiscais podem ser escriturados por sistema de processamento eletrônico de dados, em formulários contínuos, desde que seja observado que:

a) as folhas impressas deverão ser numeradas em ordem sequencial, mecânica ou tipograficamente;

b) após o processamento, os impressos deverão ser destacados e encadernados em forma de livro, seguindo-se a lavratura dos termos de abertura e de encerramento e a apresentação ao órgão competente para autenticação, quando exigida essa formalidade (veja item 9).

As pessoas jurídicas que utilizarem sistema de processamento eletrônico de dados para registrar negócios e atividades econômicas, escriturar livros ou elaborar documentos de natureza contábil ou fiscal são obrigadas a manter os arquivos, em meio magnético ou assemelhado, à disposição da Secretaria da Receita Federal, pelo prazo decadencial de guarda de documentação contábil e fiscal previsto na legislação tributária (art. 265 do RIR/1999 e art. 72 da Medida Provisória nº 2.158-35/2001).

O art. 3º da IN nº 86/2001 dispõe que incumbe ao Coordenador-geral de Fiscalização, mediante Ato Declaratório Executivo (ADE), estabelecer a forma de apresentação, documentação de acompanhamento e especificações técnicas dos arquivos digitais e sistemas. Isto foi feito por meio do ADE nº 15/2001.

Por seu turno, o artigo 267 do RIR/1999 determina que a pessoa jurídica que se utilizar de sistema de processamento de dados deverá manter documentação técnica completa e atualizada do sistema, suficiente para possibilitar a sua auditoria, facultada a manutenção em meio magnético, sem prejuízo da sua emissão gráfica, quando solicitada.

Lembra-se, contudo, que, por meio da IN RFB nº 1420/2013 (art. 6º), ficou estabelecido que a apresentação dos livros digitais no âmbito do Sped (veja subitem 1.1 e seguintes) supre:

a) em relação aos arquivos correspondentes, a exigência contida nas Instruções Normativas SRF n°s 86, de 22 de outubro de 2001 MPS/SRP nº 12, de 20 de junho de 2006;

b) a obrigatoriedade de escriturar o livro Razão ou fichas utilizados para resumir e totalizar, por conta ou subconta, os lançamentos efetuados no Diário (Lei nº 8.218, de 1991, art.14, e Lei nº 8.383, de 1991, art. 62);

c) a obrigatoriedade de transcrever no Livro Diário o Balancete ou Balanço de Suspensão ou Redução do Imposto (art. 35 da Lei nº 8.981/1991)

Nota

A adoção da Escrituração Fiscal Digital, nos termos ao Convênio ICMS nº 143/2006, supre:

a) a elaboração, registro e autenticação de livros para registro de inventário e registro de entradas, em relação ao mesmo período. (Lei nº 154, de 1947, arts. 2º, *caput* e § 7º, e 3º, e Lei nº 3.470, de 1958, art. 71 e Lei nº 8.383, de 1991, art. 48). (Incluído pela Instrução Normativa RFB nº 926, de 11 de março de 2009)

b) em relação às mesmas informações, da exigência contida na Instrução Normativa SRF nº 86, de 22 de outubro de 2001, e na Instrução Normativa MPS/SRP nº 12, de 20 de junho de 2006. (Incluído pela Instrução Normativa RFB nº 926, de 11 de março de 2009)

10. AUTENTICAÇÃO DE LIVROS

De acordo com os arts. 258, § 4º, e 260, § 2º, do RIR/1999, os livros devem conter termos de abertura e de encerramento e ser autenticados[3] (exceto os mencionados no subitem 9.1) pelas Juntas Comerciais ou pelas repartições encarregadas do Registro do Comércio (ou, quando for o caso, pelo Cartório de Registro Civil de Pessoas Jurídicas onde se acharem registrados os atos constitutivos da empresa).

No âmbito das Juntas Comercias, lavrados os termos de abertura e de encerramento, os instrumentos de escrituração dos empresários e das sociedades

3 Dupla autenticação: se forem utilizados, para efeito de Imposto de Renda, livros fiscais exigidos por outras legislações (por exemplo: os livros Registro de Inventário e Registro de Entradas exigidos pela legislação do ICMS), referidos livros deverão ser autenticados pelo órgão de Registro do Comércio, independentemente da autenticação a que estejam sujeitos na forma da legislação do ICMS.

empresárias, de caráter obrigatório, salvo disposição especial de lei, deverão ser submetidos à autenticação (IN DNRC nº 102/2006):

a) antes ou após efetuada a escrituração, quando se tratar de livros, conjuntos de fichas ou folhas contínuas;

b) após efetuada a escrituração, quando se tratar de microfichas geradas através de microfilmagem de saída direta do computador (COM) e de livros digitais.

É facultado ao empresário e a sociedade empresária autenticar livros não obrigatórios.

A obrigatoriedade de autenticação não se aplica ao pequeno empresário a que se refere o art. 970, da Lei nº 10.406/2002, que não está obrigado a seguir um sistema de contabilidade com base na escrituração uniforme de seus livros, em correspondência com a documentação respectiva, nem a levantar anualmente o balanço patrimonial e o de resultado econômico (art. 1.179 e § 2º — CC/2002)[4].

Já para fins do imposto de Renda e, nos termos da IN SRF nº 16/1984, é aceita a escrituração do livro Diário autenticado em data posterior ao movimento das operações nele lançadas, desde que o registro e a autenticação tenham sido promovidos até a data prevista para a entrega tempestiva da Declaração de Informações Econômico-Fiscais da Pessoa Jurídica (DIPJ) do correspondente ano-calendário. Lembra-se que hoje, em substituição a DIPJ, vige a ECF.

De acordo com o PN CST nº 11/1985, essa regra se aplica, também, ao conjunto de fichas ou folhas soltas ou de formulários impressos eletronicamente, aos livros para registro de códigos e abreviaturas adotados na escrituração e aos livros auxiliares adotados para efeito de individualização de operações lançadas englobadamente no Diário Geral.

11. VERIFICAÇÃO DA ESCRITURAÇÃO PELO FISCO

A autoridade tributária poderá verificar a exatidão do lucro real apurado pelo contribuinte com base em:

a) exame de livros e documentos de sua escrituração;

b) escrituração de outros contribuintes;

c) informações ou esclarecimentos do contribuinte ou de terceiros; ou

d) qualquer outro elemento de prova.

4 A Lei Complementar nº 123/2006 veio definir como pequeno empresário, o empresário individual caracterizado como microempresa que aufira receita bruta anual até R$ 81.000,00.

A autoridade tributária pode proceder à fiscalização do contribuinte durante o curso do período-base ou antes do término da ocorrência do fato gerador do imposto.

A escrituração mantida com observância das disposições legais faz prova, a favor do contribuinte, dos fatos nela registrados e comprovados por documentos hábeis, segundo sua natureza ou assim definidos em preceitos legais.

Se a escrituração estiver em conformidade com as regras que lhe são aplicáveis, caberá à autoridade administrativa a prova da inveracidade dos fatos nela registrados, exceto nos casos em que a lei, por disposição especial, atribua ao contribuinte o ônus da prova (arts. 276, 907, parágrafo único, e 923 a 925 do RIR/1999).

12. CONSERVAÇÃO DE LIVROS E DOCUMENTOS

O art. 264 do RIR/1999 dispõe que a pessoa jurídica é obrigada a conservar em ordem, enquanto não prescritas eventuais ações que lhe sejam pertinentes, livros, documentos e papéis relativos a sua atividade, ou que se refiram a atos ou operações que modifiquem ou possam vir a modificar sua situação patrimonial.

Se ocorrer extravio, deterioração ou destruição de livros, fichas, documentos ou papéis de interesse da escrituração, a pessoa jurídica deverá publicar, em jornal de grande circulação do local de seu estabelecimento, aviso concernente ao fato e deste dar minuciosa informação, dentro de 48 horas, ao órgão competente do Registro do Comércio, remetendo cópia da comunicação à Receita Federal de sua jurisdição.

A legalização de novos livros ou fichas só será providenciada depois de cumprida essa exigência.

Os comprovantes da escrituração da pessoa jurídica relativos a fatos que repercutam em lançamentos contábeis de exercícios futuros serão conservados até que se opere a decadência do direito de a Fazenda Pública constituir os créditos tributários relativos a esses exercícios.

No tocante as instituições financeiras e demais instituições autorizadas a funcionar pelo Banco Central do Brasil, o Comunicado nº 15.077/2006 veio esclarecer que a regulamentação baixada pelo Conselho Monetário Nacional e pelo Banco Central do Brasil fixa prazos exclusivamente para efeito de cumprimento de preceitos relacionados ao processo de supervisão exercido pelo Bacen, não estabelecendo prazos de guarda de documentos para outros fins. O referido Comunicado ainda esclarece que o cumprimento de prazos estipulados na referida regulamentação não exime as instituições da observância dos demais prazos de manutenção de documentos assinalados pela legislação em vigor, para fins nela especificados.

No caso de livro digital, enquanto for mantida uma via do instrumento objeto de extravio, deterioração ou destruição no Sped, a Junta Comercial não autenticará livro substitutivo, devendo o empresário ou sociedade obter reprodução do instrumento junto à administradora daquele Sistema.

13. DOCUMENTOS MICROFILMADOS

Os originais dos livros e dos documentos microfilmados também devem ser conservados nos termos acima mencionados. A fiscalização pode exigir a sua apresentação sempre que julgar necessário (PN CST nº 11/1985).

Por seu turno, a Instrução Normativa nº 65/1997, do Diretor-Geral do Departamento Nacional de Registro do Comércio, inclui, entre os instrumentos de escrituração mercantil, as microfichas geradas por meio de microfilmagem de saída direta de computador (COM). Mas é importante registrar que, nos termos das Decisões n°s 343 a 346, de 14.10.1998, da Superintendência Regional da Receita Federal da 8ª Região Fiscal (Estado de São Paulo), a utilização desse sistema não desobriga a pessoa jurídica da guarda e da conservação dos livros e dos originais dos comprovantes dos lançamentos neles efetuados, até que ocorra a prescrição dos créditos tributários a que se refiram.

Posteriormente, a Superintendência Regional da Receita Federal da 7ª Região Fiscal, por meio da Solução de Consulta nº 431/2004 foi enfática ao esclarecer que legislação tributária atual não admite a substituição da escrituração em papel do Livro Diário por arquivo digital ou microfilme.

14. RESPONSÁVEL PELA ESCRITURAÇÃO

A escrituração contábil das pessoas jurídicas deve ficar sob a responsabilidade de contabilista legalmente habilitado nos termos da legislação específica, devendo as demonstrações contábeis obrigatórias ser assinadas pelos sócios ou administradores e pelo contabilista responsável pela escrituração.

Desde que legalmente habilitado para o exercício profissional, o titular de empresa individual, o sócio, o acionista ou o diretor da sociedade podem assinar as demonstrações contábeis da empresa também na qualidade de contabilista e assumir a responsabilidade pela escrituração.

É importante observar que:

a) a referida habilitação profissional pressupõe, além da formação escolar, o registro no CRC;

b) nas localidades em que não haja profissional habilitado, a designação de pessoa não habilitada não eximirá o contribuinte da responsabilidade pela escrituração (art. 177, § 4º, da Lei nº 6.404/1976 e art. 268 do RIR/1999).

O Novo Código Civil (Lei nº 10.406/2002 — art. 1.177) estabelece que os assentos lançados nos livros ou fichas do preponente, por qualquer dos prepostos encarregados de sua escrituração, produzem, salvo se houver procedido de má-fé, os mesmos efeitos como se o fossem por aquele.

Também ficou definido pelo referido código que, no exercício de suas funções, os prepostos são pessoalmente responsáveis, perante os preponentes, pelos atos culposos; e, perante terceiros.

Em se tratando de livro diário digital no âmbito do Sped, as assinaturas digitais do contabilista legalmente habilitado e do empresário ou sociedade empresária, nele lançadas, serão efetuadas utilizando-se de certificado digital, de segurança mínima tipo A3, emitido por entidade credenciada pela Infraestrutura de Chaves Públicas Brasileira (ICPBrasil).

15. IRREGULARIDADES NA ESCRITURAÇÃO — PENALIDADES

A falsificação, material ou ideológica, da escrituração e dos seus comprovantes, ou de demonstração contábil, que tenha por objeto eliminar ou reduzir o montante de imposto devido ou diferir seu pagamento submeterá o sujeito passivo a multa, independentemente da ação penal que couber.

Verificado pela autoridade tributária, antes do encerramento do período de apuração, que o contribuinte omitiu registro contábil total ou parcial de receita, registrou custos ou despesas cuja realização não possa comprovar ou praticou qualquer ato tendente a reduzir o imposto correspondente, inclusive na hipótese supramencionada, ele ficará sujeito a multa em valor igual à metade da receita omitida ou da dedução indevida, lançada e exigível, ainda que não tenha terminado o período de apuração de incidência do imposto (arts. 256 e 981 do RIR/1999).

16. ARBITRAMENTO DO LUCRO

Nos termos do artigo 530 do RIR/1999, fica sujeita ao arbitramento do lucro tributário, para efeito de incidência do Imposto de Renda, a pessoa jurídica ou empresa individual equiparada que:

a) estando sujeita à tributação com base no lucro real, não mantiver escrituração comercial e fiscal, deixar de elaborar as demonstrações financeiras obrigatórias ou apresentar escrituração que revele evidentes indícios de fraude ou contenha vícios, erros ou deficiências que a tornem imprestável para determinar o lucro real;

b) não estando sujeita à tributação pelo lucro real, opte pela tributação com base no lucro presumido, mas não mantenha escrituração comercial e fiscal na forma examinada neste texto ou a escrituração simplificada focalizada no item anterior;

c) deixar de apresentar à autoridade tributária, quando solicitados, os livros e os documentos da escrituração a que estiver sujeita.

17. EMPRESAS DISPENSADAS, PELA LEGISLAÇÃO FISCAL, DE ESCRITURAÇÃO COMERCIAL

Exclusivamente para fins da legislação do Imposto de Renda, ficam dispensadas da manutenção de escrituração comercial:

- as pessoas jurídicas, legalmente habilitadas para tanto, que optarem pela tributação com base no lucro presumido;
- as microempresas e as empresas de pequeno porte optantes pelo Simples Nacional.

Para tanto, devem manter em boa ordem e guarda, enquanto não decorrido o prazo decadencial e não prescritas eventuais ações que lhes sejam pertinentes:

a) livro Caixa, no qual deverão registrar toda a sua movimentação financeira, inclusive a realizada por via bancária;

b) livro Registro de Inventário, no qual deverão registrar os estoques existentes no término de cada ano-calendário;

c) todos os documentos e demais papéis que serviram de base para a escrituração dos livros referidos nas letras "a" e "b".

(Art. 527 do RIR/1999 e arts. 25 a 27 da Lei Complementar nº 123/2006)

18. NOVO CÓDIGO CIVIL — REGRAS DE ESCRITURAÇÃO

O Novo Código Civil, em seus arts. 1.179 a 1.195 traz diversas regras relativas à escrituração do empresário (antiga firma individual) e da sociedade empresária.

Para finalizar nosso estudo sobre escrituração das empresas, fazemos, a seguir, um resumo dos aspectos mais relevantes.

Segundo o novo Código Civil:

a) o empresário e a sociedade empresária são obrigados a:

a.1) seguir um sistema de contabilidade, mecanizado ou não, com base na escrituração uniforme de seus livros, em correspondência com a documentação respectiva;

a.2) levantar anualmente o balanço patrimonial e o de resultado econômico;

b) é dispensado da exigência de escrituração o pequeno empresário ao qual, segundo o art. 970 do Novo Código Civil, a lei assegure tratamento favorecido, diferenciado e simplificado quanto à inscrição e aos efeitos daí decorrentes[5];

c) além dos demais livros exigidos por lei, é indispensável o Diário, que pode ser substituído por fichas no caso de escrituração mecanizada ou eletrônica, observando-se que a adoção de fichas não dispensa o uso de livro apropriado para o lançamento do balanço patrimonial e de resultado econômico;

d) na coleta dos elementos para o inventário serão observados os critérios de avaliação a seguir determinados:

d.1) os bens destinados à exploração da atividade serão avaliados pelo custo de aquisição, devendo, na avaliação dos que se desgastam ou se depreciam com o uso, pela ação do tempo ou outros fatores, atender-se à desvalorização respectiva, criando-se fundos de amortização para assegurar-lhes a substituição ou a conservação do valor;

d.2) os valores mobiliários, as matérias-primas e os bens destinados à alienação ou que constituem produtos ou artigos da indústria ou comércio da empresa podem ser estimados pelo custo de aquisição ou de fabricação ou pelo preço corrente, sempre que este for inferior ao preço de custo, e quando o preço corrente ou venal estiver acima do valor do custo de aquisição ou fabricação e os bens forem avaliados pelo preço corrente, a diferença entre este e o preço de custo não será levada em conta para a distribuição de lucros nem para as percentagens referentes a fundos de reserva;

d.3) o valor das ações e dos títulos de renda fixa pode ser determinado com base na respectiva cotação da Bolsa de Valores; os não cotados e as participações não acionárias serão considerados pelo seu valor de aquisição;

d.4) os créditos serão considerados de conformidade com o presumível valor de realização, não se levando em conta os prescritos ou de difícil liquidação, salvo se houver, quanto aos últimos, previsão equivalente;

5 Considera-se pequeno empresário, o empresário individual caracterizado como microempresa na forma da Lei Complementar nº 123/2006, que aufira receita bruta anual de até R$ 81.000,00 (artigo 68).

d.5) entre os valores do Ativo podem figurar, desde que se preceda, anualmente, à sua amortização:

d.5.1) as despesas de instalação da sociedade, até o limite correspondente a 10% do capital social;

d.5.2) os juros pagos aos acionistas da sociedade anônima, no período antecedente ao início das operações sociais, à taxa não superior a 12% ao ano, fixada no estatuto;

d.5.3) a quantia efetivamente paga a título de aviamento de estabelecimento adquirido pelo empresário ou sociedade;

e) ressalvados os casos previstos em lei, nenhuma autoridade, juiz ou tribunal, sob qualquer pretexto, poderá fazer ou ordenar diligência para verificar se o empresário ou a sociedade empresária observam, ou não, em seus livros e fichas as formalidades prescritas em lei;

f) o juiz só poderá autorizar a exibição integral dos livros e papéis de escrituração quando necessária para resolver questões relativas a sucessão, comunhão ou sociedade, administração ou gestão à conta de outrem ou em caso de falência, observando-se que:

f.1) o juiz ou tribunal que conhecer de medida cautelar ou de ação pode, a requerimento ou de ofício, ordenar que os livros de qualquer das partes, ou de ambas, sejam examinados na presença do empresário ou da sociedade empresária a que pertencerem, ou de pessoas por estes nomeadas, para deles se extrair o que interessar à questão;

f.2) achando-se os livros em outra jurisdição, nela se fará o exame, perante o respectivo juiz;

g) recusada a apresentação dos livros, nos casos da letra "f", serão apreendidos judicialmente e, no caso da letra "f.1", ter-se-á como verdadeiro o alegado pela parte contrária para se provar pelos livros, observando-se que a confissão resultante da recusa pode ser elidida por prova documental em contrário;

h) as restrições antes mencionadas ao exame da escrituração, em parte ou por inteiro, não se aplicam às autoridades fazendárias, no exercício da fiscalização do pagamento de impostos, nos termos estritos das respectivas leis especiais;

i) o empresário e a sociedade empresária são obrigados a conservar em boa guarda toda a escrituração, correspondência e mais papéis concernentes à sua atividade, enquanto não ocorrer prescrição ou decadência no tocante aos atos neles consignados.

Capítulo 33

Retenções na Fonte

1. SERVIÇOS PRESTADOS POR PESSOAS JURÍDICAS A OUTRAS PESSOAS JURÍDICAS - RETENÇÕES DE IR E CONTRIBUIÇÕES

Até a edição da Lei nº 10.833/2003, os serviços prestados por pessoas jurídicas a outras pessoas jurídicas ficavam sujeitas, basicamente, à retenção do Imposto de Renda na Fonte.

Com a edição da referida lei passou a existir, também, a figura da retenção na fonte da CSL, da Cofins e do PIS pela prestação de serviços.

Nos itens seguintes tratamos detalhadamente dessas retenções.

2. RETENÇÃO DE IR[1]

2.1 Serviços profissionais prestados por pessoas jurídicas a outras pessoas jurídicas

O art. 647 do RIR/1999 estabelece que estão sujeitas ao desconto do Imposto de Renda na fonte, à alíquota de 1,5%[2], as importâncias pagas ou creditadas por pessoas jurídicas a outras pessoas jurídicas, civis ou mercantis, pela prestação de serviços caracterizadamente de natureza profissional, a seguir relacionados.

01 - administração de bens ou negócios em geral, exceto consórcios ou fundos mútuos para aquisição de bens;

02 - advocacia;

03 - análise clínica laboratorial;

1 É dispensada a retenção do imposto, quando o valor a reter for igual ou inferior a R$ 10,00, desde que a beneficiária seja pessoa jurídica tributada com base no lucro real, presumido ou arbitrado (artigo 724, II, do RIR/1999).

2 Não haverá incidência do Imposto de Renda na Fonte sobre o valor das remunerações pagas ou creditadas quando o serviço for prestado por pessoas jurídicas imunes ou isentas (IN SRF nº 23/1986).

04 - análises técnicas;

05 - arquitetura;

06 - assessoria e consultoria técnica, exceto o serviço de assistência técnica prestado a terceiros e concernente a ramo de indústria ou comércio explorado pelo prestador do serviço;

07 - assistência social;

08 - auditoria;

09 - avaliação e perícia;

10 - biologia e biomedicina;

11 - cálculo em geral;

12 - consultoria;

13 - contabilidade;

14 - desenho técnico;

15 - economia;

16 - elaboração de projetos;

17 - engenharia, exceto construção de estradas, pontes, prédios e obras assemelhadas;

18 - ensino e treinamento;

19 - estatística;

20 - fisioterapia;

21 - fonoaudiologia;

22 - geologia;

23 - leilão;

24 - medicina, exceto a prestada por ambulatório, banco de sangue, casa de saúde, casa de recuperação ou repouso sob orientação médica, hospital e pronto-socorro;

25 - nutricionismo e dietética;

26 - odontologia;

27 - organização de feiras de amostras, congressos, seminários, simpósios e congêneres;

28 - pesquisa em geral;

29 - planejamento;

30 - programação;

31 - prótese;

32 - psicologia e psicanálise;

33 - química;

34 - radiologia e radioterapia;

35 - relações públicas;

36 - serviço de despachante;

37 - terapêutica ocupacional;

38 - tradução ou interpretação comercial;

39 - urbanismo; e

40 - veterinária.

Observa-se que o imposto incide independentemente da qualificação profissional dos sócios da sociedade beneficiária e do fato de ela auferir receitas de quaisquer outras atividades, seja qual for o valor dos serviços em relação à receita total e também de os serviços serem prestados pessoalmente por sócios de sociedade civil ou explorados empresarialmente por intermédio de sociedade mercantil mediante o concurso de profissionais contratados.

O imposto também incide na hipótese de os serviços se referirem ao exercício de profissão legalmente regulamentada ou não.

Veja que o imposto retido na fonte, nas hipóteses acima, será compensado com o IRPJ devido pela pessoa jurídica beneficiária no período de apuração em que os rendimentos forem computados na base de cálculo (lucro real, presumido ou arbitrado).

(§ 2º do art. 647 do RIR/1999; PN CST nº 8/1986 e Decisão nº 3/1997, da 8ª Região Fiscal)

2.1.1 Assessoria e consultoria técnica

Ao se manifestar por meio do PN CST nº 37/1987, a Receita Federal esclareceu que no item 6 da lista estão compreendidos (como sujeitos à incidência do imposto na fonte) tão somente os serviços que configurem alto grau de especialização, obtido por meio de estabelecimentos de nível superior e técnico, vinculados diretamente à capacidade intelectual do indivíduo.

O referido parecer conclui, ainda, que:

a) os serviços de assessoria e consultoria técnica alcançados pela tributação na fonte em exame restringem-se àqueles resultantes da engenhosidade humana, tais como: especificação técnica para a fabricação de aparelhos e equipamentos em geral; assessoria administrativo-organizacional; consultoria jurídica, etc.;

b) não se sujeitam à aludida tributação na fonte os serviços de reparo e manutenção de aparelhos e equipamentos (domésticos ou industriais).

2.1.2 Serviços de engenharia

Sobre os serviços de engenharia referidos no item 17 da lista acima, o PN nº 08/1986 prestou alguns esclarecimentos, sobretudo no que diz respeito à incidência e a não incidência do imposto, conforme adiante comentado.

2.1.2.1 Não incidência do imposto

O PN CST nº 08/1986 esclarece que a exceção constante do item 17 da lista referida anteriormente abrange as obras de construção em geral e as de montagem, instalação, restauração e manutenção de instalações e equipamentos industriais.

O referido PN ainda conclui que estão fora do campo da incidência, por exemplo, as obras de: prospecção, exploração e completação de poços de petróleo e gás; conservação de estradas; execução de serviços de automação industrial; construção de gasodutos, oleodutos e mineradutos; instalação e montagem de sistemas de telecomunicações, energia e sinalização ferroviária; obras destinadas a geração, aproveitamento e distribuição de energia; construção de rede de água e esgoto, etc.

Por sua vez, o mesmo PN esclarece que não será exigido o imposto na fonte sobre rendimentos decorrentes da execução de contratos de prestação de serviços que abranjam trabalhos de engenharia de caráter múltiplo e diversificado, como, por exemplo, contrato que englobe serviços preliminares de engenharia (tais como viabilidade e elaboração de projetos), execução física de construção civil ou obras assemelhadas e fiscalização de obras.

2.1.2.2 Incidência do imposto

O PN CST nº 08/1986 esclarece que imposto na fonte incide somente sobre remunerações relativas ao desempenho de serviços pessoais da profissão, prestados por meio de sociedades civis ou explorados empresarialmente por intermédio de sociedades mercantis.

Assim, o referido PN conclui que é devido o imposto na fonte, por exemplo, sobre a remuneração dos seguintes serviços quando prestados isoladamente:

a) estudos geofísicos;
b) fiscalização de obras de engenharia em geral (construção, derrocamento, estrutura, inspeção, proteção, medições, testes, etc.);
c) elaboração de projetos de engenharia em geral;
d) administração de obras;
e) gerenciamento de obras;
f) serviços de engenharia consultiva;

g) serviços de engenharia informática (desenvolvimento e implantação de *software* e elaboração de projetos de *hardware*);
h) planejamento de empreendimentos rurais e urbanos;
i) prestação de orientação técnica;
j) perícias técnicas.

2.1.3 Serviços de medicina

O PN CST nº 08/1986 não se limitou somente a tratar da incidência e não incidência dos serviços de engenharia. Ele foi mais abrangente e esclareceu que a incidência do imposto na fonte restringe-se aos rendimentos decorrentes do desempenho de trabalhos pessoais da profissão de medicina que, normalmente, poderiam ser prestados em caráter individual e de forma autônoma, mas que, por conveniência empresarial, são executados mediante interveniência de sociedades civis ou mercantis.

Estão fora do campo da incidência do imposto, segundo o referido parecer:

a) os serviços inerentes ao desempenho das atividades profissionais da medicina, quando executados dentro do ambiente físico dos estabelecimentos de saúde mencionados no item 24 da lista estampada no subitem 2.1 (ambulatório, banco de sangue, casa de saúde, casa de recuperação ou repouso sob orientação médica, hospital e pronto-socorro), prestados sob subordinação técnica e administrativa da pessoa jurídica titular do empreendimento; essa exclusão abrange os serviços correlatos ao exercício da medicina, tais como análise clínica laboratorial, fisioterapia, fonoaudiologia, psicologia, psicanálise, radiologia e radioterapia;
b) os rendimentos provenientes da execução de contratos de prestação de serviços médicos pactuados com pessoas jurídicas, visando a assistência médica de empregados e seus dependentes em ambulatório, casa de saúde, pronto-socorro, hospital e estabelecimentos assemelhados (referidos no item 24 da lista), desde que a prestação dos serviços seja realizada exclusivamente nos estabelecimentos de saúde mencionados, próprios ou de terceiros.

2.1.4 Serviços prestados por sociedade civil ligada à fonte pagadora

Aplicar-se-á às importâncias pagas ou creditadas a tabela progressiva mensal a que estão sujeitos as pessoas físicas (ao invés da alíquota fixa de 1,5%) quando a beneficiária for sociedade civil prestadora de serviços relativos a profissão legalmente regulamentada, controlada, direta ou indiretamente:

a) por pessoas físicas que sejam diretores, gerentes ou controladores da pessoa jurídica que pagar ou creditar os rendimentos; ou

b) pelo cônjuge, ou parente de primeiro grau, das pessoas físicas referidas no inciso anterior.

(Art. 648 do RIR/1999)

2.1.5 Recrutamento e seleção de pessoal

O PN CST nº 37/1987, esclarece que a remuneração paga ou creditada a agências de empregos, pelas pessoas jurídicas que contratam pessoal (empregados efetivos) por seu intermédio, sujeita-se à incidência do Imposto de Renda na Fonte prevista para comissões, corretagens ou qualquer outra remuneração pela representação comercial ou pela mediação na realização de negócios civis e comerciais, pagas ou creditadas por uma pessoa jurídica a outra pessoa jurídica.

Em se tratando de serviço de seleção de pessoal, notadamente no caso de profissionais de alto nível (executivos e técnicos especializados), geralmente é feito por intermédio de empresas de assessoria empresarial. Nessa hipótese o serviço pode enquadrar-se no item 06 da lista estampada no subitem 2.1 nessa segunda hipótese deve ser observado código de DARF específico (8045).

2.1.6 Cooperativas de trabalho

Também estão sujeitas à alíquota de 1,5%, as importâncias pagas ou creditadas por pessoas jurídicas a cooperativas de trabalho, associações de profissionais ou assemelhadas, relativas a serviços pessoais que lhes forem prestados por associados destas ou colocados à sua disposição.

Em manifestação antiga, a superintendência regional da Receita Federal da 1ª Região Fiscal esclareceu que estão sujeitas à incidência do Imposto de Renda na Fonte, conforme abordado neste Capítulo, as importâncias pagas ou creditadas pelas cooperativas de trabalho a associados, pessoas jurídicas, se os serviços profissionais prestados pela associada constarem da lista do subitem 2.1.

2.1.7 Prazo e forma de recolhimento do imposto retido

Em relação aos fatos geradores ocorridos **a partir de 1º.10.2008** o recolhimento o recolhimento do Imposto de Renda na Fonte passou a ser feito até o último dia útil do **segundo** decêndio do mês subsequente ao mês de ocorrência dos fatos geradores (Lei nº 11.933/2009).

O recolhimento do tributo é feito por meio de Darf, preenchido em duas vias. O campo 04 deverá ser preenchido com o código 1708.

Lembra-se que o fato gerador do imposto ocorre na data em que o rendimento for pago[3] ou creditado[4] à pessoa jurídica beneficiária.

2.2 Serviços de limpeza e conservação de bens imóveis, segurança, vigilância e locação de mão de obra

Também estão sujeitos ao desconto do Imposto de Renda, contudo à alíquota de 1%, as importâncias pagas ou creditadas por pessoas jurídicas a outras pessoas jurídicas, civis ou mercantis, a título de remuneração pela:

a) prestação de serviços de limpeza e conservação de bens imóveis, exceto reformas e obras assemelhadas[5];

b) prestação de serviços de segurança e vigilância;

c) locação de mão de obra de empregados da locadora colocados a serviço da locatária, pessoa jurídica, em local por esta determinado; e

d) prestação de serviços de transporte de valores.

(art. 649 do RIR/1999, IN SRF nº 34/1989 e ADN Cosit nº 6/2000)

2.2.1 Definição de bens imóveis

De acordo com o Ato Declaratório Normativo CST nº 9/1990, para se delimitar o alcance da incidência do Imposto de Renda sobre a remuneração paga ou creditada pela prestação de serviços de limpeza e conservação de bens imóveis é necessário considerar a definição de bens imóveis prevista no art. 43 do Código Civil.

Hoje vige o novo Código Civil que conceitua como bens imóveis (artigo 79 da Lei nº 10.406/2002):

> *"... o solo e tudo quanto se lhe incorporar natural ou artificialmente."*

2.2.2 Locação de mão de obra e intermediação na contratação de empregados

Para fins de incidência de Imposto de Renda na fonte, é importante distinguirmos o que é locação de mão de obra e o que é intermediação na

---

3 Considera-se pagamento do rendimento a entrega de recursos, inclusive mediante crédito em instituição financeira, a favor do beneficiário (artigo 38, parágrafo único, do RIR/1999).

4 Entende-se por crédito o registro contábil, efetuado pela fonte pagadora, pelo qual o rendimento é colocado, incondicionalmente, à disposição do beneficiário (PN CST nº 121/1973).

5 Essa situação aplica-se, inclusive, aos rendimentos pagos ou creditados por pessoas jurídicas, de direito público ou privado, a outras pessoas jurídicas, civis ou mercantis, pela prestação de serviços de limpeza e conservação de ruas e logradouros públicos (Ato Declaratório Interpretativo SRF nº 4/2003).

contratação de empregados, isto porque o primeiro sujeita-se a alíquota de 1,5%; já o segundo, a alíquota de 1%.

2.2.2.1 Locação de mão de obra

A locação de mão de obra, ocorre quando a locadora coloca empregados seus à disposição da locatária para executar trabalhos temporários em local por esta designado. O pessoal fornecido continua mantendo a condição de empregado da locadora e sendo por esta remunerado.

A prestadora do serviço (no caso, a locadora) cobra da locatária uma importância que cobre os seus custos (salários dos empregados, respectivos encargos sociais, etc.), as despesas operacionais e a sua margem de lucro. Sobre essa importância, paga pela locatária à locadora (ambas pessoas jurídicas), incide o Imposto de Renda na Fonte, à alíquota de 1%.

2.2.2.2 Intermediação para a contratação de empregados

Na intermediação para a contratação de empregados, a atividade da intermediária limita-se a recrutar profissionais no mercado e encaminhá-los à empresa que deseja contratá-los.

Neste caso, temos que a remuneração paga à intermediadora (agência de empregos) sujeita-se à incidência do Imposto de Renda na Fonte à alíquota de 1,5%. Essa é a alíquota prevista para retenção do IR sobre os valore pagos ou creditados a título de comissões e corretagens. O imposto, no caso, será recolhido sob o código de receita 8045.

2.2.3 Prazo e forma de recolhimento do imposto retido

Em relação aos fatos geradores ocorridos **a partir de 1°.10.2008,** o recolhimento o recolhimento do Imposto de Renda na Fonte passou a ser feito até o último dia útil do **segundo** decêndio do mês subsequente ao mês de ocorrência dos fatos geradores (Lei n° 11.933/2009).

O recolhimento do tributo é feito por meio de Darf, preenchido em duas vias. O campo 04 deverá ser preenchido com o código 1708.

Lembra-se que o fato gerador do imposto, ocorre na data em que o rendimento for pago[6] ou creditado[7] à pessoa jurídica beneficiária.

---

6 Considera-se pagamento do rendimento a entrega de recursos, inclusive mediante crédito em instituição financeira, a favor do beneficiário (art. 38, parágrafo único, do RIR/1999).

7 Entende-se por crédito o registro contábil, efetuado pela fonte pagadora, pelo qual o rendimento é colocado, incondicionalmente, à disposição do beneficiário (PN CST n° 121/1973).

2.3 Serviços de propaganda e publicidade

As importâncias pagas ou creditadas por pessoas jurídicas a outras pessoas jurídicas, por serviços de propaganda e publicidade, também estão sujeitas à incidência do Imposto de Renda na Fonte. A alíquota, no caso, é de 1,5%. Contudo, essa modalidade de retenção tem uma particularidade muito interessante. O Imposto de Renda na Fonte sobre serviços de propaganda e publicidade deve ser pago pela agência de propaganda, por conta e ordem do anunciante. Portanto, quem recolhe o imposto, é o prestador do serviço, e não o tomador.

(Art. 651, II, do RIR/1999 e IN SRF nº 123/1992)

2.3.1 Fato gerador

De acordo com o PN CST nº 7/1986, o fato gerador do imposto caracteriza-se por pagamento, crédito ou entrega de numerário pelo anunciante (pessoa jurídica) a agência de propaganda, em decorrência da prestação de serviços de propaganda e publicidade.

O referido PN ainda esclareceu que o crédito, entendido como tal o lançamento contábil, feito pelo anunciante, pelo qual os recursos são colocados à disposição da agência de propaganda, marca a ocorrência do fato gerador da incidência (surgindo, em decorrência, a obrigação de antecipar o imposto sobre o respectivo valor), se ele for comunicado à agência de propaganda.

Não ocorrendo essa comunicação, o fato gerador somente se consumará por ocasião do efetivo pagamento. Essa última solução é a que se impõe, inclusive, no caso de a devedora estar desobrigada de manter escrituração contábil.

2.3.2 Base de cálculo

A IN SRF nº 123/1992 estabelece que a base de cálculo do imposto é o valor das importâncias pagas, entregues ou creditadas, pelo anunciante, às agências de propaganda.

2.3.2.1 Inclusões à base de cálculo

De acordo com o PN CST nº 7/1986, incluem-se na base de cálculo:

a) as "bonificações de volume" concedidas por veículos de divulgação ou por fornecedores, os honorários de veiculação (quando o anunciante efetuar o pagamento diretamente ao veículo de divulgação) ou as vantagens a quaisquer títulos, vinculadas a serviços de propaganda e publicidade;

b) a importância adiantada pelo anunciante, por conta da execução de serviços de propaganda e publicidade, restrita, porém, à parte que se destinar a remunerar os serviços próprios da beneficiária, se se puder discriminar de forma definitiva e incondicional as diversas parcelas a que se destina satisfazer o adiantamento;

c) a eventual venda de espaços em veículo de divulgação que a agência de propaganda houver adquirido, se verificados, na espécie, os demais pressupostos legais da incidência tributária em exame.

2.3.2.2 Exclusões à base de cálculo

Podem ser excluídos da base de cálculo do imposto as importâncias pagas diretamente ou repassadas a empresas de rádio, televisão, jornais e revistas, publicidade ao ar livre (*outdoor*) e cinema, bem como os descontos obtidos por antecipação de pagamento.

(Art. 651, § 1°, do RIR/1999 e IN SRF n° 123/1992).

2.3.3 Prazo e forma de recolhimento do imposto retido

Em relação aos fatos geradores ocorridos a partir de 1°.10.2008 o recolhimento o recolhimento do Imposto de Renda na Fonte passou a ser feito até o último dia útil do segundo decêndio do mês subsequente ao mês de ocorrência dos fatos geradores (Lei n° 11.933/2009).

O Darf para recolhimento do tributo deve ser preenchido em duas vias e deverá contemplar o imposto devido sobre as importâncias pagas, entregues ou creditadas por todos os anunciantes. No campo 04, deverá ser indicado o código 8045.

2.3.4 Obrigações acessórias de responsabilidade da agência

2.3.4.1 Comprovante anual de Imposto de Renda recolhido

As IN SRF n°s 983/2009 e 130/1992 estabelecem que a agência de propaganda deverá fornecer aos anunciantes, até o dia 31 de janeiro de cada ano, documento[8] comprobatório do rendimento percebido e do Imposto de Renda recolhido relativo ao ano-calendário anterior.

Esse documento deverá conter:

8 O referido comprovante, a ser emitido em uma única via, tem modelo oficial (formulário à venda nas papelarias) aprovado pela IN SRF n° 130/1992. A agência que emitir documento por meio de processamento eletrônico de dados poderá adotar modelo diferente do aprovado pela mencionada IN n° 130/1992, desde que contenha todas as informações nele previstas, ficando dispensada assinatura ou chancela mecânica.

a) a razão social e o número do CNPJ completo (com 14 dígitos) do anunciante e da agência de propaganda;
b) o mês de ocorrência do fato gerador do Imposto de Renda e o valor do rendimento bruto;
c) a base de cálculo e o valor do Imposto de Renda correspondente.

2.3.4.2 Informação na DCTF

A agência de propaganda deve informar o valor do imposto na sua Declaração de Débitos e Créditos Tributários Federais (DCTF)

(IN SRF nº 123/1992).

2.3.5 Compensação do imposto pela agência de propaganda

O Imposto de Renda pago conforme explanado neste tópico poderá ser compensado com o IRPJ devido pela agência de propaganda, apurado trimestralmente (com base no lucro real, presumido ou arbitrado) ou devido mensalmente por estimativa, caso a agência tenha optado por essa forma de pagamento, no período de apuração ou no mês em que os rendimentos forem computados na base de cálculo do IRPJ.

(Arts. 229, 526, 540 e 651, § 2º, do RIR/1999)

2.3.6 Informação na DIRF anual do anunciante

As informações prestadas pelas agências de propaganda no Comprovante Anual de Imposto de Renda Recolhido deverão ser discriminadas, por beneficiário, na Declaração de Imposto de Renda na Fonte (Dirf) Anual do anunciante.

(IN SRF nºs 123 e 130/1992).

3. RETENÇÕES NA FONTE DA CSL, DA COFINS E DO PIS-Pasep

Estão sujeitos à retenção na fonte da Contribuição Social sobre o Lucro Líquido (CSL), da Cofins e da contribuição para o PIS/Pasep os pagamentos efetuados pelas pessoas jurídicas de direito privado a outras pessoas jurídicas de direito privado, pela prestação de serviços de limpeza, conservação, manutenção, segurança, vigilância, transporte de valores e locação de mão de obra, pela prestação de serviços de assessoria creditícia, mercadológica, gestão de crédito, seleção e riscos, administração de contas a pagar e a receber[9], bem como pela remuneração de serviços profissionais.

9 A retenção sobre os serviços de assessoria creditícia, mercadológica, gestão de crédito, seleção e riscos e administração de contas a pagar e a receber aplica-se, inclusive, quando tais serviços forem prestados por empresa de *factoring*.

A retenção aplica-se, inclusive, aos pagamentos efetuados por:

a) associações, inclusive entidades sindicais, federações, confederações, centrais sindicais e serviços sociais autônomos;

b) sociedades simples, inclusive sociedades cooperativas;

c) fundações de direito privado; ou

d) condomínios edilícios.

Por sua vez, não estão obrigadas a efetuar a retenção as pessoas jurídicas optantes pelo Simples.

Além disso, essas retenções não se aplicam às entidades da administração pública federal de que trata o art. 34 da Lei nº 10.833/2003, bem como aos órgãos, autarquias e fundações dos Estados, do Distrito Federal e dos Municípios.

3.1 Algumas definições segundo a IN SRF nº 459/2004

A IN SRF nº 459/2004 ao regulamentar os aspectos relativos a retenção na fonte das contribuições, estabelece que entende-se como serviços (§ 2º do art. 1º da IN SRF nº 459/2004):

a) de limpeza, conservação ou zeladoria os serviços de varrição, lavagem, enceramento, desinfecção, higienização, desentupimento, dedetização, desinsetização, imunização, desratização ou outros serviços destinados a manter a higiene, o asseio ou a conservação de praias, jardins, rodovias, monumentos, edificações, instalações, dependências, logradouros, vias públicas, pátios ou de áreas de uso comum;

b) de manutenção todo e qualquer serviço de manutenção ou conservação de edificações, instalações, máquinas, veículos automotores, embarcações, aeronaves, aparelhos, equipamentos, motores, elevadores ou de qualquer bem, quando destinadas a mantê-los em condições eficientes de operação, exceto se a manutenção for feita em caráter isolado, como um mero conserto de um bem defeituoso;

c) de segurança e/ou vigilância os serviços que tenham por finalidade a garantia da integridade física de pessoas ou a preservação de valores e de bens patrimoniais, inclusive escolta de veículos de transporte de pessoas ou cargas;

d) profissionais aqueles relacionados no § 1º do art. 647 do RIR/1999, inclusive quando prestados por cooperativas ou associações profissionais, aplicando-se, para fins da retenção das contribuições, os mesmos critérios de interpretação adotados em atos normativos expedidos pela Secretaria da Receita Federal para a retenção do Imposto de Renda.

3.2 Retenções das contribuições sem prejuízo da retenção do IR

As retenções serão efetuadas sem prejuízo da retenção do Imposto de Renda na Fonte das pessoas jurídicas sujeitas a alíquotas específicas previstas na legislação do Imposto de Renda e sobre qualquer forma de pagamento, inclusive pagamentos antecipados por conta de prestação de serviços para entrega futura.

3.3 Percentual a ser descontado

O valor da retenção da CSL, da Cofins e da contribuição para o PIS/Pasep será determinado mediante a aplicação, sobre o montante a ser pago (valor bruto da nota ou documento fiscal), do percentual de 4,65%, correspondente à soma das alíquotas de 1%, 3% e 0,65%, que correspondem a cada uma das contribuições, respectivamente.

As alíquotas de 3% e 0,65%, relativas à Cofins e à contribuição para o PIS-Pasep, aplicam-se inclusive na hipótese de as receitas da prestadora de serviços estarem sujeitas ao regime de não cumulatividade da Cofins e do PIS/Pasep ou a regime de alíquotas diferenciadas.

3.3.1 Hipótese em que pode ocorrer a retenção parcial das contribuições

A retenção dar-se-á mediante a aplicação da alíquota específica correspondente às contribuições não alcançadas pela isenção, pela alíquota zero ou pela suspensão, no caso de:

a) pessoa jurídica ou de receitas beneficiárias de isenção ou de alíquota zero de uma ou mais das contribuições; ou
b) no caso de pessoa jurídica amparada pela suspensão, total ou parcial, da exigibilidade do crédito tributário nas hipóteses de depósito do seu montante integral;
c) concessão de medida liminar em mandado de segurança;
d) concessão de medida liminar ou de tutela antecipada, em outras espécies de ação judicial; ou
e) sentença judicial transitada em julgado, determinando a suspensão do pagamento de qualquer das contribuições.

As pessoas jurídicas beneficiárias de isenção ou de alíquota zero devem informar esta condição na nota ou documento fiscal, inclusive o enquadramento legal, sob pena de, se não o fizerem, sujeitarem-se à retenção das contribuições no percentual de 4,65%.

No caso de suspensão do crédito tributário, o beneficiário do rendimento deverá apresentar à fonte pagadora, a cada pagamento, a comprovação de que o direito à não retenção continua amparado por medida judicial.

3.4 Dispensa de retenção por limite de valor

Até 21.06.2015 a legislação tributaria estabelecia a dispensa de retenção de que trata esse Capítulo na hipótese de pagamento de valor igual ou inferior a R$ 5.000,00.

Ocorrendo mais de um pagamento no mesmo mês à mesma pessoa jurídica, a cada pagamento deverá ser:

a) efetuada a soma de todos os valores pagos no mês;

b) calculado o valor a ser retido sobre o montante obtido na forma da letra "a"acima, desde que este ultrapasse o limite de R$ 5.000,00. Os valores retidos anteriormente no mesmo mês deverão ser deduzidos.

Agora, caso a retenção a ser efetuada seja superior ao valor a ser pago, a retenção será efetuada até o limite deste.

Ocorre, porém, que com a edição da Lei nº 13.137/2015, essa regra sofreu substancial alteração. De acordo com a nova redação dada ao parágrafo 3º do art. 31 da Lei nº10.833/2003, a partir de 22/06/2015 está dispensada a retenção de valor igual ou inferior a R$ 10,00 (dez reais), exceto na hipótese de Documento de Arrecadação de Receitas Federais - DARF eletrônico efetuado por meio do Siafi

3.5 Outros casos de retenção da CSL, da Cofins e do PIS-Pasep

Não será exigida a retenção da CSL, da Cofins e da contribuição para o PIS-Pasep na hipótese de pagamentos efetuados a:

a) empresas estrangeiras de transporte de valores;

b) pessoas jurídicas optantes pelo Simples Nacional[10], em relação às suas receitas próprias.

(Art. 32 da Lei nº 10.833/2003, com a redação dada pelo art. 21 da Lei nº 10.865/2004; e art. 3º da IN SRF nº 459/2004)

---

10 Para fins de dispensa da retenção, as pessoas jurídicas optantes pelo Simples Nacional deverão apresentar à pessoa jurídica tomadora dos serviços declaração, em duas vias, assinada pelo representante legal. Essa declaração deverá ser elaborada conforme o Anexo I da IN SRF nº 459/2004 (alterada pela IN EFB nº 791/2007), cuja 1ª via deverá ser arquivada pela pessoa jurídica responsável pela retenção e ficará à disposição da Secretaria da Receita Federal.

3.6 Casos em que não se aplica a retenção da Cofins e da contribuição para o PIS-Pasep

Não será exigida retenção da Cofins e da contribuição para o PIS-Pasep, cabendo somente a retenção da CSL, nos pagamentos:

a) a título de transporte internacional de valores efetuado por empresa nacional;

b) aos estaleiros navais brasileiros nas atividades de conservação, modernização, conversão e reparo de embarcações pré-registradas ou registradas no Registro Especial Brasileiro (REB), instituído pela Lei nº 9.432/1997.

(Art. 32, parágrafo único da Lei nº 10.833/2003, com a redação dada pelo art. 21 da Lei nº 10.865/2004; e art. 4º da IN SRF nº 459/2004)

3.7 Caso em que não se aplica a retenção da CSL

Desde 1º.01.2005, não há retenção da CSL sobre os pagamentos efetuados às sociedades cooperativas, em relação aos atos cooperativos

Desde 1º.01.2005, estão isentas da CSL as cooperativas que obedecerem ao disposto na legislação específica.

(Art. 32, I, com a redação dada pelo art. 21 da Lei nº 10.865/2004 e art. 39 da Lei nº 10.833/2003; e art. 5º da IN SRF nº 459/2004)

3.8 Prazo de pagamento

A partir de 22 de junho de 2015 os valores retidos no mês, passaram ser recolhidos ao Tesouro Nacional pelo órgão público que efetuar a retenção ou, de forma centralizada, pelo estabelecimento matriz da pessoa jurídica, até o último dia útil do segundo decêndio do mês subsequente àquele mês em que tiver ocorrido o pagamento à pessoa jurídica fornecedora dos bens ou prestadora do serviço. (Lei nº 13.137, de 2015)

3.9 Códigos a serem utilizados no preenchimento do DARF

As contribuições para o PIS, Cofins e CSL retidas devem ser recolhidas por meio de Darf, em duas vias.

Para o recolhimento das contribuições, o Darf deve ser preenchido em duas vias, indicando-se no campo 04 o código 5952, na hipótese de retenção da CSL, da Cofins e do PIS.

Na hipótese de isenção, alíquota zero ou suspensão da exigibilidade de uma ou mais contribuições, conforme vimos anteriormente, o recolhimento das contribuições não alcançadas por essas exceções será efetuado mediante a utilização dos seguintes códigos: 5987 para a CSL, 5960 para a Cofins e 5979 para o PIS/Pasep.

3.10 Operações com Cartões de Crédito ou Débito

Nos pagamentos pela prestação de serviços efetuados por meio de cartões de crédito ou débito, a retenção será efetuada pela pessoa jurídica tomadora dos serviços sobre o total a ser pago à empresa prestadora dos serviços, devendo o pagamento ser realizado pelo valor líquido, cabendo a responsabilidade pelo recolhimento dos valores retidos à pessoa jurídica tomadora dos serviços.

3.11 Documentos de cobrança que contenham código de barras

Nas notas fiscais, nas faturas, nos boletos bancários ou quaisquer outros documentos de cobrança que contenham código de barras, deverão ser informados o valor bruto do preço dos serviços e os valores de cada contribuição incidente sobre a operação, devendo o seu pagamento ser efetuado pelo valor líquido, depois de deduzidos os valores das contribuições retidas, cabendo a responsabilidade pelo recolhimento destas à pessoa jurídica tomadora dos serviços.

As faturas de cartão de crédito estão dispensadas de conter essas informações.

(Art. 9º da IN SRF nº 459/2004)

3.12 Dedução dos valores retidos pelo beneficiário dos rendimentos

Os valores das contribuições retidos serão considerados como antecipação do que for devido pelo contribuinte que sofreu a retenção, em relação às respectivas contribuições.

Os valores retidos poderão ser deduzidos, pelos beneficiários dos pagamentos, das contribuições devidas de mesma espécie, relativamente aos fatos geradores ocorridos a partir do mês da retenção.

Por sua vez, o valor a ser deduzido, correspondente a cada espécie de contribuição, será determinado mediante a aplicação, sobre o valor bruto do documento fiscal, das alíquotas respectivas às retenções efetuadas.

3.13 Fornecimento do comprovante anual de rendimentos pagos ao prestador do serviço

As pessoas jurídicas que efetuarem a retenção das contribuições devem fornecer, à pessoa jurídica beneficiária do pagamento (prestador do serviço), comprovante anual de retenção[11].

11 O modelo de comprovante foi aprovado pela IN SRF nº 459/2004, anexo II.

O comprovante deverá ser fornecido até o último dia útil de fevereiro do ano subsequente, Nesse documento deverão ser informados, relativamente a cada mês em que houver sido efetuado o pagamento: o código de retenção, a natureza do rendimento, o valor pago antes de efetuada a retenção e o valor retido.

É permitido ao tomador do serviço disponibilizar o comprovante anual por meio da Internet à pessoa jurídica beneficiária do pagamento que possua endereço eletrônico.

3.14 Dirf anual - apresentação pelo tomador do serviço

Lembra-se que, anualmente (até o último dia útil de fevereiro do ano subsequente), as pessoas jurídicas que efetuarem a retenção das contribuições devem apresentar Declaração de Imposto de Renda Retido na Fonte (Dirf), discriminando, mensalmente, o somatório dos valores pagos e o total retido, por contribuinte e por código de recolhimento.

3.15 Tratamento das contribuições retidas pela prestadora dos serviços

Os valores das contribuições retidos:

a) serão considerados como antecipação do que for devido pelo contribuinte que sofreu a retenção, em relação às respectivas contribuições;

b) poderão ser compensados, pelo contribuinte, com as contribuições de mesma espécie, devidas relativamente a fatos geradores ocorridos a partir do mês da retenção (o valor a ser compensado, correspondente a cada espécie de contribuição, será determinado pelo próprio contribuinte mediante a aplicação, sobre o valor da fatura, das alíquotas respectivas às retenções efetuadas).

3.15.1 PIS/Pasep e Cofins – restituição ou compensação com outros débitos

De acordo com o art. 5º da Lei nº 11.727/2008, os valores retidos na fonte a título da Contribuição para o PIS/Pasep e da Cofins, quando não for possível sua dedução dos valores a pagar das respectivas contribuições no mês de apuração, poderão ser restituídos ou compensados com débitos relativos a outros tributos e contribuições administrados pela Secretaria da Receita Federal do Brasil, observada a legislação específica aplicável à matéria.

Para tanto, fica configurada a impossibilidade da dedução quando o montante retido no mês exceder o valor da respectiva contribuição a pagar no mesmo mês.

Na determinação do excesso acima comentado, considera-se contribuição a pagar no mês da retenção o valor da contribuição devida descontada dos créditos apurados naquele mês.

Observa-se que a partir de 04.01.2008, o saldo dos valores retidos na fonte a título da Contribuição para o PIS/Pasep e da Cofins, apurados em períodos anteriores, poderá também ser restituído ou compensado com débitos relativos a outros tributos e contribuições administrados pela Secretaria da Receita Federal Brasil, na forma a ser regulamentada pelo Poder Executivo.

Capítulo 34

Contribuição Social sobre o Lucro

1. INTRODUÇÃO

Desde a sua origem (final da década de 1980) até os dias de hoje, muita coisa mudou em relação à Contribuição Social sobre o Lucro (CSL).

Instituída pela Lei nº 7.689/1988, ela era devida, originalmente, a partir do resultado apurado no período-base encerrado em 31 de dezembro de cada ano e sua alíquota era de 8%. Hoje, essa alíquota pode chegar a 20%

Este capítulo tem por objetivo mostrar ao leitor como essa contribuição se apresenta nos dias de hoje no tocante a aspectos gerais tais como contribuintes, base de cálculo, alíquotas, formas de pagamentos e muito mais.

2. QUEM SÃO OS CONTRIBUINTES DA CSL

São contribuintes da CSL todas as pessoas jurídicas domiciliadas no País e as que lhe são equiparadas pela legislação do IRPJ.

3. ENTIDADES IMUNES À CONTRIBUIÇÃO

São imunes à CSL as entidades beneficentes de assistência social que atendam cumulativamente às seguintes condições:

a) sejam reconhecidas como de utilidade pública federal, estadual ou do Distrito Federal ou municipal;

b) sejam portadoras do Certificado ou do Registro de Entidade de Fins Filantrópicos, fornecido pelo Conselho Nacional de Serviço Social, renovado a cada 3 anos;

c) promovam a assistência social beneficente, inclusive educacional ou de saúde, a menores, idosos, excepcionais ou pessoas carentes;

d) não percebam seus diretores, conselheiros, sócios, instituidores ou benfeitores remuneração e não usufruam vantagens ou benefícios a qualquer título;

e) apliquem integralmente o eventual resultado operacional na manutenção e desenvolvimento de seus objetivos institucionais, apresentando anualmente ao Conselho Nacional da Seguridade Social relatório circunstanciado de suas atividades.

É importante lembrar que a imunidade não abrange empresa ou entidade que, tendo personalidade jurídica própria, seja mantida por outra que esteja no exercício da imunidade.

4. INSTITUIÇÕES ISENTAS DA CONTRIBUIÇÃO

Gozam da isenção da CSL as instituições de caráter filantrópico, recreativo, cultural e científico e as associações civis que prestem os serviços para os quais houverem sido instituídas e os coloquem à disposição do grupo de pessoas a que se destinam, sem fins lucrativos.

Para o gozo da isenção, as referidas instituições estão obrigadas a atender aos seguintes requisitos:

a) não remunerar, por qualquer forma, seus dirigentes pelos serviços prestados;

b) aplicar integralmente seus recursos na manutenção e desenvolvimento dos seus objetivos sociais;

c) manter escrituração completa de suas receitas e despesas em livros revestidos das formalidades que assegurem a respectiva exatidão;

d) conservar em boa ordem, pelo prazo decadencial, contado da data da emissão, os documentos que comprovem a origem de suas receitas e a efetivação de suas despesas, bem como a realização de quaisquer outros atos ou operações que venham a modificar sua situação patrimonial;

e) apresentar, anualmente, DIPJ, em conformidade com as normas baixadas pela Receita Federal do Brasil. Lembra-se que hoje, em substituição a DIPJ, vige a ECF

Lembra-se que são consideradas entidades sem fins lucrativos aquelas que não apresentam superávit em suas contas ou, caso o apresente em determinando exercício, destine referido resultado integralmente ao incremento de seu Ativo Imobilizado.

4.1 Sociedades cooperativas — Isenção da CSL em relação aos atos cooperativos a partir de 1º.01.2005

Desde 1º.01.2005, por força do art. 39 da Lei nº 10.865/2004, as sociedades cooperativas que obedecerem ao disposto na legislação específica, relativamente aos atos cooperativos, estão isentas da CSL.

Essa isenção, contudo, não se aplica às sociedades cooperativas de consumo que tenham por objeto a compra e o fornecimento de bens aos consumidores. Deste modo, temos que essas sociedades sujeitam-se às mesmas normas de incidência dos impostos e contribuições de competência da União, aplicáveis às demais pessoas jurídicas (artigo 69 da Lei nº 9.532/1997).

4.2 Outras entidades isentas da CSL

Também são isentas da CSL:

a) a entidade binacional Itaipu;

b) as entidades fechadas de previdência complementar, relativamente aos fatos geradores ocorridos a partir de 1°.01.2002.

4.3 Hipóteses de suspensão do gozo da isenção

A Secretaria da Receita Federal suspenderá o gozo da isenção referida no item 4, relativamente aos anos-calendário em que a pessoa jurídica houver praticado ou, por qualquer forma, contribuído para a prática de ato que constitua infração a dispositivo da legislação tributária.

A suspensão se dará, em especial, no caso de a entidade informar ou declarar falsamente, omitir ou simular o recebimento de doações em bens ou em dinheiro, ou, de qualquer forma, cooperar para que terceiro sonegue tributos ou pratique ilícitos fiscais.

Além disso, considera-se, também, infração a dispositivo da legislação tributária o pagamento, pela instituição isenta, em favor de seus associados ou dirigentes ou, ainda, em favor de sócios, acionistas ou dirigentes de pessoa jurídica a ela associada por qualquer forma, de despesas consideradas indedutíveis na determinação da base de cálculo do Imposto sobre a Renda ou da Contribuição Social sobre o Lucro.

5. BASE DE CÁLCULO — CRITÉRIO GERAL

A base de cálculo da CSL deve ser determinada segundo a legislação vigente na data de ocorrência do respectivo fato gerador.

Essa base de cálculo corresponde ao resultado ajustado (inclusive presumido ou arbitrado), relativo ao período de apuração.

Relativamente ao lucro real, considera-se resultado ajustado o lucro líquido do período de apuração antes da provisão para o IRPJ, ajustado pelas adições prescritas e pelas exclusões ou compensações autorizadas pela legislação da CSL. Lembra-se que à pessoa jurídica tributada com base no lucro real é permitido apurar e recolher a CSL por estimativa. Neste caso, a base de cálculo será uma "presunção" de lucro. Detalhes sobre o assunto são tratados no subitem 6.2.

No tocante ao lucro presumido e ao arbitrado, a base de cálculo será determinada a partir da aplicação de percentual sobre o lucro "estimado" (presumido ou arbitrado). O resultado obtido deve ser somado a outros valores prescritos na legislação, para só assim se chegar à base de cálculo dessa contribuição.

A base de cálculo relativa a cada uma das formas de tributação (lucro real, presumido e arbitrado) é tratada nos itens 6 e 7.

6. PESSOAS JURÍDICAS TRIBUTADAS COM BASE NO LUCRO REAL

As pessoas jurídicas tributadas com base no lucro real estão sujeitas ao recolhimento mensal ou trimestral do IRPJ de acordo com a opção que fizerem no começo de cada ano, especificamente até o último dia útil do mês de fevereiro.

Feita a opção, a CSL deverá ser apurada e recolhida nos mesmos moldes do IRPJ.

No lucro real trimestral, a empresa apura **efetivamente**, a cada trimestre, o IRPJ e a CSL devida. Portanto, não há que se falar em ajuste ao final do ano.

Já na sistemática denominada "estimativa mensal", o recolhimento deve ser efetuado mensalmente. A base de cálculo, nesse caso, como o próprio nome diz, é estimada, o que requer, ao final de cada período de apuração (no caso, em 31 de dezembro), a apuração efetiva da contribuição devida.

6.1 Empresas tributadas com base no lucro real trimestral

Nos subitens que se seguem trataremos especificamente da apuração e recolhimento da CSL devida com base no lucro real trimestral e com base na estimativa mensal (e consequente ajuste anual).

6.1.1 Base de cálculo

A base de cálculo da CSL das pessoas jurídicas tributadas com base no lucro real trimestral deve ser determinada segundo a legislação vigente na data de ocorrência do respectivo fato gerador.

Essa base de cálculo corresponde ao resultado ajustado relativo ao período de apuração.

Para tanto, considera-se resultado ajustado o lucro líquido do período de apuração antes da provisão para o IRPJ, ajustado pelas adições prescritas e pelas exclusões ou compensações autorizadas pela legislação da CSL.

6.1.1.1 Ajustes do lucro líquido — Adições obrigatórias

De acordo com o art. 62 da IN RFB nº 1700/2017, na determinação do resultado (base de cálculo da CSL) serão adicionados ao lucro líquido do período de apuração:

I — os custos, as despesas, os encargos, as perdas, as provisões, as participações e quaisquer outros valores deduzidos na apuração do lucro líquido que, de acordo com a legislação do IRPJ ou da CSLL, não sejam dedutíveis na determinação do lucro real ou do resultado ajustado; e

II — os resultados, os rendimentos, as receitas e quaisquer outros valores não incluídos na apuração do lucro líquido que, de acordo com essa mesma legislação, devam ser computados na determinação do lucro real ou do resultado ajustado.

A referida IN diferentemente de outros diplomas legais, inovou ao apresentar uma lista (**não exaustiva**) das adições ao lucro líquido do período de apuração, para fins de determinação do lucro real (IRPJ) e do resultado ajustado (para fins da CSL)

Tal lista é reproduzida, como apêndice I ao final deste livro e, como comentado acima, reflete as adições aplicáveis tanto para o IRPJ como para a CSL.

Adicionalmente, temos que:

Ao criar o incentivo ao desporto, a Lei nº 11.438/2006 estabeleceu que as pessoas jurídicas não poderão deduzir da base de cálculo da Contribuição Social sobre o Lucro os valores despendidos a título de patrocínio ou doação, no apoio direto a projetos desportivos e para desportivos. Como esse incentivo vigorará até o ano-calendário de 2022, até esse ano os valores gastos a esse título deverão ser adicionados ao lucro líquido.

Caso a empresa tenha aderido ao Programa Empresa Cidadã, na forma da IN RFB nº 991/2010, com o propósito de usufruir da dedução do IRPJ, do valor da remuneração paga à empregada no período de prorrogação da licença-maternidade, deverá adicionar o valor da despesa ao lucro líquido para fins de apuração do lucro real e da base de cálculo da Contribuição Social sobre o Lucro Líquido (CSLL).

6.1.1.1.1 Provisões dispensadas de adição ao lucro líquido

Como regras, as provisões são indedutíveis na determinação do resultado ajuste do para fis de determinação da CSL,

No entanto, há exceções. O art. 70 da IN RFB nº 1700/2017 estabelece que na determinação do lucro real e do resultado ajustado somente serão dedutíveis as provisões:

I — técnicas das companhias de seguro e de capitalização, das entidades de previdência privada complementar e das operadoras de planos de assistência à saúde, quando constituídas por exigência da legislação especial a elas aplicável;

II — para perdas de estoques de livros pelas pessoas jurídicas e pelas que lhe são equiparadas pela legislação do Imposto de Renda que exerçam as atividades de editor, distribuidor e livreiro.;

III — para o pagamento de férias de empregados; e

IV — para o pagamento de décimo terceiro salário de empregados.

6.1.1.2 Ajustes do lucro líquido — Exclusões admitidas

A IN RFB nº 1700/2017 (art. 63) esclarece que na determinação do lucro real e do **resultado ajustado** poderão ser excluídos do lucro líquido do período de apuração:

I — os valores cuja dedução seja autorizada pela legislação do IRPJ ou da CSLL e que não tenham sido computados na apuração do lucro líquido do período de apuração; e

II — os resultados, os rendimentos, as receitas e quaisquer outros valores incluídos na apuração do lucro líquido que, de acordo com essa mesma legislação, não sejam computados no lucro real ou no resultado ajustado.

A referida IN igualmente como aconteceu com a adições anteriormente comentadas, inovou ao apresentar uma lista (**não exaustiva**) das exclusões ao lucro líquido do período de apuração, para fins de determinação do lucro real (IRPJ) e do resultado ajustado (para fins da CSL)

Tal lista é reproduzida, como apêndice II ao final deste livro e, como comentado acima, reflete as exclusões aplicáveis tanto para o IRPJ como para a CSL.

6.1.1.3 Ajustes do lucro líquido — Compensações permitidas

O lucro líquido, depois de ajustado pelas adições e exclusões prescritas ou autorizadas pela legislação da CSL (subitens 6.1.1.1 e 6.1.1.2), poderá ser reduzido pela compensação de bases de cálculo negativas da CSL de períodos de apuração anteriores em até, no máximo, 30% do referido lucro líquido ajustado.

A compensação não poderá ser efetuada:

a) se, entre a data da apuração e a da compensação, houver ocorrido, cumulativamente, modificação de controle societário da pessoa jurídica e de ramo de atividade;

b) por pessoa jurídica sucessora por incorporação, fusão ou cisão relativamente a bases de cálculo negativas da CSL da sucedida, referente a períodos de apuração anteriores, nem às apuradas na demonstração do resultado ajustado correspondente ao evento (no caso de cisão parcial, a pessoa jurídica cindida poderá compensar as suas próprias bases de cálculo negativas proporcionalmente à parcela remanescente do patrimônio líquido);

c) por pessoa jurídica que, em qualquer trimestre do ano-calendário, tiver seu resultado arbitrado e optar pela incidência da CSL com base no resultado presumido relativamente aos demais trimestres desse ano-calendário.

6.1.1.4 Algumas deduções expressamente vedadas na determinação do resultado ajustado

I — Tributos e contribuições

Na determinação do resultado ajustado, a pessoa jurídica não poderá deduzir, como custo ou despesa, o imposto sobre a renda de que for sujeito passivo como contribuinte ou responsável. Contudo, a dedutibilidade, como custo ou despesa, de rendimentos pagos ou creditados a terceiros abrange os impostos e contribuições incidentes sobre os rendimentos que o contribuinte, como fonte pagadora, tiver o dever legal de reter e recolher, ainda que assuma o respectivo ônus.

Já o valor da CSL não poderá ser deduzido na determinação de sua própria base de cálculo.

Em relação à parcela da Contribuição para o Financiamento da Seguridade Social (Cofins) e das contribuições para o PIS/Pasep, calculada sobre as demais receitas que não a receita bruta das vendas e serviços, a pessoa jurídica poderá considerá-la como despesa operacional.

II — Multas

Não são dedutíveis, como custos ou despesas operacionais, as multas por infrações fiscais, salvo as de natureza compensatória e as impostas por descumprimento de obrigações tributárias meramente acessórias de que não resultem falta ou insuficiência de pagamento de tributo. No entanto, as multas impostas por transgressões de leis de natureza não tributária são indedutíveis como custos ou despesas operacionais. São exemplos, as multas de trânsito.

6.1.1.5 Atividade rural — Depreciação acelerada incentivada — Adições e exclusões A serem feitas

As pessoas jurídicas que exercerem atividade rural poderão, em relação aos bens do Ativo Imobilizado (ativo Não-circulante), exceto a terra nua, para uso nessa atividade, depreciá-los integralmente no próprio ano de aquisição.

O encargo de depreciação dos bens, calculado à taxa normal, será registrado na escrituração comercial e o complemento para atingir o valor integral do bem constituirá exclusão para fins de determinação da base de cálculo da CSL correspondente à atividade rural.

A partir do período de apuração seguinte ao da aquisição do bem, o encargo de depreciação normal que vier a ser registrado na escrituração comercial deverá ser adicionado ao resultado líquido correspondente à atividade rural, efetuando-se a baixa do respectivo valor no saldo da depreciação incentivada controlada no Lalur ou em livro específico para apuração da CSL.

6.1.2 Alíquota da contribuição

Como regra, a alíquota da CSL é de 9%. Mas há exceções, podendo chegar a 20%, dependendo da atividade exercida pela empresa e do período a que se refere a tributação. Vejamos

I	**20%** no período de 01.09.2015 a 31.12.2018 e
	15% a partir de 01.01.2019
	Para as seguintes atividades:
	a) pessoas jurídicas de seguros privados e de capitalização;
	b) bancos de qualquer espécie e agências de fomento;
	c) distribuidoras de valores mobiliários;
	d) corretoras de câmbio e de valores mobiliários;
	e) sociedades de crédito, financiamento e investimentos;
	f) sociedades de crédito imobiliário;
	g) administradoras de cartões de crédito;
	h) sociedades de arrendamento mercantil; e
	i) associações de poupança e empréstimo
II	**17%** no período de 01.10.2015 e 31.12.2018
	15% a partir de 01.01.2019
	no caso de cooperativas de crédito;
III	**9%, no caso de**:
	a) administradoras de mercado de balcão organizado;
	b) bolsas de valores e de mercadorias e futuros;
	c) entidades de liquidação e compensação;
	d) empresas de fomento comercial ou *factoring*; e
	e) demais pessoas jurídicas.

6.1.2.1 Deduções admitidas da CSL trimestral

O art. 67 da IN RFB nº 1700/2017 estabelece que a CSLL devida sobre o resultado ajustado será calculada mediante aplicação da alíquota referida no subitem anterior, sendo que na determinação do saldo da CSLL a pagar ou a ser restituída ou compensada, a pessoa jurídica poderá deduzir da CSLL devida os valores referentes:

I — aos incentivos fiscais de isenção da CSLL, calculados com base no lucro da exploração;

II — à CSLL paga ou retida na fonte, incidente sobre receitas computadas na determinação do resultado ajustado;

III — à CSLL calculada por estimativa, sobre outros rendimentos e também com base em balanço de suspensão/redução, e efetivamente paga mensalmente; e

IV — ao bônus de adimplência fiscal,

6.1.3 Prazo para pagamento

A CSL apurada em cada trimestre deverá ser paga no mesmo prazo estabelecido para o pagamento do Imposto de Renda, ou seja:

a) em quota única, até o último dia útil do mês subsequente ao do encerramento do período de sua apuração; ou

b) à opção da empresa, em até 3 quotas mensais, iguais e sucessivas, vencíveis no último dia útil dos 3 meses subsequentes ao do encerramento do período de apuração a que corresponder, observado o seguinte:

   b.1) nenhuma quota poderá ter valor inferior a R$ 1.000,00 e a contribuição de valor inferior a R$ 2.000,00 será paga em quota única, até o último dia útil do mês subsequente ao do encerramento do período de apuração;

   b.2) o valor de cada quota (excluída a primeira, se paga no prazo) será acrescido de juros equivalentes à taxa do Sistema Especial de Liquidação e Custódia (Selic) para títulos federais, acumulada mensalmente, calculados a partir do primeiro dia do segundo mês subsequente ao do encerramento do período de apuração até o último dia do mês anterior ao do pagamento, e de 1% no mês do pagamento.

6.1.4 Exemplo

Admita-se a hipótese de uma empresa (não financeira) submetida à apuração trimestral da CSL que apresente os seguintes dados:

a) base de cálculo antes da CSL de R$ 884.000,00, determinada com base no resultado;

b) base negativa da CSL de R$ 300.000,00, apurada no trimestre anterior;

c) multas de trânsito no total de R$ 8.000,00 (indedutíveis por terem sido impostas em face de transgressões a leis de natureza não tributária) durante o trimestre;

d) retenção na fonte de CSL em face da prestação de serviços de limpeza, conservação e manutenção, no valor de R$ 10.000,00, no trimestre.

Nesse caso, temos:

I — Base de cálculo da contribuição devida no trimestre

Resultado apurado antes da Contribuição Social			R$	884.000,00
Ajustes:				
(+) Multas de trânsito			R$	8.000,00
(=)	Resultado ajustado		R$	892.000,00
(–)	Compensação de resultado negativo de CSL do trimestre*		R$	267.600,00
(=)	Base de cálculo da CSL		R$	624.400,00

* *A compensação pode ser feita até o limite de 30% do lucro líquido ajustado do trimestre (no caso, 30% de R$ 892.000,00). Portanto, resta ser compensada nos períodos-base seguintes a quantia de R$ 32.400,00 (R$ 300.000,00 — R$ 267.600,00).*

II — Contribuição devida

9% × R$ 624.400,00 = R$ 56.196,00

III — Apuração do valor a pagar

Contribuição devida		R$ 56.196,00
(–)	valor retido na fonte no trimestre	R$ 10.000,00
(=)	CSL a recolher	R$ 46.196,00

6.2 Pessoas jurídicas optantes pela estimativa mensal

No regime de pagamentos por estimativa, o resultado ajustado (base de cálculo da CSL) é determinado mediante o somatório dos seguintes valores:

a) resultado da aplicação dos percentuais informados no subitem 6.2.1 sobre a receita bruta auferida na atividade, deduzida das devoluções e vendas canceladas e dos descontos incondicionais concedidos;

b) ganhos de capital, demais receitas e os resultados positivos decorrentes de receitas não compreendidos na receita bruta proveniente das atividades referidas na letra "a";

6.2.1 Percentuais de "presunção do lucro" aplicáveis sobre a receita bruta mensal

De acordo com o art. 32 da IN RFB nº 1700/2017, à opção da pessoa jurídica, a CSL poderá ser pago por estimativa. Para se determinar a base de cálculo estimada, aplica-se sobre receita bruta das vendas de mercadorias ou produtos e da prestação de serviços que constituam o objeto da atividade da empresa percentuais de presunção do lucro.

Como regra, o percentual é de 12% sobre a receita bruta auferida na atividade, deduzida das devoluções e vendas canceladas e dos descontos incondicionais concedidos.

O percentual de 12% referido acima é aplicável, também:

i. na prestação de serviços hospitalares e de auxílio diagnóstico e terapia, fisioterapia e terapia ocupacional, fonoaudiologia, patologia clínica, imagenologia, radiologia, anatomia patológica e citopatologia, medicina nuclear e análises e patologias clínicas, exames por métodos gráficos, procedimentos endoscópicos, radioterapia, quimioterapia, diálise e oxigenoterapia hiperbárica, desde que a prestadora desses serviços seja organizada sob a forma de sociedade empresária e atenda às normas da Agência Nacional de Vigilância Sanitária (Anvisa);

ii. serviços de transporte, inclusive de carga

iii. às atividades desenvolvidas por bancos comerciais, bancos de investimentos, bancos de desenvolvimento, agências de fomento, caixas econômicas, sociedades de crédito, financiamento e investimento, sociedades de crédito imobiliário, sociedades corretoras de títulos, valores mobiliários e câmbio, distribuidoras de títulos e valores mobiliários, empresas de arrendamento mercantil, cooperativas de crédito, empresas de seguros privados e de capitalização e entidades de previdência privada aberta, conforme estabelece o artigo 36 da IN SRF nº 1700/2017;

iv. à receita financeira da pessoa jurídica que explora atividades imobiliárias relativas a desmembramento ou loteamento de terrenos, incorporação imobiliária, construção de prédios destinados à venda e venda de imóveis construídos ou adquiridos para a revenda, quando decorrente da comercialização de imóveis e for apurada por meio de índices ou coeficientes previstos em contrato conforme estabelece o artigo 35 da IN SRF nº 1700/2017 .. Isso significa dizer que esse rendimento passa a ser tratado como "rendimento da atividade", e não mais como rendimento de aplicação financeira (art. 34 da Lei nº 11.196/2006).

No entanto, a aplicação do percentual de 12% não é regra. De acordo com o § 1º do artigo 34 da IN RFB nº 1700/2017, o percentual de tributação será de 32% para as seguintes atividades:

I — prestação de serviços em geral (inclusive decorrente da prestação de serviços como limpeza e locação de mão de obra, ainda que sejam fornecidos os materiais — § 3º do art. 34 da IN RFB nº 1700/2017)

Nota

A alíquota de 32% não se aplica as atividades de

a) na prestação de serviços hospitalares e de auxílio diagnóstico e terapia, fisioterapia e terapia ocupacional, fonoaudiologia, patologia clínica, imagenologia, radiologia, anatomia patológica e citopatologia, medicina nuclear e análises e patologias clínicas, exames por métodos gráficos, procedimentos endoscópicos, radioterapia, quimioterapia, diálise e oxigenoterapia hiperbárica, desde que a prestadora desses serviços seja organizada sob a forma de sociedade empresária e atenda às normas da Agência Nacional de Vigilância Sanitária (Anvisa);

b) serviços de transporte, inclusive de carga

II — intermediação de negócios;

III — administração, locação ou cessão de bens imóveis, móveis e direitos de qualquer natureza;

IV — prestação cumulativa e contínua de serviços de assessoria creditícia, mercadológica, gestão de crédito, seleção de riscos, administração de contas a pagar e a receber, compra de direitos creditórios resultantes de vendas mercantis a prazo ou de prestação de serviços (*factoring*); e

V — prestação de serviços de construção, recuperação, reforma, ampliação ou melhoramento de infraestrutura vinculados a contrato de concessão de serviço público.

Naturalmente, às empresas que exercem atividades diversificadas será aplicado o percentual correspondente a cada atividade.

6.2.1.1 Pessoa jurídica que se dedique a compra e venda de veículos automotores usados

As pessoas jurídicas que tenham como objeto social, declarado em seus atos constitutivos, a compra e a venda de veículos automotores computarão como receita de vendas de veículos usados (adquiridos para revenda ou recebidos como parte do preço da venda de veículos novos ou usados) a diferença entre o valor pelo qual o veículo usado houver sido alienado, constante da Nota Fiscal de Venda, e o seu custo de aquisição, constante da Nota Fiscal de Entrada, o qual deve corresponder ao preço ajustado entre as partes (art. 5° da Lei n° 9.716/1998).

O assunto encontra-se atualmente disciplinado pela IN RFB n° 1700/2017 (artigo 242).

Com essa nova disciplina, ficou estabelecido que as pessoas jurídicas que tenham como objeto social, declarado em seus atos constitutivos, a compra e venda de veículos automotores poderão equiparar, para efeitos tributários, como operação de consignação, as operações de venda de veículos usados, adquiridos para revenda, bem assim dos recebidos como parte do preço da venda de veículos novos ou usados.

Na situação acima devem ser observadas as seguintes regras:

1) Os veículos usados serão objeto de nota fiscal de entrada e, quando da venda, de nota fiscal de saída, sujeitando-se ao respectivo regime fiscal aplicável às operações de consignação.

2) Considera-se receita bruta, na operação aqui tratada, a diferença entre o valor pelo qual o veículo usado tiver sido alienado, constante da nota fiscal de venda, e o seu custo de aquisição, constante da nota fiscal de entrada.

3) O custo de aquisição de veículo usado, nas operações tratadas neste item é o preço ajustado entre as partes.

4) Na determinação das bases de cálculo estimadas, do lucro presumido, do lucro arbitrado, do resultado presumido (e do resultado arbitrado), aplicar-se-á o percentual de 32% (trinta e dois por cento) sobre a receita bruta definida em "(2", acima.

5) A pessoa jurídica deverá manter em boa guarda, à disposição da RFB, o demonstrativo de apuração da base de cálculo referida em "(2", acima.

6.2.1.2 — Acréscimo ao Lucro estimado

Conforme vimos anteriormente, serão acrescidos à bases de cálculo da CSL, no mês em que forem auferidos, os ganhos de capital, as demais receitas e os resultados positivos decorrentes de receitas não compreendidas na receita bruta. Ao detalhar o assunto, o artigo 39 da IN RFB nº 1700/2017 esclarece que esse "acréscimo" aplica-se, inclusive:

I - os ganhos de capital auferidos na alienação de participações societárias permanentes em sociedades coligadas e controladas e de participações societárias que permaneceram no ativo da pessoa jurídica até o término do ano-calendário seguinte ao de suas aquisições;

II - os ganhos auferidos em operações de cobertura (hedge) realizadas em bolsas de valores, de mercadorias e de futuros ou no mercado de balcão organizado;

III - a receita de locação de imóvel, quando não for este o objeto social da pessoa jurídica, deduzida dos encargos necessários à sua percepção;

IV - os juros equivalentes à taxa referencial do Selic para títulos federais relativos a impostos e contribuições a serem restituídos ou compensados;

V - os rendimentos auferidos nas operações de mútuo realizadas entre pessoas jurídicas ou entre pessoa jurídica e pessoa física;

VI - as receitas financeiras decorrentes das variações monetárias dos direitos de crédito e das obrigações do contribuinte, em função de índices ou coeficientes aplicáveis por disposição legal ou contratual;

VII - os ganhos de capital auferidos na devolução de capital em bens e direitos; e

VIII - a diferença entre o valor em dinheiro ou o valor dos bens e direitos recebidos de instituição isenta, a título de devolução de patrimônio, e o valor em dinheiro ou o valor dos bens e direitos entregues para a formação do referido patrimônio.

Nota

Na hipótese prevista acima:

i — integrarão também a receita bruta:

a) os rendimentos obtidos em aplicações financeiras de renda fixa de titularidade de instituição financeira, sociedade de seguro, de previdência e de capitalização, sociedade corretora de títulos, valores mobiliários e câmbio, sociedade distribuidora de títulos e valores mobiliários ou sociedade de arrendamento mercantil; e

b) os ganhos líquidos e rendimentos auferidos nas operações de renda variável realizadas em bolsa, no mercado de balcão organizado autorizado por órgão competente ou por intermédio de fundos de investimento para a carteira própria das instituições referidas "a", acima;

ii — é vedada a dedução de qualquer despesa administrativa.

6.2.1.3 Observações importantes sobre a determinação da base de cálculo da contribuição

A- Ganho de capital — Apuração

O ganho de capital, nas alienações de bens do ativo não-circulante imobilizados, investimentos e intangíveis e de ouro não considerado ativo financeiro, corresponderá à diferença positiva verificada entre o valor da alienação e o respectivo valor contábil. Para tanto, poderão ser considerados no valor contábil, e na proporção deste, os respectivos valores decorrentes dos efeitos do ajuste a valor presente de que trata o inciso III do caput do art. 184 da Lei nº 6.404, de 1976.

Para obter a parcela a ser considerada no valor contábil do ativo, a pessoa jurídica terá que calcular inicialmente o quociente entre:

(1) o valor contábil do ativo na data da alienação, e

(2) o valor do mesmo ativo sem considerar eventuais realizações anteriores, inclusive mediante depreciação, amortização ou exaustão, e a perda estimada por redução ao valor recuperável.

Já a parcela a ser considerada no valor contábil do ativo corresponderá ao produto: (1) dos valores decorrentes do ajuste a valor presente com (2) o quociente acima apurado.

Em relação ao ganho de capital deve ser observado ainda que:

- Para fins da neutralidade tributária deverá ser considerada no valor contábil eventual diferença entre o valor do ativo na contabilidade societária e o valor do ativo mensurado de acordo com os métodos e critérios contábeis vigentes em 31 de dezembro de 2007 ;
- Os ajustes aqui comentados serão efetuados independentemente das determinações relativas à evidenciação por meio de subcontas;
- Para efeitos de apuração do ganho de capital, considera-se valor contábil:

I — no caso de investimentos do ativo não-circulante em:

a) participações societárias avaliadas pelo custo de aquisição, o valor de aquisição;

b) participações societárias avaliadas pelo valor de patrimônio líquido, a soma algébrica dos seguintes valores,:

1. valor de patrimônio líquido pelo qual o investimento estiver registrado;

2. os valores de mais ou menos valia e o *goodwill*, ainda que tenham sido realizados na escrituração societária do contribuinte;

II — no caso de aplicações em ouro, não considerado ativo financeiro, o valor de aquisição;

III — no caso dos demais bens e direitos do ativo não-circulante imobilizado, investimentos ou intangível, o custo de aquisição, diminuído dos encargos de depreciação, amortização ou exaustão acumulada e das perdas estimadas no valor de ativos,

- No caso de outros bens e direitos não classificados no ativo não-circulante imobilizado, investimentos ou intangível, considera-se valor contábil o custo de aquisição.
- a não comprovação dos custos pela pessoa jurídica implicará adição integral da receita à base de cálculo do imposto sobre a renda devido mensalmente.
- O ganho de capital auferido na venda de bens do ativo não-circulante imobilizado, investimentos e intangíveis para recebimento do preço, no todo ou em parte, após o término do ano-calendário seguinte ao da contratação deverá integrar a base de cálculo do imposto sobre a renda mensal, podendo ser computado na proporção da parcela do preço recebida em cada mês.

B- Operadoras de planos de assistência à saúde

Por força do estabelecido no art. 29, § 1º, "d", da Lei nº 8.981/1995 (acrescentada pelo art. 82 da MP nº 2.158-35/2001), as operadoras de planos de assistência à saúde poderão deduzir, em relação aos fatos geradores ocorridos a partir de 1º.01.2002, para fins de apuração da base de cálculo mensal do Imposto de Renda Pessoa Jurídica e da Contribuição Social sobre o Lucro devidos por estimativa:

a) as corresponsabilidades cedidas; e

b) a parcela das contraprestações pecuniárias destinada à constituição de provisões técnicas.

6.2.1.4 Valores que não integram a base de cálculo estimada

De acordo com o art. 40 da IN RFB nº 1700/2017, não integram a base de cálculo da CSL sobre a renda mensal:

I — as receitas provenientes de atividade incentivada, na proporção do benefício de isenção ou redução do tributo a que a pessoa jurídica submetida ao regime de tributação com base no lucro real fizer jus;

II — as recuperações de créditos que não representem ingressos de novas receitas;

III — a reversão de saldo de provisões, exceto aquelas admitidas pela legislação;

Nota

As provisões admitidas são:

a) técnicas das companhias de seguro e de capitalização, das entidades de previdência privada complementar e das operadoras de planos de assistência à saúde, quando constituídas por exigência da legislação especial a elas aplicável;

b) para perdas de estoques de livros de que trata o art. 8º da Lei nº 10.753, de 30 de outubro de 2003;

c) para o pagamento de férias de empregados; e

d) para o pagamento de décimo-terceiro salário de empregados.

IV — os lucros e dividendos decorrentes de participações societárias não avaliadas pelo método da equivalência patrimonial, em empresas domiciliadas no Brasil;

V — os lucros, rendimentos e ganhos de capital decorrentes de participações societárias em empresas domiciliadas no exterior;

VI — as parcelas referentes aos ajustes de preços de transferência;

VII — a contrapartida do ajuste por aumento do valor de investimentos avaliados pelo método da equivalência patrimonial;

VIII — O ganho proveniente de compra vantajosa pela aquisição de participação societária sujeita à avaliação pelo valor do patrimônio líquido que integrará as bases de cálculo estimadas no mês em que houver a alienação ou baixa do investimento; e

IX — as receitas de subvenções para investimento e as receitas relativas a prêmios na emissão de debêntures, desde que os registros nas respectivas reservas de lucros sejam efetuados até 31 de dezembro do ano em curso, salvo nos casos de apuração de prejuízo

Observa-se, ainda, que os rendimentos e ganhos líquidos produzidos por aplicação financeira de renda fixa e de renda variável serão acrescidos à base de cálculo estimada da CSLL. No entanto, referidos valores não integrarão a base de cálculo da estimativa do IRPJ (§ 17 do art. 39 da IN RFB nº 1700/2017)

6.2.1.5 Ganho decorrente de avaliação de ativo ou passivo com base no valor justo

De acordo com o art. 41 da IN RFB nº 1700/2017, o ganho decorrente de avaliação de ativo ou passivo com base no valor justo não integrará a base de cálculo estimada no período de apuração:

I — relativo à avaliação com base no valor justo, caso seja registrado diretamente em conta de receita; ou

II — em que seja reclassificado como receita, caso seja inicialmente registrado em conta de patrimônio líquido.

Na apuração dos ganhos a serem acrescidos a base de cálculo da estimativa mensal,o aumento ou redução no valor do ativo registrado em contrapartida a ganho ou perda decorrente de sua avaliação com base no valor justo não será considerado como parte integrante do valor contábil. Tal regra não se aplica caso o ganho relativo ao aumento no valor do ativo tenha sido anteriormente computado na base de cálculo do imposto.

6.2.2 Alíquota aplicável

Como regra, a alíquota da CSL é de 9%. Mas há exceções, podendo chegar a 20%, dependendo da atividade exercida pela empresa e do período a que se refere a tributação. Vejamos:

<table>
<tr><td rowspan="12">I</td><td>20% no período de 01.09.2015 a 31.12.2018 e</td></tr>
<tr><td>15% a partir de 01.01.2019</td></tr>
<tr><td>Para as seguintes atividades:</td></tr>
<tr><td>a) pessoas jurídicas de seguros privados e de capitalização;</td></tr>
<tr><td>b) bancos de qualquer espécie e agências de fomento;</td></tr>
<tr><td>c) distribuidoras de valores mobiliários;</td></tr>
<tr><td>d) corretoras de câmbio e de valores mobiliários;</td></tr>
<tr><td>e) sociedades de crédito, financiamento e investimentos;</td></tr>
<tr><td>f) sociedades de crédito imobiliário;</td></tr>
<tr><td>g) administradoras de cartões de crédito;</td></tr>
<tr><td>h) sociedades de arrendamento mercantil; e</td></tr>
<tr><td>i) associações de poupança e empréstimo</td></tr>
</table>

II	**17%** no período de 01.10.2015 e 31.12.2018
	15% a partir de 01.01.2019
	no caso de cooperativas de crédito;
III	**9%, no caso de**:
	a) administradoras de mercado de balcão organizado;
	b) bolsas de valores e de mercadorias e futuros;
	c) entidades de liquidação e compensação;
	d) empresas de fomento comercial ou *factoring*; e
	e) demais pessoas jurídicas.

6.2.3 Deduções admitidas da CSL mensal

De acordo com o art. 46 d IN RFB nº 1700/2017, para fins de cálculo do valor a pagar a pessoa jurídica poderá deduzir da CSLL devida no mês a CSLL retida na fonte sobre receitas que integraram a respectiva base de cálculo. Esses valores retidos normalmente são originadas de pagamentos efetuados por:

a) órgão público, autarquia, fundações da administração pública federal, sociedade de economia mista, empresa pública e demais entidades em que a União, direta ou indiretamente, detenha a maioria do capital social com direito a voto, e que dela recebam recursos do Tesouro Nacional e estejam obrigadas a registrar sua execução orçamentária e financeira na modalidade total no Sistema Integrado de Administração Financeira do Governo Federal (Siafi); e

b) outra pessoa jurídica de direito privado, na hipótese de pagamento pela prestação de serviços de limpeza, conservação, manutenção, segurança, vigilância, transporte de valores e locação de mão de obra, pela prestação de serviços de assessoria creditícia, mercadológica, gestão de crédito, seleção e riscos, administração de contas a pagar e a receber, bem como pela remuneração de serviços profissionais.

6.2.4 Prazo de pagamento

O pagamento da CSL devida por estimativa deverá ser efetuado até o ultimo dia útil do mês subsequente àquele a que se referir. Esse prazo aplica-se, inclusive, à CSL relativa ao mês de dezembro.

6.3 Suspensão ou redução da CSL mensal

Optando por suspender ou reduzir o IRPJ e a CSL devidos mensalmente, mediante levantamento de balanço ou balancete de suspensão ou redução, a pessoa jurídica pagará a CSL relativa ao período em curso com base nesse balanço ou balancete, podendo:

a) suspender o pagamento da CSL, desde que demonstre que o valor da CSL devida, calculado com base no resultado ajustado do período em curso, seja igual ou inferior à soma da CSL devida, correspondente aos meses, do mesmo ano-calendário, anteriores àquele em que se desejar suspender o pagamento;
b) reduzir o valor da CSL ao montante correspondente à diferença positiva entre a CSL devida no período em curso e a soma da CSL devida, correspondente aos meses, do mesmo ano-calendário, anteriores àquele em que se desejar reduzir o pagamento.

No mês em que o pagamento do Imposto de Renda for suspenso ou reduzido, com base no resultado de balanço ou balancete levantado, deverá ser calculada a CSL devida com base no resultado apurado no ano-calendário em curso, até o mês do levantamento do balanço ou balancete, ajustado pelas adições, exclusões e compensações admitidas pela legislação pertinente, aplicando-se, sobre a base de cálculo apurada a alíquota correspondente.

É importante lembrar que o pagamento da CSL mensal, relativo ao mês de janeiro do ano-calendário, poderá ser efetuado com base em balanço ou balancete de redução, desde que neste fique demonstrado que a CSL devida no período é inferior à calculada com base na estimativa. Na hipótese de ser apurada base de cálculo negativa no balanço ou balancete de suspensão, a pessoa jurídica estará dispensada do pagamento da CSL correspondente a esse mês.

6.3.1 Necessidade de ajustes no resultado apurado contabilmente (Lalur)

De acordo com o § 1º do artigo 49 da IN RFB nº 1700/2017, o lucro líquido do período em curso apurado em balanço ou balancete de suspensão ou redução deverá ser ajustado por todas as adições determinadas e exclusões e compensações admitidas pela legislação do IRPJ e da CSLL.

6.3.2 Prazo de pagamento

A CSL apurada no balanço de suspensão/redução deverá ser recolhida até o último dia útil do mês subsequente ao mês da sua apuração.

6.4 CSL anual — Apuração em 31 de dezembro

As pessoas jurídicas que, no ano-calendário, ficaram sujeitas à apuração anual do lucro real por terem optado pelo pagamento mensal do Imposto de Renda (calculado por estimativa ou com base em balanços ou balancetes de suspensão ou redução), ficaram obrigadas também à apuração anual da Contribuição Social sobre o Lucro (CSL), para fins de determinação do saldo a pagar ou a ser restituído ou compensado (artigos 2º e 28 da Lei nº 9.430/1996).

6.4.1 Base de cálculo da contribuição anual

A base de cálculo da CSL devida em 31 de dezembro (período-base anual) é o resultado anual apurado com observância da legislação comercial, antes de serem computados os valores da CSL devida e da Provisão para o Imposto de Renda (lucro líquido), ajustado, extra contabilmente, por adições, exclusões e compensações admitidas.

Tais adições, exclusões e compensações admitidas são aquelas referidas nos subitens 6.1.1.1 a 6.1.1.5 (ver também, apêndice ao final deste livro que traz relação não exaustiva das adições e exclusões)

Sobre as adições e exclusões Relativas a Ajuste a Valor Presente e Avaliação a Valor Justo, resultante da integração da Lei nº 12.973/2014, que integra a legislação fiscal com contabilidade, veja capítulo próprio neste livro.

6.4.2 Deduções da CSL devida

No balanço de 31 de dezembro do ano-calendário, relativo ao ajuste anual, a pessoa jurídica poderá deduzir da CSL devida, para fins de cálculo da CSL a pagar:

a) as contribuições (CSL) efetivamente pagas, mediante Darf, relativas aos meses do ano-calendário, seja sobre a base estimada ou sobre o resultado apurado em balanço ou balancete de redução;

b) a CSL retida por outra pessoa jurídica de direito privado sobre receitas auferidas no período pela prestação de serviços de limpeza, conservação, manutenção, segurança, vigilância, transporte de valores e locação de mão de obra, pela prestação de serviços de assessoria creditícia, mercadológica, gestão de crédito, seleção e riscos, administração de contas a pagar e a receber, bem como pela remuneração de serviços profissionais;

c) a CSL retida por órgão público, autarquia, fundações da administração pública federal, sociedade de economia mista, empresa pública e demais entidades em que a União, direta ou indiretamente, detenha a maioria do capital social com direito a voto, e que dela recebam recursos do Tesouro Nacional e estejam obrigadas a registrar sua execução orçamentária e financeira na modalidade total no Sistema Integrado de Administração Financeira do Governo Federal (Siafi);

d) o saldo negativo de CSL de anos-calendário anteriores;

e) o valor correspondente ao montante original de CSL, apurado no transcorrer do ano-calendário, sobre a base de cálculo estimada ou sobre o resultado apurado em balanço ou balancete de redução, que seja objeto de parcelamento deferido pela SRF até 31 de março do ano-calendário subsequente;

f) os créditos, inclusive os judiciais com trânsito em julgado (relativos aos tributos e contribuições administrados pela SRF), objeto de declaração de compensação, relativos à CSL;

O saldo remanescente, depois de efetuadas as deduções e compensações:

- se for positivo, corresponderá ao valor da CSL a pagar relativa ao mês do levantamento do balanço ou balancete;
- se for negativo, autorizará a empresa a suspender o pagamento da CSL relativa ao mês do levantamento do balanço ou balancete.

6.4.3 Pagamento do saldo apurado em 31 de dezembro

O saldo da CSL a pagar apurado em 31 de dezembro deverá ser pago em quota única, até o último dia útil do mês de março do ano subsequente, acrescido de juros calculados à taxa Selic para títulos federais, acumulada mensalmente, a partir de 1º de fevereiro (do ano subsequente) até o último dia do mês anterior ao do pagamento, e de 1% no mês do pagamento, observado o seguinte:

a) esse prazo não se aplica à contribuição mensal relativa ao mês de dezembro, que deverá ser paga até o último dia útil do mês de janeiro do ano subsequente;

b) se o saldo apurado for negativo, o valor pago a maior poderá ser restituído ou compensado com a CSL devida mensalmente, a partir de janeiro (recolhimento a partir de fevereiro — caso a empresa permaneça no regime de pagamentos mensais), acrescido de juros equivalentes à taxa Selic acumulada mensalmente, a partir de janeiro do ano subsequente ao do período de apuração até o mês anterior ao da compensação ou restituição mais 1% (AD SRF nº 3/2000).

6.4.4 Exemplo

Empresa não financeira submetida à apuração anual da CSL que apresente os seguintes dados:

a) base de cálculo anual da CSL de R$ 3.000.000,00, determinada com base no resultado;

b) base negativa da CSL de R$ 900.000,00, apurada no período-base anterior;

c) resultado negativo da avaliação de investimentos pela equivalência patrimonial (MEP) de R$ 200.000,00, computado no resultado do exercício;

d) dividendos de participações societárias avaliadas ao custo de R$ 10.000,00, computados no resultado do exercício;

e) distribuição de brindes (despesa indedutível), durante o ano, no total de R$ 15.000,00;

f) retenção na fonte de CSL, em face de prestação de serviços de limpeza, conservação e manutenção, no valor de R$ 40.000,00, no ano;

g) contribuição mensal devida nos meses de janeiro a dezembro (paga nos meses de fevereiro do período-base a janeiro do ano seguinte) no valor de R$ 150.000,00.

Nesse caso, temos:

I — Base de cálculo da contribuição devida no ano

Resultado apurado antes da Contribuição Social			R$	3.000.000,00
Ajustes:				
(+) distribuição de brindes	R$	15.000,00		
(-) dividendos computados no resultado	R$	10.000,00		
(+) MEP — Resultado negativo	R$	200.000,00	R$	205.000,00
(=) Resultado ajustado			R$	3.205.000,00
(-) Compensação de resultado negativo da CSL*			R$	(900.000,00)
(=) Base de cálculo da CSL			R$	2.305.000,00

(*) No exemplo, foi compensado o total do resultado negativo apurado no período-base anterior, tendo em vista que esse valor (R$ 900.000,00) não ultrapassa o limite de R$ 961.500,00 (30% de R$ 3.205.000,00).

II — Contribuição devida

R$ 2.305.000,00 × 9% = R$ 207.450,00

III — Apuração do valor a pagar

Contribuição devida	R$	207.450,00
(–) valor retido na fonte no período	R$	40.000,00
(–) valor devido por estimativa	R$	150.000,00
(=) CSL a recolher	R$	17.450,00

7. PESSOAS JURÍDICAS TRIBUTADAS COM BASE NO LUCRO PRESUMIDO OU ARBITRADO

7.1 Resultado presumido (base de cálculo)

O que aos longos dos anos se convencionou chamar de base de cálculo da CSL, hoje é tratada pela Legislação tributária federal como resultado presumido.

Isso é fácil de constatar ao alisarmos, por exemplo, o § 1º do art., 215 da IN RFB nº 1700/2017

Segundo referido dispositivo, o resultado presumido será determinado mediante aplicação dos percentuais de presunção de lucro sobre a receita bruta relativa a cada atividade, auferida em cada período de apuração trimestral, deduzida das devoluções e vendas canceladas e dos descontos incondicionais concedidos."

Em linhas gerais, a base de cálculo de cálculo da atividade (resultado presumido da CSL) pode variar de 12 a 32%, aplicada sobre a receita bruta.

Os referidos percentuais de presunção são:

1) 32% (trinta e dois por cento) para as atividades de:

   I. prestação de serviços em geral, exceto as referidas em "I e II de 2)", adiante, para as quais se aplica a alíquota de 12%);

Nota

O percentual de 32% aplica-se, inclusive a receita bruta auferida pela pessoa jurídica decorrente da prestação de serviços em geral, como limpeza e locação de mão de obra, ainda que sejam fornecidos os materiais.

II. intermediação de negócios;

III. administração, locação ou cessão de bens imóveis, móveis e direitos de qualquer natureza;

IV. prestação cumulativa e contínua de serviços de assessoria creditícia, mercadológica, gestão de crédito, seleção de riscos, administração de contas a pagar e a receber, compra de direitos creditórios resultantes de vendas mercantis a prazo ou de prestação de serviços (*factoring*); e

V. prestação de serviços de construção, recuperação, reforma, ampliação ou melhoramento de infraestrutura vinculados a contrato de concessão de serviço público.

2) 12% (doze por cento) para as atividades de:

I. prestação dos serviços hospitalares e de auxílio diagnóstico e terapia, fisioterapia e terapia ocupacional, fonoaudiologia, patologia clínica, imagenologia, radiologia, anatomia patológica e citopatologia, medicina nuclear e análises e patologias clínicas, exames por métodos gráficos, procedimentos endoscópicos, radioterapia, quimioterapia, diálise e oxigenoterapia hiperbárica, desde que a prestadora desses serviços seja organizada sob a forma de sociedade empresária e atenda às normas da Agência Nacional de Vigilância Sanitária (Anvisa);

II. serviços de transporte, inclusive de carga, Demais atividades

Observa-se que a base de cálculo da CSLL será determinada mediante a aplicação dos referidos percentuais) sobre a receita bruta, deduzida das devoluções, das vendas canceladas e dos descontos incondicionais concedidos.

7.2 — Receita bruta — Regra (lucro presumido/lucro arbitrado)

A — Receita bruta — Regra (lucro presumido/lucro arbitrado)

A receita bruta compreende (art. 26 da IN RFB nº 1700/2014)

I — o produto da venda de bens nas operações de conta própria;

II — o preço da prestação de serviços em geral;

III — o resultado auferido nas operações de conta alheia; e

IV — as receitas da atividade ou objeto principal da pessoa jurídica não compreendidas em I a III.

Notas

1) O referido dispositivo legal também estabelece que a receita líquida será a receita bruta diminuída de:

I — devoluções e vendas canceladas;

II — descontos concedidos incondicionalmente;

III — tributos sobre ela incidentes; e

IV — valores decorrentes do ajuste a valor presente, de que trata o inciso VIII do caput do art. 183 da Lei nº 6.404, de 15 de dezembro de 1976, das operações vinculadas à receita bruta.

2) Na receita bruta não se incluem os tributos não cumulativos cobrados, destacadamente, do comprador ou contratante pelo vendedor dos bens ou pelo prestador dos serviços na condição de mero depositário.

3) Na receita bruta incluem-se os tributos sobre ela incidentes e os valores decorrentes do ajuste a valor presente, de que trata o inciso VIII do caput do art. 183 da Lei nº 6.404, de 1976, das operações usuais da empresa, observado a regra referida na nota 2.

B — Receita bruta não conhecida (lucro arbitrado)

De acordo com o art. 232 da IN RFB nº 170/2017, o lucro arbitrado e o resultado arbitrado das pessoas jurídicas, correspondentes a cada trimestre, quando não conhecida a receita bruta, serão determinados, em procedimento de ofício, mediante aplicação de uma das seguintes alternativas de cálculo:

I — 1,5 (um inteiro e cinco décimos) do lucro real, no caso do IRPJ, e do resultado ajustado, no caso da CSLL, referentes ao último período em que a pessoa jurídica manteve escrituração de acordo com as leis comerciais e fiscais;

II — 0,12 (doze centésimos) da soma dos valores do ativo circulante e do ativo não-circulante, existentes no último balanço patrimonial conhecido;

III — 0,21 (vinte e um centésimos) do valor do capital, inclusive sua correção monetária contabilizada como reserva de capital, constante do último balanço patrimonial conhecido ou registrado nos atos de constituição ou alteração da sociedade;

IV — 0,15 (quinze centésimos) do valor do patrimônio líquido constante do último balanço patrimonial conhecido;

V — 0,4 (quatro décimos) do valor das compras de mercadorias efetuadas no trimestre;

VI — 0,4 (quatro décimos) da soma, em cada trimestre, dos valores da folha de pagamento dos empregados e das compras de matérias-primas, produtos intermediários e materiais de embalagem;

VII — 0,8 (oito décimos) da soma dos valores devidos no trimestre a empregados; ou

VIII — 0,9 (nove décimos) do valor do aluguel devido no trimestre.

Observa-se ainda que:

1) As alternativas de arbitramento previstas em V, VI e VII, a critério da autoridade lançadora, poderão ter sua aplicação limitada, respectivamente, às atividades comerciais, industriais e de prestação de serviços e, no caso de empresas com atividade mista, ser adotadas isoladamente em cada atividade.

2) Para os efeitos da aplicação do referido em I, quando o lucro real e o resultado ajustado forem decorrentes de período-base anual, os valores que servirão de base ao arbitramento serão proporcionais ao número de meses do período de apuração considerado.

3) Nas alternativas de arbitramento referidas em V e VI, as compras serão consideradas pelos valores totais das operações, devendo ser incluídos os valores decorrentes do ajuste a valor presente.

7.2.1 Adições a serem feitas ao lucro presumido/arbitrado

À parcela apurada serão adicionados, para efeitos de se determinar o lucro arbitrado e o resultado arbitrado, os seguintes valores:

I — os ganhos de capital, demais receitas e resultados positivos decorrentes de receitas não abrangidas pelas regras de arbitramento, inclusive:

a) os ganhos de capital auferidos na alienação de participações societárias permanentes em sociedades coligadas e controladas, e de participações societárias que permaneceram no ativo da pessoa jurídica até o término do ano-calendário seguinte ao de suas aquisições;

b) os ganhos auferidos em operações de cobertura (*hedge*) realizadas em bolsas de valores, de mercadorias e de futuros ou no mercado de balcão organizado;

c) a receita de locação de imóvel, quando não for este o objeto social da pessoa jurídica, deduzida dos encargos necessários à sua percepção;

d) os juros equivalentes à taxa referencial do Selic para títulos federais relativos a impostos e contribuições a serem restituídos ou compensados;

e) os rendimentos auferidos nas operações de mútuo realizadas entre pessoas jurídicas ou entre pessoa jurídica e pessoa física;

f) as receitas financeiras decorrentes das variações monetárias dos direitos de crédito e das obrigações do contribuinte, em função de índices ou coeficientes aplicáveis por disposição legal ou contratual;

g) os ganhos de capital auferidos na devolução de capital em bens e direitos;

h) no caso da base de cálculo do IRPJ, a diferença entre o valor em dinheiro ou o valor dos bens e direitos recebidos de instituição isenta, a título de devolução de patrimônio, e o valor em dinheiro ou o valor dos bens e direitos entregue para a formação do referido patrimônio; e

i) no caso da base de cálculo da CSLL, o valor em dinheiro ou o valor dos bens e direitos recebidos de instituição isenta, a título de devolução de patrimônio;

II — os rendimentos e ganhos líquidos auferidos em aplicações financeiras de renda fixa e renda variável;

III — os juros sobre o capital próprio auferidos;

IV — os valores recuperados, correspondentes a custos e despesas, inclusive com perdas no recebimento de créditos, salvo se a pessoa jurídica comprovar não os ter deduzido em período anterior no qual tenha se submetido ao regime de tributação com base no lucro real e no resultado ajustado, ou que se refiram a período no qual tenha se submetido ao regime de tributação com base no lucro presumido ou arbitrado;

V — o valor resultante da aplicação dos percentuais de arbitramento, no caso do resultado arbitrado, sobre a parcela das receitas auferidas em cada atividade, no respectivo período de apuração, nas exportações às pessoas vinculadas ou aos países com tributação favorecida que exceder o valor já apropriado na escrituração da empresa, na forma prevista na Instrução Normativa RFB nº 1.312, de 2012;

VI — a diferença de receita financeira calculada conforme disposto no Capítulo V e no art. 58 da Instrução Normativa RFB nº 1.312, de 2012; e

VII — as multas ou qualquer outra vantagem paga ou creditada por pessoa jurídica, ainda que a título de indenização, em virtude de rescisão de contrato (tal procedimento não se aplica às indenizações pagas ou creditadas com a finalidade de reparar danos patrimoniais).

7.2.1.2 Atividade de compra e venda de veículos automotores usados

As pessoas jurídicas que tenham como objeto social, declarado em seus atos constitutivos, a compra e a venda de veículos automotores computarão como receita de vendas de veículos usados (adquiridos para revenda ou recebidos como parte do preço da venda de veículos novos ou usados) a diferença entre o valor pelo qual o veículo usado houver sido alienado, constante da Nota Fiscal de Venda, e o seu custo de aquisição, constante da Nota Fiscal de Entrada, o qual deve corresponder ao preço ajustado entre as partes (art. 5° da Lei n° 9.716/1998).

O assunto encontra-se atualmente disciplinado pela IN RFB n° 1700/2017 (artigo 242).

Com essa nova disciplina, ficou estabelecido que as pessoas jurídicas que tenham como objeto social, declarado em seus atos constitutivos, a compra e venda de veículos automotores poderão equiparar, para efeitos tributários, como operação de consignação, as operações de venda de veículos usados, adquiridos para revenda, bem assim dos recebidos como parte do preço da venda de veículos novos ou usados.

Na situação acima devem ser observadas as seguintes regras:

1) Os veículos usados serão objeto de nota fiscal de entrada e, quando da venda, de nota fiscal de saída, sujeitando-se ao respectivo regime fiscal aplicável às operações de consignação.

2) Considera-se receita bruta, na operação aqui tratada, a diferença entre o valor pelo qual o veículo usado tiver sido alienado, constante da nota fiscal de venda, e o seu custo de aquisição, constante da nota fiscal de entrada.

3) O custo de aquisição de veículo usado, nas operações tratadas neste item é o preço ajustado entre as partes.

4) Na determinação das bases de cálculo estimadas, do lucro presumido, do lucro arbitrado, do resultado presumido (e do resultado arbitrado), aplicar-se-á o percentual de 32% (trinta e dois por cento) sobre a receita bruta definida em "(2, acima.

5) A pessoa jurídica deverá manter em boa guarda, à disposição da RFB, o demonstrativo de apuração da base de cálculo referida em "(2", acima.

7.2.1.3 Atividades de venda de imóveis construídos ou adquiridos para revenda — Arbitramento do lucro — Dedução admitida da receita bruta

As pessoas jurídicas que se dedicarem às atividades de venda de imóveis construídos ou adquiridos para revenda, de loteamento de terrenos e de incorporação de prédios em condomínio terão seus resultados arbitrados, deduzindo-se da receita bruta o custo do imóvel devidamente comprovado.

O resultado arbitrado sofrerá incidência da CSL na proporção da receita recebida ou cujo recebimento esteja previsto para o próprio trimestre.

7.3 Adoção do regime de caixa pelas pessoas jurídicas tributadas com base no lucro presumido

O lucro presumido será determinado pelo regime de competência ou de caixa.

De acordo com o art. 223 da IN RFB nº 1700/2017, a pessoa jurídica, optante pelo regime de tributação com base no lucro presumido, que adotar o critério de reconhecimento de suas receitas de venda de bens ou direitos ou de prestação de serviços com pagamento a prazo ou em parcelas na medida do recebimento e mantiver a escrituração do livro Caixa, deverá indicar, neste livro, em registro individual, a nota fiscal a que corresponder cada recebimento.

Pode ocorrer de a pessoa jurídica adotar o regime de caixa e manter escrituração contábil, na forma da legislação comercial. Neste caso devem ser controlados os recebimentos de receitas em conta específica, na qual, em cada lançamento, será indicada a nota fiscal a que corresponder o recebimento.

Relativamente à adoção do regime de caixa, a pessoa jurídica deverá observar, ainda, as seguintes regras:

- os valores recebidos à frente por conta de venda de bens ou direitos ou da prestação de serviços, serão computados como receita do mês em que se der o faturamento, a entrega do bem ou do direito ou a conclusão dos serviços, o que primeiro ocorrer;
- os valores recebidos, a qualquer título, do adquirente do bem ou direito ou do contratante dos serviços serão considerados como recebimento do preço ou de parte deste, até o seu limite;
- o cômputo da receita em período de apuração posterior ao do recebimento sujeitará a pessoa jurídica ao pagamento da CSL com o acréscimo de juros de mora e de multa, de mora ou de ofício, conforme o caso, calculados na forma da legislação vigente.

7.4 Alíquota aplicável

A alíquota da CSL pode variar de 9% a 20%, dependendo da atividade e do período a que se refere a tributação. Vejamos:

I	**20%** no período de 01.09.2015 a 31.12.2018 e
	15% a partir de 01.01.2019
	Para as seguintes atividades:
	a) pessoas jurídicas de seguros privados e de capitalização;
	b) bancos de qualquer espécie e agências de fomento;
	c) distribuidoras de valores mobiliários;
	d) corretoras de câmbio e de valores mobiliários;
	e) sociedades de crédito, financiamento e investimentos;
	f) sociedades de crédito imobiliário;
	g) administradoras de cartões de crédito;
	h) sociedades de arrendamento mercantil; e
	i) associações de poupança e empréstimo
II	**17%** no período de 01.10.2015 e 31.12.2018
	15% a partir de 01.01.2019
	no caso de cooperativas de crédito;
III	**9%, no caso de**:
	a) administradoras de mercado de balcão organizado;
	b) bolsas de valores e de mercadorias e futuros;
	c) entidades de liquidação e compensação;
	d) empresas de fomento comercial ou *factoring*; e
	e) demais pessoas jurídicas.

O quadro acima foi elaborado tendo como base a orientação do art. 222 da IN RFB nº 1700/2017, o qual determina que a CSL seja calculada mediante a aplicação de alíquota prevista no art. 30 da mesma IN. Observa-se que essas alíquotas são aquelas aplicáveis a todas as pessoas jurídicas, sem fazer distinção a forma de tributação adotada. Por esse motivo é que o referido quadro traz, por exemplo, atividade de "bancos de qualquer espécie", a qual está obrigada ao lucro real.

7.5 Deduções admitidas

Da CSL trimestral, apurada de acordo com o lucro presumido ou arbitrado, poderá ser deduzido o valor:

a) da CSL retida por órgão público, autarquia, fundação da administração pública federal, sociedade de economia mista, empresa pública e demais entidades em que a União, direta ou indiretamente, detenha a maioria do capital social com direito a voto, e que dela recebam recursos do Tesouro Nacional e estejam obrigadas a registrar sua execução orçamentária e financeira na modalidade total no Sistema Integrado de Administração Financeira do Governo Federal (Siaf);

b) dos créditos, inclusive os judiciais com trânsito em julgado, relativos aos tributos e contribuições administrados pela SRF, objeto de declaração de compensação relativos à CSL;

c) da CSL retida, por outra pessoa jurídica de direito privado, sobre receitas auferidas, no período, pela prestação de serviços de limpeza, conservação, manutenção, segurança, vigilância, transporte de valores e locação de mão de obra, pela prestação de serviços de assessoria creditícia, mercadológica, gestão de crédito, seleção e riscos, administração de contas a pagar e a receber, bem como pela remuneração de serviços profissionais.

As pessoas jurídicas tributadas com base no lucro presumido ainda poderão deduzir da CSLL apurada em cada trimestre o valor do bônus de adimplência fiscal.

7.6 Prazo de pagamento

A CSL apurada em cada trimestre deverá ser paga no mesmo prazo estabelecido para o pagamento do Imposto de Renda, ou seja:

a) em quota única, até o último dia útil do mês subsequente ao do encerramento do período de sua apuração; ou

b) à opção da empresa, em até 3 quotas mensais, iguais e sucessivas, vencíveis no último dia útil dos 3 meses subsequentes ao do encerramento do período de apuração a que corresponder, observado o seguinte:

   b.1) nenhuma quota poderá ter valor inferior a R$ 1.000,00 e a contribuição de valor inferior a R$ 2.000,00 será paga em quota única, até o último dia útil do mês subsequente ao do encerramento do período de apuração;

   b.2) o valor de cada quota (excluída a primeira, se paga no prazo) será acrescido de juros equivalentes à taxa do Sistema Especial de Liquidação e Custódia (Selic) para títulos federais, acumulada mensalmente, calculados a partir do primeiro dia do segundo mês subsequente ao do encerramento do período de apuração até o último dia do mês anterior ao do pagamento, e de 1% no mês do pagamento.

7.7 Exemplo

Empresa comercial tributada com base no lucro presumido, que no trimestre auferiu as seguintes receitas:

Receita bruta de vendas	R$ 900.000,00
Rendimentos de aplicações financeiras	R$ 5.000,00
Ganho de capital na alienação de bens e direitos	R$ 15.000,00

Nesse caso, temos:

I — Base de cálculo da contribuição devida no trimestre

Lucro presumido sobre a receita bruta (R$ 900.000,00 × 12%).....	R$ 108.000,00
Rendimentos de aplicações financeiras.......................................	R$ 5.000,00
Ganhos de capital na alienação de bens do AP..........................	R$ 15.000,00
Lucro presumido do período...	R$ 128.000,00

II — Contribuição devida

9% × R$ 128.000,00 = R$ 11.520,00

8. ATIVIDADES SUJEITAS À RETENÇÃO NA FONTE

Desde 1°.02.2004, estão sujeitos à retenção na fonte da CSL (além da Cofins e do PIS) os pagamentos efetuados pelas pessoas jurídicas a outras pessoas jurídicas de direito privado, pela prestação de serviços de limpeza, conservação, manutenção, segurança, vigilância, transporte de valores e locação de mão de obra, pela prestação de serviços de assessoria creditícia, mercadológica, gestão de crédito, seleção e riscos, administração de contas a pagar e a receber, bem como pela **remuneração de serviços profissionais**.

O valor retido deverá ser recolhido por meio de Darf sob **o código 5952**.

As retenções dessas contribuições serão efetuadas sem prejuízo da retenção do IRF das pessoas jurídicas sujeitas a alíquotas específicas previstas na legislação do Imposto de Renda e aplicam-se também aos pagamentos efetuados por:

a) associações, inclusive entidades sindicais, federações, confederações, centrais sindicais e serviços sociais autônomos;

b) sociedades simples, inclusive sociedades cooperativas;

c) fundações de direito privado; ou

d) condomínios edilícios.

8.1 "Serviços profissionais" — Lista de serviços alcançados

Compreendem-se como serviços profissionais para fins de retenção na fonte da CSL, da Cofins e do PIS-Pasep aqueles de que trata o art. 647 do RIR/1999 (IN SRF nº 459/2004).

Esses serviços são:

- administração de bens ou negócios em geral, exceto consórcios ou fundos mútuos para aquisição de bens;
- advocacia;
- análise clínica laboratorial;
- análises técnicas, arquitetura;
- assessoria e consultoria técnica, exceto o serviço de assistência técnica prestado a terceiros e concernente a ramo de indústria ou comércio explorado pelo prestador do serviço;
- assistência social;
- auditoria;
- avaliação e perícia;
- biologia e biomedicina;
- cálculo em geral;
- consultoria;
- contabilidade;
- desenho técnico;
- economia;
- elaboração de projetos;
- engenharia, exceto construção de estradas, pontes, prédios e obras assemelhadas;
- ensino e treinamento;

- estatística;
- fisioterapia;
- fonoaudiologia;
- geologia;
- leilão;
- medicina, exceto a prestada por ambulatório, banco de sangue, casa de saúde, casa de recuperação ou repouso sob orientação médica, hospital e pronto-socorro;
- nutricionismo e dietética;
- odontologia, organização de feiras de amostras, congressos, seminários, simpósios e congêneres;
- pesquisa em geral;
- planejamento;
- programação;
- prótese;
- psicologia e psicanálise;
- química;
- radiologia e radioterapia;
- relações públicas;
- serviço de despachante;
- terapêutica ocupacional;
- tradução ou interpretação comercial;
- urbanismo; e
- veterinária.

8.2 Percentual a ser descontado

O valor da CSL, da Cofins e da contribuição para o PIS/Pasep, de que trata este subitem, será determinado mediante a aplicação, sobre o montante a ser pago, do percentual de 4,65%, correspondente à soma das alíquotas de 1%, 3% e 0,65%, respectivamente.

8.3 Retenção das contribuições totais ou parciais

No caso de pessoa jurídica beneficiária de isenção ou de alíquota zero, na forma da legislação específica, de uma ou mais contribuições referidas, a retenção dar-se-á mediante a aplicação da alíquota específica (3,0% — Cofins,

0,65% — PIS/Pasep e 1,0% — CSL), correspondente às contribuições não alcançadas pela isenção ou pela alíquota zero, e o recolhimento será efetuado mediante a utilização de códigos específicos. Esses códigos são: 5987 (CSL), 5960 (Cofins); e 5979 (PIS/Pasep).

8.4 Prazo de recolhimento do imposto e das contribuições sociais retidos

Os valores retidos serão recolhidos ao Tesouro Nacional pelo órgão público que efetuar a retenção ou, de maneira centralizada, pelo estabelecimento matriz da pessoa jurídica, mediante Documento de Arrecadação de Receitas Federais (Darf), até o terceiro dia útil da semana subsequente àquela em que tiver ocorrido o pagamento à pessoa jurídica fornecedora dos bens ou prestadora do serviço.

8.5 Retenção das contribuições — Situações possíveis

8.5.1 Casos em que não se aplica a retenção

Não será exigida a retenção da CSL, da Cofins e da contribuição para o PIS/Pasep, na hipótese de pagamentos efetuados a:

a) cooperativas, relativamente à CSL, em relação aos atos cooperados (essa dispensa não se aplica às sociedades cooperativas de consumo de que trata o art. 69 da Lei nº 9.532/1997);

b) empresas estrangeiras de transporte de valores;

c) pessoas jurídicas optantes pelo Simples Nacional, em relação às suas receitas próprias.

8.5.2 Casos para os quais somente se aplica a retenção da CSL

Não será exigida a retenção da Cofins e da contribuição para o PIS-Pasep, cabendo, somente, a retenção da CSL nos pagamentos:

a) a título de transporte internacional de valores efetuados por empresa nacional;

b) aos estaleiros navais brasileiros nas atividades de conservação, modernização, conversão e reparo de embarcações pré-registradas ou registradas no Registro Especial Brasileiro (REB), instituído pela Lei nº 9.432/1997.

9. BÔNUS DE ADIMPLÊNCIA FISCAL

Com vigência a partir de 1º.01.2003, a Lei nº 10.637/2002 (artigo 38) instituiu, em relação aos tributos e contribuições administrados pela Secretaria da Receita Federal, bônus de adimplência fiscal, aplicável às pessoas jurídicas submetidas ao regime de tributação com base no lucro real ou presumido, observado que:

a) o referido bônus:

a.1) corresponde a 1% da base de cálculo da Contribuição Social sobre o Lucro (CSL) determinada segundo as normas estabelecidas para as pessoas jurídicas submetidas ao regime de apuração com base no lucro presumido;

a.2) será calculado em relação à base de cálculo referida em "a.1", relativamente ao ano-calendário em que foi permitido seu aproveitamento;

b) na hipótese de período de apuração trimestral, o bônus será calculado em relação aos 4 trimestres do ano-calendário e poderá ser deduzido da CSL devida correspondente ao último trimestre;

c) não fará jus ao bônus a pessoa jurídica que, nos últimos 5 anos-calendário, se enquadre em qualquer das seguintes hipóteses, em relação a tributos e contribuições administrados pela Secretaria da Receita Federal:

c.1) lançamento de ofício;

c.2) débitos com exigibilidade suspensa;

c.3) inscrição em Dívida Ativa;

c.4) recolhimentos ou pagamentos em atraso;

c.5) falta ou atraso no cumprimento de obrigação acessória;

d) na hipótese de decisão definitiva, na esfera administrativa ou judicial, que implique desoneração integral da pessoa jurídica, as restrições referidas em "c.1" e "c.2" serão desconsideradas desde a origem;

e) o período de 5 anos-calendário será computado por ano completo, inclusive aquele em relação ao qual dar-se-á o aproveitamento do bônus;

f) a dedução do bônus dar-se-á em relação à CSL devida no ano-calendário;

g) a parcela do bônus que não puder ser aproveitada em determinado período poderá ser em períodos posteriores, vedado o ressarcimento ou a compensação distinta da referida neste subitem;

h) a utilização indevida do referido bônus implica a imposição da multa;

i) o bônus será registrado na contabilidade da pessoa jurídica beneficiária:

 i.1) na aquisição do direito, a débito de conta de Ativo Circulante e a crédito de Lucro ou Prejuízos Acumulados;

 i.2) quando de sua utilização, a débito da provisão para pagamento da CSL e a crédito da conta de Ativo Circulante referida em i.1.

10. CRÉDITO DA CSL CONCEDIDO ÀS PESSOAS JURÍDICAS TRIBUTADAS COM BASE NO LUCRO REAL

A Lei nº 11.051/2004, com a alteração promovida pela Lei nº 11.452/2007, concedeu às pessoas jurídicas tributadas pelo lucro real a opção de utilização de créditos da CSL à razão de 25% da depreciação contábil das máquinas, aparelhos, instrumentos e equipamentos novos tratados no Decreto nº 5.222/2004, adquiridos entre 1º.10.2004 e 31.12.2010, destinados ao Ativo Imobilizado e utilizados no processo industrial do adquirente.

A utilização do crédito é permitida no pagamento mensal por estimativa, limitando-se à CSL apurada no encerramento do período correspondente.

10.1 Máquinas, aparelhos, instrumentos e equipamentos abrangidos pelo benefício

O Decreto nº 5.222/2004 dispõe que as máquinas, aparelhos, instrumentos e equipamentos de que trata a MP nº 219/2004 (convertida na Lei nº 11.051/2004) são aqueles relacionados nos Decretos nºs 4.955/2004 e 5.173/2004, que, entre outros bens, relacionam:

a) tubos de aço ou ferro para oleodutos ou gasodutos, de perfuração, para revestimento de poços, de suprimento ou produção, dos tipos utilizados na extração de petróleo ou de gás;

b) reservatórios, tonéis, cubas e recipientes semelhantes para armazenamento de grãos e outras matérias sólidas;

c) ferramentas de embutir, de estampar ou de puncionar;

d) reatores nucleares, caldeiras, máquinas, aparelhos, instrumentos mecânicos e suas partes;

e) máquinas, aparelhos e materiais elétricos, e suas partes; aparelhos de gravação ou de reprodução de som, aparelhos de gravação ou de reprodução de imagens e de som em televisão, e suas partes e acessórios; e

f) instrumentos e aparelhos de óptica, fotografia ou cinematografia, medida, controle ou de precisão;

g) instrumentos e aparelhos médico-cirúrgicos, suas partes e acessórios.

10.2 Determinação e utilização do crédito

As pessoas jurídicas poderão usufruir o crédito da CSL a partir do mês em que a máquina ou o equipamento entrar em operação e até o final do quarto ano-calendário subsequente àquele do início da operação.

O crédito da CSL deverá ser abatido da contribuição apurada no regime trimestral ou anual após a compensação da base de cálculo negativa existente de períodos anteriores, limitando-se ao saldo da contribuição a pagar.

A parcela porventura excedente não gerará direito a restituição, compensação, ressarcimento ou aproveitamento em períodos de apuração subsequentes.

A utilização do crédito não é permitida caso o contribuinte deixe de realizar a compensação da base de cálculo negativa existente ou compense valor inferior ao admitido pela legislação (30% do valor da base de cálculo apurada da CSL).

10.3 "Devolução" dos valores utilizados a título de crédito da CSL

O crédito da CSL assemelha-se a um "empréstimo", já que, a partir do ano-calendário subsequente ao do término do período de fruição do benefício, o valor utilizado a título de crédito da CSL deve ser adicionado à CSL devida em função dos anos-calendário de gozo e do regime de apuração da contribuição, sendo devida a parcela adicionada pelo seu valor integral, ainda que a pessoa jurídica apure, no período, base negativa da CSL.

Assim, a partir do quinto ano-calendário subsequente ao ano em que se iniciou o benefício, a pessoa jurídica deverá adicionar o crédito anteriormente utilizado à CSL devida nesse período. Portanto, o crédito deduzido no primeiro ano deverá ser adicionado no quinto ano, o do segundo ano no sexto e assim sucessivamente até serem tributados todos os valores anteriormente utilizados a título de crédito.

10.4 Mudança do regime de apuração

Se a pessoa jurídica deixar de ser tributada pelo lucro real, os valores utilizados anteriormente a título de crédito da CSL deverão ser adicionados à contribuição devida relativa ao primeiro período de apuração do novo regime de apuração adotado.

No caso de a pessoa jurídica vir a optar pelo Simples, os valores utilizados, anteriormente, a título de crédito da CSL deverão ser recolhidos em separado, em quota única, até o último dia útil de janeiro do ano-calendário a que corresponderem os efeitos da opção.

10.5 Extinção da pessoa jurídica

A pessoa jurídica que vier a ser extinta deverá recolher os valores utilizados anteriormente a título de crédito da CSL, em quota única, até o último dia útil do mês subsequente a esse evento.

10.6 Alienação do bem que ensejou o crédito da CSL

No caso de alienação do bem do qual decorreu o crédito da CSL, o valor total do crédito aproveitado deverá ser recolhido, em quota única, até o último dia útil do mês subsequente ao da alienação ou adicionado à CSL devida no período de apuração em que a alienação ocorrer.

11. INCENTIVOS À INOVAÇÃO TECNOLÓGICA (ART. 17 DA LEI nº 11.196/2005)

Desde 1º.01.2006, a pessoa jurídica tributada com base no lucro real pode usufruir da dedução, para efeito de apuração da base de cálculo da CSL, de valor correspondente à soma dos dispêndios realizados no período de apuração com pesquisa tecnológica e desenvolvimento de inovação tecnológica classificáveis como despesas operacionais pela legislação do IRPJ, inclusive dispêndios com universidades, instituições de pesquisa ou inventor independente, desde que a pessoa jurídica que efetuou o dispêndio fique com a responsabilidade, o risco empresarial, a gestão e o controle da utilização dos resultados dos dispêndios art. 17 Lei nº 11.196/2005)

Capítulo 35

PIS/Pasep e Cofins

O Programa de Integração Social (PIS) e a Contribuição para Financiamento da Seguridade Social (Cofins), embora sejam hoje contribuições muitíssimo parecidas, têm história própria e foram criados em datas distintas.

O PIS foi criado na década de 70 pela Lei Complementar nº 7/1970, e se destinava a promover a integração do empregado na vida e no desenvolvimento das empresas.

Já a Cofins foi criada muito tempo depois pela Lei Complementar nº 70/1991, para substituir a antiga contribuição ao Finsocial.

Ambas as contribuições mudaram muito desde a sua criação, no que se refere a alíquota, base de cálculo e universo de contribuintes. Mas as mudanças mais significativas começaram a ocorrer no final de 2002.

Nesse ano, por meio da MP nº 66/2002 (posteriormente convertida na Lei nº 10.637/2002) foi criada a contribuição para o PIS-Pasep não cumulativa que consiste, em síntese, em aproveitar, por exemplo, créditos provenientes da entrada de mercadorias para revendas (há vários itens que dão direito a crédito, conforme veremos ao longo deste capítulo).

A Cofins seguiu o mesmo diapasão. Em 2003, por meio da MP nº 135/2003 (atual Lei nº 10.833/2003) foi criada a versão não cumulativa para essa contribuição.

Em ambos os casos foi mantida a versão cumulativa das contribuições que abrange um universo significativo de contribuintes, principalmente aqueles tributados com base no lucro presumido.

O assunto é abordado neste Capítulo, que tem por finalidade fazer uma explanação razoavelmente abrangente, mas sem a pretensão de esgotar o assunto.

Antes, porém faz-se necessário o esclarecimento sobre a grande polêmica de 2017: a exclusão do ICMS da base de cálculo do PIS e da COFINS.

Como amplamente divulgado pela imprensa, em março de 2017 o Supremo Tribunal Federal julgou que o ICMS por não se enquadrar no conceito de faturamento, não deveria compor a base de cálculo do PIS e da COFINS.

Na prática, a matéria foi pacificada pelo Supremo Tribunal Federal no julgamento do RE nº 574706, o qual, por maioria e nos termos do voto da Relatora, ao apreciar o tema 69 da repercussão geral, deu provimento ao recurso extraordinário e fixou a seguinte tese: *"O ICMS não compõe a base de cálculo para a incidência do PIS e da Cofins"*.

O que ocorre é que, com a decisão do STF, muitas empresas passaram a entender que o PIS e a Cofins já poderiam ser calculadas sem o valor do ICMS. Mas antes, é preciso fazer algumas ponderações, pois essa não é a posição do Fisco.

A RFB defende que, em razão da ausência definitiva do mérito, o ICMS devido pela pessoa jurídica na condição de contribuinte do imposto (em virtude de operações ou prestações próprias) compõe o seu faturamento, não havendo previsão legal que possibilite a sua exclusão da base de cálculo cumulativa das Contribuições para o PIS e COFINS devidas nas operações realizadas no mercado interno.

Segundo o órgão, inexiste ato declaratório da Procuradora Geral da Fazenda Nacional que trate sobre a exclusão do ICMS da base de cálculo das contribuições para o PIS e Cofins incidentes nas operações internas.

Em linhas gerais, o que se coloca é que o direito de se reconhecer a exclusão depende ainda de uma **Súmula Vinculante**. Naturalmente, se sumulado com efeito vinculante, o Judiciário e a RFB ficarão obrigados a seguir o novo entendimento sobre a Exclusão do ICMS da Base de Cálculo da Cofins.

Portanto, em princípio, o entendimento é que as empresas ainda não podem reduzir da base de cálculo do PIS da Cofins o Imposto Estadual. Tampouco podem compensar valores anteriormente recolhidos a maior por conta da inclusão do ICMS na referida base de cálculo.

A exceção que muitos doutrinadores fazem diz respeito aos contribuintes que já entraram com ação. Neste caso, um segmento significativo de formadores de opinião entende que, amparado por decisão judicial, o contribuinte pode abater da receita bruta, para fins de determinação da base de cálculo do PIS e da Cofins, o ICMS embutido na receita bruta.

A matéria, atualmente objeto de Ação Declaratória de Constitucionalidade, encontra-se aguardando decisão definitiva de mérito, que seja vinculante para a Administração Pública. Segue teor da Solução de Consulta DISIT/SRRF06 Nº 60122017 e da Solução de Consulta Cosit 137/2017 que tratam do assunto:

> *"SOLUÇÃO DE CONSULTA DISIT/SRRF06 Nº 6012, DE 31 DE MARÇO DE 2017*
>
> *(Publicado(a) no DOU de 04/04/2017, seção 1, página 165)*

ASSUNTO: Contribuição para o Financiamento da Seguridade Social - Cofins

EMENTA: BASE DE CÁLCULO. CUMULATIVIDADE. ICMS. EXCLUSÃO. OPERAÇÕES INTERNAS. IMPOSSIBILIDADE. AÇÃO DECLARATÓRIA DE CONSTITUCIONALIDADE. AUSÊNCIA DE DECISÃO DEFINITIVA DE MÉRITO. O ICMS devido pela pessoa jurídica na condição de contribuinte do imposto (em virtude de operações ou prestações próprias) compõe o seu faturamento, não havendo previsão legal que possibilite a sua exclusão da base de cálculo cumulativa da Contribuição para o PIS/Pasep devida nas operações realizadas no mercado interno. A edição de ato declaratório pelo Procurador-Geral da Fazenda Nacional, aprovado pelo Ministro de Estado da Fazenda, nos termos do art. 19, II, da Lei n° 10.522, de 19 de julho de 2002, sobre matéria objeto de jurisprudência pacífica do Supremo Tribunal Federal, vincula a Administração tributária, sendo vedado à Secretaria da Receita Federal do Brasil a constituição dos respectivos créditos tributários. Entretanto, inexiste ato declaratório que trate sobre a exclusão do ICMS da base de cálculo da Contribuição para o PIS/Pasep incidente nas operações internas. A matéria, atualmente objeto de Ação Declaratória de Constitucionalidade, encontra-se aguardando decisão definitiva de mérito, que seja vinculante para a Administração Pública. SOLUÇÃO DE CONSULTA VINCULADA À SOLUÇÃO DE CONSULTA COSIT Nº 137, DE 16 DE FEVEREIRO DE 2017.

DISPOSITIVOS LEGAIS: Lei Complementar n° 87/1996, art. 13; Lei n° 5.172/1966, art. 111; Lei n° 8.981/1995, art. 31; Lei n° 9.718/1998, arts. 2° e 3°; Lei n° 10.522/2002, art. 19; Decreto-Lei n° 406/1968, art. 2°; Parecer Normativo CST n° 77/1986, e Convênio ICM n° 66/1988, art. 2°.

ASSUNTO: Contribuição para o PIS/Pasep

EMENTA: BASE DE CÁLCULO. CUMULATIVIDADE. ICMS. EXCLUSÃO. OPERAÇÕES INTERNAS. IMPOSSIBILIDADE. AÇÃO DECLARATÓRIA DE CONSTITUCIONALIDADE. AUSÊNCIA DE DECISÃO DEFINITIVA DE MÉRITO. O ICMS devido pela pessoa jurídica na condição de contribuinte do imposto (em virtude de operações ou prestações próprias) compõe o seu faturamento, não havendo previsão legal que possibilite a sua exclusão da base de cálculo cumulativa da Contribuição para o PIS/Pasep devida nas operações realizadas no mercado interno. A edição de ato declaratório pelo Procurador-Geral da Fazenda Nacional, aprovado pelo Ministro de Estado da Fazenda, nos termos do art. 19, II, da Lei n° 10.522, de 19 de julho de 2002, sobre matéria objeto de jurisprudência pacífica do Supremo Tribunal Federal, vincula a Administração tributária, sendo vedado à Secretaria da Receita Federal do Brasil a constituição dos respectivos créditos tributários. Entretanto, inexiste ato declaratório que trate sobre a exclusão do ICMS da base de cálculo da Contribuição para o PIS/Pasep incidente nas operações internas. A matéria, atualmente objeto de Ação Declaratória de Constitucionalidade, encontra-se aguardando decisão definitiva de mérito, que seja vinculante para a Administração Pública. SOLUÇÃO DE CONSULTA VINCULADA À SOLUÇÃO DE CONSULTA COSIT Nº 137, DE 16 DE FEVEREIRO DE 2017.

DISPOSITIVOS LEGAIS: Lei Complementar n° 87/1996, art. 13; Lei n° 5.172/1966, art. 111; Lei n° 8.981/1995, art. 31; Lei n° 9.718/1998, arts. 2° e 3°; Lei n° 10.522/2002, art. 19; Decreto-Lei n° 406/1968, art. 2°; Parecer Normativo CST n° 77/1986, e Convênio ICM n° 66/1988, art. 2°."

"SOLUÇÃO DE CONSULTA COSIT Nº 137, DE 16 DE FEVEREIRO DE 2017

(Publicado(a) no DOU de 22/03/2017, seção 1, página 55)

ASSUNTO: CONTRIBUIÇÃO PARA O FINANCIAMENTO DA SEGURIDADE SOCIAL – COFINS

EMENTA: BASE DE CÁLCULO. CUMULATIVIDADE. ICMS. EXCLUSÃO. OPERAÇÕES INTERNAS. IMPOSSIBILIDADE. AÇÃO DECLARATÓRIA DE CONSTITUCIONALIDADE. AUSÊNCIA DE DECISÃO DEFINITIVA DE MÉRITO.

O ICMS devido pela pessoa jurídica na condição de contribuinte do imposto (em virtude de operações ou prestações próprias) compõe o seu faturamento, não havendo previsão legal que possibilite a sua exclusão da base de cálculo cumulativa da Cofins devida nas operações realizadas no mercado interno.

A edição de ato declaratório pelo Procurador-Geral da Fazenda Nacional, aprovado pelo Ministro de Estado da Fazenda, nos termos do art. 19, II, da Lei nº 10.522, de 19 de julho de 2002, sobre matéria objeto de jurisprudência pacífica do Supremo Tribunal Federal, vincula a Administração tributária, sendo vedado à Secretaria da Receita Federal do Brasil a constituição dos respectivos créditos tributários. Entretanto, inexiste ato declaratório que trate sobre a exclusão do ICMS da base de cálculo da *Cofins incidente nas operações internas. A matéria, atualmente objeto de Ação Declaratória de Constitucionalidade, encontra-se aguardando decisão definitiva de mérito, que seja vinculante para a Administração Pública.*

DISPOSITIVOS LEGAIS: Lei Complementar nº 87, de 1996, art. 13; Lei nº 5.172, de 1966, art. 111; Lei nº 8.981, de 1995, art. 31; Lei nº 9.718, de 1998, arts. 2º e 3º; Lei nº 10.522, de 2002, art. 19; Decreto-Lei nº 406, de 1968, art. 2º; Parecer Normativo CST nº 77, de 1986, e Convênio ICM nº 66, de 1988, art. 2º.

ASSUNTO: CONTRIBUIÇÃO PARA O PIS/PASEP

EMENTA: BASE DE CÁLCULO. CUMULATIVIDADE. ICMS. EXCLUSÃO. OPERAÇÕES INTERNAS. IMPOSSIBILIDADE. AÇÃO DECLARATÓRIA

DE CONSTITUCIONALIDADE. AUSÊNCIA DE DECISÃO DEFINITIVA DE MÉRITO.

O ICMS devido pela pessoa jurídica na condição de contribuinte do imposto (em virtude de operações ou prestações próprias) compõe o seu faturamento, não havendo previsão legal que possibilite sua exclusão da base de cálculo cumulativa da Contribuição para o PIS/Pasep devida nas operações realizadas no mercado interno.

A edição de ato declaratório pelo Procurador-Geral da Fazenda Nacional, aprovado pelo Ministro de Estado da Fazenda, nos termos do art. 19, II, da Lei nº 10.522, de 19 de julho de 2002, sobre matéria objeto de jurisprudência pacífica do Supremo Tribunal Federal, vincula a Administração tributária, sendo vedado à Secretaria da Receita Federal do Brasil a constituição dos respectivos créditos tributários. Entretanto, inexiste ato declaratório que trate sobre a exclusão do ICMS da base de cálculo da Contribuição para o PIS/Pasep incidente nas operações internas. A *matéria, atualmente objeto de Ação Declaratória de Constitucionalidade, encontra-se aguardando decisão definitiva de mérito, que seja vinculante para a Administração Pública.*

DISPOSITIVOS LEGAIS: Lei Complementar nº 87, de 1996, art. 13; Lei nº 5.172, de 1966, art. 111; Lei nº 8.981, de 1995, art. 31; Lei nº 9.718, de 1998, arts. 2º e 3º; Lei nº 10.522, de 2002, art. 19; Decreto-Lei nº 406, de 1968, art. 2º; Parecer Normativo CST nº 77, de 1986, e Convênio ICM nº 66, de 1988, art. 2º."

Diante dos fatos aqui comentados, entende-se salutar o ajuizamento de ação judicial pelos contribuintes do ICMS, caso ainda não tenham ajuizado ação, para que possa se resguardar de uma eventual retaliação por parte do Fisco, isso, naturalmente, enquanto não houver uma Súmula Vinculante.

O ICMS devido pela pessoa jurídica na condição de contribuinte do imposto (em virtude de operações ou prestações próprias) compõe o seu faturamento, não havendo previsão legal que possibilite sua exclusão da base de cálculo cumulativa da Contribuição para o PIS/Pasep devida nas operações realizadas no mercado interno.

A edição de ato declaratório pelo Procurador-Geral da Fazenda Nacional, aprovado pelo Ministro de Estado da Fazenda, nos termos do art. 19, II, da Lei nº 10.522, de 19 de julho de 2002, sobre matéria objeto de jurisprudência pacífica do Supremo Tribunal Federal, vincula a Administração tributária, sendo vedado à Secretaria da Receita Federal do Brasil a constituição dos respectivos créditos tributários. Entretanto, inexiste ato declaratório que trate sobre a exclusão do ICMS da base de cálculo da Contribuição para o PIS/Pasep incidente nas operações internas. A matéria, atualmente objeto de Ação Declaratória de Constitucionalidade, encontra-se aguardando decisão definitiva de mérito, que seja vinculante para a Administração Pública.

DISPOSITIVOS LEGAIS: Lei Complementar nº 87, de 1996, art. 13; Lei nº 5.172, de 1966, art. 111; Lei nº 8.981, de 1995, art. 31; Lei nº 9.718, de 1998, arts. 2º e 3º; Lei nº 10.522, de 2002, art. 19; Decreto-Lei nº 406, de 1968, art. 2º; Parecer Normativo CST nº 77, de 1986, e Convênio ICM nº 66, de 1988, art. 2º."

I – REGIME NÃO CUMULATIVO

1. BREVES COMENTÁRIOS SOBRE A ADOÇÃO DO REGIME NÃO CUMULATIVO

O Programa de Integração Social (PIS) e a Contribuição para o Financiamento da Seguridade Social (Cofins), embora sejam hoje contribuições muitíssimo parecidas, têm história própria e foram criados em datas distintas.

O PIS foi instituído na década de 70 pela Lei Complementar nº 7/1970, e se destinava a promover a integração do empregado na vida e no desenvolvimento das empresas.

Já a Cofins foi criada muito tempo depois pela Lei Complementar nº 70/1991, para substituir a antiga contribuição ao Finsocial.

Ambas as contribuições mudaram muito desde a sua criação, no que se refere à alíquota, à base de cálculo e ao universo de contribuintes. Mas as mudanças mais significativas começaram a ocorrer no final de 2002.

Nesse ano, por meio da MP nº 66/2002 (posteriormente, convertida na Lei nº 10.637/2002), foi constituída a contribuição para o PIS/Pasep não cumulativa que consiste, em síntese, em aproveitar, por exemplo, créditos provenientes da entrada de mercadorias para revendas (há vários itens que dão direito a crédito, conforme veremos ao longo deste capítulo).

A Cofins seguiu o mesmo diapasão. Em 2003, por meio da MP nº 135/2003 (atual Lei nº 10.833/2003) foi criada a versão não cumulativa para essa contribuição.

Em ambos os casos, foi mantida a versão cumulativa das contribuições que abrange um universo significativo de contribuintes, principalmente aqueles tributados com base no lucro presumido.

2. APLICAÇÃO DA LEI 12.973/2014 (MP 627/2014)

A Medida Provisória nº 627/2013, posteriormente convertida na Lei nº 12.973/2014 promoveu diversas alterações na legislação tributária, tendo em vista a extinção do RTT, a partir de 2015. Lembra-se que o RTT, ao longo dos últimos anos, foi responsável pela neutralidade tributária na aplicação da Lei nº 11.638/2007 (Lei Contábil), durante o período de adequação das empresas brasileiras ao padrão contábil internacional.

Resumidamente, as normas da referida MP, na maioria dos casos, aplicam-se a partir de 2015, sendo que a Lei nº 12.973/2014 facultou às pessoas jurídicas, a aplicação das regras a partir de 2014. Feita a opção, a empresa passou a observar as novas regras e abandonou, já em 2014, o RTT.

A seguir, são comentadas algumas das alterações a serem consideradas pela pessoa jurídica, a partir de 2015 que afetam a apuração do PIS e da COFINS.

2.1 Novo conceito de receita bruta

O faturamento passa a compreender:

I - o produto da venda de bens nas operações de conta própria;

II - o preço da prestação de serviços em geral;

III - o resultado auferido nas operações de conta alheia; e

IV - as receitas da atividade ou objeto principal da pessoa jurídica, não compreendidas nos incisos I a III.

Já a receita líquida será a receita bruta diminuída de:

I - devoluções e vendas canceladas;

II - descontos concedidos incondicionalmente;

III - tributos sobre ela incidentes; e

IV - valores decorrentes do ajuste a valor presente, de que trata o inciso VIII do *caput* do art. 183 da Lei nº 6.404, de 1976, das operações vinculadas à receita bruta.

Essa alteração foi importante, pois regulamenta e uniformiza o conceito de receita bruta na legislação tributária.

Em síntese, fica claro que a receita bruta é aquela obtida com a exploração da atividade descrita no contrato social ou estatuto da empresa, seja ela qual for: venda, revenda, serviços, locação, intermediação ou qualquer outro tipo.

É importante lembrar que foi incluído dispositivo relativo ao Ajuste a Valor Presente (AVP), que será utilizado nas vendas realizadas para recebimento acima de doze meses e nas operações de curto prazo quando relevantes. Como se observa, o dispositivo legal estabelece que o AVP deve ser excluído da receita bruta.

Nota:

Ao definir que o AVP deve ser deduzido da receita bruta, a tributação de PIS, Cofins, IR e CSLL pelo lucro real (estimativa), presumido ou arbitrado não será afetada.

2.2 Base de cálculo do PIS/Cofins não cumulativo

A contribuição para o PIS/Pasep, com a incidência não cumulativa, incide sobre o total das receitas auferidas no mês pela pessoa jurídica, independentemente de sua denominação ou classificação contábil.

Para tanto, o total das receitas compreende a receita bruta e todas as demais receitas auferidas pela pessoa jurídica com os seus respectivos valores decorrentes do ajuste a valor presente de que trata o inciso VIII do *caput* do art. 183 da Lei nº 6.404, de 15 de dezembro de 1976.

A base de cálculo da contribuição para o PIS/Pasep é o total das receitas auferidas pela pessoa jurídica, conforme definido acima.

3. ALÍQUOTA APLICÁVEL

As pessoas jurídicas sujeitas ao regime não cumulativo da contribuição para o PIS e da Cofins devem calcular as respectivas contribuições mediante a aplicação das alíquotas de 1,65% (PIS) e de 7,6% (Cofins) sobre o faturamento bruto auferido.

4. CONTRIBUINTES SUJEITOS AO REGIME NÃO CUMULATIVO

São contribuintes da Cofins e da contribuição para o PIS/Pasep não cumulativas as pessoas jurídicas que auferirem receitas, independentemente de sua denominação ou classificação contábil.

Essas receitas compreendem a receita bruta da venda de bens e serviços nas operações em conta alheia e todas as demais receitas auferidas pela pessoa jurídica.

Basicamente, estão sujeitas à Cofins e à contribuição para o PIS/Pasep na modalidade não cumulativa as pessoas jurídicas de direito privado e as que lhe são equiparadas pela legislação do Imposto de Renda, tributadas com base no lucro real, com algumas exceções, entre elas, as instituições financeiras e algumas receitas expressas em lei.

5. CONTRIBUINTES E RECEITAS EXCLUÍDOS DO REGIME NÃO CUMULATIVO

A legislação elenca uma série de pessoas jurídicas e receitas excluídas do regime não cumulativo. São exemplos:

a) as pessoas jurídicas optantes pelo Simples Nacional;

b) as pessoas jurídicas imunes a impostos;

c) os órgãos públicos, as autarquias e fundações públicas federais, estaduais e municipais e as fundações cuja criação tenha sido autorizada por lei (art. 61 do Ato das Disposições Constitucionais Transitórias da Constituição Federal de 1988);

d) as sociedades cooperativas, exceto as de produção agropecuária e as de consumo;

e) as receitas decorrentes das operações sujeitas à substituição tributária das contribuições;

f) as receitas das pessoas jurídicas integrantes do Mercado Atacadista de Energia Elétrica (MAE) submetidas ao regime especial de tributação.

6. BASE DE CÁLCULO

A base de cálculo das contribuições é o valor do faturamento mensal, assim entendido o total das receitas auferidas pela pessoa jurídica, independentemente da sua denominação ou classificação contábil.

O total das receitas compreende a receita bruta da venda de bens e serviços nas operações em conta própria ou alheia e todas as demais receitas auferidas pela pessoa jurídica.

6.1 Exclusões permitidas da receita bruta

Na determinação da base de cálculo das contribuições, permite-se a exclusão dos seguintes valores da receita bruta, entre outros:

a) receitas isentas da contribuição ou não alcançadas pela incidência ou, ainda, sujeitas à alíquota zero;

b) receitas não operacionais, decorrentes da venda de Ativo Permanente (hoje, pertencente ao grupo "não circulante", no Ativo);

Nota

De acordo com art. 279 da IN RFB nº 1700/2017, não integram a base de cálculo da Contribuição para o PIS/Pasep e da Cofins apurados no regime de incidência não cumulativa as receitas, decorrentes da venda de bens do ativo não circulante classificado como investimento, imobilizado ou intangível. Tal procedimento aplica-se inclusive no caso de o bem ter sido reclassificado para o ativo circulante com intenção de venda por força das normas contábeis e da legislação comercial.

c) receitas auferidas pela pessoa jurídica revendedora, na revenda de mercadorias em relação às quais a contribuição seja exigida da empresa vendedora, na condição de substituta tributária;

d) vendas canceladas e descontos incondicionais concedidos;

e) reversões de provisões e recuperações de créditos baixados como perda que não representem ingresso de novas receitas;

f) o resultado positivo da avaliação de investimentos pelo valor do patrimônio líquido e lucros e dividendos derivados de investimentos avaliados pelo custo de aquisição que tenham sido computados como receita;

g) importâncias pagas diretamente ou repassadas a empresas de rádio, televisão, jornais e revistas, pelas agências de publicidade e propaganda, sendo vedado o aproveitamento do crédito em relação às parcelas excluídas (Lei nº 10.925/2004, art. 13);

Para fins de determinação da base de cálculo das contribuições (PIS e Cofins), podem ser excluídos do faturamento, quando o tenham integrado, os valores:

- do IPI;
- do ICMS, quando destacado em nota fiscal e cobrado pelo vendedor dos bens ou prestador dos serviços na condição de substituto tributário;
- das receitas excluídas do regime de incidência não cumulativa, constantes do art. 10 da Lei nº 10.833, de 2003.

Nota

Segundo o parágrafo único do art. 4º da Lei nº 11.941/2009, não será computada na apuração da base de cálculo da contribuição para o PIS/Pasep e da Contribuição para o Financiamento da Seguridade Social (Cofins) a parcela equivalente à redução do valor das multas, juros e encargo legal em decorrência do parcelamento de débitos promovidos pelos arts. 1º, 2º e 3º da referida Lei.

6.2 Receitas financeiras – Novas disposições a partir de 01.07.2015

A partir de 01.07.2015 foram modificadas as disposições sobre a tributação das receitas financeiras pelo PIS e COFINS nas empresas sujeitas ao regime não cumulativo dessas contribuições.

De acordo com o Decreto nº 8.426/2015, foram restabelecidas para 0,65% (sessenta e cinco centésimos por cento) e 4% (quatro por cento), respectivamente, as alíquotas da Contribuição para os Programas de Integração Social e de Formação do Patrimônio do Servidor Público - PIS/PASEP e da Contribuição para o Financiamento da Seguridade Social - COFINS incidentes sobre receitas financeiras, inclusive decorrentes de operações realizadas para fins de hedge, auferidas pelas pessoas jurídicas sujeitas ao regime de apuração não-cumulativa das referidas contribuições.

O restabelecimento das alíquotas se aplica, inclusive, às pessoas jurídicas que tenham apenas parte de suas receitas submetidas ao regime de apuração não-cumulativa da Contribuição para o PIS/PASEP e da COFINS.

O referido Decreto, também, manteve:

a) em 1,65% (um inteiro e sessenta e cinco centésimos por cento) e 7,6% (sete inteiros e seis décimos por cento), respectivamente, as alíquotas da Contribuição para o PIS/PASEP e da COFINS aplicáveis aos juros sobre o capital próprio.

a) em zero as alíquotas das contribuições sobre receitas financeiras decorrentes de variações monetárias, em função da taxa de câmbio, de:

   i. operações de exportação de bens e serviços para o exterior; e

   ii. obrigações contraídas pela pessoa jurídica, inclusive empréstimos e financiamentos.

   iii. em zero as alíquotas das contribuições incidentes sobre receitas financeiras decorrentes de operações de cobertura (hedge) realizadas em bolsa de valores, de mercadorias e de futuros ou no mercado de balcão organizado destinadas exclusivamente à proteção contra riscos inerentes às oscilações de preço ou de taxas quando, cumulativamente, o objeto do contrato negociado:

      1. estiver relacionado com as atividades operacionais da pessoa jurídica; e

      2. destinar-se à proteção de direitos ou obrigações da pessoa jurídica

Nota

Em relação aos fatos geradores ocorridos até 30.06.2015, as alíquotas da Cofins e da contribuição para o PIS/Pasep incidentes sobre as receitas financeiras, inclusive decorrentes de operações realizadas para fins de *hedge*, auferidas pelas pessoas jurídicas sujeitas ao regime de incidência não cumulativa das referidas contribuições estavam reduzidas a zero.

7. DEDUÇÕES DE CRÉDITOS

Das contribuições não cumulativas apuradas, a pessoa jurídica poderá descontar créditos[1] provenientes de suas operações de compra de mercadorias, de seu processo produtivo, etc.

Os créditos são calculados em relação a:

a) bens adquiridos para revenda[2];

b) bens e serviços utilizados como insumo na prestação de serviços e na produção ou fabricação de bens ou produtos destinados à venda, inclusive combustíveis e lubrificantes;

c) energia elétrica consumida nos estabelecimentos da pessoa jurídica;

d) aluguéis de prédios, máquinas e equipamentos pagos à pessoa jurídica, utilizados nas atividades da empresa;

e) valor das contraprestações de operações de arrendamento mercantil de pessoa jurídica, exceto de optante pelo Simples Nacional;

f) encargos de depreciação e amortização de máquinas, equipamentos e outros bens incorporados ao Ativo Imobilizado, adquiridos para utilização na produção de bens destinados à venda ou na prestação de serviços (o aproveitamento de créditos sobre a depreciação de bens do Ativo Imobilizado está sendo abordado em detalhes no subitem 7.2.2.);

g) encargos de depreciação e amortização de edificações e benfeitorias em imóveis próprios ou de terceiros utilizados nas atividades da empresa;

h) bens recebidos em devolução, cuja receita de venda tenha integrado o faturamento do mês ou de mês anterior, tributada na modalidade não cumulativa;

i) armazenagem de mercadoria e frete na operação, nos casos das letras "a" e "b", quando o ônus for suportado pelo vendedor;

---

1 O aproveitamento de crédito do PIS e da Cofins no sistema não cumulativo é muito semelhante ao aproveitamento de créditos do ICMS. No caso, a empresa se credita do imposto pago quando ela compra as mercadorias e se debita desse imposto quando vende a mercadoria. Também, para o ICMS, há outras situações que geram crédito.

Caso a pessoa jurídica não aproveite o crédito em determinado mês, poderá aproveitá-lo nos meses subsequentes, sem atualização monetária ou incidência de juros.

O valor dos créditos não constitui receita bruta da pessoa jurídica, servindo somente para dedução do valor devido da contribuição.

2 Não há aproveitamento de créditos na revenda de mercadorias em relação às quais a contribuição seja exigida da empresa vendedora na condição de substituta tributária, na venda de álcool para fins carburantes e também em relação às mercadorias e aos produtos para os quais se aplicam alíquotas específicas, conforme os §§ 1º dos arts. 2º das Leis nºs 10.637/2002 e 10.833/2003. Esses parágrafos foram incluídos pelos arts. 21 e 37 da Lei nº 10.865/2004.

j) vale-transporte, vale-refeição ou vale-alimentação, fardamento ou uniforme fornecidos aos empregados por pessoa jurídica que explore as atividades de prestação de serviços de limpeza, conservação e manutenção (Lei nº 11.898/2009).

7.1 Direito ao crédito - Abrangência

O direito ao crédito aplica-se, exclusivamente, em relação:

a) aos bens e serviços adquiridos de pessoa jurídica domiciliada no País[3];

b) aos custos e despesas incorridos, pagos ou creditados à pessoa jurídica domiciliada no País;

c) aos bens e serviços adquiridos e aos custos e despesas incorridos a partir de 1º.12.2002 para o PIS/Pasep e, a partir de 1º.02.2004, para a Cofins.

7.1.1 Valores que não dão direito ao crédito

Não dará direito a crédito o valor de mão de obra paga à pessoa física.

Lembra-se que o crédito relativo a bens adquiridos para revenda ou utilizados como insumos na prestação de serviços e na produção ou fabricação de bens ou produtos destinados à venda, que tenham sido furtados ou roubados, inutilizados ou deteriorados, destruídos em sinistro ou, ainda, empregados em outros produtos que tenham tido a mesma destinação, deverá ser estornado (art. 3º, § 13, da Lei nº 10.833/2003, com redação dada pelo art. 21 da Lei nº 10.865/2004).

Desde 31.07.2004, está vedado o aproveitamento de crédito relativo a aluguel e contraprestação de arrendamento mercantil de bens que já tenham integrado o patrimônio da pessoa jurídica.

7.1.2 Vendas efetuadas com suspensão, isenção, alíquota 0 (zero) ou não incidência das contribuições - Manutenção do crédito

De acordo com o art. 17 da Lei nº 11.033/2004, as vendas efetuadas com suspensão, isenção, alíquota 0 (zero) ou não incidência da contribuição para o PIS/Pasep e da Cofins não impedem a manutenção, pelo vendedor, dos créditos vinculados a essas operações.

---

3 A partir de 1º.05.2004, com o advento da Lei nº 10.865/2004, as pessoas jurídicas sujeitas à apuração da contribuição para o PIS/Pasep e da Cofins na modalidade não cumulativa passaram a poder descontar crédito, para fins de determinação dessas contribuições, também em relação às importações, nas hipóteses tratadas na referida lei.

Deste modo, ficou estabelecido pelo art. 16 da Lei nº 11.116/2005 que o saldo credor dessas contribuições acumulado ao final de cada trimestre poderá ser objeto de:

a) compensação com débitos próprios, vencidos ou vincendos, relativos a tributos e contribuições administrados pela Secretaria da Receita Federal, observada a legislação específica aplicável à matéria; ou
b) pedido de ressarcimento em dinheiro, observada a legislação específica aplicável à matéria.

7.2 Determinação do crédito

O crédito será determinado mediante a aplicação das alíquotas de 7,6% para a Cofins e de 1,65% para o PIS/Pasep sobre o valor[4]:

a) dos itens mencionados nas letras "a", "b" e "i" do item 7, adquiridos no mês;
b) dos itens mencionados nas letras "c" a "e" do subitem 3.6, incorridos no mês;
c) dos encargos de depreciação e amortização dos bens mencionados nas letras "f" e "g" do item 7, incorridos no mês;
d) dos bens mencionados na letra "h" do item 7, devolvidos no mês.

7.2.1 Encargos de depreciação de máquinas e equipamentos

Como vimos anteriormente, as pessoas jurídicas sujeitas à incidência não cumulativa da contribuição para o PIS/Pasep e da Cofins, em relação aos serviços e bens adquiridos no País ou no exterior, fazem jus ao aproveitamento de créditos sobre os encargos de depreciação calculados sobre bens incorporados ao Ativo Imobilizado.

Sobre o assunto, a IN SRF nº 457/2004 esclarece que, a partir de 1º.05.2004, podem ser aproveitados créditos calculados sobre:

a) máquinas, equipamentos e outros bens incorporados ao Ativo Imobilizado para utilização na produção de bens destinados à venda ou na prestação de serviços; e
b) edificações e benfeitorias em imóveis próprios ou de terceiros utilizados nas atividades da empresa.

7.2.2 Apuração do crédito - Método alternativo à depreciação

Originalmente, os encargos de depreciação referidos no subitem anterior deviam ser determinados mediante a aplicação da taxa de depreciação em função do prazo de vida útil do bem

4 O crédito não aproveitado em determinado mês poderá sê-lo nos meses subsequentes.

O contribuinte, contudo, opcionalmente[5], para fins de apuração da contribuição para o PIS/Pasep e da Cofins, pode calcular créditos sobre o valor de aquisição de bens no prazo de:

a) 4 anos, no caso de máquinas e equipamentos destinados ao Ativo Imobilizado;

b) 2 anos, no caso de máquinas, aparelhos, instrumentos e equipamentos, novos, relacionados nos Decretos n°s 4.955/2004 e 5.173/2004, conforme disposição constante do Decreto nº 5.222/2004, adquiridos a partir de 1º.10.2004, destinados ao Ativo Imobilizado e empregados em processo industrial do adquirente (§ 2º do art. 2º da Lei nº 11.051/2004, com a redação dada pelo art. 42 da MP nº 252/2005); e

c) 1 ano, no caso de máquinas e equipamentos destinados à produção de bens e serviços.

No entanto, a partir da edição da Lei nº 12.546/2011, o cálculo pelo método alternativo passou a ser escalonado de acordo com a data, em se tratando de **aquisição no mercado interno ou de importação de máquinas e equipamentos destinados à produção de bens e prestação de serviços**.

A partir da edição da referida Lei, os contribuintes passaram a poder optar pelo desconto dos créditos da contribuição para o PIS/Pasep e da Contribuição para o Financiamento da Seguridade Social (Cofins) de forma "acelerada", sendo que, nas aquisições a partir de junho de 2012, o desconto passou a ser feito integralmente no mês da aquisição.

Os créditos acima são determinados:

- mediante a aplicação dos percentuais de 1,65% para o PIS e de 7,6 % para a Cofins;
- mediante a aplicação dos percentuais de 1,65% para o PIS e de 7,6 % para a Cofins, acrescido do valor do IPI vinculado à importação, quando integrante do custo de aquisição.

O benefício introduzido pela Lei nº 12.546/2011 aplica-se aos bens novos adquiridos ou recebidos a partir de 03.08.2011.

7.2.3 Vedações ao aproveitamento de créditos

É importante lembrar que é vedada a utilização de créditos:

---

5 Considera-se efetuada a opção, de maneira irretratável, com o recolhimento das contribuições apuradas na forma deste subitem. Além disso, o critério adotado para a recuperação dos créditos decorrentes da aquisição de bens do Ativo Imobilizado deve ser o mesmo para a contribuição para o PIS/Pasep e para a Cofins.

a) sobre encargos de depreciação acelerada incentivada, apurados na forma do art. 313 do RIR/1999; e

b) na hipótese de aquisição de bens usados.

7.3 Apuração dos créditos

Os créditos referidos no subitem anterior devem ser calculados mediante a aplicação, a cada mês, das alíquotas de 1,65% para a contribuição para o PIS/Pasep e de 7,6% para a Cofins sobre o valor do encargo de depreciação ou, se a empresa adotar o "método alternativo", sobre 1/48, 1/24/, 1/12 ou integralmente, conforme estabelece a Lei nº 12.546/2011.

7.4 Crédito de bens e serviços adquiridos no País até 30.04.2004 - Aproveitamento

As pessoas jurídicas, em relação aos serviços e bens adquiridos no País até 30.04.2004, observado, no que couber, o disposto no art. 69 da Lei nº 3.470/1958 e no art. 57 da Lei nº 4.506/1964, somente podem descontar créditos calculados sobre os encargos de depreciação de:

a) máquinas, equipamentos e outros bens incorporados ao Ativo Imobilizado, no caso da apuração da contribuição para o PIS/Pasep decorrente de fatos geradores ocorridos até 31.01.2004;

b) máquinas, equipamentos e outros bens incorporados ao Ativo Imobilizado para utilização na produção de bens destinados à venda ou na prestação de serviços, no caso de apuração da contribuição para o PIS/Pasep e da Cofins decorrentes de fatos geradores ocorridos entre 1º.02 e 31.07.2004;

c) edificações e benfeitorias realizadas:

   c.1) em imóveis de terceiros, quando o custo, inclusive de mão de obra, tenha sido suportado pela locatária, no caso de apuração da contribuição para o PIS/Pasep decorrente de fatos geradores ocorridos até 31.01.2004; e

   c.2) em imóveis próprios ou de terceiros utilizados nas atividades da empresa, no caso de apuração da contribuição para o PIS/Pasep e da Cofins decorrentes de fatos geradores ocorridos entre 1º.02 e 31.07.2004.

Os créditos referidos neste subitem devem ser calculados mediante a aplicação, a cada mês, das alíquotas de 1,65% para a contribuição para o PIS/Pasep e de 7,6% para a Cofins, sobre o valor dos encargos de depreciação incorridos no mês.

7.5 Apuração do crédito na hipótese de faturamento misto

Algumas empresas podem ter faturamento misto, ou seja, parte da receita é sujeita ao regime cumulativo e parte da receita é sujeita ao regime não cumulativo. Na hipótese de a pessoa jurídica sujeitar-se à incidência não cumulativa das contribuições em relação apenas à parte de suas receitas, o crédito[6] será apurado exclusivamente em relação aos custos, às despesas e aos encargos vinculados a essas receitas.

O crédito será determinado, a critério da pessoa jurídica, pelo método de:

a) apropriação direta, inclusive em relação aos custos, por meio de sistema de contabilidade de custos integrada e coordenada com a escrituração; ou

b) rateio proporcional, aplicando-se aos custos, às despesas e aos encargos comuns a relação percentual existente entre a receita bruta sujeita à incidência não cumulativa e a receita bruta total, auferidas em cada mês.

Se a empresa não possuir sistema de contabilidade de custos integrada e coordenada com a escrituração, o crédito será determinado da seguinte forma:

$$\frac{\text{tas sujeitas ao regime não cumulativo}}{\text{Receita total}} \times 100 = \text{Percentual da receita ao regime não cumulativ}$$

Lembra-se que o método eleito pela pessoa jurídica será aplicado consistentemente por todo o ano-calendário.

A Lei nº 10.833/2003 estabelece que o método eleito para cálculo dos créditos da Cofins não cumulativa (incidência a partir de 1º.02.2004) deve ser igualmente adotado na apuração do crédito relativo à contribuição para o PIS/Pasep não cumulativo, observadas as normas a serem editadas pela Secretaria da Receita Federal.

7.6 Aproveitamento do crédito por pessoa jurídica que passar a ser tributada com base no lucro real

A pessoa jurídica que, tributada com base no lucro presumido ou optante pelo Simples Nacional, passar a ser tributada com base no lucro real, na hipótese de sujeitar-se à incidência não cumulativa da Cofins e do PIS/Pasep, terá direito ao aproveitamento do crédito presumido na forma prevista no subitem anterior,

6 O valor dos créditos apurado não constitui receita bruta da pessoa jurídica, servindo somente para dedução do valor devido da contribuição.

calculado sobre o estoque de abertura, devidamente comprovado, na data da mudança do regime de tributação adotado para fins do Imposto de Renda.

De acordo com a Solução de Consulta nº 79/2006, da Superintendência Regional da Receita Federal da 10ª Região Fiscal, por ausência de previsão legal, a pessoa jurídica tributada com base no lucro arbitrado não goza de direito ao crédito presumido da contribuição para o PIS/Pasep e da Cofins, calculado sobre o estoque de abertura, concedido às pessoas jurídicas tributadas com base no lucro presumido ou optantes pelo Simples (atualmente, Simples Nacional) que passarem a ser tributadas com base no lucro real.

7.6.1 Bens recebidos em devolução antes da mudança do regime de tributação (para lucro real) ou tributados até 31.01.2004

Os bens recebidos em devolução antes da mudança do regime de tributação (ou tributados antes de 1º.02.2004) foram considerados como integrantes do estoque de abertura, devendo o crédito ser utilizado em 12 parcelas mensais, iguais e sucessivas, a partir da data da devolução.

8. PIS E COFINS - ESCRITURAÇÃO FISCAL DIGITAL

Já há algum tempo a Receita Federal do Brasil informa que dará início a um cronograma de implantação da Escrituração Fiscal Digital da Cofins e do PIS/Pasep (EFD-PIS/Cofins).

O novo modelo de escrituração desses tributos contribui para a modernização do acompanhamento fiscal e uniformiza o processo de escrituração conforme já vem sendo feito com o ICMS e o IPI.

A obrigatoriedade, originalmente prevista na Instrução Normativa RFB 1.052/2010, hoje, encontra-se disciplinada pela IN RFB nº 1.252/2012 e alterações posteriores

II - REGIME CUMULATIVO

1. CONTRIBUINTES SUJEITOS AO REGIME CUMULATIVO

Como regra, são contribuintes da Cofins e da contribuição para o PIS/ Pasep na modalidade cumulativa, entre outras, as pessoas jurídicas tributadas pelo Imposto de Renda com base no lucro presumido.

2. BASE DE CÁLCULO

A base de cálculo das contribuições (Cofins e PIS/Pasep) na modalidade cumulativa é a totalidade das receitas[7] auferidas pela pessoa jurídica (inclusive

7 É considerada alienação qualquer forma de transmissão da propriedade, bem como a liquidação, o resgate e a cessão dos referidos títulos e valores mobiliários, instrumentos financeiros derivativos e itens objeto de *hedge*

as variações monetárias ativas[8]), sendo irrelevante o tipo de atividade por ela exercida e a classificação contábil adotada para as receitas.

Tradicionalmente, o total das receitas compreende a receita bruta da venda de bens e serviços nas operações em conta própria ou alheia[9] e todas as demais receitas auferidas pela pessoa jurídica.

Esse conceito de base de cálculo teve origem com a edição da Lei nº 9.718/1998 e vigora desde 1º.02.1999.

Segundo referido dispositivo, a base de cálculo da contribuição é a totalidade das receitas auferidas pela pessoa jurídica, sendo irrelevante o tipo de atividade por ela exercida e a classificação contábil adotada para as receitas.

Anteriormente, a base de cálculo da Cofins e do PIS era o faturamento, compreendendo somente as receitas das atividades operacionais da empresa (o somatório das Notas Fiscais de Venda, de Prestação de Serviços ou de Operações de Conta Alheia (comissões), admitidas, quando for o caso, as deduções na base de cálculo).

Ocorre, porém, que a decisão proferida pelo órgão pleno do Supremo Tribunal Federal (STF) (09.11.2005), declarou inconstitucional o artigo da Lei nº 9.718/1998 que ampliava o conceito da base de cálculo do PIS e Cofins que era de faturamento/receita operacional para faturamento/receia bruta.

Essa decisão foi aceita pelo fisco, em 2009, quando da revogação do § 1º do art. 3º da Lei nº 9.718/1998 pela Lei nº 11.941/2009.

Desse modo, a partir de 29 de maio de 2009, não mais incide PIS / Cofins no regime cumulativo sobre a totalidade das receitas. A partir dessa data as referidas contribuições vão incidir somente sobre a receita da venda de mercadorias, quer da venda de serviços ou de mercadorias e serviços, não se cogitando receita de natureza diversa, como rendimentos de alugueres, aplicações financeiras, receitas provenientes de terceiros, caso sejam estranhos ao objeto social da empresa.

2.1 Conceito de receita bruta a partir da Lei 12.973/2014

Com a edição da Lei nº 12.973/2014, foi redefinido o conceito de receita bruta para fins fiscais, tendo em vista as alterações promovidas na legislação comercial.

---

8 Desde 1º.01.2000, as receitas decorrentes das variações monetárias dos direitos de créditos e das obrigações, em função da taxa de câmbio, serão consideradas, para efeito da base de cálculo da contribuição, à opção da pessoa jurídica (artigo 30 da MP nº 2.158/2001 e reedições posteriores):

a) no momento da liquidação da operação correspondente (regime de caixa); ou

b) pelo regime de competência, aplicando-se a opção escolhida para todo o ano-calendário.

9 Entende-se por operações em conta alheia o ato de intermediação de negócios (exemplo: comissões auferidas na venda de bens ou serviços por conta de terceiros).

As alterações foram promovidas no decreto-lei 1.598/1977, especificamente em seu artigo 12, cujo referido artigo passou a ter o seguinte teor:

> "Art. 12. A receita bruta compreende:
>
> I - o produto da venda de bens nas operações de conta própria;
>
> II - o preço da prestação de serviços em geral;
>
> III - o resultado auferido nas operações de conta alheia; e
>
> IV - as receitas da atividade ou objeto principal da pessoa jurídica não compreendidas nos incisos I a III.
>
> § 1o A receita líquida será a receita bruta diminuída de:
>
> I - devoluções e vendas canceladas;
>
> II - descontos concedidos incondicionalmente;
>
> III - tributos sobre ela incidentes; e
>
> IV - valores decorrentes do ajuste a valor presente, de que trata o inciso VIII do caput do art. 183 da Lei no 6.404, de 15 de dezembro de 1976, das operações vinculadas à receita bruta.
>
> ....
>
> § 4º Na receita bruta não se incluem os tributos não cumulativos cobrados, destacadamente, do comprador ou contratante pelo vendedor dos bens ou pelo prestador dos serviços na condição de mero depositário.
>
> § 5º Na receita bruta incluem-se os tributos sobre ela incidentes e os valores decorrentes do ajuste a valor presente, de que trata o inciso VIII do caput do art. 183 da Lei nº 6.404, de 15 de dezembro de 1976, das operações previstas no **caput**, observado o disposto no § 4º." (NR)

Entre as alterações promovidas observa-se a preocupação do legislador em regulamentar e uniformizar o conceito de receita bruta na legislação tributária, destacando-se que:

operações de conta alheia: representado pelas comissões obtidas sobre representação de bens ou serviços de terceiros.

Em síntese, o artigo diz que receita bruta é aquela obtida com a exploração da atividade descrita no contrato social ou estatuto da empresa, seja ela qual for: venda, revenda, serviços, locação, intermediação ou qualquer outro tipo.

Destaque para o dispositivo relativo ao Ajuste a Valor Presente - AVP, que deve ser utilizado nas vendas realizadas para recebimento após o término do exercício seguinte nas operações de curto prazo quando relevantes. Como se observa, o dispositivo legal estabelece que o AVP deve ser excluído da receita bruta.

3. EXCLUSÕES ADMITIDAS

Da base de cálculo das contribuições devidas na modalidade cumulativa serão excluídos, entre outros:

I - o IPI, nas empresas contribuintes desse imposto;

II - as vendas canceladas e os descontos concedidos incondicionalmente;

III - o ICMS, quando cobrado pelo vendedor dos bens ou prestador de serviços na condição de substituto tributário;

IV - as reversões de provisões e recuperações de créditos baixados como perda, que não representem ingresso de novas receitas, o resultado positivo da avaliação de investimentos pelo valor do patrimônio líquido e os lucros e dividendos derivados de investimentos avaliados pelo custo de aquisição, que tenham sido computados como receita;

V - receita decorrente da venda de bens do Ativo Permanente (hoje, pertencente ao grupo "não circulante", no Ativo);

VI - as receitas decorrentes dos recursos recebidos a título de repasse, oriundos do Orçamento Geral da União, dos Estados, do Distrito Federal e dos Municípios, pelas empresas públicas e sociedades de economia mista;

VII - as receitas da exportação de mercadorias para o exterior;

VIII - as receitas dos serviços prestados à pessoa física ou jurídica residente ou domiciliada no exterior, cujo pagamento represente ingresso de divisas;

IX - as receitas do fornecimento de mercadorias ou serviços para uso ou consumo de bordo em embarcações e aeronaves em tráfego internacional, quando o pagamento for efetuado em moeda conversível;

X - as receitas do transporte internacional de cargas ou passageiros;

XI - as receitas auferidas pelos estaleiros navais brasileiros nas atividades de construção, conservação, modernização, conversão e reparo de embarcações pré-registradas no Registro Especial Brasileiro (REB);

XII - as receitas do frete de mercadorias importadas entre o País e o exterior pelas embarcações registradas no Registro Especial Brasileiro (REB);

XIII - as receitas de vendas realizadas pelo produtor-vendedor às empresas comerciais exportadoras nos termos do Decreto-Lei nº 1.248/1972 e alterações posteriores, desde que destinadas ao fim específico de exportação para o exterior;

XIV - as receitas de vendas, com o fim específico de exportação para o exterior, a empresas exportadoras, registradas na Secretaria de Comércio Exterior do Ministério do Desenvolvimento, Indústria e Comércio[10];

XV - o faturamento correspondente a vendas de materiais e equipamentos, assim como a prestação de serviços decorrentes dessas operações, efetuadas diretamente à Itaipu Binacional (AD SRF nº 74, de 10.08.1999);

XVI - as receitas isentas ou não alcançadas pela incidência da contribuição ou sujeitas à alíquota 0 (zero).

XVII- a receita decorrente da transferência onerosa, a outros contribuintes do ICMS, de créditos de ICMS originados de operações de exportação, conforme o disposto no inciso II do § 1a do art. 25 da Lei Complementar na 87/1996 (art. 3a, § 2a, inciso V, da Lei na 9.718/1998, com a redação dada pelo art. 15 da Lei na 11.945/2009).

Nota

Segundo o parágrafo único do artigo 4° da Lei n° 11.941/2009, não será computada na apuração da base de cálculo da Contribuição para o PIS/Pasep e da Contribuição para o Financiamento da Seguridade Social (Cofins) a parcela equivalente à redução do valor das multas, juros e encargo legal **em decorrência do parcelamento** de débitos promovidos pelos artigos 1°, 2° e 3° da referida Lei.

3.1 Valores que não integram a base de cálculo (doações e patrocínios e aumento do valor dos estoques de produtos agrícolas, animais e extrativos)

De acordo com o art. 18 da IN SRF n° 247/2002, na apuração da base de cálculo do PIS/Pasep não integram a receita bruta:

a) do doador ou patrocinador, o valor das receitas correspondentes a doações e patrocínios, realizados sob a forma de prestação de serviços ou de fornecimento de material de consumo para projetos culturais, amparados pela Lei n° 8.313/1991 (Programa Nacional de Apoio à Cultura - Pronac), computados a preços de mercado para fins de dedução do Imposto de Renda. Por uma questão de isonomia, é razoável entender

10 Consideram-se adquiridos, com o fim específico de exportação os produtos remetidos diretamente do estabelecimento industrial para embarque de exportação ou para recintos alfandegados, por conta e ordem da empresa comercial exportadora (§ 1º do art. 45 do Decreto nº 4.524/2002).

que essa exclusão seja extensiva ao doador ou patrocinador de projetos desportivos e para-desportivos, instituídos pela Lei nº 11.438/2005; e

b) a contrapartida do aumento do ativo da pessoa jurídica, em decorrência da atualização do valor dos estoques de produtos agrícolas, animais e extrativos, tanto em virtude do registro no estoque de crias nascidas no período, como pela avaliação do estoque a preço de mercado.

3.2 Empresas tributadas com base no lucro presumido - Recebimento de preço a prazo ou em parcelas

Se a empresa for tributada pelo Imposto de Renda com base no lucro presumido, a receita proveniente de vendas de bens ou direitos ou de prestação de serviços, cujo preço seja recebido a prazo ou em parcelas, poderá ser computada na base de cálculo das contribuições somente no mês do efetivo recebimento, desde que a empresa adote o mesmo critério em relação ao Imposto de Renda e à Contribuição Social sobre o Lucro.

3.3 Operadoras de planos de assistência à saúde

As operadoras de planos de assistência à saúde tributadas com base no lucro presumido podem deduzir, para fins de determinação da base de cálculo da Cofins e do PIS/Pasep:

a) as corresponsabilidades cedidas;

b) a parcela das contraprestações pecuniárias destinada à constituição de provisões técnicas; e

c) o valor das indenizações correspondentes aos eventos ocorridos, efetivamente pago, deduzido das importâncias recebidas a título de transferência de responsabilidades.

3.4 Empresa que se dedica à compra e venda de veículos automotores

A pessoa jurídica que tenha como objeto social, declarado em atos constitutivos, a compra e venda de veículos automotores deve observar regra própria para fins de determinação da base de cálculo do PIS e da Cofins nas operações de venda de veículos usados adquiridos para revenda, inclusive quando recebidos como parte de pagamento do preço de venda de veículos novos ou usados.

Nesse caso, a base de cálculo corresponde à diferença entre o valor pelo qual o veículo usado tiver sido alienado, constante da Nota Fiscal de Venda, e o seu custo de aquisição, constante da Nota Fiscal de Entrada.

3.5. Receitas decorrentes das variações monetárias dos direitos de créditos e das obrigações

Desde 1º.01.2000, as receitas decorrentes das variações monetárias dos direitos de créditos e das obrigações, em função da taxa de câmbio, são consideradas, para efeito da base de cálculo da contribuição, à opção da pessoa jurídica (MP nº 2.158/2001):

a) no momento da liquidação da operação correspondente (regime de caixa); ou

b) pelo regime de competência, aplicando-se a opção escolhida para todo o ano-calendário.

4. ALÍQUOTA APLICÁVEL

Como regra, as pessoas jurídicas tributadas com base no lucro presumido e, portanto, sujeitas ao regime cumulativo da contribuição para o PIS e da Cofins devem calcular as respectivas contribuições devidas na modalidade cumulativa mediante a aplicação da alíquota de 0,65% (PIS) e de 3% (Cofins) sobre o faturamento bruto auferido.

5. CÓDIGOS DE DARF E DATA DE RECOLHIMENTO

O recolhimento das contribuições deverá ser efetuado, individualmente, mediante a utilização dos seguintes códigos de Darf (Campo 04):

Cofins - Lucro presumido 2172

PIS/Pasep - Lucro presumido 8109

6. PRAZO PARA PAGAMENTO

As pessoas jurídicas tributadas com base no lucro presumido devem recolher as contribuições para o PIS e para a Cofins até o vigésimo quinto dia do mês subsequente ao mês de ocorrência dos fatos geradores, pelas demais pessoas jurídicas.

Observa-se que se o dia do vencimento não for dia útil, considerar-se-á antecipado o prazo para o primeiro dia útil que o anteceder.

7. EMPRESA COM FILIAIS - APURAÇÃO E PAGAMENTO CENTRALIZADO

De acordo com o artigo 15 da Lei nº 9.779/1999, nas empresas que tenham filiais, a apuração e o pagamento das contribuições devem ser efetuados, obrigatoriamente, de forma centralizada, pelo estabelecimento matriz.

Capítulo 36

Simples Nacional

1. CONSIDERAÇÕES INICIAIS

O Simples Nacional, que vige desde 1°.07.2007, foi instituído pela Lei Complementar n° 123/2006, e tem como principal objetivo regular o tratamento diferenciado, simplificado e favorecido, aplicável às microempresas e às empresas de pequeno porte, relativo ao IRPJ, IPI, CSL, COFINS e PIS/PASEP, ICMS e ISS.

Esse novo "sistema" veio substituir o Simples Federal, que vige desde 1°.01.1997, e que havia sido instituído pela Lei n° 9.317/1996 e o estatuto da ME e da EPP, disciplinado pela Lei n° 9.841/1999. Ambos os diplomas legais foram revogados pela LC n° 123/2006, a partir de 1°.07.2007.

O Regime Especial Unificado de Arrecadação de Tributos e Contribuições devidos pelas Microempresas e Empresas de Pequeno Porte (Simples Nacional) é um regime tributário diferenciado, aplicável às pessoas jurídicas consideradas como microempresas (ME) e empresas de pequeno porte (EPP), nos termos definidos da Lei Complementar n° 123/2006.

Esse sistema constitui-se em uma forma simplificada e unificada de recolhimento de tributos, por meio da aplicação de percentuais favorecidos, incidentes sobre uma única base de cálculo, a receita bruta.

Nesse capítulo, discorremos sobre os aspectos gerais que envolvem a opção pelo Regime Especial Unificado de Arrecadação de Tributos e Contribuições devidos pelas Microempresas e Empresas de Pequeno Porte (Simples Nacional, também conhecido como "supersimples".

Para se aprofundar no tema, veja livro do mesmo autor sob o título "Simples Nacional" - 5ª edição – publicado pela Freitas Bastos Editora.

1.1 Microempreendedor Individual (MEI)

A Lei Complementar n° 128/2008, ao incluir dispositivos à LC n° 123/2006, criou a figura do Microempreendedor Individual (MEI). A referida LC, especificamente em seus arts. 18-A, 18-B e 18-C, permitiu que o Microempreendedor Individual (MEI) opte pelo recolhimento dos impostos e contribuições abrangidos pelo Simples Nacional em valores fixos mensais, independentemente da receita bruta por ele auferida no mês.

Considera-se MEI o empresário individual a que se refere o art. 966 da Lei nº 10.406/2002 - Código Civil, que tenha auferido receita bruta, no ano-calendário anterior, de até R$ 60.000,00 optante pelo Simples Nacional e que não esteja impedido de optar pelo Simples.

1.2 Condições para opção

O Microempreendedor Individual (MEI) poderá optar pelo Sistema de Recolhimento em Valores Fixos Mensais dos Tributos abrangidos pelo Simples Nacional (Simei), independentemente da receita bruta por ele auferida no mês.

Considera-se MEI o empresário individual a que se refere o art. 966 da Lei nº 10.406/2002[1], que atenda cumulativamente às seguintes condições:

I -tenha auferido receita bruta acumulada no ano-calendário anterior de até R$ 71.000,00[2];

Nota

No caso de início de atividade, o limite acima referido será de $ 5.000,00 multiplicados pelo número de meses compreendido entre o início da atividade e o final do respectivo ano-calendário, consideradas as frações de meses como um mês inteiro.

II -seja optante pelo Simples Nacional;

III -exerça tão somente atividades permitidas;

IV -possua um único estabelecimento;

V -não participe de outra empresa como titular, sócio ou administrador;

1 O art. 966, da Lei nº 10.406/2002 estabelece que:

"Considera-se empresário quem exerce profissionalmente atividade econômica organizada para a produção ou a circulação de bens ou de serviços.

Parágrafo único. Não se considera empresário quem exerce profissão intelectual, de natureza científica, literária ou artística, ainda com o concurso de auxiliares ou colaboradores, salvo se o exercício da profissão constituir elemento de empresa."

2 O referido valor será reajustado na mesma data de reajustamento do salário de contribuição sobre o qual contribui o segurado contribuinte individual que trabalhe por conta própria, sem relação de trabalho com empresa ou equiparado, e o segurado facultativo.

VI - não contrate mais de um empregado (esse empregado deverá receber 1 (um) salário mínimo ou o piso salarial da categoria profissional).

2. OPÇÃO PELO SIMPLES NACIONAL

A opção pelo Simples Nacional é efetuada por meio da Internet e é irretratável para todo o ano-calendário.

Tal opção dever ser realizada no mês de janeiro, até seu último dia útil, e produz efeitos a partir do primeiro dia do ano-calendário da opção.

No momento da opção, o contribuinte deve prestar declaração quanto ao não enquadramento nas vedações ao ingresso no regime, independentemente da verificação efetuada pelo CNAE da empresa informado no CNPJ.

3. DEFINIÇÃO DE ME E DE EPP

A partir de 01.01.2018, consideram-se microempresas ou empresas de pequeno porte a sociedade empresária, a sociedade simples e o empresário (a que se refere o artigo 966 do Código Civil/2002), devidamente registrados no Registro de Empresas Mercantis ou no Registro Civil de Pessoas Jurídicas, conforme o caso, desde que:

a) no caso da microempresa, aufira, em cada ano-calendário, receita bruta igual ou inferior a R$ 360.000,00 (trezentos e sessenta mil reais); e

b) no caso da empresa de pequeno porte, aufira, em cada ano-calendário, receita bruta superior a R$ 360.000,00 (trezentos e sessenta mil reais) e igual ou inferior a R$ 4.800.000,00 (quatro milhões e oitocentos mil reais).

3.1 Início de atividade

No caso de início de atividade no próprio ano-calendário, os limites mencionados acima serão proporcionais ao número de meses em que a microempresa ou a empresa de pequeno porte houver exercido atividade, inclusive as frações de meses (LC nº 123/2006, artigo 3º, § 2º), o que significa considerar os seguintes limites atualmente:

a) no caso de microempresa, R$ 30.000,00 por mês ou fração;

b) para empresa de pequeno porte, R$ 400.000,00 por mês ou fração.

Exemplo: para uma empresa constituída durante o mês de novembro que pretenda se enquadrar como microempresa, o limite a ser observado será de R$ 60.000,00 (R$ 30.000,00 x 2).

4. SUBLIMITES

Os Estados e o Distrito Federal cuja participação no Produto Interno Bruto (PIB) brasileiro seja de até 1% (um por cento) poderão optar pela aplicação de sublimite de receita bruta anual de R$ 1.800.000,00 (um milhão e oitocentos mil reais) no mercado interno e consequente sublimite adicional, no mesmo valor, de exportação de mercadorias ou serviços para o exterior, para efeito de recolhimento do ICMS e do ISS relativos aos estabelecimentos localizados em seus respectivos territórios.

Sublimites, genericamente, são limites diferenciados de faixas de receita bruta para Empresas de Pequeno Porte (EPP), que podem ser adotados pelos Estados e pelo Distrito Federal, para efeito de recolhimento do ICMS e do ISS. A adoção de sublimites depende da participação do Estado ou do Distrito Federal no Produto Interno Bruto (PIB) brasileiro.

Observa-se que a adoção de sublimites é uma faculdade dos Estados e do Distrito Federal. No caso da não opção por limites diferenciados de receita bruta, os entes federados deverão aplicar, em seus territórios, todas as faixas de receita previstas na Lei.

Para os Estados e o Distrito Federal que não tenham adotado sublimites e para aqueles cuja participação no PIB brasileiro seja superior a 1% (um por cento), para efeitos de recolhimento do ICMS e do ISS, observar-se-á obrigatoriamente o sublimite no valor de R$ 3.600.000,00 (três milhões e seiscentos mil reais) no mercado interno e sublimite adicional, no mesmo valor, de exportação de mercadorias ou serviços para o exterior.

Nota

A opção pela aplicação de sublimites bem como a obrigatoriedade de aplicação dos sublimite nos casos acima comentados produzirão efeitos somente para o ano-calendário subsequente, salvo deliberação do CGSN.

5. RECEITA BRUTA

Para efeito de aferição dos limites, considera-se receita bruta o produto da venda de bens e serviços nas operações de conta própria, o preço dos serviços prestados e o resultado nas operações em conta alheia.

Não devem ser incluídos, na receita bruta, as vendas canceladas e os descontos incondicionais concedidos.

6. QUEM ESTÁ IMPEDIDO DE OPTAR PELO SIMPLES NACIONAL

São várias as situações que impedem que a empresa opte pelo Simples Nacional.

Os principais motivos estão vinculados à receita bruta auferida pela pessoa jurídica e a atividade desenvolvida pela empresa, entre outros.

Em linhas gerais, não poderá recolher os tributos na forma do Simples Nacional a ME ou EPP:

i - que tenha auferido, no ano-calendário imediatamente anterior ou no ano-calendário em curso, receita bruta[3] superior a R$ 4.800.000,00 (quatro milhões e oitocentos mil reais) no mercado interno ou superior ao mesmo limite em exportação para o exterior;

NOTA

Com as alterações promovidas na legislação pela LC 155/2016, foi ne¬-cessária a inclusão de regras de transição para fins de manutenção, no sistema, das empresas que, em 2017, tenha excedido o limite de receita bruta de R$ 3.600.000,00.

ii - de cujo capital participe outra pessoa jurídica;

Nota

Lembra-se que a figura do investidor-anjo não implica participação do investidor no capital social da ME ou da EPP. Além disso, a emissão e a titularidade de aportes especiais não impedem a fruição do Simples Nacional.

iii - que seja filial, sucursal, agência ou representação, no País, de pessoa jurídica com sede no exterior;

iv - de cujo capital participe pessoa física que seja inscrita como empresário ou seja sócia de outra empresa que receba tratamento jurídico diferenciado

---

3 Da receia bruta não faz parte os valores:

- destacados a título de IPI;
- devidos a título de ICMS retido por substituição tributária, pelo contribuinte que se encontra na condição de substituto.

nos termos da Lei Complementar nº 123/2006, desde que a receita bruta global ultrapasse um dos limites máximos referidos em "i";

v - cujo titular ou sócio participe com mais de 10% (dez por cento) do capital de outra empresa não beneficiada pela Lei Complementar nº 123/2006, desde que a receita bruta global ultrapasse um dos limites referidos em "i";

NOTA

A restrição acima não se aplica à participação no capital de cooperativas de crédito, bem como em centrais de compras, bolsas de subcontratação, no consórcio e na sociedade de propósito específico, prevista, e em associações assemelhadas, sociedades de interesse econômico, sociedades de garantia solidária e outros tipos de sociedade, que tenham como objetivo social a defesa exclusiva dos interesses econômicos das ME e EPP.

vi - cujo sócio ou titular seja administrador ou equiparado de outra pessoa jurídica com fins lucrativos, desde que a receita bruta global ultrapasse um dos limites máximos referidos em "i";

vii - constituída sob a forma de cooperativas, salvo as de consumo;

viii - que participe do capital de outra pessoa jurídica;

NOTA

A restrição acima não se aplica à participação no capital de cooperativas de crédito, bem como em centrais de compras, bolsas de subcontratação, no consórcio e na sociedade de propósito específico, prevista, e em associações assemelhadas, sociedades de interesse econômico, sociedades de garantia solidária e outros tipos de sociedade, que tenham como objetivo social a defesa exclusiva dos interesses econômicos das ME e EPP.

ix - que exerça atividade de banco comercial, de investimentos e de desenvolvimento, de caixa econômica, de sociedade de crédito, financiamento e investimento ou de crédito imobiliário, de corretora ou de distribuidora de títulos, valores mobiliários e câmbio, de empresa de arrendamento mercantil, de seguros privados e de capitalização ou de previdência complementar;

x - resultante ou remanescente de cisão ou qualquer outra forma de desmembramento de pessoa jurídica que tenha ocorrido em um dos 5 (cinco) anos-calendário anteriores;

xi - constituída sob a forma de sociedade por ações;

xii - que explore atividade de prestação cumulativa e contínua de serviços de assessoria creditícia, gestão de crédito, seleção e riscos, administração de contas a pagar e a receber, gerenciamento de ativos (*asset management*), compras de direitos creditórios resultantes de vendas mercantis a prazo ou de prestação de serviços (*factoring*);

xiii - que tenha sócio domiciliado no exterior;

xiv - de cujo capital participe entidade da administração pública, direta ou indireta, federal, estadual ou municipal;

xv - que possua débito com o Instituto Nacional do Seguro Social (INSS), ou com as Fazendas Públicas Federal, Estadual ou Municipal, cuja exigibilidade não esteja suspensa;

xvi - que preste serviço de transporte intermunicipal e interestadual de passageiros, exceto quando na modalidade fluvial ou quando possuir características de transporte urbano ou metropolitano ou realizar-se sob fretamento contínuo em área metropolitana para o transporte de estudantes ou trabalhadores;

Notas

1) Caracteriza-se como transporte urbano ou metropolitano o transporte intermunicipal ou interestadual que, cumulativamente:

   a) for realizado entre municípios limítrofes, ainda que de diferentes estados, ou obedeça a trajetos que compreendam regiões metropolitanas, aglomerações urbanas e microrregiões, constituídas por agrupamentos de municípios, instituídas por legislação estadual, podendo, no caso de transporte metropolitano, ser intercalado por áreas rurais;

   b) possuir caráter público coletivo de passageiros entre municípios, assim considerado aquele realizado por veículo com especificações apropriadas, acessível a toda a população mediante pagamento individualizado, com itinerários e horários previamente estabelecidos, viagens intermitentes e preços fixados pelo Poder Público.

2) Caracteriza-se como fretamento contínuo o transporte intermunicipal ou interestadual de estudantes ou trabalhadores que, cumulativamente:

   a) for realizado sob a forma de fretamento contínuo, assim considerado aquele prestado à pessoa física ou jurídica, mediante contrato escrito e emissão de documento fiscal, para a realização de um número determinado de viagens, com destino único e usuários definidos;

   b) obedecer a trajetos que compreendam regiões metropolitanas, aglomerações urbanas e microrregiões, constituídas por agrupamentos de municípios limítrofes, instituídas por legislação estadual.

xvii - que seja geradora, transmissora, distribuidora ou comercializadora de energia elétrica;

xviii - que exerça atividade de importação ou fabricação de automóveis e motocicletas;

xix - que exerça atividade de importação de combustíveis;

xx - que exerça atividade de produção ou venda no atacado de:

a) cigarros, cigarrilhas, charutos, filtros para cigarros, armas de fogo, munições e pólvoras, explosivos e detonantes;

b) cervejas sem álcool; e

c) bebidas alcoólicas, exceto aquelas produzidas ou vendidas no atacado por ME ou EPP registrada no Ministério da Agricultura, Pecuária e Abastecimento, e que obedeça à regulamentação da Agência Nacional de Vigilância Sanitária e da RFB quanto à produção e à comercialização de bebidas alcoólicas, nas seguintes atividades:

   1. micro e pequenas cervejarias;
   2. micro e pequenas vinícolas;
   3. produtores de licores;
   4. micro e pequenas destilarias; e

xxi - [Revogado(a) pelo(a) Resolução CGSN nº 117, de 02 de dezembro de 2014]

xxii - que realize cessão ou locação de mão de obra;

NOTA

A vedação acima não se aplica às seguintes atividades de prestação de serviços:

a) construção de imóveis e obras de engenharia em geral, inclusive sob a forma de subempreitada, execução de projetos e serviços de paisagismo, bem como decoração de interiores;

b) serviço de vigilância, limpeza ou conservação;

c) serviços advocatícios;

xxiii - [Revogado(a) pelo(a) Resolução CGSN nº 117, de 02 de dezembro de 2014]

xxiv - que se dedique ao loteamento e à incorporação de imóveis;

xxv - que realize atividade de locação de imóveis próprios, exceto quando se referir à prestação de serviços tributados pelo ISS;

xxvi - com ausência de inscrição ou com irregularidade em cadastro fiscal federal, municipal ou estadual, quando exigível, observadas as disposições específicas relativas ao MEI;

xxvii - cujos titulares ou sócios guardem, cumulativamente, com o contratante do serviço, relação de pessoalidade, subordinação e habitualidade.

6.1 Códigos do CNAE que impedem a opção

A Resolução CGSN nº 94/2011 traz anexo que relaciona os códigos de atividades econômicas previstos na CNAE impeditivos ao Simples Nacional que devem ser observados pelas empresas que pleitearem o enquadramento como ME ou EPP.

6.1.1 Códigos do CNAE que abrangem concomitantemente atividade impeditiva e atividade permitida

A Resolução CGSN nº 94/2011 traz anexo que relaciona os códigos de atividades econômicas previstos na CNAE que abrangem concomitantemente atividade impeditiva e permitida ao Simples Nacional.

Nota-se que a ME ou EPP que exerça atividade econômica cujo código da CNAE seja considerado ambíguo poderá efetuar a opção pelo Simples Nacional; se

i. exercer tão somente as atividades permitidas no Simples Nacional, e;

ii. prestar a declaração que ateste o estabelecido em "i".

7. ATIVIDADES CUJO INGRESSO NO SIMPLES NACIONAL É EXPRESSAMENTE ADMITIDO

A Resolução CGSN nº 94/2011 (artigo 15) ainda estabelece que também poderá optar pelo Simples Nacional a ME ou EPP que se dedique à prestação de outros serviços que não tenham sido objeto de vedação expressa, desde que não incorra em nenhuma das hipóteses de vedação.

8. IMPOSTOS E CONTRIBUIÇÕES ABRANGIDOS PELO SIMPLES NACIONAL

A opção pelo Simples Nacional implica o recolhimento mensal, mediante documento único de arrecadação, no montante apurado na forma da Lei Complementar nº 123/2006, em substituição aos valores devidos segundo a legislação específica de cada tributo, dos seguintes impostos e contribuições:

i - Imposto sobre a Renda da Pessoa Jurídica (IRPJ);

ii - Imposto sobre Produtos Industrializados (IPI), exceto incidente sobre a importação de bens e serviços;

iii - Contribuição Social sobre o Lucro Líquido (CSLL);

iv - Contribuição para o Financiamento da Seguridade Social (COFINS;

v - contribuição para o PIS/PASEP, observado exceto incidente sobre a importação de bens e serviços;

vi - Contribuição Patronal Previdenciária (CPP)[4] para a Seguridade Social, a cargo da pessoa jurídica (artigo 22 da Lei nº 8.212/1991), exceto no caso da ME e da EPP que se dediquem às seguintes atividades de prestação de serviços:

a) construção de imóveis e obras de engenharia em geral, inclusive sob a forma de subempreitada, execução de projetos e serviços de paisagismo, bem como decoração de interiores;
b) serviço de vigilância, limpeza ou conservação;
c) serviços advocatícios;

vii - Imposto sobre Operações Relativas à Circulação de Mercadorias e sobre Prestações de Serviços de Transporte Interestadual e Intermunicipal e de Comunicação (ICMS);

viii - Imposto sobre Serviços de Qualquer Natureza (ISS).

---

4 .O valor devido da contribuição para a Seguridade Social destinada à Previdência Social, a cargo da pessoa jurídica, não incluído no Simples Nacional, seguirá orientação de norma específica da RFB.

8.1 Outras contribuições a que as ME e EPP estão dispensadas de recolhimento

A ME ou EPP optante pelo Simples Nacional fica dispensada do pagamento das:

i - contribuições instituídas pela União, não abrangidas pela Lei Complementar nº 123/2006;

ii - contribuições para as entidades privadas de serviço social e de formação profissional vinculadas ao sistema sindical (artigo 240 da Constituição Federal), e demais entidades de serviço social autônomo. Referidas contribuições são aquelas compulsórias dos empregadores sobre a folha de salários, destinadas às entidades privadas de serviço social e de formação profissional vinculadas ao sistema sindical.

9. TRIBUTOS E CONTRIBUIÇÕES NÃO ABRANGIDOS PELO SIMPLES

A ME ou EPP optante pelo Simples Nacional deverá recolher os seguintes tributos, devidos na qualidade de contribuinte ou responsável, nos termos da legislação aplicável às demais pessoas jurídica:

i - Imposto sobre Operações de Crédito, Câmbio e Seguro, ou relativas a Títulos ou Valores Mobiliários (IOF);

ii - Imposto sobre a Importação de Produtos Estrangeiros (II);

iii - Imposto sobre Exportação, para o Exterior, de Produtos Nacionais ou Nacionalizados (IE);

iv - Imposto sobre a Propriedade Territorial Rural (ITR);

v - Imposto de Renda (IR) relativo:

a) aos rendimentos ou ganhos líquidos auferidos em aplicações de renda fixa ou variável5;

b) aos ganhos de capital auferidos na alienação de bens do Ativo Permanente (hoje, pertencente ao grupo "não circulante", no Ativo);

c) aos pagamentos ou créditos efetuados pela pessoa jurídica a pessoas físicas;

vi - contribuição para o Fundo de Garantia do Tempo de Serviço (FGTS);

vii - contribuição para manutenção da Seguridade Social, relativa ao trabalhador;

viii - contribuição para a Seguridade Social, relativa à pessoa do empresário, na qualidade de contribuinte individual;

---

5 . Neste caso, a incidência do Imposto de Renda na Fonte será definitiva, observada a legislação aplicável.

ix - contribuição para o PIS/PASEP, COFINS e IPI incidentes na importação de bens e serviços;

x - ICMS devido:

a) nas operações sujeitas ao regime de substituição tributária, tributação concentrada em uma única etapa (monofásica) e sujeitas ao regime de antecipação do recolhimento do imposto com encerramento de tributação, envolvendo os seguintes produtos:

a.1) combustíveis e lubrificantes; energia elétrica; cigarros e outros produtos derivados do fumo; bebidas; óleos e azeites vegetais comestíveis; farinha de trigo e misturas de farinha de trigo; massas alimentícias; açúcares; produtos lácteos; carnes e suas preparações; preparações à base de cereais; chocolates; produtos de padaria e da indústria de bolachas e biscoitos; sorvetes e preparados para fabricação de sorvetes em máquinas; cafés e mates, seus extratos, essências e concentrados; preparações para molhos e molhos preparados; preparações de produtos vegetais; rações para animais domésticos; veículos automotivos e automotores, suas peças, componentes e acessórios; pneumáticos; câmaras de ar e protetores de borracha; medicamentos e outros produtos farmacêuticos para uso humano ou veterinário; cosméticos; produtos de perfumaria e de higiene pessoal; papéis; plásticos; canetas e malas; cimentos; cal e argamassas; produtos cerâmicos; vidros; obras de metal e plástico para construção; telhas e caixas d'água; tintas e vernizes; produtos eletrônicos, eletroeletrônicos e eletrodomésticos; fios; cabos e outros condutores; transformadores elétricos e reatores; disjuntores; interruptores e tomadas; isoladores; para-raios e lâmpadas; máquinas e aparelhos de ar-condicionado; centrifugadores de uso doméstico; aparelhos e instrumentos de pesagem de uso doméstico; extintores; aparelhos ou máquinas de barbear; máquinas de cortar o cabelo ou de tosquiar; aparelhos de depilar, com motor elétrico incorporado; aquecedores elétricos de água para uso doméstico e termômetros; ferramentas; álcool etílico; sabões em pó e líquidos para roupas; detergentes; alvejantes; esponjas; palhas de aço e amaciantes de roupas; venda de mercadorias pelo sistema porta a porta; nas operações sujeitas ao regime de substituição tributária pelas operações anteriores; e nas prestações de serviços sujeitas aos regimes de substituição tributária e de antecipação de recolhimento do imposto com encerramento de tributação;

a.2) bebidas não alcoólicas, massas alimentícias, produtos lácteos, carnes e suas preparações, preparações à base de cereais, chocolates, produtos de padaria e da indústria de bolachas e biscoitos, preparações para molhos e molhos preparados, preparações de produtos vegetais, telhas e outros produtos cerâmicos para construção e detergentes, aos fabricados em escala industrial relevante em cada segmento, (na hipótese de "a.2" há a necessidade de disciplinamento por convênio celebrado pelos Estados e pelo Distrito Federal, ouvidos o CGSN e os representantes dos segmentos econômicos envolvidos);

b) por terceiro, a que o contribuinte se ache obrigado, por força da legislação estadual ou distrital vigente;

c) na entrada, no território do Estado ou do Distrito Federal, de petróleo, inclusive lubrificantes e combustíveis líquidos e gasosos dele derivados, bem como energia elétrica, quando não destinados à comercialização ou à industrialização;

d) por ocasião do desembaraço aduaneiro;

e) na aquisição ou manutenção em estoque de mercadoria desacobertada de documento fiscal;

f) na operação ou prestação desacobertada de documento fiscal;

g) nas operações com bens ou mercadorias sujeitas ao regime de antecipação do recolhimento do imposto, nas aquisições em outros Estados e Distrito Federal:

1. com encerramento da tributação;
2. sem encerramento da tributação, hipótese em que será cobrada a diferença entre a alíquota interna e a interestadual, sendo vedada a agregação de qualquer valor;

h) nas aquisições em outros Estados e Distrito Federal de bens ou mercadorias, não sujeitas ao regime de antecipação do recolhimento do imposto, relativo à diferença entre a alíquota interna e a interestadual;

Nota

A diferença entre a alíquota interna e a interestadual do ICMS referidas em "g" e "h", acima, será calculada tomando-se por base as alíquotas aplicáveis às pessoas jurídicas não optantes pelo Simples Nacional.

xi - ISS devido:

a) em relação aos serviços sujeitos à substituição tributária ou retenção na fonte;

b) na importação de serviços;

xii - demais tributos de competência da União, dos Estados, do Distrito Federal ou dos Municípios,.

9.1 IR sobre ganhos de capital na alienação de ativos

A tributação do ganho de capital será definitiva. A alíquota de tributação será de:

> I - 15% (quinze por cento) sobre a parcela dos ganhos que não ultrapassar R$ 1.000.000,00 (um milhão de reais);
>
> II - 20% (vinte por cento) sobre a parcela dos ganhos que exceder R$ 1.000.000,00 (um milhão de reais) e não ultrapassar R$ 5.000.000,00 (cinco milhões de reais);
>
> III - 25% (vinte e cinco por cento) sobre a parcela dos ganhos que exceder R$ 5.000.000,00 (cinco milhões de reais) e não ultrapassar R$ 20.000.000,00 (vinte milhões de reais); e
>
> IV - 30% (trinta por cento) sobre a parcela dos ganhos que ultrapassar R$ 20.000.000,00 (vinte milhões de reais).

A ME ou a EPP optante pelo Simples Nacional que não mantiver escrituração contábil deve comprovar, mediante documentação hábil e idônea, o valor e a data de aquisição do bem ou direito e demonstrar o cálculo da depreciação, amortização ou exaustão acumulada.

Na apuração de ganho de capital, os valores acrescidos em virtude de reavaliação somente poderão ser computados como parte integrante dos custos de aquisição dos bens e direitos se a empresa comprovar que os valores acrescidos foram computados na determinação da base de cálculo do imposto.

O Imposto de Renda calculado conforme explanado neste subitem, decorrente da alienação de ativos, deverá ser pago até o último dia útil do mês subsequente ao da percepção dos ganhos. Para tanto, utiliza-se DARF comum preenchido com o código de receita 0507, conforme consta do *site* da Receita Federal do Brasil.

9.1.1 Como calcular o ganho de capital

Como regra, o ganho de capital na alienação de Ativos corresponde à diferença positiva entre o valor da alienação e o respectivo valor contábil.

Considera-se valor contábil de bens e direitos do Ativo Permanente (hoje, pertencente ao grupo "não circulante", no Ativo) o custo de aquisição, e acréscimos posteriores corrigidos monetariamente até 31.12.1995, diminuído dos encargos de depreciação, amortização ou exaustão acumulada.

Por acréscimos posteriores entendem-se as melhorias ou reparos de que tenham resultado aumento superior a um ano do prazo de vida útil do bem e/ou reavaliações com base em laudo pericial.

Ressalte-se que se considera valor contábil:

a) no caso de ouro não considerado Ativo Financeiro, o valor de aquisição;
b) no caso de outros bens e direitos não classificados no Ativo Permanente, o custo de aquisição.

10. UTILIZAÇÃO DE APLICATIVO ESPECÍFICO PARA CÁLCULO DO VALOR DEVIDO (PGDAS-D)

O cálculo do valor devido na forma do Simples Nacional deverá ser efetuado por meio da declaração gerada pelo "Programa Gerador do Documento de Arrecadação do Simples Nacional – Declaratório (PGDAS-D)", disponível no Portal do Simples Nacional na Internet.

A ME ou EPP optante pelo Simples Nacional deverá, para cálculo dos tributos devidos mensalmente e geração do Documento de Arrecadação do Simples Nacional (DAS), informar os valores relativos à totalidade das receitas correspondentes às suas operações e prestações realizadas no período, no aplicativo "Programa Gerador do Documento de Arrecadação do Simples Nacional – Declaratório (PGDAS-D)", acima referido.

10.1 Prazo de recolhimento dos tributos devidos

Como regra, os tributos devidos, apurados, deverão ser pagos até o dia 20 (vinte) do mês subsequente àquele em que houver sido auferida a receita bruta.

Na hipótese de a ME ou EPP possuir filiais, o recolhimento dos tributos do Simples Nacional dar-se-á por intermédio da matriz.

O valor não pago até a data do vencimento sujeitar-se-á à incidência de encargos legais na forma prevista na legislação do Imposto sobre a Renda (juros e multa).

Quando não houver expediente bancário no prazo estabelecido acima, os tributos deverão ser pagos até o dia útil imediatamente posterior.

11. OBRIGAÇÕES ACESSÓRIAS

As microempresas (ME) e empresas de pequeno porte (EPP) optantes pelo Regime Especial Unificado de Arrecadação de Tributos e Contribuições devidos pelas Microempresas e Empresas de Pequeno Porte (Simples Nacional) ficam sujeitas a uma série de obrigações fiscais acessórias no que diz respeito à emissão de documentos fiscais e à escrituração de livros fiscais e contábeis

Essas obrigações foram impostas pelos arts. 25 a 27 da Lei Complementar nº 123/2006 e regulamentadas pela Resolução CGSN nº 94/2011.

Nota-se que os documentos fiscais relativos a operações ou prestações realizadas ou recebidas, bem como os livros fiscais e contábeis, deverão ser mantidos em boa guarda, ordem e conservação enquanto não decorrido o prazo decadencial e não prescritas eventuais ações que lhes sejam pertinentes.

Os livros e documentos fiscais devem ser emitidos e escriturados nos termos da legislação do ente tributante da circunscrição do contribuinte, com observância do disposto nos Convênios e Ajustes Sinief que tratam da matéria, especialmente os Convênios Sinief s/nº, de 15 de dezembro de 1970, e nº 6, de 21 de fevereiro de 1989, bem como o Ajuste Sinief nº 7, de 30 de setembro de 2005 (NF-e), exceto no que diz respeito aos livros e documentos fiscais relativos ao ISS.

11.1 Documentos fiscais e contábeis

A ME ou EPP optante pelo Simples Nacional utilizará, conforme as operações e prestações que realizar, os documentos fiscais, inclusive os emitidos por meio eletrônico, autorizados pelos entes federados onde possuir estabelecimento.

Relativamente à prestação de serviços sujeita ao ISS, a ME ou EPP optante pelo Simples Nacional utilizará a Nota Fiscal de Serviços, conforme modelo aprovado e autorizado pelo Município, ou Distrito Federal, ou outro documento fiscal autorizado conjuntamente pelo Estado e pelo Município da sua circunscrição fiscal.

A utilização dos documentos fiscais fica condicionada:

i. à inutilização dos campos destinados à base de cálculo e ao imposto destacado, de obrigação própria; e
ii. à indicação, no campo destinado às informações complementares ou, em sua falta, no corpo do documento, por qualquer meio gráfico indelével, das expressões:
    a) "DOCUMENTO EMITIDO POR ME OU EPP OPTANTE PELO SIMPLES NACIONAL"; e
    b) "NÃO GERA DIREITO A CRÉDITO FISCAL DE IPI".

11.2 Livros fiscais e contábeis

A ME ou EPP optante pelo Simples Nacional deverá adotar para os registros e controles das operações e prestações por ela realizadas:

i. Livro-caixa, no qual deverá estar escriturada toda a sua movimentação financeira e bancária;

Notas

1) A apresentação da escrituração contábil, em especial do livro Diário e do livro Razão, dispensa a apresentação do livro-caixa.

2) A ME ou EPP optante pelo Simples Nacional poderá, opcionalmente, adotar contabilidade simplificada para os registros e controles das operações realizadas, atendendo-se às disposições previstas no Código Civil e nas Normas Brasileiras de Contabilidade editadas pelo Conselho Federal de Contabilidade. Observa-se, contudo, que o empresário individual com receita bruta anual de até R$ 60.000,00 (sessenta mil reais) está dispensado da escrituração contábil, inclusive para fins societários.

ii. livro Registro de Inventário, no qual deverão constar registrados os estoques existentes no término de cada ano-calendário, quando contribuinte do ICMS;

iii. livro Registro de Entradas, modelo 1 ou 1-A, destinado à escrituração dos documentos fiscais relativos às entradas de mercadorias ou bens e às aquisições de serviços de transporte e de comunicação efetuadas a qualquer título pelo estabelecimento, quando contribuinte do ICMS;

iv. livro Registro dos Serviços Prestados, destinado ao registro dos documentos fiscais relativos aos serviços prestados sujeitos ao ISS, quando contribuinte do ISS;

v. livro Registro de Serviços Tomados, destinado ao registro dos documentos fiscais relativos aos serviços tomados sujeitos ao ISS;

vi. livro de Registro de Entrada e Saída de Selo de Controle, caso exigível pela legislação do IPI.

Os livros acima poderão ser dispensados, no todo ou em parte, pelo ente tributante da circunscrição fiscal do estabelecimento do contribuinte, respeitados os limites de suas respectivas competências.

11.2.1 Outros livros de utilização obrigatória

Além dos livros referidos anteriormente, serão utilizados:

i. livro Registro de Impressão de Documentos Fiscais, pelo estabelecimento gráfico para registro dos impressos que confeccionar para terceiros ou para uso próprio;

ii. livros específicos pelos contribuintes que comercializem combustíveis;

iii. livro Registro de Veículos, por todas as pessoas que interfiram habitualmente no processo de intermediação de veículos, inclusive como simples depositários ou expositores.

Notas

1) O ente tributante que adote sistema eletrônico de emissão de documentos fiscais ou recepção eletrônica de informações poderá exigi-los de seus contribuintes optantes pelo Simples Nacional, observados os prazos e formas previstos nas respectivas legislações.

2) A ME ou EPP optante pelo Simples Nacional fica obrigada ao cumprimento das obrigações acessórias previstas nos regimes especiais de controle fiscal, quando exigíveis pelo respectivo ente tributante.

11.3 Declarações

Em relação aios fatos geradores ocorridos a partir de 2012, a ME ou EPP optante pelo Simples Nacional passou a ficar obrigada a apresentar a Declaração de Informações Socioeconômicas e Fiscais (Defis), em substituição a DASN.

A Defis será entregue à RFB por meio de módulo do aplicativo PGDAS-D, até 31 de março do ano-calendário subsequente ao da ocorrência dos fatos geradores dos tributos previstos no Simples Nacional.

Nota-se que a exigência da Defis não desobriga a prestação de informações relativas a terceiros.

Em relação ao ano-calendário de exclusão da ME ou da EPP do Simples Nacional, esta deverá entregar a Defis abrangendo os fatos geradores ocorridos no período em que esteve na condição de optante, até 31 de março do ano-calendário subsequente ao da ocorrência dos fatos geradores dos tributos previstos no Simples Nacional.

12. RENDIMENTOS DOS SÓCIOS

Consideram-se isentos do Imposto de Renda, na fonte e na declaração de ajuste do beneficiário, os valores efetivamente pagos ou distribuídos ao titular ou sócio da microempresa ou empresa de pequeno porte optante pelo Simples Nacional, salvo os que corresponderem a pró-labore, aluguéis ou serviços prestados.

A empresa pode determinar o valor do rendimento a ser distribuído de duas formas:

- Com base na presunção de lucros (subitem 2.1, adiante); ou

- Com base na escrita contábil (subitem 2.2, adiante)

12.1 Distribuição com base na "presunção" de lucros

Segundo o § 1º do artigo 14 da referida LC nº 123/2006, a isenção está limitada ao valor resultante da aplicação dos percentuais de determinação da estimativa mensal (artigo 15 da Lei nº 9.249/1995), sobre a receita bruta mensal, no caso de antecipação de fonte, ou da receita bruta total anual, tratando-se de declaração de ajuste, subtraído do valor devido na forma do Simples Nacional no período.

já a Resolução CGSN nº 94/2011, estabelece que do valor a ser subtraído pode ser deduzido o valor devido na forma do Simples Nacional no período, **relativo ao IRPJ**.

Exemplo:

Consideremos uma empresa com atividade de comércio varejista que, em março/2018 tenha auferido receita de R$ 130.000,00. É sabido, também, que a sua Receita Bruta nos últimos 12 meses (RBT12) foi de R$ 1.200.000,00.

I. Determinação da estimativa mensal

Receita da venda de mercadorias	=	130.000,00
Percentual aplicável sobre a receita bruta	=	8%
Lucro atribuído à ME antes de subtraído o Simples Nacional do período	=	10.400,00

II. Determinação do Simples Nacional do mês de março/2018

$$\text{Alíquota efetiva} = \frac{\text{RBT12} \times \text{ALIQ} - \text{PD}}{\text{RBT12}}$$

Portanto:

$$\text{Alíquota efetiva} = \frac{1.200.000{,}00 \times 10{,}70\% - 22.500{,}00}{1.200.000{,}00}$$

$$\text{Alíquota efetiva} = \frac{128.400{,}00 - 22.500{,}00}{1.200.000{,}00}$$

$$\text{Alíquota efetiva} = \frac{105.900{,}00}{1.200.000{,}00}$$

$$\text{Alíquota efetiva} = 8{,}83\%$$

Cálculo do valor devido a título de Simples Nacional (DAS)

130.000,00	X	8,83%	=	**11.479,00**

Receita Bruta em 12 Meses (em R$)		Alíquota Nominal	Valor a Deduzir (em R$)
1ª Faixa	Até 180.000,00	4,00%	–
2ª Faixa	De 180.000,01 a 360.000,00	7,30%	5.940,00
3ª Faixa	De 360.000,01 a 720.000,00	9,50%	13.860,00
4ª Faixa	De 720.000,01 a 1.800.000,00	10,70%	22.500,00
5ª Faixa	De 1.800.000,01 a 3.600.000,00	14,30%	87.300,00
6ª Faixa	De 3.600.000,01 a 4.800.000,00	19,00%	378.000,00

Fonte: Anexo I da Resolução CGSN nº 94/2011

III - Determinação da parcela de IRPJ contida no Simples Nacional devido

Faixas	Percentual de Repartição dos Tributos					
	IRPJ	CSLL	Cofins	PIS/Pasep	CPP	ICMS (*)
1ª Faixa	5,50%	3,50%	12,74%	2,76%	41,50%	34,00%
2ª Faixa	5,50%	3,50%	12,74%	2,76%	41,50%	34,00%
3ª Faixa	5,50%	3,50%	12,74%	2,76%	42,00%	33,50%
4ª Faixa	5,50%	3,50%	12,74%	2,76%	42,00%	33,50%
5ª Faixa	5,50%	3,50%	12,74%	2,76%	42,00%	33,50%
6ª Faixa	13,50%	10,00%	28,27%	6,13%	42,10%	–

Fonte: Anexo I da Resolução CGSN nº 94/2011

A parcela do IRPJ contido No Simples Nacional no nosso exemplo é aquela que consta da 4ª faixa da tabela acima, e corresponde a 5,50%. Portanto, temos:

Receita do mês de março/2018	130.000,00
(x) Percentual do IRPJ contido no Simples Nacional	5,50%
(=) Parcela do IRPJ contido no Simples Nacional	7.150,00

IV - Lucro que pode ser distribuído ao titular ou sócio sem incidência do Imposto de Renda

Lucro atribuído à ME antes de subtraído o Simples Nacional do período, relativo ao IRPJ, de acordo com as regras da estimativa mensal	=	10.400,00
(-) Simples Nacional devido no período relativo ao IRPJ	=	7.150,00
(=) Lucro isento do Imposto de Renda que pode ser distribuído no mês	=	3.250,00

Como se observa do acima exposto, a margem de distribuição de lucro com base na presunção de lucro (artigo 15 da Lei nº 9.249/1995) é relativamente baixa e pouco atrativa.

No exemplo, o titular ou sócio podem retirar relativamente ao mês de março a título de lucro isento do Imposto de Renda a quantia de R$ 3.250,00 que corresponde a 2,25% da receita bruta do mês (R$ 130.000,00).

12.2. Determinação do valor isento com base em escrita contábil

Observa-se que a empresa não está obrigada a adotar a forma de atri¬buição de lucros aos sócios conforme exposto no subitem 12.1.

A Lei Complementar nº 123/2006 (artigo 14, § 2º) estabelece que a forma de atribuição de lucro aos sócios tratadas no subitem acima não se aplica na hipótese de a pessoa jurídica manter escrituração contábil e evidenciar lucro superior.

Deste modo, recomendamos que a empresa enquadrada no Simples Nacional adote escrita contábil com observância às leis comercial e fiscal, conforme dispõe o artigo 251 do RIR/1999. Isso permitirá que a empresa distribua ao titular ou sócios da ME ou EPP, lucro apurado contabilmente, sem incidência do Imposto de Renda que, provavelmente, será maior do que aquele determinado na forma do subitem acima

Capítulo 37

Sociedades Cooperativas

1. NÃO INCIDÊNCIA DO IMPOSTO

As sociedades cooperativas que obedecerem ao disposto na legislação específica não têm, em princípio, incidência do Imposto de Renda sobre suas atividades econômicas, de proveito comum, sem objetivo de lucro (RIR/1999, artigo 182). Mas, tais sociedades (obedientes às regras de sua legislação de regência específica) ficam obrigadas ao pagamento do Imposto de Renda calculado sobre os resultados positivos das operações e das atividades estranhas à sua finalidade (atos não cooperativos), tais como (RIR/1999, art. 183; e MP nº 2.085-32/2001, art. 13):

a) comercialização ou industrialização, pelas cooperativas agropecuárias ou de pesca, de produtos adquiridos de não associados, agricultores, pecuaristas ou pescadores, para completar lotes destinados ao cumprimento de contratos ou para suprir capacidade ociosa de suas instalações industriais;

b) fornecimento de bens ou serviços a não associados para atender aos objetivos sociais;

c) participação em sociedades não cooperativas para melhor atendimento dos próprios objetivos e de outros de caráter acessório ou complementar.

Desse modo, não são alcançados pela incidência do Imposto de Renda apenas os lucros derivados de operações praticadas entre as cooperativas e seus associados, entre estes e aquelas, e pelas cooperativas entre si, quando associadas, para a consecução dos objetivos sociais, ou seja, aquelas operações que caracterizam ato cooperativo, como define o art. 79 da Lei nº 5.764/1971 (diploma legal que dispôs sobre a Política Nacional de Cooperativismo e instituiu o regime jurídico das sociedades cooperativas).

1.1 Alcance da expressão "que obedecerem ao disposto na legislação específica"

Buscando definir o exato alcance dessa expressão, a SRF esclarece que ("Perguntas e Respostas Pessoa Jurídica 2017 – capítulo XVII" - questão 16):

> *"As sociedades cooperativas devem se constituir conforme as disposições da Lei nº 5.764, de 1971, especialmente seu art. 3º, observado ainda o disposto nos arts. 1.093 a 1.096 do Código Civil.*
>
> *É vedada a distribuição de qualquer espécie de benefício às quotas-partes do capital ou estabelecer outras vantagens ou privilégios, financeiros ou não, em favor de quaisquer associados ou terceiros. Exceção é admitida em relação a juros, até o máximo de doze por cento ao ano, atribuídos ao capital integralizado.*
>
> *A inobservância da vedação à distribuição de benefícios, vantagens ou privilégios, a associados ou não, importará na tributação dos resultados."*

2. PRÁTICA DE ATOS NÃO COOPERATIVOS

2.1 Atos não cooperativos legalmente admitidos

As operações referidas no art. 183 do RIR/99 (relacionadas nas letras "a" a "c" do item 1) correspondem a atos não cooperativos cuja prática é admitida pela legislação que rege as cooperativas (arts. 85, 86 e 88 da Lei nº 5.764/1971) por servirem ao propósito de pleno preenchimento dos objetivos sociais.

Os resultados dessas operações são tributáveis pelo Imposto de Renda, sem prejuízo da não incidência do imposto sobre os resultados das operações que caracterizem ato cooperativo.

2.2 Prática habitual de operações estranhas ao objeto social da cooperativa

Se a sociedade praticar, com habitualidade, atos não cooperativos que não sejam aqueles legalmente previstos (relacionados nas letras "a" a "c" do item 1), poderá vir a ser descaracterizada como sociedade cooperativa.

A consequência da descaracterização é que a totalidade dos resultados positivos apurados ficará submetida ao regime tributário comum a qualquer sociedade de fins lucrativos (PN CST nº 38/1980). Contudo, embora o assunto seja polêmico, há decisões do 1º Conselho de Contribuintes afastando a descaracterização da cooperativa pela prática reiterada de atos não cooperativos não legalmente previstos, conforme a seguir exemplificado pela ementa do Acórdão nº 108-06.583/2001:

"A prática, mesmo habitual, de atos não cooperativos diferentes daqueles previstos nos artigos 85, 86 e 88 da Lei n 5.764/71 não autoriza a descaracterização da sociedade cooperativa. A Secretaria da Receita Federal não tem competência para fiscalizar o cumprimento, pelas sociedades cooperativas, das normas próprias desse tipo societário, com o fim de descaracterizá-la. O resultado positivo dos atos não cooperativos, estejam eles elencados ou não nos artigos 85 a 88 da Lei n 5.764/71, submete-se à tributação normal pelo imposto de renda. Não tendo o Fisco demonstrado a impossibilidade de determinação, a partir da contabilidade mantida pela cooperativa, da parcela sujeita à tributação, não pode prosperar o lançamento."

3. COOPERATIVAS DE CONSUMO

Desde 1°.01.1998, as sociedades cooperativas de consumo, ou seja, aquelas que tenham por objeto a compra e o fornecimento de bens aos consumidores, sejam estes associados ou não, estão sujeitas às mesmas normas de incidência dos impostos e contribuições de competência da União, aplicáveis às demais pessoas jurídicas (Lei n° 9.532/1997, arts. 69 e 81, II; RIR/1999, art. 184; e ADN Cosit n° 4/1999). Portanto, nos períodos de apuração iniciados a partir de 1°.01.1998, a totalidade dos resultados apurados pelas cooperativas de consumo é tributável pelo Imposto de Renda, segundo as regras aplicáveis a qualquer pessoa jurídica de fins lucrativos, inclusive os resultados de operações realizadas com associados.

Isso porque, de acordo com o ADN Cosit n° 4/1999, o termo "consumidores", na hipótese, abrange tanto os não associados como também os associados das sociedades cooperativas de consumo. Mas, ainda de acordo com o mencionado ADN, essa norma de tributação não se aplica às cooperativas mistas, as quais continuam gozando da não incidência do Imposto de Renda sobre o resultado de atos cooperativos próprios das suas finalidades.

4. APURAÇÃO DO RESULTADO TRIBUTÁVEL

As sociedades cooperativas que gozam da não incidência do Imposto de Renda sobre o resultado de atos cooperativos próprios de suas finalidades devem destacar em sua escrituração contábil as receitas e os correspondentes custos, despesas e encargos relativos aos atos não cooperativos (operações realizadas com não associados), a fim de apurar o lucro a ser oferecido à tributação (PN CST n° 73/1975).

A segregação das receitas derivadas de operações com não associados não oferece nenhuma dificuldade, assim como também não é muito difícil identificar os custos diretos correspondentes a essas receitas. A dificuldade, todavia, existe quanto aos custos indiretos e às despesas e demais encargos que são comuns aos atos cooperativos e às operações com não associados (atos não cooperativos).

Em tais condições, de acordo com o citado PN CST nº 73/1975, deverão ser adotados os seguintes procedimentos:

a) apuram-se as receitas das atividades próprias das cooperativas e as receitas derivadas das operações com não associados, separadamente;

b) apuram-se, também separadamente, os custos diretos e imputam-se esses custos às receitas com as quais tenham correlação;

c) apropriam-se os custos indiretos e as despesas e encargos comuns às duas espécies de receita, proporcionalmente ao valor de cada uma, desde que seja impossível separar, objetivamente, o que pertence a cada espécie de receita.

Exemplo:

• Receitas:	
• Provenientes de atos cooperativos	R$ 7.600.000,00
• Provenientes de operações com não associados	R$ 2.400.000,00
• Total	R$ 10.000.000,00
• Custos diretos:	
• Das receitas de atos cooperativos	R$ 4.100.000,00
• Das receitas de operações com não associados	R$ 1.200.000,00
• Total	R$ 5.300.000,00
• Custos indiretos, despesas e encargos comuns	R$ 4.400.000,00

Partindo desses dados, temos:

I - Rateio proporcional dos custos indiretos, despesas e encargos comuns às duas espécies de receita:

• parcela proporcional às receitas de atos cooperativos:

R$ 4.400.000,00 x R$ 7.600.000,00 = R$ 3.344.000,00

[R$ 10.000.000,00]

• parcela proporcional às receitas de operações com não associados:

R$ 4.400.000,00 x R$ 2.400.000,00 = R$ 1.056.000,00

R$ 10.000.000,00

II - Apuração do resultado operacional correspondente aos atos cooperativos:

• Receitas de atos cooperativos	R$ 7.600.000,00
• Custos diretos das receitas de atos cooperativos	(R$ 4.100.000,00)
• Custos indiretos, despesas e encargos comuns (rateio)	(R$ 3.344.000,00)
• Lucro operacional correspondente aos atos cooperativos	R$ 156.000,00

III - Apuração do resultado operacional correspondente às operações com não associados:

• Receitas das operações com não associados	R$ 2.400.000,00
• Custos diretos dessas receitas	(R$ 1.200.000,00)
• Custos indiretos, despesas e encargos comuns (rateio)	(R$ 1.056.000,00)
• Lucro operacional correspondente às operações com não associados	R$ 144.000,00

5. RECEITAS DE APLICAÇÕES FINANCEIRAS

O Fisco entende que o resultado positivo decorrente de aplicações financeiras das sociedades cooperativas não se inclui entre aqueles que se colocam fora do campo de incidência do Imposto de Renda, uma vez que não provém de atos cooperativos (PN CST nº 4/1986).

Isso significa que os correspondentes rendimentos não podem ser excluídos do lucro líquido para fins de determinação do lucro real, nem da base de cálculo da Contribuição Social sobre o Lucro.

O tema sempre gerou controvérsias, mas, atualmente, a jurisprudência judicial e administrativa é no sentido de exigir, mesmo, a tributação de tais resultados positivos.

Na Súmula nº 262 (DJU de 07/05/2002), o Superior Tribunal de Justiça (STJ) assim concluiu:

> *"Incide o imposto de renda sobre o resultado das aplicações financeiras realizadas pelas cooperativas."*

Na esfera administrativa, também se encontram decisões da Câmara Superior de Recursos Fiscais favoráveis à tributação, conforme se exemplifica a seguir pela ementa do Acórdão CSRF nº 01-05.109/2004:

"SOCIEDADES COOPERATIVAS - RENDIMENTOS DE APLICAÇÕES FINANCEIRAS - TRIBUTAÇÃO: Os rendimentos de aplicações financeiras, em quaisquer de suas modalidades, obtidos pelas sociedades cooperativas, são atos não cooperados, praticados com não associados, sujeitando-se ao imposto de renda e CSLL."

5.1 Cooperativas de crédito

De acordo com a IN SRF nº 333/2003:

a) as aplicações financeiras realizadas pelas cooperativas de crédito em outras instituições financeiras, não cooperativas, não se caracterizam como atos cooperativos; portanto, incide o Imposto de Renda sobre o resultado obtido pela cooperativa nessas aplicações;

b) fica dispensada, porém, a retenção do Imposto de Renda na Fonte sobre os rendimentos mencionados em "a";

c) estão sujeitos à retenção na fonte os rendimentos decorrentes de aplicações financeiras de renda fixa e de renda variável, sujeitos a essa condição, pagos ou creditados por cooperativas de crédito a seus associados, em função de aplicações que estes mantenham naquelas.

6. RESULTADOS NÃO OPERACIONAIS

6.1 Regra

Em conformidade com o PN CST nº 155/1973, os resultados de quaisquer operações alheias ao objetivo social da cooperativa são tributáveis.

O Parecer, assim concluindo, declarou tributáveis os aluguéis recebidos pela locação de prédios.

6.2 Venda de bens do ativo imobilizado

A jurisprudência do 1º Conselho de Contribuintes tem convalidado a tributação, exigida pelo Fisco, sobre ganhos auferidos pela cooperativa na venda de bens do ativo imobilizado, pelo não enquadramento dessas operações como ato cooperativo.

Importa observar que, no Acórdão nº 103-12.271/1992, a 3ª Câmara do 1º CC decidiu que os ganhos de capital na alienação de bens do ativo imobilizado são tributáveis na proporção existente entre as receitas tributáveis (provenientes de atos não cooperativos) e as receitas totais do período-base. Na mesma linha, decidiu a 7ª Câmara, no Acórdão nº 107-5.674/1999. Todavia, no Judiciário, essa pretensão fiscal tem sido freada.

A 4ª Turma do Tribunal Regional Federal da 3ª Região decidiu (Acórdão nº 30.849 - DJU de 09.12.1992), com base em precedentes do extinto Tribunal Federal de Recursos, que:

> *"I - Goza a cooperativa de não incidência do imposto de renda sobre os resultados obtidos em suas atividades (Lei nº 5.764/71, artigos 85, 86 e 111). II - Considera-se consequência de suas atividades a venda de máquinas ou veículos de sua propriedade (bens que se desgastam ou se depreciam)."*

E a 1ª Turma do Superior Tribunal de Justiça também decidiu (REsp nº 58.124-9/SP - DJU 13.11.1995) que "não constitui fato imponível a venda isolada de máquinas ou veículos desgastados e obsoletos integrantes do patrimônio permanente das cooperativas, se vendidos com o objetivo de substituí-los por novos com idêntica finalidade, sem que tenha havido atividade lucrativa".

7. DESPESAS NÃO DEDUTÍVEIS

As sociedades cooperativas que exerçam atividades com resultados tributáveis devem oferecer à tributação uma parcela, proporcionalmente determinada, do valor de custos, despesas, encargos, perdas, provisões, participações e de quaisquer outros valores deduzidos na apuração do resultado tributável que não sejam dedutíveis na determinação do lucro real das pessoas jurídicas em geral (PN CST nº 49/1987).

É bastante comum os valores indedutíveis serem comuns às duas espécies de operações praticadas pela cooperativa. Na apuração do resultado, tais valores são rateados a cada uma das espécies, embutidos no total dos custos indiretos, despesas e encargos comuns.

O rateio é efetuado na proporção existente entre a receita proveniente de cada espécie de operação e a receita total, conforme mostrado no item 4. E a parcela a ser adicionada ao resultado, na determinação do lucro real, deve ser determinada pelo mesmo critério.

Para exemplificar, retornemos aos dados do exemplo do item 4 deste trabalho e admitamos que, entre aqueles R$ 4.400.000,00 de custos indiretos, despesas e encargos comuns que foram rateados, exista um dispêndio de R$ 90.000,00 (valor total, antes do rateio) que não reúna condições para ser considerado dedutível.

Nesse caso, sabendo que a receita total da cooperativa é de R$ 10.000.000,00 e que a parcela proveniente de atos não cooperativos é de R$ 2.400.000,00, a parcela indedutível do gasto no valor de R$ 90.000,00 poderá ser assim calculada:

$$\frac{R\$\ 90.000,00 \times R\$\ 2.400.000,00}{R\$\ 10.000.000,00} = R\$\ 21.600,00$$

No caso de custo, entretanto, despesa ou encargo indedutível que esteja identificado com operações cujo resultado seja tributável (por exemplo, multas fiscais indedutíveis relacionadas com operações com não associados), se o respectivo valor for totalmente imputado ao resultado tributável, será inteiramente indedutível (PN CST nº 114/1975).

A recíproca também é verdadeira, ou seja, no caso de custo, despesa ou encargo identificado com a prática de atos cooperativos, sendo integralmente imputado ao resultado dessas operações, não há que se cogitar de qualquer adição na apuração do resultado tributável, ainda que se trate de valor cuja dedutibilidade não seja contemplada na legislação do Imposto de Renda.

Nessa linha de raciocínio, ainda que tenha praticado operações cujos resultados sejam tributáveis, se a cooperativa provar que as despesas, os custos ou os encargos indedutíveis foram deduzidos integralmente na apuração do resultado das operações não tributáveis, não cabe adicionar nenhuma parcela desses valores na apuração do lucro real das operações tributáveis.

8. SALDO DO LUCRO INFLACIONÁRIO EXISTENTE EM 31.12.1995

A parte do lucro inflacionário, apurado até 31.12.1995, relativa às operações tributáveis foi suscetível de ter sua tributação diferida, nas condições estabelecidas na legislação pertinente. Assim, o saldo do lucro inflacionário existente em 31.12.1995, cuja tributação havia sido diferida, teve que ser considerado realizado e oferecido à tributação de acordo com as normas aplicáveis às demais pessoas jurídicas.

9. ESCRITURAÇÃO DO LALUR

9.1 Determinação do lucro real na Parte "A"

O lucro real (tributável) das sociedades cooperativas que praticarem operações com não associados deverá ser determinado na Parte "A" do Livro de Apuração do Lucro Real (Lalur), com observância das normas gerais pertinentes à escrituração desse livro.

O lucro real é determinado partindo-se do lucro líquido total apurado contabilmente, no qual serão feitas as adições, as exclusões e as compensações prescritas ou autorizadas pela legislação do Imposto de Renda.

Nota

O resultado das operações que caracterizam ato cooperativo, quando positivo, constitui exclusão ao lucro líquido; quando negativo, constitui adição.

9.2 Controle de valores na Parte "B"

Os valores que não devam ser registrados na escrituração comercial da cooperativa e que irão influenciar na apuração do lucro real de período-base futuro deverão ser registrados na Parte "B" do Lalur (IN SRF nº 28/1978, subitem 1.1, letra "d"; PN CST nº 49/1987).

10. COMPENSAÇÃO DE PREJUÍZOS FISCAIS

Caso a cooperativa apure prejuízo fiscal, no Lalur, poderá compensá-lo com o lucro real apurado nos períodos-base subsequentes, observadas as restrições pertinentes.

No Acórdão nº 101-74.628/1983, a 1ª Câmara do 1º Conselho de Contribuintes sublinhou que, na apuração do prejuízo compensável, devem ser levados em conta exclusivamente os resultados provenientes de atos não cooperativos, tendo-se em vista que os demais, os atos cooperativos típicos, não ficam sujeitos à incidência do imposto.

11. ALÍQUOTAS DO IMPOSTO

O lucro tributável das cooperativas se sujeita à incidência do Imposto de Renda de acordo com as normas comuns aplicáveis às demais pessoas jurídicas, ou seja, à alíquota normal de 15%, mais o adicional de 10% sobre a parcela do lucro real que exceder:

a) o limite de R$ 240.000,00, no caso de apuração anual; ou
b) o limite proporcional equivalente ao resultado da multiplicação de R$ 20.000,00 pelo número de meses do período-base de apuração, quando inferior a doze.

12. PAGAMENTO DO IMPOSTO NO LUCRO REAL

As cooperativas que praticarem operações cujos resultados são tributáveis pelo Imposto de Renda ficarão sujeitas ao pagamento do imposto devido nos moldes e prazos previstos para as demais pessoas jurídicas.

Isso significa que, no caso de tributação com base no lucro real, tais sociedades poderão optar pela apuração deste, trimestral ou anualmente, impondo-se, nessa segunda alternativa, o pagamento mensal do imposto por estimativa de acordo com as regras gerais aplicáveis a essa modalidade.

13. LUCRO PRESUMIDO E SIMPLES

Parece-nos defensável que, com exceção das cooperativas de crédito (obrigadas à apuração do lucro real - Lei nº 9.718/1998, art. 14, II), as demais cooperativas que realizarem operações com não associados optem pela tributação com base no lucro presumido, desde que observadas todas as demais condições pertinentes a essa modalidade de tributação.

Na resposta à questão nº XVIII/017 do "Perguntas e Respostas Pessoa Jurídica 2017", a Receita Federal do Brasil confirma esse entendimento, assim se manifestando:

> *"As sociedades cooperativas, desde que não se enquadrem nas condições de obrigatoriedade de apuração do lucro real, também poderão optar pela tributação com base no lucro presumido. A opção por esse regime de tributação deverá ser manifestada com o pagamento da primeira ou única quota do imposto devido, correspondente ao primeiro período de apuração de cada ano-calendário, e será definitiva em relação a todo o ano-calendário."*

Nessa mesma manifestação, a RFB afirma que as sociedades cooperativas não podem optar pelo Simples.

De fato, o vigente Estatuto Nacional da ME e EPP, instituído pela Lei Complementar nº 123/2006, em seu art. 3º, § 4º, VI, declara expressamente que não se inclui em seu regime diferenciado e favorecido, para nenhum efeito legal, a pessoa jurídica constituída sob a forma de cooperativa, **salvo a de consumo**.

Observa-se, assim, que o Estatuto declara aplicável apenas para essa última os benefícios estabelecidos para as ME e EPP, o que se estende à possibilidade de opção pelo Regime Especial Unificado de Arrecadação de Tributos e Contribuições devidos pelas ME e EPP (Simples Nacional, em vigor desde 1º.07.2007). Portanto, conforme expressamente declarado pelo art. 15, VII, da Resolução CGSN nº 94/2011, não pode recolher os impostos e contribuições na forma do Simples Nacional a ME ou a EPP constituída sob a forma de cooperativa, salvo as de consumo.

14. IMPORTÂNCIAS DEVOLVIDAS AOS ASSOCIADOS COMO RETORNO OU SOBRA

As importâncias devolvidas pelas cooperativas aos seus associados como retorno ou sobra não são consideradas como rendimentos e sim como ressarcimento de capital correspondente ao reajustamento de preços, anteriormente pagos ou recebidos deste.

Por isso, não são tributados nas pessoas físicas dos associados beneficiados com as restituições (PN CST nº 522/1970).

15. VEDAÇÃO DA DISTRIBUIÇÃO DE BENEFÍCIOS ÀS QUOTAS-PARTES

Sob pena de tributação integral de seus resultados pelo Imposto de Renda, é vedado às cooperativas distribuir qualquer espécie de benefício às quotas-partes do capital ou estabelecer outras vantagens ou privilégios, financeiros ou não, em favor de quaisquer associados ou terceiros, exceto os juros até o máximo de 12% ao ano atribuídos ao capital integralizado (RIR/1999, art. 182, §§ 1º e 2º).

De acordo com o art. 348, II, do RIR/1999, são dedutíveis os juros pagos pelas cooperativas a seus associados, de até 12% ao ano sobre o capital integralizado.

16. CONTRIBUIÇÃO SOCIAL SOBRE O LUCRO

Segundo o art. 39 da Lei nº 10.865, de 30.04.2004 (com efeitos a partir de 1º.01.2005, por força de seu art. 48):

a) as sociedades cooperativas que obedecerem ao disposto na legislação específica que as rege, relativamente aos atos cooperativos, **ficam isentas** da Contribuição Social sobre o Lucro (CSL);

b) a isenção referida na letra "a", contudo, não se aplica às sociedades cooperativas de consumo, a que nos referimos no item 3.

Cabe observar que em antiga manifestação (IN SRF nº 390, de 30.01.2004 - portanto, anterior ao diploma legal supramencionado), que, o Fisco dispõe (art. 6º) que as sociedades cooperativas devem calcular essa contribuição sobre o resultado do período de apuração, decorrente de operações com cooperados ou com não cooperados.

A pretensão da SRF, na verdade, vinha desde a antiga IN SRF nº 198/1988, cujo item 9 declarava que a Contribuição Social sobre o Lucro das cooperativas deveria ser calculada e recolhida segundo as normas aplicáveis às demais pessoas jurídicas.

A exigência da SRF, no entanto, sempre foi considerada desprovida de respaldo legal. Muito antes da edição da mencionada Lei nº 10.865/2004, o Conselho de Contribuintes já decidia que o resultado positivo obtido pelas sociedades cooperativas nas operações realizadas com seus associados não integra a base de cálculo da contribuição em foco.

A própria Câmara Superior de Recursos Fiscais já havia concluído (Acórdão CSRF nº 01-1.751/1994, publicado no DOU de 13.09.1996, pág. 18.145) que "o resultado positivo obtido pelas sociedades cooperativas nas operações realizadas com seus associados, os chamados atos cooperativos, não integra a base de cálculo da Contribuição Social".

Registre-se, por fim, que, na resposta à questão nº XVII/20 do "Perguntas e Respostas Pessoa Jurídica 2017", a SRF, agora se fundamentando nos arts. 39 e 48 da Lei nº 10.865/2004, declara que:

"A partir de 1º de janeiro de 2005, as sociedades cooperativas que obedecerem ao disposto na legislação específica, relativamente aos atos cooperativos, ficaram isentas da Contribuição Social sobre o Lucro Líquido - CSLL. Tal isenção não se aplica, porém, às cooperativas de consumo de que trata o artigo 69 da Lei nº 9.532, de 10 de dezembro de 1997."

17. COOPERATIVAS DE TRABALHO - RETENÇÃO DE IRRF

As importâncias pagas ou creditadas por pessoas jurídicas a cooperativas de trabalho, relativas a serviços pessoais que lhes forem prestados por associados destas ou colocados à sua disposição, submetem-se à incidência do Imposto de Renda na Fonte, à alíquota de 1,5% (RIR/1999, artigo 652).

O imposto retido pode ser:

a) compensado pelas cooperativas de trabalho com o imposto retido por ocasião do pagamento dos rendimentos aos associados;
b) objeto de pedido de restituição, desde que a cooperativa comprove, relativamente a cada ano-calendário, a impossibilidade de sua compensação.

Além disso, também deve ser observado que:

- o desconto do imposto, pela cooperativa, sobre os rendimentos que esta pagar aos seus associados é efetuado mediante aplicação da tabela progressiva vigente no mês do pagamento do rendimento;
- nos pagamentos efetuados às cooperativas de trabalho por órgãos da administração direta, autarquias e fundações da administração pública do Distrito Federal, dos Estados e dos Municípios que firmarem convênio para tanto com a União, por intermédio da SRF - Portaria SRF nº 1.454/2004) será retido, além do PIS/PASEP e da COFINS, também o Imposto de Renda na Fonte mencionado neste item (IN SRF nº 475/2004, art. 26);
- a retenção na fonte das contribuições mencionadas no item 18 é efetuada sem prejuízo da retenção do Imposto de Renda na Fonte das pessoas jurídicas sujeitas a alíquotas específicas previstas na legislação, como é o caso citado neste item (IN SRF nº 459/2004, art. 1º, § 7º).

Cabe assinalar que o ADI nº 6/2007 esclareceu que:

- as importâncias decorrentes da prestação a terceiros de serviços oferecidos por cooperativa, os quais resultem do esforço comum dos seus associados, não se sujeitam à incidência de Imposto de Renda Pessoa Jurídica; mas

- tais importâncias, quando pagas ou creditadas por pessoas jurídicas a cooperativas de trabalho, associações de profissionais ou assemelhadas, relativas a serviços pessoais que lhes forem prestados por associados destas ou colocados à disposição, estão sujeitas à incidência do Imposto de Renda na Fonte, à alíquota de 1,5%.

Nota

A organização e o funcionamento das Cooperativas de Trabalho encontram-se disciplinados pela Lei nº 12.690/2012. Considera-se Cooperativa de Trabalho a sociedade constituída por trabalhadores para o exercício de suas atividades laborativas ou profissionais com proveito comum, autonomia e autogestão para obterem melhor qualificação, renda, situação socioeconômica e condições gerais de trabalho.

17.1 Discriminação na fatura

Nos termos do ADN Cosit nº 1/1993:

a) as importâncias relativas aos serviços pessoais prestados pelos associados deverão ser discriminadas nas faturas separadamente das importâncias que corresponderem a outros custos ou despesas;

b) a alíquota do imposto incidirá apenas sobre as importâncias relativas aos serviços pessoais.

17.1.1 Serviços de transporte rodoviários de cargas ou de passageiros

Ainda de acordo com o ADN mencionado, no caso de prestação de serviços pessoais de transporte de carga ou de passageiros, a importância relativa à remuneração desse serviço deverá, ainda, ser discriminada em parcela tributável e parcela não tributável, observando-se que a parcela tributável corresponderá a (art. 629 do RIR/1999):

a) 40% do rendimento decorrente do transporte de carga e de prestação de serviços com trator, máquina de terraplenagem, colheitadeira e assemelhados;

b) 60% do rendimento decorrente do transporte de passageiros.

18. RETENÇÃO NA FONTE DE CSL, PIS/PASEP E COFINS

Observada a disciplina contida na IN SRF nº 459/2004, estão sujeitos à retenção na fonte da Contribuição Social sobre o Lucro, da COFINS e do PIS/PASEP os pagamentos efetuados pelas pessoas jurídicas de direito privado a outras pessoas jurídicas de direito privado:

a) pela prestação de serviços de limpeza, conservação, manutenção, segurança, vigilância, transporte de valores e locação de mão de obra;

b) pela prestação de serviços de assessoria creditícia, mercadológica, gestão de crédito, seleção e riscos, administração de contas a pagar e a receber;

c) pela remuneração de serviços profissionais (inclusive quando prestados por cooperativas ou associações profissionais).

A obrigatoriedade de retenção se aplica inclusive aos pagamentos efetuados por sociedades cooperativas.

De outro lado, sob o aspecto da cooperativa como beneficiária dos rendimentos mencionados, deve ser salientado que a retenção da CSL não é exigida nos pagamentos a ela efetuados, em relação aos atos cooperados (isso não se aplica, contudo, às sociedades cooperativas de consumo de que trata o art. 69 da Lei nº 9.532/1997).

19. PAGAMENTOS EFETUADOS POR ÓRGÃOS PÚBLICOS FEDERAIS

Os órgãos da administração federal direta, as autarquias, as fundações federais, as empresas públicas, as sociedades de economia mista e as demais entidades em que a União, direta ou indiretamente detenha a maioria do capital social sujeito a voto, e que recebam recursos do Tesouro Nacional e estejam obrigadas a registrar sua execução orçamentária e financeira no Sistema Integrado de Administração Financeira do Governo Federal (Siafi) devem reter, na fonte:

a) o Imposto sobre a Renda da Pessoa Jurídica (IRPJ);

b) a Contribuição Social sobre o Lucro (CSL);

c) a COFINS; e

d) a contribuição para o PIS/PASEP.

A retenção em tela se aplica sobre os pagamentos que tais órgãos efetuarem a pessoas jurídicas pelo fornecimento de bens ou prestação de serviços em geral, inclusive obras (Lei nº 9.430/1964, art. 64; e Lei nº 10.833/2003, art. 34).

A disciplina geral dessa retenção consta da IN RFB nº 1234/2017), a qual, especialmente em seus arts. 24 a 29 contém as regras sobre a retenção no caso de pagamentos efetuados a sociedades cooperativas e associações profissionais ou assemelhadas.

20. PIS E COFINS

Embora ainda existam questionamentos jurídicos sobre a pertinência da exigência de tais contribuições, a IN SRF nº 635/2006 trouxe a disciplina a ser observada pelas sociedades cooperativas em geral para fins de determinação dos valores devidos a título de:

a) PIS/PASEP e COFINS incidentes sobre o faturamento;

b) PIS/PASEP-Importação e COFINS-Importação; e

c) PIS/PASEP incidente sobre a folha de salários.

Capítulo 38

Extinção do RTT e criação de subcontas impostas pela Lei nº 12.973/2014

1. INTRODUÇÃO

Em relação ao ano-calendário de 2014, como amplamente divulgado, a empresa pôde optar pela aplicação de muitas das disposições da Lei nº 12.973/2014

Veja que, em relação a 2014, tratava-se de uma "opção". Isso significa, que as regras do RTT e do Fcont foram mantidos para o ano-calendário de 2014.

Agora, a partir de 2015 a adoção das normas da Lei nº 12.973/2014 passou a ser compulsória, extinguindo-se, definitivamente, tais "artifícios fiscais".

A grande verdade é que essas duas figuras fiscais se mostraram extremamente eficientes como "teste" para a segregação dos controles (contábil e tributário), que passou a ser exigido com a entrada em vigor da Lei nº 12.973/2014, pois referida lei impõe controles fiscais por meio da constituição de subcontas contábeis, sob pena de a empresa ter tais valores tributados.

Os exemplos mais comuns de controles necessários são aqueles relacionados com a adoção do valor justo e o Ajuste a Valor Presente. No entanto, esses não são os únicos. Em diversos pontos da Lei nº 12.973/2014 são feitas menções a necessidade de controle.

Neste capítulo discorremos, especificamente, sobre as subcontas que devem ser criadas na contabilidade pela empresa **para dar alicerce a exigências das lei**. Naturalmente, o conteúdo aqui oferecido não esgota todas as possibilidades de controle. A empresa deverá ficar atenta para casos específicos voltados à sua atividade.

2. ESCLARECIMENTOS PRESTADOS POR MEIO DA EXPOSIÇÃO DE MOTIVOS À MP 627/2013

De acordo com a exposição de motivos da MP nº 627/2013, convertida na Lei nº 12.973/2014, as "novas regras" fiscais introduzidas pela referida lei têm como objetivo a adequação da legislação tributária à legislação societária e às normas contábeis e, assim, extinguir o RTT e estabelecer uma nova forma de apuração do IR e da CSL, a partir de ajustes que devem ser feitos em livro fiscal, entre outras regras.

A mesma exposição de motivos esclarece que a Secretaria da Receita Federal do Brasil irá dispor sobre os controles contábeis, mediante subcontas, das diferenças encontradas na contabilidade fiscal e na societária, podendo inclusive estabelecer que algumas das diferenças sejam controladas em livro fiscal. Lembra-se que boa parte dessa "obrigação" atribuída à RFB foi cumprida por meio da Instrução Normativa RFB nº 1.515/2014 e hoje pela IN RFB nº 1700/2017.

3. SALDOS DE RTT/FCONT NA ADOÇÃO INICIAL DAS REGRAS DA LEI Nº 12.973/2014

Vimos anteriormente que a adoção das regras da Lei nº 12.973/2014 pôde, por opção, ser aplicada em 2014 e, obrigatoriamente, a partir de 2015.

Diante dessa situação haverá diferenças positivas e negativas em relação às contas do Ativo e do Passivo proveniente da aplicação das "novas regras" contábeis, tais como Ajuste a Valor Presente, Ajuste a Valor Justo, etc.

Sobre essas diferenças a Lei 12.973/2014 se pronunciou no seguinte sentido:

- **Art. 66**: A diferença positiva entre o valor de Ativo e a diferença negativa no valor do Passivo mensurado de acordo com as disposições da Lei nº 6.404, de 1976, e o valor mensurado pelos métodos e critérios vigentes em 31 de dezembro de 2007, deve ser adicionada na determinação do lucro real e da base de cálculo da CSLL, **salvo se o contribuinte evidenciar contabilmente essa diferença em subconta vinculada ao Ativo**, para ser adicionada à medida de sua realização, inclusive mediante depreciação, amortização, exaustão, alienação ou baixa.
- **Art. 67:** A diferença negativa entre o valor de Ativo e a diferença positiva no valor do Passivo mensurado de acordo com as disposições da Lei nº 6.404, de 1976, e o valor mensurado pelos métodos e critérios vigentes em 31 de dezembro de 2007, não poderá ser excluída na determinação do lucro real e da base de cálculo da CSLL, **salvo se o contribuinte evidenciar contabilmente essa diferença em subconta vinculada ao Ativo** para ser excluída à medida de sua realização, inclusive mediante depreciação, amortização, exaustão, alienação ou baixa.

Importante: de acordo com o art. 300 da IN RFB nº 1700/2014, as subcontas de serão analíticas e registrarão os lançamentos contábeis das diferenças em último nível.

Na prática isso significa dizer que as diferenças provenientes da aplicação das "novas normas" contábeis em relação às normas aplicáveis até 2007 para não causarem reflexos fiscais deverão ser passíveis de rastreamento na contabilidade. Em outras palavras passa a ser necessária a evidenciação de tais ajustes na contabilidade. Isso naturalmente, somente é possível com a inclusão de tais contas no plano de contas da empresa.

3.1 Algumas situações

- **Ajuste a Valor Justo**

  O valor positivo e negativo deverá ser segregado em subcontas distintas vinculadas aos respectivos ativos e passivos.

  O ganho (ajuste positivo) computado no lucro real pela realização de ativos (depreciação, amortização, exaustão, alienação ou baixa) ou liquidação do Passivo será tributado de imediato se o Ajuste a Valor Justo não for controlado em conta específica.

  A perda (ajuste negativo) será dedutível pela realização do Ativo (depreciação, amortização, exaustão, alienação ou baixa) ou liquidação ou baixa do Passivo. A perda não será dedutível caso não seja feito o controle em subconta específica.

- **Ajuste a Valor Presente (AVP)**

  Direitos: o AVP deve ser computado na determinação do lucro real no mesmo período em que a receita ou resultado da operação for oferecido à tributação. A receita deve ser computada pelo valor integral, conforme documento fiscal (NF)

  Obrigações: o AVP deve ser computado na determinação do lucro real no período em que:

  - o bem for revendido;
  - o bem for utilizado como insumo na produção de bens ou serviços;
  - se der a realização do Ativo (via depreciação, exaustão, amortização, alienação ou baixa);
  - a despesa for incorrida; e
  - O custo for incorrido.

A despesa será computada com base em seu valor "integral" conforme documentos fiscais.

3.2 Procedimento contábil

Ao regulamentar o assunto, a Instrução Normativa RFB nº 1700/2014 estabeleceu as regras contábeis a serem adotadas no caso de haver diferenças positivas e negativas. Referida regulamentação constam dos arts. 295 e 296 da referida IN.

3.2.1 Diferimento da diferença positiva

A tributação da diferença positiva verificada na data da adoção inicial entre o valor de Ativo na contabilidade societária e no Fcont poderá ser diferida desde que o contribuinte evidencie essa diferença em subconta vinculada ao Ativo.

A diferença será registrada a débito na subconta em contrapartida à conta representativa do Ativo.

Já o valor o valor registrado na subconta será baixado à medida que o Ativo for realizado, inclusive mediante depreciação, amortização, exaustão, alienação ou baixa.

3.2.2 Diferimento da diferença negativa

A tributação da diferença negativa verificada na data da adoção inicial entre o valor de Passivo na contabilidade societária e no Fcont poderá ser diferida desde que o contribuinte evidencie essa diferença em subconta vinculada ao Passivo.

A diferença será registrada a débito na subconta em contrapartida à conta representativa do Passivo.

3.2.3 Exemplo

Consideremos as seguintes informações no desenvolvimento do exemplo:

- Cia Modelo não aderiu às regras da Lei nº 12.973/2014 em 2014, mas sim a partir de 01.01.2015.
- Em 31/12/2014 a Cia. possuía um terreno que está registrado em sua contabilidade societária por R$ 1.800.000
- No RTT/Fcont, considerando-se os métodos e critérios vigentes em 31.12.2007, o valor do terreno em 31.12.2014 seria de R$ 1.500.000.
- No ano de 2016 o terreno foi vendido por R$ 1.950.000

Lançamento nº 1

Registro da diferença em subconta

D - TERRENO - DIFERENÇA ADOÇÃO INICIAL- LEI 12973/2014

C – TERRENO 300.000

Feito o lançamento acima, teremos a seguinte situação contábil em 01.01.2015:

TERRENO				TERRENO - DIFERENÇA ADOÇÃO INICIAL- LEI 12973/2014	
1.800.000	300.000	1	1	300.000	
1.800.000	300.000			300.000	0
1.500.000				300.000	

Em 2016, com a venda do terreno, teremos os seguintes lançamentos na Contabilidade:

Lançamento nº 2

Registro da venda do terreno em 2016

D - CAIXA

C – ARE-2016 1.950.000

Lançamento nº 3

Registro da baixa do terreno e da subconta

D – ARE-2016 1.800.000

C – TERRENO 1.500.000

C – TERRENO - DIFERENÇA ADOÇÃO INICIAL- LEI 12973/2014 300.000

Feitos os lançamentos acima, teremos:

	TERRENO		
	1.800.000	300.000	1
		1.500.000	3
	1.800.000	1.800.000	
	0,00		

	TERRENO - DIFERENÇA ADOÇÃO INICIAL- LEI 12973/2014		
1	300.000	300.000	3
	300.000	300.000	
	0,00		

	CAIXA		
2	1.950.000		
	1.950.000		
	1.950.000		

	ARE 2016		
3	1.800.000	1.950.000	2
	1.800.000	1.950.000	
		150.000	

Já o Lalur se apresentará da seguinte forma:

LALUR-2016	
Lucro Líquido antes do IRPJ	150.000
(+) Adições	300.000
(-) Exclusões	
(=) Subtotal	450.000
(-) Compensações	
(=) Lucro real	450.000

4. OUTRAS EXIGÊNCIAS DA LEI PARA A CRIAÇÃO DE SUBCONTAS

Além dos saldos do RTT/Fcont na adoção inicial das regras da Lei nº 12.973/2014, a referida lei está "recheada" de citações que obrigam o contribuinte a utilizar subcontas nos seus registros para controlar ajustes e torná-los rastreáveis.

A seguir são relacionados alguns exemplos de subcontas, cujo objetivo é tornar a operação "rastreável" na contabilidade. Lembra-se que os exemplos abaixo não esgotam todas as possibilidades.

4.1 Investimentos avaliados pelo MEP

O art. 20 do DL 1.598/1977 (na redação dada pela Lei nº 12.973/2014, estabelece que o contribuinte que avaliar os investimentos em outras sociedades pelo valor do patrimônio Líquido deverá manter em subconta distinta o valor do investimento, da mais ou menos valia e do ágio por rentabilidade futura (*goodwill*)

A título de sugestão as referidas contas poderão ser assim expressas:

"Investimentos em controladas - DL 1598, art. 20, I"

"Mais-valia – Imobilizado - DL 1598, art. 20, II"

"*Goodwill* – DL 1598, art. 20, III"

4.2. Ajuste a Valor Presente

O art. e 5º da Lei nº 12.973/2014 estabelece que os valores decorrentes do Ajuste a Valor Presente, de obrigações, **relativos a cada operação**, somente serão considerados na determinação do lucro real no período de apuração em que:

i. o bem for revendido, no caso de aquisição a prazo de bem para revenda;
ii. o bem for utilizado como insumo na produção de bens ou serviços, no caso de aquisição a prazo de bem a ser utilizado como insumo na produção de bens ou serviços;
iii. o Ativo for realizado, inclusive mediante depreciação, amortização, exaustão, alienação ou baixa, no caso de aquisição a prazo de Ativo não classificável em "i' e "ii";

De acordo com o referido artigo, nas hipóteses previstas em "i" a "iii", os valores decorrentes do Ajuste a Valor Presente deverão ser evidenciados contabilmente em subconta vinculada ao Ativo, sob pena de não serem computados na determinação do lucro real.

A título de sugestão as referidas contas poderão ser assim expressas:

"AVP – Juros a Apropriar Mercadoria"

"AVP – Juros a Apropriar – Insumo"

"AVP – Juros a Apropriar - Imobilizado"

4.3 Avaliação a valor justo

O art. 13 da Lei nº 12.973/2014 estabelece que o ganho decorrente de avaliação de Ativo ou Passivo com base no valor justo não será computado na determinação do lucro real desde que o respectivo aumento no valor do Ativo ou a redução no valor do Passivo seja evidenciado contabilmente em subconta vinculada ao Ativo ou Passivo.

Lembra-se que as avaliações a valor justo têm como contrapartida a conta ajuste de avaliação patrimonial. Estão sujeitas ao Ajuste a Valor Justo, por exemplo, os instrumentos financeiros, quando destinados à venda futura, e os ativos e passivos avaliados a preço de mercado nas reorganizações societárias.

A título de sugestão a referida conta poderá ser assim expressa, em se tratando de instrumento financeiro:

"AVJ – Instrumentos Financeiros Destinados à Venda Futura"

Capítulo 39

Ajuste a Valor Presente (AVP) e Ajuste a Valor Justo segundo a Lei nº 12.973/2014

Este capítulo é dividido em tópicos os quais trazem assuntos que envolvem, especificamente, a Lei nº 12.973/2014, mais especificamente o Ajuste a Valor Presente (AVP) e o Ajuste a Valor Justo (AVJ) e que complementam a parte teórica explanada no capítulo 10.

Referida lei regulamenta a legislação contábil societária para fins de cálculo do Imposto de Renda, da CSL, do PIS da COFINS. Na prática, a Lei faz a integração do Fisco com a contabilidade e disciplina às questões conflitantes que até então o RTT tratava.

I - AJUSTE A VALOR PRESENTE DE ELEMENTOS DO ATIVO EM FACE DA LEI Nº 12.973/2014

1. INTRODUÇÃO

Resumidamente, a Lei nº 6.404/1976 (art. 183, I, "b") estabelece, entre outros pontos, que as aplicações em direitos e títulos de créditos, classificados no Ativo Circulante ou no realizável a longo prazo devem ser avaliados pelo valor de custo de aquisição ou valor de emissão, atualizado conforme disposições legais ou contratuais, ajustado ao valor provável de realização.

Mais adiante, o inc. VIII do mesmo artigo estabelece que:

> *VIII – os elementos do Ativo decorrentes de operações de longo prazo serão ajustados a valor presente, sendo os demais ajustados quando houver efeito relevante.*

Em decorrência de tal imposição, surge a necessidade de segregar, contabilmente, o valor dos juros embutidos nas operações contratadas com terceiros, seja proveniente da venda de mercadorias, serviços ou empréstimos, independentemente de a realização se dar em curto ou longo prazo.

Nota-se que essa obrigatoriedade existe desde as alterações promovidas na Lei nº 6.404/1976, pela Lei 11.638/2007. No entanto, para fins fiscais não havia procedimento equânime. O que havia, na verdade, eram procedimentos paliativos mediante a utilização do Regime Tributário de Transição (RTT).

No entanto, com a edição da Lei nº 12.973/2014 a legislação contábil e a legislação fiscal passaram a "falar a mesma língua".

Deste modo, aqui discorremos sobre os reflexos das alterações fiscais na contabilidade, especificamente, no que diz respeito, ao Ajuste a Valor Presente sobre elementos do Ativo.

2. CONCEITO DE RECEITA BRUTA E RECEITA LÍQUIDA

Ao promover alterações no art. 12 do Decreto-lei nº 1.598/1977, A Lei nº 12.973/2014, art. 2º, teve como objetivo por fim à polêmica sobre o que compõe a receita bruta e a receita líquida da pessoa jurídica.

No quer diz respeito à receita líquida, a nova redação dada ao § 1º do artigo 12 estabelece que:

> "...
>
> § 1º *A receita líquida será a receita bruta diminuída de:*
>
> ...
>
> *IV - valores decorrentes do Ajuste a Valor Presente, de que trata o inciso VIII do caput* do art. 183 da Lei n*o* 6.404, de 15 de dezembro de 1976*, das operações vinculadas à receita bruta.*
>
> ..."

Como se observa do dispositivo acima reproduzido, para fins fiscais a receita bruta é composta, inclusive, pelo valor do eventual juro embutido na venda.

3. TRATAMENTO CONTÁBIL

Na data de contratação da operação deve-se segregar o valor da operação dos encargos financeiros incidentes. Na prática, devemos utilizar a seguinte fórmula:

$$VP = VF / (1+i)^n$$

Onde:

VP = Valor presente

VF = Valor futuro

i = Taxa

^{n} = Período

Ao se determinar o valor dos juros embutidos, a segregação se dará debitando-se a conta "AVP" (dedução da receita bruta) e creditando-se conta redutora do Ativo correspondente "AVP"

Por sua vez, os encargos financeiros incidentes (os juros embutidos ou contratados) anteriormente segregados deverão ser reconhecidos *pro rata temporis*.

Na prática, devemos debitar a conta redutora do Ativo (Ajuste a Valor Presente) e creditar a conta de receita financeira, pelos juros incorridos.

Tal procedimento fornecerá uma informação contábil precisa, identificando o que é receita operacional da atividade e o que é receita financeira. Já o reconhecimento dos juros se dará, normalmente, pelo período coberto pela operação. Se a operação foi contratada para ser resgatada em 6 meses, por exemplo, a cada mês pelo período de seis meses, haverá o reconhecimento *pro rata temporis* de parcela dos juros.

4. EXEMPLO

No desenvolvimento do exemplo, consideremos as seguintes informações:

- Valor da venda a prazo de mercadorias em 31 de janeiro/x1 $ 100.000
- taxa de juros aplicável 3% a.m..
- Prazo para recebimento contratado 15 meses

Com base na fórmula de Ajuste a Valor Presente anteriormente apresentada, teremos:

$$\mathbf{VP = VF / (1+i)^n}$$

Portanto:

- Valor presente = $ 64.186,21
- Ajuste a Valor Presente a ser feito na venda: $ 35.813,79, ou seja:

($ 100.000 - $ 64.186,21)

Com esses dados, teremos os seguintes lançamentos contábeis na data da operação de venda:

1 - Registro da venda (31.01.x1)

D – Clientes (L/P)

C – Receita bruta de vendas (Resultado) 100.000,00

2 - Registro do Ajuste a Valor Presente (AVP) (31.01.x1)

D – AVP – Dedução da Receita Bruta (Resultado)

C – AVP – Receita Financeira a apropriar (redutora do Ativo) 35.813,79

3 - Reconhecimento da receita financeira em fevereiro/x1

D – AVP – Receita Financeira a apropriar (redutora do Ativo)

C – Receita Financeira do período (Resultado) 1.925,59*

* 3% do valor presente do Ativo em janeiro/x1. Portanto, 3% de R$ 64.186,21. Em marçox1 3% do valor presente do Ativo em fevereiro/x1. Portanto, 3% de R$ 66.111,78 e assim sucessivamente, até o décimo quinto mês.

Ao final do décimo quinto mês a conta "AVP – Receita Financeira a Apropriar (redutora do Ativo)" será zerada. Na prática, mês a mês parte do seu saldo será transferido para receita financeira, como resultado do período

Veja tabela de reconhecimento da receita financeira a seguir:

Mês/Ano	Valor futuro do Ativo	Valor presente do Ativo	%	Apropriação mensal	Juros a apropriar
Jan.20X1	R$ 100.000,00	R$ 64.186,19	3,00%	R$ -	R$ 35.813,81
Fev.20X1	R$ 100.000,00	R$ 66.111,78	3,00%	R$ 1.925,59	R$ 33.888,22
Mar.20X1	R$ 100.000,00	R$ 68.095,13	3,00%	R$ 1.983,35	R$ 31.904,87
Abr.20X1	R$ 100.000,00	R$ 70.137,98	3,00%	R$ 2.042,85	R$ 29.862,02
Mai.20X1	R$ 100.000,00	R$ 72.242,12	3,00%	R$ 2.104,14	R$ 27.757,88
Jun.20X1	R$ 100.000,00	R$ 74.409,39	3,00%	R$ 2.167,26	R$ 25.590,61
Jul.20X1	R$ 100.000,00	R$ 76.641,67	3,00%	R$ 2.232,28	R$ 23.358,33
Ago.20X1	R$ 100.000,00	R$ 78.940,92	3,00%	R$ 2.299,25	R$ 21.059,08
Set.20X1	R$ 100.000,00	R$ 81.309,15	3,00%	R$ 2.368,23	R$ 18.690,85
Out.20X1	R$ 100.000,00	R$ 83.748,42	3,00%	R$ 2.439,27	R$ 16.251,58
Nov.20X1	R$ 100.000,00	R$ 86.260,87	3,00%	R$ 2.512,45	R$ 13.739,13
Dez.20X1	R$ 100.000,00	R$ 88.848,70	3,00%	R$ 2.587,83	R$ 11.151,30
Jan.20X2	R$ 100.000,00	R$ 91.514,16	3,00%	R$ 2.665,46	R$ 8.485,84
Fev.20X2	R$ 100.000,00	R$ 94.259,58	3,00%	R$ 2.745,42	R$ 5.740,42
Mar.20X2	R$ 100.000,00	R$ 97.087,37	3,00%	R$ 2.827,79	R$ 2.912,63
Abr.20X2	R$ 100.000,00	R$ 99.999,99	3,00%	R$ 2.912,63	R$ 0,00

5. TRATAMENTO FISCAL

Para evitar conflitos entre contabilidade e Fisco, a Lei nº 12.973/2014, em seu artigo 4º veio disciplinar o tratamento a ser dispensado ao referido Ajuste a Valor Presente deduzido da receita bruta.

Como se observa ao adotar o procedimento contábil preconizado pelas novas regras contábeis o lucro da empresa passa a ser reduzido.

Para evitar a redução do lucro tributável, o referido dispositivo estabelece que:

> *Art. 4º Os valores decorrentes do Ajuste a Valor Presente, de que trata o inciso VIII do caput do art. 183 da Lei no* 6.404, de 15 *de dezembro de 1976, relativos a cada operação, somente serão considerados na determinação* do lucro real no mesmo período de apuração em que a receita ou resultado da operação deva ser ofere*cido à tributação.*

Neste caso, o valor de R$ 35.813,79 será adicionado no Lalur em janeiro/2014, evitando conflitos entre a contabilidade e o Fisco.

Portanto a receita tributável neste mês corresponde a $ 100.000,00 ($ 64.186,21 via contabilidade; R$ 35.813,79 via Lalur)

À medida que cada parcela for vencendo, a empresa reconhecerá contabilmente a receita de juros, conforme demonstrado no lançamento 3.

Por sua vez, à medida que essa receita financeira for sendo reconhecida, a empresa poderá fazer a exclusão correspondente no Lalur, tendo em vista que a receita já foi tributada pelo valor total em janeiro/x1 (R$ 35.813,79). Ou seja, em março/x2 todo o valor terá sido excluído.

II - AJUSTES A VALOR PRESENTE DE ELEMENTOS DO PASSIVO PROVENIENTES DA AQUISIÇÃO DE MERCADORIAS PARA REVENDA EM FACE DA LEI Nº 12.973/2014

1. INTRODUÇÃO

A exemplo do que acontece com o Ativo, a Lei nº 6.404/1976 também estabelece regras para a avaliação do Passivo. Essas regras constam do art. 184 da referida lei é têm o seguinte teor:

> *"Art. 184. No balanço, os elementos do Passivo serão avaliados de acordo com os seguintes critérios:*
>
> *I - as obrigações, encargos e riscos, conhecidos ou calculáveis, inclusive Imposto sobre a Renda a pagar com base no resultado do exercício, serão computados pelo valor atualizado até a data do balanço;*
>
> *II - as obrigações em moeda estrangeira, com cláusula de paridade cambial, serão convertidas em moeda nacional à taxa de câmbio em vigor na data do balanço;*
>
> *III – as obrigações, os encargos e os riscos classificados no Passivo não circulante serão ajustados ao seu valor presente, sendo os demais ajustados quando houver efeito relevante."*

No que diz respeito ao inc. III do artigo acima reproduzido, percebemos claramente a obrigatoriedade de ajustar a valor presente os itens do Passivo.

Nota-se que essa obrigatoriedade existe desde as alterações promovidas na Lei nº 6.404/1976, pela Lei 11.638/2007. No entanto, para fins fiscais não havia procedimento equânime. O que havia, na verdade, eram procedimentos paliativos mediante a utilização do Regime Tributário de Transição (RTT).

No entanto, com a edição da Lei nº 12.973/2014 a legislação contábil e a legislação fiscal passaram a "falar a mesma língua".

Portanto, a imposição para segregar contabilmente, o valor dos juros embutidos nas operações contratadas com terceiros, seja proveniente da compra de mercadorias, insumos, serviços ou bens não é só da legislação societária. Agora, a legislação fiscal também disciplina o tema.

Portanto, aqui discorremos sobre os reflexos das alterações fiscais na contabilidade, especificamente, no que diz respeito, ao Ajuste a Valor Presente sobre as obrigações, os encargos e os riscos classificados no Passivo, seja a curto ou longo prazo **proveniente da aquisição de mercadorias para revenda**. Oportunamente, trataremos das demais situações, tendo em vista que cada uma delas observa particularidades específicas.

2. ORIENTAÇÃO CONTÁBIL (CPC 12 - AJUSTE A VALOR PRESENTE)

O Comitê de Pronunciamentos Contábeis (CPC) emitiu o Pronunciamento Técnico CPC-12 que trata do Ajuste a Valor Presente e traz as orientações para seu cálculo e reconhecimento. Essas orientações constam basicamente dos itens 21 a 23 do referido CPC, abaixo transcritos.

> *"21. Os elementos integrantes do Ativo e do Passivo decorrentes de operações de longo prazo, ou de curto prazo quando houver efeito relevante, devem ser ajustados a valor presente com base em taxas de desconto que reflitam as melhores avaliações do mercado quanto ao valor do dinheiro no tempo e os riscos específicos do Ativo e do Passivo em suas datas originais.*
>
> *22. A quantificação do Ajuste a Valor Presente deve ser realizada em base exponencial "pro rata die", a partir da origem de cada transação, sendo os seus efeitos apropriados nas contas a que se vinculam.*
>
> *23. As reversões dos ajustes a valor presente dos ativos e passivos monetários qualificáveis devem ser apropriadas como receitas ou despesas financeiras, a não ser que a entidade possa devidamente fundamentar que o financiamento feito a seus clientes faça parte de suas atividades operacionais, quando então as reversões serão apropriadas como receita operacional. Esse é o caso, por exemplo, quando a entidade opera em dois segmentos distintos: (i) venda de produtos e serviços e (ii) financiamento das vendas a prazo, e desde que sejam relevantes esse ajuste e os efeitos de sua evidenciação."*

Pelo que se observa do exposto acima, o Ajuste a Valor Presente, quando aplicável, será calculado e contabilizado na data inicial da sua transação e suas reversões serão registradas no decorrer dos períodos entre o reconhecimento inicial e o seu vencimento.

3. ORIENTAÇÃO FISCAL (LEI Nº 12.973/2014)

O art. 5º da Lei nº 12.973/2014 trata do Ajuste a Valor Presente sobre elementos do Passivo, estabelecendo que tais valores sejam considerados na determinação do lucro real. No que diz respeito a mercadorias para revenda, **o AVP será considerado no período de apuração em que o bem for revendido.**

Nota-se que a lei também estabelece a obrigatoriedade de se evidenciar o AVP em subconta vinculada ao Ativo que lhe deu origem

Reproduzimos a seguir, em excerto, o referido dispositivo legal que traz informações adicionais sobre o assunto.

> *"Art. 5º Os valores decorrentes do Ajuste a Valor Presente, de que trata o inciso III do caput do art. 184 da Lei no* 6.404, de 15 de dezembro de 1976, *relativos a cada operação, somente serão considerados na determinação* do lucro real no período de apuração em que:
>
> *I - o bem for revendido, no caso de aquisição a prazo de bem para revenda;*
>
> ...
>
> § 1º *Nas hipóteses previstas nos incisos I, II e III do caput, os valores decorrentes do Ajuste a Valor Presente deverão ser evidenciados contabilmente em subconta vinculada ao Ativo.*
>
> § 2º *Os valores decorrentes de Ajuste a Valor Presente de que trata o caput não poderão ser considerados na determinação do lucro real:*
>
> ...
>
> *III - nas hipóteses previstas nos incisos I, II e III do caput, caso os valores decorrentes do Ajuste a Valor Presente não tenham sido evidenciados conforme disposto no § 1º."*

4. TRATAMENTO CONTÁBIL/FISCAL-EXEMPLO

4.1 Dados do exemplo

No desenvolvimento do exemplo, consideremos as seguintes informações:

- Valor da compra a prazo de mercadorias em 31 de janeiro/x1 $ 100.000
- taxa de juros aplicável 3% a.m.
- Prazo para recebimento contratado 15 meses
- As mercadorias acima adquiridas foram vendidas em fevereiro/x1

Na data de contratação da operação deve-se segregar o valor da operação dos encargos financeiros incidentes. Na prática, devemos utilizar a seguinte fórmula:

$$\mathbf{VP = VF\ /\ (1+i)^n}$$

Onde:

VP = Valor presente

VF = Valor futuro

i = Taxa

^{n} = Período

Ao se determinar o valor dos juros embutidos, a segregação se dará debitando-se a conta "Estoque", debitando-se a conta "AVP – Juros a Apropriar (subconta vinculada à conta "Estoque") e creditando-se a conta "Fornecedores", no Passivo

Por sua vez, os encargos financeiros incidentes (os juros embutidos ou contratados) anteriormente segregados deverão ser reconhecidos *pro rata temporis*, tendo como base o período coberto pela operação. No nosso exemplo a operação foi contratada para ser quitada em quinze meses. Portanto, a cada mês pelo período de quinze meses, haverá o reconhecimento *pro rata temporis* de parcela dos juros.

Na prática, a cada mês, devemos debitar a conta "Despesas com Juros" (resultado) redutora do Ativo (Ajuste a Valor Presente) e creditar a conta "AVP – Juros a Apropriar" (subconta vinculada à conta "Estoque"), pelos juros incorridos.

Tal procedimento fornecerá uma informação contábil precisa, identificando o que é estoque e o que é encargo financeiro embutido no preço da mercadoria.

Portanto:

- Valor presente = $ 64.186,19
- Ajuste a Valor Presente a ser feito por ocasião da compra da mercadoria: $ 35.813,81, ou seja:

  ($ 100.000 - $ 64.186,19)

4.2 Registro contábil da compra

Com esses dados, teremos os seguintes lançamentos contábeis na data da operação de venda:

1 - Registro da compra das mercadorias e reconhecimento do AVP (31.01.x1)

D – Estoque de Mercadorias (AC) 64.186,19

D – AVP – Juros a Apropriar (AC) 35.813,81

C – Fornecedores (PC) 100.000,00

2 - Reconhecimento da despesa financeira em fevereiro/x1

D – Despesas com Juros (resultado)

C – AVP – Juros a Apropriar (AC) 1.925,59*

* 3% do valor presente do Passivo em janeiro/x1. Portanto, 3% de R$ 64.186,19. Em marçox1, 3% do valor presente do Passivo em fevereiro/x1. Portanto, 3% de R$ 66.111,78 e assim sucessivamente, até o décimo quinto mês.

Ao final do décimo quinto mês a conta "AVP – Juros a Apropriar" (subconta vinculada a conta "Estoque"" será zerada. Na prática, mês a mês parte do seu saldo será transferido para despesa financeira, no resultado do período

Veja, a seguir, tabela de reconhecimento da despesa financeira:

Mês/Ano	Valor futuro do Passivo	Valor presente do Passivo	%	Apropriação mensal	Juros a apropriar
Jan.20X1	R$ 100.000,00	R$ 64.186,19	3,00%	R$ -	R$ 35.813,81
Fev.20X1	R$ 100.000,00	R$ 66.111,78	3,00%	R$ 1.925,59	R$ 33.888,22
Mar.20X1	R$ 100.000,00	R$ 68.095,13	3,00%	R$ 1.983,35	R$ 31.904,87
Abr.20X1	R$ 100.000,00	R$ 70.137,98	3,00%	R$ 2.042,85	R$ 29.862,02
Mai.20X1	R$ 100.000,00	R$ 72.242,12	3,00%	R$ 2.104,14	R$ 27.757,88
Jun.20X1	R$ 100.000,00	R$ 74.409,39	3,00%	R$ 2.167,26	R$ 25.590,61
Jul.20X1	R$ 100.000,00	R$ 76.641,67	3,00%	R$ 2.232,28	R$ 23.358,33
Ago.20X1	R$ 100.000,00	R$ 78.940,92	3,00%	R$ 2.299,25	R$ 21.059,08
Set.20X1	R$ 100.000,00	R$ 81.309,15	3,00%	R$ 2.368,23	R$ 18.690,85
Out.20X1	R$ 100.000,00	R$ 83.748,42	3,00%	R$ 2.439,27	R$ 16.251,58
Nov.20X1	R$ 100.000,00	R$ 86.260,87	3,00%	R$ 2.512,45	R$ 13.739,13
Dez.20X1	R$ 100.000,00	R$ 88.848,70	3,00%	R$ 2.587,83	R$ 11.151,30
Jan.20X2	R$ 100.000,00	R$ 91.514,16	3,00%	R$ 2.665,46	R$ 8.485,84
Fev.20X2	R$ 100.000,00	R$ 94.259,58	3,00%	R$ 2.745,42	R$ 5.740,42
Mar.20X2	R$ 100.000,00	R$ 97.087,37	3,00%	R$ 2.827,79	R$ 2.912,63
Abr.20X2	R$ 100.000,00	R$ 99.999,99	3,00%	R$ 2.912,63	R$ 0,00

4.3 Tratamento fiscal

Conforme vimos anteriormente, em se tratando de bem adquirido para revenda, o AVP somente será considerado na determinação do lucro real **por ocasião da revenda da mercadoria.** Na prática, o reconhecimento do "custo da mercadoria" se dará parte via contabilidade (CMV), parte via Lalur (exclusão do AVP).

Conforme consta do enunciado do exemplo, assumimos que as mercadorias adquiridas em janeiro/x1 foram revendidas em fevereiro/x1. Deste modo a empresa reconhecerá em conta de resultado, especificamente, como CMV, o valor de R$ 64.186,19. Nota-se que em fevereiro/x1 deverá ser reconhecido, como despesa financeira, a parcela dos juros a apropriar, no valor de R$ 1.925,59 (ver tabela de apropriação dos juros). Na prática, isso significa dizer que em fevereiro/x1, para fins fiscais, haverá uma exclusão líquida de R$ 33.888,22 (R$ 35.813,81 – 1.925,59), que é o saldo do AVP que consta da subconta vinculada ao Ativo que lhe deu origem. Essa "exclusão líquida" se deve ao fato de que o AVP é dedutível no momento da venda da mercadoria e a despesa financeira, registrada a cada mês é indedutível na apuração do lucro tributável. Veja a demonstração a seguir.

APURAÇÃO DO LUCRO CONTÁBIL (FEVEREIRO/X1)	
Vendas	130.000,00
(-) CMV	**-64.186,19**
(=) Lucro Bruto	65.813,81
Despesas /Receitas operacionais	
(-) Despesas financeiras	**-1.925,59**
(=) Lucro contábil antes do IRPJ/CSL	63.888,22
APURAÇÃO DO LUCRO FISCAL (FEVEREIRO/X1)	
(=) Lucro contábil antes do IRPJ/CSL	63.888,22
(+) Adições	
(-) Exclusão	-33.888,22
(=) Lucro Fiscal	30.000,00

Observa-se que o custo com a mercadoria (R$ 100.000,00) foi reconhecido como despesa para fins fiscais. Parte como CMV (R$ 64.186,19), parte como despesa financeira (R$ 1.925,59) e parte como exclusão ao lucro líquido (33.888,20).

Importante: a partir de março/x1 até abril/x2, a despesa financeira oriunda da apropriação do AVP deverá ser adicionada ao Lalur, para fins de apuração do lucro fiscal, não havendo mais exclusões a serem feitas.

III - AJUSTES A VALOR PRESENTE DE ELEMENTOS DO PASSIVO PROVENIENTES DA AQUISIÇÃO DE INSUMOS UTILIZADOS NO PROCESSO PRODUTIVO EM FACE DA LEI Nº 12.973/2014

1. INTRODUÇÃO

O que difere a aquisição de mercadorias da aquisição de insumos é que neste segundo caso, o AVP deverá ser reconhecido ao resultado, para fins fiscais, **a medida em que os insumos forem utilizados no processo produtivo**, e não no momento da venda, como acontece com as mercadorias para revenda.

O trabalho aqui apresentado traz exemplos de como proceder tanto do ponto de vista contábil como do ponto de vista fiscal.

2. AJUSTE A VALOR PRESENTE DE CONTAS DO PASSIVO SEGUNDO AS REGRAS CONTÁBEIS

Segundo a Lei nº 6.404/1976:

> *"Art. 184. No balanço, os elementos do Passivo serão avaliados de acordo com os seguintes critérios:*
>
> *...;*
>
> *III – as obrigações, os encargos e os riscos classificados no Passivo não circulante serão ajustados ao seu valor presente, sendo os demais ajustados quando houver efeito relevante."*

Para regulamentar o tema, O Comitê de Pronunciamentos Contábeis (CPC) emitiu o Pronunciamento Técnico CPC-12 que trata do Ajuste a Valor Presente e traz as orientações para seu cálculo e reconhecimento. Essas orientações constam basicamente dos itens 21 a 23 do referido CPC, abaixo transcritos.

> *"21. Os elementos integrantes do Ativo e do Passivo decorrentes de operações de longo prazo, ou de curto prazo quando houver efeito relevante, devem ser ajustados a valor presente com base em taxas de desconto que reflitam as melhores avaliações do mercado quanto ao valor do dinheiro no tempo e os riscos específicos do Ativo e do Passivo em suas datas originais.*
>
> *22. A quantificação do Ajuste a Valor Presente deve ser realizada em base exponencial "pro rata die", a partir da origem de cada transação, sendo os seus efeitos apropriados nas contas a que se vinculam.*
>
> *23. As reversões dos ajustes a valor presente dos ativos e passivos monetários qualificáveis devem ser apropriadas como receitas ou despesas financeiras, a não*

ser que a entidade possa devidamente fundamentar que o financiamento feito a seus clientes faça parte de suas atividades operacionais, quando então as reversões serão apropriadas como receita operacional. Esse é o caso, por exemplo, quando a entidade opera em dois segmentos distintos: (i) venda de produtos e serviços e (ii) financiamento das vendas a prazo, e desde que sejam relevantes esse ajuste e os efeitos de sua evidenciação."

Pelo que se observa do exposto acima, o Ajuste a Valor Presente, quando aplicável, será calculado e contabilizado na data inicial da sua transação e suas reversões serão registradas no decorrer dos períodos entre o reconhecimento inicial e o seu vencimento.

3. ORIENTAÇÃO FISCAL

O art. 5º da Lei nº 12.973/2014 trata do Ajuste a Valor Presente sobre elementos do Passivo, estabelecendo o momento em que tais valores devem ser considerados na determinação do lucro real. No caso de aquisição a prazo de bem a ser utilizado **como insumo, o AVP será considerado no período em que o bem for utilizado como insumo na produção de bens e serviços.**

Na prática, isso significa dizer que o aproveitamento da "despesa" não está vinculado à venda do produto final, mas sim a utilização do insumo no processo produtivo.

Nota-se que a lei também estabelece a obrigatoriedade de se evidenciar o AVP em subconta vinculada ao Ativo que lhe deu origem

Reproduzimos a seguir, em excerto, o referido dispositivo legal que traz informações adicionais sobre o assunto.

> *"Art. 5º Os valores decorrentes do Ajuste a Valor Presente, de que trata o inciso III do caput do art. 184 da Lei no* 6.404, de 15 de dezembro de 1976, *relativos a cada operação, somente serão considerados na determinação* do lucro real no período de apuração em que:
>
> ...
>
> *II - o bem for utilizado como insumo na produção de bens ou serviços, no caso de aquisição a prazo de bem a ser utilizado como insumo na produção de bens ou serviços;*
>
> ...
>
> § 1º *Nas hipóteses previstas nos incisos I, II e III do caput, os valores decorrentes do Ajuste a Valor Presente deverão ser evidenciados contabilmente em subconta vinculada ao Ativo.*
>
> § 2º *Os valores decorrentes de Ajuste a Valor Presente de que trata o caput não poderão ser considerados na determinação do lucro real:*

...

III - nas hipóteses previstas nos incisos I, II e III do caput, caso os valores decorrentes do Ajuste a Valor Presente não tenham sido evidenciados conforme disposto no § 1º."

4. TRATAMENTO CONTÁBIL/FISCAL-EXEMPLO

4.1 Dados do exemplo

No desenvolvimento do exemplo, consideremos as seguintes informações:

- Valor da compra a prazo de insumos em 31 de janeiro/x1 $ 100.000
- taxa de juros aplicável 3% a.m.
- Prazo para recebimento contratado 15 meses
- Os insumos acima adquiridos foram aplicados no processo produtivo em fevereiro/x1;
- Demais custos incorporados aos produtos em processo (MO, depreciação, etc.) = R$ 20.000,00.
- A venda dos produtos acabados somente ocorreu em março/x1, por R$ 130.000,00.

Importante: Na data de contratação da operação deve-se segregar o valor da operação dos encargos financeiros incidentes. Na prática, devemos utilizar a seguinte fórmula:

$$\mathbf{VP = VF\ /\ (1+i)^n}$$

Onde:

VP = Valor presente

VF = Valor futuro

i = Taxa

^{n} = Período

Ao se determinar o valor dos juros embutidos, a segregação se dará debitando-se a conta "Estoque de Insumos", debitando-se a conta "AVP – Juros a Apropriar" (subconta vinculada à conta "Estoque de Insumos") e creditando-se a conta "Fornecedores", no Passivo.

Por sua vez, os encargos financeiros incidentes (os juros embutidos ou contratados) anteriormente segregados deverão ser reconhecidos *pro rata temporis*, tendo como base o período coberto pela operação. No nosso exemplo a operação foi contratada para ser quitada em quinze meses. Portanto, a cada mês pelo período de quinze meses, haverá o reconhecimento *pro rata temporis* de parcela dos juros.

Na prática, a cada mês, devemos debitar a conta "Despesas com Juros" (resultado) redutora do Ativo (Ajuste a Valor Presente) e creditar a conta "AVP – Juros a Apropriar" (subconta vinculada à conta "Estoque de Insumos"), pelos juros incorridos.

Tal procedimento fornecerá uma informação contábil precisa, identificando o que é estoque e o que é encargo financeiro embutido no preço do insumo.

Portanto:

- Valor presente = $ 64.186,21
- Ajuste a Valor Presente a ser feito por ocasião da compra do insumo: $ 35.813,79, ou seja:

($ 100.000 - $ 64.186,21)

4.2 Registro contábil da operação

Com esses dados, teremos os seguintes lançamentos contábeis na data da operação de compra:

1 - Registro da compra dos insumos e reconhecimento do AVP (31.01.x1)

D – Estoque de Insumos (AC)	64.186,21	
D – AVP – Juros a Apropriar (AC)	35.813,79	
C – Fornecedores (PC)		100.000,00

2 - Reconhecimento da despesa financeira em fevereiro/x1

D – Despesas com Juros (resultado)	
C – AVP – Juros a Apropriar (AC)	1.925,59*

* 3% do valor presente do Passivo em janeiro/x1. Portanto, 3% de R$ 64.186,21. Em março/x1, 3% do valor presente do Passivo em fevereiro/x1. Portanto, 3% de R$ 66.111,78 e assim sucessivamente, até o décimo quinto mês.

Ao final do décimo quinto mês a conta "AVP – Juros a Apropriar" (subconta vinculada à conta "Estoque de Insumos" será zerada). Na prática, mês a mês parte do seu saldo será transferido para despesa financeira, no resultado do período.

Veja, a seguir, tabela de reconhecimento da despesa financeira:

Mês/Ano	Valor futuro do Passivo	Valor presente do Passivo	%	Apropriação mensal	Juros a apropriar
Jan.20X1	R$ 100.000,00	R$ 64.186,19	3,00%	R$ -	R$ 35.813,81
Fev.20X1	R$ 100.000,00	R$ 66.111,78	3,00%	R$ 1.925,59	R$ 33.888,22
Mar.20X1	R$ 100.000,00	R$ 68.095,13	3,00%	R$ 1.983,35	R$ 31.904,87
Abr.20X1	R$ 100.000,00	R$ 70.137,98	3,00%	R$ 2.042,85	R$ 29.862,02
Mai.20X1	R$ 100.000,00	R$ 72.242,12	3,00%	R$ 2.104,14	R$ 27.757,88
Jun.20X1	R$ 100.000,00	R$ 74.409,39	3,00%	R$ 2.167,26	R$ 25.590,61
Jul.20X1	R$ 100.000,00	R$ 76.641,67	3,00%	R$ 2.232,28	R$ 23.358,33
Ago.20X1	R$ 100.000,00	R$ 78.940,92	3,00%	R$ 2.299,25	R$ 21.059,08
Set.20X1	R$ 100.000,00	R$ 81.309,15	3,00%	R$ 2.368,23	R$ 18.690,85
Out.20X1	R$ 100.000,00	R$ 83.748,42	3,00%	R$ 2.439,27	R$ 16.251,58
Nov.20X1	R$ 100.000,00	R$ 86.260,87	3,00%	R$ 2.512,45	R$ 13.739,13
Dez.20X1	R$ 100.000,00	R$ 88.848,70	3,00%	R$ 2.587,83	R$ 11.151,30
Jan.20X2	R$ 100.000,00	R$ 91.514,16	3,00%	R$ 2.665,46	R$ 8.485,84
Fev.20X2	R$ 100.000,00	R$ 94.259,58	3,00%	R$ 2.745,42	R$ 5.740,42
Mar.20X2	R$ 100.000,00	R$ 97.087,37	3,00%	R$ 2.827,79	R$ 2.912,63
Abr.20X2	R$ 100.000,00	R$ 99.999,99	3,00%	R$ 2.912,63	R$ 0,00

3 – Transferência, em fevereiro, dos insumos para o processo produtivo

D – Estoque de Produtos em Elaboração

C – Estoque de Insumos 64.186,21

Nota

É neste momento (transferência dos insumos para o processo produtivo) que o valor do AVP será considerado na determinação do lucro real.Veja detalhes no subitem 4.3, adiante.

4 – Incorporação aos produtos em elaboração de outros custos (MO, depreciação, etc.)

D – Estoque de Produtos em Elaboração

C – Caixa/Depreciação Acumulada 20.000,00*

* Conforme enunciado do exemplo

5 - Transferência dos produtos em elaboração para produtos acabados pela conclusão da produção

D – Estoque de Produtos Acabados

C – Estoque de Produtos em Elaboração 84.186,21

6 – Reconhecimento do CPV pela venda dos produtos em março/x1

D – CPV

C – Estoque de Produtos Acabados 84.186,21

4.3 Tratamento fiscal

Conforme vimos anteriormente, em se tratando de bem a ser utilizado como insumo na produção de bens ou serviços, o AVP somente será considerado na determinação do lucro real **no período em que o bem for utilizado como insumo na produção de bens e serviços.** Na prática, para fins fiscais, a parcela reconhecida como AVP poderá ser considerada na determinação do lucro real antes mesmo do produto final estar pronto e ser vendido.

Conforme consta do enunciado do exemplo, assumimos que os insumos adquiridos em janeiro/x1 foram utilizados integralmente no processo produtivo em fevereiro/x1 e o produto final, vendido em março/x1.

4.3.1 Reflexo tributário em janeiro e fevereiro

Em janeiro e fevereiro não há que se falar em dedução contábil, por meio do CPV, pois o produto final não foi concluído, tampouco vendido.

No entanto, **em fevereiro, como a empresa utilizou integralmente os insumos em seu processo produtivo**, o valor do AVP poderá compor o resultado do exercício, para fins ficais, via Lalur.

O AVP que poderá ser deduzido na apuração do lucro real via Lalur, na determinação do lucro tributável, corresponde a R$ 35.813,79. Portanto, todo o valor do AVP será reconhecido no resultado tributável de fevereiro/x1.

Por sua vez, a partir de fevereiro/x1, deverá ser reconhecida, **como despesa financeira, na contabilidade**, a parcela dos juros a apropriar, no valor de R$ 1.925,59 (ver tabela de apropriação dos juros).

Na prática, isso significa dizer que em fevereiro/x1, para fins fiscais, haverá uma exclusão de R$ 35.813,81 e uma adição de R$ 1.925,59, que resultará em uma exclusão líquida de R$ 33.888,22 no referido mês.

4.3.2 Reflexo tributário em março

Já a partir de março não há que se falar em exclusão, pois a empresa já terá aproveitado integralmente o valor do AVP na apuração do lucro real, via

Lalur em fevereiro/x1. No entanto, até abril/x2 a empresa estará reconhecendo como despesa, contabilmente, o AVP que consta da subconta vinculada ao Ativo que lhe deu origem. Essa despesa financeira, registrada a cada mês, a exemplo do que aconteceu em fevereiro/x1, é indedutível na apuração do lucro tributável. Veja a demonstração a seguir referente ao mês de março.

APURAÇÃO DO LUCRO CONTÁBIL (MARÇO/X1)	
Vendas	130.000,00
(-) CMV	-84.186,21*
(=) Lucro Bruto	45.813,79
Despesas /Receitas operacionais	
(-) Despesas financeiras	-1.983,35**
(=) Lucro contábil antes do IRPJ/CSL	43.830,44
APURAÇÃO DO LUCRO FISCAL (FEVEREIRO/X1)	
(=) Lucro contábil antes do IRPJ/CSL	43.830,44
(+) Adições	1.983,35
(-) Exclusão	
(=) Lucro Fiscal	45.813,79

* Estoque de insumos (R$ 64.186,21) mais outros custos (R$ 20.000,00)

** Conforme tabela ao subitem 4.2. Nota-se que a despesa financeira mensal oriunda da apropriação do AVP deverá ser adicionada ao Lalur, para fins de apuração do lucro fiscal, até o abril/x2.

Observa-se que o custo com os insumos (R$ 100.000,00) foi reconhecido como despesa para fins fiscais: parte via Lalur, em fevereiro/x1, no valor de R$ 35.813,79; parte como CPV, via contabilidade (R$ 64.186,21, que integra o custo total de 84.186,21).

IV - INSTRUMENTOS FINANCEIROS CLASSIFICADOS COMO "MANTIDOS ATÉ O VENCIMENTO" E A LEI Nº 12.973/2014

1. INTRODUÇÃO

Diversos são os investimentos (aplicações de recursos) que podem ser feitos pelas empresas e diversas são as formas de classificação, dependendo da intenção da empresa.

Nesta oportunidade discorremos sobre instrumentos financeiros "mantidos até o vencimento".

2. DEFINIÇÃO DE INSTRUMENTOS FINANCEIROS

Segundo o CPC 39, Instrumento financeiro é qualquer contrato que dá origem a um Ativo financeiro para a entidade e a um Passivo financeiro ou instrumento patrimonial para outra entidade.

O mesmo CPC ao detalhar o assunto estabelece que Ativo financeiro é qualquer Ativo que seja:

a) caixa;

b) instrumento patrimonial de outra entidade[1];

c) direito contratual:

  i. de receber caixa ou outro Ativo financeiro de outra entidade; ou

  ii. de troca de ativos financeiros ou passivos financeiros com outra entidade sob condições potencialmente favoráveis para a entidade;

d) um contrato que seja ou possa vir a ser liquidado por instrumentos patrimoniais da própria entidade.

Já em relação ao Passivo financeiro, o mesmo CPC estabelece que é qualquer Passivo que seja:

e) uma obrigação contratual de:

  i. entregar caixa ou outro Ativo financeiro a uma entidade; ou

  ii. trocar ativos financeiros ou passivos financeiros com outra entidade sob condições que são potencialmente desfavoráveis para a entidade; ou

f) contrato que será ou poderá ser liquidado por instrumentos patrimoniais da própria entidade.

3. CLASSIFICAÇÃO DOS INSTRUMENTOS FINANCEIROS DE ACORDO COM O CPC 39

3.1 Aplicações destinadas à negociação - Mensurado pelo valor justo por meio do resultado

Ativo financeiro ou Passivo financeiro mensurado pelo valor justo por meio do resultado é um Ativo financeiro ou um Passivo financeiro que satisfaz qualquer das seguintes condições:

a) é classificado como mantido para negociação. Um Ativo financeiro ou um Passivo financeiro é classificado como mantido para negociação se for:

1 Qualquer contrato que contenha uma participação residual nos ativos de uma entidade após deduzir todos os seus passivos.

i. adquirido ou incorrido principalmente para a finalidade de venda ou de recompra em prazo muito curto;

ii. no reconhecimento inicial é parte de carteira de instrumentos financeiros identificados que são gerenciados em conjunto e para os quais existe evidência de modelo real recente de tomada de lucros a curto prazo; ou

iii. derivativo (exceto no caso de derivativo que seja contrato de garantia financeira ou instrumento de *hedge* designado e eficaz);

b) no momento do reconhecimento inicial ple é designado pela entidade pelo valor justo por meio do resultado. A entidade só pode usar essa designação quando previsto no subitem 3.2, adiante, ou quando tal resultar em informação mais relevante, porque:

i. elimina ou reduz significativamente uma inconsistência na mensuração ou no reconhecimento (por vezes, denominada "inconsistência contábil") que de outra forma resultaria da mensuração de ativos ou passivos ou do reconhecimento de ganhos e perdas sobre eles em diferentes bases; ou

ii. um grupo de ativos financeiros, passivos financeiros ou ambos é gerenciado e o seu desempenho avaliado em base de valor justo, de acordo com uma estratégia documentada de gestão do risco ou de investimento, e a informação sobre o grupo é fornecida internamente ao pessoal chave da gerência da entidade nessa base (como definido na NBC T 17 - Divulgação sobre Partes Relacionadas), por exemplo, a diretoria e o presidente executivo da entidade.

Nota

Na NBC T 19.34 – Instrumentos Financeiros: Evidenciação, os itens 9 a 11 e B4 exigem que a entidade forneça divulgação a respeito dos ativos financeiros e dos passivos financeiros por ela designados pelo valor justo por meio do resultado, incluindo a forma como satisfez essas condições. Para instrumentos que se qualificam de acordo com (ii) acima, essa divulgação inclui a descrição narrativa de como a designação pelo valor justo por meio do resultado é consistente com a estratégia documentada da entidade de gestão do risco ou de investimento.

Os investimentos em instrumentos patrimoniais que não tenham o preço de mercado cotado em mercado Ativo, e cujo valor justo não possa ser confiavelmente medido, não devem ser designados pelo valor justo por meio do resultado.

3.2 Investimentos mantidos até o vencimento

Investimentos mantidos até o vencimento são ativos financeiros não derivativos com pagamentos fixos ou determináveis com vencimentos definidos para os quais a entidade tem a intenção positiva e a capacidade de manter até o vencimento, exceto:

a) os que a entidade designa no reconhecimento inicial pelo valor justo por meio do resultado;

b) os que a entidade designa como disponível para venda; e

c) os que satisfazem a definição de empréstimos e contas a receber.

A entidade não deve classificar nenhum Ativo financeiro como mantido até o vencimento se a entidade tiver, durante o exercício social corrente ou durante os dois exercícios sociais precedentes, vendido ou reclassificado mais do que uma quantia insignificante de investimentos mantidos até o vencimento antes do vencimento (mais do que insignificante em relação à quantia total dos investimentos mantidos até o vencimento), que não seja por vendas ou reclassificações que:

i. estejam tão próximos do vencimento ou da data de compra do Ativo financeiro (por exemplo, menos de três meses antes do vencimento) que as alterações na taxa de juro do mercado não teriam efeito significativo no valor justo do Ativo financeiro;

ii. ocorram depois de a entidade ter substancialmente recebido todo o capital original do Ativo financeiro por meio de pagamentos programados ou de pagamentos antecipados; ou

iii. sejam atribuíveis a um acontecimento isolado que esteja fora do controle da entidade, não seja recorrente e não tenha podido ser razoavelmente previsto pela entidade.

3.3 Empréstimos e recebíveis

Empréstimos e recebíveis são ativos financeiros não derivativos com pagamentos fixos ou determináveis que não estão cotados em mercado Ativo, exceto:

a) os que a entidade tem intenção de vender imediatamente ou no curto prazo, os quais são classificados como mantidos para negociação, e os que a entidade, no reconhecimento inicial, designa pelo valor justo por meio do resultado;

b) os que a entidade, após o reconhecimento inicial, designa como disponíveis para venda; ou

c) aqueles com relação aos quais o detentor não possa recuperar substancialmente a totalidade do seu investimento inicial, que não seja devido à deterioração do crédito, que são classificados como disponíveis para a venda.

Um interesse adquirido num conjunto de ativos que não seja empréstimo nem conta a receber (por exemplo, participação em fundo mútuo ou em fundo semelhante) não é empréstimo nem recebível.

3.4 Ativos financeiros disponíveis para venda

Ativos financeiros disponíveis para venda são aqueles ativos financeiros não derivativos que são designados como disponíveis para venda ou que não são classificados como:

a) empréstimos e contas a receber;

b) investimentos mantidos até o vencimento ou

c) ativos financeiros pelo valor justo por meio do resultado.

4. TRATAMENTO DOS INSTRUMENTOS FINANCEIROS "MANTIDOS ATÉ O VENCIMENTO" SEGUNDO A LEI Nº 6.404/1976

A Lei nº 6.404/1976 assim se pronuncia sobre os instrumentos financeiros:

> "Art. 183. No balanço, os elementos do Ativo serão avaliados segundo os seguintes critérios:
>
> I - as aplicações em instrumentos financeiros, inclusive derivativos, e em direitos e títulos de créditos, classificados no Ativo Circulante ou no realizável a longo prazo:
>
> a) pelo seu valor justo, quando se tratar de aplicações destinadas à negociação ou disponíveis para venda; e
>
> **b) pelo valor de custo de aquisição ou valor de emissão, atualizado conforme disposições legais ou contratuais, ajustado ao valor provável de realização, quando este for inferior, no caso das demais aplicações e os direitos e títulos de crédito**
>
> ..." (grifo nosso)

Em linhas gerais a lei estabelece que se os instrumentos financeiros tiverem sido adquiridos com a intenção de negociação a curto prazo ("aplicações destinadas à negociação) ou a longo prazo ("disponíveis para venda"), terão que ser avaliados pelo seu valor justo, independentemente de ser este maior ou menor do que o custo de aquisição (art. 183, I, a, da Lei nº 6.404/1976).

Agora, se a intenção da empresa for de liquidar o Ativo somente na data do vencimento (Ativo financeiro "mantido até vencimento"), sua avaliação se dará ao valor justo[2] de realização, quando inferior ao custo de aquisição.

Na prática para se aplicar o disposto na Lei 6.404/1976 é necessário que o custo de aquisição do Ativo financeiro esteja "atualizado" conforme contrato (normalmente, remuneração de juros). Em seguida, esse "valor atualizado" deverá ser comparado com o valor de provável realização do Ativo (normalmente, o valor de mercado, admitindo ser esse o valor justo, conforme definido em nota de rodapé, adiante). Se o valor de provável realização for superior ao valor contábil "atualizado" nada se faz na contabilidade. Agora, se o valor de provável realização for inferior ao valor contábil "atualizado" há a necessidade do ajuste, que deverá ser tratada como perda, em conta de resultado.

5. EXEMPLO DE CONTABILIZAÇÃO DE INSTRUMENTO FINANCEIRO "MANTIDO ATÉ O VENCIMENTO"

Determinada empresa, durante o ano, adquiriu ativos financeiros. Os ativos adquiridos têm as seguintes características:

- a intenção da empresa é a de "manter tais papéis até o vencimento", o que vai ao encontro do espírito do CPC 38 e da Lei nº 6.404/1976.
- Valor de emissão na data da negociação corresponde a = R$ 450.000
- Rendimento mensal a ser pago no resgate (juros compostos) = 3,5%
- Data da aplicação = 01.11.20x1
- Data do vencimento: 31.12.x6
- Referidos ativos são negociados no mercado financeiro e, portanto, de fácil identificação de seu valor justo.
- Admitamos, também, os seguintes valores justos em 20x1 para o referido Instrumento financeiro:

a) Valor justo dos ativos financeiros em 30.11.x1 = R$ 470.000

b) Valor justo dos ativos financeiros em 31.12.x1 = 475.000

2 De acordo com o CPC 38 - Instrumentos Financeiros: Reconhecimento e Mensuração - Valor justo é o preço que seria recebido pela venda de um Ativo ou que seria pago pela transferência de um Passivo em uma transação não forçada entre participantes do mercado na data de mensuração

Diante das premissas acima colocadas, teremos os seguintes registros contábeis em 20X1:

Lançamento 1 – Registro da aquisição em 01.11.x1

D	_	IF - MANTIDOS ATÉ O VENCIMENTO (L/P)	
C	-	DISPONIBILIDADES	450.000

Lançamento 2 – Reconhecimento da receita financeira em 30.11.x1

a)	Valor de face do instrumento financeiro + juros acumulados	450.000
b)	(x) coeficiente de atualização do mês	1,035
c)	(=) Valor do instrumento financeiro acrescido dos juros do mês	465.750
d)	Receita financeira do mês ("c" - "a")	

465.750 - 450.000 = 15.750

Portanto,

D	-	IF - MANTIDOS ATÉ O VENCIMENTO (L/P)	
C	-	RECEITA FINANCEIRA (CR)	15.750

Lançamento 3– Reconhecimento do valor justo em 30.11.x1

Para elaboração do lançamento, é necessário verificar se houve perda. Vejamos:

Valor contábil do Instrumento Financeiro:

IF - Mantidos até o vencimento (L/C)		465.750	
(-)	Perdas Estimadas com IF Mantidos até o Vencimento (L/P)	0	465.750
(-)	Valor justo do Ativo financeiro		470.000
(=)	Diferença ("ganho")		4.250

Observa-se que como se trata de título mantido até o vencimento a atualização a valor justo (valor de mercado) somente ocorre quando este for inferior ao valor registrado na contabilidade. **No exemplo, o valor justo é superior ao valor contábil não cabendo, portanto, tal ajuste**.

Lançamento 4 – Reconhecimento da receita financeira em 31.12.x1

a)	Valor de face do instrumento financeiro + juros acumulados	465.750
b)	(x) coeficiente de atualização do mês	1,035
c)	(=) Valor do instrumento financeiro acrescido dos juros do mês	482.051
d)	Receita financeira do mês ("c" - "a"):	

482.051 - 465.750 = 16.301

Portanto,

D	-	IF - MANTIDOS ATÉ O VENCIMENTO (L/C)	
C	-	RECEITA FINANCEIRA (CR)	16.301

Lançamento 5 – Reconhecimento do valor justo em 31.12.x1

Valor contábil do Ativo financeiro:

IF -	Mantidos até o vencimento (L/C)	482.051	
(-)	Perdas Estimadas com IF Mantidos até o Vencimento (L/P)	0	482.051
(-)	Valor justo do Ativo financeiro		475.000
(=)	Diferença		7.051

Como se trata de título mantido até o vencimento a atualização a valor justo (valor de mercado) somente ocorre quando este for inferior ao valor registrado na contabilidade. No exemplo, o valor de mercado é inferior ao valor contábil, o que caracteriza a necessidade de ajuste, no caso, de R$ 7.051.

Nota

Para atender a legislação fiscal, o "ajuste" deverá ser registrado em conta redutora do Ativo financeiro (saldo credor); por sua vez a contrapartida, será alocada em conta de resultado, como perda – Veja item 6, adiante

Portanto,

D	-	AJUSTE AO VALOR REALIZÁVEL (CR)	
C	-	PERDAS ESTIMADAS COM IF MANTIDOS ATÉ O VENCIMENTO (L/P)	7.051

Os razonetes estariam assim representados:

IF - MANTIDOS ATÉ O VENCIMENTO (L/P)

	Débito	Crédito
1	450.000	
2	15.750	
	465.750	
4	16.301	
	482.051	

CAIXA

Débito	Crédito	
	450.000	1

PERDAS ESTIMADAS COM IF MANTIDOS ATÉ O VENCIMENTO (L/P)

Débito	Crédito	
	7.051	5

AJUSTE AO VALOR REALIZÁVEL (CR)

	Débito	Crédito
5	7.051	

RECEITA FINANCEIRA (CR)

Débito	Crédito	
	15.750	2
	16.301	4
	32.051	

Nomenclaturas:

IF = Instrumentos financeiros

CR = Conta de Resultado

L/P = longo prazo

5.1 Diminuição da perda

Pode ocorrer de a perda registrada em um período diminuir e, até mesmo, ser revertida. Sobre o assunto o CPC 38 -Instrumentos Financeiros: Reconhecimento e Mensuração trouxe alguns esclarecimentos.

Em linhas gerais o item 65 do referido CPC estabelece que se em período posterior a quantia da perda no valor recuperável diminuir e a diminuição puder ser objetivamente relacionada com um acontecimento que ocorra após o reconhecimento da perda no valor recuperável, a perda por imparidade anteriormente reconhecida deve ser revertida, seja diretamente, seja ajustando por conta redutora.

Observa-se que a reversão não deve resultar na quantia escriturada do Ativo financeiro que exceda o que o custo amortizado teria sido, caso a perda no valor recuperável não tivesse sido reconhecida na data em que a perda no valor recuperável foi revertida. A quantia da reversão deve ser reconhecida no resultado.

6. TRATAMENTO FISCAL DO GANHO OU PERDA NA AVALIAÇÃO A VALOR JUSTO DOS INSTRUMENTOS FINANCEIROS

Nota-se que os artigos 13 e 14 da Lei nº 12.973/2014 estabelecem o tratamento tributário aplicável aos ganhos e as perdas tidos com os ajustes a valor justo impostos pela lei comercial, exigindo a criação de subconta para recepcionar o referido ajuste, seja ele para mais ou para menos.

De uma forma sucinta, pode-se dizer que o art. 13 da referida Lei permite que o contribuinte proceda ao diferimento da tributação dos ganhos tidos na avaliação a valor justo dos instrumentos financeiros. Para tanto, referidos valores deverão ser evidenciados contabilmente em subconta vinculada ao Ativo. Naturalmente, em se tratando de Instrumentos financeiros "mantidos até o vencimento" não há que se falar em ganho na avaliação a valor justo, pois quando o valor de mercado é superior ao valor contábil, não cabe ajuste.

Já o art. 14 estabelece que a dedutibilidade das perdas decorrentes de Ajuste a Valor Justo dos instrumentos financeiros somente será admitida quando de sua realização.

Adicionalmente, o § 2º do referido artigo estabelece que na hipótese de não ser evidenciada por meio de subconta, **a perda será considerada indedutível na apuração do lucro real.**

Portanto, no exemplo do item 5, temos que a empresa obteve uma perda com o Ativo financeiro no ano de 20x1, no valor de R$ 7.051. Esse valor deverá ser considerado como adição na apuração do lucro em 20x1 e o seu aproveitamento futuro como exclusão fica condicionado à manutenção da subconta criada.

APÊNDICE

Anexo I - Tabela de adições ao lucro líquido (IN RFB Nº 1700/2017)

Nº	Assunto	Descrição do Ajuste	Aplica-se ao IRPJ?	Aplica-se à CSLL?	Dispositivo na IN
1	Ajuste a Valor Presente	Os valores decorrentes do Ajuste a Valor Presente de elementos do Ativo de que trata o art. 4º da Lei nº 12.973, de 2014, no período de apuração em que a receita ou o resultado da operação deva ser oferecido à tributação	Sim	Sim	Arts. 90 e 91, § 3º
2	Ajuste a Valor Presente	As despesas financeiras decorrentes de Ajuste a Valor Presente de elementos do Passivo de que trata o art. 5º da Lei nº 12.973, de 2014, nos períodos de apuração em que forem apropriadas.	Sim	Sim	Arts. 93 e 94, § 2º
3	Aluguéis	O valor das despesas de aluguéis que não atenderem às condições do caput do art. 71 da Lei nº 4.506, de 1964, e a parcela que exceder ao preço ou valor de mercado dos aluguéis pagos a sócios ou dirigentes de empresas e a seus parentes ou dependentes.	Sim	Não	Art. 84
4	Aporte do Poder Público	O valor do aporte de recursos excluído conforme inciso I do § 3º do art. 6º da Lei nº 11.079, de 2004, dividido pela quantidade de períodos de apuração contidos no prazo restante do contrato, considerado a partir do início da prestação dos serviços públicos.	Sim	Sim	Art. 171, §§ 1º e 2º
5	Aporte do Poder Público	O saldo remanescente do aporte excluído conforme inciso I do § 3º do art. 6º da Lei nº 11.079, de 2004, ainda não adicionado, dividido pela quantidade de períodos de apuração contidos no prazo restante do contrato, no caso em que, em 1º de janeiro de 2014, para os optantes conforme art. 75 da Lei nº 12.973, de 2014, ou em 1º de janeiro de 2015, para os não optantes, a concessionária já tenha iniciado a prestação dos serviços públicos.	Sim	Sim	Art. 171, § 3º

Nº	Assunto	Descrição do Ajuste	Aplica-se ao IRPJ?	Aplica-se à CSLL?	Dispositivo na IN
6	Aporte do Poder Público	O saldo do aporte excluído conforme inciso I do § 3º do art. 6º da Lei nº 11.079, de 2004, ainda não adicionado, no caso de extinção da concessão antes do advento do termo contratual.	Sim	Sim	Art. 171, § 4º
7	Arrendamento Mercantil - PJ Arrendadora	O resultado das operações de arrendamento mercantil em que haja transferência substancial dos riscos e benefícios inerentes à propriedade do Ativo e que não esteja sujeito ao tratamento tributário previsto pela Lei nº 6.099, de 1974, proporcionalmente ao valor da contraprestação, conforme previsto no caput do art. 46 da Lei nº 12.973, de 2014.	Sim	Sim	Art. 173
8	Arrendamento Mercantil - PJ Arrendadora	Os ajustes, previstos no § 1º do art. 46 da Lei nº 12.973, de 2014, das operações de arrendamento mercantil em que haja transferência substancial dos riscos e benefícios inerentes à propriedade do Ativo e que não esteja sujeito ao tratamento tributário previsto pela Lei nº 6.099, de 1974, decorrentes da neutralização dos novos métodos e critérios contábeis, cuja tributação deva ser o resultado proporcional ao valor da contraprestação.	Sim	Sim	Art. 173, § 1º
9	Arrendamento Mercantil - PJ Arrendadora	O resultado de contrato não tipificado como arrendamento mercantil que contenha elementos contabilizados como arrendamento mercantil por força de normas contábeis e da legislação comercial, em que haja transferência substancial dos riscos e benefícios inerentes à propriedade do Ativo, proporcionalmente ao valor da contraprestação, conforme previsto no caput do art. 46 e no inciso III do art. 49 da Lei nº 12.973, de 2014.	Sim	Sim	Art. 173, caput e § 3º
10	Arrendamento Mercantil - PJ Arrendadora	Os ajustes, previstos no § 1º do art. 46 e no inciso III do art. 49 da Lei nº 12.973, de 2014, decorrentes da neutralização dos novos métodos e critérios contábeis, de contrato não tipificado como arrendamento mercantil que contenha elementos contabilizados como arrendamento mercantil por força de normas contábeis e da legislação comercial, em que haja transferência substancial dos riscos e benefícios inerentes à propriedade do Ativo, cuja tributação deva ser o resultado proporcional ao valor da contraprestação.	Sim	Sim	Art. 173, §§ 1º e 3º

Nº	Assunto	Descrição do Ajuste	Aplica-se ao IRPJ?	Aplica-se à CSLL?	Dispositivo na IN
11	Arrendamento Mercantil – PJ Arrendatária	O valor das despesas de depreciação, amortização e exaustão geradas por bem objeto de arrendamento mercantil na arrendatária, na hipótese em que esta reconheça contabilmente o encargo.	Sim	Sim	Art. 175, inciso III e § 1º
12	Arrendamento Mercantil – PJ Arrendatária	O valor dos encargos de depreciação, amortização ou exaustão apropriado como custo de produção pela pessoa jurídica arrendatária, na hipótese em que esta reconheça contabilmente o encargo.	Sim	Sim	Art. 175, inciso IV e §§ 1º e 2º
13	Arrendamento Mercantil – PJ Arrendatária	O valor da depreciação, amortização e exaustão contabilizado como despesa ou custo, de Ativos reconhecidos em função de contratos que, embora não tipificados como arrendamento mercantil, contenham elementos contabilizados como arrendamento mercantil por força de normas contábeis e da legislação comercial.	Sim	Sim	Art. 175, incisos III e IV e §§ 1º a 3º
14	Arrendamento Mercantil – PJ Arrendatária	As despesas financeiras incorridas, inclusive as decorrentes de Ajuste a Valor Presente, consideradas nas contraprestações pagas ou creditadas pela arrendatária em contratos de arrendamento mercantil e que podem ser excluídas conforme item 7 do Anexo II – Tabela de Exclusões.	Sim	Sim	Art. 175, inciso II
15	Arrendamento Mercantil – PJ Arrendatária	As despesas financeiras incorridas, inclusive as decorrentes de Ajuste a Valor Presente, consideradas nas contraprestações pagas ou creditadas em contratos que, embora não tipificados como arrendamento mercantil, contenham elementos contabilizados como arrendamento mercantil por força de normas contábeis e da legislação comercial, e que podem ser excluídas conforme item 8 do Anexo II – Tabela de Exclusões.	Sim	Sim	Art. 175, inciso II e § 3º
16	Arrendamento Mercantil – PJ Arrendatária - Perda na Alienação de Bem	A perda apurada na alienação de bem que vier a ser tomado em arrendamento mercantil pela própria vendedora ou com pessoa jurídica a ela vinculada, conforme disposto no parágrafo único do art. 9º da Lei nº 6.099, de 1974.	Sim	Não	-
17	Atividade Imobiliária – Diferimento da Tributação	A parcela do lucro bruto proporcional à receita recebida no periodo de apuraçao, cuja tributação tenha sido diferida nos termos do art. 29 do Decreto-lei nº 1.598, de 1977.	Sim	Sim	-

Nº	Assunto	Descrição do Ajuste	Aplica-se ao IRPJ?	Aplica-se à CSLL?	Dispositivo na IN
18	Atividade Imobiliária - Permuta	O lucro bruto decorrente da avaliação a valor justo de unidades imobiliárias recebidas em operação de permuta, quando o imóvel recebido for alienado, inclusive como parte integrante do custo de outras unidades imobiliárias ou realizado a qualquer título, ou quando, a qualquer tempo, for classificada no Ativo não Circulante investimentos ou imobilizado, conforme disposto no § 3º do art. 27 do Decreto-lei nº 1.598, de 1977.	Sim	Sim	-
19	Avaliação a Valor Justo - Ganho	O ganho decorrente de avaliação de Ativo ou Passivo com base no valor justo controlado por meio de subconta conforme caput do art. 13 da Lei nº 12.973, de 2014, a ser adicionado nos períodos de apuração e na proporção em que o Ativo for realizado ou o Passivo for liquidado ou baixado.	Sim	Sim	Art. 97, § 1º, art. 98, §§ 5º e 6º, e art. 100, § 4º
20	Avaliação a Valor Justo - Ganho	O ganho decorrente de avaliação de Ativo ou Passivo com base no valor justo não controlado por meio de subconta conforme caput do art. 13 da Lei nº 12.973, de 2014, e não registrado em conta de receita do período.	Sim	Sim	Art. 97, §§ 3º, 4º e 10. Anexo IV, Exemplos 4 (b), 5 (c) e 6 (c)
21	Avaliação a Valor Justo - Ganho	O valor anteriormente excluído conforme item 13 do Anexo II – Tabela de Exclusões, na hipótese: - do ganho decorrente de avaliação de Ativo ou Passivo com base no valor justo não ter sido controlado por meio de subconta conforme caput do art. 13 da Lei nº 12.973, de 2014; - de ter havido prejuízo fiscal (ou base de cálculo negativa da CSLL) antes do cômputo do referido ganho; e - de haver lucro real (ou resultado ajustado positivo) antes do cômputo da adição.	Sim	Sim	Art. 97, § 7º, I e II, 'a'; e § 9º, I e II, 'a'. Anexo IV, Exemplos 2 (d), 3 (d), 5 (d) e 6 (d)
22	Avaliação a Valor Justo - Ganho	O valor do prejuízo fiscal (ou base de cálculo negativa da CSLL) antes do cômputo do ganho, na hipótese: - do ganho decorrente de avaliação de Ativo ou Passivo com base no valor justo não ser controlado por meio de subconta conforme caput do art. 13 da Lei nº 12.973, de 2014; - de haver prejuízo fiscal (ou base de cálculo negativa da CSLL) antes do cômputo do ganho; e - do prejuízo fiscal (ou base de cálculo negativa da CSLL) antes do cômputo do ganho ser menor que o ganho.	Sim	Sim	Art. 97, § 7º, II, 'b', e § 9º, II, 'b'. Anexo IV, Exemplos 3 (c) e 6 (c)

Nº	Assunto	Descrição do Ajuste	Aplica-se ao IRPJ?	Aplica-se à CSLL?	Dispositivo na IN
23	Avaliação a Valor Justo – Ganho - Mudança de Lucro Presumido para Lucro Real	Os ganhos decorrentes de avaliação com base no valor justo na pessoa jurídica anteriormente tributada pelo lucro presumido e que tenha optado pelo diferimento da tributação desses ganhos, nos termos e condições do caput e do § 1º do art. 16 da Lei nº 12.973, de 2014, a ser adicionado conforme o disposto no item 19 deste Anexo.	Sim	Sim	Art. 119, §§ 1º e 4º
24	Avaliação a Valor Justo – Ganho - Permuta	O ganho decorrente da avaliação com base no valor justo em permuta que envolva troca de Ativos ou Passivos, a ser adicionado, conforme o caso, de acordo com o disposto nos itens 19, 20, 21 ou 22 deste Anexo.	Sim	Sim	Art. 97, § 12, art. 99, §§ 5º e 6º, e art. 101, § 4º
25	Avaliação a Valor Justo - Ganho - Subscrição	O ganho decorrente de avaliação com base no valor justo de bem do Ativo incorporado ao patrimônio de outra pessoa jurídica, na subscrição em bens de capital social ou de valores mobiliários, excluído no período de apuração da subscrição, nos termos e condições do caput do art. 17 da Lei nº 12.973, de 2014, a ser adicionado nos períodos de apuração em que ocorrerem as hipóteses relacionadas no § 1º do mesmo artigo.	Sim	Sim	Art. 110, §§ 1º, 10 e 11, e art. 111, § 4º
26	Avaliação a Valor Justo - Ganho - Subscrição	O ganho decorrente de avaliação com base no valor justo de bem do Ativo incorporado ao patrimônio de outra pessoa jurídica, na subscrição em bens de capital social ou de valores mobiliários, não controlado por meio de subconta, no caso previsto nos §§ 2º e 3º do art. 17 da Lei nº 12.973, a ser adicionado nas situações de que tratam os itens 20, 21 e 22 deste Anexo.	Sim	Sim	Art. 110, §§ 2º a 9º
27	Avaliação a Valor Justo – Ganho - Sucedida	O ganho verificado na sucedida, decorrente de avaliação com base no valor justo de Ativo ou Passivo, incorporado ao patrimônio da sucessora em evento de incorporação, fusão ou cisão, a ser adicionado nos períodos de apuração e na proporção em que o Ativo for realizado ou o Passivo for liquidado ou baixado na pessoa jurídica sucessora, atendidas as condições do art. 13 da Lei nº 12.973, de 2014.	Sim	Sim	Art. 118, parágrafo único

Nº	Assunto	Descrição do Ajuste	Aplica-se ao IRPJ?	Aplica-se à CSLL?	Dispositivo na IN
28	Avaliação a Valor Justo - Perda	A perda decorrente de avaliação de Ativo ou Passivo com base no valor justo, no período de apuração em que for apropriada como despesa, nos termos do art. 14 da Lei nº 12.973, de 2014.	Sim	Sim	Art. 102, art. 103, § 2º, e art. 104, § 2º
29	Avaliação a Valor Justo – Perda - Subscrição	A perda decorrente de avaliação com base no valor justo de bem do Ativo incorporado ao patrimônio de outra pessoa jurídica, na subscrição em bens de capital social ou de valores mobiliários, no período de apuração em que for apropriada como despesa.	Sim	Sim	112 e 113, § 2º
30	Contratos de Concessão de Serviços Públicos	O resultado decorrente do reconhecimento como receita do direito de exploração recebido do poder concedente, proporcionalmente à realização do Ativo intangível representativo do direito, no caso de contrato de concessão de serviços públicos de que trata o art. 35 da Lei nº 12.973, de 2014.	Sim	Sim	Art. 167, caput e § 2º
31	Contratos de Concessão de Serviços Públicos	O lucro decorrente da receita reconhecida pela construção, recuperação, reforma, ampliação ou melhoramento da infraestrutura, cuja contrapartida tenha sido Ativo financeiro, a ser adicionado à medida do efetivo recebimento deste Ativo financeiro, no caso de contrato de concessão de serviços públicos de que trata o art. 36 da Lei nº 12.973, de 2014.	Sim	Sim	Art. 168
32	Contratos de Concessão de Serviços Públicos	O valor calculado pela divisão da diferença negativa a que se refere o inciso IV do art. 69 da Lei nº 12.973, de 2014, pelo prazo restante, em meses, de vigência do contrato, multiplicado pelo número de meses do período de apuração, no caso de contrato de concessão de serviços públicos vigente em 1º de janeiro de 2014, para os optantes conforme art. 75 da Lei nº 12.973, de 2014, ou em 1º de janeiro de 2015, para os não optantes.	Sim	Sim	Art. 305, inciso IV
33	Contratos de Longo Prazo - Divergência de Critério	A diferença de resultados decorrente da utilização de critério distinto dos previstos no § 1º do art. 10 do Decreto-lei nº 1.598, de 1977, para determinação da porcentagem do contrato ou da produção executada.	Sim	Sim	Art. 164, inciso II, alínea "b"

Nº	Assunto	Descrição do Ajuste	Aplica-se ao IRPJ?	Aplica-se à CSLL?	Dispositivo na IN
34	Contratos de Longo Prazo - Pessoa Jurídica de Direito Público	A parcela do lucro da empreitada ou fornecimento, contratado com pessoa jurídica de direito público, ou empresa sob seu controle, empresa pública, sociedade de economia mista ou sua subsidiária, anteriormente excluída nos termos da alínea "a" do § 3º do art. 10 do Decreto-lei nº 1.598, de 1977, cuja respectiva receita tenha sido recebida.	Sim	Sim	-
35	Cooperativas	O valor dos juros sobre o capital integralizado pago pelas cooperativas a seus associados que exceder a 12% ao ano, no caso do IRPJ, e o valor total destes juros, no caso da CSLL.	Sim	Sim	Art. 77
36	Cooperativas	Os resultados negativos das operações realizadas com seus associados, no caso de sociedades cooperativas que obedecerem ao disposto na legislação específica que não tenham por objeto a compra e fornecimento de bens aos consumidores.	Sim	Sim	Art. 23
37	Depreciação - Diferença entre as Depreciações Contábil e Fiscal	O valor correspondente à depreciação constante da escrituração comercial, a partir do período de apuração em que o total da depreciação acumulada, computado para fins de apuração do lucro real e do resultado ajustado, atingir o custo de aquisição do bem.	Sim	Sim	Art. 124, § 5º
38	Depreciação - Saldo na Parte "B" do Lalur - Alienação ou Baixa de Ativo - Regra Geral	O saldo da depreciação existente na parte "B" do e-Lalur e do e-Lacs, no caso de alienação ou baixa a qualquer título do bem ou direito.	Sim	Sim	Art. 200, § 3º
39	Despesa com Instrumentos de Capital ou de Dívida Subordinada - Estorno	O estorno da remuneração, encargos, despesas e demais custos, referentes a instrumentos de capital ou de dívida subordinada, emitidos pela pessoa jurídica, exceto na forma de ações, quando registrado em contrapartida de conta do patrimônio líquido, na hipótese de valor anteriormente deduzido.	Sim	Sim	Art. 163, § 2º
40	Despesas com a Alimentação de Sócios, Acionistas e Administradores	As despesas com alimentação de sócios, acionistas e administradores, ressalvado o disposto na alínea "a" do inciso II do art. 74 da Lei nº 8.383, de 1991.	Sim	Sim	Art. 143

Nº	Assunto	Descrição do Ajuste	Aplica-se ao IRPJ?	Aplica-se à CSLL?	Dispositivo na IN
41	Despesas com Propaganda	O valor das despesas de propaganda que não atendam às condições previstas no art. 54 da Lei nº 4.506, de 1964.	Sim	Não	-
42	Despesas Financeiras - Lucros e/ou Dividendos	Os lucros ou dividendos pagos ou creditados a beneficiários de qualquer espécie de ação prevista no art. 15 da Lei nº 6.404, de 1976, classificados como despesa financeira na escrituração comercial.	Sim	Sim	Art. 238, § 10
43	Despesas Necessárias	As despesas que não sejam consideradas necessárias à atividade da empresa.	Sim	Sim	Arts. 68 e 69
44	Despesas Pré-Operacionais	As despesas de organização pré-operacionais ou pré-industriais e de expansão das atividades industriais referidas no art. 11 da Lei nº 12.973, de 2014, no período de apuração em que forem incorridas.	Sim	Sim	Art. 128, caput
45	Devolução de Capital Social	A diferença entre o valor de mercado e o valor contábil dos bens e direitos entregues ao titular ou a sócio ou a acionista, a título de devolução de participação no capital social.	Sim	Sim	Art. 244, § 1º
46	Doações	As doações, exceto as referidas no § 2º do art. 13 da Lei nº 9.249, de 1995.	Sim	Sim	Arts. 139 a 141
47	Doações e Subvenções	O valor das doações e subvenções para investimentos recebidas do Poder Público, anteriormente excluído da apuração do lucro real e do resultado ajustado, quando descumpridas as condições previstas no art. 30 da Lei nº 12.973, de 2014.	Sim	Sim	Art. 198, § 2º
48	Doações e Subvenções	O valor das despesas ou dos custos já considerados na base de cálculo do IRPJ e da CSLL, em períodos anteriores ao do recebimento das subvenções governamentais de que trata o art. 30 da Lei nº 12.350, de 2010	Sim	Sim	-
49	Doações e Subvenções	Os recursos decorrentes das subvenções governamentais de que trata o art. 30 da Lei nº 12.350, de 2010, empregados pela pessoa jurídica beneficiária, contabilizados como despesa ou custo do período.	Sim	Sim	-
50	Furto	O valor correspondente aos prejuízos por desfalque, apropriação indébita e furto, por empregados ou terceiros, quando não houver inquérito instaurado nos termos da legislação trabalhista ou quando não apresentada queixa perante a autoridade policial, conforme disposto no § 3º do art. 47 da Lei nº 4.506, de 1964.	Sim	Sim	-

Nº	Assunto	Descrição do Ajuste	Aplica-se ao IRPJ?	Aplica-se à CSLL?	Dispositivo na IN
51	Ganho de Capital - Recebimento após o Término do Período de Apuração da Contratação	O lucro proporcional à parcela do preço recebida referente à venda de bens do Ativo não Circulante classificados como investimentos, imobilizado ou intangível, para recebimento do preço, no todo ou em parte, após o término do ano-calendário seguinte ao da contratação.	Sim	Sim	Art. 200, § 2º
52	Gastos com Desmontagem	A parcela do valor realizado do Ativo Imobilizado referente à provisão para gastos de desmontagem e retirada de item do Ativo ou restauração do local em que está situado.	Sim	Sim	Art. 125, § 1º
53	Impostos e Contribuições com Exigibilidade Suspensa	O valor dos impostos e contribuições cuja exigibilidade esteja suspensa, nos termos dos incisos II a V do art. 151 da Lei nº 5.172, de 1966 - Código Tributário Nacional, haja ou não depósito judicial, caso esses impostos e contribuições tenham sido computados no resultado.	Sim	Sim	Art. 131, § 1º
54	Incentivo Fiscal - Amortização Acelerada Incentivada - Ativo Intangível Vinculado à Pesquisa Tecnológica e ao Desenvolvimento de Inovação Tecnológica	O encargo de amortização constante da escrituração comercial de bens intangíveis, vinculados exclusivamente às atividades de pesquisa tecnológica e desenvolvimento de inovação tecnológica, objeto de amortização acelerada incentivada, a partir do período de apuração em que a amortização acumulada, incluindo a contábil e acelerada, atingir o custo de aquisição dos ativos nos termos dos §§ 9º e 10 do art. 17 da Lei nº 11.196, de 2005.	Sim	Não	-
55	Incentivo Fiscal - Depreciação Acelerada – Atividade Rural	O encargo de depreciação constante da escrituração comercial de bem integrante do Ativo Imobilizado, exceto a terra nua, utilizado na exploração da atividade rural, a partir do ano seguinte ao da aquisição do bem.	Sim	Sim	Art. 260, § 3º
56	Incentivo Fiscal - Depreciação Acelerada – Atividade Rural - Alienação ou Baixa de Ativo	O saldo da depreciação acelerada de bem integrante do Ativo Imobilizado, exceto terra nua, utilizado na exploração da atividade rural, existente na parte "B" do e-Lalur e do e-Lacs, no caso de alienação ou baixa a qualquer título do bem ou no caso em que o bem seja desviado exclusivamente para utilização em outras atividades.	Sim	Sim	Art. 260, §§ 5º e 7º

Nº	Assunto	Descrição do Ajuste	Aplica-se ao IRPJ?	Aplica-se à CSLL?	Dispositivo na IN
57	Incentivo Fiscal - Depreciação Acelerada Incentivada - Inovação Tecnológica	O encargo de depreciação constante da escrituração comercial de máquinas, equipamentos, aparelhos e instrumentos, novos, destinados à utilização nas atividades de pesquisa tecnológica e desenvolvimento de inovação tecnológica, objeto de depreciação acelerada incentivada, a partir do período de apuração em que a depreciação acumulada, incluindo a contábil e a acelerada, atingir o custo de aquisição dos ativos nos termos dos §§ 9º e 10 do art. 17 da Lei nº 11.196, de 2005.	Sim	Sim	-
58	Incentivo Fiscal - Depreciação Acelerada Incentivada - Sudene e Sudam	O encargo de depreciação constante da escrituração comercial de bens integrantes de projeto aprovado para instalação, ampliação, modernização ou diversificação enquadrado em setores da economia considerados prioritários para o desenvolvimento regional, em microrregiões menos desenvolvidas localizadas nas áreas de atuação da Superintendência do Desenvolvimento do Nordeste - Sudene e da Superintendência de Desenvolvimento da Amazônia – Sudam, a partir do período de apuração em que a depreciação acumulada, incluindo a contábil e a acelerada, atingir o custo de aquisição dos bens, conforme disposto nos §§ 5º e 6º do art. 31 da Lei nº 11.196, de 2005.	Sim	Não	-
59	Incentivo Fiscal - Depreciação Acelerada Incentivada - Veículos Automóveis para Transporte de Mercadorias e Vagões, Locomotivas, Locotratores e Tênderes	O encargo de depreciação constante da escrituração comercial de veículos automóveis para transporte de mercadorias e de vagões, locomotivas, locotratores e tênderes, objeto de depreciação acelerada incentivada, a partir do período de apuração em que a depreciação acumulada, incluindo a contábil e a acelerada, atingir o custo de aquisição dos ativos, conforme disposto nos §§ 3º e 4º do art. 1º da Lei nº 12.788, de 2013.	Sim	Não	-

Nº	Assunto	Descrição do Ajuste	Aplica-se ao IRPJ?	Aplica-se à CSLL?	Dispositivo na IN
60	Incentivo Fiscal - Depreciação ou Amortização Acelerada Incentivada - Pesquisa e Desenvolvimento Tecnológico	O encargo de depreciação ou amortização constante da escrituração comercial de instalações fixas e de aparelhos, máquinas e equipamentos, destinados à utilização em projetos de pesquisa e desenvolvimento tecnológico, metrologia, normalização técnica e avaliação da conformidade, aplicáveis a produtos, processos, sistemas e pessoal, procedimentos de autorização de registros, licenças, homologações e suas formas correlatas, bem como relativos a procedimentos de proteção de propriedade intelectual, que tenham sido objeto de depreciação ou amortização acelerada incentivada nos termos do art. 20 da Lei nº 11.196, de 2005.	Sim	Não	-
61	Incentivo Fiscal - Gastos com Desenvolvimento de Inovação Tecnológica	O valor da realização do Ativo intangível, inclusive por amortização, alienação ou baixa, na situação a que se refere o parágrafo único do art. 42 da Lei nº 12.973, de 2014.	Sim	Sim	Art. 127, parágrafo único
62	Incentivo Fiscal - Microempresa e EPP - Pesquisa e Inovação Tecnológica	Os dispêndios efetuados por microempresa e empresa de pequeno porte com a execução de projeto de pesquisa tecnológica e desenvolvimento de inovação tecnológica por encomenda, nos termos dos §§ 2º e 3º do art.18 da Lei nº 11.196, de 2005.	Sim	Sim	-
63	Incentivo Fiscal - Pagamento Unificado de Tributos - Construção no Âmbito do PMCMV	Os custos e despesas próprios da construção de unidades habitacionais de valor comercial de até R$ 100.000,00 contratada no âmbito do Programa Minha Casa, Minha Vida - PMCMV, com opção pelo pagamento unificado de tributos de que trata o art. 2º da Lei nº 12.024, de 2009.	Sim	Sim	-
64	Incentivo Fiscal - Pagamento Unificado de Tributos - RET	Os custos e as despesas próprios da incorporação imobiliária sujeita ao Regime Especial de Tributação - RET de que trata a Lei nº 10.931, de 2004.	Sim	Sim	-
65	Incentivo Fiscal - Pagamento Unificado de Tributos - RET - Estabelecimento de Educação Infantil	Os custos e despesas próprios da construção ou reforma de estabelecimentos de educação infantil sujeita ao Regime Especial de Tributação - RET de que tratam os arts. 24 a 27 da Lei nº 12.715, de 2012.	Sim	Sim	-

Nº	Assunto	Descrição do Ajuste	Aplica-se ao IRPJ?	Aplica-se à CSLL?	Dispositivo na IN
66	Incentivo Fiscal - Pagamento Unificado de Tributos - RET - PMCMV	Os custos e as despesas próprios da incorporação imobiliária contratada no âmbito do Programa Minha Casa, Minha Vida - PMCMV, sujeita ao Regime Especial de Tributação - RET de que trata a Lei nº 10.931, de 2004.	Sim	Sim	-
67	Incentivo Fiscal - Pesquisa Científica e Tecnológica e de Inovação Tecnológica	Os dispêndios registrados como despesa ou custo operacional realizados em projeto de pesquisa científica e tecnológica e de inovação tecnológica executado por Instituição Científica e Tecnológica - ICT ou por entidades científicas e tecnológicas privadas, sem fins lucrativos, no valor estabelecido pelo art. 19-A da Lei nº 11.196, de 2005.	Sim	Sim	-
68	Incentivo Fiscal - Pesquisas Tecnológicas e Desenvolvimento de Inovação Tecnológica	O valor da depreciação ou amortização, registrado na escrituração comercial, relativo aos dispêndios com pesquisa tecnológica e desenvolvimento de inovação tecnológica deduzidos conforme previsto nos §§ 1º e 2º do art. 26 da Lei nº 11.196, de 2005.	Sim	Sim	-
69	Juros de Empréstimos - Custos de Empréstimos	A parcela dos juros e outros encargos, anteriormente contabilizados como custo, associados a empréstimos contraídos para financiar a aquisição, construção ou produção de bens classificados como estoques de longa maturação, propriedade para investimentos, Ativo Imobilizado ou Ativo intangível, no período de apuração em que o respectivo Ativo for realizado, inclusive mediante depreciação, amortização, exaustão, alienação ou baixa.	Sim	Sim	Art. 145, § 4º
70	Juros de Empréstimos - Empresa Controlada ou Coligada	Os juros, decorrentes de empréstimos, pagos ou creditados a empresa controlada ou coligada, independentemente do local de seu domicílio, incidentes sobre valor equivalente aos lucros não disponibilizados por empresas controladas, domiciliadas no exterior.	Sim	Sim	Art. 145, § 5º
71	Juros Produzidos por NTN	Os juros produzidos por Notas do Tesouro Nacional (NTN) emitidas para troca compulsória no âmbito do Programa Nacional de Privatização (PND) anteriormente excluídos nos termos do art. 100 da Lei nº 8981, de 1995, no período do seu recebimento.	Sim	Sim	Art. 146, parágrafo único

Nº	Assunto	Descrição do Ajuste	Aplica-se ao IRPJ?	Aplica-se à CSLL?	Dispositivo na IN
72	Juros sobre o Capital Próprio	O excesso de juros sobre o capital próprio pagos ou creditados de que trata o art. 9º da Lei nº 9.249, de 1995, no caso de terem sidos contabilizados como despesa.	Sim	Sim	Art. 75
73	Juros sobre o Capital Próprio	Os juros sobre o capital próprio auferidos, no caso de não terem sido contabilizados como receita.	Sim	Sim	Art. 76, parágrafo único
74	Lucros, Rendimentos e Ganhos de Capital Auferidos no Exterior	1) Em dezembro de cada ano, a parcela do ajuste do valor do investimento em controlada, direta ou indireta, e coligada, domiciliadas no exterior, equivalente aos lucros por ela auferidos. 2) Em dezembro de cada ano, os lucros auferidos no exterior por intermédio de filiais, sucursais, que tiverem sido disponibilizados para a pessoa jurídica domiciliada no Brasil no curso do ano-calendário.	Sim	Sim	-
		3) Em dezembro de cada ano, os lucros auferidos por intermédio de coligada domiciliada no exterior no ano-calendário em que tiverem sido disponibilizados para a pessoa jurídica domiciliada no Brasil, desde que se verifiquem condições previstas no art. 81 da Lei nº 12.973, de 2014. 4) Em dezembro de cada ano, os lucros provenientes de investimentos no exterior, não avaliados pela equivalência patrimonial.			
75	Lucros, Rendimentos e Ganhos de Capital Auferidos no Exterior	Em dezembro de cada ano, os rendimentos e ganhos de capital auferidos no exterior, no caso de apuração trimestral, que tenham sido excluídos no primeiro, segundo e terceiro trimestres na apuração do lucro real referente a esses períodos.	Sim	Sim	-
76	Lucros, Rendimentos e Ganhos de Capital Auferidos no Exterior	As perdas incorridas em operações no exterior e reconhecidas nos resultados da pessoa jurídica, bem como as perdas de capital apuradas pela pessoa jurídica no exterior.	Sim	Sim	-
77	Multas por Infrações Fiscais	O valor das multas por infrações fiscais, salvo as de natureza compensatória e as impostas por infrações de que não resultem falta ou insuficiência de pagamento de tributo.	Sim	Sim	Art. 132

Nº	Assunto	Descrição do Ajuste	Aplica-se ao IRPJ?	Aplica-se à CSLL?	Dispositivo na IN
78	Operações Realizadas em Mercados de Liquidação Futura	Os resultados negativos incorridos nas operações realizadas em mercados de liquidação futura, inclusive os sujeitos a ajustes de posições, reconhecidos na escrituração contábil antes da liquidação do contrato, cessão ou encerramento da posição.	Sim	Sim	Art. 105, § 2º
79	Operações Realizadas em Mercados de Liquidação Futura	Os resultados positivos incorridos nas operações realizadas em mercados de liquidação futura, inclusive os sujeitos a ajustes de posições, que, antes da liquidação do contrato, cessão ou encerramento da posição, foram reconhecidos na escrituração contábil e excluídos na apuração do lucro real e do resultado ajustado, a serem adicionados na data da liquidação do contrato, cessão ou encerramento da posição.	Sim	Sim	Art. 105, § 2º
80	Pagamento Baseado em Ações	O valor da remuneração dos serviços prestados por empregados ou similares, apropriado como custo ou despesa, cujo pagamento é objeto de acordo com pagamento baseado em ações.	Sim	Sim	Art. 161
81	Pagamento Baseado em Ações	O valor da remuneração dos serviços prestados por pessoa física que não seja considerada empregado ou similar, conforme previsto no art. 33 da Lei nº 12.973, de 2014, cujo pagamento seja efetuado por meio de acordo com pagamento baseado em ações.	Sim	Sim	Art. 161, § 7º
82	Pagamentos a Países com Tributação Favorecida	As importâncias pagas, creditadas, entregues, empregadas ou remetidas, a qualquer título, a pessoas físicas ou jurídicas residentes ou constituídas no exterior e submetidas a um tratamento de país ou dependência com tributação favorecida ou sob regime fiscal privilegiado, de que trata o art. 26 da Lei nº 12.249, de 2010.	Sim	Sim	-
83	Pagamentos sem Causa	As importâncias declaradas como pagas ou creditadas a título de comissões, bonificações, gratificações ou semelhantes, quando não for indicada a operação ou a causa que deu origem ao rendimento e quando o comprovante do pagamento não individualizar o beneficiário do rendimento, conforme disposto no art. 2º da Lei nº 3.470, de 1958.	Sim	Sim	-

Nº	Assunto	Descrição do Ajuste	Aplica-se ao IRPJ?	Aplica-se à CSLL?	Dispositivo na IN
84	Participações nos Resultados	Os valores das participações nos lucros de debêntures e de empregados que não satisfaçam as condições de dedutibilidade previstas no art. 58 do Decreto-lei nº 1.598, de 1977, no § 1º do art. 3º da Lei nº 10.101, de 2000, e no parágrafo único do art. 2º do Decreto-lei nº 691, de 1969.	Sim	Não	-
85	Participações nos Resultados e Gratificações	Os valores das gratificações atribuídas a administradores e dirigentes e das participações nos lucros de administradores e de partes beneficiárias, conforme previsto no § 3º do art. 45 da Lei nº 4.506, de 1964, e parágrafo único do art. 58 do Decreto-lei nº 1.598, de 1977.	Sim	Não	-
86	Perdas no Recebimento de Créditos – Instituição Financeira	O valor da receita reconhecida em virtude de renegociação de dívida e excluída para fins de incidência de Imposto de Renda, nos casos de que trata o § 2º do art. 12 da Lei nº 9.430, de 1996, no momento do efetivo recebimento.	Sim	Sim	Art. 74, § 3º
87	Perdas no Recebimento de Créditos – PJ Credora	As perdas no recebimento de créditos registradas nos termos dos arts. 9º e 10 da Lei nº 9.430, de 1996, que não tiverem sido contabilmente estornadas, no caso de desistência da cobrança pela via judicial ou se a solução da cobrança se der em virtude de acordo homologado por sentença judicial, observado o disposto nos §§ 1º a 3º do art. 10 da Lei nº 9.430, de 1996.	Sim	Sim	Art. 72, §§ 1º a 3º
88	Perdas no Recebimento de Créditos – PJ Credora	O valor dos encargos financeiros incidentes sobre o crédito vencido e não recebido, anteriormente excluído nos termos e condições do art. 11 da Lei nº 9.430, de 1996, no período de apuração em que, para os fins legais, se tornarem disponíveis para a pessoa jurídica credora ou em que reconhecida a respectiva perda.	Sim	Sim	Art. 73, § 3º
89	Perdas no Recebimento de Créditos – PJ Devedora	O valor dos encargos incidentes sobre o débito vencido e não pago, que tenham sido deduzidos pela pessoa jurídica devedora como despesa ou custo, incorridos a partir da data da citação inicial para o pagamento.	Sim	Sim	Art. 73, § 4º
90	Preços de Transferência	Os ajustes decorrentes da aplicação de métodos de preços de transferências de que tratam os arts. 18 a 24-B da Lei nº 9.430, de 1996.	Sim	Sim	-

Nº	Assunto	Descrição do Ajuste	Aplica-se ao IRPJ?	Aplica-se à CSLL?	Dispositivo na IN
91	Prejuízo na Alienação de Participações	O valor dos prejuízos havidos na alienação de ações, títulos ou quotas de capital integrantes do Ativo Circulante ou do Ativo realizável a longo prazo, com deságio superior a dez por cento dos respectivos valores de aquisição, caso a venda não tenha sido realizada em bolsa de valores ou, onde esta não existir, não tenha sido efetuada por meio de leilão público, com divulgação do respectivo edital, na forma da lei, durante três dias no período de um mês, na venda efetuada por pessoa jurídica que não seja sociedade de investimento fiscalizada pelo Banco Central do Brasil.	Sim	Não	Art. 82
92	Prêmio na Emissão de Debêntures	O valor dos prêmios recebidos na emissão de debêntures anteriormente excluído da apuração do lucro real e do resultado ajustado, quando descumpridas as condições previstas no art. 31 da Lei 12.973, de 2014.	Sim	Sim	Art. 199
93	Provisões Não Dedutíveis	O valor correspondente às despesas decorrentes do reconhecimento de provisões ou perdas estimadas no valor de ativos não dedutíveis, conforme disposto no inciso I do art. 13 da Lei nº 9.249, de 1995, e art. 59 da Lei nº 12.973, de 2014.	Sim	Sim	Arts. 70 e 284
94	Receitas com Planos de Benefício	O valor das receitas recebidas pela pessoa jurídica patrocinadora, originárias de planos de benefícios administrados por entidades fechadas de previdência complementar, que foram registradas contabilmente pelo regime de competência, na forma estabelecida pela Comissão de Valores Mobiliários ou outro órgão regulador	Sim	Sim	Art. 136
95	Regras de Subcapitalização	Os ajustes decorrentes da aplicação das regras de subcapitalização de que tratam os arts. 24 e 25 da Lei nº 12.249, de 2010.	Sim	Sim	-
96	Remuneração de Sócios, Diretores, Administradores, Titulares de Empresas Individuais e Conselheiros Fiscais e Consultivos	As remunerações dos sócios, diretores, administradores, titulares de empresa individual e conselheiros fiscais e consultivos, indedutíveis nos termos do § 5º do art. 47 da Lei nº 4.506, de 1964, e das alíneas "b" e "d" do § 1º do art. 43 do Decreto-lei nº 5.844, de 1943.	Sim	Sim	Art. 78

Nº	Assunto	Descrição do Ajuste	Aplica-se ao IRPJ?	Aplica-se à CSLL?	Dispositivo na IN
97	Remuneração Indireta a Administradores e Terceiros	Os dispêndios de que trata o art. 74 da Lei nº 8.383, de 1991, quando pagos a beneficiários não identificados ou não individualizados, inclusive o imposto incidente na fonte.	Sim	Sim	Art. 137
98	Reserva de Reavaliação	O valor da reserva de reavaliação realizado conforme previsto na legislação tributária.	Sim	Sim	Art. 308
99	*Royalties* e Assistência Técnica, Científica e Administrativa	O valor dos *royalties* e das importâncias pagas a título de assistência técnica, científica, administrativa ou semelhante, que forem indedutíveis nos termos: (1) dos arts. 52 e 71, caput, alínea "a", e parágrafo único, alíneas "c" a "g, da Lei nº 4.506, de 1964; (2) do art. 50 da Lei nº 8.383, de 1991; (3) do art. 74, caput, da Lei nº 3.470, de 1958; (4) do art. 12 da Lei nº 4.131, de 1962; e (5) do art. 6º do Decreto-lei nº 1.730, de 1979.	Sim	Não	Arts. 85 a 88
100	Serviços Assistenciais e Benefícios Previdenciários a Empregados e Dirigentes	As contribuições não compulsórias, inclusive as destinadas a custear seguros e planos de saúde e benefícios complementares assemelhados aos da previdência social que não satisfaçam as condições de dedutibilidade da legislação.	Sim	Sim	Arts. 134 e 135
101	Serviços Assistenciais e Benefícios Previdenciários a Empregados e Dirigentes	O excesso, em relação ao limite de 20%, das despesas com contribuições para a previdência privada, a que se refere o inciso V do art. 13 da Lei nº 9.249, de 1995, e para os Fundos de Aposentadoria Programada Individual - FAPI, a que se refere a Lei nº 9.477, de 1997.	Sim	Sim	Art. 135
102	Sociedade Simples	Os pagamentos efetuados a sociedade simples quando esta for controlada, direta ou indiretamente, por pessoas físicas que sejam diretores, gerentes ou controladores da pessoa jurídica que pagar ou creditar os rendimentos, bem como pelo cônjuge ou parente de primeiro grau das referidas pessoas.	Sim	Não	Art. 81
103	Teste de Recuperabilidade	A perda estimada por redução ao valor recuperável de ativos reconhecida no período de apuração.	Sim	Sim	Art. 129, caput e § 3º
104	Variação Cambial Ativa	O valor correspondente à variação cambial ativa cujas operações tenham sido liquidadas no período de apuração, exceto na hipótese da opção pelo regime de competência, nos termos do § 1º do art. 30 da Medida Provisória nº 2.158-35, de 2001.	Sim	Sim	Art. 152

Nº	Assunto	Descrição do Ajuste	Aplica-se ao IRPJ?	Aplica-se à CSLL?	Dispositivo na IN
105	Variação Cambial Passiva	O valor correspondente à variação cambial passiva reconhecida no período de apuração, exceto na hipótese da opção pelo regime de competência, nos termos do § 1º do art. 30 da Medida Provisória nº 2.158-35, de 2001.	Sim	Sim	Art. 152
106	Outras	Demais adições decorrentes da legislação tributária.	Sim	Sim	

Anexo II - Tabela de exclusões do lucro líquido (IN RFB nº 1700/2017)

Nº	Assunto	Descrição do Ajuste	Aplica-se ao IRPJ?	Aplica-se à CSLL?	Dispo-sitivo na IN
1	Ajuste a Valor Presente	As receitas financeiras decorrentes de Ajuste a Valor Presente de elementos do Ativo de que trata o art. 4º da Lei nº 12.973, de 2014, nos períodos de apuração em que forem apropriadas.	Sim	Sim	Art. 90 e art. 91, § 2º
2	Ajuste a Valor Presente	Os valores decorrentes do Ajuste a Valor Presente de elementos do Passivo de que trata o art. 5º da Lei nº 12.973, de 2014, nos períodos de apuração em que ocorrerem as hipóteses relacionadas nos incisos I a V do caput, observadas as demais condições estabelecidas no artigo.	Sim	Sim	Art. 93 e art. 94, §§ 6º, 9º, 11 e 13
3	Aporte do Poder Público	O valor do aporte de recursos efetivado pelo Poder Público em função de contrato de parceria públi-co-privada nos termos do § 2º do art. 6º da Lei nº 11.079, de 2004	Sim	Sim	Art. 171, caput
4	Aquisição de Bens e Direitos no Âmbito do PND	O valor dos créditos utilizados correspondentes às dívidas novadas do Fundo de Compensação de Va-riações Salariais, como contrapartida da aquisição de bens e direitos no âmbito do PND, conforme disposto no art. 9º da Lei nº 10.150, de 2000.	Sim	Sim	-

5	Arrendamento Mercantil - PJ Arrendadora	Os ajustes, previstos no § 1º do art. 46 da Lei nº 12.973, de 2014, das operações de arrendamento mercantil em que haja transferência substancial dos riscos e benefícios inerentes à propriedade do Ativo e que não esteja sujeito ao tratamento tributário previsto pela Lei nº 6.099, de 1974, decorrentes da neutralização dos novos métodos e critérios contábeis, cuja tributação deva ser o resultado proporcional ao valor da contraprestação.	Sim	Sim	Art. 173, § 1º
6	Arrendamento Mercantil - PJ Arrendadora	Os ajustes, previstos no § 1º do art. 46 e no inciso III do art. 49 da Lei nº 12.973, de 2014, decorrentes da neutralização dos novos métodos e critérios contábeis, de contrato não tipificado como arrendamento mercantil que contenha elementos contabilizados como arrendamento mercantil por força de normas contábeis e da legislação comercial, em que haja transferência substancial dos riscos e benefícios inerentes à propriedade do Ativo, cuja tributação deva ser o resultado proporcional ao valor da contraprestação.	Sim	Sim	Art. 173, §§ 1º e 3º
7	Arrendamento Mercantil – PJ Arrendatária	As contraprestações pagas ou creditadas por força de contrato de arrendamento mercantil em que haja transferência substancial dos riscos e benefícios inerentes à propriedade do Ativo, inclusive as despesas financeiras nelas consideradas e adicionadas conforme item 14 do Anexo I – Tabela de Adições, atendidas as condições do art. 47 da Lei nº 12.973, de 2014.	Sim	Sim	Art. 175, inciso I
8	Arrendamento Mercantil – PJ Arrendatária	As contraprestações pagas ou creditadas, inclusive as despesas financeiras nelas consideradas e adicionadas conforme item 15 do Anexo I – Tabela de Adições, em contratos que, embora não tipificados como arrendamento mercantil, contenham elementos contabilizados como arrendamento mercantil por força de normas contábeis e da legislação comercial, e em que haja transferência substancial dos riscos e benefícios inerentes à propriedade do Ativo, atendidas as condições do art. 47 da Lei nº 12.973, de 2014.	Sim	Sim	Art. 175, inciso I, e § 3º

9	Atividade Imobiliária – Diferimento da Tributação	O lucro bruto decorrente da venda, a prazo ou em prestações, de unidade imobiliária, cuja tributação venha a ser diferida nos termos do art. 29 do Decreto-lei nº 1.598, de 1977.	Sim	Sim	-
10	Atividade Imobiliária - Permuta	A parcela do lucro bruto decorrente da avaliação a valor justo de unidades imobiliárias recebidas em operações de permuta, conforme disposto no § 3º do art. 27 do Decreto-lei nº 1.598, de 1977.	Sim	Sim	-
11	Avaliação a Valor Justo - Ganho	O ganho decorrente de avaliação de Ativo ou Passivo com base no valor justo controlado por meio de subconta nos termos do caput do art. 13 da Lei nº 12.973, de 2014, no período de apuração em que for apropriado como receita.	Sim	Sim	Art. 97, caput; art. 98, caput e § 2º; e art. 100, caput e § 2º
12	Avaliação a Valor Justo - Ganho	O ganho decorrente de avaliação de Ativo ou Passivo com base no valor justo não controlado por meio de subconta conforme caput do art. 13 da Lei nº 12.973, de 2014, e anteriormente adicionado conforme item 20 do Anexo I – Tabela de Adições, a ser excluído no período de apuração em que for apropriado como receita.	Sim	Sim	Art. 97. Anexo IV, Exemplos 4 (c), 5 (d) e 6 (d)
13	Avaliação a Valor Justo - Ganho	O valor: a) do ganho decorrente de avaliação de Ativo ou Passivo com base no valor justo, na hipótese de: - não ser controlado por meio de subconta conforme caput do art. 13 da Lei nº 12.973, de 2014; - haver prejuízo fiscal (ou base de cálculo negativa da CSLL) antes do cômputo do ganho; e - o prejuízo fiscal (ou base de cálculo negativa da CSLL) antes do cômputo do ganho ser maior ou igual ao ganho; ou	Sim	Sim	Art. 97, § 7º, I e II, 'a', e § 9º, I e II, 'a'. Anexo IV, Exemplos 2 (c), 3 (c), 5 (c) e 6 (c).

		b) do prejuízo fiscal (ou base de cálculo negativa da CSLL) antes do cômputo do ganho, na hipótese de: - o ganho decorrente de avaliação de Ativo ou Passivo com base no valor justo não ser controlado por meio de subconta conforme caput do art. 13 da Lei nº 12.973, de 2014; - haver prejuízo fiscal (ou base de cálculo negativa da CSLL) antes do cômputo do ganho; e - o prejuízo fiscal (ou base de cálculo negativa da CSLL) antes do cômputo do ganho ser menor que o ganho.			
14	Avaliação a Valor Justo – Ganho - Permuta	O ganho decorrente da avaliação com base no valor justo em permuta que envolva troca de ativos ou passivos, a ser excluído, conforme o caso, de acordo com o disposto nos itens 11, 12 ou 13 deste Anexo.	Sim	Sim	Art. 97, § 12; art. 99, § 2º e art. 101, § 2º
15	Avaliação a Valor Justo – Ganho - Subscrição	O ganho decorrente de avaliação com base no valor justo de bem do Ativo incorporado ao patrimônio de outra pessoa jurídica, na subscrição em bens de capital social ou de valores mobiliários, a ser excluído, conforme o caso, de acordo com o disposto nos itens 11, 12 ou 13 deste Anexo.	Sim	Sim	Arts. 110 e 111, § 2º
16	Avaliação a Valor Justo - Perda	A perda decorrente de avaliação de Ativo ou Passivo com base no valor justo, nos períodos de apuração e na proporção em que o Ativo for realizado ou o Passivo for liquidado ou baixado, nos termos e condições do art. 14 da Lei nº 12.973, de 2014.	Sim	Sim	Art. 102, art. 103, § 5º, e art. 104, § 4º
17	Avaliação a Valor Justo – Perda - Mudança de Lucro Presumido para Lucro Real	A perda decorrente de avaliação de Ativo ou Passivo com base no valor justo verificada em período de apuração em que a pessoa jurídica era tributada pelo lucro presumido, a ser excluída à medida em que o Ativo for realizado ou o Passivo for liquidado ou baixado, e desde que observadas as condições do art. 14 da Lei nº 12.973, de 2014.	Sim	Sim	Art. 119, §§ 2º, 3º e 5º

18	Avaliação a Valor Justo – Perda - Subscrição	A perda decorrente de avaliação com base no valor justo de bem do Ativo incorporado ao patrimônio de outra pessoa jurídica, na subscrição em bens de capital social ou de valores mobiliários, nos períodos de apuração em que ocorrerem as hipóteses dos incisos I a III do caput do art. 18 da Lei nº 12.973, de 2014, observadas as condições daquele artigo.	Sim	Sim	Arts 112 e 113, § 4º
19	Avaliação a Valor Justo – Perda - Sucedida	A perda verificada na sucedida, controlada em subconta, decorrente de avaliação com base no valor justo de Ativo ou Passivo incorporado ao patrimônio da sucessora em evento de incorporação, fusão ou cisão, a ser excluída nos períodos de apuração e na proporção em que o Ativo for realizado ou o Passivo for liquidado ou baixado na pessoa jurídica sucessora, desde que atendidas as condições do art. 14 da Lei nº 12.973, de 2014.	Sim	Sim	Art. 118, parágrafo único
20	Contratos de Concessão de Serviços Públicos	O resultado decorrente da receita reconhecida pela construção, recuperação, reforma, ampliação ou melhoramento da infraestrutura, cuja contrapartida seja Ativo intangível representativo do direito de exploração, no caso de contrato de concessão de serviços públicos de que trata o art. 35 da Lei nº 12.973, de 2014.	Sim	Sim	Art. 167, caput e § 2º
21	Contratos de Concessão de Serviços Públicos	O lucro decorrente da receita reconhecida pela construção, recuperação, reforma, ampliação ou melhoramento da infraestrutura, cuja contrapartida seja Ativo financeiro, no caso de contrato de concessão de serviços públicos de que trata o art. 36 da Lei nº 12.973, de 2014.	Sim	Sim	Art. 168, caput e § 2º, inciso I
22	Contratos de Concessão de Serviços Públicos	O valor calculado pela divisão da diferença positiva a que se refere o inciso IV do caput do art. 69 da Lei nº 12.973, de 2014, pelo prazo restante, em meses, de vigência do contrato, multiplicado pelo número de meses do período de apuração, no caso de contrato de concessão de serviços públicos vigente em 1º de janeiro de 2014, para os optantes conforme art. 75 da Lei nº 12.973, de 2014, ou em 1º de janeiro de 2015, para os não optantes.	Sim	Sim	Art. 305, inciso IV

23	Contratos de Longo Prazo - Divergência de Critério	A diferença de resultados decorrente da utilização de critério distinto dos previstos no § 1º do art. 10 do Decreto-lei nº 1.598, 1977, para determinação da porcentagem do contrato ou da produção executada.	Sim	Sim	Art. 164, inciso II, alínea "b"
24	Contratos de Longo Prazo - Pessoa Jurídica de Direito Público	A parcela do lucro da empreitada ou fornecimento, contratado com pessoa jurídica de direito público, ou empresa sob seu controle, empresa pública, sociedade de economia mista ou sua subsidiária, computado no resultado do período de apuração, proporcional à receita dessas operações considerada nesse resultado e não recebida até a data de encerramento do mesmo período de apuração, conforme disposto na alínea "a" do § 3º do art. 10 do Decreto-lei nº 1.598, de 1977.	Sim	Sim	-
25	Cooperativas	Os resultados positivos das operações realizadas com seus associados, no caso de sociedades cooperativas que obedecerem ao disposto na legislação específica e que não tenham por objeto a compra e fornecimento de bens aos consumidores	Sim	Sim	Art. 23
26	Cotas de Fundo para Cobertura de Riscos de Seguro Rural	O valor das cotas de fundo que tenha por único objetivo a cobertura suplementar dos riscos do seguro rural nas modalidades agrícola, pecuária, aquícola e florestal, as quais sejam adquiridas por seguradoras, resseguradoras e empresas agroindustriais, conforme disposto no art. 8º da Lei Complementar nº 137, de 2010.	Sim	Sim	-
27	Depreciação - Diferença entre as Depreciações Contábil e Fiscal	A diferença entre a quota de depreciação calculada com base no prazo de vida útil admissível estabelecido no Anexo III – Tabela de Quotas de Depreciação e a quota de depreciação registrada na contabilidade da pessoa jurídica.	Sim	Sim	Art. 124, § 4º
28	Despesa com Emissão de Ações	Os custos incorridos associados às transações destinadas à obtenção de recursos próprios, mediante a distribuição primária de ações ou bônus de subscrição, contabilizados no patrimônio líquido.	Sim	Sim	Art. 162
29	Despesa com Instrumentos de Capital ou de Dívida Subordinada	A remuneração, os encargos, as despesas e demais custos, contabilizados no patrimônio líquido, referentes a instrumentos de capital ou de dívida subordinada, emitidos pela pessoa jurídica, exceto na forma de ações.	Sim	Sim	Art. 163

30	Despesas Pré--Operacionais	As despesas de organização pré-operacionais ou pré-industriais e de expansão das atividades industriais, adicionadas conforme caput do art. 11 da Lei nº 12.973, de 2014, a serem excluídas na forma, prazo e períodos de apuração previstos no parágrafo único do mesmo artigo.	Sim	Sim	Art. 128, § 1º
31	Doações e Subvenções	O valor das doações e subvenções para investimentos recebidas do Poder Público reconhecido no resultado, desde que atendidas as condições previstas no art. 30 da Lei 12.973, de 2014.	Sim	Sim	Art. 198
32	Doações e Subvenções	As subvenções governamentais de que trata o art. 30 da Lei nº 12.350, de 2010, contabilizadas como receita do período, observadas as condições estabelecidas naquele artigo.	Sim	Sim	-
33	Ganho de Capital - Recebimento após o Término do Ano-Calendário Seguinte ao da Contratação	Parcela do lucro proporcional à receita não recebida no período de apuração, decorrente da venda de bens do Ativo não Circulante classificados como investimentos, imobilizado ou intangível, para recebimento do preço, no todo ou em parte, após o término do ano-calendário seguinte ao da contratação.	Sim	Sim	Art. 200, § 2º
34	Gastos com Desmontagem	Os gastos de desmontagem e retirada de item de Ativo Imobilizado ou restauração do local em que está situado, efetivamente incorridos, correspondentes aos valores anteriormente adicionados.	Sim	Sim	Art. 125
35	Horário Gratuito de Televisão e Rádio	Compensação fiscal efetuada pelas emissoras de rádio e televisão e pelas empresas concessionárias de serviços públicos de telecomunicações obrigadas ao tráfego gratuito de sinais de televisão e rádio, pela cedência do horário gratuito, conforme disposto no parágrafo único do art. 52 da Lei nº 9.096, de 1995, e no caput e § 1º do art. 99 da Lei nº 9.504, de 1997.	Sim	Não	-

36	Incentivo Fiscal - Amortização Acelerada Incentivada - Ativo Intangível Vinculado à Pesquisa Tecnológica e ao Desenvolvimento de Inovação Tecnológica	A quota de amortização acelerada incentivada referente aos dispêndios relativos à aquisição de bens intangíveis, vinculados exclusivamente às atividades de pesquisa tecnológica e desenvolvimento de inovação tecnológica, conforme disposto no inciso IV do art. 17 da Lei nº 11.196, de 2005.	Sim	Não	-
37	Incentivo Fiscal - Crédito Presumido de IPI do Programa INOVAR-AUTO	O crédito presumido de IPI de que trata o Programa de Incentivo à Inovação Tecnológica e Adensamento da Cadeia Produtiva de Veículos Automotores (INOVAR-AUTO), conforme disposto no inciso II do § 7º do art. 41 da Lei nº 12.715, de 2012.	Sim	Sim	-
38	Incentivo Fiscal - Depreciação Acelerada – Atividade Rural	A quota de depreciação acelerada de bem integrante do Ativo Imobilizado, exceto a terra nua, utilizado na exploração da atividade rural, em montante igual à diferença entre o custo de aquisição do bem e o respectivo encargo de depreciação constante da escrituração comercial no ano de aquisição do Ativo.	Sim	Sim	Art. 260, §§ 1º e 2º
39	Incentivo Fiscal - Depreciação Acelerada Incentivada - Inovação Tecnológica	A quota de depreciação acelerada de máquinas, equipamentos, aparelhos e instrumentos, novos, destinados à utilização nas atividades de pesquisa tecnológica e desenvolvimento de inovação tecnológica, conforme disposto no inciso III do art. 17 da Lei nº 11.196, de 2005.	Sim	Sim	-
40	Incentivo Fiscal - Depreciação Acelerada Incentivada - Sudene e Sudam	A quota da depreciação acelerada incentivada concedida às pessoas jurídicas que tenham projeto aprovado para instalação, ampliação, modernização ou diversificação enquadrado em setores da economia considerados prioritários para o desenvolvimento regional, em microrregiões menos desenvolvidas localizadas nas áreas de atuação da Superintendência do Desenvolvimento do Nordeste - Sudene e da Superintendência de Desenvolvimento da Amazônia – Sudam, conforme disposto no art. 31 da Lei nº 11.196, de 2005.	Sim	Não	-

41	Incentivo Fiscal - Depreciação Acelerada Incentivada - Veículos Automóveis para Transporte de Mercadorias e Vagões, Locomotivas, Locotratores e Tênderes	A quota de depreciação acelerada de veículos automóveis para transporte de mercadorias e de vagões, locomotivas, locotratores e tênderes, nos termos do art. 1º da Lei nº 12.788, de 2013.	Sim	Não	-
42	Incentivo Fiscal - Depreciação ou Amortização Acelerada Incentivada - Pesquisa e Desenvolvimento Tecnológico	O saldo não depreciado ou não amortizado dos dispêndios incorridos em instalações fixas e na aquisição de aparelhos, máquinas e equipamentos, destinados à utilização em projetos de pesquisa e desenvolvimento tecnológico, metrologia, normalização técnica e avaliação da conformidade, aplicáveis a produtos, processos, sistemas e pessoal, procedimentos de autorização de registros, licenças, homologações e suas formas correlatas, bem como relativos a procedimentos de proteção de propriedade intelectual, no período de apuração em que for concluída sua utilização, conforme disposto no art. 20 da Lei nº 11.196, de 2005.	Sim	Não	-
43	Incentivo Fiscal - Empresas de TI e TIC	O valor correspondente aos custos e despesas com capacitação de pessoal que atua no desenvolvimento de programas de computador (software), pelas empresas dos setores de tecnologia da informação - TI e de tecnologia da informação e da comunicação - TIC, limitado ao valor do lucro real antes da própria exclusão, vedado o aproveitamento de eventual excesso em período de apuração posterior, conforme disposto no art. 13-A da Lei nº 11.774, de 2008.	Sim	Não	-
44	Incentivo Fiscal - Gastos com Desenvolvimento de Inovação Tecnológica	Os gastos com desenvolvimento de inovação tecnológica registrados no Ativo não Circulante intangível, nos termos do art. 42 da Lei nº 12.973, de 2014.	Sim	Sim	Art. 127

45	Incentivo Fiscal - Investimento em Projeto Aprovado pela Ancine	Até o exercício 2017, inclusive, as quantias referentes a investimento em projeto previamente aprovado pela Ancine para a produção de obra audiovisual cinematográfica brasileira de produção independente e para produção (em áreas específicas) cinematográfica de exibição, distribuição e infraestrutura técnica, cujo projeto tenha sido apresentado por empresa brasileira, conforme disposto caput e nos §§ 4º e 5º do art. 1º da Lei nº 8.685, de 1993.	Sim	Não	-
46	Incentivo Fiscal - Microempresa e EPP - Pesquisa e Inovação Tecnológica	As importâncias recebidas pela microempresa e empresa de pequeno porte pela execução de projeto de pesquisa tecnológica e desenvolvimento de inovação tecnológica por encomenda, desde que utilizadas integralmente na realização do projeto, conforme disposto no § 2º do art.18 da Lei nº 11.196, de 2005.	Sim	Sim	-
47	Incentivo Fiscal - Pagamento Unificado de Tributos - Construção no Âmbito do PMCMV	As receitas próprias da construção de unidades habitacionais de valor comercial de até R$ 100.000,00 contratada no âmbito do Programa Minha Casa, Minha Vida - PMCMV, com opção pelo pagamento unificado de tributos de que trata o art. 2º da Lei nº 12.024, de 2009.	Sim	Sim	-
48	Incentivo Fiscal - Pagamento Unificado de Tributos - RET	As receitas próprias da incorporação imobiliária sujeita ao Regime Especial de Tributação - RET de que trata a Lei nº 10.931, de 2004.	Sim	Sim	-
49	Incentivo Fiscal - Pagamento Unificado de Tributos - RET - Estabelecimento de Educação Infantil	As receitas próprias da construção ou reforma de estabelecimentos de educação infantil sujeita ao Regime Especial de Tributação - RET de que tratam os arts. 24 a 27 da Lei nº 12.715, de 2012.	Sim	Sim	-
50	Incentivo Fiscal - Pagamento Unificado de Tributos - RET - PMCMV	Receitas próprias da incorporação imobiliária contratada no âmbito do Programa Minha Casa, Minha Vida - PMCMV sujeita ao Regime Especial de Tributação - RET de que trata a Lei nº 10.931, de 2004.	Sim	Sim	-

51	Incentivo Fiscal - Pesquisa Científica e Tecnológica e de Inovação Tecnológica	Os dispêndios efetivados em projeto de pesquisa científica e tecnológica e de inovação tecnológica a ser executado por Instituição Científica e Tecnológica - ICT ou por entidades científicas e tecnológicas privadas, sem fins lucrativos, no valor e nas condições previstas no art. 19-A da Lei nº 11.196, de 2005.	Sim	Sim	-
52	Incentivo Fiscal - Pesquisas Tecnológicas e Desenvolvimento de Inovação Tecnológica	O valor correspondente aos dispêndios realizados no período de apuração com pesquisa tecnológica e desenvolvimento de inovação tecnológica, relativamente às atividades de informática e automação, determinado conforme os §§ 1º e 2º do art. 26 da Lei nº 11.196, de 2005, e observadas as demais condições previstas no artigo mencionado.	Sim	Sim	-
53	Incentivo Fiscal - Pesquisas Tecnológicas e Desenvolvimento de Inovação Tecnológica	O valor correspondente a até 60% ou 80%, conforme o caso, da soma dos dispêndios realizados no período de apuração com pesquisa tecnológica e desenvolvimento de inovação tecnológica, classificáveis como despesa pela legislação do imposto, observado o disposto no art. 19 e seus §§ 1º, 2º, 5º e 6º da Lei nº 11.196, de 2005.	Sim	Sim	-
54	Incentivo Fiscal - Pesquisas Tecnológicas e Desenvolvimento de Inovação Tecnológica	O valor correspondente a até 20% da soma dos dispêndios ou pagamentos vinculados à pesquisa tecnológica e desenvolvimento de inovação tecnológica objeto de patente concedida ou cultivar registrado, observado o disposto no art. 19 e seus §§ 3º, 4º, 5º e 6º da Lei nº 11.196, de 2005.	Sim	Sim	-
55	Juros de Empréstimos - Custos de Empréstimos	Os juros e outros encargos incorridos, contabilizados como custo, associados a empréstimos contraídos para financiar a aquisição, construção ou produção de bens classificados como estoques de longa maturação, propriedade para investimentos, Ativo Imobilizado ou Ativo intangível.	Sim	Sim	Art. 145, § 3º
56	Juros Produzidos por NTN	Os juros produzidos por Notas do Tesouro Nacional (NTN) emitidas para troca compulsória no âmbito do Programa Nacional de Privatização (PND) nos termos do art. 100 da Lei nº 8.981, de 1995.	Sim	Sim	Art. 146

57	Juros sobre o Capital Próprio	O valor dos juros sobre o capital próprio pagos ou creditados que não tenha sido contabilizado como despesa, observados os limites e condições do art. 9º da Lei nº 9.249, de 1995.	Sim	Sim	Art. 75, § 6º
58	Lucros, Rendimentos e Ganhos de Capital Auferidos no Exterior	No primeiro, segundo ou terceiro trimestres, os lucros, rendimentos e ganhos de capital auferidos no exterior, no caso de apuração trimestral.	Sim	Sim	-
59	Operações Realizadas em Mercados de Liquidação Futura	Os resultados positivos incorridos nas operações realizadas em mercados de liquidação futura, inclusive os sujeitos a ajustes de posições, reconhecidos na escrituração contábil antes da liquidação do contrato, cessão ou encerramento da posição.	Sim	Sim	Art. 105, § 2º
60	Operações Realizadas em Mercados de Liquidação Futura	Os resultados negativos incorridos nas operações realizadas em mercados de liquidação futura, inclusive os sujeitos a ajustes de posições, que, antes da liquidação do contrato, cessão ou encerramento da posição, foram reconhecidos na escrituração contábil e adicionados na apuração do lucro real e do resultado ajustado, a serem excluídos na data da liquidação do contrato, cessão ou encerramento da posição.	Sim	Sim	Art. 105, § 2º
61	Pagamento Baseado em Ações	O valor da remuneração dos serviços prestados por empregados ou similares, objeto de acordo com pagamento baseado em ações, após a liquidação conforme § 1º do art. 33 da Lei nº 12.973, de 2014, e quantificado conforme o § 2º desse mesmo artigo.	Sim	Sim	Art. 161, §§ 1º, 2º e 5º
62	Perdas no Recebimento de Créditos – Instituição Financeira	O valor da receita reconhecida em virtude de renegociação de dívida e ainda não recebida, no caso de que trata o § 2º do art. 12 da Lei nº 9.430, de 1996.	Sim	Sim	Art. 74, § 3º
63	Perdas no Recebimento de Créditos – PJ Credora	O valor dos encargos financeiros incidentes sobre o crédito vencido e não recebido nos termos do art. 11 da Lei nº 9.430, 1996, contabilizado como receita e desde que atendidas as condições do referido artigo.	Sim	Sim	Art. 73, caput e §§ 1º e 2º

64	Perdas no Recebimento de Créditos – PJ Devedora	O valor dos encargos incidentes sobre o débito vencido e não pago, que tenham sido anteriormente adicionados pela pessoa jurídica devedora por força do § 3º do art. 11 da Lei nº 9.430, de 1996, no período de apuração em que ocorrer a quitação do débito por qualquer forma.	Sim	Sim	Art. 73, § 5º
65	Prêmio na Emissão de Debêntures	O valor dos prêmios recebidos na emissão de debêntures reconhecido no resultado, desde que atendidas as condições previstas no art. 31 da Lei nº 12.973, de 2014.	Sim	Sim	Art. 199
66	Programas de Estímulo à Solicitação de Documento Fiscal	As receitas decorrentes de valores em espécie pagos ou creditados pelos Estados, Distrito Federal e Municípios, relativos ao ICMS e ao ISS, no âmbito de programas de concessão de crédito voltados ao estímulo à solicitação de documento fiscal na aquisição de mercadorias e serviços, conforme disposto no art. 4º da Lei nº 11.945, de 2009.	Sim	Sim	-
67	Provisões não Dedutíveis - Uso ou Reversão	O uso ou a reversão das provisões ou perdas estimadas no valor de ativos não dedutíveis, anteriormente adicionadas nos termos do inciso I do art. 13 da Lei nº 9.249, de 1995, e art. 59 da Lei nº 12.973, de 2014.	Sim	Sim	-
68	Receitas com Planos de Benefício	O valor das receitas originárias de planos de benefícios administrados por entidades fechadas de previdência complementar, registradas contabilmente pelo regime de competência pela pessoa jurídica patrocinadora, na forma estabelecida pela Comissão de Valores Mobiliários ou outro órgão regulador, para ser adicionada na data de sua realização.	Sim	Sim	Art. 136
69	Seguros ou Pecúlio por Morte do Sócio	O capital das apólices de seguros ou pecúlio em favor da pessoa jurídica, pago por morte do sócio segurado, de que trata a alínea "f" do § 2º do art. 43 do Decreto-lei nº 5.844, de 1943.	Sim	Não	-
70	Teste de Recuperabilidade - Alienação ou Baixa do Ativo	O saldo da perda estimada por redução ao valor recuperável de ativos não revertida, quando da ocorrência da alienação ou baixa do bem correspondente.	Sim	Sim	Art. 129, caput e § 3º
71	Teste de Recuperabilidade - Reversão	A reversão da perda estimada por redução ao valor recuperável de ativos.	Sim	Sim	Arts. 129 e 130

72	Variação Cambial Ativa	O valor correspondente à variação cambial ativa reconhecida no período de apuração, exceto na hipótese da opção pelo regime de competência, nos termos do § 1º do art. 30 da Medida Provisória nº 2.158-35, de 2001.	Sim	Sim	Art. 152
73	Variação Cambial Passiva	O valor correspondente à variação cambial passiva cujas operações tenham sido liquidadas no período de apuração, exceto na hipótese da opção pelo regime de competência, nos termos do § 1º do art. 30 da Medida Provisória nº 2.158-35, de 2001.	Sim	Sim	Art. 152
74	Outras	Demais exclusões decorrentes da legislação tributária.	Sim	Sim	-

Anexo III - Taxas anuais de depreciação (IN RFB Nº 1700/2017)

Referência NCM	Bens	Prazo de vida útil (anos)	Taxa anual de depreciação
-------------	INSTALAÇÕES	10	10%
-------------	EDIFICAÇÕES	25	4%
Capítulo 01	ANIMAIS VIVOS		
0101	ANIMAIS VIVOS DAS ESPÉCIES CAVALAR, ASININA E MUAR	5	20%
0102	ANIMAIS VIVOS DA ESPÉCIE BOVINA	5	20%
0103	ANIMAIS VIVOS DA ESPÉCIE SUÍNA	5	20%
0104	ANIMAIS VIVOS DAS ESPÉCIES OVINA E CAPRINA	5	20%
0105	GALOS, GALINHAS, PATOS, GANSOS, PERUS, PERUAS E GALINHAS-D'ANGOLA (PINTADAS), DAS ESPÉCIES DOMÉSTICAS, VIVOS	2	50%
Capítulo 39	OBRAS DE PLÁSTICOS		

3923	ARTIGOS DE TRANSPORTE OU DE EMBALAGEM, DE PLÁSTICOS		
3923.10	-Caixas, caixotes, engradados e artigos semelhantes	5	20%
3923.30	-Garrafões, garrafas, frascos e artigos semelhantes	5	20%
3923.90	-Outros vasilhames	5	20%
3926	OUTRAS OBRAS DE PLÁSTICOS E OBRAS DE OUTRAS MATÉRIAS DAS POSIÇÕES 3901 A 3914		
3926.90	Correias de transmissão e correias transportadoras	2	50%
3926.90	Artigos de laboratório ou de farmácia	5	20%
Capítulo 40	OBRAS DE BORRACHA		
4010	CORREIAS TRANSPORTADORAS OU DE TRANSMISSÃO, DE BORRACHA VULCANIZADA	2	50%
Capítulo 42	OBRAS DE COURO		
4204	Correias transportadoras ou correias de transmissão	2	50%
Capítulo 44	OBRAS DE MADEIRA		
4415	CAIXOTES, CAIXAS, ENGRADADOS, BARRICAS E EMBALAGENS SEMELHANTES, DE MADEIRA; CARRETÉIS PARA CABOS, DE MADEIRA; PALETES SIMPLES, PALETES-CAIXAS E OUTROS ESTRADOS PARA CARGA, DE MADEIRA; TAIPAIS DE PALETES, DE MADEIRA	5	20%
4416	BARRIS, CUBAS, BALSAS, DORNAS, SELHAS E OUTRAS OBRAS DE TANOEIRO	5	20%
Capítulo 57	TAPETES E OUTROS REVESTIMENTOS PARA PAVIMENTOS, DE MATÉRIAS TÊXTEIS	5	20%
Capítulo 59	TECIDOS IMPREGNADOS, REVESTIDOS, RECOBERTOS OU ESTRATIFICADOS; ARTIGOS PARA USOS TÉCNICOS DE MATÉRIAS TÊXTEIS		
5910.00	CORREIAS TRANSPORTADORAS OU DE TRANSMISSÃO, DE MATÉRIAS TÊXTEIS, MESMO IMPREGNADAS, REVESTIDAS OU RECOBERTAS, DE PLÁSTICO, OU ESTRATIFICADAS COM PLÁSTICO OU REFORÇADAS COM METAL OU COM OUTRAS MATÉRIAS	2	50%
Capítulo 63	OUTROS ARTEFATOS TÊXTEIS CONFECCIONADOS		
6303	CORTINADOS, CORTINAS E ESTORES; SANEFAS E ARTIGOS SEMELHANTES PARA CAMAS PARA USO EM HOTÉIS E HOSPITAIS	5	20%

6305	SACOS DE QUAISQUER DIMENSÕES, PARA EMBALAGEM	5	20%
6306	ENCERADOS E TOLDOS; TENDAS; VELAS PARA EMBARCAÇÕES, PARA PRANCHAS À VELA OU PARA CARROS À VELA; ARTIGOS PARA ACAMPAMENTO	4	25%
Capítulo 69	PRODUTOS CERÂMICOS		
6909	APARELHOS E ARTEFATOS PARA USOS QUÍMICOS OU PARA OUTROS USOS TÉCNICOS, DE CERÂMICA; ALGUIDARES, GAMELAS E OUTROS RECIPIENTES SEMELHANTES PARA USOS RURAIS, DE CERÂMICA; BILHAS E OUTRAS VASILHAS PRÓPRIAS PARA TRANSPORTE OU EMBALAGEM, DE CERÂMICA	5	20%
Capítulo 70	OBRAS DE VIDRO		
7010	GARRAFÕES, GARRAFAS, FRASCOS, BOIÕES, VASOS, EMBALAGENS TUBULARES, AMPOLAS E OUTROS RECIPIENTES, DE VIDRO, PRÓPRIOS PARA TRANSPORTE OU EMBALAGEM; BOIÕES DE VIDRO PARA CONSERVA	5	20%
Capítulo 73	OBRAS DE FERRO FUNDIDO, FERRO OU AÇO		
7308	CONSTRUÇÕES, DE FERRO FUNDIDO, FERRO OU AÇO, EXCETO AS CONSTRUÇÕES PRÉ-FABRICADAS DA POSIÇÃO 9406		
7308.10	-Pontes e elementos de pontes	25	4%
7308.20	-Torres e pórticos	25	4%
7309	RESERVATÓRIOS, TONÉIS, CUBAS E RECIPIENTES SEMELHANTES PARA QUAISQUER MATÉRIAS (EXCETO GASES COMPRIMIDOS OU LIQUEFEITOS), DE FERRO FUNDIDO, FERRO OU AÇO, DE CAPACIDADE SUPERIOR A 300 LITROS, SEM DISPOSITIVOS MECÂNICOS OU TÉRMICOS, MESMO COM REVESTIMENTO INTERIOR OU CALORÍFUGO	10	10%
7311	RECIPIENTES PARA GASES COMPRIMIDOS OU LIQUEFEITOS, DE FERRO FUNDIDO, FERRO OU AÇO	5	20%
7321	AQUECEDORES DE AMBIENTES (FOGÕES DE SALA), CALDEIRAS DE FORNALHA, FOGÕES DE COZINHA (INCLUÍDOS OS QUE POSSAM SER UTILIZADOS ACESSORIAMENTE NO AQUECIMENTO CENTRAL), CHURRASQUEIRAS (GRELHADORES), BRASEIRAS, FOGAREIROS A GÁS, AQUECEDORES DE PRATOS, E APARELHOS NÃO ELÉTRICOS SEMELHANTES, DE USO DOMÉSTICO, DE FERRO FUNDIDO, FERRO OU AÇO	10	10%

7322	RADIADORES PARA AQUECIMENTO CENTRAL, NÃO ELÉTRICOS, DE FERRO FUNDIDO, FERRO OU AÇO; GERADORES E DISTRIBUIDORES DE AR QUENTE (INCLUÍDOS OS DISTRIBUIDORES QUE POSSAM TAMBÉM FUNCIONAR COMO DISTRIBUIDORES DE AR FRIO OU CONDICIONADO), NÃO ELÉTRICOS, MUNIDOS DE VENTILADOR OU FOLE COM MOTOR, DE FERRO FUNDIDO, FERRO OU AÇO	10	10%
Capítulo 76	OBRAS DE ALUMÍNIO		
7610	CONSTRUÇÕES DE ALUMÍNIO	25	4%
7611	RESERVATÓRIOS, TONÉIS, CUBAS E RECIPIENTES SEMELHANTES PARA QUAISQUER MATÉRIAS (EXCETO GASES COMPRIMIDOS OU LIQUEFEITOS), DE ALUMÍNIO, DE CAPACIDADE SUPERIOR A 300 LITROS, SEM DISPOSITIVOS MECÂNICOS OU TÉRMICOS, MESMO COM REVESTIMENTO INTERIOR OU CALORÍFUGO	10	10%
7613	RECIPIENTES PARA GASES COMPRIMIDOS OU LIQUEFEITOS, DE ALUMÍNIO	5	20%
Capítulo 82	FERRAMENTAS		
8201	PÁS, ALVIÕES, PICARETAS, ENXADAS, SACHOS, FORCADOS E FORQUILHAS, ANCINHOS E RASPADEIRAS; MACHADOS, PODÕES E FERRAMENTAS SEMELHANTES COM GUME; TESOURAS DE PODAR DE TODOS OS TIPOS; FOICES E FOICINHAS, FACAS PARA FENO OU PARA PALHA, TESOURAS PARA SEBES, CUNHAS E OUTRAS FERRAMENTAS MANUAIS PARA AGRICULTURA, HORTICULTURA OU SILVICULTURA	5	20%
8202	SERRAS MANUAIS; FOLHAS DE SERRAS DE TODOS OS TIPOS (INCLUÍDAS AS FRESAS-SERRAS E AS FOLHAS NÃO DENTADAS PARA SERRAR)	5	20%
8203	LIMAS, GROSAS, ALICATES (MESMO CORTANTES), TENAZES, PINÇAS, CISALHAS PARA METAIS, CORTA-TUBOS, CORTAPINOS, SACA-BOCADOS E FERRAMENTAS SEMELHANTES, MANUAIS		
8203.20	-Alicates (mesmo cortantes), tenazes, pinças e ferramentas semelhantes	5	20 %
8203.30	-Cisalhas para metais e ferramentas semelhantes	5	20 %
8203.40	-Corta-tubos, corta-pinos, saca-bocados e ferramentas semelhantes	5	20 %
8204	CHAVES DE PORCAS, MANUAIS (INCLUÍDAS AS CHAVES DINAMOMÉTRICAS); CHAVES DE CAIXA INTERCAMBIÁVEIS, MESMO COM CABOS	5	20 %

8205	FERRAMENTAS MANUAIS (INCLUÍDOS OS CORTA-VIDROS) NÃO ESPECIFICADAS NEM COMPREENDIDAS EM OUTRAS POSIÇÕES, LAMPARINAS OU LÂMPADAS DE SOLDAR (MAÇARICOS) E SEMELHANTES; TORNOS DE APERTAR, SARGENTOS E SEMELHANTES, EXCETO OS ACESSÓRIOS OU PARTES DE MÁQUINAS-FERRAMENTAS; BIGORNAS; FORJAS PORTÁTEIS; MÓS COM ARMAÇÃO, MANUAIS OU DE PEDAL	5	20%
8206	FERRAMENTAS DE PELO MENOS DUAS DAS POSIÇÕES 8202 A 8205	5	20%
8207	FERRAMENTAS INTERCAMBIÁVEIS PARA FERRAMENTAS MANUAIS, MESMO MECÂNICAS, OU PARA MÁQUINAS FERRAMENTAS (POR EXEMPLO: DE EMBUTIR, ESTAMPAR, PUNCIONAR, ROSCAR, FURAR, MANDRILAR, BROCHAR, FRESAR, TORNEAR, APARAFUSAR), INCLUÍDAS AS FIEIRAS DE ESTIRAGEM OU DE EXTRUSÃO, PARA METAIS, E AS FERRAMENTAS DE PERFURAÇÃO OU DE SONDAGEM		
8207.30	-Ferramentas de embutir, de estampar ou de puncionar	5	20%
8210	APARELHOS MECÂNICOS DE ACIONAMENTO MANUAL, PESANDO ATÉ 10kg, UTILIZADOS PARA PREPARAR, ACONDICIONAR OU SERVIR ALIMENTOS OU BEBIDAS	10	10%
8214	MÁQUINAS DE TOSQUIAR	5	20%
Capítulo 83	OBRAS DIVERSAS DE METAIS COMUNS		
8303	COFRES-FORTES, PORTAS BLINDADAS E COMPARTIMENTOS PARA CASAS-FORTES, COFRES E CAIXAS DE SEGURANÇA E ARTEFATOS SEMELHANTES, DE METAIS COMUNS	10	10%
8304	CLASSIFICADORES, FICHÁRIOS (FICHEIROS*), CAIXAS DE CLASSIFICAÇÃO, PORTA-CÓPIAS, PORTA-CANETAS, PORTA CARIMBOS E ARTEFATOS SEMELHANTES, DE ESCRITÓRIO, DE METAIS COMUNS, EXCLUÍDOS OS MÓVEIS DE ESCRITÓRIO DA POSIÇÃO 9403	10	10%
Capítulo 84	REATORES NUCLEARES, CALDEIRAS, MÁQUINAS, APARELHOS E INSTRUMENTOS MECÂNICOS		
8401	REATORES NUCLEARES; ELEMENTOS COMBUSTÍVEIS (CARTUCHOS) NÃO IRRADIADOS, PARA REATORES NUCLEARES; MÁQUINAS E APARELHOS PARA A SEPARAÇÃO DE ISÓTOPOS	10	10%
8402	CALDEIRAS DE VAPOR (GERADORES DE VAPOR), EXCLUÍDAS AS CALDEIRAS PARA AQUECIMENTO CENTRAL CONCEBIDAS PARA PRODUÇÃO DE ÁGUA QUENTE E VAPOR DE BAIXA PRESSÃO; CALDEIRAS DENOMINADAS "DE ÁGUA SUPERAQUECIDA"	10	10%
8403	CALDEIRAS PARA AQUECIMENTO CENTRAL, EXCETO AS DA POSIÇÃO 8402	10	10%

8404	APARELHOS AUXILIARES PARA CALDEIRAS DAS POSIÇÕES 8402 OU 8403 (POR EXEMPLO: ECONOMIZADORES, SUPERAQUECEDORES, APARELHOS DE LIMPEZA DE TUBOS OU DE RECUPERAÇÃO DE GÁS); CONDENSADORES PARA MÁQUINAS A VAPOR	10	10%
8405	GERADORES DE GÁS DE AR (GÁS POBRE) OU DE GÁS DE ÁGUA, COM OU SEM DEPURADORES; GERADORES DE ACETILENO E GERADORES SEMELHANTES DE GÁS, OPERADOS A ÁGUA, COM OU SEM DEPURADORES	10	10%
8406	TURBINAS A VAPOR	10	10%
8407	MOTORES DE PISTÃO, ALTERNATIVO OU ROTATIVO, DE IGNIÇÃO POR CENTELHA (FAÍSCA) (MOTORES DE EXPLOSÃO)	10	10%
8408	MOTORES DE PISTÃO, DE IGNIÇÃO POR COMPRESSÃO (MOTORES DIESEL OU SEMIDIESEL)	10	10%
8410	TURBINAS HIDRÁULICAS, RODAS HIDRÁULICAS, E SEUS REGULADORES	10	10%
8411	TURBORREATORES, TURBOPROPULSORES E OUTRAS TURBINAS A GÁS	10	10%
8412	OUTROS MOTORES E MÁQUINAS MOTRIZES	10	10%
8413	BOMBAS PARA LÍQUIDOS, MESMO COM DISPOSITIVO MEDIDOR; ELEVADORES DE LÍQUIDOS	10	10%
8414	BOMBAS DE AR OU DE VÁCUO, COMPRESSORES DE AR OU DE OUTROS GASES E VENTILADORES; COIFAS ASPIRANTES (EXAUSTORES*) PARA EXTRAÇÃO OU RECICLAGEM, COM VENTILADOR INCORPORADO, MESMO FILTRANTES	10	10%
8415	MÁQUINAS E APARELHOS DE AR-CONDICIONADO CONTENDO UM VENTILADOR MOTORIZADO E DISPOSITIVOS PRÓPRIOS PARA MODIFICAR A TEMPERATURA E A UMIDADE, INCLUÍDOS AS MÁQUINAS E APARELHOS EM QUE A UMIDADE NÃO SEJA REGULÁVEL SEPARADAMENTE	10	10%
8416	QUEIMADORES PARA ALIMENTAÇÃO DE FORNALHAS DE COMBUSTÍVEIS LÍQUIDOS, COMBUSTÍVEIS SÓLIDOS PULVERIZADOS OU DE GÁS; FORNALHAS AUTOMÁTICAS, INCLUÍDAS AS ANTEFORNALHAS, GRELHAS MECÂNICAS, DESCARREGADORES MECÂNICOS DE CINZAS E DISPOSITIVOS SEMELHANTES	10	10%
8417	FORNOS INDUSTRIAIS OU DE LABORATÓRIO, INCLUÍDOS OS INCINERADORES, NÃO ELÉTRICOS Ver Nota (1)	10	10%
8418	REFRIGERADORES, CONGELADORES ("FREEZERS") E OUTROS MATERIAIS, MÁQUINAS E APARELHOS PARA A PRODUÇÃO DE FRIO, COM EQUIPAMENTO ELÉTRICO OU OUTRO; BOMBAS DE CALOR, EXCLUÍDAS AS MÁQUINAS E APARELHOS DE AR-CONDICIONADO DA POSIÇÃO 8415	10	10%

8419	APARELHOS E DISPOSITIVOS, MESMO AQUECIDOS ELETRICAMENTE, PARA TRATAMENTO DE MATÉRIAS POR MEIO DE OPERAÇÕES QUE IMPLIQUEM MUDANÇA DE TEMPERATURA, TAIS COMO AQUECIMENTO, COZIMENTO, TORREFAÇÃO, DESTILAÇÃO, RETIFICAÇÃO, ESTERILIZAÇÃO, PASTEURIZAÇÃO, ESTUFAGEM, SECAGEM, EVAPORAÇÃO, VAPORIZAÇÃO, CONDENSAÇÃO OU ARREFECIMENTO, EXCETO OS DE USO DOMÉSTICO; AQUECEDORES DE ÁGUA NÃO ELÉTRICOS, DE AQUECIMENTO INSTANTÂNEO OU DE ACUMULAÇÃO	10	10%
8420	CALANDRAS E LAMINADORES, EXCETO OS DESTINADOS AO TRATAMENTO DE METAIS OU VIDRO, E SEUS CILINDROS	10	10%
8421	CENTRIFUGADORES, INCLUÍDOS OS SECADORES CENTRÍFUGOS; APARELHOS PARA FILTRAR OU DEPURAR LÍQUIDOS OU GASES	10	10%
8422	MÁQUINAS DE LAVAR LOUÇA; MÁQUINAS E APARELHOS PARA LIMPAR OU SECAR GARRAFAS OU OUTROS RECIPIENTES; MÁQUINAS E APARELHOS PARA ENCHER, FECHAR, ARROLHAR OU ROTULAR GARRAFAS, CAIXAS, LATAS, SACOS OU OUTROS RECIPIENTES; MÁQUINAS PARA CAPSULAR GARRAFAS, VASOS, TUBOS E RECIPIENTES SEMELHANTES; OUTRAS MÁQUINAS E APARELHOS PARA EMPACOTAR OU EMBALAR MERCADORIAS (INCLUÍDAS AS MÁQUINAS E APARELHOS PARA EMBALAR COM PELÍCULA TERMO-RETRÁTIL); MÁQUINAS E APARELHOS PARA GASEIFICAR BEBIDAS	10	10%
8423	APARELHOS E INSTRUMENTOS DE PESAGEM, INCLUÍDAS AS BÁSCULAS E BALANÇAS PARA VERIFICAR PEÇAS USINADAS (FABRICADAS*), EXCLUÍDAS AS BALANÇAS SENSÍVEIS A PESOS NÃO SUPERIORES A 5cg; PESOS PARA QUAISQUER BALANÇAS	10	10%
8424	APARELHOS MECÂNICOS (MESMO MANUAIS) PARA PROJETAR, DISPERSAR OU PULVERIZAR LÍQUIDOS OU PÓS; EXTINTORES, MESMO CARREGADOS; PISTOLAS AEROGRÁFICAS E APARELHOS SEMELHANTES; MÁQUINAS E APARELHOS DE JATO DE AREIA, DE JATO DE VAPOR E APARELHOS DE JATO SEMELHANTES	10	10%
8425	TALHAS, CADERNAIS E MOITÕES; GUINCHOS E CABRESTANTES; MACACOS	10	10%
8426	CÁBREAS; GUINDASTES, INCLUÍDOS OS DE CABO; PONTES ROLANTES, PÓRTICOS DE DESCARGA OU DE MOVIMENTAÇÃO, PONTES-GUINDASTES, CARROS-PÓRTICOS E CARROS-GUINDASTES	10	10%
8427	EMPILHADEIRAS; OUTROS VEÍCULOS PARA MOVIMENTAÇÃO DE CARGA E SEMELHANTES, EQUIPADOS COM DISPOSITIVOS DE ELEVAÇÃO	10	10%
8428	OUTRAS MÁQUINAS E APARELHOS DE ELEVAÇÃO, DE CARGA, DE DESCARGA OU DE MOVIMENTAÇÃO (POR EXEMPLO: ELEVADORES OU ASCENSORES, ESCADAS ROLANTES, TRANSPORTADORES, TELEFÉRICOS)	10	10%

8429	"BULLDOZERS","ANGLEDOZERS", NIVELADORES, RASPO-TRANSPORTADORES ("SCRAPERS"), PÁS MECÂNICAS, ESCAVADORES, CARREGADORAS E PÁS CARREGADORAS, COMPACTADORES E ROLOS OU CILINDROS COMPRESSORES, AUTOPROPULSORES	4	25%
8430	OUTRAS MÁQUINAS E APARELHOS DE TERRAPLENAGEM, NIVELAMENTO, RASPAGEM, ESCAVAÇÃO, COMPACTAÇÃO, EXTRAÇÃO OU PERFURAÇÃO DA TERRA, DE MINERAIS OU MINÉRIOS; BATE-ESTACAS E ARRANCA-ESTACAS; LIMPA-NEVES	10	10%
8432	MÁQUINAS E APARELHOS DE USO AGRÍCOLA, HORTÍCOLA OU FLORESTAL, PARA PREPARAÇÃO OU TRABALHO DO SOLO OU PARA CULTURA; ROLOS PARA GRAMADOS (RELVADOS), OU PARA CAMPOS DE ESPORTE	10	10%
8433	MÁQUINAS E APARELHOS PARA COLHEITA OU DEBULHA DE PRODUTOS AGRÍCOLAS, INCLUÍDAS AS ENFARDADORAS DE PALHA OU FORRAGEM; CORTADORES DE GRAMA (RELVA) E CEIFEIRAS; MÁQUINAS PARA LIMPAR OU SELECIONAR OVOS, FRUTAS OU OUTROS PRODUTOS AGRÍCOLAS, EXCETO AS DA POSIÇÃO 8437	10	10%
8434	MÁQUINAS DE ORDENHAR E MÁQUINAS E APARELHOS PARA A INDÚSTRIA DE LATICÍNIOS	10	10%
8435	PRENSAS, ESMAGADORES E MÁQUINAS E APARELHOS SEMELHANTES, PARA FABRICAÇÃO DE VINHO, SIDRA, SUCO DE FRUTAS OU BEBIDAS SEMELHANTES	10	10%
8436	OUTRAS MÁQUINAS E APARELHOS PARA AGRICULTURA, HORTICULTURA, SILVICULTURA, AVICULTURA OU APICULTURA, INCLUÍDOS OS GERMINADORES EQUIPADOS COM DISPOSITIVOS MECÂNICOS OU TÉRMICOS E AS CHOCADEIRAS E CRIADEIRAS PARA AVICULTURA	10	10%
8437	MÁQUINAS PARA LIMPEZA, SELEÇÃO OU PENEIRAÇÃO DE GRÃOS OU DE PRODUTOS HORTÍCOLAS SECOS; MÁQUINAS E APARELHOS PARA A INDÚSTRIA DE MOAGEM OU TRATAMENTO DE CEREAIS OU DE PRODUTOS HORTÍCOLAS SECOS, EXCETO DOS TIPOS UTILIZADOS EM FAZENDAS	10	10%
8438	MÁQUINAS E APARELHOS NÃO ESPECIFICADOS NEM COMPREENDIDOS EM OUTRAS POSIÇÕES DO PRESENTE CAPÍTULO, PARA PREPARAÇÃO OU FABRICAÇÃO INDUSTRIAIS DE ALIMENTOS OU DE BEBIDAS, EXCETO AS MÁQUINAS E APARELHOS PARA EXTRAÇÃO OU PREPARAÇÃO DE ÓLEOS OU GORDURAS VEGETAIS FIXOS OU DE ÓLEOS OU GORDURAS ANIMAIS	10	10%
8439	MÁQUINAS E APARELHOS PARA FABRICAÇÃO DE PASTA DE MATÉRIAS FIBROSAS CELULÓSICAS OU PARA FABRICAÇÃO OU ACABAMENTO DE PAPEL OU CARTÃO	10	10%
8440	MÁQUINAS E APARELHOS PARA BROCHURA OU ENCADERNAÇÃO, INCLUÍDAS AS MÁQUINAS DE COSTURAR CADERNOS	10	10%

8441	OUTRAS MÁQUINAS E APARELHOS PARA O TRABALHO DA PASTA DE PAPEL, DO PAPEL OU CARTÃO, INCLUÍDAS AS CORTADEIRAS DE TODOS OS TIPOS	10	10%
8442	MÁQUINAS, APARELHOS E MATERIAL (EXCETO AS MÁQUINAS FERRAMENTAS DAS POSIÇÕES 8456 A 8465), PARA FUNDIR OU COMPOR CARACTERES TIPOGRÁFICOS OU PARA PREPARAÇÃO OU FABRICAÇÃO DE CLICHÊS, BLOCOS, CILINDROS OU OUTROS ELEMENTOS DE IMPRESSÃO; CARACTERES TIPOGRÁFICOS, CLICHÊS, BLOCOS, CILINDROS OU OUTROS ELEMENTOS DE IMPRESSÃO; PEDRAS LITOGRÁFICAS, BLOCOS, PLACAS E CILINDROS, PREPARADOS PARA IMPRESSÃO (POR EXEMPLO: APLAINADOS, GRANULADOS OU POLIDOS)	10	10%
8443	MÁQUINAS E APARELHOS DE IMPRESSÃO, INCLUÍDAS AS MÁQUINAS DE IMPRESSÃO DE JATO DE TINTA, EXCETO AS DA POSIÇÃO 8471; MÁQUINAS AUXILIARES PARA IMPRESSÃO	10	10%
8444	MÁQUINAS PARA EXTRUDAR, ESTIRAR, TEXTURIZAR OU CORTAR MATÉRIAS TÊXTEIS SINTÉTICAS OU ARTIFICIAIS	10	10%
8445	MÁQUINAS PARA PREPARAÇÃO DE MATÉRIAS TÊXTEIS; MÁQUINAS PARA FIAÇÃO, DOBRAGEM OU TORÇÃO, DE MATÉRIAS TÊXTEIS E OUTRAS MÁQUINAS E APARELHOS PARA FABRICAÇÃO DE FIOS TÊXTEIS; MÁQUINAS DE BOBINAR (INCLUÍDAS AS BOBINADEIRAS DE TRAMA) OU DE DOBAR MATÉRIAS TÊXTEIS E MÁQUINAS PARA PREPARAÇÃO DE FIOS TÊXTEIS PARA SUA UTILIZAÇÃO NAS MÁQUINAS DAS POSIÇÕES 8446 OU 8447	10	10%
8446	TEARES PARA TECIDOS	10	10%
8447	TEARES PARA FABRICAR MALHAS, MÁQUINAS DE COSTURA POR ENTRELAÇAMENTO ("COUTURE-TRICOTAGE"), MÁQUINAS PARA FABRICAR GUIPURAS, TULES, RENDAS, BORDADOS, PASSAMANARIAS, GALÕES OU REDES; MÁQUINAS PARA INSERIR TUFOS	10	10%
8448	MÁQUINAS E APARELHOS AUXILIARES PARA AS MÁQUINAS DAS POSIÇÕES 8444, 8445, 8446 OU 8447 (POR EXEMPLO: RATIERAS, MECANISMOS "JACQUARD", QUEBRA-URDIDURAS E QUEBRA-TRAMAS, MECANISMOS TROCA-LANÇADEIRAS)	10	10%
8449	MÁQUINAS E APARELHOS PARA FABRICAÇÃO OU ACABAMENTO DE FELTRO OU DE FALSOS TECIDOS, EM PEÇA OU EM FORMAS DETERMINADAS, INCLUÍDAS AS MÁQUINAS E APARELHOS PARA FABRICAÇÃO DE CHAPÉUS DE FELTRO; FORMAS PARA CHAPÉUS E PARA ARTEFATOS DE USO SEMELHANTE	10	10%
8450	MÁQUINAS DE LAVAR ROUPA, MESMO COM DISPOSITIVOS DE SECAGEM	10	10%

8451	MÁQUINAS E APARELHOS (EXCETO AS MÁQUINAS DA POSIÇÃO 8450) PARA LAVAR, LIMPAR, ESPREMER, SECAR, PASSAR, PRENSAR (INCLUÍDAS AS PRENSAS FIXADORAS), BRANQUEAR, TINGIR, PARA APRESTO E ACABAMENTO, PARA REVESTIR OU IMPREGNAR FIOS, TECIDOS OU OBRAS DE MATÉRIAS TÊXTEIS E MÁQUINAS PARA REVESTIR TECIDOS BASE OU OUTROS SUPORTES UTILIZADOS NA FABRICAÇÃO DE REVESTIMENTOS PARA PAVIMENTOS, TAIS COMO LINÓLEO; MÁQUINAS PARA ENROLAR, DESENROLAR, DOBRAR, CORTAR OU DENTEAR TECIDOS	10	10%
8452	MÁQUINAS DE COSTURA, EXCETO AS DE COSTURAR CADERNOS DA POSIÇÃO 8440; MÓVEIS, BASES E TAMPAS, PRÓPRIOS PARA MÁQUINAS DE COSTURA; AGULHAS PARA MÁQUINAS DE COSTURA	10	10%
8453	MÁQUINAS E APARELHOS PARA PREPARAR, CURTIR OU TRABALHAR COUROS OU PELES, OU PARA FABRICAR OU CONSERTAR CALÇADOS E OUTRAS OBRAS DE COURO OU DE PELE, EXCETO MÁQUINAS DE COSTURA	10	10%
8454	CONVERSORES, CADINHOS OU COLHERES DE FUNDIÇÃO, LINGOTEIRAS E MÁQUINAS DE VAZAR (MOLDAR), PARA METALURGIA, ACIARIA OU FUNDIÇÃO	10	10%
8455	LAMINADORES DE METAIS E SEUS CILINDROS	10	10%
8456	MÁQUINAS-FERRAMENTAS QUE TRABALHEM POR ELIMINAÇÃO DE QUALQUER MATÉRIA, OPERANDO POR "LASER" OU POR OUTROS FEIXES DE LUZ OU DE FÓTONS, POR ULTRA-SOM, ELETROEROSÃO, PROCESSOS ELETRQUÍMICOS, FEIXES DE ELÉTRONS, FEIXES IÔNICOS OU POR JATO DE PLASMA	10	10%
8457	CENTROS DE USINAGEM (CENTROS DE MAQUINAGEM*), MÁQUINAS DE SISTEMA MONOSTÁTICO ("SINGLE STATION") E MÁQUINAS DE ESTAÇÕES MÚLTIPLAS, PARA TRABALHAR METAIS	10	10%
8458	TORNOS (INCLUÍDOS OS CENTROS DE TORNEAMENTO) PARA METAIS.	10	10%
8459	MÁQUINAS-FERRAMENTAS (INCLUÍDAS AS UNIDADES COM CABEÇA DESLIZANTE) PARA FURAR, MANDRILAR, FRESAR OU ROSCAR INTERIOR E EXTERIORMENTE METAIS, POR ELIMINAÇÃO DE MATÉRIA, EXCETO OS TORNOS (INCLUÍDOS OS CENTROS DE TORNEAMENTO) DA POSIÇÃO 8458	10	10%
8460	MÁQUINAS-FERRAMENTAS PARA REBARBAR, AFIAR, AMOLAR, RETIFICAR, BRUNIR, POLIR OU REALIZAR OUTRAS OPERAÇÕES DE ACABAMENTO EM METAIS OU CERAMAIS ("CERMETS") POR MEIO DE MÓS, DE ABRASIVOS OU DE PRODUTOS POLIDORES, EXCETO AS MÁQUINAS DE CORTAR OU ACABAR ENGRENAGENS DA POSIÇÃO 8461	10	10%

8461	MÁQUINAS-FERRAMENTAS PARA APLAINAR, PLAINAS LIMADORAS, MÁQUINAS-FERRAMENTAS PARA ESCATELAR, BROCHAR, CORTAR OU ACABAR ENGRENAGENS, SERRAR, SECCIONAR E OUTRAS MÁQUINAS--FERRAMENTAS QUE TRABALHEM POR ELIMINAÇÃO DE METAL OU DE CERAMAIS ("CERMETS"), NÃO ESPECIFICADAS NEM COMPREENDIDAS EM OUTRAS POSIÇÕES	10	10%
8462	MÁQUINAS-FERRAMENTAS (INCLUÍDAS AS PRENSAS) PARA FORJAR OU ESTAMPAR, MARTELOS, MARTELOS-PILÕES E MARTINETES, PARA TRABALHAR METAIS; MÁQUINAS FERRAMENTAS (INCLUÍDAS AS PRENSAS) PARA ENROLAR, ARQUEAR, DOBRAR, ENDIREITAR, APLANAR, CISALHAR, PUNCIONAR OU CHANFRAR METAIS; PRENSAS PARA TRABALHAR METAIS OU CARBONETOS METÁLICOS, NÃO ESPECIFICADAS ACIMA	10	10%
8463	OUTRAS MÁQUINAS-FERRAMENTAS PARA TRABALHAR METAIS OU CERAMAIS ("CERMETS"), QUE TRABALHEM SEM ELIMINAÇÃO DE MATÉRIA	10	10%
8464	MÁQUINAS-FERRAMENTAS PARA TRABALHAR PEDRA, PRODUTOS CERÂMICOS, CONCRETO (BETÃO), FIBROCIMENTO OU MATÉRIAS MINERAIS SEMELHANTES, OU PARA O TRABALHO A FRIO DO VIDRO	10	10%
8465	MÁQUINAS-FERRAMENTAS (INCLUÍDAS AS MÁQUINAS PARA PREGAR, GRAMPEAR, COLAR OU REUNIR POR QUALQUER OUTRO MODO) PARA TRABALHAR MADEIRA, CORTIÇA, OSSO, BORRACHA ENDURECIDA, PLÁSTICOS DUROS OU MATÉRIAS DURAS SEMELHANTES	10	10%
8467	FERRAMENTAS PNEUMÁTICAS, HIDRÁULICAS OU DE MOTOR, NÃO ELÉTRICO, INCORPORADO, DE USO MANUAL	10	10%
8468	MÁQUINAS E APARELHOS PARA SOLDAR, MESMO DE CORTE, EXCETO OS DA POSIÇÃO 8515; MÁQUINAS E APARELHOS A GÁS, PARA TÊMPERA SUPERFICIAL	10	10%
8469	MÁQUINAS DE ESCREVER, EXCETO AS IMPRESSORAS DA POSIÇÃO 8471; MÁQUINAS DE TRATAMENTO DE TEXTOS	10	10%
8470	MÁQUINAS DE CALCULAR QUE PERMITAM GRAVAR, REPRODUZIR E VISUALIZAR INFORMAÇÕES, COM FUNÇÃO DE CÁLCULO INCORPORADA; MÁQUINAS DE CONTABILIDADE, MÁQUINAS DE FRANQUEAR, DE EMITIR BILHETES E MÁQUINAS SEMELHANTES, COM DISPOSITIVO DE CÁLCULO INCORPORADO; CAIXAS REGISTRADORAS		
8470.21	-Máquinas eletrônicas de calcular com dispositivo impressor incorporado	10	10%
8470.29	-Outras máquinas eletrônicas de calcular, exceto de bolso	10	10%
8470.30	-Outras máquinas de calcular	10	10%
8470.40	-Máquinas de contabilidade	10	10%

8470.50	-Caixas registradoras	10	10%
8470.90	Máquinas de franquear correspondência	10	10%
8471	MÁQUINAS AUTOMÁTICAS PARA PROCESSAMENTO DE DADOS E SUAS UNIDADES; LEITORES MAGNÉTICOS OU ÓPTICOS, MÁQUINAS PARA REGISTRAR DADOS EM SUPORTE SOB FORMA CODIFICADA, E MÁQUINAS PARA PROCESSAMENTO DESSES DADOS, NÃO ESPECIFICADAS NEM COMPREENDIDAS EM OUTRAS POSIÇÕES	5	20%
8472	OUTRAS MÁQUINAS E APARELHOS DE ESCRITÓRIO [POR EXEMPLO: DUPLICADORES HECTOGRÁFICOS OU A ESTÊNCIL, MÁQUINAS PARA IMPRIMIR ENDEREÇOS, DISTRIBUIDORES AUTOMÁTICOS DE PAPEL-MOEDA, MÁQUINAS PARA SELECIONAR, CONTAR OU EMPACOTAR MOEDAS, APONTADORES (AFIADORES) MECÂNICOS DE LÁPIS, PERFURADORES OU GRAMPEADORES]	10	10%
8474	MÁQUINAS E APARELHOS PARA SELECIONAR, PENEIRAR, SEPARAR, LAVAR, ESMAGAR, MOER, MISTURAR OU AMASSAR TERRAS, PEDRAS, MINÉRIOS OU OUTRAS SUBSTÂNCIAS MINERAIS SÓLIDAS (INCLUÍDOS OS PÓS E PASTAS); MÁQUINAS PARA AGLOMERAR OU MOLDAR COMBUSTÍVEIS MINERAIS SÓLIDOS, PASTAS CERÂMICAS, CIMENTO, GESSO OU OUTRAS MATÉRIAS MINERAIS EM PÓ OU EM PASTA; MÁQUINAS PARA FAZER MOLDES DE AREIA PARA FUNDIÇÃO	5	20%
8475	MÁQUINAS PARA MONTAGEM DE LÂMPADAS, TUBOS OU VÁLVULAS, ELÉTRICOS OU ELETRÔNICOS, OU DE LÂMPADAS DE LUZ RELÂMPAGO ("FLASH"), QUE TENHAM INVÓLUCRO DE VIDRO; MÁQUINAS PARA FABRICAÇÃO OU TRABALHO A QUENTE DO VIDRO OU DAS SUAS OBRAS	10	10%
8476	MÁQUINAS AUTOMÁTICAS DE VENDA DE PRODUTOS (POR EXEMPLO: SELOS, CIGARROS, ALIMENTOS OU BEBIDAS), INCLUÍDAS AS MÁQUINAS DE TROCAR DINHEIRO	10	10%
8477	MÁQUINAS E APARELHOS PARA TRABALHAR BORRACHA OU PLÁSTICOS OU PARA FABRICAÇÃO DE PRODUTOS DESSAS MATÉRIAS, NÃO ESPECIFICADOS NEM COMPREENDIDOS EM OUTRAS POSIÇÕES DESTE CAPÍTULO	10	10%
8478	MÁQUINAS E APARELHOS PARA PREPARAR OU TRANSFORMAR FUMO (TABACO), NÃO ESPECIFICADOS NEM COMPREENDIDOS EM OUTRAS POSIÇÕES DESTE CAPÍTULO	10	10%
8479	MÁQUINAS E APARELHOS MECÂNICOS COM FUNÇÃO PRÓPRIA, NÃO ESPECIFICADOS NEM COMPREENDIDOS EM OUTRAS POSIÇÕES DESTE CAPÍTULO		
8479.10	-Máquinas e aparelhos para obras públicas, construção civil ou trabalhos semelhantes	4	25%

8479.20	-Máquinas e aparelhos para extração ou preparação de óleos ou gorduras vegetais fixos ou de óleos ou gorduras animais	10	10%
8479.30	-Prensas para fabricação de painéis de partículas, de fibras de madeira ou de outras matérias lenhosas, e outras máquinas e aparelhos para tratamento de madeira ou de cortiça	10	10%
8479.40	-Máquinas para fabricação de cordas ou cabos	10	10%
8479.50	-Robôs industriais, não especificados nem compreendidos em outras posições	10	10%
8479.60	-Aparelhos de evaporação para arrefecimento do ar	10	10%
8479.8	-Outras máquinas e aparelhos		
8479.81	-Para tratamento de metais, incluídas as bobinadoras para enrolamentos elétricos	10	10%
8479.82	-Para misturar, amassar, esmagar, moer, separar, peneirar, homogeneizar, emulsionar ou agitar	10	10%
8479.89	-Outros	10	10%
8480	CAIXAS DE FUNDIÇÃO; PLACAS DE FUNDO PARA MOLDES; MODELOS PARA MOLDES; MOLDES PARA METAIS (EXCETO LINGOTEIRAS), CARBONETOS METÁLICOS, VIDRO, MATÉRIAS MINERAIS, BORRACHA OU PLÁSTICOS	3	33,3%
8483	ÁRVORES (VEIOS) DE TRANSMISSÃO [INCLUÍDAS AS ÁRVORES DE EXCÊNTRICOS (CAMES) E VIRABREQUINS (CAMBOTAS)] E MANIVELAS; MANCAIS (CHUMACEIRAS) E "BRONZES"; ENGRENAGENS E RODAS DE FRICÇÃO; EIXOS DE ESFERAS OU DE ROLETES; REDUTORES, MULTIPLICADORES, CAIXAS DE TRANSMISSÃO E VARIADORES DE VELOCIDADE, INCLUÍDOS OS CONVERSORES DE TORQUE (BINÁRIOS); VOLANTES E POLIAS, INCLUÍDAS AS POLIAS PARA CADERNAIS; EMBREAGENS E DISPOSITIVOS DE ACOPLAMENTO, INCLUÍDAS AS JUNTAS DE ARTICULAÇÃO		
8483.40	Caixas de transmissão, redutores, multiplicadores e variadores de velocidade, incluídos os conversores de torque (binários)	10	10%
Capítulo 85	MÁQUINAS, APARELHOS E MATERIAIS ELÉTRICOS, APARELHOS DE GRAVAÇÃO OU DE REPRODUÇÃO DE SOM, APARELHOS DE GRAVAÇÃO OU DE REPRODUÇÃO DE IMAGENS E DE SOM EM TELEVISÃO		
8501	MOTORES E GERADORES, ELÉTRICOS, EXCETO OS GRUPOS ELETROGÊNEOS	10	10%
8502	GRUPOS ELETROGÊNEOS E CONVERSORES ROTATIVOS, ELÉTRICOS	10	10%
8504	TRANSFORMADORES ELÉTRICOS, CONVERSORES ELÉTRICOS ESTÁTICOS (RETIFICADORES, POR EXEMPLO), BOBINAS DE REATÂNCIA E DE AUTOINDUÇÃO	10	10%

8508	FERRAMENTAS ELETROMECÂNICAS DE MOTOR ELÉTRICO INCORPORADO, DE USO MANUAL	5	20%
8510	APARELHOS OU MÁQUINAS DE TOSQUIAR DE MOTOR ELÉTRICO INCORPORADO	5	20%
8514	FORNOS ELÉTRICOS INDUSTRIAIS OU DE LABORATÓRIO, INCLUÍDOS OS QUE FUNCIONAM POR INDUÇÃO OU POR PERDAS DIELÉTRICAS; OUTROS APARELHOS INDUSTRIAIS OU DE LABORATÓRIO PARA TRATAMENTO TÉRMICO DE MATÉRIAS POR INDUÇÃO OU POR PERDAS DIELÉTRICAS	10	10%
8515	MÁQUINAS E APARELHOS PARA SOLDAR (MESMO DE CORTE) ELÉTRICOS (INCLUÍDOS OS A GÁS AQUECIDO ELETRICAMENTE), A "LASER" OU OUTROS FEIXES DE LUZ OU DE FÓTONS, A ULTRA-SOM, A FEIXES DE ELÉTRONS, A IMPULSOS MAGNÉTICOS OU A JATO DE PLASMA; MÁQUINAS E APARELHOS ELÉTRICOS PARA PROJEÇÃO A QUENTE DE METAIS OU DE CERAMAIS ("CERMETS")	10	10%
8516	APARELHOS ELÉTRICOS PARA AQUECIMENTO DE AMBIENTES, DO SOLO OU PARA USOS SEMELHANTES	10	10%
8517	APARELHOS ELÉTRICOS PARA TELEFONIA OU TELEGRAFIA, POR FIO, INCLUÍDOS OS APARELHOS TELEFÔNICOS POR FIO CONJUGADO COM UM APARELHO TELEFÔNICO PORTÁTIL SEM FIO E OS APARELHOS DE TELECOMUNICAÇÃO POR CORRENTE PORTADORA OU DE TELECOMUNICAÇÃO DIGITAL; VIDEOFONES	5	~~0%~~
8517	APARELHOS ELÉTRICOS PARA TELEFONIA OU TELEGRAFIA, POR FIO, INCLUÍDOS OS APARELHOS TELEFÔNICOS POR FIO CONJUGADO COM UM APARELHO TELEFÔNICO PORTÁTIL SEM FIO E OS APARELHOS DE TELECOMUNICAÇÃO POR CORRENTE PORTADORA OU DE TELECOMUNICAÇÃO DIGITAL; VIDEOFONES (Retificado no DOU de 13/04/2017, pág. 53)	5	20%
8520	GRAVADORES DE DADOS DE VOO	5	20%
8521	APARELHOS VIDEOFÔNICOS DE GRAVAÇÃO OU DE REPRODUÇÃO, MESMO INCORPORANDO UM RECEPTOR DE SINAIS VIDEOFÔNICOS		
8521.10	Gravador-reprodutor de fita magnética, sem sintonizador	5	20%
8521.90	Gravador-reprodutor e editor de imagem e som, em discos, por meio magnético, óptico ou opto-magnético	5	20%
8524	DISCOS, FITAS E OUTROS SUPORTES GRAVADOS, COM EXCLUSÃO DOS PRODUTOS DO CAPÍTULO 37		
8524.3	-Discos para sistemas de leitura por raio "laser":	3	33,3%
8524.40	-Fitas magnéticas para reprodução de fenômenos diferentes do som e da imagem	3	33,3%

8524.5	-Outras fitas magnéticas	3	33,3%
8524.60	-Cartões magnéticos	3	33,3%
8525	APARELHOS TRANSMISSORES (EMISSORES) PARA RADIOTELEFONIA, RADIOTELEGRAFIA, RADIODIFUSÃO OU TELEVISÃO, MESMO INCORPORANDO UM APARELHO DE RECEPÇÃO OU UM APARELHO DE GRAVAÇÃO OU DE REPRODUÇÃO DE SOM; CÂMERAS DE TELEVISÃO; CÂMERAS DE VÍDEO DE IMAGENS FIXAS E OUTRAS CÂMERAS ("CAMCORDERS")	5	20%
8526	APARELHOS DE RADIODETECÇÃO E DE RADIOSSONDAGEM (RADAR), APARELHOS DE RADIONAVEGAÇÃO E APARELHOS DE RADIOTELECOMANDO	5	20%
8527	APARELHOS RECEPTORES PARA RADIOTELEFONIA, RADIOTELEGRAFIA OU RADIODIFUSÃO, EXCETO DE USO DOMÉSTICO	5	20%
8531	APARELHOS ELÉTRICOS DE SINALIZAÇÃO ACÚSTICA OU VISUAL (POR EXEMPLO: CAMPAINHAS, SIRENAS, QUADROS INDICADORES, APARELHOS DE ALARME PARA PROTEÇÃO CONTRA ROUBO OU INCÊNDIO), EXCETO OS DAS POSIÇÕES 8512 OU 8530		
8531.20	Painéis indicadores com dispositivos de cristais líquidos (LCD) ou de diodos emissores de luz (LED), próprios para anúncios publicitários	5	20%
8543	MÁQUINAS E APARELHOS ELÉTRICOS COM FUNÇÃO PRÓPRIA, NÃO ESPECIFICADOS NEM COMPREENDIDOS EM OUTRAS POSIÇÕES DESTE CAPÍTULO	10	10%
Capítulo 86	VEÍCULOS E MATERIAL PARA VIAS FÉRREAS OU SEMELHANTES, APARELHOS MECÂNICOS (INCLUÍDOS OS ELETROMECÂNICOS) DE SINALIZAÇÃO PARA VIAS DE COMUNICAÇÃO		
8601	LOCOMOTIVAS E LOCOTRATORES, DE FONTE EXTERNA DE ELETRICIDADE OU DE ACUMULADORES ELÉTRICOS	10	10%
8602	OUTRAS LOCOMOTIVAS E LOCOTRATORES; TÊNDERES	10	10%
8603	LITORINAS (AUTOMOTORAS), MESMO PARA CIRCULAÇÃO URBANA, EXCETO AS DA POSIÇÃO 8604	10	10%
8604	VEÍCULOS PARA INSPEÇÃO E MANUTENÇÃO DE VIAS FÉRREAS OU SEMELHANTES, MESMO AUTOPROPULSORES (POR EXEMPLO: VAGÕES-OFICINAS, VAGÕES-GUINDASTES, VAGÕES EQUIPADOS COM BATEDORES DE BALASTRO, ALINHADORES DE VIAS, VIATURAS PARA TESTES E DRESINAS)	10	10%
8605	VAGÕES DE PASSAGEIROS, FURGÕES PARA BAGAGEM, VAGÕES-POSTAIS E OUTROS VAGÕES ESPECIAIS, PARA VIAS FÉRREAS OU SEMELHANTES (EXCLUÍDAS AS VIATURAS DA POSIÇÃO 8604)	10	10%
8606	VAGÕES PARA TRANSPORTE DE MERCADORIAS SOBRE VIAS FÉRREAS	10	10%

8608	APARELHOS MECÂNICOS (INCLUÍDOS OS ELETROMECÂNICOS) DE SINALIZAÇÃO, DE SEGURANÇA, DE CONTROLE OU DE COMANDO PARA VIAS FÉRREAS OU SEMELHANTES, RODOVIÁRIAS OU FLUVIAIS, PARA ÁREAS OU PARQUES DE ESTACIONAMENTO, INSTALAÇÕES PORTUÁRIAS OU PARA AERÓDROMOS	10	10%
8609	CONTÊINERES (CONTENTORES), INCLUÍDOS OS DE TRANSPORTE DE FLUIDOS, ESPECIALMENTE CONCEBIDOS E EQUIPADOS PARA UM OU VÁRIOS MEIOS DE TRANSPORTE	10	10%
Capítulo 87	VEÍCULOS AUTOMÓVEIS, TRATORES, CICLOS E OUTROS VEÍCULOS TERRESTRES		
8701	TRATORES (EXCETO OS CARROS-TRATORES DA POSIÇÃO 8709)	4	25%
8702	VEÍCULOS AUTOMÓVEIS PARA TRANSPORTE DE 10 PESSOAS OU MAIS, INCLUINDO O MOTORISTA	4	25%
8703	AUTOMÓVEIS DE PASSAGEIROS E OUTROS VEÍCULOS AUTOMÓVEIS PRINCIPALMENTE CONCEBIDOS PARA TRANSPORTE DE PESSOAS (EXCETO OS DA POSIÇÃO 8702), INCLUÍDOS OS VEÍCULOS DE USO MISTO ("STATION WAGONS") E OS AUTOMÓVEIS DE CORRIDA	5	20%
8704	VEÍCULOS AUTOMÓVEIS PARA TRANSPORTE DE MERCADORIAS	4	25%
8705	VEÍCULOS AUTOMÓVEIS PARA USOS ESPECIAIS (POR EXEMPLO: AUTOSSOCORROS, CAMINHÕES-GUINDASTES, VEÍCULOS DE COMBATE A INCÊNDIOS, CAMINHÕES BETONEIRAS, VEÍCULOS PARA VARRER, VEÍCULOS PARA ESPALHAR, VEÍCULOS-OFICINAS, VEÍCULOS RADIOLÓGICOS), EXCETO OS CONCEBIDOS PRINCIPALMENTE PARA TRANSPORTE DE PESSOAS OU DE MERCADORIAS	4	25%
8709	VEÍCULOS AUTOMÓVEIS SEM DISPOSITIVO DE ELEVAÇÃO, DOS TIPOS UTILIZADOS EM FÁBRICAS, ARMAZÉNS, PORTOS OU AEROPORTOS, PARA TRANSPORTE DE MERCADORIAS A CURTAS DISTÂNCIAS; CARROS-TRATORES DOS TIPOS UTILIZADOS NAS ESTAÇÕES FERROVIÁRIAS	10	10%
8711	MOTOCICLETAS (INCLUÍDOS OS CICLOMOTORES) E OUTROS CICLOS EQUIPADOS COM MOTOR AUXILIAR, MESMO COM CARRO LATERAL; CARROS LATERAIS	4	25%
8716	REBOQUES E SEMIRREBOQUES, PARA QUAISQUER VEÍCULOS; OUTROS VEÍCULOS NÃO AUTOPROPULSORES	5	20%
Capítulo 88	AERONAVES E APARELHOS ESPACIAIS		
8801	BALÕES E DIRIGÍVEIS; PLANADORES, ASAS VOADORAS E OUTROS VEÍCULOS AÉREOS, NÃO CONCEBIDOS PARA PROPULSÃO COM MOTOR	10	10%

8802	OUTROS VEÍCULOS AÉREOS (POR EXEMPLO: HELICÓPTEROS, AVIÕES); VEÍCULOS ESPACIAIS (INCLUÍDOS OS SATÉLITES) E SEUS VEÍCULOS DE LANÇAMENTO, E VEÍCULOS SUBORBITAIS	10	10%
8804	PÁRA-QUEDAS (INCLUÍDOS OS PÁRA-QUEDAS DIRIGÍVEIS E OS PARAPENTES) E OS PÁRA-QUEDAS GIRATÓRIOS	10	10%
8805	APARELHOS E DISPOSITIVOS PARA LANÇAMENTO DE VEÍCULOS AÉREOS; APARELHOS E DISPOSITIVOS PARA ATERRISSAGEM DE VEÍCULOS AÉREOS EM PORTA-AVIÕES E APARELHOS E DISPOSITIVOS SEMELHANTES; APARELHOS SIMULADORES DE VOO EM TERRA	10	10%
Capítulo 89	EMBARCAÇÕES E ESTRUTURAS FLUTUANTES		
8901	TRANSATLÂNTICOS, BARCOS DE CRUZEIRO, "FERRY-BOATS", CARGUEIROS, CHATAS E EMBARCAÇÕES SEMELHANTES, PARA O TRANSPORTE DE PESSOAS OU DE MERCADORIAS	20	5%
8902	BARCOS DE PESCA; NAVIOS-FÁBRICAS E OUTRAS EMBARCAÇÕES PARA O TRATAMENTO OU CONSERVAÇÃO DE PRODUTOS DA PESCA	20	5%
8903	IATES E OUTROS BARCOS E EMBARCAÇÕES DE RECREIO OU DE ESPORTE; BARCOS A REMOS E CANOAS		
8903.10	-Barcos infláveis	5	20%
8903.9	-Outros	10	10%
8904	REBOCADORES E BARCOS CONCEBIDOS PARA EMPURRAR OUTRAS EMBARCAÇÕES	20	5%
8905	BARCOS-FARÓIS, BARCOS-BOMBAS, DRAGAS, GUINDASTES FLUTUANTES E OUTRAS EMBARCAÇÕES EM QUE A NAVEGAÇÃO É ACESSÓRIA DA FUNÇÃO PRINCIPAL; DOCAS OU DIQUES FLUTUANTES; PLATAFORMAS DE PERFURAÇÃO OU DE EXPLORAÇÃO, FLUTUANTES OU SUBMERSÍVEIS	20	%
8906	OUTRAS EMBARCAÇÕES, INCLUÍDOS OS NAVIOS DE GUERRA E OS BARCOS SALVA-VIDAS, EXCETO OS BARCOS A REMO	20	5%
8907	OUTRAS ESTRUTURAS FLUTUANTES (POR EXEMPLO: BALSAS, RESERVATÓRIOS, CAIXÕES, BÓIAS DE AMARRAÇÃO, BÓIAS DE SINALIZAÇÃO E SEMELHANTES)		
8907.10	-Balsas infláveis	5	20%
8907.90	-Outras	20	5%
Capítulo 90	INSTRUMENTOS E APARELHOS DE ÓPTICA, FOTOGRAFIA OU CINEMATOGRAFIA, MEDIDA, CONTROLE OU DE PRECISÃO; INSTRUMENTOS E APARELHOS MÉDICO-CIRÚRGICOS		

9005	BINÓCULOS, LUNETAS, INCLUÍDAS AS ASTRONÔMICAS, TELESCÓPIOS ÓPTICOS, E SUAS ARMAÇÕES; OUTROS INSTRUMENTOS DE ASTRONOMIA E SUAS ARMAÇÕES, EXCETO OS APARELHOS DE RADIOASTRONOMIA	10	10%
9006	APARELHOS FOTOGRÁFICOS; APARELHOS E DISPOSITIVOS, EXCLUÍDAS AS LÂMPADAS E TUBOS, DE LUZ-RELÂMPAGO ("FLASH"), PARA FOTOGRAFIA	10	10%
9007	CÂMERAS E PROJETORES, CINEMATOGRÁFICOS, MESMO COM APARELHOS DE GRAVAÇÃO OU DE REPRODUÇÃO DE SOM INCORPORADOS	10	10%
9008	APARELHOS DE PROJEÇÃO FIXA; APARELHOS FOTOGRÁFICOS, DE AMPLIAÇÃO OU DE REDUÇÃO	10	10%
9009	APARELHOS DE FOTOCÓPIA, POR SISTEMA ÓPTICO OU POR CONTATO, E APARELHOS DE TERMOCÓPIA	10	10%
9010	APARELHOS DOS TIPOS USADOS NOS LABORATÓRIOS FOTOGRÁFICOS OU CINEMATOGRÁFICOS (INCLUÍDOS OS APARELHOS PARA PROJEÇÃO OU EXECUÇÃO DE TRAÇADOS DE CIRCUITOS SOBRE SUPERFÍCIES SENSIBILIZADAS DE MATERIAIS SEMICONDUTORES); NEGATOSCÓPIOS; TELAS PARA PROJEÇÃO	10	10%
9011	MICROSCÓPIOS ÓPTICOS, INCLUÍDOS OS MICROSCÓPIOS PARA FOTOMICROGRAFIA, CINEFOTOMICROGRAFIA OU MICROPROJEÇÃO	10	10%
9012	MICROSCÓPIOS (EXCETO ÓPTICOS) E DIFRATÓGRAFOS	10	10%
9014	BÚSSOLAS, INCLUÍDAS AS AGULHAS DE MAREAR, OUTROS INSTRUMENTOS E APARELHOS DE NAVEGAÇÃO	10	10%
9015	INSTRUMENTOS E APARELHOS DE GEODÉSIA, TOPOGRAFIA, AGRIMENSURA, NIVELAMENTO, FOTOGRAMETRIA, HIDROGRAFIA, OCEANOGRAFIA, HIDROLOGIA, METEOROLOGIA OU DE GEOFÍSICA, EXCETO BÚSSOLAS; TELÊMETROS	10	10%
9016	BALANÇAS SENSÍVEIS A PESOS IGUAIS OU INFERIORES A 5cg, COM OU SEM PESOS	10	10%
9017	INSTRUMENTOS DE DESENHO, DE TRAÇADO OU DE CÁLCULO (POR EXEMPLO: MÁQUINAS DE DESENHAR, PANTÓGRAFOS, TRANSFERIDORES, ESTOJOS DE DESENHO, RÉGUAS DE CÁLCULO E DISCOS DE CÁLCULO); INSTRUMENTOS DE MEDIDA DE DISTÂNCIAS DE USO MANUAL (POR EXEMPLO: METROS, MICRÔMETROS, PAQUÍMETROS E CALIBRES), NÃO ESPECIFICADOS NEM COMPREENDIDOS EM OUTRAS POSIÇÕES DESTE CAPÍTULO	10	10%
9018	INSTRUMENTOS E APARELHOS PARA MEDICINA, CIRURGIA, ODONTOLOGIA E VETERINÁRIA, INCLUÍDOS OS APARELHOS PARA CINTILOGRAFIA E OUTROS APARELHOS ELETROMÉDICOS, BEM COMO OS APARELHOS PARA TESTES VISUAIS		

9018.1	-Aparelhos de eletrodiagnóstico (incluídos os aparelhos de exploração funcional e os de verificação de parâmetros fisiológicos)	10	10%
9018.20	-Aparelhos de raios ultravioleta ou infravermelhos	10	10%
9018.4	-Outros instrumentos e aparelhos para odontologia		
9018.41	-Aparelhos dentários de brocar, mesmo combinados numa base comum com outros equipamentos dentários	10	10%
9018.49	-Outros instrumentos e aparelhos para odontologia	10	10%
9018.50	-Outros instrumentos e aparelhos para oftalmologia	10	10%
9018.90	-Outros instrumentos e aparelhos	10	10%
9019	APARELHOS DE MECANOTERAPIA; APARELHOS DE MASSAGEM; APARELHOS DE PSICOTÉCNICA; APARELHOS DE OZONOTERAPIA, DE OXIGENOTERAPIA, DE AEROSSOLTERAPIA, APARELHOS RESPIRATÓRIOS DE REANIMAÇÃO E OUTROS APARELHOS DE TERAPIA RESPIRATÓRIA	10	10%
9020	OUTROS APARELHOS RESPIRATÓRIOS E MÁSCARAS CONTRA GASES, EXCETO AS MÁSCARAS DE PROTEÇÃO DESPROVIDAS DE MECANISMO E DE ELEMENTO FILTRANTE AMOVÍVEL	10	10%
9022	APARELHOS DE RAIOS X E APARELHOS QUE UTILIZEM RADIAÇÕES ALFA, BETA OU GAMA, MESMO PARA USOS MÉDICOS, CIRÚRGICOS, ODONTOLÓGICOS OU VETERINÁRIOS, INCLUÍDOS OS APARELHOS DE RADIOFOTOGRAFIA OU DE RADIOTERAPIA, OS TUBOS DE RAIOS X E OUTROS DISPOSITIVOS GERADORES DE RAIOS X, OS GERADORES DE TENSÃO, AS MESAS DE COMANDO, AS TELAS DE VISUALIZAÇÃO, AS MESAS, POLTRONAS E SUPORTES SEMELHANTES PARA EXAME OU TRATAMENTO	10	10%
9024	MÁQUINAS E APARELHOS PARA ENSAIOS DE DUREZA, TRAÇÃO, COMPRESSÃO, ELASTICIDADE OU DE OUTRAS PROPRIEDADES MECÂNICAS DE MATERIAIS (POR EXEMPLO: METAIS, MADEIRA, TÊXTEIS, PAPEL, PLÁSTICOS)	10	10%
9025	DENSÍMETROS, AREÔMETROS, PESA-LÍQUIDOS E INSTRUMENTOS FLUTUANTES SEMELHANTES, TERMÔMETROS, PIRÔMETROS, BARÔMETROS, HIGRÔMETROS E PSICRÔMETROS, REGISTRADORES OU NÃO, MESMO COMBINADOS ENTRE SI	10	10%
9026	INSTRUMENTOS E APARELHOS PARA MEDIDA OU CONTROLE DA VAZÃO (CAUDAL), DO NÍVEL, DA PRESSÃO OU DE OUTRAS CARACTERÍSTICAS VARIÁVEIS DOS LÍQUIDOS OU GASES [POR EXEMPLO: MEDIDORES DE VAZÃO (CAUDAL), INDICADORES DE NÍVEL, MANÔMETROS, CONTADORES DE CALOR], EXCETO OS INSTRUMENTOS E APARELHOS DAS POSIÇÕES 9014, 9015, 9028 OU 9032	10	10%

9027	INSTRUMENTOS E APARELHOS PARA ANÁLISES FÍSICAS OU QUÍMICAS [POR EXEMPLO: POLARÍMETROS, REFRATÔMETROS, ESPECTRÔMETROS, ANALISADORES DE GASES OU DE FUMAÇA]; INSTRUMENTOS E APARELHOS PARA ENSAIOS DE VISCOSIDADE, POROSIDADE, DILATAÇÃO, TENSÃO SUPERFICIAL OU SEMELHANTES OU PARA MEDIDAS CALORIMÉTRICAS, ACÚSTICAS OU FOTOMÉTRICAS (INCLUÍDOS OS INDICADORES DE TEMPO DE EXPOSIÇÃO); MICRÓTOMOS	10	10%
9028	CONTADORES DE GASES, LÍQUIDOS OU DE ELETRICIDADE, INCLUÍDOS OS APARELHOS PARA SUA AFERIÇÃO	10	10%
9029	OUTROS CONTADORES (POR EXEMPLO: CONTADORES DE VOLTAS, CONTADORES DE PRODUÇÃO, TAXÍMETROS, TOTALIZADORES DE CAMINHO PERCORRIDO, PODÔMETROS); INDICADORES DE VELOCIDADE E TACÔMETROS, EXCETO OS DAS POSIÇÕES 9014 OU 9015; ESTROBOSCÓPIOS	10	10%
9030	OSCILOSCÓPIOS, ANALISADORES DE ESPECTRO E OUTROS INSTRUMENTOS E APARELHOS PARA MEDIDA OU CONTROLE DE GRANDEZAS ELÉTRICAS; INSTRUMENTOS E APARELHOS PARA MEDIDA OU DETECÇÃO DE RADIAÇÕES ALFA, BETA, GAMA, X, CÓSMICAS OU OUTRAS RADIAÇÕES IONIZANTES	10	10%
9031	INSTRUMENTOS, APARELHOS E MÁQUINAS DE MEDIDA OU CONTROLE, NÃO ESPECIFICADOS NEM COMPREENDIDOS EM OUTRAS POSIÇÕES DESTE CAPÍTULO; PROJETORES DE PERFIS	10	10%
9032	INSTRUMENTOS E APARELHOS PARA REGULAÇÃO OU CONTROLE, AUTOMÁTICOS	10	10%
Capítulo 94	MÓVEIS; MOBILIÁRIO MÉDICO-CIRÚRGICO; CONSTRUÇÕES PRÉ-FABRICADAS		
9402	MOBILIÁRIO PARA MEDICINA, CIRURGIA, ODONTOLOGIA OU VETERINÁRIA (POR EXEMPLO: MESAS DE OPERAÇÃO, MESAS DE EXAMES, CAMAS DOTADAS DE MECANISMOS PARA USOS CLÍNICOS, CADEIRAS DE DENTISTA); CADEIRAS PARA SALÕES DE CABELEIREIRO E CADEIRAS SEMELHANTES, COM DISPOSITIVOS DE ORIENTAÇÃO E DE ELEVAÇÃO	10	10%
9403	OUTROS MÓVEIS PARA ESCRITÓRIO	10	10%
9406	CONSTRUÇÕES PRÉ-FABRICADAS	25	4%
Capítulo 95	ARTIGOS PARA DIVERTIMENTO OU PARA ESPORTE		
9506	ARTIGOS E EQUIPAMENTOS PARA CULTURA FÍSICA E GINÁSTICA; PISCINAS	10	10%
9508	CARROSSÉIS, BALANÇOS, INSTALAÇÕES DE TIRO-AO-ALVO E OUTRAS DIVERSÕES DE PARQUES E FEIRAS; CIRCOS, COLEÇÕES DE ANIMAIS E TEATROS AMBULANTES	10	10%

Notas:

(1) Os fornos para a indústria de vidro, classificados na posição 8417, serão depreciados em 3 anos à taxa de 33,3%.

(2) As máquinas, equipamentos e instalações industriais constantes deste anexo, utilizadas na indústria química, serão depreciadas em 5 anos à taxa de 20%.

(3) Os acessórios e as partes dos aparelhos, equipamentos e máquinas constantes deste anexo:

a) não serão objeto de depreciação enquanto não incorporadas a referidos aparelhos, equipamentos e máquinas;

a) Integrarão a base de cálculo da quota de depreciação